Eventrecht kompakt

Mandy Risch • Andreas Kerst

Eventrecht kompakt

Ein Lehr- und Praxisbuch mit Beispielen
aus dem Konzert- und Kulturbetrieb

Zweite, neu bearbeitete und erweiterte Auflage

Mandy Risch
Kanzleikooperation Eventlawyers
Friedrichstraße 133
10117 Berlin
Deutschland
risch@eventlawyers.de

Andreas Kerst
andreas.kerst@freenet.de

ISBN 978-3-642-19082-7   e-ISBN 978-3-642-19083-4
DOI 10.1007/978-3-642-19083-4
Springer Heidelberg Dordrecht London New York

Die Deutsche Nationalbibliothek verzeichnet diese Publikation in der Deutschen Nationalbibliografie; detaillierte bibliografische Daten sind im Internet über http://dnb.d-nb.de abrufbar.

© Springer-Verlag Berlin Heidelberg 2009, 2011
Dieses Werk ist urheberrechtlich geschützt. Die dadurch begründeten Rechte, insbesondere die der Übersetzung, des Nachdrucks, des Vortrags, der Entnahme von Abbildungen und Tabellen, der Funksendung, der Mikroverfilmung oder der Vervielfältigung auf anderen Wegen und der Speicherung in Datenverarbeitungsanlagen, bleiben, auch bei nur auszugsweiser Verwertung, vorbehalten. Eine Vervielfältigung dieses Werkes oder von Teilen dieses Werkes ist auch im Einzelfall nur in den Grenzen der gesetzlichen Bestimmungen des Urheberrechtsgesetzes der Bundesrepublik Deutschland vom 9. September 1965 in der jeweils geltenden Fassung zulässig. Sie ist grundsätzlich vergütungspflichtig. Zuwiderhandlungen unterliegen den Strafbestimmungen des Urheberrechtsgesetzes.
Die Wiedergabe von Gebrauchsnamen, Handelsnamen, Warenbezeichnungen usw. in diesem Werk berechtigt auch ohne besondere Kennzeichnung nicht zu der Annahme, dass solche Namen im Sinne der Warenzeichen- und Markenschutz-Gesetzgebung als frei zu betrachten wären und daher von jedermann benutzt werden dürften.

Einbandentwurf: WMXDesign GmbH

Gedruckt auf säurefreiem Papier

Springer ist Teil der Fachverlagsgruppe Springer Science+Business Media (www.springer.com)

Für Alexander

Vorwort und Einführung

„Ausverkauft" – elf Buchstaben, die für jeden Veranstalter und Künstler enorm bedeutsam sind. Dieses Wort kann nur erklingen, wenn hinter den Kulissen erfolgreich gearbeitet wurde. Neben einem gelungenen Projektmanagement müssen alle Beteiligten fehlerlos agieren. Dazu gehört auch, dass Künstler, Veranstalter, Eventagenturen, Künstlermanager, Kulturämter und diverse Subunternehmer die rechtlichen Rahmenbedingungen beachten, um nicht leichtfertig das gesamte Event in Gefahr zu bringen. Ein wesentlicher Faktor für gute Einnahmen und ein volles Haus ist eben auch ein solides Rechtswissen.

Das Eventrecht als Querschnittsmaterie mehrerer Rechtsgebiete hat in der Welt der Rechtsberatung eine relativ junge Nische erobert. Nach den Entwicklungen der 60er, 70er und 80er Jahre des letzten Jahrhunderts stellte sich eine deutliche Professionalisierung in der Veranstaltungsbranche ein. Gut organisierte Hallenbetriebe samt Technik und Personal werden den Veranstaltern mittlerweile nur mit juristisch präzisen Verträgen überlassen.

Der Markt ist größer, vielschichtiger und auch stetiger geworden. Mit einem geschätzten Volumen von ca. 60–65 Mrd. € allein im Bereich der Firmenveranstaltungen wächst er jährlich und ist heute schon bei vielen Wirtschaftsunternehmen der zweithöchste Ausgabenblock.[1] An Universitäten, Fachhochschulen und Privatakademien werden mittlerweile Studiengänge zum Kulturmanager, Kulturberater, International Event Organiser, Veranstaltungstechniker und Eventmanager angeboten, um eine Erfolgssteigerung und Nachhaltigkeit bei der Durchführung von Veranstaltungen zu garantieren.

Mit der Professionalisierung und Vergrößerung des Marktes ist die Eventbranche aber auch anonymer und härter geworden. Verträge werden nicht mehr per Handschlag besiegelt und Probleme nicht „wie unter Freunden" gelöst. Vielmehr wachsen Veranstaltungsagenturen zu großen Unternehmen heran, die sich neue Felder erschließen und Heerscharen von Selbstständigen, Angestellten und Freelancern ernähren.

Es gibt kaum noch reine Kunst- oder Sportveranstaltungen, vielmehr steht der Eventcharakter stets im Mittelpunkt. Auch ist das Mäzenatentum des 21. Jahrhunderts geprägt von einer intensiven Verbrüderung zwischen Wirtschaft und Kultur. Wirtschaftsunternehmen haben sowohl zur Außendarstellung als auch im Rahmen

---

[1] Veranstaltungsplaner.de-Studie 2008 – Basisinformationen zum Veranstaltungsmarkt in Deutschland der Vereinigung Deutscher Veranstaltungsorganisatoren e.V. Berlin in Zusammenarbeit mit der TU Chemnitz.

interner Fortbildungsveranstaltungen ein erhöhtes Interesse daran individuell und medientauglich aufzutreten, um sich von ihren Mitbewerbern abzuheben. Sie bedienen sich daher gern der bewährten Mittel Sport, Kunst und Prominenz. Aufgrund leerer öffentlicher Kassen, insbesondere im Bereich des Kultursponsorings, sind die Geförderten sogar dringend auf Unterstützung seitens der Wirtschaft angewiesen. Unter Events werden daher in der Lehre „Veranstaltungen aller Art" verstanden, die sich grob in drei Gruppen einteilen lassen.

▶ Events als Produkt	▶ Events zur Vermarktung anderer Produkte = Marketing-Events:	▶ Bildungsveranstaltungen
- Kultur	- Verkaufsförderungsevent	- Kongresse
- Sport	- Informationsveranstaltung	- Tagungen
- Kunst,	- Sponsoring-Events	- Symposien
- Messen	- Messe-Events	- Seminare
		- Workshops

Abb. 1: Eingruppierung der Events[2]

Letztlich tritt mit der Professionalisierung und der damit einhergehenden Anonymisierung immer auch das Recht mit seinen gesetzlichen Vorgaben in Erscheinung. Denn mit einer immer größeren Spezialisierung, Vernetzung und dem stetig wachsenden Finanzvolumen der Eventbranche steigt auch das Konfliktpotenzial. Streitigkeiten werden mittlerweile schnell vor Gericht ausgetragen, auch wenn die Gerichte vielfach mit den Besonderheiten im Veranstaltungsbereich wenig vertraut sind.

Das führt dazu, dass entsprechend dem alten Sinnspruch „Vorsorge ist besser als Nachsorge" häufig Anwälte die gesamte Planung und Durchführung von Events rechtlich begleiten. Dieses Buch will dazu beitragen, dass die Beteiligten im Sinne eines guten Risikomanagements wichtige Grundlagen des Vertrags-, Haftungs- und Versicherungsrechts verinnerlichen. Künstler, Veranstalter und Eventagenturen sollten ihre verfügbare Zeit und Energie ihrem Event widmen und nicht für unvorhergesehene oder unabgesicherte Risiken verwenden. Deshalb wird die gesamte Spannweite aller Rechtsgebiete, die vor, während und nach einem Event betroffen sind, in der folgenden Tabelle systematisch aufbereitet.

---

[2] Rück, Eventmanagement zu: Gabler Wirtschaftslexikon Online, 2010, sowie Vorlesungsskriptum, WS 2010/11, Fachhochschule Worms.

Tabelle 1: Spannweite aller Rechtsgebiete

Klassische Phasen des Projektmanagements bei der Organisation eines Events	Zuordnung der Rechtsgebiete	Beispiele
Konzeptphase Ideenfindung Situationsanalyse Zielfixierung/ Konzeptfindung	Verfassungsrecht Markenrecht Internetrecht Urheberrecht Zuwendungsrecht	- Kunst- und Eigentumsfreiheit - Veranstaltungsnamen sichern - Domain sichern - Foto- und Bildrechte - staatliche Kulturfördermittel
Vorbereitungsphase Projektteam Arbeitspakete Kosten-/Finanzierungsplan Termin-/Ablaufplan Outsourcing	Vertragsrecht Arbeitsrecht Versicherungsrecht Öffentliches Recht Zollrecht Medienrecht Wettbewerbsrecht Internetrecht Urheberrecht	- Vertragsgestaltung - Arbeitsverträge schließen - Versicherungen abschließen - behördliche Genehmigungs-pflicht - Zollanmeldungen vornehmen - Werbung/ Marketingkonzept
Durchführungsphase Projektrealisierung Termineinhaltung Kostenüberwachung Risikomanagement	Haftungsrecht Versicherungsrecht Vertragsrecht Recht der GEMA Arbeitsrecht Medienrecht	- Haftungsfälle - Schadensmeldung - Vertragserfüllung - Anmeldung der Veranstaltung - Arbeitsschutz - Zutrittsrechte der Presse/ Medien
Nachbereitungsphase Aftershowparty Projektdokumentation Ergebniskontrolle Abschlussrechnung/-bericht Arbeitszeugnisse	Medienrecht Steuerrecht Recht der KSK Vertragsrecht Versicherungsrecht Arbeitsrecht Öffentliches Recht	- Presseberichterstattung - Steuern abführen/erklären - KSK-Abgabe abführen - Rechnungen bezahlen - Schadensabwicklung - Arbeitszeugnisse erstellen - Verwendungsnachweise bei Projektförderung

Die aufgezählten Rechtsgebiete spielen in den einzelnen Stufen eines Eventprojekts eine große Rolle. Diesem Aufbau folgt das Buch weitestgehend. Ferner wurde eine Vielzahl von Fällen mit Falllösung, Beispielen, Tabellen und Grafiken eingebaut, um die Thematik anschaulicher darzustellen.

Das Buch liegt nunmehr in der *neu bearbeiteten und erweiterten* **2. Auflage** vor, da die zunächst gedruckte Startauflage nach noch nicht mal einem Jahr seit Erscheinen ausverkauft war. Für diese sehr erfreuliche Aufnahme des Buches im Eventbereich möchten wir uns bei allen Lesern herzlich bedanken. Zielsetzung ist weiterhin ein leicht lesbares Lehr- und Praxisbuch für alle Kulturschaffenden, um sie durch dieses Werk bei der täglichen Arbeit zu unterstützen. Angesprochen sind insbesondere auch Hochschulstudenten der Event- und Tourismusbranche, um sie möglichst frühzeitig mit den Problemfeldern vertraut zu machen.

Ohne Ausdauer und vielfältige Unterstützung ist die Erstellung eines solchen Kompendiums in zweiter Auflage nicht möglich. Die Autoren bedanken sich daher bei Rechtsanwältin *Sarah Schlösser* für die wissenschaftliche Mitarbeit an einzelnen Kapiteln. Bei *Hubert Kauschka* bedanken wir uns für die kritische Durchsicht der Texte und die höchst verlässliche Gesprächsbereitschaft aus der Sicht eines erfahrenen Ökonomen. Dank schulden wir *Christoffer Gniechwitz* vom Thüringer Landkreistag stellvertretend aus dem Leserkreis für die Ergänzungshinweise und vielen anderen, die uns vielfältige Anregungen u. a. bei der Präsentation der abgewandelt authentischen Fallbeispiele gaben. Genannt seien vor allem das Tanztheater Jena und das gesamte ORSO-Team mit seinem künstlerischen Leiter, Dirigenten, Arrangeur und Komponisten Wolfgang Roese.

Die zweite Auflage wurde um zahlreiche Fälle sowie aktuelle Themen ergänzt. Genannt seien bespielhaft: die Neuregelung der Ausländersteuer, die Unternehmergesellschaft (haftungsbeschränkt), Hausverbote, Produkt-Placement, Foto- und Bildrecht, die UWG-Novelle, die steuerliche Behandlung des Sponsorings, Änderungen im Recht der GEMA sowie im Eventmarketing. Ein neues Kapitel zum Fördervertrags- und Zuwendungsrecht wurde aufgenommen.

Für Anregungen und Ergänzungen sind wir jederzeit offen. Das Buch lebt von Ihren praktischen Erlebnissen. Vorschläge senden Sie bitte an folgende Adresse: *risch@eventlawyers.de*. Nun bleibt uns nur noch viel Spaß und Energie beim Lesen und Studieren zu wünschen.

Berlin, im März 2011   Mandy Risch & Andreas Kerst

Inhaltsübersicht

Vorwort und Einführung VII

Erstes Kapitel: Vertrags- und Haftungsrecht 1

Zweites Kapitel: Arbeitsrecht 79

Drittes Kapitel: Handels- und Gesellschaftsrecht 117

Viertes Kapitel: Urheberrecht 153

Fünftes Kapitel: Wettbewerbsrecht 209

Sechstes Kapitel: Markenrecht 241

Siebtes Kapitel: Medienrecht 259

Achtes Kapitel: Internetrecht 277

Neuntes Kapitel: Recht der GEMA 307

Zehntes Kapitel: Künstlersozialversicherung 331

Elftes Kapitel: Privatversicherungsrecht 361

Zwölftes Kapitel: Öffentliches Recht 397

Dreizehntes Kapitel: Steuerrecht 461

Vierzehntes Kapitel: Zoll und Einfuhrumsatzsteuer 499

Fünfzehntes Kapitel: Förderungsvertrags- und Zuwendungsrecht 513

Literaturverzeichnis 531

Sachverzeichnis 535

Inhaltsverzeichnis

Vorwort und Einführung VII

Inhaltsübersicht XI

Inhaltsverzeichnis XIII

Abkürzungsverzeichnis XXI

Erstes Kapitel: Vertrags- und Haftungsrecht 1
   A. Einleitung 1
   B. Grundlagen des Vertragsrechts 4
      I. Vertragsschluss 4
      II. Stellvertretung 9
      III. Beendigung von Verträgen 15
      IV. Verjährung 18
   C. Vertragsbeziehungen 19
      I. Veranstalter – Künstler 24
      II. Veranstalter – Hallenbetreiber 30
      III. Veranstalter – Besucher 34
      IV. Veranstalter – Vorverkaufsstelle 38
      V. Veranstalter – Eventagentur 42
      VI. Veranstalter – Künstleragentur/Manager – Künstler 45
      VII. Veranstalter – Sponsor 49
      VIII. Veranstalter – Subunternehmer 53
      IX. Veranstalter – Kooperations-/Medienpartner 54
      X. Veranstalter – Fotograf 55
   D. Störungen bei Vertragsabwicklung 57
      I. Grundlagen 57
      II. Veranstalter – Künstler 62
      III. Veranstalter – Hallenbetreiber 64
      IV. Veranstalter – Besucher 66
      V. Veranstalter – Sponsor 70
   E. Durchsetzung der Ansprüche 70
      I. Außergerichtliche Streitbeilegung 71
      II. Gerichtliche Durchsetzung 71

F. Allgemeine Geschäftsbedingungen 73
   I. Vorteile von AGB 73
   II. Einbeziehung der AGB 73
   III. Inhaltskontrolle der AGB 75

Zweites Kapitel: Arbeitsrecht 79
A. Rechtsquellen des Arbeitsrechtes 80
   I. Arbeitsrechtliche Gesetze 81
   II. Tarifverträge im kulturellen Umfeld 81
   III. Betriebsvereinbarungen 83
   IV. Arbeitsvertrag 83
   V. Verhältnis der arbeitsrechtlichen Rechtsquellen zueinander 84
   VI. Checkliste 85
B. Anwendungsbereich des Arbeitsrechtes 86
   I. Arbeitnehmereigenschaft 86
   II. Arbeitnehmerähnliche Personen 88
C. Überblick über das Individualarbeitsrecht 89
   I. Begründung des Arbeitsverhältnisses 89
   II. Formen des Arbeitsvertrages 96
   III. Die Lohnzahlungspflicht 96
   III. Haftung im Arbeitsrecht 104
   IV. Beendigung des Arbeitsverhältnisses 109
D. Arbeitsschutzrecht 114

Drittes Kapitel: Handels- und Gesellschaftsrecht 117
A. Einführung 117
B. Grundbegriffe 118
C. Personengesellschaften und Kapitalgesellschaften 120
D. Personengesellschaften 120
   I. Gesellschaft bürgerlichen Rechts 121
   II. Die offene Handelsgesellschaft (OHG) 127
   III. Kommanditgesellschaft 133
E. Kapitalgesellschaften 135
   I. GmbH – Gesellschaft mit beschränkter Haftung 136
   II. Unternehmergesellschaft (haftungsbeschränkt) 141
   III. Limited 142
   IV. Die Aktiengesellschaft 143
F. Nichtkapitalistische Körperschaften 144
   I. Verein 144
   II. Stiftung 151

Viertes Kapitel: Urheberrecht 153
A. Einleitung 153
B. Urheberrecht 155
   I. Voraussetzungen des Urheberrechts 155

II. Inhalt des Urheberrechts 161
III. Schranken des Urheberrechts 170
C. Verwandte Schutzrechte 175
   I. Leistungsarten 175
   II. Rechte des ausübenden Künstlers 175
   III. Rechte des Veranstalters 179
   IV. Rechte des Sendeunternehmens 180
   V. Schranke der verwandten Schutzrechte 181
D. Lizenzen: Urheber- und Leistungsschutzrecht
   im Rechtsverkehr 181
   I. Urheberrecht 182
   II. Verwandte Schutzrechte 183
E. Rechtsschutz bei Verletzungen des Urheber-
   und Leistungsschutzrechts 185
   I. Zivilrechtliche Ansprüche 186
   II. Strafbarkeit 192
F. Foto- und Bildrecht 194
   I. Bildbeschaffung 194
   II. Rechtsfolgen und strafrechtliche Konsequenzen 198
G. Recht am eigenen Bild 199
   I. Bildnis 200
   II. Erkennbarkeit 201
   III. Verbreitung und öffentliche Schaustellung 201
   IV. Einwilligung 201
   V. Ausnahmen 203

Fünftes Kapitel: Wettbewerbsrecht 209
A. Grundlagen des Wettbewerbsrechts 209
   I. Gegenstand und Bedeutung des Wettbewerbsrechts 209
   II. Wettbewerbsrechtliche Nebengesetze 211
   III. Europäische Entwicklung 211
B. Generalklausel – Verbot unlauteren Wettbewerbs 212
   I. Geschäftliche Handlung im Wettbewerbsrecht 212
   II. Unlauterkeit 215
   III. Bagatellklausel 217
C. Arten von Wettbewerbsverstößen 217
   I. Irreführende Werbung 218
   II. Vergleichende Werbung 223
   III. Unzumutbare Belästigung 225
   IV. Rufschädigung 228
   V. Ausbeutung fremder Leistungen 229
   VI. Behinderungswettbewerb 230
D. Sanktionen 232
   I. Unterlassungs- und Beseitigungsanspruch 233
   II. Schadensersatz 234

III. Strafrechtlich Sanktion ... 236
E. Verfahren zur Durchsetzung wettbewerbsrechtlicher Ansprüche ... 236
  I. Abmahnung ... 236
  II. Einstweilige Verfügung ... 237
  III. Einigungsstelle bei der Industrie- und Handelskammer (IHK) ... 239
F. Werbeselbstkontrolle ... 240

Sechstes Kapitel: Markenrecht ... 241
A. Einleitung ... 241
B. Markenschutz und andere Schutzrechte ... 242
  I. Markenformen ... 242
  II. Registermarke/Benutzungsmarke ... 243
  III. Andere Schutzrechte ... 244
C. Überblick zur Deutschen Markenanmeldung ... 247
  I. Grundzüge zum Eintragungsverfahren ... 247
  II. Formelle und materielle Erfordernisse ... 248
  III. Widerspruchsverfahren ... 254
D. Folgen einer Markenrechtsverletzung ... 255
E. Einblick in das internationale Markenrecht ... 256
  I. Gemeinschafts-/EU-Marke ... 256
  II. IR-Marke ... 257

Siebtes Kapitel: Medienrecht ... 259
A. Einleitung ... 259
B. Überblick über die Medienrechtsgebiete ... 259
  I. Presserecht ... 260
  II. Rundfunkrecht ... 260
  III. Filmrecht ... 260
  IV. Internetrecht ... 261
C. Rundfunkrechtliche Fragen rund um
  die Kulturveranstaltung ... 261
  I. Werbung im Rundfunk ... 261
  II. Kurzberichterstattung durch Fernsehveranstalter ... 263
D. Presserechtliche Fragen rund um die Kulturveranstaltung ... 270
  I. Wahrheitsgemäße Berichterstattung ... 270
  II. Zutrittsrecht zu öffentlichen Events ... 271
  III. Trennung von Werbung und redaktionellem Teil ... 271
E. Medienzivilrechtliche Rechtsschutzmöglichkeiten ... 272
  I. Der Anspruch auf Gegendarstellung ... 272
  II. Der Anspruch auf Unterlassung ... 273
  III. Der Anspruch auf Berichtigung ... 274
  IV. Anspruch auf Schadensersatz ... 274
  V. Der Anspruch auf Herausgabe der ungerechtfertigten
    Bereicherung ... 275

Achtes Kapitel: Internetrecht ... 277
   A. Einleitung ... 277
      I. Rechtsgrundlagen ... 277
      II. Internetrechtliche Fragen rund um das Event ... 278
   B. Grundlagen des Internetrechts ... 278
      I. Zielsetzung des TMG ... 278
      II. Begriffsbestimmung der Telemedien ... 278
      III. Begriffsbestimmung des Dienstanbieters ... 279
      IV. Herkunftslandprinzip in Abgrenzung zum Territorialprinzip/
          Schutzlandprinzip ... 280
   C. Rechtliche Vorgaben bei der Gestaltung der Website ... 281
      I. Impressumspflicht ... 281
      II. Datenschutzrecht ... 286
      III. Providerdienstleistungen ... 286
      IV. Haftung beim Setzen von Links ... 291
      V. Urheberrechts wegen fremden Contents ... 296
   D. Domainstreitigkeiten ... 299
      I. Überblick ... 299
      II. Streitigkeit gegen und um die Domain ... 300
      III. „Verbotene" Domainnamen – Grenzen freier Formulierbarkeit ... 305
   E. Beweissicherung ... 305

Neuntes Kapitel: Recht der GEMA ... 307
   A. Einführung ... 307
   B. Urheber- und Leistungsschutzrecht ... 308
   C. Verwertungsgesellschaften ... 308
      I. Grundlagen und Entwicklungen ... 310
      II. Die GEMA ... 312
      III. Die GVL ... 316
   D. Tarife ... 319
      I. Live-Tarife ... 321
      II. Tarife für die Wiedergabe von Tonträgern und Bildtonträgern ... 323
      III. Schadensersatz ... 323
      IV. Lizenzerwerb für Veranstalter ... 324
      V. Einsparungsmöglichkeiten für Veranstalter ... 326

Zehntes Kapitel: Künstlersozialversicherung ... 331
   A. Grundlagen der Künstlersozialversicherung ... 331
   B. Die Abgabepflicht der Unternehmer ... 333
      I. Künstler und Publizist im Sinne des KSVG ... 333
      II. Kreis der abgabepflichtigen Unternehmer ... 336
      III. Künstlersozialabgabe (KSK-Abgabe) ... 342
      IV. Mitwirkungspflichten der Unternehmer ... 350

XVIII Inhaltsverzeichnis

V. Sanktionen 352
VI. Durchführung und Überwachung der Versicherung:
   3. KSVG-Novelle 352
C. Anmelde- und Auskunftspflichten selbstständiger Künstler
   und Publizisten 354
   I. Kreis der Versicherten 355
   II. Versicherungsfreiheit 355
   III. Berufsanfänger 356
   IV. Beginn, Dauer und Ende der Versicherungspflicht 356
   V. Beiträge 357
   VI. Auskunfts- und Meldepflichten 357
   VII. Sanktionen 358

Elftes Kapitel: Privatversicherungsrecht 361
A. Risk Management im Eventbereich 361
B. Grundlagen des Versicherungsvertragsrechtes 362
   I. Vertragstypische Pflichten 362
   II. Zustandekommen des Versicherungsvertrages 363
   III. Vorvertragliche Anzeigepflichten 375
   IV. Prämienzahlung 379
   V. Verletzung von Obliegenheiten 382
   VI. Herbeiführung des Versicherungsfalles 383
C. Versicherungen im Eventbereich 383
   I. Haftpflichtversicherung 385
   II. Elektronik-Versicherung 390
   III. Veranstaltungsausfall-Versicherung 392
   IV. Shortfall-Guarantee-Versicherung 394
   V. Versicherungsmarkt für die Veranstaltungsbranche 394

Zwölftes Kapitel: Öffentliches Recht 397
A. Einführung 397
   I. Regelungsbereiche und öffentliche Sicherheit 397
   II. Regelungsinstrumentarien 398
   III. Grundzüge des Verwaltungs- und Verwaltungsverfahrensrechts 399
B. Versammlungsrechtliche Vorgaben 400
   I. Anmeldungspflicht und Versammlungsfreiheit 400
   II. Voraussetzungen für die Anmeldungspflicht 402
C. Gewerberechtliche Vorgaben 405
   I. Gewerbe in Abgrenzung zur künstlerischen Tätigkeit 405
   II. Stehendes Gewerbe 407
   III. Volksfeste 407
   IV. Messen, Ausstellungen und Märkte 407
   V. Reisegewerbe 408
   VI. Zuverlässigkeit 409

D. Schankerlaubnis und Belehrungsbescheinigung gem. § 42 IfSG 409
   I. Schankerlaubnis 410
   II. Belehrungsbescheinigung gem. § 42 IfSG 412
   III. Nichtraucherschutz 413
E. Vorgaben des Jugendschutzgesetzes (JuSchG) 414
   I. Alters- und Zeitgrenzen nach dem JuSchG 414
   II. Jugendgefährdende Veranstaltungen 416
   III. Alkoholische Getränke, Rauchen, Tabakwaren 417
   IV. Bekanntmachungspflicht der Veranstalter 417
   V. Straf- und Bußgeldvorschriften 417
F. Umweltrechtliche Vorgaben: Natur- und Drittschutz 418
   I. Überblick über das Umweltrecht 418
   II. Naturschutz 419
   III. Drittschutz 424
G. Sondernutzungsgenehmigung und straßenverkehrsrechtliche
   Erlaubnis 433
   I. Sondernutzungsgenehmigung 433
   II. Straßenverkehrsrechtliche Erlaubnis 437
H. Vorgaben zur Zusammenarbeit mit Behörden 439
   I. Zusammenarbeit als Auflage 439
   II. Polizei 441
   III. Sanitätsorganisationen 442
   IV. Verkehrsbetriebe 444
J. Baurechtliche Vorgabens 444
   I. Baugenehmigung 444
   II. Unterfall: Nutzungsgenehmigung 449
   III. Vorgaben der Versammlungsstättenverordnung 450
   IV. Herstellungs- und Ausführungsgenehmigung bei fliegenden
      Bauten 459

Dreizehntes Kapitel: Steuerrecht 461
   A. Einleitung 461
   B. Die Besteuerung des Veranstalters nach Steuerarten 461
      I. Einkommensteuer 462
      II. Körperschaftsteuer 471
      III. Bauabzugsteuer 474
      IV. Gewerbesteuer 475
   C. Die steuerliche Behandlung von Künstlern 476
      I. Der Künstler als Arbeitnehmer 477
      II. Der Künstler als freiberuflicher Mitarbeiter 480
      III. Beschränkte Steuerpflicht ausländischer Künstler 480
      IV. Besondere Steuervergünstigungen für Künstler 483
   D. Umsatzsteuer 484
      I. Persönliche Steuerpflicht (Unternehmereigenschaft) 484
      II. Sachliche Steuerpflicht 486

III. Steuerbefreiungen 488
IV. Steuersätze 488
V. Besteuerung der Kleinunternehmer 491
VI. Vorsteuerabzug 491
VII. Ausländische Künstler 493
E. Vergnügungssteuer 494
F. Sponsoring 494

Vierzehntes Kapitel: Zoll und Einfuhrumsatzsteuer 499
A. Einleitung 499
B. Allgemeines zum Zollrecht 499
I. Definition des Zollgebietes 500
II. Begriff der Ware 502
C. Zollamtliche Überwachung 503
D. Überblick relevanter Zollverfahren 503
E. Überführung in den zollrechtlich freien Verkehr 504
F. Vorübergehende Verwendung 505
I. Allgemeine Voraussetzungen 505
II. Verfahren 505
III. Voraussetzungen der Bewilligungserteilung 508
IV. Gegenstände der vollständigen und teilweisen Einfuhrabgabenbefreiung 509
G. Ausfuhrverfahren 511
H. Einfuhrumsatzsteuer 511

**Fünfzehntes Kapitel: Förderungsvertrags-
und Zuwendungsrecht** 513
A. Förderung durch private Unternehmen und Stiftungen 513
I. Stiftungsverträge 513
II. Sammelvermögen 514
III. Sponsoring 515
IV. Spendenrecht 515
V. Fundraisingverträge 516
VI. Mäzenatsverträge 516
B. Öffentliche Zuschüsse (Zuwendungen) 516
I. Allgemeine Grundsätze 517
II. Bewilligung und Verfahren 520
III. Rückforderung 526
IV. Rechtsschutz 528
C. Sonstige staatliche Förderung 529
D. Filmförderung 529

Sachverzeichnis 535

Abkürzungsverzeichnis

Nicht hier aufgeführte Gesetzesabkürzungen werden im Buchtext erläutert.

a. A.	anderer Ansicht bzw. anderer Auffassung
a. F.	alte Fassung
a. a. O.	am angeführten/angegebenen Ort
ABE	Allgemeine Bedingungen für die Elektronikversicherung
Abs.	Absatz
AFMA	Anstalt für musikalisches Aufführungsrecht
AG	Amtsgericht, Aktiengesellschaft
AGB	Allgemeine Geschäftsbedingungen
AGG	Allgemeines Gleichbehandlungsgesetz
AHB	Allgemeine Versicherungsbedingungen für die Haftpflichtversicherung
AKM	Gesellschaft für Autoren, Komponisten und Musikverleger
Alt.	Alternative
AMMRE	Anstalt mechanisch-musikalische Rechte GmbH
Anm.	Anmerkung
AO	Abgabenordnung
ArbGG	Arbeitsgerichtsgesetz
ArbSchG	Arbeitsschutzgesetz
ArbStättV	Arbeitsstättenverordnung
ArbZG	Arbeitszeitgesetz
ARD	Arbeitsgemeinschaft der öffentlich-rechtlichen Rundfunkanstalten der Bundesrepublik Deutschland
Art.	Artikel (einer Rechtsnorm)
ASB	Arbeiter-Samariter-Bund
ATLAS	Internes Informatikverfahren der deutschen Zollverwaltung
AVB	Allgemeine Versicherungsbedingungen
AZ:	Aktenzeichen
BAG	Bundesarbeitsgericht
BauGB	Baugesetzbuch
BauNVO	Baunutzungsverordnung

Bd.	Band (eines Verlagswerkes)
BDK	Bund Deutscher Karneval
BDSG	Bundesdatenschutzgesetz
BetrVG	Betriebsverfassungsgesetz
BfA	Bundesversicherungsanstalt für Angestellte
BFH	Bundesfinanzhof
BGB	Bürgerliches Gesetzbuch
BGBl.	Bundesgesetzblatt
BGH	Bundesgerichtshof
BGHZ	Amtliche Sammlung von Entscheidungen des Bundesgerichtshofs in Zivilsachen
BImSchG	Bundesimmissionsschutzgesetz
18. BImSchV	Sportanlagenlärmschutzverordnung
BMF	Bundesministerium der Finanzen
BNatSchG	Bundesnaturschutzgesetz
BRD	Bundesrepublik Deutschland
BSG	Bundessozialgericht
Bspw.	Beispielsweise
BUrlG	Bundesurlaubsgesetz
BV	Betriebsvermögen
BVerfG	Bundesverfassungsgericht
BVerfGE	Entscheidungen des Bundesverfassungsgerichts
BVerwG	Bundesverwaltungsgericht
bzw.	Beziehungsweise
CD	Compact Disc
CD-ROM	Compact Disc Read Only Memory
CTS	elektronischer Ticketverkauf
d. h.	das heißt
dB (A)	Maßeinheit für Schalldruckpegel
DAT	Digital Audio Tape
DBA	Doppelbesteuerungsabkommen
DEHOGA	Deutscher Hotel- und Gaststättenverband
DFB	Deutscher Fußballbund
DIN	Deutsches Institut für Normung
DJ	Disc Jokey
DMV	Deutscher Musikverleger-Verband
DPMA	Deutsches Patent- und Markenamt
DRM	Digital Rights Management
DRMV	Deutscher Rock & Pop Musikerverband
DRV	Deutsche Rentenversicherung
DVD	Digital Versatile Disc
e. G.	eingetragene Genossenschaft
e. V.	eingetragener Verein
EASA	European Advertising Standards Alliance
Ebenda	Wie angegeben

EFZG	Entgeltfortzahlungsgesetz
EG	Europäische Gemeinschaft
EG-Vertrag	Vertrag zur Gründung der Europäischen Gemeinschaft
EHUG	Gesetz über elektonisches Handelsregister und Genossenschaftsregister sowie das Unternehmensregister
Einf.	Einführung
ELSTER	Elektronische Steuererklärung
EM	Europameisterschaft
E-Mail	Elektronische Mail
EMRK	Europäische Menschenrechskonvention
E-Musik	Ernste (klassische) Musik
ErfK	Erfurter Kommentar
EStG	Einkommenssteuergesetz
etc.	et cetera (und so weiter)
EU	Europäische Union
EuGH	Gerichtshof der Europäischen Gemeinschaft
EUR	EURO
europ.	europäisch
EWR	Europäischer Währungsraum
f.	Folgend
FeiertagsG NW	Feiertagsgesetz Nordrhein-Westfalen
ff.	Fortfolgend
Fn.	Fußnote
Form.	Formular
FS	Festschrift
FStrG	Bundesfernstraßengesetz
FTG BW	Feiertagsgesetz Baden-Württemberg
GastG	Gaststättengesetz
GaststättG	Gaststättengesetz
GbR	Gesellschaft bürgerlichen Rechts
GDT	Genossenschaft Deutscher Tonsetzer
GebrMG	Gebrauchsmustergesetz
gem.	Gemäß
GEMA	Gesellschaft für musikalische Aufführungs- und mechanische Vervielfältigungsrechte
GeschmMG	Geschmacksmustergesetz
GewO	Gewerbeordnung
GewStG	Gewerbesteuergesetz
GG	Grundgesetz
GmbH	Gesellschaft mit beschränkter Haftung
GmbHG	GmbH-Gesetz
GMV	EU-Verordnung über die Gemeinschaftsmarke
grds.	Grundsätzlich
GRUR	Gewerblicher Rechtsschutz und Urheberrecht (Zeitschriftenreihe)

GRURInt	Gewerblicher Rechtsschutz und Urheberrecht, Internationaler Teil (Zeitschriftenreihe)
GVL	Gesellschaft zur Verwertung von Leistungsschutzrechten m. b. H.
GWB	Gesetz gegen Wettbewerbsbeschränkungen
h. M.	Herrschende Meinung in Rechtslehre bzw. Rechtssprechung
HAP	Händlerabgabepreis
HGB	Handelsgesetzbuch
HS	Halbsatz
HTML	Hyper Text Markup Language (Programmiersprache)
i. d. R.	in der Regel
i. H. v.	in Höhe von
i. S. d.	im Sinne des
i. S. v.	im Sinne von
i. V. m.	in Verbindung mit
IfSG	Infektionsschutzgesetz
inkl.	Inklusive
IP	Internet Protocol
IR	internationale Registrierung
IT	Informationstechnologie
IWM	Informations- und Wissensmanagement
JArbSchG	Jugendarbeitsschutzgesetz
JMD	jeunnesses musicales
JuSchG	Jugendschutzgesetz
Kap.	Kapitel
KBS	Kaufmännisches Bestätigungsschreiben
Kfz	Kraftfahrzeug
KG	Kammergericht bzw. Kommanditgesellschaft
KGa. A.	Kommanditgesellschaft auf Aktien
KSG	Kündigungsschutzgesetz
KSK	Künstlersozialkasse
KStG	Körperschaftssteuergesetz
KSVG	Künstlersozialversicherungsgesetz
KUG	Kunsturhebergesetz
KunstUrhG	Kunsturhebergesetz
LBO BW	Bauordnung des Landes Baden-Württemberg
LG	Landgericht
LImSchG	Landesimmissionsschutzgesetz
LP	Langsielplatte
LStDV	Lohnsteuer-Durchführungsverordnung
LUG	Gesetz betreffend das Urheberrecht an Werken der Literatur und der Tonkunst
m. E.	meines Erachtens
m. w. N.	mit weiteren Nachweisen
MarkenG	Markengesetz

MDR	Monatsschrift für Deutsches Recht (Zeitschriftenreihe)
MDStV	Medienstaatsvertrag
META-Tags	Schlüsselwörter in HTML-Dokumenten
MMA	Madrider Abkommen von 1891
MMR	Multimedia und Recht (Zeitschriftenreihe)
MoMiG	Gesetz zur Modernisierung des GmbH-Rechts und zur Bekämpfung von Missbräuchen
MuSchG	Mutterschutzgesetz
MVStättV	Musterversammlungsstättenverordnung
n. F.	neue Fassung (eines Gesetzes)
NachwG	Nachweisgesetz
NJW	Neue Juristische Wochenschrift (Zeitschriftenreihe)
NJW-RR	NJW-Rechtssprechungs-Report Zivilrecht (Zeitschriftenreihe)
Nr.	Nummer
NVwZ	Neue Zeitschrift für Verwaltungsrecht
OHG	Offene Handelsgesellschaft
OLG	Oberlandesgericht
OLGR	OLG-Report (getrennt für die verschiedenen Oberlandesgerichte)
OVG	Oberverwaltungsgericht
PA	Public Address
PAngV	Preisangaben-Verordnung
PartG	Patentgesetz
PC	Personal Computer
PMMA	Protokall zum Madrider Abkommen von 1989
PR	Öffentlichkeitsarbeit, Kontaktpflege
PVV	Positive Vertragsverletzung bzw. Positive Foderungsverletzung
RBÜ	Revidierte Berner Übereinkunft zum Schutz von Werken der Literatur und Kunst
RGZ	Amtliche Sammlung von Entscheidungen des Reichsgerichts in Zivilsachen
Rn.	Randnummer
Rspr.	Rechtsprechung
RStV	Rundfunkstaatsvertrag
s.	Siehe
S.	Seite (in der Fußnote) oder Satz (bei Rechtsnormen)
S. auch	siehe auch
s. o.	siehe oben
s. u.	siehe unten
SGB	Sozialgesetzbuch
SigG	Signaturgesetz
SMS	Short Message Service (Telekommunikationsdienst zur Übertragung von Textnachrichten im Mobilfunk und Festnetz)
sog.	so genannt
StGB	Strafgesetzbuch

stt.	strittig bzw. streitig
StVO	Straßenverkehrsordnung
TA	Technische Anleitungen
TDDSG	Teledienstdatenschutzgesetz
TDG	Teledienstegesetz
TKG	Telekommunikationsgesetz
TMG	Gesetz über die Nutzung von Telediensten
TÜV	Technischer Überwachungsverein
TV	Television
TVG	Tarifvertragsgesetz
TVK	Tarifvertrag für Musiker in Kulturorchestern
TzBfG	Teilzeit- und Befristungsgesetz
u.a.	unter anderem
u. ä.	und ähnliches
u. U.	unter Umständen
UFITA	Archiv für Urheber-, Film-, Funk- und Theaterrecht (Zeitschriftenreihe)
umst.	Umstritten
U-Musik	Unterhaltungsmusik
UmwG	Umwandlungsgesetz
UG	Unternehmergesellschaft
UrhG	Urheberrechtsgesetz
UrhWG	Urheberrechtswahrnehmungsgesetz in Deutschland
URL	Uniform Resource Locator (Adressierung für Multimedia-Dokumente im WWW)
USA	United States of America
UStDV	Umsatzsteuer-Durchführungsverordnung
UStG	Umsatzsteuergesetz
usw.	und so weiter
UWG	Gesetz gegen den unlauteren Wettbewerb
v.	Vom
v. a.	vor allem
VDKC	Verband Deutscher Konzertchöre
VDM	Verband Deutscher Musikschaffender
VergStG	Vergnügungssteuergesetz
VerlG	Verlagsgesetz
VersammlG	Versammlungsgesetz
VEVA	Verein zur Verwertung musikalischer Aufführungsrechte
VG	Verwertungsgesellschaft/Verwaltungsgericht
VGH	Verwaltungsgerichtshof
vgl.	vergleiche
VO	Verordnung
VStättVO	Versammlungsstätten-Verordnung
VuR	Verbraucher und Recht (Zeitschriftenreihe)
VUT	Verband unabhängiger Tonträgerunternehmen

VVG	Versicherungsvertragsgesetz
VVK	Vorverkauf
VwVG	Verwaltungsvollstreckungsgesetz
WahrnG	Wahrnehmungsgesetz
WCT	WIPO Copyright Treaty
WHG	Wasserhaushaltsgesetz
WIPO	World Intellectual Property Organization
WM	Weltmeisterschaft
WUA	Welturheberrechtsabkommen
WWW	World Wide Web
z. B.	zum Beispiel
z. T.	zum Teil
z. Z.	zur Zeit
ZDF	Zweites Deutsches Fernsehen
Ziff.	Ziffer
ZK-DVO	Zollkodex-Durchführungsverordnung
ZollbefreiungsVO	Zollbefreiungsverordnung
ZK	Zollkodex
ZollV	Zollverordnung
ZollVG	Zollverwaltungsgesetz
ZPO	Zivilprozessordnung
ZPÜ	Zentralstelle für Urheber- und Medienrecht/Film und Recht
zzgl.	Zuzüglich

Erstes Kapitel: Vertrags- und Haftungsrecht

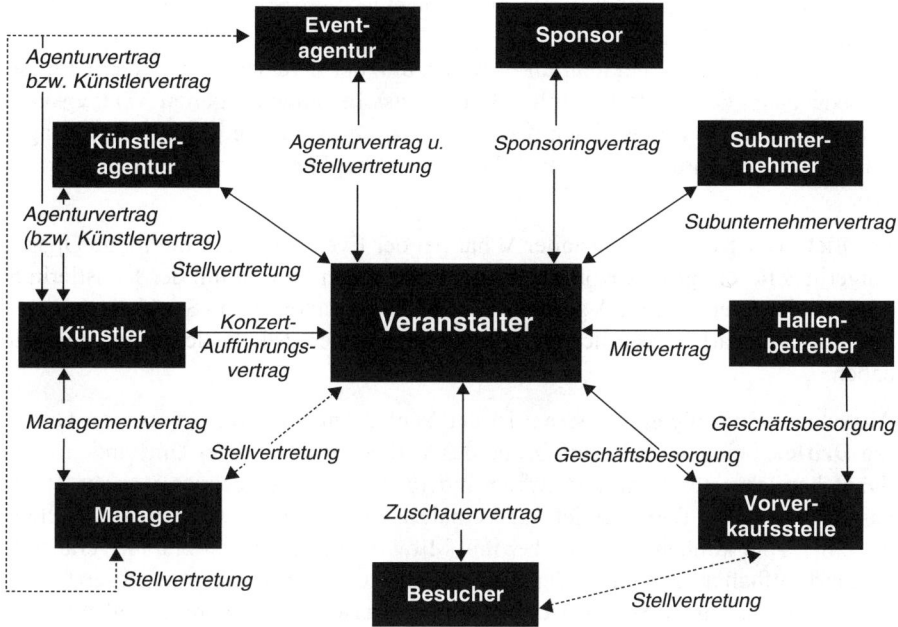

Abb. 1: Rechtsbeziehungen bei Veranstaltungen

A. Einleitung

Den Kernbereich des Eventrechts bildet das Vertragsrecht. Das oben dargestellte Schaubild lässt deutlich werden, wie viele Personen bei einer Veranstaltung beteiligt sein können. Diese Beteiligten treffen in den verschiedensten Konstellationen vertragliche Vereinbarungen miteinander, so dass sich ein komplexes Netz rechtlicher Beziehungen ergibt. In der Mitte steht der Veranstalter, bei dem letztendlich alle Fäden faktisch zusammenlaufen.

Viel zu häufig wird die Bedeutung des Vertragsrechts **unterschätzt** und ein Vertrag **per Handschlag** besiegelt. Gerade bei unklaren oder mündlichen Verträgen besteht die Gefahr, dass Beweisprobleme im Falle von Leistungsstörungen auftreten. Das Vertragsrecht bietet viel Gestaltungsspielraum, um die eigene Rechtsposition durch geschickte Vertragsformulierungen zu verbessern.

Die Spanne der veranstaltungstypischen Verträge reicht vom **Konzert-** oder **Aufführungsvertrag**, **Künstlervertrag**, **Agenturvertrag** und **Managementvertrag** im Umfeld des Künstlers bis hin zum **Sponsoringvertrag** zwischen dem Veranstalter und zahlungskräftigen Werbepartnern. Der Veranstalter schließt mit dem Betreiber des Veranstaltungsortes einen **Hallenmietvertrag**. Weiterhin verpflichtet er in **Subunternehmerverträgen** Licht- und Tontechnikbetriebe, Caterer, Sicherheitskräfte, Garderobenpersonal und andere Subunternehmer. Auch die Besucher stehen in einem vertraglichen Verhältnis zum Veranstalter, dem **Besucher-** oder **Zuschauervertrag**.

Die Vorverkaufsstelle ist mit dem Veranstalter vertraglich durch den **Vorverkaufsvertrag** verbunden.

Die genaue Unterscheidung und Abgrenzung der diversen Vertragsverhältnisse ist bedeutsam, da das Prinzip gilt: „**Jeder muss in seinem eigenen Vertragsverhältnis bleiben**". Grundsätzlich bedeutet dieses, dass nur die jeweiligen Vertragspartner einen Anspruch auf die Erfüllung der vertraglich vereinbarten Leistung haben.

Beispiel: Der Konzertveranstalter V hat bei der Eventagentur A die junge Opernsängerin S für ein großes Konzert gebucht. Ob V den Vertrag mit der Künstlerin S oder mit der Eventagentur A geschlossen hat, hängt davon ab, ob S und die Agentur ihre Zusammenarbeit rechtlich als Agenturvertrag oder als Künstlervertrag geregelt haben.

Ausnahme vom obigen Grundsatz ist der **Vertrag mit Schutzwirkung zu Gunsten Dritter**, bei dem Dritte auf Grund des Vorliegens besonderer Umstände in den Schutzbereich eines Vertrages zweier anderer Parteien einbezogen werden. Relevant wird dies im Eventbereich im Verhältnis zwischen Veranstalter und Hallenbetreiber. Hier können die Besucher und Mitwirkenden, die sich in dem Veranstaltungsort aufhalten und daher den von ihm ausgehenden Risiken ausgesetzt sind, gegebenenfalls eigene Schadensersatzansprüche erwirken, obwohl sie selbst in keinem Vertragsverhältnis mit dem Hallenbetreiber stehen.

Nach der Abgrenzung der aufgezeigten veranstaltungstypischen Verträge sind diese rechtlich unterschiedlichen **Vertragstypen** zuzuordnen. Diese Qualifizierung ist von Bedeutung, wenn Probleme und Schwierigkeiten in der Abwicklung der Verträge entstehen und Regressansprüche geltend gemacht werden.

Beispiel: Am Konzertabend erscheint die Sängerin S überraschend nicht wie vereinbart, da sie sich auf Grund eines Buchungsfehlers doppelt verpflichtet hatte. V muss das Konzert absagen, da er so kurzfristig keinen gleichwertigen Ersatz finden kann. Ihm entsteht durch den Konzertausfall neben dem Prestigeverlust ein enormer finanzieller Schaden durch die Kosten für die Hallenmiete, Technik, Personal u. a.

Erbringt ein Beteiligter seine Leistung nicht, nicht rechtzeitig oder nicht vereinbarungsgemäß, handelt es sich um eine so genannte **Leistungsstörung**. Dann kann der Vertragspartner – gegebenenfalls unter Einhaltung bestimmter weiterer Vorgaben wie Mahnung oder Fristsetzung – von dem Vertrag zurücktreten bzw. Nacherfüllung, Aufwendungsersatz oder Schadensersatz verlangen.

Die Voraussetzungen für die einzelnen Kriterien sind abhängig von den jeweiligen Vertragstypen.

Zum obigen Beispiel: Die Voraussetzungen, unter denen V Schadens- und Aufwendungsersatz verlangen kann, bestimmen sich somit nach der rechtlichen Qualifizierung seines Vertrages.

Neben der Komplexität der Beteiligungsverhältnisse macht der **Fixschuldcharakter** der Leistungen im Eventbereich die Vertragsverhältnisse besonders störanfällig. Die Leistungen der Beteiligten dienen der Vorbereitung und Durchführung der Veranstaltung und müssen daher bis zu einem ganz bestimmten, fixen Termin vor oder während der Produktion erbracht werden. Später ist die Erbringung der Leistung sinnlos. Tritt die Sängerin S nicht auf oder liefert etwa ein Technikbetrieb die Licht- und Tontechnik nicht am Veranstaltungstag, sondern erst einen Tag später, kann das Event nicht stattfinden. Die schweren Folgen von verspäteten oder mangelhaften Leistungen – Veranstaltungsabsage, Mehrkosten – treffen zunächst den Veranstalter, der sich dann wieder mit den Beteiligten (im Innenverhältnis) hinsichtlich der sog. Regressansprüche auseinander setzen muss. Deshalb ist es für ihn wichtig, Kenntnisse im Vertragsrecht aufzuweisen und die Übersicht zu bewahren.

Wer die entsprechenden Kenntnisse besitzt, ist jedoch nicht erst im Störfall, sondern bereits bei Vertragsschluss im Vorteil. Der im Vertragsrecht herrschende Grundsatz der Privatautonomie ermöglicht den Parteien die freie Gestaltung ihrer Verträge. Die Privatautonomie berechtigt den einzelnen, Rechte und Pflichten zu begründen, zu ändern oder aufzuheben.[1] In gewissen Grenzen können die dispositiven gesetzlichen Regelungen durch vertragliche Vereinbarungen modifiziert werden. So kann der juristisch bewanderte Verhandlungspartner insbesondere die eigene **Haftung** durch geschickte **Vertragsgestaltung** und auf Kosten des anderen Beteiligten mindern. Im Vordergrund der Vertragsgestaltung stehen damit die Ziele und nicht das Recht, wobei das Recht den Rahmen vorgibt, in welchem sich die Ziele halten müssen. Dadurch brauchen sich die Beteiligten nicht vor rechtsfreien Räumen fürchten, denn sofern keine Vereinbarung getroffen wurde, greift das Gesetz.

Tabelle 1: Veranstaltungstypische Vertragsarten

Vertrag	Vertragstypus	Beziehung
Konzert-/ Aufführungsvertrag	Werkvertrag oder Dienstvertrag	Veranstalter – Künstler
Künstlervertrag		Veranstalter/Eventagentur – Künstler
Agenturvertrag	Makler- oder typengemischter Vertrag bzw. Werkvertrag	Veranstalter – Eventagentur Künstler – Künstleragentur
Managementvertrag	Dienstvertrag mit Geschäftsbesorgungselementen	Künstler – Manager

---

[1] Palandt/Ellenberger, vor § 104 BGB, Rn. 1.

Tabelle 1: (Fortsetzung)

Vertrag	Vertragstypus	Beziehung
Zuschauer Konzertbesuchervertrag	Werkvertrag mit mietrechtlichen Aspekten	Veranstalter – Besucher
Subunternehmervertrag	Werkvertrag oder Dienstvertrag	Veranstalter – Subunternehmer
Raumüberlassungsvertrag	Mietvertrag mit dienst-, werk- und geschäftsbesorgendem Charakter	Veranstalter – Hallenbetreiber
Kartenvorverkaufsvereinbarung	Handelsvertretervertrag oder entgeltlicher Geschäftsbesorgungsvertrag	Veranstalter/Hallenbetreiber – Vorverkaufsstelle
Sponsorvertrag	Typengemischter Vertrag	Veranstalter – Sponsor
Kein Vertragsverhältnis → kein Leistungsanspruch gegen den Künstler (außer bei Eigenveranstaltungen des Künstlers[2])		Besucher – Künstler

B. Grundlagen des Vertragsrechts

Im Vertragsrecht sind folgende grundlegende Kenntnisse, die beim Abschluss und der Abwicklung von Verträgen zu beachten sind, unabdingbar.

I. Vertragsschluss

Fall 1: Der Konzertveranstalter V will für ein Konzert der Rockband 3zwanzig Licht- und Tontechnikequipment anmieten und erkundigt sich bei dem Technikverleih T. Als dieser sich nach einigen Preisverhandlungen bereit erklärt, ihm das Equipment kostengünstig für 5.000 € zur Verfügung zu stellen, erteilt er T sofort eine entsprechende Bestätigung. Ist diese Bestätigung bereits als Vertragsschluss zu werten?

Fall 2: Die V-GmbH als Tourneeveranstalter bietet durch ihren Geschäftsführer V dem örtlichen Veranstalter Ö-GmbH per Handy die Band 3zwanzig für eine Veranstaltung am 10.05.2008 auf einem Schloss gegen eine Gage in Höhe von 15.500,- € inkl. Umsatzsteuer an. Zusätzlich wird über die Nebenpflichten wie Gebietsschutzklausel, Umsetzung der Bedingungen des Technical Rider und Auszahlungszeitpunkte verhandelt. Zwei Tage später bestätigt der Geschäftsführer V per Telefon gegenüber dem Geschäftsführer Ö. Wurde wirksam ein Vertrag geschlossen?

Ein **Vertrag** ist ein gegenseitiges Rechtsgeschäft, das auf die Herbeiführung eines rechtlichen Erfolgs gerichtet ist. Für beide Vertragsparteien resultieren daraus Rechte und Pflichten. Verträge sind einzuhalten („pacta sunt servanda"). Das heißt, ist ein Vertrag erst einmal geschlossen, ist er bindend und kann nicht ohne weiteres von einer der Vertragsparteien einseitig und ohne Zustimmung der anderen Vertragspartei aufgelöst werden.[3] Deshalb sollte auf den Vertragsinhalt genaues Augenmerk gelegt werden.

---

[2] Hier ist der Künstler gleichzeitig auch Veranstalter und trägt damit die Veranstalterpflichten.
[3] Palandt/Ellenberger, vor § 145 BGB, Rn. 1 und 4a.

1. Angebot und Annahme

Ein Vertrag kommt zustande durch die Abgabe zweier übereinstimmender Willenserklärungen der Vertragsparteien, dem Angebot und der Annahme.[4]

Das **Angebot**, auch als Antrag bezeichnet, ist eine einseitige, empfangsbedürftige Willenserklärung zur Schließung eines Vertrages. Der Gegenstand und der Inhalt eines Vertrages müssen dabei so bestimmt oder bestimmbar angegeben sein, dass die Annahme durch ein einfaches „Ja" erfolgen kann.[5]

Falllösung 1: Durch die Erklärung des T, er könne V das Equipment für insgesamt 5.000,- € zur Verfügung stellen, gibt T ein Angebot ab.

Wer ein Angebot abgibt, ist so lange daran gebunden, bis es ihm gegenüber abgelehnt oder nicht rechtzeitig angenommen worden ist, außer er hat diese Gebundenheit ausgeschlossen durch Formulierungen wie „freibleibend" oder „ohne obligo" (§ 145 BGB).[6]

Die **Annahme** ist eine einseitige, in der Regel empfangsbedürftige Willenserklärung, in der der Empfänger des unterbreiteten Angebots dieses Angebot vorbehaltlos bejaht.

Fortsetzung Falllösung 1: Die Annahme des V ist in der Bestätigung zu sehen, in der er ausdrücklich seine Zustimmung zum Angebot des T über 5.000,- € erklärt.

Sofern die Annahme nicht ausnahmsweise formbedürftig ist, muss sie nicht ausdrücklich oder gar schriftlich erfolgen. Es reicht aus, wenn sie durch schlüssiges Verhalten, etwa durch das Bewirken oder Entgegennehmen der Leistung, zum Ausdruck gebracht wird.[7] Schweigen genügt grundsätzlich nicht.[8]

Die einzige Ausnahme hierzu stellt das **sog. Kaufmännische Bestätigungsschreiben** (KBS) dar. Im Handelsverkehr gilt der Grundsatz, dass der Empfänger eines KBS unverzüglich widersprechen muss, wenn er den Inhalt des Schreibens nicht gegen sich gelten lassen will.[9] Für den Eventbereich bedeutet dieses, dass alle Unternehmer, die wie ein Kaufmann selbständig in größerem Umfang am Rechtsverkehr teilnehmen, Empfänger und Absender eines KBS sein können.

Falllösung 2: Die V-GmbH und die Ö-GmbH sind Kaufmann kraft Gesetzes aufgrund der Rechtsform. Da V in einem zeitlich unmittelbaren Zusammenhang, nämlich nur 2 Tage später, die getroffenen Absprachen aus der vorherigen Vertragsverhandlung eindeutig zusammengefasst hat, ist ein Vertrag zwischen der Ö-GmbH und V-GmbH nach den Grundsätzen des Kaufmännischen Bestätigungsschreibens

---

[4] Siehe Palandt/Ellenberger, vor § 145 BGB, Rn. 1.
[5] BAG NJW 06, 1832, 1833; Palandt/ Ellenberger, § 145 BGB, Rn. 1.
[6] Siehe auch Fischer/Reich, § 8 Rn. 21.
[7] So Palandt/Ellenberger, § 147 BGB, Rn. 1 f.
[8] Medicus/Petersen, Rn. 52; a.A. Homann, Praxishandbuch Musikrecht, S. 159 - danach kann in seltenen Ausnahmefällen bloßes Schweigen eine Willenserklärung sein - (BGH NJW 1995, 1281 m.w.N; BGH NJW 1996, 920).
[9] Palandt/ Ellenberger, § 147 BGB, Rn. 8 ff.

(KBS) zustande gekommen, sofern der Geschäftsführer Ö nicht unverzüglich widerspricht. Ohne Wirkung wäre das KBS, wenn der V das Verhandlungsergebnis bewusst unrichtig oder entstellt wiedergegeben und damit arglistig gehandelt hätte. Die Beweislast hierfür trägt die Ö-GmbH.

Ein mündliches Angebot auch per Telefon kann nur sofort angenommen werden. Bei einem schriftlichen Angebot setzt sich die gesetzliche Annahmefrist aus der Zeit für die Übermittlung des Angebots, Bearbeitungs- und Überlegungszeit sowie der Rückübermittlungszeit zusammen (§ 147 BGB).[10]

Wird ein Angebot nur mit Änderungen angenommen, gilt dies als Ablehnung des Angebots und zugleich als neues Angebot (§ 150 Abs. 2 BGB).

Die Ankündigung oder Bewerbung eines Events auf Plakaten, in Zeitungen oder Katalogen stellt allerdings kein Angebot des Veranstalters an alle potenziellen Besucher dar, sondern lediglich eine unverbindliche Aufforderung zur Abgabe der rechtsverbindlichen Willenserklärung (**sog. invitatio ad offerendum**). Der Veranstalter kann sich gegenüber den interessierten Besuchern erst nach Sichtung des Saalplans für das gewünschte Ticket in der entsprechenden Kategorie rechtsverbindlich verpflichten. Folglich unterbreitet der Besucher das Angebot und der Veranstalter nimmt es an, wenn er diesem das Ticket ausstellt. Hintergrund ist, dass sich der Veranstalter nicht vorher gegenüber allen interessierten Besuchern verpflichten kann bzw. will, ohne Gefahr zu laufen, bei ausverkauftem Haus den übrigen Besuchern ansonsten schadensersatzpflichtig zu sein.

2. Vorverhandlung und Vorvertrag

Fall 3: Künstler K und die Eventagentur A haben sich zufällig während der Internationalen Kulturbörse in Freiburg an einem Stand getroffen und sind sich über den Abschluss eines Agenturvertrages sehr schnell einig geworden, da K sich hiervon vermehrt Auftrittsmöglichkeiten erhofft. Für einen ausführlichen schriftlichen Vertrag ist die Zeit zu kurz, so dass die wichtigsten Vertragspunkte zumindest in einem „Heads of Agreement" handschriftlich notiert und gegenseitig unterschrieben wurden. Sie vereinbaren, den ausführlichen Vertrag in den folgenden Wochen von dem Anwalt der Eventagentur ausformulieren zu lassen. Ist K bei A bereits unter Vertrag?

In der Praxis werden häufig kurze Vorverträge geschlossen, die zunächst die Grundlage für die weitere Zusammenarbeit der Vertragsparteien bis zum späteren Abschluss des vollständigen Vertrages bilden sollen. Vorverträge verpflichten zum Abschluss eines späteren Hauptvertrages. Vorverträge erfordern daher einen beidseitigen Bindungswillen der Parteien, der nicht nur einer Absichtserklärung ähnelt. Die Überschrift des Vertragswerks als Vorvertrag, „Letter of Intent" oder als „Head of Agreement" ist für die Auslegung beider Willenserklärungen nicht von allzu großer Bedeutung, zumal im Eventbereich verschiedene Formulierungen Verwendung finden, obwohl ihre Bedeutung unklar und branchenbezogen ist. Direkt übersetzt bedeutet „Letter of In-

---

[10] Siehe auch Palandt/ Ellenberger, § 147 BGB, Rn. 6.

tent" lediglich „Absichtserklärung", während im Filmbereich diese Formulierung als rechtsverbindliche Regelung verstanden wird.[11] Mithin sollten die Überschriften trotz zunehmendem Anglizismus nicht unreflektiert verwendet werden.

Unabhängig aller Formulierungen muss der sog. Vorvertrag die wesentlichen Punkte des Hauptvertrages bereits enthalten bzw. bestimmen.[12]

Falllösung 3: Hier ist davon auszugehen, dass K und A einen verbindlichen Künstlervertrag abschließen wollten. Insbesondere die Vereinbarung, den ausführlichen Vertrag noch vom Anwalt ausformulieren zu lassen, spricht dafür, dass sich beide über die wesentlichen Punkte des Hauptvertrages geeinigt hatten und nur noch ein juristischer Feinschliff gemacht werden sollte.

Vom verbindlichen Vorvertrag ist das Stadium der Vertragsverhandlungen (**sog. Vorverhandlungen**) über den Preis oder andere Vertragsmodalitäten, die bis zur vollständigen Einigung grundsätzlich nicht bindend sind, zu unterscheiden. Nach § 154 Abs. 1 S. 2 BGB ist die Verständigung über einzelne Punkte auch dann nicht bindend, wenn eine Aufzeichnung stattgefunden hat. Eine solche schriftliche Teileinigung (sog. Punktation) führt zwar nicht zu einem anspruchsbegründeten Vertragsschluss[13], aber begründet ein vorvertragliches Vertrauensverhältnis.[14] Obwohl eine harte Vertragsverhandlung zulässig ist, kann eine Verletzung der gegenseitigen Rücksichtnahmepflichten unter Umständen angenommen werden, wenn es nicht zur Vertragsunterzeichnung kommt. Spätestens mit Übersendung der Vertragsentwürfe ist ein verzögertes Zuwarten und ein Anreisenlassen des Künstlers zur Auftrittsvorbereitung schadensersatzpflichtig (z. B. Reise- und Übernachtungskosten).[15]

3. Form von Verträgen

Wegen des Grundsatzes der Privatautonomie sind Rechtsgeschäfte regelmäßig formlos gültig. Es liegt in der Hand der Parteien, ob sie den Vertrag mündlich, telefonisch, per Fax, schriftlich oder gar allein durch schlüssiges Verhalten schließen. Zu Schutzzwecken ist jedoch in einigen Fällen eine bestimmte Form **gesetzlich** vorgeschrieben.

Im Eventbereich ist die **Schriftform** die relevanteste Form. Ist aufgrund des Gesetzes (z. B. für die Einräumung von Nutzungsrechten im Urheberrecht gemäß § 40 UrhG) Schriftform erforderlich, muss die Urkunde vom Aussteller eigenhändig durch Namensunterschrift oder mittels notariell beglaubigtem Handzeichen unterzeichnet werden (§ 126 Abs. 1 BGB). Die Übermittlung der Erklärung per Fax reicht dann nicht aus.

---

[11] Homann, Praxishandbuch Musikrecht, S. 162.
[12] Palandt/ Ellenberger, vor § 145 BGB, Rn. 20.
[13] OLG Koblenz v. 12.06.2002, AZ: 1 U 1130/01; Poser, Konzert- und Veranstaltungsverträge, S. 7 m.w.N.
[14] Vgl. Palandt/Ellenberger, vor § 145 BGB, Rn. 18.
[15] OLG Koblenz v. 12.06.2002, AZ: 1 U 1130/01; Poser, Konzert- und Veranstaltungsverträge, S. 7 m.w.N.

Die Schriftform ist zwingend vorgeschrieben bei der Beendigung von Arbeitsverhältnissen durch **Kündigung** oder Auflösungsvertrag (§ 623 BGB). Zu beachten ist insbesondere, dass die Kündigung bzw. der Auflösungsvertrag auch dann schriftlich erfolgen muss, wenn der zu beendende Dienstvertrag mündlich abgeschlossen wurde. Die Kündigung bzw. der Auflösungsvertrag ist ansonsten unwirksam und das Arbeitsverhältnis besteht fort.[16] Dann muss erneut fristgerecht gekündigt werden.

Tabelle 2: **Arten der Formvorschriften**

Formvorschriften		
➢ **Schriftform**	§ 126 BGB	gelockerte Schriftform
➢ **elektronische Form**	§ 126 a BGB	
➢ **Textform**	§ 126 b BGB	verschärfte Schriftform
➢ **Öffentliche Beglaubigung**	§ 129 BGB	
➢ **Notarielle Beurkundung**	§ 128 BGB	
➢ **gleichzeitige Anwesenheit an einer Stelle**	§ 1311 BGB	

Auf Verlangen ist dem Schuldner einer Leistung von dem Gläubiger eine **Quittung**, d. h. ein schriftliches Empfangsbekenntnis zu erteilen, wenn er die Leistung erbracht hat (§ 368 BGB). Ein Veranstalter ist verpflichtet, einem Subunternehmer den Empfang der Licht- und Tontechnik zu quittieren.

Die Schriftform kann grundsätzlich durch die **elektronische Form** ersetzt werden. Dann muss der Aussteller statt der handschriftlichen Namensunterschrift der Erklärung seinen Namen hinzufügen und das elektronische Dokument mit einer qualifizierten elektronischen Signatur nach dem Signaturgesetz versehen (§ 126a Abs. 1 BGB). Bei der Kündigung eines Arbeitsverhältnisses ist dies allerdings ausgeschlossen (§ 623 2. HS BGB). Die verschärften Schriftformarten spielen im Eventbereich eine eher untergeordnete Rolle und werden deshalb nicht vertieft.

Wird eine gesetzliche Formvorschrift beim Abschluss eines Vertrages nicht eingehalten, ist das Rechtsgeschäft gemäß § 125 S. 1 BGB **nichtig**. Das bedeutet, dass das Rechtsgeschäft von Beginn an als nicht zustande gekommen gilt. Die Rechtsfolge der Nichtigkeit gilt selbst dann, wenn die Parteien den nicht formgerechten Vertrag als wirksam behandeln wollen. Ist einer Partei bei der Nichtbeachtung der Formvorschrift Vorsatz oder Fahrlässigkeit vorzuwerfen, kann dies sogar Schadensersatzansprüche auslösen.[17]

Auch in den Fällen, in denen die Schriftform nicht gesetzlich vorgeschrieben ist, können die Vertragsparteien die Schriftform rechtsgeschäftlich vereinbaren (**sog.**

---

[16] So Palandt/Weidenkaff, § 623 BGB, Rn. 3 und 8.
[17] Vgl. Medicus/Petersen, Rn. 180 ff.

Schriftformklausel). Bei einem Vertrag müssen dann beide Vertragspartner grundsätzlich ihre Unterschriften auf derselben Urkunde leisten. Dies ist einem verantwortungsbewussten Veranstalter oder Eventmanager dringend anzuraten. Ist ein Vertrag detailliert schriftlich fixiert, entstehen im Streitfall keine Beweisschwierigkeiten hinsichtlich der genauen Rechte und Pflichten der Vertragsparteien. Dies beugt bereits der Entstehung von Problemen vor. In der Veranstaltungsbranche ist die termingenaue Einhaltung der Verträge unabdingbar. Zudem geht es häufig um hohe Summen im Schadensfall. Deshalb gilt: Klare, detaillierte schriftliche Verträge vereinbaren!

II. Stellvertretung

Am Abschluss von Verträgen sind im Eventbereich typischerweise nicht nur die Vertragsparteien selbst, sondern auch vermittelnd tätige Dritte beteiligt.

Künstleragenturen vermitteln Verträge zwischen den Künstlern und den Veranstaltern oder Eventagenturen. Künstler lassen ihre Manager Verträge für sich abschließen, Veranstalter und Eventagenturen wiederum schicken Projektleiter, die für sie auftreten.

Bei diesen **Dreiecksverhältnissen** handelt es sich regelmäßig um das Institut der Stellvertretung.

1. Voraussetzungen der Stellvertretung

Bei der **Stellvertretung** handelt ein Dritter als Vertreter rechtsgeschäftlich im Namen des Vertretenen mit der Wirkung, dass die Rechtsfolgen unmittelbar in der Person des Vertretenen eintreten.[18] Der Stellvertreter schließt also kein eigenes, sondern ein fremdes Geschäft **in fremdem Namen**. Er selbst wird nicht verpflichtet. Er ersetzt nur den Vertretenen bei dem Angebot oder der Annahme im Rahmen des Vertragsschlusses. Dafür hat der Vertretene ihm eine **Vollmacht** erteilt, d. h. der Stellvertreter handelt insofern mit Vertretungsmacht. Die Frage, wer Vertragspartner geworden ist, gewinnt bei der Erfüllung des Vertrages sowie im Regressfall an Bedeutung.

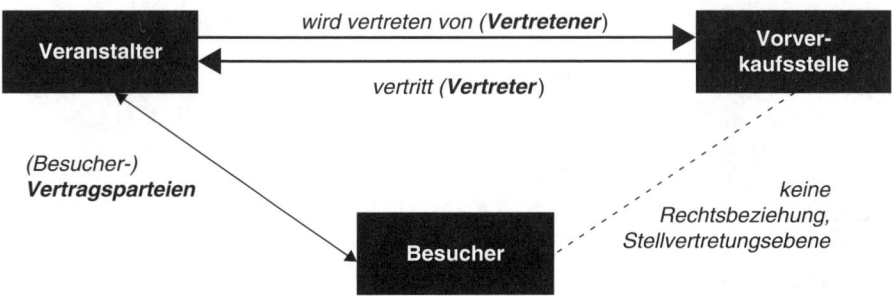

Abb. 2: Rechtsverhältnisse bei der Stellvertretung

---

[18] Palandt/Ellenberger, vor § 164 BGB, Rn. 1.

Um Stellvertretung handelt es sich auch im Verhältnis des Veranstalters zur externen **Ticket-Vorverkaufsstelle**. Die Vorverkaufsstelle „verkauft Tickets" des Veranstalters für diesen an den Besucher. Dabei entsteht ein (Besucher-)Vertrag zwischen dem Besucher und dem Veranstalter, nicht jedoch zwischen dem Besucher und der Vorverkaufsstelle. Die Vorverkaufsstelle ist lediglich die Stellvertreterin des Veranstalters, ohne eigene Rechtsbeziehung zu dem Besucher.[19]

Die Abgrenzung von Fremd- und Eigengeschäft ist von größter Bedeutung bei Eventagenturen. Es gibt im Wesentlichen **zwei zu unterscheidende Arten von Eventagenturen**:

- Bei der klassischen Eventagentur handelt es sich um eine **Vermittlungstätigkeit**. Die Agentur organisiert und führt Events für einen Veranstalter nach dessen Vorgaben durch. Sie sucht Künstler, die den Vorstellungen des Kunden (Veranstalter) entsprechen und engagiert diese in dessen Namen. Dann tritt die Agentur gegenüber dem jeweiligen Künstler ausschließlich als Stellvertreterin des Kunden (Veranstalters) auf und der (Aufführungs-)Vertrag kommt zwischen dem Künstler und dem Veranstalter zustande.[20]
- Im anderen Fall geht es der Eventagentur um den **Ein- und Verkauf der künstlerischen Leistung**. Diese Agenturen sind vergleichbar mit Gastspiel- oder Konzertdirektionen.[21] Die Agentur schließt **in eigenem Namen** Verträge mit Künstlern und veräußert die künstlerische Leistung dann gewinnbringend an Veranstalter weiter. Hier handelt es sich nicht um Stellvertretung, sondern um ein Eigengeschäft der Agentur. Sie wird selbst zum einen Vertragspartnerin des Künstlers und zum anderen Vertragspartnerin des Veranstalters.[22] Zwischen Veranstalter und Künstler besteht dann keine Vertragsbeziehung, insbesondere hat der Veranstalter keinen Anspruch gegen den Künstler auf die Erbringung der Leistung.

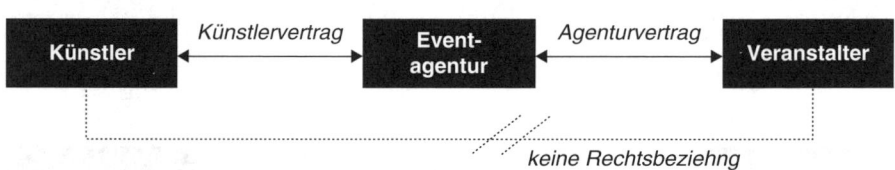

Abb. 3: Verkauf der künstlerischen Leistung

---

[19] So auch Güllemann, S. 186 f.
[20] So Funke/Müller, Rn. 235.
[21] Güllemann, S. 15.
[22] Funke/Müller, Rn. 236.

2. Folgen bei fehlerhafter Ausübung der Stellvertretung

Der Stellvertreter muss bei der Ausübung seiner Position (Vertreterstellung) einige Vorgaben beachten:

- Er muss eine eigene Willenserklärung **in fremdem Namen**, nämlich im Namen des Vertretenen, abgeben. So wird deutlich, dass er ein Fremdgeschäft für den Vertretenen auf dessen Rechnung besorgt (**Offenkundigkeitsprinzip**). Es genügt, wenn dies aus den Umständen folgt. Ist dies nicht der Fall, wird das Geschäft wie ein Eigengeschäft des Erklärenden behandelt und er wird **selbst Vertragspartner** mit allen Rechten und Pflichten.[23] Daher ist es empfehlenswert, die Stellvertreterposition ausdrücklich anzuzeigen. Zum Beispiel kann eine Eventagentur ihre Position durch Formulierungen wie „Veranstalter vertreten durch", „in Vertretung für (Veranstalter)", „im Namen von (Veranstalter)" oder „p.p." klarstellen. Ungenau ist die Formulierung „im Auftrag". Sie zeigt nicht ohne weiteres ein Vertretungsverhältnis an und sollte demzufolge vermieden werden. Auch im Zusammenhang mit der Gestaltung von Eintrittskarten und Werbeträgern ist das Offenkundigkeitsprinzip relevant. Nicht immer ist der Veranstalter eines Events auf der Eintrittskarte oder dem Werbeträger gekennzeichnet. Dafür sind oftmals Hallenbetreiber, ausführende Künstler, Sponsoren und andere an der Durchführung der Veranstaltung beteiligte Personen, die nicht Veranstalter sind, abgedruckt. Dieses ist zu Prestige- und Werbezwecken einerseits von Vorteil. Andererseits besteht insbesondere bei Hallenbetreibern, die häufig den Kartenverkauf für den Veranstalter in Stellvertretung übernehmen, das Risiko, durch die mangelnde Offenkundigkeit der eigenen Stellvertreterposition selbst wie ein Quasiveranstalter behandelt und in Regress genommen zu werden. Denn wenn etwa auf der Karte der tatsächliche Veranstalter fehlt, aber der Name des Betreibers der Halle groß aufgedruckt ist, kann bei dem Besucher der Eindruck entstehen, dass dieser der Veranstalter des Events ist. Deshalb ist es ratsam, auf Eintrittskarten und Werbeträgern deutlich zu benennen, wer der verantwortliche Veranstalter ist.[24]
- Wichtig ist zudem, dass der Vertreter **mit und** insbesondere auch **im Rahmen der Vollmacht**, die ihm der Vertretene eingeräumt hat, handelt. Handelt der Vertreter ohne Vertretungsmacht oder überschreitet er die Grenzen seiner Vollmacht, ist er dem anderen zur Erfüllung oder zum Schadensersatz verpflichtet, falls der Vertretene die Genehmigung des Vertrages verweigert (§ 179 Abs. 1 BGB). Bei fehlender Kenntnis haftet er immerhin auf das negative Interesse (§ 179 Abs. 2 BGB).

Fall 4: Der Praktikant P ist seit 4 Wochen im Orchesterbüro in der Zeit von 14 bis 19 Uhr des Orchesters O tätig. Er hat einen eigenen Schreibtischplatz mit Computer und hat ungehinderten Zugang zu Telefon, Fax bzw. E-Mail. Er wird von der

---

[23] Vgl. Medicus/Petersen, Rn. 87.
[24] Mit vielen Beispielen Güllemann, S. 175 ff.

täglich von 8 bis 17 Uhr anwesenden Geschäftsführerin M angewiesen, für das bevorstehende Konzert Noten auszuleihen. Da P sich verhört, kauft er diese per Fax und stempelt das Fax eigenhändig ab. Trotz Bitten des künstlerischen Leiters des Orchesters besteht der Fachhandel auf Abnahme der Noten und Bezahlung des Kaufpreises. Ist das Orchester O an den Kaufvertrag gebunden?

Handelt der Vertreter ohne Verhandlungsmacht, so kann der Vertretene jedoch durch Rechtsscheinshaftung gebunden werden. Die Grundsätze der **Rechtsscheinshaftung** haben gerade in der Eventbranche eine erhöhte Bedeutung, da bei der Planung und Umsetzung nicht selten Zeit- und Personalnot das kommende Event überschatten. Häufig schließen Angestellte, freie Mitarbeiter, Praktikanten oder nicht bevollmächtigte Auszubildende für das (Kultur)Unternehmen zügig Rechtsgeschäfte ab, die nicht mit dem tatsächlichen Willen des (Kultur)Unternehmens, vertreten durch die Geschäftsführung, übereinstimmen. Die Rechtsordnung ist hier sehr streng und rechnet nach den Grundsätzen der **Duldungs- oder Anscheinsvollmacht** das Verhalten des vermeintlichen Vertreters dem Unternehmen vollständig zu, wenn das Unternehmen das Vertreterhandeln duldet oder nicht unterbindet.

Duldungsvollmacht liegt vor, wenn der Vertretene (hier: Orchester O), es wissentlich geschehen lässt, dass ein anderer für ihn wie ein Vertreter auftritt und der Geschäftsgegner (hier: Fachhandel) dieses Dulden nach Treu und Glauben dahin versteht und auch verstehen darf, dass der als Vertreter (hier: Praktikant P) handelnde bevollmächtigt ist[25]	**Anscheinsvollmacht** liegt dagegen vor, wenn der Vertretene (hier: Orchester O) das Handeln des Scheinvertreters nicht kennt, er es aber bei Einhaltung der gebotenen Sorgfalt hätte erkennen und verhindern können und der andere Teil (hier: Fachhandel) annehmen durfte, der Vertretene dulde und billige das Handeln des Vertreters (hier: Praktikant)

Falllösung 4: Da das Orchesterteam es geduldet hat, dass sich der Praktikant P wie ein Bevollmächtigter verhält, muss das Orchester sich das Kaufverhalten des P entsprechend der Duldungsvollmacht zurechnen lassen. Bereits die Überlassung des Firmenstempels und des Geschäftspapiers/Briefkopf erfüllt die Grundsätze der Rechtsscheinshaftung. Aus diesem Grund sollte sich jeder Kulturbetrieb trotz oben genannter Schwierigkeiten stets gründlich überlegen, welchen Personen soviel Vertrauen entgegengebracht wird, dass sie allein im Büro ungehindert mit den Kommunikationsmitteln umgehen dürfen.

3. Auslegung und Anpassung von Verträgen

a) Ergänzende Vertragsauslegung

In einem Vertrag müssen alle wesentlichen Vertragsbestandteile geregelt werden (sog. „essentialia negotii"). Dazu gehören insbesondere der Gegenstand des Ver-

---

[25] Palandt/Ellenberger, § 172 BGB, Rn. 8.

trags sowie die Vergütung.[26] Daneben können weitere Punkte vereinbart werden, z. B. Zahlungsmodalitäten, Haftungsfragen und Gerichtsstand. Ein Aufführungsvertrag wird häufig auch Vereinbarungen über technische Anlagen und Ausstattung des Veranstaltungsorts, Werbung und Verwertungsrechte enthalten. Bleiben einzelne Punkte offen, muss der Vertrag ergänzend ausgelegt werden. In der Regel können die Lücken der rechtsgeschäftlichen Regelung durch das **dispositive Recht (Gesetz)** geschlossen werden. Folglich greifen dann die gesetzlichen Vorschriften über Zahlungspflichten, Haftung und Gerichtsstand oder Leistungsschutzrechte ein, da sie nicht durch Parteivereinbarung abbedungen worden sind. Das dispositive Recht kann jedoch nicht herangezogen werden, wenn es dem mutmaßlichen Parteiwillen widerspricht. Zudem gibt es vor allem **bei typengemischten oder atypischen Verträgen**, wie sie im Eventbereich häufig vorkommen, oftmals keine dispositive Gesetzesnormen. In diesen Fällen muss der Vertragsinhalt auf der Grundlage des **hypothetischen Parteiwillens** bestimmt werden. Entscheidend ist, was die Parteien bei angemessener Abwägung ihrer Interessen **nach Treu und Glauben mit Rücksicht auf die Verkehrssitte** vereinbart hätten, wenn sie den nicht geregelten Fall bedacht hätten (vgl. § 157 BGB).[27] Bei der Auslegung ist neben objektiven Kriterien wie Treu und Glauben und der Verkehrssitte insbesondere auf die im Vertrag enthaltenen Regelungen und Wertungen abzustellen.[28] Von Bedeutung können in diesem Zusammenhang der Wortlaut, Sprachgebrauch, die Widerspruchslosigkeit, aber auch Begleitumstände, Vorgeschichte und der Vertragszweck sowie die bestehenden Handelsbräuche sein.

Da es sich bei der ergänzenden Vertragsauslegung immer um eine Gratwanderung handelt, sollte dieser durch ausreichende Beratung und sorgfältige wie detaillierte Formulierung des Vertragsgegenstandes und sonstigen Inhalts vorgebeugt werden. Sollte es dennoch zum Auslegungsfall kommen, bestehen zudem mehr Anknüpfungspunkte für die Bestimmung des konkreten Parteiwillens. Auch hier bewahrheitet sich wieder der Grundsatz: Klare, detaillierte schriftliche Verträge vereinbaren!

b) Anpassung von Verträgen

In einigen Fällen haben zwar die Parteien ausreichende Regelungen vorgenommen, es kommt aber zur Störung der Geschäftsgrundlage. Dann ist der Vertrag unter bestimmten Umständen anzupassen.

Beim **Wegfall der Geschäftsgrundlage** haben sich Umstände, die zur Grundlage des Vertrages geworden sind, nach Vertragsschluss schwerwiegend verändert und die Parteien hätten den Vertrag nicht oder mit anderem Inhalt geschlossen, wenn sie diese Veränderung vorausgesehen hätten (§ 313 Abs. 1 BGB).

---

[26] Palandt/Ellenberger, vor § 145 BGB, Rn. 3.
[27] U.a. BGH NJW 04, 2449; 06, 54; NJW-RR 05, 687/90, 1421.
[28] So Palandt/Ellenberger, § 157 BGB, Rn. 7.

Beispiel: Der Veranstalter V engagiert in einem Konzertvertrag den jungen Pianisten P. Beide gehen davon aus, dass der Star-Dirigent D das Konzert dirigieren würde, dies ist für die Zusage des P ausschlaggebend. Als der Dirigent seine Teilnahme absagt und V einen weniger qualifizierten Ersatz verpflichten muss, ist dies für P ein Wegfall der Geschäftsgrundlage.[29]

Im Eventbereich wird der Wegfall der Geschäftsgrundlage vor allem auch im Verhältnis Veranstalter – Hallenbetreiber diskutiert, wenn die Veranstaltung ausfällt, weil z. B. der Künstler erkrankt ist oder höhere Gewalt wie Orkanwetterlagen, Überschwemmungen, Krieg oder Terror die Durchführung verhindern. Entscheidend sind immer die Umstände des Einzelfalles.[30]

Beim **Fehlen der Geschäftsgrundlage** stellen sich wesentliche Vorstellungen, die zur Grundlage des Vertrages geworden sind, als falsch heraus (§ 313 Abs. 2 BGB).

Fall 5: Orchester O vereinbart mit dem Veranstalter der Landesgartenschau K eine Gage, die sich aus einer Grundgage in Höhe von 10.000 € und einer hälftigen Gewinnbeteiligung zusammensetzen soll. Zusätzlich wurde vereinbart, dass Dauerkarteninhaber der Landesgartenschau kostenlos in das Konzert dürfen. Grundlage dieser Zusatzvereinbarung war die durch den Veranstalter vertrauenswürdig garantierte Vorstellung, dass es sich bei den zum Konzert kommenden Dauerkarteninhabern um maximal 200 Besucher handeln würde. Am Konzertabend kam es jedoch ganz anders, denn von den über 5.000 Besuchern waren über 3.500 Besucher Dauerkarteninhaber. Mithin hat sich eine wesentliche Vorstellung, nämlich die Vorstellung über die Anzahl der möglich kostenlosen Konzertbesucher (Dauerkarteninhaber), die zur Vertragsgrundlage geworden ist als falsch herausgestellt. Eine Störung der Geschäftsgrundlage ist gegeben.

Rechtsfolge der Störung der Geschäftsgrundlage ist grundsätzlich nicht die Auflösung des Vertrages, sondern die Anpassung des Vertragsinhalts an die veränderten Verhältnisse. Dabei ist im Rahmen der Zumutbarkeit ein optimaler Interessenausgleich anzustreben. In diesem Zusammenhang kann die Herabsetzung oder Aufhebung einer Verbindlichkeit oder der Ersatz von Aufwendungen für eine vergeblich gewordene Leistung angemessen sein.[31] Ist die Anpassung nicht möglich, so muss geprüft werden, ob sich die Vertragsparteien auf andere Weise voneinander lösen können.

Falllösung 5: Die Vergütungsklausel im Konzertvertrag wäre an die veränderten Verhältnisse anzupassen. Interessengerecht wäre entweder die Grundgage anzuheben entsprechend der üblichen Gagenhöhe des Orchesters O oder eine prozentuale Gewinnbeteiligung an der Dauerkarte festzulegen. Im Nachhinein stellte sich nämlich heraus, dass Hintergrund für den plötzlichen Anstieg des Verkaufs der Dauerkarten das angekündigte Konzert des Orchesters O gewesen ist. Mithin wusste der

---

[29] Ähnlich Fischer/Reich, § 8 Rn. 15.
[30] Fischer/Reich, § 8 Rn. 15.
[31] Etwa BGH NJW-RR 06, 1037, 1038; Palandt/Grüneberg, § 313 BGB, Rn. 40.

Veranstalter kurz vor dem Konzert, dass es zu einer anderen als vereinbarten Besucherzahl der Dauerkarteninhaber kommen wird.

III. Beendigung von Verträgen

Verträge sind bindend und enden normalerweise erst mit der Erfüllung der Verbindlichkeiten der jeweiligen Vertragsparteien. Unbefristete Dauerschuldverhältnisse, etwa Arbeits- oder Mietverhältnisse, enden erst mit der wirksamen fristgerechten Kündigung. Im Rahmen der Vertragsfreiheit können die Vertragsparteien den Vertrag auch wieder einvernehmlich aufheben.[32] Die vorzeitige **einseitige** Auflösung der Vertragsbeziehungen ist nur ausnahmsweise möglich. Als Instrumente kommen die Gestaltungsrechte Anfechtung, Kündigung und Rücktritt in Betracht.

Anfechtung	Kündigung	Rücktritt

1. Anfechtung

Durch **Anfechtung** kann der Vertrag ausnahmsweise bei bestimmten Mängeln, die dem Rechtsgeschäft von vornherein anhaften, aufgelöst werden. Ein Vertrag ist anfechtbar, wenn bei der Abgabe des Angebots oder der Annahme einseitig ein **Inhalts-, Erklärungs- oder Eigenschaftsirrtum** des Erklärenden vorlag oder wenn die Willenserklärung nur aufgrund **arglistiger Täuschung** oder **widerrechtlicher Drohung** abgegeben wurde.

Beispiele:

- Trägt der Veranstalter V im Aufführungsvertrag mit dem Pianisten P versehentlich bei der Gage des Künstlers 100.000 € statt 10.000 € ein, handelt es sich um einen Erklärungsirrtum.
- Engagiert V für ein klassisches Konzert einen Popsänger, da er ihn versehentlich für einen ausgebildeten Opernsänger hält, unterliegt er einem Eigenschaftsirrtum.

Liegt lediglich ein Irrtum im Beweggrund vor, ist dies kein Anfechtungsgrund. Wenn der Veranstalter etwa im Nachhinein feststellt, dass der engagierte Künstler schon zum Zeitpunkt des Vertrages nicht mehr angesagt war und er lieber den Vertrag mit einem populäreren Künstler geschlossen hätte oder wenn er merkt, dass er sich verkalkuliert hat und der Preis für die angemietete Technik im Vergleich doch nicht so günstig ist, kann er den Vertrag deswegen nicht anfechten. Hier handelt es sich um einen so genannten **Motivirrtum**, der unbeachtlich ist.[33] Das heißt, der Vertrag bleibt trotz Vorliegen eines Motivirrtums stets wirksam.

---

[32] Fischer/Reich, § 8 Rn. 27.
[33] Siehe Medicus/Petersen, Rn. 132; 134; Palandt/Ellenberger, § 119 BGB, Rn. 29.

Tabelle 3: Voraussetzungen der Irrtumsanfechtung

Irrtumsanfechtung §§ 119 ff. BGB	Anfechtung arglistiger Täuschung §§ 123 ff. BGB
Anfechtungserklärung (= Willenserklärung) **Anfechtungsgrund:** ➢ **Inhaltsirrtum** → der Erklärende irrt bei Abgabe der Erklärung über deren Tragweite und Bedeutung ➢ **Erklärungsirrtum** → jemand verspricht, verschreibt, vergreift sich etc. bei der Erklärung ➢ **Eigenschaftsirrtum** → der Erklärende hat eine andere Vorstellung hinsichtlich einer wesentlichen Eigenschaft des Erklärungsgegenstandes (nicht: Irrtum über Preis!) **Anfechtungsfrist:** ➢ unverzüglich (d.h. ohne schuldhaftes Zögern) **Folge:** ➢ Vertrag ist rückwirkend nichtig ➢ Schadensersatzpflicht des Anfechtenden, § 122 BGB	**Anfechtungserklärung** (= Willenserklärung) **Anfechtungsgrund:** ➢ **arglistige Täuschung** → Täuschung zum Zweck der Erregung oder Aufrechterhaltung eines Irrtums und tatsächliche Schädigung des Vermögens des Getäuschten ➢ **widerrechtliche Drohung** → Inaussichtstellen eines künftigen Übels, das den Erklärenden in eine Zwangslage versetzt **Anfechtungsfrist:** ➢ 1 Jahr nach Kenntnisnahme bzw. ➢ 1 Jahr nach Beendigung der Zwangslage ➢ nach 10 Jahren beendet **Folge:** ➢ Vertrag ist rückwirkend nichtig
Motivirrtum ist unbeachtlich	

Die Anfechtung muss innerhalb der gesetzlichen Frist erklärt werden. Zu beachten ist bei der Irrtumsanfechtung, dass der Anfechtende dem Anfechtungsgegner den Schaden zu ersetzen hat, den dieser dadurch erleidet, dass er auf die Gültigkeit des Rechtsgeschäfts vertraut hat (sog. negatives Interesse).[34]

2. Kündigung

Neben der Anfechtung gibt es in manchen Fällen die Möglichkeit der Kündigung, z. B. bei **Dienst-**, **Arbeitsverhältnissen** oder **Mietverträgen**. Beim Wegfall der Geschäftsgrundlage kann in sehr seltenen Fällen, in denen die Vertragsanpassung scheitert, ein Vertrag durch Rücktritt oder bei Dauerschuldverhältnissen durch Kündigung beendet werden.[35]

---

[34] Vgl. Palandt/Ellenberger, § 122 Rn. 4.
[35] Medicus/Petersen, Rn. 170.

Auch beim **Werkvertrag** hat der Besteller eines Werkes, z. B. der Veranstalter als Besteller einer künstlerischen Darbietung, das Recht, bis zur Vollendung des Werkes jederzeit den Vertrag zu kündigen (§ 649 S. 1 BGB).

Fall 6: Veranstalter V kündigt die Aufführungsverträge mit der Geigerin G und dem Bassisten B. In beiden Aufführungsverträgen ist jeweils die Vertragsklausel enthalten: „Als Vergütung wird eine Gage von 500 € vereinbart. Hierin sind der Hin-/Rücktransport sowie die Übernachtungskosten enthalten." G findet für denselben Abend noch ein anderes, vergleichbares Engagement, B hingegen nicht. Muss V beiden Künstlern trotz Kündigung der Aufführungsverträge die Gage zahlen?

Der Vertragspartner ist hier dennoch berechtigt, die vereinbarte Vergütung zu verlangen. Er muss sich jedoch dasjenige anrechnen lassen, was er infolge der Beendigung des Vertrags an Aufwendungen erspart oder durch anderweitige Verwendung seiner Arbeitskraft erwirbt oder zu erwerben böswillig unterlässt (§ 649 S. 2 BGB).

Falllösung 6: V muss B die Gage zahlen, darf aber die Fahrt- und Übernachtungskosten von der Vergütung abziehen. Bei G muss er keine Vergütung entrichten, da diese aufgrund des vergleichbaren Engagements keinen Schaden hat. Keine Vergütung müsste V auch entrichten, wenn G das zweite Angebot ausgeschlagen hätte, um einen freien Abend zu haben. G könnte sich nicht einfach auf ihrem Schadensersatzanspruch gegenüber V ausruhen, sondern unterliegt der Schadensminderungspflicht gegenüber V. Im Rahmen der Schadensminderungspflicht wäre G verpflichtet, sich um eine neue Auftrittsmöglichkeit zu bemühen und ein vergleichbares Auftrittsangebot anzunehmen.

Weiterhin hat der Besteller eines Werks das Recht zur Kündigung, wenn der dem Vertrag zugrunde gelegte **Kostenvoranschlag** wesentlich überschritten wird (§ 650 BGB). Der Besteller, etwa ein Veranstalter, der mit einem Subunternehmer einen Vertrag über den Bau einer Bühne geschlossen hat, sollte dabei allerdings darauf achten, dass der Unternehmer die Gewähr für die Richtigkeit des Kostenvoranschlags übernimmt.

Der Hersteller eines Werkes hat bei unterlassener Mitwirkung des Bestellers das Recht zur Kündigung nach angemessener Fristsetzung (§ 643 BGB).

3. Rücktritt

Bei Leistungsstörungen im Vertragsverhältnis räumt das Gesetz bei Wahrung bestimmter Voraussetzungen (Mahnung, Fristsetzung) die Möglichkeit des **Rücktritts** vom Vertrag ein.

4. Wirkung der Beendigungsarten

Die Wirkung der **Kündigung** reicht ausschließlich in die Zukunft. Die bereits erbrachten Leistungen sind nicht zurückzugewähren.[36] Der **Rücktritt** wandelt den Vertrag in ein Rückgewährschuldverhältnis um, wonach gemäß § 346 BGB die empfangenen Leistungen und die gezogenen Nutzungen herauszugeben sind. Rechtsfolge der **Anfechtung** ist im Gegensatz zur Kündigung die rückwirkende Nichtigkeit des Vertrags. Das Geschäft ist rückabzuwickeln und gegebenenfalls in der Vergangenheit erfolgte Leistungen sind zurückzugewähren.[37]

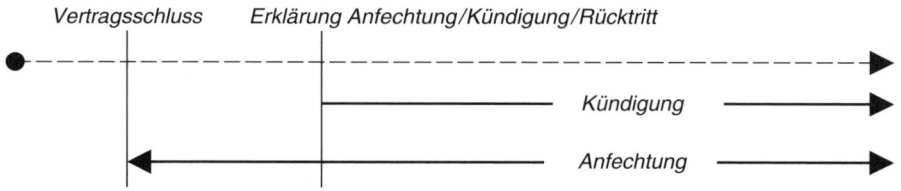

Abb. 4: Wirkung der Beendigung

IV. Verjährung

Tabelle 4: Verjährungsfristen

Regelverjährungszeit	3 Jahre	Vertragliche Erfüllungsansprüche, Schadensersatzansprüche, Bereicherung, Geschäftsführung ohne Auftrag u. a.	§ 195 BGB
Werkvertrag	2 Jahre	Mängelansprüche	§ 634 a Abs. 1 Nr. 1 BGB
Mietvertrag	6 Monate	Ersatzansprüche, Wegnahme	§ 548 BGB
Pachtvertrag	6 Monate	Ersatzansprüche	§ 591 b BGB
Leihe	6 Monate	Ersatzansprüche	§ 606 BGB
Kaufvertrag	2 Jahre	Mängelansprüche	§ 438 BGB

Die aus dem Vertragsverhältnis erwachsenden Ansprüche verjähren, wenn sie nicht innerhalb einer bestimmten Frist von den Vertragsparteien gerichtlich geltend gemacht werden. In der **Regel** beträgt die **Verjährungsfrist drei Jahre**. Das trifft beispielsweise auf sämtliche Erfüllungsansprüche, auf Schadensersatzansprüche, gleichgültig, ob sie auf Vertrag, vorvertraglichem oder deliktischem Verhalten beruhen, und

---

[36] Palandt/Sprau, § 649, Rn. 3.
[37] Palandt/Ellenberger, vor § 104, Rn. 33.

auf Rückabwicklungsansprüche zu.[38] Die regelmäßige Verjährungsfrist beginnt mit dem Schluss des Jahres, in dem der Anspruch entstanden ist und der Gläubiger von den Umständen, die den Anspruch begründen und der Person des Schuldners **Kenntnis erlangt** oder ohne grobe Fahrlässigkeit erlangen müsste (§ 199 BGB).

In manchen Fällen verdrängen **Sondervorschriften** die Regelverjährungszeit. So gilt für **Mängelansprüche** aus Werkvertrag oder Kaufvertrag eine verkürzte Verjährungsfrist von nur zwei Jahren. Miet-, pacht- und leihvertragliche **Ersatzansprüche** verjähren bereits nach sechs Monaten.

Schadensersatzansprüche wegen des Eigentums oder des Vermögens verjähren spätestens 30 Jahre nach Vornahme der Handlung, die den Schadensersatzanspruch begründet, bzw. 10 Jahre nach dem Eintritt des Schadens.[39]

C. Vertragsbeziehungen

Je nachdem, mit welchem der zahlreichen Beteiligten der Veranstalter im Rahmen der Durchführung eines Events in Vertragsbeziehungen tritt, bestehen unterschiedliche gesetzliche Vorgaben und privatautonome Gestaltungsmöglichkeiten, die beachtet werden sollten.

Merkblatt: Vertragsgestaltung

Gestaltung eines Vertrags
(zur Verdeutlichung siehe Muster-Aufführungsvertrag)

→ **Grundsätze:**
- **Schriftform** (Beweisfunktion!!!)
- **kurze Sätze**
- **Ist-Formulierungen** („... hat...", „... muss...", „... ist zu..."),
  - <u>keine</u> Soll-Formulierungen („... soll...", „... bemüht sich...", „... kann...")!!!
- **detaillierte** Bezeichnung der Rechte und Pflichten
- **keine Widersprüche**

→ <u>**immer zu regeln:**</u>
- **Vertragsparteien**
- **Vertragsgegenstand**
  - insb. Leistungspflicht des Schuldners der zu erbringenden Leistung, Zeitpunkt, Ort

---

[38] Siehe Palandt/Ellenberger, § 195 BGB, Rn. 2 ff.
[39] § 199 Abs. 3 BGB; Palandt/Ellenberger, § 199 BGB, Rn. 43 f.

- **Vergütung/Entgelt/sonstige Gegenleistung**
  - Zahlungspflicht/sonstige Pflicht des Gläubigers der zu erbringenden Leistung
  - Höhe, Zahlungsart und sonstige Modalitäten
- **Fristen und Termine**
  - Fixschuldcharakter der Leistung
  - Risikoreduzierung für Veranstalter!

→ **optional zu regeln (empfohlen):**
- **Vertragsspezifische Besonderheiten** (s. jeweilige Vertragstypen)
- **Haftung**
  - ➢ **Wer** haftet **wofür**?
    - Beschränkung, Ausschluss, Übernahme, insb. Freizeichnungsklauseln
    - Vorsicht: Der Ausschluss/die Beschränkung der Haftung ist aus Schutzzwecken nur eingeschränkt im Rahmen der gesetzlichen Bestimmungen möglich.
    => Beratung durch Anwalt, gegebenenfalls Verwendung von AGBs
  - ➢ **Wie** haftet er?
    - pauschalierter Schadensersatz
    - Strafklauseln
- **Gerichtsstandsvereinbarungen**
  - Kostenersparnis bei Gerichtsprozess, wenn dieser am eigenen Sitz ist
- **Sonstige Schlussbestimmungen (Klarstellungsfunktion)**
  - Vertragsänderungen/-erweiterungen nur schriftlich
  - generelle Wirksamkeit des Vertrages bei Unwirksamkeit einer Bestimmung (sog. Salvatorische Klausel)

Muster-Aufführungsvertrag (ausgewogen)

Aufführungsvertrag

zwischen
Feuerkünstler...
(im Folgenden genannt Künstler)
und
....
(im Folgenden genannt Veranstalter)
wird folgender Aufführungsvertrag geschlossen:

§ 1 Gegenstand

(1) Der Künstler wird für die Veranstaltung..............................am .... in............ als...................... engagiert.

(2) Der Künstler verpflichtet sich, im Rahmen dieser Veranstaltung folgende Darbietungen zu erbringen:. .... Die Darbietungen des Künstlers werden eine Zeitdauer von .... Minuten nicht unterschreiten und eine Zeitdauer von .... Minuten nicht überschreiten.

§ 2 Präsentation

(1) Die räumlichen Verhältnisse am vereinbarten Veranstaltungsort sind für die Präsentation geeignet. Der Veranstalter garantiert eine Mindesthöhe der Räumlichkeit von 3 m und garantiert durch mindestens 3 mit Feuerlöschern ausgestatteten Sicherheitspersonen den Sicherheitsabstand zu dem Publikum während der Präsentation.

(2) Im Übrigen ist der Künstler in der Gestaltung, Auswahl der Musik und Darbietung seines Programms frei. Künstlerischen Anweisungen des Veranstalters oder eines Dritten unterliegt der Künstler nicht.

§ 3 Technische Anlagen und Ausstattung

(1) Der Veranstalter stellt dem Künstler folgende Ausstattung ohne Zusatzberechnung zur Verfügung:

- Grundbühne: ....

- PA- und Lichtanlage: ....

- Catering: ....

(2) Der Veranstalter garantiert eine saubere Bühnenfläche. Insbesondere ohne Scherben oder Getränkereste, die den Künstler in der Darbietung seiner Show und/oder seiner Gesundheit beeinträchtigen könnten.

(3) Die Veranstaltungsräume sind dem Künstler bei Bedarf zur Aufstellung der technischen Anlagen, für Soundcheck und für Proben rechtzeitig zur Verfügung zu stellen. Der genaue zeitliche Ablaufplan für die Veranstaltung wird zwischen den Vertragsparteien noch gesondert vereinbart und rechtzeitig bekannt gegeben.

§ 4 Vergütung

(1) Als Vergütung erhält der Künstler vom Veranstalter eine Grundgage in Höhe von .... €. Diese wird gegen Quittung vorab überwiesen.

(2) Der Künstler, der in Deutschland seinen Wohnsitz hat, versteuert seine Einnahmen in der BRD selbst.

(3) Die auf die Gage anfallende Künstlersozialabgabe i.H.v……..führt der Veranstalter fristgemäß an die Künstlersozialkasse ab.

§ 5 Durchführung der Veranstaltung, Kosten

(1) Soweit in diesem Vertrag nichts anderes geregelt ist, führt der Veranstalter im eigenen Namen, auf eigene Rechnung und auf eigene Kosten die Veranstaltung durch. Ihm obliegt die Abführung etwaiger Steuern und sonstiger Abgaben, sowie die Zahlung von Gebühren für die Aufführung urheberrechtlich geschützter Werke an Verwertungsgesellschaften, insbesondere an die GEMA.

(2) Der Künstler wird dem Veranstalter auf dessen Aufforderung rechtzeitig eine vollständige Aufstellung aller urheberrechtlich geschützten Werke übergeben, die im Rahmen der Veranstaltung von ihm dargeboten werden.

(3) Der Künstler ist berechtigt, an dem Veranstaltungsabend seine Merchandisingprodukte zum Kauf anzubieten und auf seine neuen Produkte vor/ während/ nach der Show hinzuweisen.

(4) Krankheitsfall, Todesfall oder ein vergleichbarer wichtiger Grund berechtigen den Künstler bei unverzüglicher Anzeige bis 3 Tage vor dem Veranstaltungsbeginn die Show abzusagen ohne dabei den Tatbestand des § 8 Abs. 1 des Aufführungsvertrages zu erfüllen.

(5) Der Künstler verpflichtet sich, 6 Wochen vor und nach der Veranstaltung nicht in .... (Veranstaltungsort) aufzutreten.

§ 6 Ticketing

Der Veranstalter vertreibt in alleiniger Zuständigkeit die Tickets über die bekannten Ticketingsysteme und Vorverkaufsstellen.

§ 7 Werbung

(1) Der Veranstalter wird in branchenüblicher Weise und auf eigene Kosten für die Veranstaltung werben. Der Künstler stellt dem Veranstalter Plakate zu Werbezwecken zur Verfügung.

(2) Werbung für andere Produkte oder Leistungen dürfen vom Veranstalter nur mit ausdrücklicher Zustimmung des Künstlers in einem Zusammenhang mit ihren Darbietungen veröffentlicht werden. Für jeden Fall der Zuwiderhandlung ist mit einer Vertragsstrafe zu rechnen.

§ 8 Pauschalierter Schadensersatz

(1) Entfällt der Auftritt aufgrund des Verschuldens des Künstlers, hat der Künstler dem Veranstalter den hieraus entstandenen Schaden bis zu einer Höhe von ....€ zu ersetzen.

(2) Der Veranstalter hat an den Künstler eine angemessene Schadenspauschale in Höhe von mindestens der vereinbarten Gage zu zahlen, wenn infolge einer ihm zurechenbaren schuldhaften Handlung oder Unterlassung die vereinbarte Show nicht stattfindet. Ersparte Aufwendungen des Künstlers werden abgezogen.

(3) Der Veranstalter hat im Falle einer sonstigen schuldhaften Pflichtverletzung eine angemessene Schadensersatzpauschale in Höhe der vereinbarten Gage zu zahlen. Dies gilt nicht im Fall leichter und mittlerer Fahrlässigkeit.

(4) Der Beweis eines geringeren Schadens bleibt beiden Parteien offen gemäß § 309 Nr. 5 b BGB.

(5) Die Geltendmachung eines weitergehenden Schadens seitens des Veranstalters oder des Künstlers wird durch die vorstehenden Schadenspauschalierungen nicht ausgeschlossen.

(6) Im Falle des Ausfalls der Veranstaltung aufgrund höherer Gewalt werden die Parteien von ihren vertraglichen Verpflichtungen entbunden. Bis dahin getätigte Aufwendungen trägt jede Partei selbst.

§ 9 Schlussbestimmungen

(1) Ergänzend gilt das Recht der Bundesreplik Deutschland.

(2) Maßgebend ist allein dieser schriftliche Vertrag. Änderungen, Ergänzungen sowie der Verzicht auf die Schriftform können nur schriftlich vereinbart werden. Dies gilt auch für die Abänderung dieser Schriftformklausel. Mündliche Nebenabreden sind nicht getroffen.

(3) Die etwaige Unwirksamkeit einer Bestimmung dieses Vertrages lässt die Wirksamkeit des Vertrages im Übrigen unberührt. Die unwirksame Bestimmung ist durch eine sinnentsprechend wirksame Bestimmung zu ersetzen, die der angestrebten wirtschaftlichen Regelung am nächsten kommt.

(4) Der Gerichtsstand für alle Ansprüche aus diesem Vertrag ist ....
(Sitz des Veranstalters), soweit keine gesetzlichen Bestimmungen entgegenstehen.

..................., den..................   ...., den..................
....
Unterschrift des Veranstalters   Unterschrift des Künstlers

Auf der primären Ebene geht es darum, welche vertraglich vereinbarten Haupt- und Nebenpflichten die Vertragsparteien zu erfüllen haben.

I. Veranstalter – Künstler

Abb. 5: Konzertvertrag

1. Konzert- oder Aufführungsvertrag

Als **Aufführungsvertrag** (oder Engagementvertrag) wird ein Vertrag zwischen dem Veranstalter und dem auftretenden Künstler (z. B. ein Variétékünstler, ein Tanzensemble) bezeichnet, der auf die Erbringung einer **künstlerischen Leistung** gegen entsprechende Bezahlung gerichtet ist. Bei musikalischen Darbietungen (z. B. einer Sopranistin, einer Band, eines Orchesters) ist auch der Begriff Konzertvertrag üblich[40], obwohl die Musikbranche auch gern vom Künstlervertrag, Gastspielvertrag oder eben Engagementvertrag spricht.[41]

Veranstalter ist derjenige, der das Event (Konzert, Show, Auftritt) wirtschaftlich und organisatorisch verantwortet. Er muss hierfür nicht zwingend Betreiber der Eventlocation (Konzerthaus, Club, Messehalle) sein, sondern kann durch Vertrag fremde Räumlichkeiten als Location seines Events anmieten.

---

[40] Siehe Funke/Müller, Rn. 204.
[41] Homann, Musikrecht, S. 209.

a) Werkvertrag

Der Aufführungsvertrag ist rechtlich in aller Regel als **Werkvertrag** (§ 631 BGB) und nicht als Dienstvertrag (§ 611 BGB) zu qualifizieren.[42]

Der **Künstler** schuldet nicht nur ein bloßes Wirken, sondern einen „**Erfolg**". Damit ist kein künstlerischer Erfolg im Sinne positiver Kritik und Beifallsbekundungen gemeint, sondern lediglich die Konzertaufführung oder künstlerische Darbietung als solche.[43] Der Künstler besitzt hierfür eine gewisse Gestaltungsfreiheit. Er hat dabei die anerkannten Regeln seiner Kunst zu beherrschen und entsprechend seiner künstlerischen Eigenarten und Qualifikation ein übliches Werk abzuliefern.[44]

Beispiele: Unüblich und damit mangelhaft (Nichterbringung des Erfolgs) wäre:

- ein Auftritt des Tanztheaters J, wenn es entgegen seines sonstigen Programms und Vereinbarungen mit nur 4 Tänzerinnen lyrische Tänze aufführt und nicht wie üblich mit 25 Tänzerinnen Can Can und Auszüge diverser Musicals vorführt.
- ein Konzert eines Popsängers, der nicht wie üblich sein bekanntes Repertoire spielt, sondern plötzlich Duette mit unbekannten Künstlern auf der Bühne singt.
- ein Sinfonieorchester, welches lediglich die 4. Sinfonie von Tschaikowsky, statt aller drei (2.–4.) Sinfonien spielt.

Der **Veranstalter** ist zur Entrichtung der vereinbarten Vergütung (Gagenzahlung) verpflichtet. Die Höhe der Gage ist Verhandlungssache. Üblich ist, dass eine Festgage, unabhängig von der Besucheranzahl, für den Auftritt vereinbart wird. Zusätzlich kann neben der Festgage eine Beteiligung des Künstlers an den erzielten Einnahmen vereinbart werden. Eher seltener lässt sich ein Künstler auf eine Gagenzahlung ein, die sich ausschließlich aus der Beteiligung an den Eintrittseinnahmen des Veranstalters ergibt.[45] Bei einer solchen Gagenvereinbarung trägt nicht nur der Veranstalter, sondern auch der Künstler das Risiko von Gewinn und Verlust.[46]

Die Gagenvereinbarungen des Orchesters O im Fall 5 hatte in der Realität ein böses Ende. Häufig sind im Aufführungsvertrag die Beteiligungsregelungen nicht exakt formuliert, dass nur die Hilfe der Gerichte bei der Auslegung des Vertrages bleibt. Allerdings ist auf eine Weitsicht der Gerichte bei der Auslegung diverser Verträge aus der Event- und Musikbranche nicht immer zu hoffen.

Rechtlich wird die Gage erst gemäß § 641 BGB nach Abnahme des Werkes durch den Veranstalter fällig. In der Praxis herrschen allerdings andere Zahlungsmodalitäten vor. Abhängig vom Bekanntheitsgrad des Künstlers wird die Gage in Höhe von 30–50 %, durch das Management des Künstlers oder von ihm selbst, bereits als Vor-

---

[42] Palandt/Sprau, vor § 631 BGB, Rn. 29; OLG München NJW-RR 05, 616; OLG Köln, VuR 1995, 157; Güllemann, S. 9; Funke/Müller, Rn. 215; a.A. Poser, Konzert- und Veranstaltungsverträge, S. 21 m.w.N.
[43] Fischer/Reich, § 10 Rn. 64.
[44] Palandt/Sprau, § 631 BGB, Rn. 12; ebenso Homann, Musikrecht, S. 210 m.w.N.
[45] Vgl. Poser, Konzert- und Veranstaltungsvetäge, S. 23.
[46] Vertiefend hierzu Homann, Musikrecht, S. 213; Michow in: Handbuch der Musikwirtschaft, S. 1265.

schuss verlangt. Die Stärke der Verhandlungsposition des Künstlers und die Vorabkosten bestimmen den Vorschusszeitraum. Der Vorschusszeitraum kann mehrere Monate oder wenige Woche betragen. Insbesondere, wenn im Verantwortungsbereich des Künstlers Kosten (Personalkosten für Extraverpflichtungen von Musikern und Tänzern, Werbungs- und Kostümkosten, Mietkosten für Probenräume) und ein erhöhter Organisationsaufwand (Zusammenstellen eines Projektorchesters/-tanzensembles) gegeben ist, hat eine Vorschusszahlung üblicherweise zu erfolgen. Zusätzlich ist es bei bekannten Künstlern üblich, dass die Restgage vor Konzertbeginn auszuzahlen ist. Eine Auszahlung durch einen Bevollmächtigten während der Auftrittspause zu vollziehen, kommt in der Praxis ebenso vor. Hintergrund dieser Zahlungsmodalität ist es, dem Veranstalter die Möglichkeit zu nehmen, sich seiner Gagenzahlungspflicht nachträglich mit dem Hinweis zu entziehen, der Auftritt habe ihm nicht gefallen oder der Break Even sei nicht erreicht worden. Neben der Gagenzahlung ist stets die Zahlungsmodalität der Steuern, der KSK-Abgabe und der GEMA-Gebühr nicht zu vernachlässigen und in die Vertragsgestaltung unbedingt mit aufzunehmen. Aufgrund der Komplexität wurde diesen Pflichten je ein eigenes Kapitel gewidmet. Zu nennen sind hier vorab bei ausländischen Künstlern die sog. „Ausländersteuer" nach § 50a EStG, sofern der Künstler nicht aufgrund eines Doppelbesteuerungsabkommens eine Freistellungsbescheinigung vorlegt. Ferner ist zu vereinbaren, ob die Gage bereits die gesetzliche Mehrwertsteuer enthält (sog. Brutto-Gage) oder ob der Veranstalter die gesetzliche Mehrwertsteuer auf die Gage zahlt (sog. Netto-Gage), wenn der Künstler mehrwertsteuerpflichtig ist.

Weiterhin trifft den Veranstalter die Primärpflicht, die künstlerische Darbietung zu ermöglichen und die dafür notwendigen technischen und organisatorischen Voraussetzungen zu schaffen. Branchenüblich versteht man darunter eine Bühne, das Licht/Strom und eine PA, d. h. notwendige Verstärkeranlage, für die Bespielung des Publikums. Meist wird ein Technical Rider, der die allgemeinen Auftrittsbedingungen seitens des Künstler beinhaltet, dem Aufführungsvertrag beigelegt, aus dem sich die genauen technischen Daten (Größe der Bühne, Mikrofonierung, Bestuhlungs- und Wegeplan des Orchesters, Höhe/Fläche/Örtlichkeit des Dirigentenpultes und der Chorstufen, Marke des Konzertflügels) für den Veranstalter ergeben. Inwieweit die zusätzlich gewünschten technischen Nebenleistungen wie z. B. Bühnenhilfskräfte, Bühnenzusatzteile, besondere Größe des Monitorsystems (monitoring), Zusatzmikrofonierung oder Details/Standort des Mischpults vom Veranstalter zu tragen sind, muss vorher genau vertraglich vereinbart und als wesentlicher Vertragsbestandteil gekennzeichnet werden. Gleiches gilt für den Lichtplan und die sog. Lichtanweisung. Auch hier sollte bereits im Vertrag geregelt werden, welche Vertragspartei den verantwortlichen Lichttechniker stellt, und wer die Lichtanlage während des Auftritts bedient.[47] Nicht selten verstecken sich hier ungeahnte Kosten, die eine ganze Eventkalkulation umwerfen können. Besonderes Augenmerk ist ebenso auf die Kosten der An- und Abreise, Übernachtungs- und Cateringkosten

---

[47] Vgl. Poser, Konzert- und Veranstaltungsverträge, S. 68.

der Künstler zu legen. Gerade bei Solisten ist zu regeln, in welcher Hotelklasse die Unterkunft und welcher Flugklasse die Reise zu erfolgen hat.[48]

Nicht empfehlenswert ist es, am Catering der Künstler zu sparen. Hier ist Großzügigkeit angesagt, da hungrige und enttäuschte Künstler entweder noch am Auftrittsabend auf der Bühne ihrer Unzufriedenheit freien Lauf lassen oder bei der nächsten Buchung – falls es dazu noch kommt – eine höhere Gage verlangen. Um die Aufwendungen für das Catering planen zu können, hat der Künstler eine Cateringanweisung für den Veranstalter zusammenzustellen. Hierin sollte das Catering während des Zeitraums vom Eintreffen der Künstler oder dessen Crew am Veranstaltungsort bis zum Ende des Abbaus vereinbarte werden (z. B. Saftschorlen, Mineralwasser, belegte Brötchen, Früchte, Kaffee, Sekt). Zusätzlich sind die Bühnengetränke (Mineralwasser in Plastikflaschen) und das Catering nach der Show (z. B. warme Mahlzeit, Kaffee, Wein, Bier) zu bestimmen.

Neben den eben genannten Hauptleistungspflichten, hat der Veranstalter viele nicht zu unterschätzende Sorgfaltspflichten zu erfüllen. Zum einen hat er die gesetzlichen und behördlichen Sicherheitsauflagen zu wahren. Hier ist speziell auf das Kapitel „Öffentliches Recht" zu verweisen, das überblicksweise zu den Erfordernissen behördlicher Genehmigungen und Anmeldepflichten des Veranstalters informiert. Eine vertragliche Vereinbarung ist hierzu entbehrlich, da es eine Selbstverständlichkeit des Veranstalters ist, sich um die notwendigen behördlichen Genehmigungen zu kümmern.

Zu den sonstigen Sorgfaltspflichten sind die Obhuts- und Fürsorgepflicht des Veranstalters über die eingebrachten Gegenstände der Künstler wie Instrumente oder ähnliches[49] im Rahmen seines Aufführungs-/Konzertvertrages zu zählen. Der Veranstalter hat dafür Sorge zu tragen, dass auch die in der Garderobe zurückgelassene Kleidung ausreichend vor Diebstahl gesichert ist.[50] Er hat im Rahmen des Möglichen und Zumutbaren die Gesundheit und das Eigentum des Künstlers bei der Vertragserfüllung zu schützen. Durch geeignete organisatorische Maßnahmen und ausreichendes Personal hat der Veranstalter den Veranstaltungsort abzusichern.

Regelungsbedarf besteht darüber hinaus hinsichtlich der Verantwortlichkeit für Werbemaßnahmen, den Verkauf für Merchandisingartikel und Sponsoring. Hier ist das Hausrecht des Veranstalters gegenüber nicht vereinbarten Werbeaktionen zu beachten, die zu einem Untersagungsrecht führen können. Ebenso regelungsbedürftig ist das Aufnahmerecht (Bild und Ton) während des Auftritts/Show. Aufgrund des gesetzlich bestehenden Verwertungsrechtes gemäß § 81 UrhG des Veranstalters neben dem der ausübenden Künstler bedarf es für die Verwertung (z. B. Vervielfältigung und Verbreitung) und für die Aufnahme des Auftritts ebenso dessen Zustimmung.[51]

---

[48] Aus eigener Erfahrung wurde von einem Ex-Star das vom Veranstalter gebuchte und bezahlte Flugticket zerrissen, da es sich nicht um ein Bussinessclassflugticket handelte.
[49] Siehe Fischer/Reich, § 10 Rn. 65.
[50] OLG Karlsruhe NJW-RR 1991, 1245-1246; KG Berlin NJW 1985, 2137.
[51] Vertiefend im Kapitel Urheberrecht.

Darüber hinaus kann eine Gebietsschutzklausel zugunsten des Veranstalters vereinbart werden, wonach es dem Künstler verwehrt ist, in der Region des Veranstaltungsortes für eine bestimmte Zeit andere Auftritte/Konzerte durchzuführen.

Standardmäßig werden Vertragsstrafen für den Fall des Vertragsbruchs bzw. einer Vertragsverletzung zwischen den Parteien vereinbart.[52] Hier ist ein erfahrenes Risk-Management seitens des Veranstalters nötig[53], insbesondere wenn die gesetzliche Risikoverteilung im Auftrittsvertrag zu Lasten des Veranstalters vereinbart wurde (z. B. Gage trotz Ausfall des Konzerts wegen höherer Gewalt).

Zusammenfassend sollten beim Aufführungsvertrag üblicherweise folgende Punkte schriftlich geregelt werden (siehe auch ausführlich den Muster-Aufführungsvertrag!):

- Vertragsgegenstand (Auftrittsort, Termin, Art und Dauer der Darbietung)
- Präsentation des Künstlers (Probe, Bühnenanweisung, Zugaberegelung)
- Vergütung (Gage, Spesen, Steuern)
- Auftrittsverbot des Künstlers im Zeitraum vor und nach der Veranstaltung
- Verantwortlichkeit für technische Anlagen und Ausstattung
  (Bühne, technische Anlagen, Catering, Garderobenräume etc.)
- Durchführung und Kostentragung der Veranstaltung
- GEMA- und Künstlersozialabgaben-Gebührentragung
- Verwertungsrechte (Foto, Bild, Ton)
- Ticketing
- Werbung
- Gebietsschutzklausel
- Vertragsstrafen/pauschalierter Schadensersatz (Veranstaltungsausfall, Pflichtverletzungen)

b) Abgrenzung zu Dienst- und Arbeitsvertrag

Ausnahmsweise kann ein Engagementvertrag als Dienstvertrag qualifiziert werden. Man unterscheidet zwischen dem selbständigen und unselbständigen Dienstvertrag (Arbeitsvertrag). Bei einem selbständigen **Dienstvertrag** (§ 611 BGB) schuldet der Künstler als Dienstleistungs-Verpflichteter dem Veranstalter lediglich seine künstlerische Tätigkeit als solche. Im Gegensatz zum Werkvertrag ist er nicht dazu verpflichtet, dadurch einen bestimmten vertraglich vereinbarten Erfolg herbeizuführen.[54] Von einem Dienstvertrag ist etwa auszugehen bei einem *Aushilfsmusiker im Orchester*[55] oder in Fällen, in denen das bloße Musizieren ohne Rücksicht auf inhaltliche Gestaltung geschuldet ist.[56]

---

[52] Vertiefend hierzu Homann, Musikrecht, S. 217.
[53] Vertiefend im Kapitel Versicherungsrecht.
[54] Vgl. Fischer/Reich, § 8 Rn. 29.
[55] Fischer/Reich, § 10 Rn. 63.
[56] Homann, Musikrecht, S. 211 m.w.N.

Beispiele:

- Eine Pianistin und eine Sängerin treten jeweils am Wochenende in einer Bar von 22–2 Uhr zur Unterhaltung mit beliebigem Programm auf.
- Eine Cellistin spielt jeweils 20 Minuten beliebige Musik während der wöchentlichen Trauerfeiern eines Bestattungsunternehmens.

Der Veranstalter hat die vereinbarte Vergütung zu entrichten und kein Recht zur Minderung, wenn ihm die künstlerische Leistung nicht entsprochen hat. Ein solches Minderungsrecht existiert im Gegensatz zum Werkvertragsrecht (§§ 631 ff. BGB) im Recht des Dienstvertrages (§§ 611 ff. BGB) nicht. Der Dienstvertrag bildet jedoch die Ausnahme im Eventbereich, da meist eine bestimmte „künstlerische Wertschöpfung insgesamt", d. h. eine Aufführung oder eine Vorführung, z. B. ein Gastspiel, geschuldet wird.[57]

Ein **Arbeitsvertrag** (unselbständiger Dienstvertrag) liegt vor bei fremdbestimmter, unselbständiger Arbeit. Zum Dienstverhältnischarakter kommt die arbeitsorganisatorische Eingliederung in den arbeitgeberischen Betrieb hinzu, die sich durch eine gewisse Intensität und Regelmäßigkeit auszeichnet. Ein Arbeitnehmer ist überdies in weitem Umfang weisungsgebunden. Arbeitnehmer sind etwa *angestellte Orchestermusiker in Berufsorchestern, Musiker auf einer Kreuzfahrt*[58]*, Bürokräfte, fest angestellte Techniker* oder *Bühnenarbeiter.*[59]

2. Künstlervertrag

Der Künstlervertrag ist als ein weiter gefasster Aufführungsvertrag zu verstehen. Gemeint sind alle Verträge, in denen ein ausübender Künstler und ein Auftraggeber eine Vereinbarung über die entgeltliche Verpflichtung des Künstlers treffen. Keine Rolle spielt, ob der Künstler ein eigenes oder fremdes Werk darbietet oder ob die Darbietung vor Publikum erfolgt, durch Fernsehen, Radio oder Internet übertragen oder aufgenommen und anschließend verbreitet und öffentlich wahrnehmbar gemacht wird. Auftraggeber und Vertragspartner des Künstlers kann der Veranstalter sein, aber auch Künstleragenturen, die diesen an die Veranstalter weitervermitteln. Auch der Künstlervertrag ist ein **Werkvertrag.**[60]

3. Tourneevertrag

Ein **Tourneevertrag** ist ein Aufführungsvertrag, dessen Vertragsgegenstand das Engagement für eine Serie von Veranstaltungen ist. Er besteht zwischen dem Tourneeveranstalter und dem Künstler. Da Tourneeveranstalter üblicherweise mit einem

---

[57] OLG München, NJW-RR 05, 616; Karlsruhe VersR 91, 193; Palandt/Sprau, vor § 631 BGB, Rn. 29; gleicher Ansicht u.a. Güllemann, S. 9; Funke/Müller, Rn. 215.
[58] Ebenso Poser, Konzert- und Veranstaltungsverträge, Fall 2, S. 22.
[59] Funke/Müller, Rn. 212; Fischer/Reich, § 8 Rn. 32 und § 10 Rn. 63; mehr auch im Kapitel Arbeitsrecht.
[60] So Funke/Müller, Rn. 232.

lokalen Veranstalter (örtliche Veranstalter) zusammenarbeiten, hat der örtliche Veranstalter gegenüber dem Künstler die Position eines Stellvertreters. Intern haben die Veranstalter eine Vereinbarung, in der sie regelmäßig die Kosten und Risiken des Events so aufteilen, dass der Tourneeveranstalter die Produktionskosten und der örtliche Veranstalter die Durchführungskosten trägt.[61]

II. Veranstalter – Hallenbetreiber

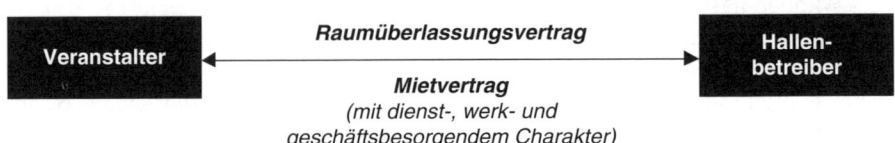

Abb. 6: Überlassung von Räumen

Der Veranstalter verfügt in der Regel nicht über die erforderlichen Räumlichkeiten für die Durchführung der Veranstaltung und tritt deshalb mit dem Betreiber der gewünschten Veranstaltungsörtlichkeit in Rechtsbeziehungen.

1. Raumüberlassungsvertrag

Der **Raumüberlassungsvertrag** zwischen dem Veranstalter und dem Betreiber der Veranstaltungsörtlichkeit ist ein **Mietvertrag** (§ 535 BGB). Gegenstand des Vertrages ist die Gebrauchsüberlassung gegen Entgelt.[62]

Hauptleistungspflicht des **Betreibers** ist es, als Vermieter dem Veranstalter den Gebrauch des Mietobjekts zu überlassen. Dabei sollte genau bezeichnet werden, welche Räume und Flächen das Mietobjekt umfasst. So etwa auch, ob der vorgelagerte Parkplatz des Betreibers dazu gehört. Gegenleistungspflicht des **Veranstalters** ist es, als Mieter das vereinbarte Entgelt an den Betreiber zu entrichten.

Im Eventbereich verpflichtet sich häufig der Betreiber zusätzlich noch zu weiteren, allgemeinen Dienstleistungen wie Dekoration, Bewirtung, Reinigung, Garderobe, Aufsicht, Kontrolle, Pressebetreuung usw. oder technischen Leistungen, etwa besondere technische Einrichtungen, Beleuchtung oder Beschallung. Dann enthält der Vertrag je nach konkreter Ausgestaltung zusätzlich **dienst-, werk- und geschäftsbesorgungsvertragliche Aspekte** (§§ 611, 631, 675 BGB).[63]

Eine Besonderheit im Verhältnis zum Hallenbetreiber ist es auch, dass bei der Durchführung einer Veranstaltung im Zusammenhang mit dem Veranstaltungsobjekt zur Sicherheit der Veranstaltungsteilnehmer die Vorgaben der Versammlungs-

---

[61] Näher Funke/Müller, Rn. 220 ff.
[62] Güllemann, S. 6; Funke/Müller, Rn. 295.
[63] So Güllemann, S. 6.

stättenverordnung, beispielsweise im Hinblick auf den Brandschutz, eingehalten werden müssen. Da hier beide, Veranstalter und Betreiber, tangiert sind, sollte vertraglich festgelegt werden, wer zur Einholung der entsprechenden behördlichen Genehmigungen und Erlaubnisse verpflichtet ist.[64]

Wichtig sind auch Vereinbarungen zur **Haftung** im Fall von Personen- oder Sachschäden. Da der Schaden so erheblich sein kann, dass Solvenzprobleme auftreten können, ist es ratsam, auch den Abschluss entsprechender **Versicherungen (z. B. Veranstalterhaftpflichtversicherung)** zu vereinbaren.[65]

Eine Regelung der Betreiber- und Veranstalterpflichten kann beispielsweise folgendermaßen aussehen:

---

§ 1 Leistung des Betreibers

(1) Die Betreiberin stellt dem Veranstalter eine betriebsbereite Veranstaltungsörtlichkeit ab Veranstaltungsaufbau bis Abbau mit allen öffentlich-rechtlichen Genehmigungen zur Verfügung.

(2) Die Betreiberin stellt die erforderliche Anzahl von Reinigungspersonal für die WC-Reinigung ganztags während der Veranstaltung und nach Absprache während der Auf- und Abbauzeiten.

(3) Die Betreiberin führt Marketing und Werbemaßnahmen für die Veranstaltung bis zu einem Budget von …,- € durch. Die Betreiberin verpflichtet sich, jegliche Werbemaßnahmen vorab mit dem Veranstalter abzustimmen.

§ 2 Gegenleistung des Veranstalters

(1) Der Veranstalter führt die Veranstaltung in alleiniger Verantwortung durch.

(2) Der Veranstalter trägt die GEMA-Gebühren und ist für eine ordnungsgemäße Anmeldung bei der Bezirksdirektion … verantwortlich.

(3) Der Veranstalter verpflichtet sich, kein anderes als das mit der Veranstaltungsörtlichkeit kooperierende Catering-Unternehmen … bei der Veranstaltung einzusetzen.

§ 3 Vergütungsanspruch/Fälligkeit

(1) Die Betreiberin erhält für die Bereitstellung des Veranstaltungsgeländes und für die Erfüllung der Pflichten aus diesem Vertrag einen Mietzins in Form einer Beteiligung an den Ticketingeinnahmen in Höhe von 0,50 € pro verkaufter Eintrittskarte. Diese Regelung greift ab einer Gesamtbesucherzahl von über 12.000 Besuchern,

---

[64] Auch Funke/Müller, Rn. 303.
[65] Siehe auch Funke/Müller, Rn. 288.

> dies gilt rückwirkend für die gesamte Besucherzahl innerhalb des Veranstaltungszeitraums.
> (2) Die Zahlung des Mietzinses ist am ... fällig.
>
> **§ 4 Haftung/Versicherung**
>
> (1) Die Betreiberin haftet für Schäden, die Personen oder Sachen während der Mietzeit in der gemieteten Veranstaltungsörtlichkeit erleiden, nur bei Vorsatz oder Fahrlässigkeit.
> (2) Die Betreiberin ist verpflichtet, die zur Abdeckung der durch diesen Vertrag zu übernehmenden Verpflichtungen erforderlichen Versicherungen (Elektronikversicherung mit einer Versicherungssumme ..., Ausstellungsversicherung ..., Haftpflichtversicherung ...) abgeschlossen zu haben.
> (3) Der Veranstalter haftet der Betreiberin unabhängig vom eigenen Verschulden für Personen- und Sachschäden aller Art, die im Zusammenhang mit der Veranstaltung oder dem Auf- und Abbau den Bediensteten oder ihr selbst entstehen.
> (4) Der Veranstalter ist verpflichtet, die zur Abdeckung der durch diesen Vertrag zu übernehmenden Verpflichtungen erforderlichen Versicherungen abgeschlossen zu haben.

Zu diesen Punkten werden in einem Raumüberlassungsvertrag oftmals vertragstypische Sondervereinbarungen getroffen:

- Zusätzliche Pflichten des Vermieters (allgemeine oder technische Dienstleistungen)
- Behördliche Genehmigungen und Erlaubnisse
- Sicherheitsbestimmungen, Auflagen
- Haftungsfragen, Versicherungen
- Werbung
- Ticketing

Im Mietrecht gibt es ein Schriftformerfordernis bei der Kündigung eines Mietverhältnisses (§ 568 Abs. 1 BGB) ebenso wie bei der Vereinbarung einer Staffel- oder Indexmiete (§§ 557a, b BGB). Weiterhin gilt ein Mietvertrag über einen Zeitraum von mehr als einem Jahr, der nicht schriftlich geschlossen wurde, für unbestimmte Zeit (§ 550 BGB).

2. Öffentlich-rechtlicher Betreiber

Nicht selten finden die Veranstaltungen in Stadthallen, Gemeindeplätzen oder sonstigen städtischen Einrichtungen statt. In diesen Fällen ist es möglich, dass die Nutzungsverhältnisse öffentlich-rechtlich konzipiert werden. Dies ist allerdings keine gängige Praxis. Auch wenn der Vertragspartner des Veranstalters ein Eigen- oder Regiebetrieb in öffentlichrechtlicher Trägerschaft ist, handelt es sich um privatrechtliche Nutzungsverhältnisse in Form von Mietverträgen. Dies wird in der Regel auch durch die Bezeichnung als solche deutlich gemacht. Je nachdem, ob es sich um einen Eigen- oder Regiebetrieb handelt, ist der Ansprechpartner ein städtischer Beamter bzw. Angestellter oder das zuständige Amt, z. B. das Hochbauamt oder Personalamt.[66]

3. Abgrenzung Mietvertrag – Pachtvertrag

In seltenen Fällen handelt es sich bei dem Raumüberlassungsvertrag im Eventbereich nicht um einem Mietvertrag, sondern um einen **Pachtvertrag** (§ 581 BGB).

Beim Pachtvertrag werden die Vorschriften für die Miete entsprechend angewendet (§ 581 Abs. 2 BGB). Im Unterschied zum Mietvertrag berechtigt der Pachtvertrag überdies zur **Fruchtziehung** aus dem Pachtobjekt. Das bedeutet, dass der Veranstalter beispielsweise berechtigt ist, die Parkgebühren bei einem mitgepachteten gebührenpflichtigen Parkplatz zu behalten.[67] Der Pachtvertrag kommt aber typischerweise nicht bei Einzelevents, sondern bei Gaststätten zum Einsatz. In diesem Zusammenhang kann der Pachtvertrag eine so genannte „Bierlieferungsklausel" enthalten, mit welcher der Gastwirt sich verpflichtet, ausschließlich das Bier (und meist auch die vertriebseigenen Softgetränke) einer bestimmten Brauerei auszuschenken. Dies ist rechtlich zulässig.[68]

4. Sonderfall: Hallenbetreiber und Künstler als gemeinsamer Veranstalter

Bei Benefizveranstaltungen sind die Hallenbetreiber gemeinsam mit den Künstlern die Veranstalter und bilden in diesem Verhältnis eine BGB-Gesellschaft. Der Grund liegt in der *gemeinsamen Zweckverfolgung*. Voraussetzung ist, dass die Hallenbetreiber auf den Eintrittserlös und die darbietenden Künstler auf ihre Gage verzichten und dass die Kartenerlöse nach Abzug der Kosten wohltätigen Zwecken zufließen.

Vergleichbar ist dies mit der Konstellation nach den §§ 21 ff. BGB, bei der Künstler in vereineigenen Räumlichkeiten für ihren Verein unentgeltlich auftreten und die Einnahmen dem Verein zugute kommen lassen.[69]

---

[66] Güllemann, S. 6 f.
[67] Siehe auch Funke/Müller, Rn. 310.
[68] Näher Funke/Müller, Rn. 311.
[69] So Güllemann, S. 13.

III. Veranstalter – Besucher

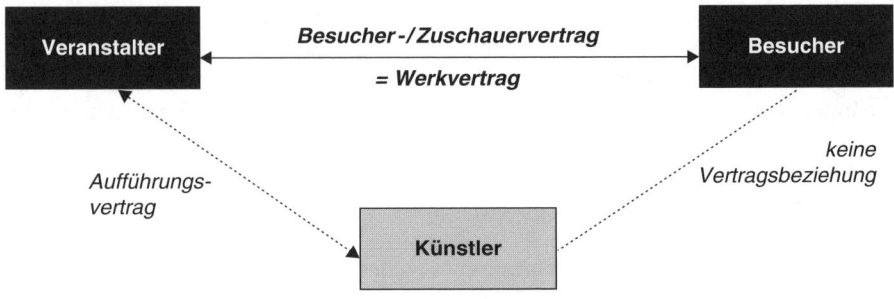

Abb. 7: Zuschauervertrag

1. Besuchervertrag

Den Veranstalter und den Besucher einer Veranstaltung verbindet ein **Besuchervertrag** (auch Zuschauervertrag). Das Angebot zum Abschluss des Besuchervertrags macht in der Praxis zumeist der Besucher, indem er ausdrücklich oder mit Hinlegen des Eintrittsgeldes (Bezahlung) schlüssig erklärt, die Veranstaltung besuchen zu wollen. Wenn der Veranstalter ausdrücklich zustimmt oder wenn er dem Besucher die Eintrittskarte aushändigt, nimmt der das Angebot an. Dann ist der Besuchervertrag zwischen dem Veranstalter und dem Besucher zustande gekommen.[70]

Zu beachten ist, dass die Bewerbung eines Events auf Plakaten oder im Radio noch kein verbindliches Angebot des Veranstalters an all diejenigen ist, die die Werbung erreicht, sondern lediglich eine Einladung an diese, selbst ein Angebot (Tickets kaufen zu wollen) abzugeben.

Der Veranstalter ist weiterhin nicht verpflichtet, jedes an ihn gemachte Angebot anzunehmen. Zwar darf er ein **Angebot** nicht ohne weiteres **ausschlagen**, weil Veranstaltungen aller Art heutzutage zur Grundversorgung der Menschen gehören, und er muss sachlich gerechtfertigte Gründe für die Zurückweisung vorbringen. Diese liegen jedoch schon dann vor, wenn die Veranstaltung ausverkauft ist. Auch auf besondere Sicherheitsgründe wie etwa zu starker Andrang oder Randalierer kann sich der Veranstalter beziehen.[71]

Im übrigen ist der Veranstalter berechtigt, im Rahmen seines Hausrechts[72] **Besuchsverbote** gegen Besucher auszusprechen, die bereits früher Vertragsverletzungen begangen haben, indem sie beispielsweise die Veranstaltungsörtlichkeit beschädigt oder Veranstaltungsteilnehmer belästigt haben (§§ 858 Abs. 1, 1004 Abs. 1 BGB). Bei der Nichtbeachtung des Besuchsverbots kann der Besucher sich

---

[70] So auch Funke/Müller, Rn. 239.

[71] Funke/Müller, Rn. 239.

[72] Mehr zum Hausrecht des Veranstalters s. u. unter Punkt 5 sowie beim Subunternehmervertrag und im Kapitel Medienrecht.

wegen Hausfriedensbruchs (§ 123 StGB) oder Erschleichens von Leistungen (§ 265 a StGB) strafbar machen.[73]

Bei der rechtlichen Einordnung des Besuchervertrags darf man sich nicht von der umgangssprachlichen Wendung „eine Eintrittskarte kaufen" verwirren lassen. Der Besuchervertrag ist ein **Werkvertrag mit mietvertraglichen Aspekten**.[74]

Die Leistungspflicht des **Veranstalters** liegt in der Organisation und Durchführung der Veranstaltung. Der Veranstalter schuldet den werkvertraglichen Erfolg, das heißt nicht nur den Versuch, sondern die tatsächliche Durchführung der Veranstaltung in der vorgesehenen Form. Daneben ist er verpflichtet, dem Besucher für die Dauer des Konzertes den ihm zugewiesenen Sitzplatz einzuräumen. Hierin liegt der mietrechtliche Einschlag.[75]

Der **Besucher** muss das Entgelt, also das Eintrittsgeld, entrichten. Hinzu kommen bestimmte Verhaltenspflichten. Diese werden dem Besucher vom Veranstalter teilweise durch Hinweisschilder, Anweisungen des Ordnungspersonals oder Lautsprecherdurchsagen mitgeteilt, so etwa, dass das Betreten bestimmter Zonen, wie Backstagebereich oder Bühne, untersagt ist. Teilweise ergeben sie sich auch aus Treu und Glauben in Verbindung mit der Verkehrssitte (§ 242 BGB). Beispielsweise darf der Veranstaltungsbetrieb nicht nachhaltig gestört oder mutwillig fremdes Eigentum zerstört werden. Bei Zuwiderhandlungen droht dem Besucher eine Abmahnung und danach der Ausschluss vom Event.[76]

Zuweilen wird versucht, Klauseln zu Lasten des Besuchers in den Besuchervertrag einzubringen, indem **Allgemeine Geschäftsbedingungen** auf der Rückseite der Eintrittskarte abgedruckt werden. Diese werden jedoch gar nicht erst Bestandteil des Vertrages. Die Gestaltung des Besuchervertrages durch AGB ist nur möglich, wenn der potenzielle Besucher bereits vor Vertragsschluss auf sie hingewiesen wird und er dies in seine Entscheidung mit einbeziehen kann.[77]

Juristisch betrachtet kauft der Besucher also keine Eintrittskarte, sondern bestellt eine Veranstaltung. Doch welche Position nimmt die Eintrittskarte in dieser Konstellation ein?

2. Eintrittskarte als Wertpapier

Die **Eintrittskarte** ist ein kleines Inhaberpapier im Sinne des § 807 BGB und damit ein **Wertpapier**, das den Anspruch auf die Leistung verkörpert.[78] Das Inhaber-

---

[73] Näher Funke/Müller, Rn. 240.
[74] Inzwischen wohl herrschende Meinung; so LG Rostock, NJW-RR 2006, S. 90; AG Rüdesheim, NJW 2002, S. 615; AG Herne-Wanne, NJW 1998, S. 3651; AG Aachen, NJW 1997, S. 2058; auch Palandt/Sprau, vor § 631, Rn. 29; Funke/Müller, Rn. 244 f.; Ulmer/Ulmer, § 305 BGB, Rn. 116; Huff, VuR 3/1990, S. 266 f.; nach anderer Ansicht nur Werkvertrag, so u.a. Güllemann, S. 175.
[75] Siehe Huff, VuR 3/1990, S. 166 f.
[76] Vgl. auch Funke/Müller, Rn. 251 f.
[77] Mehr dazu in diesem Kapitel unten, Allgemeine Geschäftsbedingungen.
[78] So LG Hamburg, NJW 2005, S. 3003; LG Köln, NJW-RR 1994, S. 687; Palandt/Sprau, § 807 BGB, Rn. 3.

papier berechtigt somit den Besucher als Eigentümer desselben, von dem Veranstalter die versprochene Leistung zu verlangen.[79] Wenn dieser gegen Vorlage der Eintrittskarte tatsächlich leistet, wird er von der Verpflichtung frei (§ 807 BGB i. V. m. § 793 BGB). Dies gilt selbst dann, wenn der Inhaber der Eintrittskarte nicht der tatsächlich Berechtigte ist. Der Veranstalter unterliegt diesbezüglich keiner Prüfungspflicht. Im Gegenteil: Erst wenn er die mangelnde Berechtigung positiv kennt und nachweisen kann, etwa da es sich um Platz- oder Dauerkarten handelt, ist er überhaupt berechtigt, dem Karteninhaber den Zugang zum Event zu verweigern.[80] Eine Abonnementkarte ist demgegenüber ein Legitimationspapier gemäß § 808 BGB, das übertragbar ist.[81]

3. Kartenreservierung

Es ist gängige Praxis, vorab Karten für Events zu reservieren. Dabei handelt es sich rechtlich um einen Vorvertrag, der darauf gerichtet ist, einen Besuchervertrag abzuschließen.[82]

4. Verhältnis Besucher – Künstler

Entgegen dem subjektiven Empfinden des Besuchers kann dieser bei Vorliegen eines Dreiecksverhältnisses (Besucher-Veranstalter-Künstler) **keinerlei Ansprüche** gegenüber dem Künstler geltend machen. Der Grundsatz der Vertragsverhältnisse kommt hier zum Tragen. Der Besucher hat einen Besuchervertrag mit dem Veranstalter, und der Veranstalter einen Aufführungsvertrag mit dem Künstler (siehe auch Grafik oben). Der Besucher hat jedoch **keinen Vertrag** direkt mit dem auftretenden Künstler geschlossen. Deshalb hat er auch keinen Anspruch gegenüber dem Künstler auf Erbringung seiner Leistung.

Beispiel: Im Falle einer Schlechtleistung der Band (z. B. erhebliche Textschwächen und Torkeln auf der Bühne wegen Trunkenheit, zu kurze Spielzeit, Schimpfworte) können die Besucher unter Umständen gegenüber dem Veranstalter – wie auch der Veranstalter gegenüber der Band (Künstler) – Schadensersatzansprüche (Kürzung der Gage) geltend machen.

Etwas anderes ergibt sich nur, wenn es sich nicht um eine Fremd-, sondern eine **Eigenveranstaltung** des ausübenden Künstlers handelt. In diesem Fall ist der Künstler zugleich der Veranstalter. Der Besucher schließt dann ausnahmsweise einen Besuchervertrag mit dem veranstaltenden Künstler ab und kann seine Ansprüche unmittelbar gegen ihn geltend machen.

---

[79] Güllemann, S. 175.
[80] Funke/Müller, Rn. 243.
[81] Funke/Müller, Rn. 242.
[82] Siehe auch Funke/Müller, Rn. 241.

5. Hausrecht und Hausverbot

Das Hausrecht des Veranstalters berechtigt ihn, gegenüber Besuchern ein Besuchs- oder Hausverbot auszusprechen, wenn diese wiederholt gegen den Besuchervertrag verstoßen oder sich in einer Weise verhalten haben, die geeignet ist, den reibungslosen Ablauf des Events oder sogar andere Besucher zu gefährden.

Eine erhebliche Abschreckungswirkung dürfte die BGH-Entscheidung des 5. Zivilsenats[83] zum bundesweiten Stadionverbot auf „Mitläufer" gewaltbereiter Besuchergruppen eines Events haben. Der BGH gibt dem Veranstalter das Recht, und damit auch die Pflicht, zur Verhängung eines Haus-/Platzverbots gegen potentielle Störer, die die Sicherheit und den reibungslosen Ablauf von Großveranstaltungen gefährden können. Inwieweit der Veranstalter auch gegenüber unliebsamen Journalisten und kritischen Theaterbesuchern[84] ein Hausverbot aussprechen darf, ist im Lichte der Meinungs-, Berichterstattungs- und Vertragsfreiheit zu entscheiden.

Beispiel: Stadionverbot zum Schutz
Bei Vorliegen eines sachlichen Grundes bejaht der BGH in seiner Entscheidung vom 30.10.2009[85] die Rechtmäßigkeit der Verhängung eines auf 2 Jahre befristeten bundesweiten Stadionverbotes. Der Fußballsportveranstalter verhängte gegenüber einem auffällig gewordenen Zuschauer ein Hausverbot. Nicht nur bloße subjektive Befürchtungen des Veranstalters, sondern objektive Tatsachen sind für die Ausübung des Hausrechts erforderlich. Nach Ansicht des BGH seien allerdings keine überhöhten Anforderungen dabei an die Annahme der Störungsgefahr für die Sicherheit der Besucher und des reibungslosen Ablaufs des Events zu stellen. Angesichts der emotional aufgeheizten Stimmung, gerade bei Großveranstaltungen, werden diese häufig zum Anlass für Ausschreitungen zwischen rivalisierenden Gruppen genommen, in denen die „Mitläufer" erfahrungsgemäß ihre vermeintliche psychische Unterstützung der Gruppe und die Möglichkeit, in dieser abzutauchen, ausnutzen. Auf die Strafbarkeit des Verhaltens eines auffälligen Besuchers kommt es letztlich nicht an, sondern nur ob sein Verhalten Anlass für die Einleitung des staatsanwaltlichen Ermittlungsverfahrens gegeben hat. Die nachträgliche Einstellung dieses Ermittlungsverfahrens wegen Geringfügigkeit ist ebenso unerheblich wie die Inhaberschaft einer Dauerkartenberechtigung. Der BGH erkennt dabei an, dass die Verhängung eines Stadionverbotes stets die Folge hat, dass Dauerkartenberechtigungen ganz oder teilweise ins Leere laufen. Mit Ausspruch des Hausverbots liege zugleich die fristlose Kündigung des zwischen dem Inhaber der Dauerkarte und dem Veranstalter bestehenden Dauerschuldverhältnisses vor. Der Veranstalter habe daran ein schützenswertes Interesse, weil ihn gegenüber allen Besuchern Schutzpflichten treffen, sie vor Übergriffen randalierender und gewaltbereiter „Fans" zu bewahren. Diese Schutzpflichten ergeben sich aufgrund des Besuchervertrages mit dem Veranstalter oder aus den allgemeinen

---

[83] BGH, Urteil v. 30.10.2009, AZ: V ZR 253/08.
[84] Zum Hausverbot gegenüber Journalisten und kritischen Theaterbesuchern siehe den Exkurs im Kapitel Medienrecht; zum Hausverbot gegenüber Subunternehmern siehe unter VIII. Subunternehmervertrag, Exkurs.
[85] BGH Urteil v. 30.10.2009, AZ: V ZR 253/08.

Verkehrssicherungspflichten als Organisator des Events. Ein rechtliches Gehör des Besuchers vor Ausspruch des Hausverbotes wurde vom BGH im Übrigen für unnötig erachtet, da die Verhängung eines Hausverbotes nicht in einem gerichtsförmigen oder verwaltungsähnlichen Verfahren geltend gemacht wird, sondern in einem dem Veranstalter zustehenden zivilrechtlichen Unterlassungsanspruch.

IV. Veranstalter – Vorverkaufsstelle

Der Veranstalter benötigt für den Vorverkauf der Eintrittskarten ein Vertriebssystem. Abgesehen von gewerblichen Großveranstaltern, die über ihr eigenes Vertriebssystem verfügen, wird der Veranstalter auf externe Vertriebssysteme zurückgreifen müssen. Häufig verfügen die Betreiber der Halle, in der die Veranstaltung durchgeführt wird, über ein halleneigenes Vorverkaufssystem. Darüber hinaus gibt es unabhängige Vorverkaufsstellen wie Ticketing-Systeme oder auch Zeitschriftenläden, Buchhandlungen und Reisebüros.

1. Rechtsnatur

a) Vertrieb durch unabhängige Vorverkaufsstellen

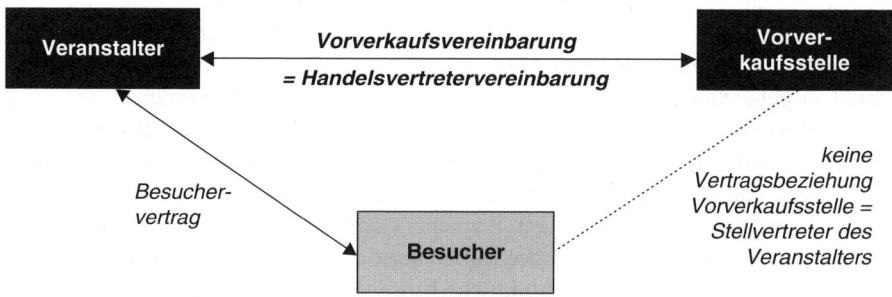

Abb. 8: Vorverkaufsvereinbarung

Unabhängige Vorverkaufsstellen sind selbstständige Handelsvertreter im Sinne des § 84 HGB. Die Vereinbarung zwischen dem Veranstalter und der Vorverkaufsstelle über den Absatz der Eintrittskarten ist daher ein **Handelsvertretervertrag**.[86]

Die Vorverkaufsstelle ist als Handelsvertreter gemäß § 86 HGB verpflichtet, die Vermittlung und den Abschluss von Besucherverträgen zwischen den Besuchern und dem Veranstalter im Interesse des Veranstalters wahrzunehmen. Sie treffen dabei gegenüber dem Veranstalter die besonderen Sorgfaltspflichten eines ordentlichen Kaufmanns. Für den Abschluss der Geschäfte hat die Vorverkaufsstelle Anspruch auf Provision (§ 87 Abs. 1 HGB).

---

[86] BGH NJW-RR 1986, 709; ebenso Güllemann, S. 186.

Zu beachten ist, dass die VVK-Stelle lediglich den Erwerb der Eintrittskarte und somit den Abschluss eines Besuchervertrages zwischen dem Veranstalter und dem Besucher vermittelt. Sie ist als Stellvertreterin für den Veranstalter eingeschaltet, so dass sie keine eigene Rechtsbeziehung zu dem Erwerber der Eintrittskarte eingeht.[87]

Praktisch relevant ist es für den Veranstalter, wann ihm die Einnahmen aus dem Kartenvorverkauf ausgezahlt werden. Je früher er darüber verfügen kann, desto vorteilhafter ist dessen Situation. Es bietet sich daher an, im Vertrag mit der Vorverkaufsstelle zusätzlich den Auszahlungszeitpunkt zu regeln.

b) Vertrieb durch Hallenbetreiber

Etwas komplizierter gestalten sich die Rechtsbeziehungen, wenn der Veranstalter den Vorverkauf von dem Hallenbetreiber durchführen lässt.

Abb. 9: Vorverkauf durch Hallenbetreiber

Der Veranstalter schließt einen Raumüberlassungsvertrag mit dem Hallenbetreiber ab. Wie bereits dargelegt, handelt es sich hierbei im Kern um einen Mietvertrag. Enthält der Raumüberlassungsvertrag eine Klausel laut der die Durchführung des Vorverkaufs durch den Hallenbetreiber vereinbart ist, kommt das Element **einer entgeltlichen Geschäftsbesorgung** (§ 675 BGB) hinzu. Der Hallenbetreiber sorgt für den Absatz der Eintrittskarten. Verfügt er über ein eigenes Vertriebssystem, sind die Mitarbeiter der unselbständigen Vorverkaufsstelle mit dem Betreiber dienstvertraglich verbunden. Falls der Hallenbetreiber eine externe unabhängige Vorverkaufsstelle verpflichtet, geht er mit dieser einen Handelsvertretervertrag ein.[88]

Auch in dieser Konstellation tritt ausschließlich der Veranstalter mit dem Besucher in Rechtsbeziehung. Der Hallenbetreiber wird als Stellvertreter, die Vorverkaufsstelle als Unterstellvertreter des Veranstalters tätig.[89]

---

[87] Mehr zur Stellvertreterposition der VVK oben.
[88] So auch Güllemann, S. 182 und 204.
[89] Wichtig ist die Beachtung des Offenkundigkeitsgrundsatzes.

Als zusätzliche Regelung im Geschäftsbesorgungsvertrag des Veranstalters mit dem Hallenbetreiber ist die Vereinbarung des Auszahlungszeitpunkts der Vorverkaufseinkünfte zu empfehlen.

Von Gesetzes wegen hat der Veranstalter erst mit der Erledigung der Veranstaltung einen fälligen Auszahlungsanspruch. Allerdings hat der Veranstalter einen Verzinsungsanspruch gemäß § 668 BGB. Der Hallenbetreiber, der die Einnahmen bis dahin für sich verwendet, hat das Geld von der Zeit der Verwendung an zu verzinsen. Kommt es nicht zu einer Verwendung, hat der Hallenbetreiber zumindest größere Geldbeträge, die er bereits längere Zeit im Voraus kassiert hat, zinsbringend anzulegen.[90]

2. Vorverkaufsgebühren

Die Erhebung von Vorverkaufsgebühren bringt einige juristische Probleme mit sich. In der Praxis sind Vorverkaufsgebühren üblich.

In Deutschland ist nicht explizit gesetzlich geregelt, in welchem Rahmen eine Vorverkaufsgebühr von den Besuchern eines Events erhoben werden darf.[91]

Als **Grenze für die Höhe der Vorverkaufsgebühr** kommt daher der Maßstab der guten Sitten in Betracht. Hieran sind allerdings hohe Voraussetzungen geknüpft.

Der Besuchervertrag zwischen dem Veranstalter und dem Besucher ist im Ganzen von Anfang an nichtig und muss rückabgewickelt werden, wenn es sich dabei um Wucher oder ein allgemein sittenwidriges Rechtsgeschäft handelt.

Wucher gemäß § 138 Abs. 2 BGB liegt vor, wenn

- ein auffälliges Missverhältnis von Leistung und Gegenleistung besteht und
- der Handelnde für sich oder einen Dritten die Zwangslage, die Unerfahrenheit, den Mangel an Urteilsvermögen oder die erhebliche Willensschwäche eines anderen ausbeutet.

Im Kartenvorverkauf ist diese Situation schwer vorstellbar.

Allgemeine **Sittenwidrigkeit** des Rechtsgeschäfts gemäß § 138 Abs. 1 BGB ist anzunehmen, wenn ein Geschäft gegen die guten Sitten verstößt. Maßstab ist das Anstandsgefühl aller billig und gerecht Denkenden.[92]

Als konkreter Anhaltspunkt können die von der Rechtsprechung entwickelten Grundsätze für Kreditverträge herangezogen werden. Die ständige Rechtsprechung nimmt Sittenwidrigkeit an, wenn der Vertragszins den marktüblichen Effektivzins relativ um 100 % oder absolut um 12 % übersteigt. Die Vorverkaufsgebühren liegen zurzeit bei ca. 10 % des Eintrittspreises[93], so dass die zulässige Grenze bei relativer Berechnung bei 19 % des Eintrittspreises liegen würde. Stets ist eine Gesamtwürdigung aller Umstände für die Sittenwidrigkeitsfeststellung vorzunehmen.[94] Zu

---

[90] Güllemann, S. 183.
[91] Näher Güllemann, S. 189.
[92] BGH NJW 2004, S. 2668, 2670; Palandt/Ellenberger, § 138 BGB, Rn. 2.
[93] Laut Güllemann, S. 190.
[94] BGHZ 104, S. 105; 110, S. 338; Palandt/Ellenberger, § 138 BGB Rn. 27f.

den objektiven Kriterien muss in subjektiver Hinsicht hinzukommen, dass der eine Teil die schwächere Lage des Vertragspartners vorsätzlich oder grob fahrlässig ausnutzt.[95]

In der Praxis kommen regelmäßig noch weitere Gebühren, z. B. für die Bearbeitung (Bearbeitungsgebühr) oder beim elektronischen Ticketing (CTS) für das System hinzu. Die kategorische Aufteilung der Gebühren kann jedoch für die Sittenwidrigkeitsfeststellung keine Rolle spielen,[96] sondern ist einheitlich zu betrachten. So spricht für Sittenwidrigkeit, dass der insgesamt verlangte Satz in der Praxis durch Zusatzgebühren (CTS, Bearbeitungs- und VVK-Gebühr) mit insgesamt 28,5 % die Grenze deutlich übersteigt. Zudem liegt die Vermutung nicht fern, dass der Ticketvertrieb, der hohe Gebühren verlangt, vorsätzlich seine überlegene wirtschaftliche Position zum eigenen Vorteil ausnutzt, weil der Besucher in der Regel die Eintrittskarte nicht auf einem anderen Wege erwerben kann.[97]

Im Zusammenhang mit der Vorverkaufsgebühr sind überdies die Vorgaben der **Preisangabenverordnung** zu beachten. Es gelten die Grundsätze der Preiswahrheit und der Preisklarheit. Im Ergebnis muss stets der **Endpreis** genannt und deutlich hervorgehoben werden.[98]

3. Rückerstattung von Eintrittspreis und Vorverkaufsgebühr

Fall 7: Ein von V veranstaltetes Konzert fällt aus. Daraufhin verlangen die Besucher ihr Eintrittsgeld inklusive der gezahlten Vorverkaufsgebühr zurück. V hat sich nicht ausreichend abgesichert und ist verzweifelt. Er fragt sich, ob die Besucher überhaupt einen Anspruch auf Rückerstattung der Vorverkaufsgebühr haben und ob er die Rückzahlungspflicht gegebenenfalls auf die Vorverkaufsstelle abwälzen kann.

Der Veranstalter hat dem Besucher das volle Eintrittsgeld zurückzuzahlen, wenn dieser einen Rückerstattungsanspruch hat. Das schließt auch die Vorverkaufsgebühr ein.

Vertragspartner des Besuchers ist allein der Veranstalter. Er schuldet die ordnungsgemäße Werkleistung. Dementsprechend ist er auch der Anspruchsgegner eines bestehenden Rückerstattungsanspruchs des Besuchers.

Gemäß § 346 Abs. 1 BGB hat der Veranstalter das Eintrittsgeld als „empfangene Leistung" ohne Abzug rückzuerstatten. Die Zahlung der Vorverkaufsgebühr ist keine gesonderte Leistung auf einen zusätzlichen Vertrag, sondern natürlicher Bestandteil der Entgeltzahlung. Das wird auch darin deutlich, dass der Besucher mit der Eintrittskarte Inhaber eines einheitlichen Legitimationspapiers, das heißt Wertpapiers, ist.

---

[95] So Palandt/Ellenberger, § 138 BGB, Rn. 25 und 30.
[96] Güllemann, S. 190.
[97] So auch Güllemann, S. 190.
[98] Eingehend im Kapitel Wettbewerbsrecht, siehe auch Güllemann, S. 209.

Die Vorverkaufsgebühr dient zwar der Kostendeckung der tatsächlich entstandenen Dienstleistungen der Vorverkaufsstelle, aber die Vorteile eines Ticketvorverkaufs sind für den Veranstalter so schlagend, dass die Rückerstattung der Vorverkaufsgebühr aus wertender Sicht angemessen ist. Die Vorteile für den Veranstalter liegen beispielsweise darin, dass er bereits im Vorfeld des Events über Geldeinnahmen verfügen kann (Merke: Vertraglich mit der Vorverkaufsstelle regeln!) und mehr Planungssicherheit hat. Zeichnet sich ein wirtschaftliches Desaster (Flop) ab, hat der Veranstalter außerdem die Möglichkeit, noch rechtzeitig auszusteigen. Ferner fließt mitunter im Innenverhältnis zwischen dem Veranstalter und der VVK-Stelle aufgrund interner Refundierungsvereinbarungen ein Teil der VVK-Gebühr an den Veranstalter zurück.[99] Obwohl diese Refundierungspraxis aufgrund des Verstoßes gegen die Preiswahrheit und Preisklarheit wettbewerbswidrig ist, entspricht es noch der gängigen Praxis insbesondere bei Tourneeveranstaltern der Rock- und Popszene.

Falllösung 7: V muss den Besuchern den gesamten Eintrittspreis einschließlich der Vorverkaufsgebühr erstatten.

Checkliste: Zum Vorverkauf

- ☑ deutlich niedrigere Vorverkaufspreise gegenüber der Abendkasse
- ☑ Vorverkaufsgebühr nicht höher als 19% des Eintrittspreises
- ☑ Vereinbarung der Dauer der Verwahrung der vereinnahmten Gelder
- ☑ klare Absprachen im Geschäftsbesorgungsvertrag erforderlich
- ☑ Anspruch auf Verzinsung
- ☑ tatsächliche Risikobereiche nicht auf die andere Vertragspartei übertragen
- ☑ Gestaltung der Eintrittskarte:
    - verantwortlichen Veranstalter deutlich kennzeichnen
    - Ticket-Endpreis angeben.

V. Veranstalter – Eventagentur

In der Veranstaltungspraxis sind zwischen Veranstalter und Künstler in aller Regel Agenturen zwischengeschaltet. Vor allem bei der auf der Seite des Veranstalters tätigen Eventagentur hat die Art der Tätigkeit massiven Einfluss auch auf das Verhältnis zwischen dem Veranstalter und dem Künstler.

Das Vertragsverhältnis zwischen einer Agentur und einem Vertragspartner, einem Veranstalter oder einem Künstler, wird im Allgemeinen als **Agenturvertrag** bezeichnet. Seine rechtliche Ausgestaltung ist einzelfallabhängig. Wie das Verhältnis zwischen dem Veranstalter und einer auf seiner Seite tätigen Eventagentur zu bewerten ist, kommt ganz darauf an, in welcher Weise die Agentur tätig wird, das

---

[99] Homann, Musikrecht, S. 221; OLGR Hamburg 1998, 283.

heißt inwieweit sie sich in das Verhältnis zwischen Veranstalter und Künstler einmischt.

Manche Eventagenturen beschränken sich darauf, lediglich den Nachweis und die Gelegenheit zum Abschluss eines Aufführungsvertrages auf Provisionsbasis zu vermitteln (folgende Übersicht).[100]

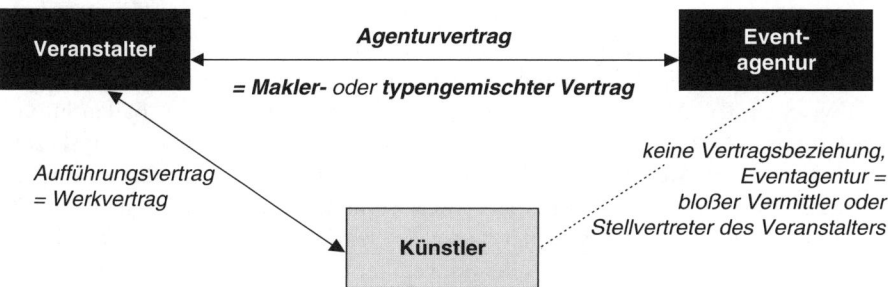

Abb. 10: Rechtsbeziehungen bei vermittelnder Agenturtätigkeit

Andere treten klassischerweise gegen ein Abschluss- oder Vermittlungshonorar auf der Seite des Veranstalters in dessen Namen als Stellvertreter auf und schließen die Verträge mit Wirkung für ihn (Übersicht oben).[101] Indiz: Die Agentur zeigt ihre Stellvertreterposition durch Formulierungen wie etwa „(Veranstalter) vertreten durch" in den Aufführungsverträgen zwischen Künstler und Veranstalter an.

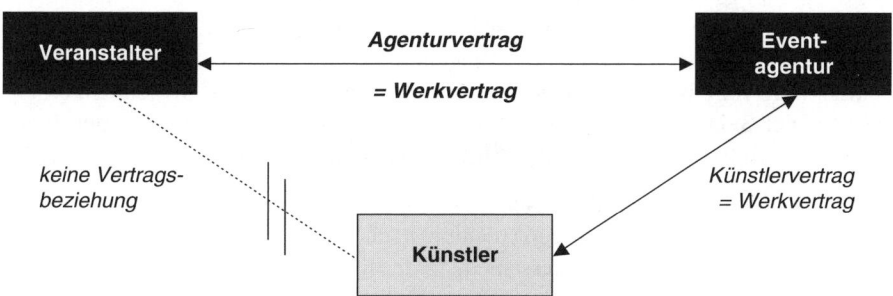

Abb. 11: Rechtsbeziehungen bei „Ein- und Verkaufstätigkeit" der Agentur

Wieder andere schließen selbst im eigenen Namen Künstlerverträge mit Künstlern ab, zahlen die Künstlergage selbst und veräußern die künstlerische Leistung dann gegen ein Agenturentgelt gewinnbringend an die Veranstalter weiter. Dann geht es der Agentur um den „**Ein- und Verkauf**" der künstlerischen Leistung (Über-

---

[100] Funke/Müller, Rn. 234.
[101] Eingehend zur Problematik Eventagentur und Stellvertretung siehe auch oben.

sicht oben).[102] In dieser Position sind die Eventagenturen vergleichbar mit **Gastspiel-** oder **Konzertdirektionen**, die nicht selbst als Veranstalter auftreten, sondern lediglich ein Gastspiel bzw. Konzert an einen Dritten liefern, der dies als eigene Veranstaltung darstellt. Diese Vermarktungsform trägt den Vorteil in sich, den Kunden (Wirtschafts-, Medien- und Industrieunternehmen) von den typischen Veranstalterlasten und dem damit verbundenen Schriftverkehr, wie KSK-Abgabe und sog. Ausländersteuer zu entlasten. Die Agentur liefert ein Gesamtpaket für das sie keine Provision, die branchenüblich durchschnittlich bei 20 % liegt, sondern Profit erwirtschaftet, für den keine branchenüblich zu bezeichnende Größen existieren.[103]

Zwischen dem Veranstalter und dem Künstler besteht in diesen Fällen infolge des Grundsatzes von den Vertragsverhältnissen keine Vertragsbeziehung, insbesondere hat der Veranstalter keinen Anspruch gegen den Künstler auf die Erbringung der Leistung. Allerdings ist der Agentur das Verhalten des Künstlers gemäß § 278 BGB zuzurechnen.[104] Das bedeutet, wenn ein von der Agentur gelieferter Künstler gegen eine zwischen Agentur und Veranstalter vereinbarte Gebietsschutzklausel verstößt, muss sich die Agentur das Verschulden des Künstlers als Erfüllungsgehilfe zurechnen lassen. Mithin kann zwar der Veranstalter nicht gegen den Künstler direkt, aber gegen seinen Vertragspartner, nämlich die Agentur, vorgehen.

Der Agenturvertrag ist bei der Stellung der Eventagentur als „Verkäufer" der künstlerischen Leistung ebenso wie bei Direktionen als **Werkvertrag** anzusehen.[105]

Tritt die Agentur als Vermittler/Stellvertreter auf, liegt in der Regel im Kern ein **Maklervertrag** zwischen Künstler und Agentur vor (§§ 652 ff. BGB).[106]

Problematisch ist hier allerdings, dass eine Provision beim Zustandekommen des Vertrags fällig wird, unabhängig davon, ob es tatsächlich zur Veranstaltung kommt. Wird der Fälligkeitszeitpunkt durch Vertragsgestaltung auf den Termin der Durchführung der Veranstaltung gelegt, ist hier ein **Vertrag eigener Art** anzunehmen, denn auch die sonstigen gesetzlich geregelten Vertragsarten passen nicht uneingeschränkt: So wäre bei einem Handelsvertretervertrag (§§ 84 ff. HGB) ein Unternehmer auf der Seite des Künstlers erforderlich. Bei einem Geschäftsbesorgungsvertrag (§ 675 BGB) fehlt eine ausdrückliche Festlegung der Provisions-Fälligkeit.[107]

Fazit: Es ist unabdingbar, die Pflichten und Befugnisse der Eventagentur in einem Agenturvertrag explizit festzulegen, denn je nach Fallkonstellation ergeben sich für den Veranstalter erhebliche Unterschiede in der Rechtsfolge.

Im Falle der Vertretungs-/Vermittlungstätigkeit muss der Umfang der Beauftragung im Verhältnis der Agentur zum Veranstalter sowie der Umfang der Bevollmächtigung der Agentur gegenüber dem Künstler geregelt werden.[108] Außerdem

---

[102] Funke/Müller, Rn. 236.
[103] Poser, Konzert- und Veranstaltungsverträge, S. 93.
[104] LG Krefeld, Urteil v. 14.09.1999, AZ: 12 O 14/99.
[105] Güllemann, S. 23.
[106] Siehe Güllemann, S. 18.
[107] So auch Fischer/Reich, § 8 Rn. 11.
[108] Auch Funke/Müller, Rn. 236.

sind Vereinbarungen hinsichtlich der Vergütung der Agentur (Provision, Honorar, Entgelt) erforderlich.

VI. Veranstalter – Künstleragentur/Manager – Künstler

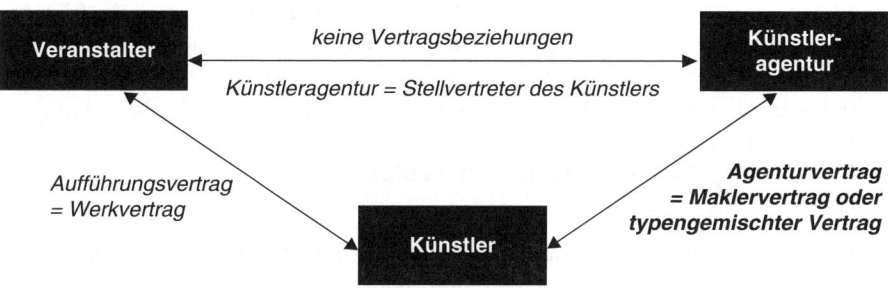

Abb. 12: Rechtsbeziehung Veranstalter/Agentur/Künstler

1. Künstleragentur

Eine Künstleragentur wird auf der Seite des Künstlers tätig. In diesem Falle besteht der **Agenturvertrag** zwischen der Künstleragentur und dem Künstler. Da die Künstleragenturen wie die klassischen Eventagenturen grundsätzlich nur vermittelnd wirken, kommt im Verhältnis des Künstlers zum Veranstalter ein Aufführungsvertrag zustande.[109] Diesbezüglich kann auf die Ausführungen zur Eventagentur verwiesen werden. Sind aber ausnahmsweise die vermittelten Engagements nicht als Werk- oder selbständige Dienstverträge, sondern wegen fremdbestimmter weisungsgebundener Tätigkeit als Arbeitsverhältnisse zu qualifizieren (z. B. Musiker für eine Kreuzfahrt), liegt eine Arbeitsvermittlung i. S. d. § 296 SGB III vor.[110] Hier ist die Künstleragentur nicht frei in ihrer Provisionshöhe. Die branchenübliche Provisionshöhe einer Künstleragentur ist Verhandlungssache und liegt im Agenturgeschäft meist in einem Bereich zwischen 15 und 25 %.[111] Zusätzliche Agenturleistung, wie z. B. Fotomappe, Texte, Promotionaktivitäten, die über die Vermittlung von Auftritten hinausgehen, können eine höhere Provision im Einzelfall rechtfertigen. Anders hingegen bei der Arbeitsvermittlung, da dort für bestimmte Berufsgruppen (z. B. Künstler) spezielle Höchstsätze gemäß der Vermittler-Vergütungsverordnung gelten.

Berechnungsgrundlage des Provisionsanspruchs sind lediglich Einnahmen (z. B. Gage, Lizenzeinnahmen für Senderechte) aus den vermittelten Konzerten. Sonstige Nebeneinnahmen aus DVD, CD-Verkäufen oder Merchandising fallen aus der Be-

---

[109] Funke/Müller, Rn. 234.
[110] Homann, Musikrecht, S. 222.
[111] Poser, Konzert- und Veranstaltungsverträge, S. 101.

rechnung raus. Da die Tätigkeit der Künstlervermittlung in der Regel auf längere Zeit angelegt ist, empfehlen sich auch vertragliche Regelungen über:

- Umfang der Beauftragung im Verhältnis Agentur – Künstler
- Umfang der Bevollmächtigung im Verhältnis Agentur gegenüber Veranstalter, z. B.:

„Die Agentur erhält die alleinige Befugnis, während der Dauer dieses Vertrags den Künstler in allen rechtsgeschäftlichen Angelegenheiten, soweit diese Bezug auf den gegenständlichen Vertrag haben, nach außen zu vertreten und diese Vertretungsmacht nach seinem Ermessen Dritten anzuzeigen."

- Inkasso des Agenten
- Informationspflichten, Prüfungsrecht, Laufzeit[112]
- Haftungsklauseln, z. B.:

a) „Die Agentur haftet für die Zahlungsunfähigkeit eines Veranstalters nur, wenn sie grob fahrlässig dessen Zahlungsunfähigkeit oder Zahlungsunwilligkeit kannte oder hätte kennen müssen oder letztere nachweislich grob fahrlässig verursacht hat.

b) Führt ein grob fahrlässiges vertragswidriges Verhalten des Künstlers zu einer Minderung oder Verweigerung der Vergütung durch den Veranstalter oder verweigert der Künstler der Agentur die Einhaltung eines durch die Agentur gemäß den Bestimmungen dieser Vereinbarung abgeschlossenen Vertrages, haftet der Künstler für die Zahlung der vereinbarten Umsatzbeteiligung. Der Künstler haftet hierbei auch für eventuelle Schadensersatzansprüche des Veranstalters. ..."

2. Manager

Fall 8: Der junge Künstler K wird von dem ebenso jungen Manager M betreut und aufgebaut. Leider verstehen sich beide zunehmend weniger, da M stets versucht, K künstlerisch zu beeinflussen und den Stil des K zu verkommerzialisieren. K missfällt dies, wehrt sich aber nicht, da er überhaupt froh ist, aufgebaut zu werden. K erklärte M nur, dass er sich kein zweites Mal mit dem Sponsorpartner S öffentlich zeigen wolle und froh sei, dass nun der Sponsoringvertrag ausgelaufen sei. Sponsor S machte noch am gleichen Abschlusskonzertabend von seiner Verlängerungsoption Gebrauch und erklärte dem M gegenüber, den Vertrag um ein weiteres Jahr zu verlängern. M nahm die Erklärung an. Ist K vertraglich wiederum ein Jahr an den Sponsor S gebunden, oder ist diese Erklärung nur gegenüber K persönlich wirksam?

In Deutschland unterscheidet man anders als beispielsweise in den USA nicht zwischen dem *personal manager* und dem *business manager*.[113] Vielmehr sind beide Bereiche derart vermischt, dass der deutsche „Künstlermanager" nahezu eine „All-

---

[112] Siehe auch Funke/Müller, Rn. 236.
[113] Vertiefend Homann, Musikrecht, S. 203.

zuständigkeit" besitzt. Danach wird ein Manager für den Künstler ausschließlich und umfassend in folgenden Bereichen tätig:

- Akquise
- Vertragsverhandlungen
- Planung und Organisation von Konzerten, Tourneen und Produktionen
- Beratung des künstlerischen Erscheinungsbildes des Künstler (Image)
- Mitsprache bei Gestaltung von Ton- und Bildträgern
- Vermittlung und Abschluss von Platten- oder Verlagsverträgen
- Koordination der gesamten Presse- und Promotionarbeit
- Pflege der Geschäftskontakte einschließlich der Medienarbeit
- Überwachung der Lizenzabrechnungen und Inkasso (Buchhaltung)

Das Management kann von Einzelfirmen bis hin zu größeren Managementunternehmen wahrgenommen werden. Insbesondere im Musikbereich nehmen die Tochtergesellschaften größerer Plattenfirmen diese Aufgaben häufig wahr. **Exklusivität** besteht auf Künstlerseite, aber nicht auf Managerseite. Das bedeutet, dass ein Exklusivmanagement neben dem Künstler regelmäßig noch weitere Künstler vertritt. Dem Künstler ist es aber umgekehrt verwehrt, die Aufgaben des Managers während der Vertragsdauer von anderen Personen wahrnehmen zu lassen. Für eine intensive Betreuung des Künstlers ist damit ein besonderes Vertrauensverhältnis zwischen beiden Vertragsparteien zwingend notwendig, da sich ein Managementvertrag territorial regelmäßig über die gesamte Welt erstreckt. Meist beträgt die **Laufzeit** des Managementvertrages zwei bis drei Jahre. Allerdings wird häufig eine Verlängerungsoption um jeweils ein weiters Jahr vereinbart, wenn ein junger Künstler erst aufgebaut werden muss. Die Exklusivitätsbindung des Managers macht es notwendig, dessen Aufgabenbereich konkret zu definieren und könnte wie folgt aussehen:

„Der Manager verpflichtet sich zur Durchführung und Erledigung folgender Aufgaben:

a) Die Entwicklung, Konzeption, Koordination und Förderung sämtlicher Tätigkeiten des Künstlers im Bereich der ernsten Musik.
b) Die Betreuung der Vertragsverhandlungen mit Dritten und während der Konzerte.
c) Die Wahrnehmung der künstlerischen und kommerziellen Interessen des Künstlers gegenüber Dritten, insbesondere Schallplattenfirmen, Produzenten, Verlagen, Veranstaltern und Medien.
d) Die Planung und Durchführung von jeglichen Werbemaßnahmen.
e) Die Vorbereitung und Durchführung von Einzelauftritten und Tourneen sowie Senderbesuchen und Interviews sowie die damit in Zusammenhang stehende künstlerische und technische Betreuung.
f) Die quartalsmäßig schriftliche Abrechnung des von dem Manager einzurichtenden Anderkontos des Künstlers."

Die Pflichten eines Managers und der Umfang der Vertretungsvollmachten gehen also weiter als die einer Künstleragentur. Der **Managervertrag** ist ein **Dienstver-**

trag mit Geschäftsbesorgungselementen (§§ 611, 675 BGB).[114] Der Manager steht in keinem Arbeitsverhältnis zu dem Künstler, da er nicht weisungsgebunden ist. Vielmehr hat der Künstler dem Manager aufgrund eines besonderen Vertrauensverhältnisses Dienstleistungen höherer Art übertragen. Das hat zur Folge, dass der Künstler den Managervertrag jederzeit ohne Angabe von Gründen kündigen darf (§ 627 BGB)[115], wenn diese **Kündigungsmöglichkeit** nicht ausdrücklich vertraglich ausgeschlossen wurde.[116]

Gegenüber dem Veranstalter tritt der Manager wie die Künstleragentur als **Stellvertreter** auf. Der Vertrag kommt zwischen dem Veranstalter und dem Künstler als Aufführungsvertrag zustande.[117] In diesem Zusammenhang ist zwischen Künstler und Manager stets zu klären, ob dem Management gegenüber Veranstaltern, Tonträgerfirmen und Verlagen lediglich eine **Verhandlungsvollmacht** (zur Verhandlungsführung) oder auch eine **Abschlussvollmacht** (zum Vertragsabschluss für und im Namen des Künstlers) eingeräumt wird.[118] Bei wichtigen Verträgen (Tourneevertrag, Plattenvertrag, Veranstaltervertrag mit Exklusivbindung), die den Künstler entweder sehr lange binden oder für seine künstlerische Laufbahn von erhöhter Bedeutung sind, sollte sich die Vollmacht auf die Verhandlung beschränken. Eine Abschlussvollmacht sollte nur für Verträge mit geringerer Bedeutung, abhängig vom einzelnen Bekanntheitsgrad des Künstlers, vereinbart werden.

Auch ist zu klären, ob der Manager zum Inkasso für den Künstler tätig sein soll. Der Manager wäre dann berechtigt, die Einnahmen (Gage) und Lizenzzahlungen (GEMA, GVL) auf seinem Konto zu verwalten und erst nach Abzug der Kosten und seiner Provision den verbleibenden Rest an den Künstler weiterzuleiten. Im Regelfall erhält der Manager kein festes Monatsgehalt, sondern eine **Provision**, die sich prozentual an den Erlösen des Künstlers bemisst, aber nie höher sein sollte als 30 %.[119] Die Provision ist nach Erbringung der Leistung fällig. Die Auszahlung sollte im Managervertrag nach Zeitabschnitten geregelt werden.[120] Zur Kontrolle ist dann eine **Buchführungsklausel** im Managervertrag zwingend notwendig. Der Künstler ist entsprechend der Klausel berechtigt, die Bücher des Managers durch einen Wirtschaftsprüfer, Steuerberater oder Rechtsanwalt, die zur Berufsverschwiegenheit verpflichtet sind, prüfen zu lassen. Die Kosten muss der Manager allerdings nur dann übernehmen, wenn eine Abweichung von mehr als 5 % gegeben ist. Einfacher und ebenso sicher ist die Pflicht zur Führung eines **Anderkontos (Fremdgeldkonto)**. Der Manager ist dann zur Rechnungsstellung verpflichtet und muss explizit aufführen, wie hoch seine Provision und seine zu erstattenden Kosten

---

[114] BGH NJW 1983, 1191- Management- und Promotionsvertrag.
[115] Güllemann, S. 16; Poser, Konzert- und Veranstaltungsverträge, S. 84 f.
[116] BGH NJW-RR 91, 439, 440; BGH MDR 1999, 345, 345.
[117] Ebenso Güllemann, S. 16.
[118] Vertiefend Homann, Musikrecht, S. 206.
[119] Zur Sittenwidrigkeit der Managerprovisionen näher Homann, Musikrecht, S. 207 m.w.N.
[120] Siehe Fischer/Reich, § 8 Rn. 12.

sind. Sollte er mit dem Fremdgeld (Einnahmen des Künstlers) missbräuchlich umgehen und sich daran ungerechtfertigt bereichern, stellt das eine **Straftat gemäß § 266 StGB (Untreue)** dar. Der Straftatbestand stellt den Missbrauch einer rechtlichen Befugnis über fremdes Vermögen zu verfügen (Inkasso für den Künstler) unter Strafe.

Falllösung 8: Manager M ist als Stellvertreter nicht nur zur Abgabe von Erklärungen (Vertragsabschluss durch Erklärung) für den Künstler K berechtigt, sondern die Vertretungsmacht gilt auch für die Entgegennahme von Erklärungen. Indem der Sponsor S von seiner vertraglichen Verlängerungsoption Gebrauch machte, hat der M diese Erklärung stellvertretend für K entgegengenommen gemäß § 164 Abs. 3 BGB. Mithin muss K diese Erklärung gegen sich gelten lassen und noch ein Jahr mit S als Sponsorpartner leben.

VII. Veranstalter – Sponsor

Kulturveranstaltungen werden zunehmend von Sponsoren als Werbeplattform entdeckt. Sie erlangen als erlebnisorientierte Veranstaltungen Aufmerksamkeit in der Öffentlichkeit und in den Medien.[121] Nach einer Studie der Berliner Agentur Causales vom Dezember 2010 stieg zudem das Sponsoringvolumen bei den teilnehmenden Kultureinrichtungen in den letzten Jahren signifikant an. Die Kulturanbieter konnten danach die Sponsoringmittel von 6,7 % aus dem Jahre 2007 auf mittlerweile 13 % ihres Haushaltsvolumens steigern.[122] Den Sponsoren geht es nicht immer nur um die Bewerbung bestimmter Produkte. Vielfach zielen sie auf eine Imageverbesserung ab, welche sie sich dadurch versprechen, dass das Image des Gesponserten auf sie projiziert wird. Anders als durch traditionelle Werbung können so auch Konsumentengruppen mit höherer Bildung in unkommerzieller Umgebung, z. B. bei klassischen Konzerten oder Festivals, erreicht werden.[123]

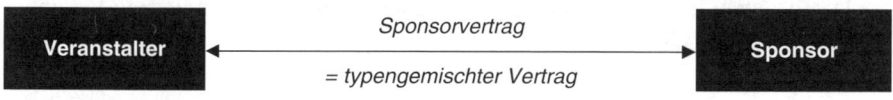

Abb. 13: Sponsorvertrag

Der (Kunst-/Kultur-)**Sponsorvertrag** ist ein Vertragsverhältnis zwischen einer wirtschaftlich tätigen Person oder einem Wirtschaftsunternehmen, dem Sponsor, und

---

[121] Auch Pluschke, S. 83.
[122] Causales, Agentur für Kulturmarketing und Kultursponsoring GmbH, Sponsoringeinnahmen von Kulturanbietern, Pressemitteilung vom 08.12.2010, www.kulturmarken.de; an der Studie nahmen 133 Kulturanbieter aus dem gesamten Bundesgebiet teil und beantworteten Fragen zur strategischen Planung und Umsetzung ihrer Sponsoringaktivitäten.
[123] Vgl. Funke/Müller, Rn. 281 und 286.

einer künstlerisch tätigen Person, Institution oder Organisation, dem Gesponserten. Inhalt des Vertrages ist, dass der Sponsor den Gesponserten zur Verfolgung kommunikativer Marketingziele durch eine Sponsorenleistung fördert und der Gesponserte wiederum dem Sponsor eine werblich nutzbare Gegenleistung gewährt.[124]

Im Gegensatz zu dem vor allem bei Sportlern herkömmlichen Dauer-Sponsoring handelt es sich im Kulturbereich meistens um Event-Sponsoring von Festivals, Tourneen und sonstigen Einzelveranstaltungen.[125]

Die **Sponsorenleistung** besteht in der Regel in Form von finanziellen Zuwendungen, zuweilen auch in Form von Dienstleistungen oder der Bereitstellung von Sachmitteln.[126] Der **Gesponserte** überlässt dem Sponsor dafür die Lizenz an seinen werblichen Nutzungsrechten, beispielsweise das Recht zur Verwendung der Bezeichnung der Veranstaltung, Symbole, Embleme, Logos, Bandenwerbung, bei natürlichen Personen Name, Bild, Stimme, Unterschrift etc. zu Produktwerbe- oder Imagezwecken.[127]

Der Gesponserte verpflichtet sich außerdem regelmäßig, den Sponsor eines Events z. B. auf Plakaten, Eintrittskarten oder Programmheften zu nennen, ihn bei der Pressearbeit zu berücksichtigen oder ihm Präsentationsmöglichkeiten zu gewähren.[128] Es muss allerdings aus steuerlichen Gründen darauf geachtet werden, dass keine „aktive" Mitwirkung des Gesponserten im Sinne des Sponsoring-Erlasses vereinbart wird.[129] Bei der Leistungsvereinbarung ist auf eine möglichst genaue Formulierung zu achten, um spätere Meinungsverschiedenheiten über Art und Umfang dieser grundlegenden wechselseitigen Pflichten auszuschließen.

Die Natur des Sponsorvertrages ist ein **typengemischter Vertrag**. In ihm verschmelzen je nach konkreter Ausgestaltung des Vertrags Elemente des Werk- und Lizenzvertrages, des Mietvertrages, Dienstvertrages und des Garantievertrages, selbst Berührungspunkte zu Pacht-, Kauf- und Tauschverträge können zu finden sein.[130] Da insoweit die gesetzlichen Normen schwierig zu bestimmen sind, ist es umso ratsamer, im Sponsorvertrag detaillierte Regelungen zu treffen. Da sich im Zeitpunkt des Vertragsabschlusses aber nicht alle Einzelheiten vorhersehen und bis ins Detail regeln lassen, sind im Sponsoringvertrag generalklauselartige Vereinbarungen unentbehrlich.[131]

---

[124] So Pluschke, S. 88; Funke/Müller, Rn. 275.
[125] Siehe Funke/Müller, Rn. 282.
[126] Pluschke, S. 102 f.; Fischer/Reich, § 10 Rn. 152.
[127] Funke/Müller, Rn. 275 und 281.
[128] Pluschke, Rn. 83.
[129] Näher Fischer/Reich, § 10 Rn. 152 mit Verweis auf § 11 Rn. 126: Die ertragssteuerliche Behandlung des Sponsoring durch die Finanzbehörden orientiert sich am so genannte Sponsoring-Erlass des BMF vom 18.02.1998 und dem Anwendungserlass zur AO Ziffer 7 ff. zu § 64 AO. Aufseiten des Sponsors sind dessen Beiträge dann Betriebsausgaben gemäß § 4 Abs. 4 EStG, wenn der Sponsor wirtschaftliche Vorteile für seine Unter- nehmen, insbes. für dessen Ansehen erstrebt oder für seine Produkte werben will.
[130] So Pluschke, S. 187; Funke/Müller, Rn. 274.
[131] Weiland/Poser, Sponsoringvertrag, S. 19.

Beispiel: Generalartige Vertragsklausel

Wohlverhalten, Unterrichtung, Vertraulichkeit, Zweckbindung
(I) Die Vertragsparteien verpflichten sich einander zu gegenseitigem Respekt, Wohlverhalten und Loyalität. Der Gesponserte wird sich insbesondere nicht öffentlich negativ über den Sponsor und dessen Leistungen äußern. Der Sponsor ist gehalten, auf schutzwürdige Interessen des Gesponserten, insbesondere auf dessen Ruf und Ansehen sowie auf den Sinn und das Prestige der geförderten Konzerte Rücksicht zu nehmen. Die genannten Verpflichtungen gelten auch nach Beendigung des Vertrages fort.
(II) Die Vertragsparteien werden sich gegenseitig umgehend über alle Umstände, die für die Durchführung dieses Vertrages von Bedeutung sein könnten, unterrichten.
(III) Die Vertragsparteien verpflichten sich, den Inhalt dieses Vertrages, insbesondere die hiernach geschuldeten Leistungen Dritten gegenüber vertraulich zu behandeln. Diese Verpflichtung gilt auch nach Beendigung des Vertrages fort.
(IV) Der Gesponserte wird die ihm vom Sponsor zur Verfügung gestellten Mittel ausschließlich für seine satzungsgemäßen Ziele sowie die in diesem Vertrag näher spezifizierten Zwecke verwenden.

Darüber hinaus ist für die Auslegung des Vertrages stets hilfreich, Ziel und Zweck des Sponsorvertrages bereits in einer **Präambel** vorauszustellen.

Beispiel: Präambel Sponsorvertrag eines Wirtschaftsunternehmens und der Chor- und Orchestergesellschaft ORSO e. V.

Präambel
(I) Der Sponsor ist daran interessiert, den Bekanntheitsgrad seines Unternehmens in der Öffentlichkeit und sein Image zu festigen und weiter zu erhöhen. Insbesondere soll gegenüber der Öffentlichkeit demonstriert werden, dass gesellschaftliches Engagement für den Sponsor wichtig und erforderlich ist. Beide Vertragsparteien sind dynamisch und aufstrebend, verwurzelt in der Region und zeigen die gleiche Leidenschaft und Engagement für ihre innovativen und kreativen Projekte. Diese Gemeinsamkeiten begründen die Sponsorbereitschaft gegenüber dem europaweit einzigartigen Kulturprojekt des ORSO e. V.
(II) Der Gesponserte verfolgt satzungsgemäß den Zweck der Förderung des 200 MusikerInnen starken Klangkörpers „ORSO-The Rock Symphony Orchestra", welches in erster Linie Rock- und Pop-Literatur auf symphonische Art und Weise interpretiert, wobei Projekte rein klassischer oder anderer Art nicht ausgeschlossen sind.
Der Gesponserte hat seine erste eigene Konzertreihe 2004/2005 zum Abschluss des 10jährigen Jubiläumsjahres erfolgreich beendet. Hier-

> für wurden aus der Dachorganisation „ORSO-The Rock Symphony Orchestra" vier Ensembles (ORSOvocals, ORSOwinds, ORSOsoloists und ORSOphilharmonic) ausgelagert. Höhepunkt der ersten Konzertreihe 2007/08 ist das rhythmische Feuerwerk, bestehend aus den Werken „Carmina Burana", „Bolero" und „The Chairman Dances".
>
> (III) Der Sponsor hat den Gesponserten seit Jahren regelmäßig durch Konzertbesuche gefördert und fühlt sich der Nachwuchsförderung seit jeher besonders verpflichtet. Durch die Koppelung der Konzertreihe mit dem Bildungsprojekt „INTERESSE wecken, HORIZONTE erweitern, BEGABUNG fördern" organisiert durch ORSOeducation für Schulklassen aller Schularten, erscheint der Gesponserte als feste Kulturinstitution in der Region vor dem Hintergrund der PISA-Studie als besonders förderwürdig.

Häufig bringt der Sponsor zudem Klauseln ein, die seine Stellung im Verhältnis zur Konkurrenz festigen. Ist er Exklusivsponsor, darf der Gesponserte keine weiteren Sponsoringverträge abschließen. In der Praxis geläufig ist die Variante, lediglich den Abschluss mit Konkurrenten des Sponsors auszuschließen (**Branchenexklusivität**). Zusätzlich kann gegebenenfalls noch das Verhältnis zu anderen Haupt- oder Co-Sponsoren geregelt werden.[132] Danach folgen schließlich Vereinbarungen über die Verpflichtung zur persönlichen Leistungserbringung, das Verbot der Abtretung und Haftungsausschlüsse, sowie Vereinbarungen über Vertragsstrafen, um eine effiziente und konfliktfreie Realisierung des Sponsoringvertrages zu ermöglichen.[133] Nicht zu vernachlässigen ist eine Regelung zur vorzeitigen Vertragsbeendigung. Nicht selten kommt es vor, dass ein Kulturunternehmen (Gesponserte) die geplanten Events doch nicht, wie im Sponsorvertrag aufgeführt, durchführen kann. Deshalb sind genau die Voraussetzungen für eine ordentliche und außerordentliche Kündigung im Vertrag zu regeln. In der Praxis wird auch gern eine Verlängerungsoption oder zumindest eine Gesprächsverpflichtung vereinbart, um den Sponsor auch für die Zukunft zu gewinnen.

Beispiel: Vertragsklausel zur Vertragslaufzeit mit flexibler Konzertwahl

> (I) Die Laufzeit dieses Vertrages beträgt wenigstens 1 Jahr beginnend zum 01.07.2010. Für weitere Sponsortätigkeiten wird dem Sponsor ein Vorzugsrecht eingeräumt. Die Parteien verpflichten sich zu einem Gespräch über die Verlängerung einen Monat vor Ablauf dieses Vertrages. Sollte im Vertragsjahr das Leistungspaket durch den Sponsor nicht vollständig genutzt werden können, kann er aus den folgenden Konzerten im Jahre 2011 ein geeignetes Konzert wählen.

---

[132] Pluschke, S. 107; Fischer/Reich, § 8 Rn. 152.
[133] Weiland/Poser, Sponsoringvertrag, S. 19.

Folgende Ausgestaltungen eines Sponsorvertrages sind in Erwägung zu ziehen:

- Präambel (Zweck des Sponsorvertrags)
- Vertragsgegenstand:
  - Leistungen des Sponsors (Geld-, Sach-, Dienstleistungen, Bereitstellungen)
  - Leistungen des Gesponserten
    - Einräumung kommunikativer Nutzungsrechte
    - sonstige Abreden (z. B. Nennung des Sponsors; Berücksichtigung bei Pressearbeit, Gewährung von Präsentationsmöglichkeiten)
- Nebenpflichten (z. B. freie/ermäßigte Eintrittskarten, Aufzeichnung des Events)
- Exklusivitäts-/Konkurrenzklauseln
- Abtretungsverbote (Gesponserter höchstpersönlich verpflichtet)
- Haftungsausschlüsse und Festlegung eines Erfüllungsinteresses
- Sicherheitsleistung, Vertragsstrafe und Aufrechnungsverbot
- Bei Dauer-Sponsoring: Inkrafttreten, Laufzeit, (Verlängerungs-)Optionsrechte sowie Kündigungsrechte, sowie Rückgewähr von Leistungen[134]
- Schriftform
- Anwendbares Recht, Erfüllungsort, Gerichtsstand

VIII. Veranstalter – Subunternehmer

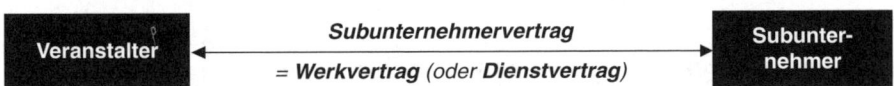

Abb. 14: Subunternehmervertrag

Ein Veranstalter verpflichtet für seinen Event zumeist auch Bühnenbauer und Techniker für Licht und Ton, Garderobenkräfte, Catering-Firmen, Sicherheitspersonal oder andere Subunternehmer. Dieser **Subunternehmervertrag** kann als **Werkvertrag** oder **Dienstvertrag** ausgestaltet sein. Der Werkvertrag stellt den Veranstalter in aller Regel besser, da der Subunternehmer den tatsächlichen Erfolg schuldet und nicht wie beim Dienstvertrag nur die Erbringung der Leistung an sich.

Der Veranstalter ist auf die einwandfreie, termingerechte Leistung der Subunternehmer angewiesen. Störungen in diesem Verhältnis sind für den Veranstalter besonders nachteilig, denn Subunternehmer wie Securitypersonal, Caterer und Garderobekräfte treten mit den Besuchern in direkten Kontakt und sind so eines der Aushängeschilder seiner Veranstaltung. Wegen dieses **Fixgeschäftscharakters** der Subunternehmerleistung ist für den Veranstalter die Vereinbarung von genauen Durchführungsterminen und Fristen elementar. Die Einhaltung kann gegebenenfalls durch Vertragsstrafen abgesichert werden.

---

[134] Eingehend Pluschke, S. 107 ff.

Die Gefahr eines finanziellen und Prestigeschadens kann unabhängig vom Vertragtypus reduziert werden durch:

- sorgfältige Auswahl der Subunternehmer
- genaue Bestimmung der einzelnen Pflichten
- Fristen und Termine
- Haftungsverteilung, gegebenenfalls Vertragsstrafen
- Absprachen hinsichtlich des Abschlusses von Versicherungen.[135]

> **Exkurs: Hausverbot gegenüber Subunternehmern**
>
> Kein Hausverbotsrecht hat das Landgericht Magdeburg in seinem Urteil vom 23.09.2009 (Az.: 9 O 1286/09 (347)) dem Veranstaltungsbetreiber gegenüber einem gekündigten Cateringunternehmen erteilt. Die vorherige Schlüsselübergabe und Gewährung eigenen Zutritts der Eventlocation an das Cateringunternehmen hatte verbindliche Folgen. Der Caterer erwarb hierdurch unmittelbaren, eigenen Mitbesitz an der Eventlocation. Trotz Räumungsschuld seitens des Caterers wurde das verhängte Hausverbot durch den Veranstaltungsbetreiber vom LG Magdeburg als verbotene Eigenmacht qualifiziert. Nur durch ein gerichtliches Verfahren und einen Räumungstitel kann die Zwangsvollstreckung erfolgen und nicht mit einem Hausverbot. Diese Selbstjustiz gegenüber dem Cateringunternehmen wurde von dem LG daher rechtlich missbilligt.

IX. Veranstalter – Kooperations-/Medienpartner

Abb. 15: Medienpartnerschaftsvertrag

Großveranstaltungen oder Veranstaltungsreihen kommen heute nicht mehr ohne Kooperationspartner aus. Derartige Verträge bieten den Kooperationspartnern die jeweils für sie vorteilhaften Präsentationsmöglichkeiten, so dass mit minimalem finanziellem Eigenaufwand Synergieeffekte in der beiderseitigen Zusammenarbeit erreicht werden können.[136] Dabei werden zumeist auch Medienpartner (z. B. Radio- oder Fernsehsender) in die Vorbereitung und Durchführung der Veranstaltung eingebunden. In der Regel werden keine Geldleistung ausgetauscht. Vielmehr erhält auf der einen Seite der Veranstalter über den Radio- oder Fernsehsender die Möglichkeit der Werbung für seine Veranstaltung und auf der anderen Seite darf sich der Medienpartner u. a. durch Präsentation seines Logos als Partner eines überregiona-

---

[135] Vgl. Funke/Müller, Rn. 331 ff.
[136] vgl. Funke/Müller, Rn. 334d.

len und attraktiven Events bezeichnen, wodurch er in der Öffentlichkeit eine Aufwertung erfährt. Kooperations- und Medienpartnerschaften sind in nahezu jedem Bereich der Kultur- und Veranstaltungswirtschaft denkbar. Beispielhaft sei hier die Kooperation zwischen einer Tageszeitung und einem Opernhaus genannt, die ihren Abonnenten exklusive Angebote im Hinblick auf den Kooperationspartner anbieten können. Viele Veranstalter nutzen eine derartige Partnerschaft auch, um Eigenveranstaltungen zu einem günstigen Preis anbieten zu können und um auf diese Weise wesentlich attraktiver für ihre Zielgruppe zu sein.

Entschließt sich ein Veranstalter zum Abschluss eines Kooperations- oder Medienpartnerschaftsvertrages, sollte er besonderes Augenmerk darauf legen, dass die verschiedenen Aufgabenbereiche klar gegeneinander abgegrenzt werden. Gerade bei mehreren Kooperationspartnern ist es unerlässlich, eine genaue Pflichtendefinition vorzunehmen, wodurch der jeweilige Bereich, für den ein Partner zuständig ist, geregelt wird. Bei der Vertragsgestaltung darf nicht außer Acht gelassen werden, dass dadurch weder eine Gesellschaft oder Gemeinschaft noch ein Arbeitsverhältnis oder Handelsvertretervertrag zustande kommt.[137] Des Weiteren sollte der Vertrag auch die Gestattung der gegenseitigen Logoverwendung (z. B. im Rahmen einer Homepageverlinkung), die Exklusivität der gegenseitigen Partnerschaft sowie die allgemeinen Verschwiegenheits- und Kundenschutzpflichten erfassen. Um Abwicklungsprobleme zu vermeiden, ist bereits im Vertragswerk die technische Aufbereitung und Größe der Logoverwendung sowie eine Fristenklausel zu vereinbaren.

X. Veranstalter – Fotograf

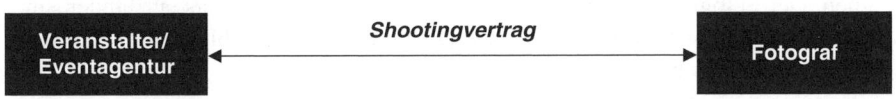

Abb. 16: Shootingvertrag

Beauftragt der Veranstalter oder die Eventagentur direkt einen Fotografen gegen Honorar mit der Herstellung bestimmter Motive spricht man von einem **„Produktionsvertrag"** oder – moderner gesprochen – von einem **„Shootingvertrag"**. Die Rechtsnatur des Vertrages ist wie beim Besucher- oder Konzertvertrag ein Werkvertrag. Die Vorschriften der §§ 631 ff. BGB, sowie des UrhG gelten damit bei Streitigkeiten. Wichtiger sind allerdings die individuellen Vertragsvereinbarungen zwischen dem Auftraggeber (Veranstalter/Agentur) und dem Fotografen, um tatsächlich interessengerechte Lösungen im Streitensfall zu finden. Streit verursacht häufig eine lückenhafte Umschreibung der zu erstellenden Motive, der beteiligten Personen (Models), der Locations, der Aufnahmetechnik und des **Verwendungszwecks**. Jedem Auftraggeber muss bewusst sein, dass bei Fotografen das vertragliche Weisungsrecht Grenzen hat.[138] Jeder Veranstalter und jede Eventagentur sollte sich daher vor

---

[137] Dazu auch Funke/Müller, a.a.O.
[138] Wanckel, Foto- und Bildrecht, S. 208 f.

der Buchung eines Fotografen über dessen Referenzen und dessen Stil erkundigen, da Fotografen künstlerische Freiheit genießen. Vor Gericht bleibt der Auftraggeber erfolglos, wenn er die Vergütung von bestelltem Bildmaterial ablehnt, weil ihm die Bilder zu statisch oder ausdruckslos erscheinen. Hier erkennt die Rechtsprechung eine vertragsgemäße Leistung des Fotografen und damit eine Zahlungspflicht des Auftraggebers bereits an, wenn die Fotos den vereinbarten Zweck erfüllen können und die tragende Idee in den Bildern zum Ausdruck gebracht wird.[139] Anhand dieser Rspr. wird sichtbar, dass eine möglichst detaillierte Beschreibung des Verwendungszweckes, also dessen, was der Auftraggeber sich als Ergebnis vorstellt, erfolgen muss. Selbst wenn es sich um eine exklusive Nutzung des Bildmaterials zugunsten des Auftraggebers handelt, ist nicht automatisch damit das **Recht zur Bearbeitung**, eine umfassende **Rechtseinräumung** auf alle geplanten Verwertungsformen oder aber das **Eigentum am Fotomaterial** umfasst. All diese Punkte sind zusätzlich regelungsbedürftig, denn Eigentums- und Urheberrechte fallen nicht zwangsläufig zusammen, sondern sind variabel. Ohne spezielle Regelung zu den Eigentumsrechten ist beim Umgang mit Negativen Vorsicht anzuraten, da der Verlust der Negative vom OLG Hamburg[140] bereits einmal mit einer Schadensersatzforderung zugunsten des Fotografen belastet wurde. Man sah in der Übergabe der Fotonegative an den Auftraggeber nur ein Leihverhältnis und keine Eigentumsübereignung.

Beispiel:
Vertragsklausel zum Eigentumsrecht:
„Nach Fertigstellung der Fotografien hat der Fotograf alle im Rahmen des Auftrages erstellten analogen (Negative, Diapositive) und/oder digitalen (z. B. CD-ROMs, DVD-ROMs) dauerhaften Bildträger dem Auftraggeber zu übergeben und zu übereignen. Der Fotograf darf Bildträger, die im Rahmen des Auftrags entstanden sind, für sich behalten, um sie für eigene Zwecke und als Referenzbilder für seine Kundenakquisition zu nutzen.

Vertragsklausel zum Bearbeitungsrecht:
Der Auftraggeber erhält das Recht, die vertragsgegenständlichen Fotos zu bearbeiten und dem jeweils vorgesehenen Nutzungszweck anzupassen (wie beispielsweise Retusche-, Farb- und Auflösungsanpassungen). Er erhält auch das Recht, die Fotos digital zu verändern, Fotocollagen und Ausschnitte zu bilden. Er beachtet dabei das Urheberpersönlichkeitsrecht des Fotografen gem. § 14 UrhG.

Selbst das urheberrechtlich geschützte **Namensnennungsrecht** des Fotografen kann im „Shootingvertrag" ausgehandelt werden. Gehandelt wird auch gern bei der Vergütung. Hier ist Vorsicht geboten, wenn ausdrücklich nur ein Honorar für die Arbeitszeit des Fotografen und die Nutzungsrechte am Fotomaterial vereinbart worden ist. Grundsätzlich muss hier der Auftraggeber alle Auslagen des Fotografen (z. B. Fotomaterial, Reisekosten, Maske/Styling der Models, Modelhonorare, Requisiten, Studiomiete bis hin zu Nutzungsrechten Dritter bei Abbildungen urheber-

---

[139] KG Berlin ZUM-RD 1999, 337, 339.
[140] OLG Hamburg ZUM 1998, 663 ff.

rechtlich geschützter Werke) tragen. Dies ist vielen Auftraggebern häufig nicht klar, weshalb eine eindeutige **Kostenregelung** im Interesse beider Vertragsparteien liegt. Aus Gründen der Einfachheit wird daher häufig eine **Pauschalvergütung** mit dem Fotografen vereinbart. Diese Vergütungsform hat ihren Reiz darin, dass der Fotograf seine Auslagen selbst tragen muss. Der Auftraggeber hat so eine höhere Kostentransparenz und -planung. Eine Pauschalvergütung ist aber nur dann wirksam, wenn die Nutzungsform und -intensität der Fotos bereits vor Vertragsabschluss übersehbar und schriftlich im Vertrag fixiert war. Zusätzlich muss die Pauschalvergütung für die geplante Nutzung auch marktüblich und damit angemessen sein, also nicht zu niedrig sein. Ist dies nicht der Fall, hat der Fotograf als Urheber des Fotomaterials eine Anspruch auf Vertragsanpassung gem. § 32 Abs. 1 S. 2 UrhG. Als Orientierung wird dann für ein angemessenes Honorar die MFM-Tabelle (Mittelstandsgemeinschaft Foto-Marketing) verwendet. Diese erscheint jährlich. Abschließend sollte sich der Auftraggeber grundsätzlich im Fotoshootingvertrag eine **Regressmöglichkeit** gegen seinen Vertragspartner, dem Fotografen schaffen. Als Verwender des Foto- und Bildmaterials ist immer er der erste Anspruchsgegner, wenn Bildrechte Dritter verletzt wurden, weil der Fotograf keine oder nicht ausreichende Einwilligungen eingeholt hat.[141]

D. Störungen bei Vertragsabwicklung

Ging es auf der primären Ebene um die Vereinbarung der zu erfüllenden vertraglich vereinbarten Haupt- und Nebenpflichten, sind auf sekundärer Ebene die Fälle zu beleuchten, in denen eine Vertragspartei ihre Vertragspflichten nicht oder nicht ordnungsgemäß erfüllt oder erfüllen kann. Hier geht es im Wesentlichen um die Frage, wer in diesem Fall haftet, also wer für den entstandenen Schaden aufkommen muss.

I. Grundlagen

1. Arten der Leistungsstörung

Bei der Abwicklung eines Vertragsverhältnisses können verschiedene Arten von Leistungsstörungen auftreten.

a) Unmöglichkeit

Unmöglichkeit liegt dann vor, wenn der Schuldner die vertraglich vereinbarte Leistung nicht erbringen kann. Dabei spielt es keine Rolle, ob ein anderer noch in der Lage ist zu leisten.
  Im Eventbereich kommen besonders häufig **absolute Fixgeschäfte** vor. Hier ist die Einhaltung der Leistungszeit nach dem Zweck des Vertrages und der gegebenen Interessenlage für den Gläubiger derart wesentlich, dass eine verspätete Leistung

---

[141] Vertiefend zu den Sorg- und Prüfungspflichten des Verwerters im Kapitel Foto- und Bildrecht.

keine Erfüllung mehr darstellt. Dies ist anzunehmen, wenn Leistungen für eine bestimmte, terminlich festgelegte Veranstaltung bestellt werden.[142] Die spätere Erbringung der Leistung hat für den Gläubiger (hier in der Regel der Veranstalter) keinen Sinn mehr. Beim absoluten Fixgeschäft begründet die Nichteinhaltung der Leistungszeit daher Unmöglichkeit.[143] Eine Leistung kann sowohl aus tatsächlichen Gründen unmöglich sein[144] (z. B. Ausfall der Veranstaltung, weil die Veranstaltungshalle am Veranstaltungsabend abgebrannt ist) als auch aus rechtlichen Gründen (Ausfall der Veranstaltung, weil Behörde kurzfristig die Durchführung wegen fehlender Genehmigungen untersagt).[145] Bei Unmöglichkeit wird der Schuldner von seiner Leistungspflicht frei.

b) Verzug

Der Verzug betrifft die verspätete Leistung. Es sind Schuldner- und Gläubigerverzug zu unterscheiden.

aa) Schuldnerverzug

Der Schuldner einer Leistung ist gemäß § 286 Abs. 1 BGB in Verzug, wenn er nach Eintritt der **Fälligkeit** (vereinbarter Leistungszeitpunkt) auf eine Mahnung des Gläubigers nicht leistet. Nicht immer ist eine aktive Mitwirkung des Gläubigers erforderlich, um den Schuldner in Verzug zu bringen. Der Zahlungsverzug tritt automatisch auch ohne Mahnung ein, u. a.

- wenn für die Leistung eine Zeit nach dem Kalender bestimmt ist (Leistungstermin),
- wenn der Schuldner die Leistung ernsthaft und endgültig verweigert oder
- 30 Tage nach Fälligkeit und Zugang einer Rechnung.

Im Veranstaltungsbereich gehören Fristen aufgrund des fixschuldähnlichen Charakters der meisten Leistungen zur ständigen Geschäftspraxis, ebenso die schriftliche Rechnungsstellung. Die Mahnung des Schuldners dürfte daher in der Regel entbehrlich sein, da ein Zahlungstermin eindeutig benannt ist bzw. spätestens 30 Tage nach Fälligkeit und Empfang der Leistung Verzug eingetreten ist. Bei Leistungen im Rahmen der Organisation und Durchführung eines Events ist der Verzug häufig vom absoluten Fixgeschäft abzugrenzen, das Unmöglichkeit zur Folge hat. Es kommt darauf an, ob die verspätete Erfüllung der Leistungspflicht für den Gläubiger noch Sinn macht. Dies wird anzunehmen sein, wenn z. B. ein Caterer das bestellte Essen während der Veranstaltung mit einstündiger Verspätung liefert und der Veranstalter noch keinen Ersatz hatte (Verzug), dagegen nicht, wenn der Caterer das Essen nicht vor Ende der Veranstaltung liefert (Unmöglichkeit).

---

[142] Palandt/Grünberg, § 275 BGB, Rn. 17.
[143] Palandt/Grünberg, § 275 BGB, Rn. 15.
[144] Palandt/Grünberg, § 275 BGB, Rn. 14.
[145] Palandt/Grünberg, § 275 BGB, Rn. 16.

bb) Gläubigerverzug

Der Gläubiger gerät gemäß § 293 BGB in Verzug, wenn er die ihm angebotene Leistung des Schuldners nicht annimmt und so die Erfüllung des Schuldverhältnisses verzögert. Vorausgesetzt ist, dass ihm die Leistung in rechter Weise, am rechten Ort und zu rechter Zeit angeboten wurde.[146]

c) Schlechtleistung

Um eine Schlechtleistung handelt es sich, wenn der Schuldner zwar erfüllt, die Vertragsleistung jedoch nicht „wie geschuldet" erbringt.

d) Mängelhaftung

Bei manchen Vertragstypen gibt es neben dem Leistungsstörungsrecht eine gesonderte Mängelhaftung, so etwa beim Kaufvertrag, Mietvertrag und beim Werkvertrag.
Bei Mängeln der Mietsache hat der Mieter das Recht, die Miete zu mindern (§ 536 Abs. 1 BGB). Bei einem mangelhaften Werk hat der Besteller primär Anspruch auf Nacherfüllung, das heißt Mangelbeseitigung oder ein neues Werk. Hinsichtlich der Art der Nacherfüllung hat der Unternehmer ein Wahlrecht (§§ 634 Nr. 1, 635 BGB). Sekundär kann er vom Vertrag zurücktreten oder Minderung beanspruchen. Des weiteren kann er unter Umständen auch einen Schadensersatzanspruch geltend machen.

2. Vertragliche, vorvertragliche und deliktische Haftung

a) Vertragliche Haftung

Der Leistungsschuldner haftet im Bereich der Leistungsstörungen für Pflichtverletzungen, die er zu vertreten hat.
Der Begriff der **Pflichtverletzung** umfasst alle aus dem Vertragsverhältnis resultierenden Pflichten, das heißt Hauptleistungspflichten, Nebenleistungspflichten und Verhaltenspflichten.[147] Nebenleistungspflichten können Vorbereitungs-, Obhuts-, Erhaltungs-, Aufbewahrungs-, Auskunfts-, Anzeige- oder Geheimhaltungspflichten sein.[148] Verhaltenspflichten sind nicht leistungsbezogen. Sie verpflichten dennoch dazu, die Rechte und Rechtsgüter des Vertragspartners zu wahren und zu schützen.
Es gilt das **Schuldprinzip**, d. h. die Pflichtverletzung muss auf vorsätzlichem oder fahrlässigem Verhalten des Schuldners beruhen (§ 280 Abs. 1 S. 2 i. V. m. § 276 Abs. 1 S. 1 BGB).
Vorsatz ist das Wissen und Wollen des rechtswidrigen Erfolgs.[149]

---

[146] Palandt/Grünberg, § 293 BGB, Rn. 1 und 8 ff.; Güllemann, S. 61.
[147] Palandt/Grünberg, § 280 BGB, Rn. 12.
[148] Funke/Müller, Rn. 740.
[149] Palandt/Grünberg, § 276 BGB, Rn. 10.

Einfache **Fahrlässigkeit** ist das Außerachtlassen der im Verkehr erforderlichen Sorgfalt (§ 276 Abs. 2 BGB). Grobe Fahrlässigkeit liegt vor, wenn die im Verkehr erforderliche Sorgfalt in besonders schwerem Maße missachtet wird, das heißt wenn schon einfachste, ganz nahe liegende Überlegungen nicht angestellt werden und dasjenige nicht beachtet wird, was im gegebenen Fall jedem einleuchten musste.[150]

Ausnahmsweise haftet der Schuldner auch ohne Verschulden. Als **Ausnahmen** vom Schuldprinzip sind die Garantiezusage (§ 276 Abs. 1 S. 1 BGB) und die verschuldensunabhängige Haftung des Vermieters für die Fehlerfreiheit der Mietsache bei Vertragsschluss (§ 536a Abs. 1 BGB) anzuführen.

Der Gläubiger der Leistung hat gegen den Schuldner, der eine Pflichtverletzung zu vertreten hat, Anspruch auf **Schadensersatz** (§§ 280 ff. BGB) oder wahlweise Anspruch auf Ersatz seiner **Aufwendungen** (§ 284 BGB). Bei noch andauernder Pflichtverletzung hat er zusätzlich einen Anspruch auf **Unterlassung** der Pflichtverletzung. Bei Schäden an Körper und Gesundheit kommt überdies ein **Schmerzensgeldanspruch** in Betracht (§ 253 Abs. 2 BGB).

Der Gläubiger hat zudem gemäß § 323 BGB das Recht, vom Vertrag **zurückzutreten**. Eine Fristsetzung ist ähnlich wie bei der Verzugsmahnung regelmäßig entbehrlich. Das bereits Geleistete ist zurückzugewähren. Es bestehen Rückerstattungsansprüche (§§ 346 ff. BGB). Der Rücktritt vom Vertrag schließt nicht etwa bestehende Schadensersatzansprüche aus, sondern ist daneben möglich (§ 325 BGB).

b) Vorvertragliche Haftung

Bereits vor Vertragsschluss begründen die Aufnahme von Vertragsverhandlungen, die Anbahnung eines Vertrages oder ähnliche geschäftliche Kontakte regelmäßig die Verpflichtung, auf die Rechte, Rechtsgüter und Interessen des anderen Teils Rücksicht zu nehmen (§§ 311 Abs. 2; 241 Abs. 2 BGB). Zu vertretende Pflichtverletzungen lösen auch in diesem vorvertraglichen Stadium Schadensersatzansprüche gemäß § 280 Abs. 1 BGB aus (z. B. Stillschweigen über vertragswesentliche Umstände während der Vertragsverhandlung).

c) Deliktische Haftung

Neben der vertraglichen Haftung regelt das Gesetz einige Haftungstatbestände, die unabhängig von einer Vertragsbeziehung eine Pflicht zur Leistung von Schadensersatz und Schmerzensgeld auslösen können. Im Eventbereich ist besonderes Augenmerk auf den Bereich der **unerlaubten Handlungen** (§§ 823 ff. BGB) zu legen. Die Verletzung von Verkehrssicherungspflichten im Rahmen der Veranstaltung führen oft zur Haftung.

Gemäß § 823 Abs. 1 BGB ist der Schädiger dem Geschädigten zum Ersatz des entstandenen Schadens verpflichtet, wer folgende Voraussetzungen erfüllt:

---

[150] BGH NJW 2005, S. 981.

- Rechtsgutsverletzung: Leben, Körper, Gesundheit, Freiheit, Eigentum oder ein sonstiges Recht eines anderen
- Verletzungshandlung: durch aktives Tun oder Unterlassen
- Widerrechtlichkeit (ohne speziellen Rechtfertigungsgrund)
- Verschulden: in vorsätzlicher oder fahrlässiger Art und Weise.

3. Zurechnung von Verschulden Dritter

Gerade Veranstalter sind darauf angewiesen, vor und während der Veranstaltung Aufgaben an Dritte zu delegieren. Deshalb ist für sie die Frage besonders relevant, inwieweit sie für das Verschulden dritter Personen verantwortlich gemacht werden können.

Auf vertraglicher Ebene wird dem Veranstalter das Verschulden seines **Erfüllungsgehilfen** zugerechnet (§ 278 BGB). Erfüllungsgehilfe ist, wer nach den tatsächlichen Gegebenheiten des Falles mit dem Willen des Schuldners bei der Erfüllung einer diesem obliegenden Verbindlichkeit als seine Hilfsperson tätig wird. Erfüllungsgehilfen des Veranstalters sind seine Angestellten, aber auch etwa Funktionsträger oder ehrenamtliche Mitarbeiter. Der Veranstalter hat gegenüber dem Besucher sämtliche Fehler dieser Erfüllungsgehilfen so zu vertreten, als ob er selbst gehandelt hätte und kann den Besucher nicht an seine Gehilfen verweisen.[151]

Auf deliktischer Ebene ist im Bereich der unerlaubten Handlungen die Haftung für **Verrichtungsgehilfen** (§ 831 BGB) gesondert geregelt.

Der Geschäftsherr haftet für die Auswahl, Überwachung und Leitung der für ihn im Rahmen der Veranstaltung tätig werdenden weisungsgebundenen Hilfspersonen.[152] Er muss die erforderliche Sorgfalt beobachten. Er darf eine Tätigkeit nur Gehilfen übertragen, von denen eine gefahrlose Durchführung erwartet werden kann.[153] Er muss sich von ihren Fähigkeiten, Eignungen und ihrer Zuverlässigkeit überzeugen. Neben der sorgfältigen Auswahl ist fortgesetzte Prüfung der Befähigung des Verrichtungsgehilfen geboten.[154] Eine Leitung des sorgfältig Ausgewählten ist in der Regel nicht erforderlich.[155] Kommt es dennoch zu Schäden, die sein Verrichtungsgehilfe in Ausübung seiner Tätigkeit widerrechtlich zugefügt hat, muss der Geschäftsherr dafür einstehen, wenn er nicht seine Sorgfalt beweisen kann.

Spezialfall der Aufsichtspflicht ist die Organisationspflicht, die größere Unternehmen betrifft. Eine Haftung des Unternehmers aus § 823 Abs. 1 BGB oder §§ 31, 823 Abs. 1 BGB wegen **Organisationsverschuldens** kommt in Frage, wenn ein Organisationsmangel zur Verletzung von Verkehrssicherungspflichten führt. Er ist verpflichtet, durch ausreichende Anweisungen sicherzustellen, dass Dritte nicht durch betriebliche Abläufe und Arbeitsabläufe geschädigt werden.[156]

---

[151] So auch Funke/Müller, Rn. 749.
[152] Zum Verrichtungsgehilfen Palandt/Sprau, § 831 BGB, Rn. 5.
[153] Palandt/Sprau, § 831 BGB, Rn. 12.
[154] Palandt/Sprau, § 831 BGB, Rn. 13.
[155] Palandt/Sprau, § 831 BGB, Rn. 15.
[156] Siehe Funke/Müller, Rn. 771.

Für alle juristischen Personen sowie entsprechend für Personenhandelsgesellschaften (z. B. OHG, KG) gilt der § 31 BGB. Demnach haftet nicht die Einzelperson, das Organ, sondern der Verein oder die juristische Person für Schäden, die ein Vorstandsmitglied oder ein anderer verfassungsmäßig berufener Vertreter durch eine in Ausführung der ihm zustehenden Verrichtungen begangene, zum Schadensersatz verpflichtende Handlung einem Dritten zufügt (**Organhaftung**).[157]

Zur Verdeutlichung der Haftungsregeln sollen im Folgenden einige Problemfälle aus den einzelnen Vertragsbeziehungen der Veranstalter exemplarisch beleuchtet werden.

II. Veranstalter – Künstler

1. „No show"

Fall 9: Die Opernsängerin S erkrankt kurzfristig an einer Kehlkopfentzündung und kann nicht wie vereinbart am Abschlussabend der Pfefferburger Festspiele auftreten. In der Kürze der Zeit kann der Veranstalter keinen Ersatz finden, das Konzert fällt aus. Nun fordert der Festspiel-Veranstalter die bereits an S gezahlte Gage zurück und verlangt Schadensersatz, unter anderem für die Saalmiete. S ihrerseits fragt sich, ob sie zu einem späteren Zeitpunkt das Konzert nachholen muss. Wie ist die Rechtslage?

Falllösung 9: S und der Veranstalter haben einen Aufführungsvertrag geschlossen. In diesem Schuldverhältnis gibt es nun eine Leistungsstörung: S erfüllt ihre Hauptleistungspflicht einer Gesangsdarbietung nicht.

In Betracht kommen Verzug und Unmöglichkeit. S ist es nicht dauerhaft unmöglich, die Gesangsdarbietung zu erbringen, sondern nur bis zu ihrer Genesung. Ein späterer Auftritt der S ist für den Veranstalter jedoch nicht von Interesse, es ging ihm ausschließlich um einen Auftritt im Rahmen der Festspiele. Es handelt sich hier um ein absolutes Fixgeschäft, bei dem die Einhaltung der Leistungszeit nach dem Zweck des Vertrages und der gegebenen Interessenlage für den Gläubiger derart wesentlich ist, dass eine verspätete Leistung keine Erfüllung mehr darstellt. Dies ist anzunehmen, da die Leistungen für eine bestimmte, terminlich festgelegte Veranstaltung bestellt wurden.[158] Ein absolutes Fixgeschäft bringt die Unmöglichkeit der Leistung mit sich.

Infolge der Unmöglichkeit wird der Schuldner (S) von der Leistungspflicht (Gesangsdarbietung) frei (§ 275 Abs. 1 BGB).

Der Gläubiger (Veranstalter) wird im Gegenzug von der Gegenleistung befreit (Entrichtung der Gage), außer er hat den Umstand, der das Unvermögen des Künstlers verursacht hat, zu vertreten. Letzteres ist hier nicht der Fall. Wenn, wie im vor-

---

[157] Näher s. Palandt/Ellenberger, § 31 BGB, Rn. 3 ff.
[158] Mehr dazu oben in den Grundlagen; Düsseldorf, NJW-RR 2002, S. 633; Palandt/Grüneberg, § 271 BGB, Rn. 17.

liegenden Fall, die Gegenleistung bereits bewirkt ist, kann sie gemäß §§ 326 Abs. 4, 346 BGB zurückgefordert werden.

Ob der Veranstalter darüber hinaus Schadensersatz verlangen kann, hängt davon ab, ob S die Unmöglichkeit ihrer Leistung zu vertreten hat, also ob sie sich vorsätzlich oder fahrlässig verhalten hat. Im vorliegenden Fall bestehen dafür keine Anhaltspunkte, so dass der Veranstalter keinen Schadensersatzanspruch gegen S hat. Das allgemeine Krankheitsrisiko trägt der Veranstalter.[159]

Anders ist der Fall zu beurteilen, wenn S etwa die *Nacht vor der Veranstaltung durchzecht und ihre Stimme dabei übermäßig belastet hat.* Dann könnte ihr ein Fahrlässigkeitsvorwurf zu machen sein, da sie ihre Sorgfaltspflichten verletzt hat und so erst die Kehlkopfentzündung verursacht hat.[160] Fahrlässig wäre auch, wenn sie an der Veranstaltung nicht teilnehmen kann, weil sie *versehentlich selbst für denselben Abend eine andere Veranstaltung zugesagt hat.* Dann könnte der Veranstalter Schadensersatz verlangen. Er muss jedoch einen konkreten, aus der Nichtleistung der Künstlerin resultierenden Schaden vorweisen. Er ist so zu stellen, wie er stünde, wenn S den Vertrag ordnungsgemäß erfüllt hätte.[161]

Alternative zum Schadensersatz ist der Aufwendungsersatz (§ 284 BGB).

Neben dem Schadensersatz kann der Veranstalter dann auch vom Vertrag im Ganzen zurücktreten (§ 325 BGB). Auch hieraus resultiert ein Anspruch auf Rückerstattung der bereits gezahlten Gage.

2. „Late show"

Fall 10: Der Pianist P erscheint mit 45 Minuten Verspätung bei seinem Solo-Konzert. Das Konzert kann erst um 21:15 Uhr beginnen und nicht wie geplant um 20:30 Uhr. Hat P sich haftbar gemacht?

Falllösung 10: Der Veranstalter kann von P Schadensersatz wegen Verzögerung der Leistung gemäß §§ 280 Abs. 2, 286 BGB verlangen, wenn es sich um einen Fall des Verzugs handelt.

Ein Schuldverhältnis besteht zwischen P und dem Veranstalter mit dem Aufführungsvertrag. P hat die geschuldete Leistung, seine künstlerische Darbietung, nicht zum vereinbarten Zeitpunkt (Fälligkeit) am betreffenden Ort erbracht. Wegen der terminlichen und zeitlichen Festsetzung nach § 286 Abs. 2 Nr. 1 BGB ist die Mahnung entbehrlich.

Überdies muss P die Verzögerung der Leistung zu vertreten haben. Bemerkenswert ist in diesem Zusammenhang, dass nach dem Wortlaut des § 286 Abs. 4 BGB das Verschulden vermutet wird und der Schuldner das Gegenteil beweisen muss. Der Veranstalter kann damit seinen Verzugsschaden gegenüber P geltend machen, wenn P nicht beweisen kann, dass seine Verspätung nicht vorsätzlich oder fahrlässig von ihm selbst zu verantworten ist.

---

[159] Siehe auch Güllemann, S. 30.
[160] Gleicher Ansicht Güllemann, S. 35 f.
[161] Fischer/Reich, § 9 Rn. 6.

3. „Bad show"

Fall 11: Der Popsänger B beherrscht seinen Text nicht und schafft es deshalb nicht, eine auch nur halbwegs passable Darbietung auf der Bühne zu erbringen. Der Veranstalter weigert sich, ihm dafür auch noch die volle Gage zu zahlen. Zu Recht?

Falllösung 11: Der Veranstalter kann die vereinbarte Gage gemäß §§ 634 Nr. 3, 638 BGB mindern, wenn ein Werk mangelhaft war.

Im Fall der mangelhaften Erfüllung der Leistung ist darum die Art des zugrunde liegenden Vertrags maßgeblich. Zwischen dem Veranstalter und B handelt es sich um einen Aufführungsvertrag, der rechtlich als Werkvertrag zu qualifizieren ist. Er schuldet die künstlerische Darbietung als Erfolg.

Das erbrachte Werk müsste mangelhaft sein. Ein Werk ist gemäß § 633 Abs. 2 BGB frei von Sachmängeln, wenn es die vereinbarte Beschaffenheit hat. Soweit die Beschaffenheit nicht vereinbart ist, ist es mangelfrei, wenn es sich für die nach dem Vertrag vorausgesetzte Verwendung eignet und eine Beschaffenheit aufweist, die bei Werken der gleichen Art üblich ist und die der Besteller nach der Art des Werkes erwarten kann.

Die Textschwierigkeiten waren sicher nicht vertraglich vereinbart und sind in der Branche auch nicht üblich. Unter diesen Umständen war das Werk mangelhaft. Dabei ist davon auszugehen, dass die Textschwierigkeiten von B auch bei ihm eine Ausnahme waren. Anders wäre die Mangelhaftigkeit des Werks zu bewerten, wenn der Künstler immer oder in gewisser Regelmäßigkeit Leistungen dieser Art erbringt, etwa weil er bekanntermaßen Drogen nimmt, Alkohol trinkt oder einfach Lampenfieber hat. Dann ist dies eine für ihn typische Leistung, genau zu der er laut Vertrag verpflichtet war.

Der Veranstalter darf daher im vorliegenden Fall die Gage des B kürzen. Die Vergütung ist dabei in dem Verhältnis herabzusetzen, in welchem zur Zeit des Vertragsschlusses der Wert des Werkes in mangelfreiem Zustand zu dem wirklichen Wert gestanden haben würde (§ 638 Abs. 3 BGB). Die Herabsetzung kann durch Schätzung bestimmt werden (§ 638 Abs. 3 S. 2 BGB).

Alternativ ist auch ein Rücktritt vom Werkvertrag möglich.

III. Veranstalter – Hallenbetreiber

1. Mietmängel

Fall 12: Ein großes Rock-Symphonie-Orchester mit 200 Mitwirkenden (O), unter anderem einem 80-köpfigen Chor, veranstaltet ein Konzert in der Veranstaltungshalle des Hallenbetreibers H. Im Mietvertrag vereinbaren O und H, dass H die Bühne für das Konzert zur Verfügung stellt. Zu Beginn der Veranstaltung stellt sich heraus, dass die Bühne wackelt, wenn der Chor sich bewegt. In der Schnelle kann keine Abhilfe geschaffen werden. Aus Sicherheitsgründen muss die Veranstaltung abgebrochen werden. Muss O den Mietzins entrichten? Hat er Anspruch auf Schadensersatz?

Falllösung 12: Gemäß § 536 Abs. 1 S. 1 BGB ist der Mieter bei einem Mangel der Mietsache, der ihre Tauglichkeit zum vertragsgemäßen Gebrauch aufhebt, für die

Zeit, in der die Tauglichkeit aufgehoben ist, von der Entrichtung der Miete befreit. Davon ist hier auszugehen, denn O kann die Bühne und damit das gesamte Mietobjekt nicht für die Veranstaltung nutzen. O muss dementsprechend keine Miete zahlen.

Daneben kommt ein Schadensersatzanspruch in Betracht. Hierbei muss differenziert werden. Der Mieter kann gemäß § 536a Abs. 1 BGB Schadensersatz verlangen, wenn

- ein Mangel bei Vertragsschluss vorhanden war oder
- ein Mangel später wegen eines Umstands, den der Vermieter zu vertreten hat, entsteht, oder
- der Vermieter mit der Beseitigung des Mangels in Verzug kommt.

War ein Mangel bei Vertragsschluss vorhanden, besteht eine unabhängige Garantiehaftung des Vermieters. Auf ein Verschulden kommt es nicht an. Wenn O beweisen kann, dass die Bühne bereits bei Vertragsschluss defekt war, ist H schadensersatzpflichtig.

Demgegenüber ist bei nachträglich entstandenen Mängeln das Vertretenmüssen des Vermieters erforderlich. Zu beachten ist, dass in diesem Punkt den Hallenbetreiber die Beweislast trifft, da es sich um Umstände aus seinem Gefahrenbereich handelt, auf die der Mieter keinen Einfluss hat.[162]

2. Vertrag mit Schutzwirkung zugunsten Dritter

Fall 13: Auf dem übermäßig glatten Saalparkettboden rutscht der Teilnehmer einer Veranstaltung aus und verletzt sich dabei. Hat der Teilnehmer einen Schadensersatz- und Schmerzensgeldanspruch gegen den Vermieter, der für die Bodenpflege zuständig war?

Falllösung 13: Zwischen dem Teilnehmer oder Besucher einer Veranstaltung und dem Vermieter besteht keine vertragliche Beziehung, abgesehen von dem Fall, dass der Vermieter zugleich der Veranstalter ist. Dennoch kann der Hallenbetreiber direkt Gegner eines Schadensersatz- und Schmerzensgeldanspruchs des Besuchers werden, wenn der Raumüberlassungsvertrag mit dem Veranstalter im konkreten Fall Schutzwirkungen zugunsten dieses Dritten entfaltet.[163]

Der Vertrag mit Schutzwirkung zugunsten Dritter ist eine Ausnahme von dem Grundsatz, dass jeder in seinem eigenen Vertragsverhältnis bleibt. Die Einbeziehung Dritter ist nur unter engen Voraussetzungen möglich:

- **Leistungsnähe:** Der Dritte muss bestimmungsgemäß mit der Leistung in Berührung kommen und den Gefahren von Schutzpflichtverletzungen ebenso ausgesetzt sein wie der Gläubiger selbst. Der Besucher oder Teilnehmer hält sich in dem Mietobjekt auf und ist so genauso den Sorgfaltspflichtverletzungen des Vermieters ausgeliefert wie der Veranstalter als Mieter.[164]

---

[162] Güllemann, S. 26.
[163] Funke/Müller, Rn. 756; Güllemann, S. 42.
[164] Palandt/Grüneberg, § 328 BGB, Rn. 16.

- **Einbeziehungsinteresse:** Bei mietvertraglichen Verhältnissen ist der Gläubiger auf Grund der Natur des Rechtsverhältnisses für das „Wohl und Wehe" des Dritten mitverantwortlich und schuldet ihm Schutz und Fürsorge.[165]
- **Erkennbarkeit:** Die Drittbezogenheit der Leistung und die Gläubigernähe sind für den Hallenbetreiber ohne weiteres erkennbar.[166]
- **Schutzbedürftigkeit:** Der Dritte darf keinen eigenen gleichwertigen, das heißt vertraglichen Anspruch gegen den Hallenbetreiber haben.

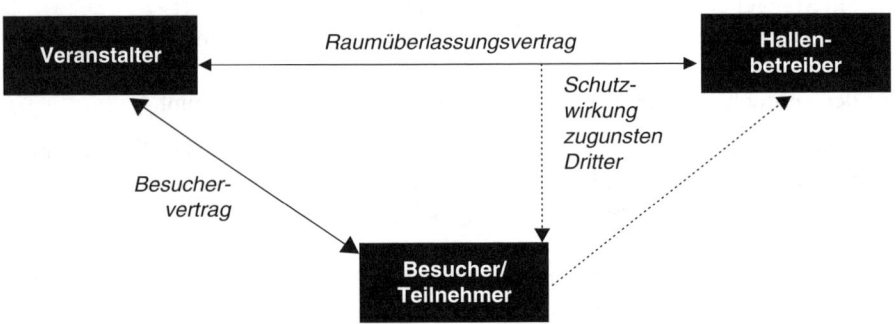

Abb. 17: Schutzwirkung zugunsten Dritter

Dritte können folglich bei (Sorgfalts-)Pflichtverletzungen des Hallenbetreibers im Rahmen von Veranstaltungen eigene Schadensersatz- und Schmerzensgeldansprüche gegen diesen erlangen.

Der Hallenbetreiber ist insbesondere für die Einhaltung der Vorschriften der Versammlungsstättenverordnung, z. B. Kapazität der Halle oder Einhaltung der Betriebsvorschriften, verantwortlich. Dabei wird ihm ausdrücklich das Verschulden seiner Erfüllungsgehilfen zugerechnet.[167]

In derartigen Fällen ist auch an eine deliktische Haftung des Hallenbetreibers zu denken, insbesondere an die Haftung für Verrichtungsgehilfen und die Organhaftung.

IV. Veranstalter – Besucher

1. Auf Seiten des Besuchers

Fall 14: Ein Besucher schläft während eines Symphoniekonzerts ein und schnarcht so laut, dass er den Konzertbetrieb erheblich stört. Trotz der Aufforderung, dies zu unterlassen, kann er sich nicht zusammenreißen und schnarcht weiter. Kann der Veranstalter ihn des Konzerts verweisen?

---

[165] Palandt/Grüneberg, § 328 BGB, Rn. 17.
[166] Palandt/Grüneberg, § 328 BGB, Rn. 18.
[167] Zum Erfüllungsgehilfen siehe oben.

Falllösung 14: In manchen Fällen hat der Veranstalter ein Interesse, Besucher von der Veranstaltung auszuschließen, um einen reibungslosen Ablauf der Veranstaltung zu gewährleisten.

Der Besucher einer Veranstaltung kann die Veranstaltung auf verschiedenste Weise stören. Dies z. B. dadurch, dass er zu spät ankommt oder während der Veranstaltung zu laut ist, etwa durch Schnarchen, Zwischenrufe oder Unterhalten. Ein Verstoß ist auch das Betreten unerlaubter Zonen, die mutwillige Zerstörung von Einrichtungsgegenständen oder von Eigentum der Besucher und insbesondere auch aggressives Verhalten, z. B. Pöbeleien, Belästigungen, Schlägereien.[168]

Vorsätzliche oder fahrlässige **Verstöße gegen Verhaltenspflichten** sind zu vertretende Nebenpflichtverletzungen im Rahmen des Besuchervertrags. Der Veranstalter kann gemäß § 323 Abs. 1 BGB von dem Vertrag zurücktreten, wenn er dem Besucher eine angemessene Frist gesetzt hat, d. h. wenn er ihn ermahnt hat, den Verstoß zu unterlassen, und dies wirkungslos geblieben ist. Ist der Veranstalter auf Grund wiederholter Verstöße von dem Vertrag zurückgetreten, hat der Besucher keinen Anspruch auf Erfüllung der Leistung, das heißt der Veranstalter ist nicht mehr verpflichtet, ihn an der Veranstaltung teilnehmen zu lassen. Er darf ihn des Platzes verweisen, ohne das Eintrittsgeld zurückzahlen zu müssen.

2. Auf Seiten des Veranstalters

a) „No show"

Der **Ausfall** einer Veranstaltung kann für den Veranstalter erhebliche finanzielle Folgen haben. Es gibt unzählige Faktoren, die zum Ausfall der Veranstaltung führen können. Zu erwähnen sind beispielsweise das *Nichterscheinen des Künstlers*, die *klimatischen Bedingungen* (*Regen, Sturm, Überschwemmungen* etc.), *Terrorwarnungen* oder *technische Probleme*.[169]

Der Veranstalter ist gegenüber dem Besucher zur Durchführung der Veranstaltung aus dem Besuchervertrag verpflichtet. Ist er dazu nicht in der Lage, handelt es sich wegen des Charakters der Veranstaltungsdurchführung als absolutes Fixgeschäft um einen Fall der Unmöglichkeit. Daher wird er einerseits von der Leistungspflicht freigestellt (§ 275 Abs. 1 BGB), andererseits muss auch der Besucher die Gegenleistung nicht erbringen bzw. kann sie zurückfordern (§§ 326 Abs. 4, 346 BGB). Der Veranstalter ist also in jedem Falle zur Rückerstattung des Eintrittsgeldes verpflichtet.[170]

Ob der Veranstalter darüber hinaus noch schadensersatzpflichtig ist, hängt davon ab, ob er das Leistungshindernis, das die Unmöglichkeit auslöst, zu vertreten hat. Im Bereich des Schadensersatzes gilt das Schuldprinzip. Es muss also zumindest Fahrlässigkeit seitens des Veranstalters vorliegen.

---

[168] Vgl. Funke/Müller, Rn. 252.
[169] So auch Funke/Müller, Rn. 255.
[170] Zur Problematik der Vorverkaufsgebühr und der Stellung der VVK oben.

Kommt es zum **Abbruch** einer Veranstaltung, ist zu unterscheiden, ob es sich um eine Musik- oder um eine Schauspielaufführung handelt.

Bei **Musikaufführungen** kommt regelmäßig ein Anspruch des Besuchers auf Minderung des Eintrittgeldes in Betracht. Durch die Darbietung einzelner Musikstücke wird bereits **ein Teil** der Leistung erbracht. Diese hat in aller Regel einen eigenständigen Wert und kann dem Besucher einen eigenständigen Sinn vermitteln. Dementsprechend kann für diesen Teil billigerweise das Eintrittsgeld nicht mehr zurückgefordert werden. Der Besucher hat das Recht aus dem Besucher-Werkvertrag, das Entgelt zu mindern. Dies gilt nicht, wenn die Veranstaltung erst ganz kurz vor Schluss abgebrochen wird.[171]

Eine **Schauspielaufführung** entfaltet ihren Wert im Gegensatz zu einer Musikaufführung erst mit der **vollständigen Darbietung**. Ein Abbruch der Veranstaltung ist daher in diesem Fall mit dem Ausfall des Events gleichzusetzen. Die Besucher haben demzufolge einen Anspruch auf Rückerstattung des vollen Eintrittspreises.[172]

b) „Late show"

Beim **verspäteten Beginn** einer Veranstaltung sind die Verzugsvorschriften heranzuziehen. Setzt der Besucher dem Veranstalter eine Frist und diese verstreicht, hat er das Recht, vom Vertrag zurückzutreten und das Eintrittsgeld zurückzufordern. Dabei muss das Rücktrittsrecht insoweit eingegrenzt werden, als dass der Besucher kurze Verzögerungen unter Zumutbarkeitsgesichtspunkten hinnehmen muss.[173]

c) Mangelhafte Durchführung

Es gibt unendlich viele Pannen, die bei der Durchführung eines Events passieren und die Gewährleistungsansprüche auslösen können. Beispielhaft seien genannt:

aa) Verspätete Ankunft durch Kontrollen

Ist der Veranstalter nicht in der Lage, die Einlasskontrolle so zu organisieren, dass der Besucher rechtzeitig zu Veranstaltungsbeginn an seinem Platz ist und versäumt dieser einen Teil der Veranstaltung, ist dies in der Regel eine vom Veranstalter zu vertretende Pflichtverletzung. Auch wenn er nicht selbst, sondern ein Subunternehmer die Einlasskontrolle durchführt, wird ihm dies über das Verschulden des Erfüllungsgehilfen zugerechnet. Der Besucher kann den Eintrittspreis mindern, sofern er nicht einen nur ganz unerheblichen Teil des Events verpasst hat.[174]

---

[171] So Funke/Müller, Rn. 261.
[172] Vgl. Funke/Müller, Rn. 260.
[173] So auch Funke/Müller, Rn. 264.
[174] Ähnlich zum alten Schuldrecht Huff, VuR 3/1990, S. 169.

bb) Besetzter Sitzplatz

Kann der Konzertveranstalter dem Besucher mit einer Sitzplatzkarte aufgrund organisatorischer Schwierigkeiten keinen Sitzplatz zur Verfügung stellen, liegt ein Fall des Unvermögens vor, der wie eine dauernde Unmöglichkeit zu behandeln ist. Der Grund liegt im mietrechtlichen Einschlag des Besucher-Werkvertrags hinsichtlich des Zuschauerplatzes (§§ 631 ff. BGB).

Der Konzertbesucher, der mangels Sitzplatzes das Konzert vorzeitig verlässt, hat dann einen Schadensersatzanspruch. Bemerkenswert ist, dass dieser Anspruch nicht nur den nutzlos aufgewendeten Kaufpreis für die Eintrittskarte umfasst, sondern auch einen Anspruch auf den Ersatz der nutzlos aufgewendeten Freizeit. Der Anspruch auf Freizeitentschädigung richtet sich in der Höhe nach dem erzielbaren Einkommen des Geschädigten, wobei es nicht darauf ankommt, ob der Geschädigte in der vertanen Freizeit wirklich gearbeitet hätte.[175]

cc) Körper-/Gesundheitsverletzung des Besuchers

Fall 15: Der Besucher eines Open-Air-Popkonzerts erleidet einen Hörschaden aufgrund der Lautstärke des Konzerts. Haftet der Veranstalter?

Wenn ein Besucher während der Veranstaltung eine Körper- oder Gesundheitsverletzung erleidet, stellt sich immer die Frage, wer dies zu vertreten hat. Dann muss bestimmt werden, wer die Verkehrssicherungspflicht trägt.

Bei Sonderveranstaltungen ist aufgrund der besonderen Charakteristika derartiger Veranstaltungen die Gefahrenlage grundsätzlich erhöht, was allgemein zu einer erhöhten Verkehrssicherungspflicht der einzelnen Verantwortlichen gegenüber den Besuchern der Veranstaltung führt.

Dabei spielen eine Rolle:

- Die vorübergehende Veränderung einer örtlichen Gegebenheit, verbunden mit provisorischen Aufbauten und Installation von technischen Anlagen (z. B. Geräte für Gastronomie, Wasser- und Elektroinstallationen),
- hoher Publikumsverkehr, häufig auch ortsunkundige Personen, Kinder, ältere Personen, Behinderte,
- erhöhte Ablenkung der Besucher von potenziellen Gefahrenquellen wegen vermehrter optischer und akustischer Reize.

Andererseits ist der Einzelne jedoch auch in höherem Maße zur Eigenverantwortung verpflichtet. Gefahren, die typischerweise bei derartigen Veranstaltungen auftreten und mit denen üblicherweise zu rechnen ist, führen nicht zu einer Haftung wegen Verletzung von Verkehrssicherungspflichten, sondern sind dem allgemeinen Lebensrisiko zuzurechnen.

Insbesondere wird der Umfang der Verkehrssicherungspflicht neben den legitimen Sicherheitserwartungen des Verkehrs auch durch den Aufwand für die Siche-

---

[175] AG Herne-Wanne vom 27.03.1998, AZ: 3 C 5/98.

rungsmaßnahme begrenzt. Das Verletzungsrisiko muss gegen die wirtschaftliche Zumutbarkeit der Gefahrvermeidung abgewogen werden.[176]

Falllösung 15: Das Gericht hat in diesem Fall entschieden, dass der bloße Konzertbesuch keinen Mitverschuldensvorwurf gegenüber dem geschädigten Besucher begründet. Der Besucher eines großen Konzerts einer namhaften Musikgruppe dürfe sich vielmehr darauf verlassen, dass der Veranstalter alle erforderlichen Maßnahmen trifft, um die Besucher vor körperlichen Schäden zu schützen. Der Veranstalter des Open-Air-Konzerts wurde wegen einer Verkehrssicherungspflichtverletzung in die Haftung genommen.[177]

V. Veranstalter – Sponsor

Fall 16: Die Geigerin und Eigenveranstalterin V hat einen Sponsorvertrag mit dem Getränkehersteller G. Sie verpflichtet sich darin unter anderem, keine weiteren Sponsorenverträge mit anderen Getränkeherstellern abzuschließen und auch bei der Durchführung von Veranstaltungen ausschließlich Produkte von G auszuschenken (sog. Exklusivitätsklausel). V mietet für eine Veranstaltung das renommierte Konzerthaus an. An dieses ist ein Caterer angegliedert, dessen Vertriebspartner die Konkurrenz-Brauerei R ist. Es ist nicht möglich, einen anderen Caterer zu verpflichten oder die Getränke von G anstelle derer von R auszuschenken. Als G einige Wochen vorher von V´s Plänen erfährt, droht er, aus dem Vertrag auszusteigen, wenn sie das Konzert nicht innerhalb von drei Wochen absage.

Falllösung 16: Wird auf V´s Konzert Bier des Konkurrenten ausgeschenkt, verstößt sie gegen ihre vertraglichen Pflichten aus dem Sponsorvertrag. Hier handelt es sich um eine Schlechterfüllung, da sie ihre Leistung nicht wie geschuldet erbringt. Der Sponsor kann nach erfolgloser Fristsetzung vom Vertrag zurücktreten (§ 323 Abs. 1 BGB), da alle Voraussetzungen erfüllt sind.

E. Durchsetzung der Ansprüche

Das „Haben" der vertraglichen Ansprüche allein genügt nicht. Liefert etwa ein Subunternehmer die Technik nicht fristgerecht oder leistet er sich Montagefehler, äußert sich ein beteiligter Künstler in der Öffentlichkeit schlecht über die Veranstaltung, oder kommt der Veranstalter nicht seiner Zahlungspflicht nach, ist in der Regel schnelle Abhilfe von Nöten. Halten die Beteiligten sich nicht an die Vertragsvereinbarungen, müssen die Ansprüche von dem Vertragspartner durchgesetzt werden.

---

[176] Wussow, VersR 2005, S. 903 ff.
[177] LG Nürnberg-Fürth, NJW-RR 2005, S. 464.

I. Außergerichtliche Streitbeilegung

Zuallererst sollte immer versucht werden, eine außergerichtliche Lösung zu finden. Oftmals kann es helfen, sich an einem Tisch zusammenzusetzen und das Problem zu verhandeln. Eine sehr gute Erfolgsstatistik weist auch das Mediationsverfahren auf, bei dem die Parteien mit Hilfe eines neutralen Dritten gemeinsam eine einvernehmliche Lösung erarbeiten, die ihren Bedürfnissen und Interessen gerecht wird. Es kann auch ein außergerichtliches Schiedsverfahren durchgeführt werden, bei dem sich die Parteien an den Schiedsspruch binden.

Die außergerichtliche Streitbeilegung hat gegenüber langwierigen Gerichtsprozessen den Vorteil, dass sie schnell und kostengünstig vonstatten geht und zumeist mit wesentlich geringerem Aufwand denselben Erfolg bringt wie ein Prozess. Denn auch vor Gericht werden häufig Vergleiche geschlossen. Der Versuch einer gütlichen Streitbeilegung ist auch vor Gericht verpflichtend (§ 278 ZPO).

II. Gerichtliche Durchsetzung

Bleiben die außergerichtlichen Streitbeilegungsversuche erfolglos, führt der Weg vor Gericht.

1. Zivilrechtliches Klageverfahren

Im Wege der Zivilklage können sämtliche zivilrechtliche Ansprüche geltend gemacht werden. Die Erhebung der Klage erfolgt durch die Zustellung der Klageschrift an das Gericht. Zuständig ist bis zu einem Streitwert von 5.000 € das Amtsgericht, für höhere Streitwerte das Landgericht. Der Ort, an dem der Gerichtsprozess stattfindet, variiert je nach geltend gemachtem Anspruch. Es ist ratsam, ihn durch Parteivereinbarung zu regeln. In der Gerichtsstandsvereinbarung sollte aus Gründen der Kosten- und Zeitersparnis der eigene Wohn- oder Firmensitz vereinbart sein.

Bis zum Urteil muss auch bei einfachen Prozessen mit einer Dauer von mindestens einem halben Jahr gerechnet werden. Gegen das Urteil kann bei einer Beschwer von 600 € oder ausdrücklicher Zulassung Berufung eingelegt werden (§§ 511 ff. ZPO), zuweilen auch Revision (§§ 542 ff. ZPO).

2. Einstweiliges Verfügungsverfahren

Gerade im Vorfeld eines Events kann ein rechtskräftiges Urteil nicht abgewartet werden, es muss schneller eine Klärung herbeigeführt werden. In diesen Fällen kommt das einstweilige Verfügungsverfahren zum Zuge.

Das einstweilige Verfügungsverfahren bringt nur eine **vorläufige** Entscheidung bis zur endgültigen Entscheidung in der Hauptsache. Grundsätzlich sind wie bei der Zivilklage alle zivilrechtlichen Ansprüche im Wege des einstweiligen Verfügungsverfahrens geltend zu machen, es muss allerdings darüber hinaus ein Verfügungsgrund vorliegen, der die besondere Eilbedürftigkeit ausmacht. Es erfolgt keine eingehende Überprüfung und Bewertung der tatsächlichen und juristischen Voraussetzungen. Vielmehr genügt es, dass der Verfügungsanspruch und der Verfügungsgrund (in der Regel durch eidesstattliche Versicherung) glaubhaft gemacht werden. Es ist also quasi eine vorgezogene „abgespeckte" Zivilklage mit vorläufigem Charakter.[178]

3. Mahnverfahren

Das Mahnverfahren ist dafür konzipiert, unstreitige fällige Zahlungsansprüche geltend zu machen. Es ist schneller und kostengünstiger als die Zivilklage.

Der Gläubiger einer fälligen Zahlungsforderung, auf die der Schuldner trotz Mahnung nicht geleistet hat, kann bei Gericht einen Mahnbescheid beantragen. Daraufhin erlässt das Gericht den Mahnbescheid ohne zu überprüfen, ob die Forderung berechtigt ist, und stellt ihn dem Schuldner zu. Dieser hat das Recht, innerhalb von zwei Wochen nach Zustellung Widerspruch gegen den Mahnbescheid einzulegen. Dann kann der Gläubiger seinen Anspruch nur im Zivilklageverfahren durchsetzen.

Tabelle 5: Durchsetzung der Ansprüche

Außergerichtliche Streitbeilegung
→ Verhandlung → Mediationsverfahren → Schlichtungsverfahren

Gerichtliche Durchsetzung		
Mahnverfahren §§ 688 ff. ZPO	**Zivilklage** §§ 253 ff. ZPO	**Einstweiliges Verfügungsverfahren** 935 ff. ZPO
→ spezielles Verfahren	→ allgemeines Verfahren	→ vorläufiges Verfahren
→ Anspruchsart: bei unstreitigen Zahlungsansprüchen	→ Anspruchsart: bei allen Ansprüchen, z.B. ➢ Zahlungsansprüche ➢ Herausgabeansprüche ➢ Unterlassungsansprüche ➢ Auskunftsansprüche	→ Anspruchsart: bei allen Ansprüchen (Verfügungsanspruch) mit schnellem Handlungsbedarf (Verfügungsgrund)
→ zuständiges Gericht: Amtsgericht (= zentrales Mahngericht)	→ zuständiges Gericht: ➢ Amtsgericht: bei Streitwert bis 5.000 € ➢ Landgericht: bei Streitwert ab 5.001 €	→ zuständiges Gericht ➢ Amtsgericht: bei Streitwert bis 5.000 € ➢ Landgericht: bei Streitwert ab 5.001 €
→ Gerichtsstand: Wohnsitz bzw. Firmensitz des Mahnenden	→ Gerichtsstand: Sonderzuständigkeiten, Parteivereinbarungen!	→ Gerichtsstand: Sonderzuständigkeiten, Parteivereinbarungen!

---

[178] Im Wettbewerbs-, Marken-, Internet-, Medien-, Urheber- und Öffentlichem Recht ist die einstweilige Verfügung aufgrund der Eilbedürftigkeit in der Praxis an der Tagesordnung.

F. Allgemeine Geschäftsbedingungen

Allgemeine Geschäftsbedingungen (im Folgenden AGB) sind äußerst praxisrelevant. Darunter fallen alle für eine Vielzahl von Verträgen vorformulierte Vertragsbedingungen, die eine Vertragspartei (Verwender) der anderen Vertragspartei bei Abschluss eines Vertrages stellt (so § 305 Abs. 1 S. 1 BGB). Die AGB werden daher grundsätzlich bei Vorliegen eines zweiseitigen Rechtsgeschäfts verwendet.

I. Vorteile von AGB

Häufig werden AGB als Instrumentarium genutzt, um die gesetzlichen Normen zum eigenen Vorteil zu modifizieren. Die AGB übernehmen gewissermaßen die Funktion von Gesetzen, da sie rechtsverbindlich Regelungen treffen. Deshalb bringen etwa Veranstalter, Hallenbetreiber und Agenturen ihre AGB in den Vertrag ein. Dabei kann es sich um insgesamt vorformulierte Verträge, Anlagen zu Individualverträgen oder einzelne Klauseln handeln.

AGB haben daneben den positiven Effekt der Arbeitsvereinfachung. Einmal entwickelt können sie schnell übertragen werden. Das bringt Rechtssicherheit für alle Vertragsparteien im Eventbereich mit sich.[179] Darüber hinaus bieten AGB die Möglichkeit, gesetzlich vorgesehene Regelungen entsprechend der jeweiligen Bedürfnisse des Verwenders im Rahmen der gesetzlichen Grenzen zu modifizieren. Auch sind AGB geeignet, sog. unbestimmte Rechtsbegriffe[180] auszufüllen, indem beispielsweise eine genaue Frist bestimmt wird, wo das Gesetz nur eine „angemessene Frist" vorsieht.

Als Empfehlung an die Beteiligten eines Events kann nur ausgesprochen werden, eigene, verwendergerechte AGB zu erstellen. Dabei sollten die Punkte, die bei der obigen Darstellung der typischen Vertragsarten als wesentlich herausgearbeitet worden sind, Berücksichtigung finden.

II. Einbeziehung der AGB

Fall 17: Fanny (F) besucht ein Konzert des Veranstalters V. Sie gibt ihren wertvollen Mantel an der bewachten Garderobe ab. Als sie nach Ende des Konzerts ihren Mantel abholen will, ist der nicht mehr auffindbar. Als F sich an V halten will, verweist er sie auf den Haftungsausschluss für verloren gegangene oder gestohlene Sachen auf der Rückseite ihrer Eintrittskarte. Muss V nun nicht für den Schaden der F aufkommen?

---

[179] Ebenso Funke/Müller, Rn. 190.
[180] Ein unbestimmter Rechtsbegriff als Bestandteil einer gesetzlichen Bestimmung ist eine „unscharfe" Bezeichnung, die erst durch Auslegung näher bestimmt wird (Beispiele sind etwas Begriffe wie „Eignung" und „Unzuverlässigkeit").

AGB werden nur unter bestimmten Voraussetzungen Bestandteil eines Vertrags. Insbesondere ist dies gemäß § 305 Abs. 2 BGB immer nur dann der Fall, wenn der Verwender *bei Vertragsschluss*

- die andere Vertragspartei ausdrücklich oder, wenn ein ausdrücklicher Hinweis wegen der Art des Vertragsschlusses nur unter unverhältnismäßigen Schwierigkeiten möglich ist, durch deutlich sichtbaren Aushang am Orte des Vertragsschlusses auf sie *hinweist* und
- der anderen Vertragspartei die *Möglichkeit* verschafft, in zumutbarer Weise von ihrem Inhalt *Kenntnis zu nehmen* und wenn
- die andere Vertragspartei *einverstanden* ist.

AGB, die lediglich auf der **Rückseite von Eintrittskarten** abgedruckt werden, erfüllen diese Voraussetzung nicht. Der Veranstalter weist den potenziellen Besucher nicht bereits bei Vertragsschluss auf die AGB hin. Dieser kann erst mit dem Erhalt der Karte Notiz von den Bestimmungen nehmen. Zu diesem Zeitpunkt hat er den Besuchervertrag jedoch bereits geschlossen und kann die AGB nicht mehr in seine Erwägungen, ob er sich vertraglich binden will, einbeziehen. AGB auf der Kartenrückseite sind somit funktionslos.[181] Deshalb sollte der Veranstalter auf den Abdruck der AGB auf der Kartenrückseite verzichten. Stattdessen sollte er dafür sorgen, dass bei der Vorverkaufsstelle deutlich sichtbar die AGB auf einem Hinweisschild ausgehängt sind!

Falllösung 17: V kann sich gegenüber F nicht auf seine auf der Rückseite der Eintrittskarte abgedruckten AGB berufen, da diese nicht wirksamer Vertragsbestandteil wurden. Mithin hat V für den Schaden der F, den sie durch den Verlust ihres Mantels erleidet, einzustehen.

Nicht Vertragsbestandteil werden auch überraschende Klauseln (§ 305c Abs. 1 BGB). Davon ist auszugehen, wenn sie nach den Umständen des Vertragsschlusses so ungewöhnlich sind, dass der Vertragspartner nicht mit ihnen rechnen musste. Eine überraschende Klausel ist vor allem in den Fällen gegeben, wenn der andere Teil durch sie gewissermaßen überrumpelt oder übertölpelt wird. Dabei werden auch mehrdeutige Klauseln zu Lasten des Verwenders ausgelegt (§ 305c Abs. 2 BGB). Da AGB lediglich das individuell Vereinbarte zwischen den Vertragsparteien ergänzen sollen, haben Individualabreden grundsätzlich Vorrang (§ 305b BGB).

Auch wenn AGB ganz oder teilweise nicht Vertragsbestandteil geworden sind, bleibt der Vertrag im Übrigen wirksam, sofern dies nicht eine unzumutbare Härte für eine Vertragspartei darstellen würde. Die Lücken des Vertrags werden durch die gesetzlichen Vorschriften ergänzt (§ 306 BGB).

---

[181] Ganz herrschende Meinung, insbesondere auch in der Praxis; so entschieden von LG Trier, NJW 1993, S. 1474 f.; ebenso Ulmer/Ulmer, § 305 Rn. 134; Huff, VuR 3/1990, S. 167; Funke/Müller, Rn. 192; Güllemann, S. 208.

Hervorzuheben ist das Problem **einander widersprechender AGB**, wenn beide Vertragspartner sich gegenseitig AGB vorlegen, diese sich jedoch nicht decken. Dann gelten keinesfalls die zuletzt vorgelegten AGB, sondern nur die übereinstimmenden AGB. Die übrigen, sich widersprechenden Bestimmungen stehen der Gültigkeit des Vertrages dennoch nicht im Wege, wenn beide Vertragsparteien einvernehmlich mit der Vertragsdurchführung beginnen. Anstelle der in diesen Fällen nicht wirksam zum Vertragsbestandteil gewordenen AGB gelten ebenfalls die gesetzlichen Vorschriften (§ 306 Abs. 2 BGB).

III. Inhaltskontrolle der AGB

Zum Schutz des anderen Vertragspartners werden die AGB des Verwenders einer Inhaltskontrolle unterworfen. Dieses findet seinen Grund darin, dass die AGB vom Verwender einseitig in den Vertrag eingebracht werden und keine Verhandlung zwischen den Parteien über die darin enthaltenen Regelungen erfolgt. Denn dadurch hat der Verwender einseitige Gestaltungsmacht, welche durch das BGB beschränkt wird. Dem Verwender werden auf diese Weise Grenzen gesetzt. AGB sind unwirksam, wenn sie den Vertragspartner nach den Geboten von Treu und Glauben unangemessen benachteiligen.

Bei der Inhaltskontrolle müssen die AGB drei Prüfungsstufen durchlaufen. Sie dürfen zuerst nicht im Katalog des § 309 BGB enthalten sein, der **Klauselverbote ohne Wertungsmöglichkeit** auflistet. Weiterhin dürfen sie nicht mit dem Katalog des § 308 BGB mit **Klauseln mit Wertungsmöglichkeit** kollidieren. Zuletzt dürfen sie nicht gegen die **Generalklausel** des § 307 BGB verstoßen. Generell **unwirksam** ist so insbesondere der **Ausschluss der Haftung bei Personenschäden** und elementaren **Kardinalpflichten**[182] sowie im Übrigen der Ausschluss der Haftung bei **vorsätzlichem oder grob fahrlässigem Verhalten**.

Zu beachten ist, dass die Kataloge der §§ 309, 308 BGB **keine direkte Anwendung** finden, wenn der Vertragspartner des Verwenders ein **Unternehmer oder eine juristische Person des öffentlichen Rechts** ist (§ 310 Abs. 1 BGB). Die Klauselverbote haben in diesem Bereich die Bedeutung von **Indizien** für eine unangemessene Benachteiligung des Vertragspartners. Sie sind also nur mittelbar bei der Inhaltskontrolle im Rahmen der Generalklausel zu berücksichtigen, jedoch je nach ihrer Bedeutung in unterschiedlicher Stärke und unter Rücksichtnahme auf die geltenden Handelsbräuche.[183] In der Regel unterliegen also die Verträge zwischen dem professionellen Veranstalter und Eventagenturen, Subunternehmern oder Hallenbetreibern wesentlich geringeren Beschränkungen als etwa der Vertrag mit einem Besucher.

---

[182] Güllemann, S. 55.
[183] § 310 Abs. 1 S. 2; siehe auch Ulmer/Ulmer, § 310 Rn. 27.

Im Verhältnis Veranstalter – Besucher sind z. B. folgende Klauseln unwirksam:

1. „Der Veranstalter ist nicht für verloren gegangene oder gestohlene Sachen verantwortlich."

Gemäß § 309 Nr. 7b BGB ist der Ausschluss der Haftung des Verwenders oder die Begrenzung auf grobes Verschulden desselben untersagt. Gleiches gilt im Übrigen für die Haftungsbegrenzung des Vertreters oder Erfüllungsgehilfen des Verwenders. Daraus folgt, dass z. B. der Veranstalter bei einer bewachten Garderobe sowohl für die sorgfältige Auswahl des Garderobenpersonals als auch für dessen Verhalten bei grober Fahrlässigkeit haften muss.[184]

2. „Zurücknahme der Eintrittskarte nur bei Absage der Veranstaltung. Es wird nur der Nennwert der Eintrittskarte erstattet, nicht die Vorverkaufsgebühr oder sonstige Kosten."[185]

Diese Klausel in einem Besuchervertrag verstößt gegen § 309 Nr. 8b BGB. Dem Besucher steht zumindest bei grob fahrlässiger Pflichtverletzung die volle Entschädigung zu. Die Klausel nimmt jedoch mit der Vorverkaufsgebühr und sonstigen Kosten bestimmte Schäden aus der Haftung heraus.[186]

3. „Der Veranstalter behält sich das Recht vor, die Veranstaltung örtlich und/oder terminlich zu verlegen. Rückerstattungsansprüche aus oben genanntem Grund auf den Nennwert der Eintrittskarte bestehen nur bis zum Konzerttermin."

Diese Formulierung ist gleich mit mehreren Klauselverboten nicht vereinbar.

Die Vereinbarung eines Rechts des Verwenders, die versprochene Leistung zu ändern oder von ihr abzuweichen, ist unwirksam, außer dies ist dem anderen Vertragsteil zumutbar (Änderungsvorbehalt des § 308 Nr. 4 BGB). Die Beschränkung der Rückerstattungsansprüche ist mit dem Verbot des Ausschlusses des Rechts, sich bei einer vom Verwender zu vertretenden Pflichtverletzung vom Vertrag zu lösen, nicht vereinbar (§ 309 Nr. 8a BGB). Zuletzt ist in der Begrenzung auf den Nennwert ein verbotener Haftungsausschluss für Vorsatz und grobe Fahrlässigkeit zu sehen (§ 309 Nr. 7b BGB).[187]

4. „Der Veranstalter behält sich das Recht vor, ohne vorherige Ankündigung das Vorprogramm zu ändern."

Auch hier handelt es sich um einen unzumutbaren Änderungsvorbehalt (§ 308 Nr. 4 BGB), wenn das Vorprogramm namentlich angekündigt war. Anders wird es sich verhalten, wenn dies nicht der Fall war und bei dem Besucher keine Erwartungen geweckt worden sind.[188]

---

[184] LG Hannover, VuR 1994, S. 276 ff.; OLG Celle vom 7.12.1994, AZ: 13 U 78/94.
[185] AGB eines Veranstalters von Großkonzerten, entschieden von LG Hannover, VuR 1994, S. 276 ff.
[186] LG Hannover, VuR 1994, S. 276 ff.; Güllemann, S. 211.
[187] LG Hannover, VuR 1994, S. 276 ff.; Güllemann, S. 211.
[188] So Güllemann, S. 212.

5. „Schadenersatzansprüche aus positiver Forderungsverletzung, Verschulden bei Vertragsabschluss und unerlaubter Handlung sind ausgeschlossen, soweit der Veranstalter, sein gesetzlicher Vertreter oder seine Erfüllungsgehilfen nicht vorsätzlich oder grob fahrlässig gehandelt haben."

Hier ist zwar nicht die Haftung für grobes Verschulden ausgeschlossen, diese Klausel verstößt jedoch dennoch gegen die Generalklausel des § 307 BGB. Auch die Haftungsfreistellung für einfache oder leichte Fahrlässigkeit ist eine unangemessene Benachteiligung des Besuchers, wenn es sich um so wesentliche Pflichten wie die genannten handelt. Insbesondere die Haftung für die Verkehrssicherungspflicht kann der Veranstalter nicht auf den Besucher abwälzen, da es um Leib und Leben geht.[189]

6. „Bei Konzerten kann auf Grund der Lautstärke Gefahr von möglichen Hör- und Gesundheitsschäden bestehen."

Der Ausschluss oder die Begrenzung der Haftung ist bei der schuldhaften Verletzung von Leben, Körper und Gesundheit generell ausgeschlossen (§ 309 Nr. 7a BGB). Dies ist hier nicht ausdrücklich geschehen. Es wird aber bei dem Besucher der Eindruck erweckt, er hafte selbst für auftretende Schäden. Dies ist nicht mit der Generalklausel des § 307 BGB vereinbar. Die Klausel ist unwirksam.[190]

---

[189] LG Hannover, VuR 1994, S. 276 ff.; Funke/Müller, Rn. 199; Güllemann, S. 211.
[190] LG Hannover, VuR 1994, S. 276 ff.; auch Funke/Müller, Rn. 199.

Merkblatt: Allgemeine Geschäftsbedingungen

Verwendung Allgemeiner Geschäftsbedingungen	
Gegenüber Unternehmer, juristische Personen des öffentlichen Rechts	**Gegenüber Nicht-Unternehmer, Besucher**
→ <u>Voraussetzung für Einbeziehung der AGB:</u>	→ <u>Voraussetzung für Einbeziehung der AGB:</u>
➢ keine überraschende Klauseln ➢ mehrdeutige Klauseln zu Lasten des Verwenders ➢ Vorrang der Individualabrede	➢ Verwender: Hinweispflicht ➢ Vertragsgegner: mögliche Kenntnisnahme und Einverständnis mit AGB bei Vertragsschluss ➢ keine überraschende Klauseln ➢ mehrdeutige Klauseln zu Lasten des Verwenders ➢ Vorrang der Individualabrede
	→ AGB auf der **Rückseite der Eintrittskarte** werden nicht Vertragsbestandteil → Tipp: knapper, übersichtlicher **Aushang** mit AGB bei der Vorverkaufsstelle
→ <u>Inhaltskontrolle der AGB (Wirksamkeit):</u>	→ <u>Inhaltskontrolle der AGB (Wirksamkeit):</u>
➢ Generalklausel → unangemessene Benachteiligung des Vertragspartner entgegen der Gebote von Treu und Glauben	➢ Klauselverbote ohne Wertungsmöglichkeit ➢ Klauselverbote mit Wertungsmöglichkeit ➢ Generalklausel
→ **Verboten** ist der **Haftungsausschluss:**	→ **Verboten** ist der **Haftungsausschluss:**
➢ bei Verletzung elementarer Pflichten (Kardinalpflichten)	➢ generell bei Verletzung von Leben, Körper und Gesundheit ➢ generell bei Verletzung elementarer Pflichten (Kardinalpflichten) ➢ im Übrigen bei → Vorsatz und → grober Fahrlässigkeit → **Verboten** ist der unzumutbare **Rücktrittsvorbehalt** oder **Änderungsvorbehalt**

Zweites Kapitel: Arbeitsrecht

Als Veranstalter, Theater- oder Opernhausbetreiber, Inhaber einer Eventagentur oder Orchesterträger ist man nicht allein in der Lage Kulturveranstaltungen zu organisieren und durchzuführen. In einer arbeitsteiligen Welt beschäftigt man meist ein eigenes Team, welches einen bei der Durchführung der Veranstaltung unterstützt oder Büroarbeiten erledigt. Die Inanspruchnahme von Diensten reicht vom Platzanweiser, über Bühnenbildner, Buchhalter, Ticketverkäufer, Reinigungskräften bis hin zum Licht- und Tontechniker. Ferner engagiert man Künstler bzw. Musiker, ja unterhält sogar ein ganzes Orchester, ein Tanzensemble, einen Opernchor usw. Je nach Ausgestaltung und Qualifizierung der Vertragsbeziehung kommt zwischen den Beteiligten ein Dienst-, Werk- oder Arbeitsvertrag in Betracht. Der Arbeitsvertrag ist ein Unterfall des in § 611 BGB beschriebenen Dienstvertrages.[1] Ist der rechtliche Status von Künstlern oder sonstigen Beschäftigten als Arbeitnehmerrolle zu qualifizieren, so folgen daraus weitgehende Rechte und Pflichten sowohl für den Künstler/Beschäftigten als auch für den Veranstalter bzw. Arbeitgeber. Zwischen Arbeitnehmer und Arbeitgeber gibt es verschiedene Konfliktbereiche (z. B. Kündigungsschutz, Urlaubsanspruch, Lohnerhöhung), die durch das Arbeitsrecht geregelt werden. Die Regelungen sind auf eine Vielzahl von Gesetzen verteilt, weiterhin spielt im Arbeitsrecht insbesondere die Rechtsprechung des Bundesarbeitsgerichtes (mit Sitz in Erfurt) und des Europäischen Gerichtshofes (mit Sitz in Luxemburg) eine prägende Rolle.

Neben der Darstellung der Rechtsgrundlagen und der Einordnung des Rechtsverhältnisses als Arbeitsvertrag wird in diesem Kapitel ein Überblick über wesentliche arbeitsrechtliche Vorschriften unter Berücksichtigung eventspezifischer Besonderheiten gegeben.

> **Übersicht wesentlicher Pflichten des Veranstalters als Arbeitgeber:**
>
> – Anmelde- und Anzeigepflichten zur Kranken- und Rentenversicherung bei der zuständigen Krankenkasse sowie zur Sicherstellung der Unfallversicherung bei der zuständigen Berufsgenossenschaft bei Einstellung von Arbeitnehmern
> – Abführung der Sozialversicherungsbeiträge

---

[1] Siehe auch im Kapitel Vertragsrecht.

- Lohnzahlung an Arbeitnehmer und Abführung der Lohnsteuer ans Finanzamt
- Fürsorgepflicht gegenüber dem Arbeitnehmer
- Urlaubsgewährung und Lohnfortzahlung im Krankheitsfall
- Weisungsrecht gegenüber dem Arbeitnehmer.

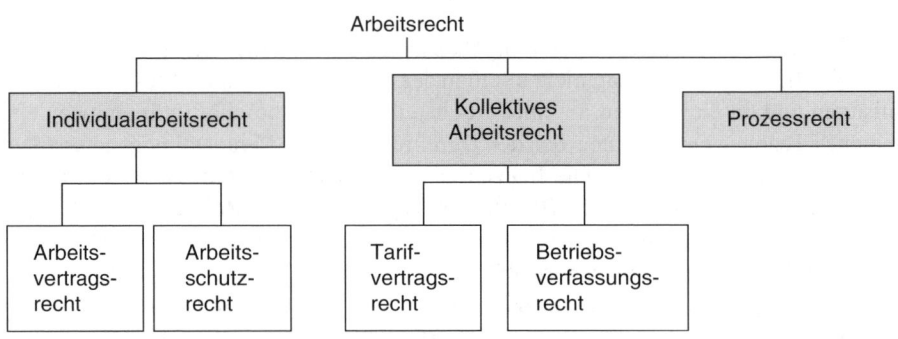

Abb. 1: Systematische Einteilung des Arbeitsrechts

A. Rechtsquellen des Arbeitsrechtes

Fall 1: A ist am Schauspielhaus X der Stadt C als Schauspieler für männliche Hauptrollen vorerst für zwei Jahre beschäftigt, insbesondere durch seine Faustrolle ist er sehr bekannt. Er möchte wissen, welche wichtigen Regelungen sein Vertragsverhältnis an der Bühne gestalten.

Fall 2: Der engagierte Eventmanager B ist beim Veranstalter Y mit 40 Stunden pro Woche fest angestellt. Dieser organisiert besondere Firmenfeiern, welche naturgemäß nicht an Feiertagen stattfinden. Deshalb hat er im Arbeitsvertrag eine Lohnzahlung für Feiertage ausgeschlossen, getreu dem Motto „Ohne Arbeit kein Lohn". B fragt, ob er trotzdem an Feiertagen Lohnfortzahlung verlangen kann?

Als Arbeitsrecht bezeichnet man die Summe aller Rechtsvorschriften, die zum **Schutze der Arbeitnehmer** Einfluss auf das Verhalten des Arbeitsgebers nehmen. Arbeitsrecht als Sonderrecht der Arbeitnehmer ist nicht in einem Gesetzbuch niedergelegt, sondern in einer Vielzahl von Vorschriften verstreut. Das Arbeitsrecht wird unterteilt in Arbeitsvertragsrecht, Arbeitsschutzrecht, Tarifvertragsrecht, Betriebsverfassungsrecht und Prozessrecht der Arbeitsgerichtsbarkeit. Es ist zum Teil dem Privatrecht und zum anderen Teil dem öffentlichen Recht zuzuordnen. Folgende Rechtsquellen sind auseinander zu halten, um zu ermitteln aus welcher Rechtsgrundlage der arbeitsrechtliche Anspruch resultiert.

I. Arbeitsrechtliche Gesetze

Grundlegende Regelungen zum Arbeitsvertrag finden sich in den §§ 611 ff. BGB. Zu beachten sind ferner Sondergesetze insbesondere zum Kündigungsschutz (Kündigungsschutzgesetz – KSchG), zur Regelung von Teilzeitarbeit und befristeten Arbeitsverträgen (Teilzeit- und Befristungsgesetz – TzBfG), zum Mindesturlaub für Arbeitnehmer (Bundesurlaubsgesetz – BUrlG), zum Schutze erwerbstätiger Mütter (Mutterschutzgesetz – MuSchG), zur Arbeitszeit (Arbeitszeitgesetz – ArbZG), zum Schutze der arbeitenden Jugend (Jugendarbeitsschutzgesetz – JArbschG) und zur Rehabilitation und Teilhabe behinderter Menschen (Sozialgesetzbuch, Neuntes Buch – SGB IX). Bei allen gesetzlichen Regelungen zum Arbeitsrecht ist zu unterscheiden zwischen zwingenden Normen und solchen, die dispositiv sind, das heißt Regelungen von denen man abweichen kann. Die Anzahl der Normen von denen man abweichen kann, ist zahlenmäßig geringer als die der zwingenden Vorschriften. Hintergrund ist gerade die Schutzfunktion des Arbeitsrechtes zugunsten des Arbeitnehmers, weshalb das Arbeitsrecht auch als soziales Recht bezeichnet wird.

II. Tarifverträge im kulturellen Umfeld

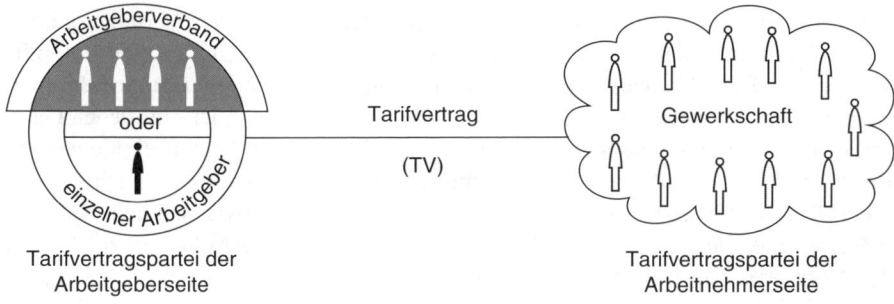

Abb. 2: Tarifvertragsparteien

Neben den arbeitsrechtlichen Gesetzen spielen im kulturellen Bereich vor allem auch Tarifverträge eine wichtige Rolle.

1. Allgemein zum Tarifvertrag

Tarifverträge enthalten gemäß § 1 Tarifvertragsgesetz (TVG) Rechtsnormen, die den Inhalt, den Abschluss und die Beendigung von Arbeitsverhältnissen sowie betriebliche und betriebsverfassungsrechtliche Fragen regeln. Tarifvertragsparteien können nur Gewerkschaften, einzelne Arbeitgeber sowie Vereinigungen von Arbeitgebern sein, § 2 TVG. Der Tarifvertrag setzt **Mindestarbeitsbedingungen zugunsten der tarifgebundenen AN** und wirkt **zwingend** sowie **unmittelbar**, vgl.

§ 4 TVG. Kommt somit zwischen einer Gewerkschaft und dem Arbeitgeber bzw. Arbeitgeberverband ein Tarifvertrag zustande, so wirken diese Regelungen unmittelbar im Vertragsverhältnis zwischen Arbeitnehmern, die der tarifvertragsschließenden Gewerkschaft angehören und dem Arbeitgeber des tarifvertragsschließenden Arbeitgeberverbandes. Die Regelungen eines Tarifvertrages werden oft durch individuelle Vereinbarung (Bezugnahme) auch auf nicht tarifgebundene Arbeitnehmer übertragen.

2. Tarifverträge im Kulturbereich

Als wichtige Tarifverträge seien an dieser Stelle der Normalvertrag (NV) Bühne und der Tarifvertrag für Musiker im Kulturorchester (TVK) genannt. Der Normalvertrag (NV) Bühne wurde zwischen dem Deutschen Bühnenverein – Bundesverband deutscher Theater und der Genossenschaft Deutscher Bühnen-Angehöriger geschlossen. Er enthält tarifliche Regelungen zu den Allgemeinen Arbeitsbedingungen (Arbeitszeit, Ruhezeit, Nebenbeschäftigung usw.), vermögenswirksamen Leistungen, Urlaubsgeld, Beendigung des Arbeitsverhältnisses sowie z. B. Sonderregelungen für Solo, Bühnentechniker. Der Normalvertrag Bühne gilt für Solomitglieder und Bühnentechniker sowie Opernchor- und Tanzgruppenmitglieder an Bühnen innerhalb der Bundesrepublik Deutschland, die von einem Lande oder einer bzw. mehrerer Gemeinden ganz oder überwiegend rechtlich oder wirtschaftlich getragen werden. Für Mitglieder an Privattheatern gilt der NV Bühne gemäß der Aufzählung in der Anlage zum NV. Nach § 1 Abs. 2 NV Bühne sind Solomitglieder u. a. Einzeldarsteller, Kabarettisten, Dirigenten, Spielleiter, Bühnenbildner, Lichtdesigner, Grafiker und Pressereferenten. Für Solomitglieder, mit denen Gastspielverträge abgeschlossen werden, gilt dieser Tarifvertrag bis auf einige wenige Regeln nicht. Tarifverträge gelten nun mal grundsätzlich nur für Arbeitnehmer und nicht für freie Mitarbeiter. Gemäß § 2 Abs. 1 NV Bühne ist zwischen dem Bühnenbetreiber und Künstler ein schriftlicher Arbeitsvertrag nach dem Muster zur Anlage des Normalvertrag Bühne zu schließen. Nach dem NV Bühne räumt der Künstler dem Arbeitgeber bei Veranstaltungen die notwendigen Rechte für Funk, Ton und Bildübertragungen ein. Ferner regelt der NV Bühne Sondervergütungen für Bühnenkünstler wie z. B. Übersinghonorare. Abschließend sei als wichtige Regelung aus dem umfassenden Normenwerk des NV Bühne noch auf die kulturspezifische Arbeitsregelung der Nichtverlängerungsanzeige hingewiesen. Arbeitsverträge im Kultur- und Eventbereich werden oftmals für ein Jahr (eine Spielzeit) abgeschlossen. Teilt der Arbeitgeber beispielsweise dem Schauspieler nicht bis zum 31. Oktober der jeweiligen Spielzeit schriftlich mit (sog. Nichtverlängerungsmitteilung), dass mit Ablauf der Spielzeit der Arbeitsvertrag endet, so verlängert sich dieser zu gleichen Konditionen für ein Jahr.

III. Betriebsvereinbarungen

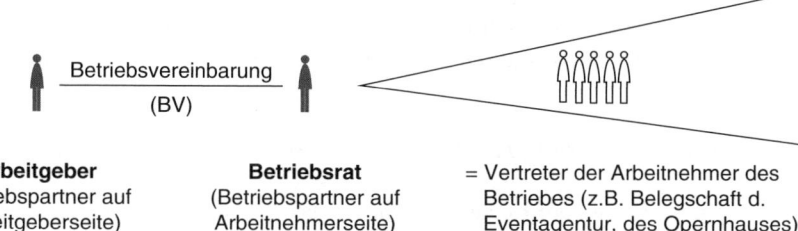

Abb. 3: Parteien der Betriebsvereinbarung (sog. Betriebspartner)

Eine Betriebsvereinbarung ist ein privatrechtlich kollektiver Normenvertrag zwischen den Betriebspartnern, das heißt zwischen Betriebsrat und Arbeitgeber. Er bedarf gemäß § 77 Abs. 2 Betriebsverfassungsgesetz (BetrVG) der Schriftform. In personeller Hinsicht sind der Betriebsvereinbarung alle Arbeitnehmer unterstellt, die mit dem Inhaber des Betriebes durch einen Arbeitsvertrag verbunden und in den Betrieb eingegliedert sind. Der Betriebsvereinbarung unterliegen nicht die in § 5 Abs. 2 BetrVG aufgezählten Personen (z. B. Gesellschafter einer OHG) sowie die leitenden Angestellten nach § 5 Abs. 3 BetrVG. Die Betriebsvereinbarung hat **unmittelbare Wirkung** auf das Arbeitsverhältnis. Ist beispielsweise in einer Betriebsvereinbarung zwischen Arbeitgeber und Betriebsrat die Gleitzeit (Kernarbeitszeit und sonstige Anwesenheitspflicht) geregelt, so können Arbeitnehmer diese Regelung gegenüber dem Arbeitgeber geltend machen. Voraussetzung für das Zustandekommen einer Betriebsvereinbarung ist die Größe des Betriebes. In Kulturbetrieben mit mindestens fünf ständigen wahlberechtigten Arbeitnehmern kann ein Betriebsrat gewählt werden, welcher dann mit dem Arbeitgeber eine Betriebsvereinbarung schließen kann.

IV. Arbeitsvertrag

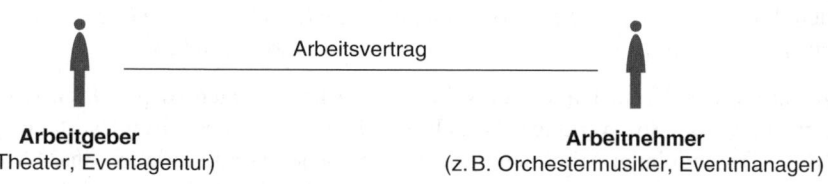

Abb. 4: Parteien des Arbeitsvertrages

Der Arbeitsvertrag regelt je nach Ausgestaltung die Rechte und Pflichten zwischen den Vertragsparteien. Er ist wie der Dienstvertrag auf den Austausch von Leistung versprochener Dienste gegen eine Vergütung gerichtet. Der Arbeitnehmer verpflichtet sich im Gegensatz zum freien Dienstvertrag zu **abhängiger Arbeit**, während ein Selbständiger frei seine Tätigkeit gestalten und seine Arbeitszeit bestimmen kann. Im Rahmen der von Richterrecht, Arbeitsgesetzen sowie insbesondere durch Kollektivverträge (Tarifvertrag, Betriebsvereinbarung) gesetzten Grenzen wird der Inhalt des Arbeitsverhältnisses durch den Arbeitsvertrag geprägt und gestaltet.

V. Verhältnis der arbeitsrechtlichen Rechtsquellen zueinander

Angesichts der Vielzahl der Rechtsquellen, die das Arbeitsverhältnis gestalten, sind die Klärung der Rangfolge und das Verhältnis der Regelungen zueinander von erheblich praktischer Bedeutung. Ausgangspunkt für die Rechte und Pflichten zwischen Arbeitgeber und Arbeitnehmer ist der Arbeitsvertrag, welcher aber durch andere Rechtsquellen überlagert werden kann. Bei Vorliegen mehrerer einschlägiger Regelungen sind als Lösungsprinzipien das **Rangprinzip** und das **Günstigkeitsprinzip** zu beachten.

Nach dem Rangprinzip geht die ranghöhere Regelung der rangniederen Regelung vor, es sei denn die ranghöhere Norm lässt als Ausnahme eine Regelung durch eine rangniedere Norm zu.

Beispiel: Das BGB lässt Abweichungen von den dort gesetzlich geregelten Kündigungsfristen durch Tarifvertrag zu (§ 622 Abs. 4 BGB). Das Bürgerliche Gesetzbuch geht in der Normenhierarchie dem Tarifvertrag vor (Rangprinzip), lässt aber Ausnahmen durch Tarifverträge zu.

Das Rangprinzip lässt sich anhand einer Pyramide gut darstellen:

Grundgesetz
Arbeitsgesetze
Tarifverträge
Betriebsvereinbarung
Individueller Arbeitsvertrag.

Als weitere Durchbrechung des Rangprinzipes gilt das Günstigkeitsprinzip. Danach geht die rangniedere Rechtsquelle der ranghöheren Rechtsquelle vor, wenn sie für den Arbeitnehmer günstigere Regelungen enthält und das ranghöhere Recht nicht ausnahmsweise für Arbeitgeber und Arbeitnehmer zwingend ist.

Beispiel: Der Veranstalter A gewährt seinem langjährigen Angestellten B gemäß Arbeitsvertrag 36 Werktage Urlaub im Jahr. Nach dem Bundesurlaubsgesetz (BUrlG) steht einem Arbeitnehmer ein gesetzlicher Mindesturlaub von 24 Werktagen zu. Nach obiger Normenpyramide steht das BUrlG als Arbeitsgesetz nach dem Rangprinzip über dem Arbeitsvertrag. Aufgrund des Günstigkeitsprinzipes steht dem B aber ein Erholungsurlaub von 36 Werktagen zu. Das BUrlG ist auch nicht zweiseitig zwingend, sondern verpflichtet nur den Arbeitgeber von den Mindestvorgaben grundsätzlich zu Lasten des Arbeitnehmers nicht abzuweichen, § 13 Abs. 1 S. 3 BUrlG.

Falllösung 1: Die Regelungen, welche das Rechtsverhältnis gestalten, sind vom Vertragstyp abhängig. Aufgrund der kontinuierlichen Beschäftigung auf der Bühne der Stadt C und der Eingliederung in die Organisation des Schauspielhauses ist A als Arbeitnehmer anzusehen. Danach ist der Arbeitsvertrag eine Rechtsquelle für die Frage, welche Rechte und Pflichten A als Schauspieler treffen. Weitere wichtige Rechtsquelle ist der „Normalvertrag Bühne" (NV Bühne). Mit diesem Tarifvertrag wurde ein umfassendes Bühnenrecht geschaffen. Er gilt an „Bühnen", die von öffentlichen Trägern ganz oder überwiegend rechtlich oder wirtschaftlich getragen werden (bestimmte Regeln gelten auch für Privattheater). Er regelt wichtige Fragen der Beendigung des Arbeitsverhältnisses, insbesondere den Themenkreis Nichtverlängerungsmitteilung. Danach ist dem Arbeitnehmer rechtzeitig durch eine schriftliche Nichtverlängerungsanzeige mitzuteilen, dass sein befristeter Arbeitsvertrag nicht verlängert wird, da ansonsten der Vertrag für eine weitere Spielzeit besteht.

Falllösung 2: B könnte aus dem Arbeitsvertrag gemäß § 611 BGB einen Lohnzahlungsanspruch für den Feiertag haben. Nach diesem ist der Anspruch jedoch ausgeschlossen. Dies entspricht auch dem arbeitsrechtlichen Grundsatz „Kein Lohn ohne Arbeit". Ein Anspruch kann somit nur bestehen, wenn dies durch eine andere Rechtsquelle angeordnet wird. Ein gesetzlich geregelter Fall neben der Lohnfortzahlung im Krankheitsfall ist die Feiertagsvergütung im Entgeltfortzahlungsgesetz. Danach ist der Arbeitgeber Y verpflichtet ohne eine entsprechende Arbeitsleistung des B eine Feiertagsvergütung nach § 611 Abs. 1 BGB in Verbindung mit § 2 Abs. 1 Entgeltfortzahlungsgesetz (EFZG) zu zahlen. Die Höhe richtet sich nach dem Entgelt, welches der Y dem B ohne Feiertag zu zahlen hätte. Voraussetzung hierfür ist, dass es sich um einen gesetzlichen Feiertag handelt. Die gesetzlichen Feiertage werden in den einzelnen Bundesländern unterschiedlich durch die Landesfeiertagsgesetze festgeschrieben. Der Ausschluss im Arbeitsvertrag ist somit unwirksam, da er gegen die höherrangige Norm des EFZG verstößt. Nach § 12 EFZG ist § 2 Abs. 1 EFZG zwingendes Recht und nicht **zuungunsten** des B abänderbar.

VI. Checkliste

Das Verständnis für das Verhältnis der einzelnen arbeitsrechtlichen Regelungen zueinander ist in der Praxis elementar wichtig. Einerseits für die Vertragsgestaltung, um zu wissen welche vertraglichen Normierungen möglich sind. Anderseits ist wichtig zu wissen, woraus sich der arbeitsrechtliche Anspruch ableitet und welche Voraussetzungen zu beachten sind. Folgende allgemeine Prüffolge sei empfohlen:[2]

---

[2] Angelehnt an Kittner, S. 23.

> **Arbeitsrechtlicher Anspruch mit Zuständigkeit des Arbeitsgerichtes:**
> 1. Ist der Anwendungsbereich des Arbeitsrechtes eröffnet?
> 2. Welche Regelungen enthält der Arbeitsvertrag?
> 3. Gilt eine für das Arbeitsverhältnis einschlägige Betriebsvereinbarung/ Dienstvereinbarung?
>
> aber: eine abweichende günstigere Regelung im Arbeitsvertrag geht vor; Tarifvertrag und Gesetz gehen vor, es sei denn es gibt eine Öffnungsklausel
>
> 4. Gibt es einem einschlägigen Tarifvertrag? Sind Arbeitnehmer und Arbeitgeber tariflich gebunden?
> 5. Besteht eine gesetzliche Regelung?
> 6. Ist der Anspruch untergegangen oder nicht durchsetzbar? (Beispiel: Aufrechnung, Verwirkung)
> 7. Sind für die Geltendmachung Fristen zu beachten? (vgl. § 4 KSchG)

B. Anwendungsbereich des Arbeitsrechtes

Ausgangspunkt für die Anwendbarkeit arbeitsrechtlicher Vorschriften ist der Begriff des **Arbeitnehmers**. Nur wer tatsächlich Arbeitnehmer ist, kann sich auf den Schutz des Arbeitsrechtes berufen. Bevor man sich mit den arbeitsrechtlichen Schutzvorschriften auseinandersetzt, ist daher stets genau zu überprüfen, ob das Arbeitsrecht auf die Vertragsbeziehung (z. B. zwischen Veranstalter und Bühnentechniker) Anwendung findet.

I. Arbeitnehmereigenschaft

Fast jede Dienstleistung kann in selbständiger Stellung durch Werk- oder Dienstvertrag, aber auch als abhängiger Beschäftigter in Erfüllung eines Arbeitsvertrages (Arbeitnehmer) erbracht werden. Gerade in der Eventbranche wird häufig mit freien Mitarbeitern und projekthaft gearbeitet, so dass die Einordnung der Beschäftigten (z. B. Künstler, Tontechniker, Grafiker) als Arbeitnehmer oder als Selbständiger nicht immer einfach ist. Unwichtig bei der Feststellung der Arbeitnehmereigenschaft ist der eigene Wille, da eine objektive Betrachtung des Vertragsverhältnisses maßgebend ist und nicht die Vertragsbezeichnung wie beispielsweise „freier Mitarbeiter".

Beispiel[3]: Festangestellte Orchestermusiker, die ständig zu Orchesterdiensten herangezogen werden, sind Arbeitnehmer. Während Orchesteraushilfen, die nur für einzelne Auftritte (punktuell) engagiert sind und ihre Arbeitszeit im Wesentlichen frei gestalten können, keine Arbeitnehmer sind.

---

[3] Vgl. dazu ErfK/Preis, § 611 Rn. 86 mit Rechtsprechungsnachweisen.

Dieser Umstand bedingt eines der anspruchsvollsten Probleme des Arbeitsrechtes, nämlich die Qualifizierung der Tätigkeit als selbständige Leistung oder unselbständige Arbeitsleistung. Es stellt sich die Frage nach der Arbeitnehmereigenschaft, von der neben der soziaversicherungsrechtlichen Seite die Eröffnung des Arbeitsrechtsweges als auch die Arbeitnehmerschutzvorschriften (Kündigungsschutzgesetz, Bundesurlaubsgesetz usw.) abhängen. Es kommt immer auf die tatsächliche Vertragsdurchführung an.

Die Unterscheidung zwischen Arbeits- und freiem Dienstvertrag (oder Werkvertrag) ist davon abhängig, ob derjenige der Dienste erbringt, von seinem Vertragspartner **persönlich abhängig** ist.[4] Angelehnt an § 84 Abs. 1 S. 2 HGB gilt als Selbständiger, wer im Wesentlichen frei seine Tätigkeit gestalten und seine Arbeitszeit bestimmen kann. Daraus abgeleitet ist Arbeitnehmer, wer nicht im Wesentlichen frei seine Tätigkeit und Arbeitszeit gestalten kann. Die Arbeitnehmereigenschaft ist zu bejahen, wenn der zur Dienstleistung verpflichtete in eine fremde Arbeitsorganisation eingebunden ist, welches sich insbesondere durch **das Weisungsrecht** des Arbeitgebers über Inhalt, Durchführung, Zeit, Dauer und Ort der Tätigkeit manifestiert.[5] Künstlerisch tätige Mitarbeiter können meist trotz kleinem künstlerischen Gestaltungsspielraum so fest in die arbeitsteilig organisierte Produktionsgemeinschaft eingebunden und dem Weisungsrecht des Auftraggebers durch festgelegte Arbeitszeiten und Programmgestaltung so stark unterworfen sein, dass sie grundsätzlich als Arbeitnehmer anzusehen sind.[6] Dies hat zur Folge, dass häufiger Arbeitsverträge mit sozialrechtlichen Folgen geschlossen werden als von allen Eventbeteiligten gewollt und bedacht.

Beispiel: Veranstalter V betreibt am S-Bahnhof H in Berlin ein Varieteetheater mit Dinnershow. Dabei will er in der Mitte des Programms immer eine Zaubereinlage. Er verpflichtet für die nächsten Jahre den Zauberer Z. Dieser soll von V vorgegebene Zaubertricks aufführen. Aufgrund der Eingliederung in die Arbeitsorganisation des V (vorgegebener Arbeitsort, Arbeitszeit und Art der Leistung) ist Z Arbeitnehmer.

Die Bestimmung der Arbeitnehmereigenschaft ist **komplex** und **vom jeweiligen Einzelfall** abhängig. Das Merkmal der Weisungsgebundenheit ist gerade im Bereich der kreativ Tätigen oft schwer zu bestimmen. Zunehmend wird zu Konkretisierung der Arbeitnehmereigenschaft auf das Kriterium des „Unternehmerrisikos" abgestellt. Danach ist selbständiger Unternehmer wer als Wettbewerber am Markt auftritt.[7] Dem Risiko, keine Aufträge zu erhalten und keine Einnahmen zu erzielen, steht die Chance erfolgsabhängiger Gewinne gegenüber.[8]

Unter Zugrundelegung der dargelegten Kriterien ergibt sich für die Veranstaltungsbranche exemplarisch folgendes Bild nach der Rechtsprechung[9]:

---

[4] ErfK/Preis, § 611 BGB Rn. 50.
[5] ErfK/Preis, § 611 BGB Rn. 51.
[6] Vgl. vertiefend Fischer/Reiche § 6 Rn. 26 ff.
[7] ErfK/Preis, § 611 BGB Rn. 55.
[8] ErfK/Preis, § 611 BGB Rn. 55.
[9] ErfK/Preis, § 611 BGB Rn. 85 ff.

- Schauspieler, Opernchor- und Tanzgruppenmitglieder, Orchestermitglieder, Maskenbildner, Beleuchter, Bühnentechniker, welche auf unbestimmte Zeit in Opernhäusern und Theatern angestellt sind, sind Arbeitnehmer. Die genannten Beteiligten sind fest in die arbeitsteilig organisierte Produktionsgemeinschaft eingebunden und dem Weisungsrecht des produzierenden Theaters unterworfen.[10]
- Bei Spielzeit-, Stück- und Gastspielverträgen kommt es auf die genaue Ausgestaltung des Rechtsverhältnisses an.[11] Bei Aushilfen von Orchestermusikern und Verpflichtungen für einzelne Aufführungen wird es meist an einer umfassenden Eingliederung in den Konzertbetrieb fehlen, so dass die Arbeitnehmereigenschaft zu verneinen ist.
- Bei längerfristiger und weitgehender Unterordnung unter ein vom Auftraggeber vorgegebenes Konzept sind Zirkus- und Varieteekünstler, Alleinunterhalter, Tänzer und Diskjockeys als Arbeitnehmer anzusehen.[12]
- Bei einem frei agierenden Theaterintendanten oder punktuell auftretenden Künstler liegt kein Arbeitsverhältnis vor.[13]
- Ein Theaterfotograf, der naturgemäß seine Tätigkeit bei Anwesenheit der Schauspieler im Theater ausübt, aber die Tätigkeit auf eigenes Risiko und eigene Kosten unter Einsatz seiner Materialien ausübt – ist Selbständiger und nicht Arbeitnehmer.[14]

II. Arbeitnehmerähnliche Personen

Unter arbeitnehmerähnlichen Personen versteht man gemäß der Legaldefinition in § 12 a TVG Personen, die **wirtschaftlich abhängig** und vergleichbar einem Arbeitnehmer sozial schutzbedürftig sind. Entgegen dem Arbeitnehmerbegriff sind sie wirtschaftlich und nicht persönlich abhängig, das heißt sie sind nicht so fest organisatorisch in den Kulturbetrieb eingegliedert wie Arbeitnehmer.

Beispiel: freie Mitarbeiter von Rundfunk- und Fernsehanstalten.

Rechtsfolge der Einordnung einer Person als arbeitnehmerähnliche Person ist, dass Streitigkeiten aus dem Dienst- oder Werksvertragsverhältnis vorm Arbeitsgericht erörtert werden, § 5 Abs. 1 S. 2 ArbGG. Ferner finden arbeitsschutzrechtliche Bestimmungen wie beispielsweise § 2 S. 2 BUrlG (Mindesturlaub) Anwendung.

---

[10] Vgl. Fischer/Reiche § 6 Rn. 26.
[11] Siehe für die Verneinung der Arbeitnehmereigenschaft bei einem Gastspielvertrag einer Opernsängerin den Fall 8 im Kapitel Steuerrecht.
[12] Fischer/Reiche § 6 Rn 30.
[13] ErfK/Preis, § 611 BGB Rn. 86.
[14] BAG, AZ: 5 AZR 642/87, zitiert nach juris.

C. Überblick über das Individualarbeitsrecht

Im folgenden Überblick sollen die wesentlichen arbeitsrechtlichen Pflichten und Rechte dargestellt werden (vom Beginn bis zur Beendigung eines Arbeitsverhältnisses). Ausgangspunkt für die Anwendbarkeit dieser Vorschriften ist die Bejahung der Arbeitnehmereigenschaft. In bestimmten Fällen reicht der Status einer arbeitnehmerähnlichen Person.

I. Begründung des Arbeitsverhältnisses

1. Stellenanzeige

Der erste Kontakt zwischen den zukünftigen Vertragsparteien kommt meist aufgrund einer Stellenanzeige im Internet, Radio oder in der Zeitung zustande. Hierbei gelten die allgemeinen Bestimmungen des Bürgerlichen Gesetzesbuches, so dass die Anzeige im Internet, Radio oder in der Zeitung nur eine Aufforderung zur Bewerbung und kein verbindliches Angebot darstellen. Die konkreten Vertragsbedingungen werden erst im Rahmen des Abschlusses des Arbeitsvertrages ausgehandelt. Für das Bewerbungsverfahren schreibt **das Allgemeine Gleichbehandlungsgesetz (AGG)** dem Veranstalter vor, welcher auf der Suche nach geeigneten Arbeitnehmern oder Arbeitnehmerinnen ist, dass Arbeitsplätze gleichermaßen für Männer und Frauen ausgeschrieben werden müssen, § 11 AGG. Eine geschlechterspezifische Ausschreibung ist nur zulässig, wenn für die Ausnahme Rechtfertigungsgründe vorliegen. Dies ist der Fall, wenn das Geschlecht ausschlaggebend für die Art der auszuübenden Tätigkeit ist, § 8 Abs. 1 AGG.

Beispiel[15]: Veranstalter V sucht für die männliche Hauptrolle im Schauspiel X einen erfahrenen Schauspieler. Die Stelle ist daher nur für Männer ausgeschrieben.

Eine geschlechtsneutrale Ausschreibung setzt voraus, dass die Berufsbezeichnung in weiblicher und männlicher Form erfolgt oder neutral angegeben wird.[16] Weiterhin zielt das AGG bei Begründung und im Rahmen eines bestehenden Arbeitsverhältnisses darauf ab, dass es zu keiner Benachteiligung aus Gründen der Rasse oder wegen der ethnischen Herkunft, der Religion oder Weltanschauung, einer Behinderung, des Alters oder der sexuellen Identität kommt. Bei einem Verstoß gegen das Benachteiligungsverbot ist der Arbeitgeber verpflichtet, den hierdurch entstanden Schaden zu ersetzen, § 15 Abs. 1 AGG. Dies setzt jedoch voraus, dass er die Benachteiligung zu vertreten hat. Bei Verletzung des Persönlichkeitsrechtes (immaterieller Schaden) haftet er sogar verschuldensunabhängig. Wird ein potenzieller Arbeitnehmer im Rahmen der Bewerberauswahl diskriminiert, so kann nur Schadensersatz, aber nicht ein Anspruch auf Begründung eines Arbeitsverhältnisses geltend gemacht werden, § 15 Abs. 6 AGG.

---

[15] Kittner, S. 645.
[16] ErfK/Schlachter, § 11 AGG Rn. 2.

2. Auswahlgespräch

Bevor man als Veranstalter bzw. Kulturbetrieb Personal oder Künstler fest anstellt, ist man berechtigt sich Informationen über die maßgeblichen Umstände auch durch Fragen an den Bewerber einzuholen, damit man sich ein Bild über die Fähigkeiten des Kandidaten machen kann. Der Prüfung, ob der Bewerber die ausgeschriebenen Anforderungen erfüllt, durch Fragen und Einholung von Informationen werden jedoch Grenzen durch das allgemeine Persönlichkeitsrecht des potenziellen Arbeitnehmers gesetzt. Niemand muss sich im Hinblick auf sein informelles Selbstbestimmungsrecht ausforschen lassen. Der Arbeitgeber darf zulässigerweise im Rahmen der Bewerberauswahl nur solche Fragen stellen, an deren wahrheitsgemäßen Beantwortung er ein **berechtigtes, billigenswertes und schutzwürdiges Interesse** hat.[17] Bei zulässigen Fragen treten die Belange des Bewerbers zurück. Ein berechtigtes Interesse ist anzunehmen, wenn die Beantwortung der Frage für die zu verrichtende Tätigkeit selbst von Bedeutung ist.[18]

Die Diskriminierungsverbote nach § 7 AGG (Geschlecht, Behinderung etc.) spielen auch beim Bewerberauswahlgespräch eine Rolle. Fragen, welche gegen die Diskriminierungsverbote des Allgemeinen Gleichbehandlungsgesetzes verstoßen sind unzulässig, da kein berechtigtes Interesse für den Arbeitgeber besteht. So sind Fragen nach einer bestehenden Schwangerschaft, der sexuellen Identität, dem Lebensalter und der Religionszugehörigkeit grundsätzlich unzulässig. Für jeden Fall ist dann zu prüfen, ob ein Rechtfertigungsgrund für die Frage besteht (z. B. männlicher Hauptdarsteller wird gesucht). Die Frage nach einer bestehenden Schwangerschaft (Benachteiligung wegen des Geschlechts) ist selbst dann unzulässig, wenn ein befristetes Arbeitsverhältnis begründet werden soll und feststeht, dass die Bewerberin während der Laufzeit des Vertrages kaum arbeiten kann.[19]

Bei sonstigen Fragen ohne Bezug zum Allgemeinen Gleichbehandlungsgesetz gilt der oben formulierte Grundsatz, dass diese nur zulässig sind, wenn der Arbeitgeber für die Frage ein berechtigtes Interesse hat.

Zu den Offenbarungspflichten des Arbeitnehmers im Einzelnen:

A. Fragerecht des Arbeitgebers[20]

- Die Frage nach der **Schwangerschaft** ist wegen der Geschlechterdiskriminierung generell unzulässig, §§ 1, 3 Abs. 1 S. 2 AGG.
- Die Frage nach der **Gewerkschaftszugehörigkeit** ist wegen des Verstoßes gegen Art. 9 Abs. 3 GG unzulässig.
- Die Frage nach dem **bisherigen Gehalt** ist zulässig, soweit ein berechtigtes Interesse besteht.

---

[17] ErfK/Preis, § 611 BGB Rn. 271.
[18] ErfK/Preis, § 611 BGB Rn. 271.
[19] ErfK/Preis, § 611 Rn. 274 unter Verweis auf die Rechtsprechung des EuGH.
[20] Zum Gesamtüberblick ErfK/Preis, § 611 BGB 271 ff.

- Bei Bewerbern für besondere Vertrauenspositionen (Buchhalter der Eventagentur) ist die Frage nach **Vorstrafen** oder **Lohnabtretungen und Lohnpfändungen** zulässig. Nach im Bundeszentralregister nicht eingetragenen oder getilgten Vorstrafen darf nicht gefragt werden.
- Die Frage nach **Krankheiten** ist wegen des erheblichen Eingriffes in die Intimsphäre des Bewerbers nur zulässig, wie sie dauerhaft die Ausübung der geplanten Tätigkeit beeinträchtigt.
- Die Frage nach einer **AIDS-Erkrankung** ist zulässig, wenn aufgrund der Tätigkeit ein erhöhtes Ansteckungsrisiko besteht (z. B. Herstellung von Lebensmitteln).
- Die Frage nach **einer Behinderung oder Schwerbehinderung** ist grundsätzlich unzulässig, es sei denn die vertragsmäßige Tätigkeit ist aufgrund der Behinderung unmöglich.

B. Untersuchungen des Arbeitnehmers
Begutachtungen und Untersuchungen des Arbeitnehmers sind nur zulässig, wenn der Arbeitgeber ebenfalls ein berechtigtes Interesse hat. **Genomanalysen** (Untersuchung der Erbanlagen oder genetischer Empfindlichkeiten) sind nach zutreffender herrschender Meinung unzulässig, da sie einen schweren Eingriff ins das Persönlichkeitsrecht darstellen. Die Einholung eines **graphologischen Gutachtens** (Auswertung des handgeschriebenen Lebenslaufes) ist nur bei ausdrücklicher Zustimmung des Bewerbers zulässig.

Für einen Bewerber ist es praktisch schwierig in einem Bewerbungsgespräch zu schweigen oder zu sagen, dass er die Frage aus Gründen seines Persönlichkeitsrechtes nicht beantworten kann („Kraft des Faktischen"). Die Rechtsprechung hat ihm daher **„das Recht zur Lüge"** eingeräumt. Der Bewerber kann eine unzulässige Frage bewusst falsch beantworten, ohne mit Sanktionen zu rechnen. Eine Anfechtung des Arbeitsvertrages wegen arglistiger Täuschung durch den Arbeitgeber nach § 123 Abs. 1 BGB scheidet aus, da bei einer unzulässigen Frage die Arglist verneint wird. Daneben hat der Bewerber bei Verstoß gegen die Diskriminierungsgebote des Allgemeinen Gleichbehandlungsgesetzes Schadensersatzansprüche oder bei immateriellen Schäden Entschädigungsansprüche, § 15 AGG.

3. Vorstellungskosten

Wurde der Bewerber vom Arbeitgeber aufgefordert sich vorzustellen, so kann er nach dem Vorstellungsgespräch den Ersatz seiner Vorstellungskosten verlangen, § 670 BGB. Es sind die Aufwendungen zu ersetzen, die der Bewerber nach den Umständen für erforderlich halten durfte. Hierzu zählen insbesondere Fahrt und Mehrkosten für Übernachtung und Verpflegung, soweit deren Tragung nicht einvernehmlich ausgeschlossen wurde.

Beispiel: Es kommt zum konkludenten Ausschluss der Kosten, wenn der Arbeitgeber bei der Einladung zum Vorstellungsgespräch erklärt, keine Kosten zu übernehmen und der Bewerber trotzdem erscheint.

Bei unaufgeforderten Bewerbungen werden die Kosten nicht ersetzt, da der Bewerber im ausschließlichen Eigeninteresse handelt.[21]

4. Abschluss des Arbeitsvertrages

Der Abschluss des Arbeitsvertrages erfolgt nach den allgemeinen Voraussetzungen des Bürgerlichen Rechtes durch **zwei gültige Willenserklärungen**, §§ 145 ff. BGB. Im Veranstaltungsbereich ist beispielsweise bei der Einstellung von Kindern oder Jugendlichen für ein Schauspiel darauf zu achten, ob sie geschäftsfähig sind. Ein Minderjähriger (Vollendung des siebten Lebensjahres) bedarf zur Gültigkeit seiner Willenserklärung grundsätzlich der Einwilligung des gesetzlichen Vertreters. Die Geschäftsfähigkeit wird durch **§ 113 BGB erweitert**, wonach der Minderjährige ermächtigt werden kann all diejenigen Rechtsgeschäfte vorzunehmen, die im Zusammenhang mit dem Arbeitsverhältnis stehen.

Beispiele: rechtswirksame Annahme seines Lohnes; Minderjähriger kann den Arbeitsvertrag selbständig kündigen oder Änderungen vereinbaren.

Die Erweiterung nach § 113 BGB gilt nicht für Berufsausbildungsverträge.

a) Form

Der Arbeitsvertrag ist **grundsätzlich formfrei** wirksam, § 105 Gewerbeordnung (GewO). Aus Beweisgründen sollten die Rechte und Pflichten schriftlich festgehalten werden. Ohnehin muss der Arbeitgeber gemäß § 2 Nachweisgesetz (NachwG) spätestens 1 Monat nach Beginn des Arbeitsverhältnisses die wesentlichen Vertragsbedingungen schriftlich dokumentieren, die Niederschrift unterzeichnen und dem Arbeitnehmer aushändigen, sofern dies nicht bereits in einem schriftlichen Arbeitsvertrag erfolgt, § 2 Abs. 4 NachwG.

Auch **einvernehmliche Änderungen** des Arbeitsvertrages sind **formfrei** möglich. Meist enthalten Arbeitsverträge jedoch eine Schriftformklausel, wonach Änderungen bzw. Ergänzungen der Schriftform bedürfen. Dennoch sind mündliche Änderungen des Arbeitsvertrages möglich, da durch die mündliche Absprache die Schriftformklausel konkludent mit aufgehoben wird. Will der Arbeitgeber dies vermeiden, so muss er eine **qualifizierte Schriftformklausel** bei Vertragsschluss vereinbaren. Danach bedarf die Aufhebung der Schriftform selbst der Form.[22] Bei Formulararbeitsverträgen haben individuelle Vereinbarungen jedoch immer Vorrang, § 305 b BGB.

---

[21] ErfK/Preis, § 611 BGB Rn. 245.
[22] BAG NZA 2003, 1145, im konkreten Fall ging es um die betriebliche Übung.

> **Beschäftigung ausländischer Arbeitnehmer:**
>
> Wenn ein Ausländer (nicht aus einem Staat des Europäischen Wirtschaftsraumes) in Deutschland eine Beschäftigung ausüben will, benötigt dieser in der Regel einen Aufenthaltstitel, der Ihnen die Aufnahme dieser Beschäftigung gestattet. Zuständig für die Erteilung des Aufenthaltstitels sind die örtlichen Ausländerbehörden die zugleich auch Ansprechpartner in Fragen zum Aufenthalt und zur Beschäftigungsaufnahme sind. In der Regel muss die Zustimmung der zuständigen Agentur für Arbeit aus Arbeitsmarktgründen vor Erteilung eines solchen Aufenthaltstitels eingeholt werden. Zu diesem Zweck wird die Agentur für Arbeit von der Ausländerbehörde in einem internen Verfahren beteiligt. Ausländische Arbeitnehmer bedürfen nämlich gemäß § 1 der Arbeitsgenehmigungsverordnung (ArGV) einer Arbeitserlaubnis. Diese Genehmigung zur Aufnahme einer Beschäftigung wird als Nebenbestimmung des Aufenthaltstitels von der Ausländerbehörde erteilt, soweit die Agentur für Arbeit der Beschäftigung zugestimmt hat. Zur Aufnahme einer Beschäftigung ohne Zustimmung der Agentur für Arbeit sind berechtigt: Staatsgehörige aus Ländern der EU/des EWR sowie der Schweiz (Ausnahmen gelten während einer Übergangszeit für Angehörige der Staaten, die am 01. Mai 2004 bzw. 01. Januar 2007 der EU beigetreten sind) sowie ausländische Arbeitnehmer, die kraft Gesetzes zur Ausübung einer Beschäftigung berechtigt sind, zum Beispiel Ausländer mit einer Niederlassungserlaubnis. Keiner Zustimmung (Arbeitsgenehmigung) der Agentur für Arbeit bedürfen Personen, die unter Beibehaltung ihres gewöhnlichen Aufenthalts im Ausland im Rahmen von **Vorträgen, Darbietungen** von besonderem wissenschaftlichen oder künstlerischen Wert, Darbietungen sportlichen Charakters, **Festspielen, Gastspielen** oder **Musik- und Kulturtagen** tätig werden, wenn die Dauer der Tätigkeit 3 Monate innerhalb von 12 Monaten nicht übersteigt (§ 7 ArGV).
>
> !! **Praxistipp:** Weitere Informationen sind unter www.arbeitsagentur.de abrufbar (unter Veröffentlichungen, Merkblatt 7 – Beschäftigung ausländischer Arbeitnehmer in Deutschland).

b) Formulararbeitsverträge

Fall 3: Veranstalter V beschäftigt für sein Tanztheater 10 Tänzerinnen (fest angestellt auf unbestimmte Zeit). Zur Ausgestaltung der Arbeitsverhältnisse hat er für alle 10 Tänzerinnen einen Arbeitsvertrag vorformuliert, der die wesentlichen Rechte und Pflichten regelt. Unter anderen enthält der Vertrag unter § 12 folgende Klausel:

> *Kann eine Aufführung wegen Stromausfall oder höherer Gewalt nicht stattfinden, so wird für diesen Tag kein Lohn gezahlt.*

Aufgrund eines Staatstrauertages kann eine Veranstaltung nicht stattfinden. Ist V trotzdem zur Zahlung des Lohnes verpflichtet?

An dieser Stelle sei kurz auf **Formulararbeitsverträge** eingegangen. Oftmals benutzen Arbeitgeber für eine Vielzahl gleich gelagerter Arbeitsverhältnisse Formularverträge. Um einen Formularvertrag handelt es sich, wenn die Vertragsbedingungen zwischen Arbeitgeber und Arbeitnehmer nicht einzeln ausgehandelt werden und der Arbeitgeber diese mehrfach verwenden will, § 305 Abs. 1 BGB. Da der Arbeitnehmer Verbraucher ist, reicht auch eine einmalige Verwendung durch den Arbeitgeber, vgl. § 310 Abs. 3 Nr. 2 BGB.

Die einzelnen Klauseln des Formularvertrages unterliegen der Inhaltskontrolle, wenn sie von Rechtsvorschriften abweichen, § 307 Abs. 3 BGB. Erst sind die normierten Klauselverbote in §§ 308, 309 BGB zu prüfen, bevor eine unangemessene Benachteiligung nach § 307 BGB Prüfungsmaßstab ist. Eine Klausel kann auch unwirksam sein, wenn die Bestimmung nicht klar und verständlich ist (Transparenzgebot nach § 307 Abs. 1 S. 2 BGB).

Falllösung 3: V müsste eigentlich den Lohn zahlen, da er als Arbeitgeber grundsätzlich das Betriebsrisiko trägt. In Fällen höherer Gewalt ist er gemäß § 615 S. 3 BGB zur Lohnzahlung verpflichtet, obwohl die Tänzerinnen keine Gegenleistung erbracht haben. Der Lohnanspruch könnte jedoch durch § 12 des Arbeitsvertrages ausgeschlossen sein. Dann müsste die Klausel jedoch wirksam sein. Bei der Klausel handelte es sich um eine vorformulierte Vertragsbedingung, da V diese einseitig allen 10 Tänzerinnen gestellt hat und diese auch mehrfach verwendet wurde. Klauselverbote nach §§ 308, 309 BGB sind nicht ersichtlich, so dass als Prüfungsmaßstab § 307 BGB in den Blick rückt. Nach § 307 Abs. 2 BGB ist eine unangemessene Benachteiligung im Zweifel anzunehmen, wenn eine Bestimmung mit wesentlichen Grundgedanken der gesetzlichen Regelungen, von der abgewichen wird, nicht zu vereinbaren ist. § 615 S. 3 BGB normiert, dass der Arbeitgeber das Risiko des Arbeitsausfalles (**Betriebsrisiko**) zu tragen hat. Danach muss der Arbeitgeber den Lohn zahlen, wenn aus Gründen aus seiner Sphäre oder höherer Gewalt die Arbeitnehmer ihre Arbeitsleistung nicht erbringen können, obwohl es ihnen möglich gewesen wäre. § 12 des Arbeitsvertrages weicht von diesem wesentlichen Grundgedanken ab und ist damit unwirksam. Damit ist diese Klausel unwirksam, dies lässt jedoch die anderen Bestimmungen des Arbeitsvertrages unberührt, § 306 BGB. Anstelle von § 12 des Arbeitsvertrages tritt die gesetzliche Regelung des § 615 S. 3 BGB. V hat folglich allen Tänzerinnen den Lohn zu zahlen.

Checkliste: Inhaltskontrolle von Formulararbeitsverträgen

1. **Einbeziehung** allgemeiner Geschäftsbedingungen in den Vertrag, § 305 Abs. 1 BGB
2. **Wirksamkeit** der Klausel

   a. Keine überraschende Klausel nach § 305 c BGB
   b. Klausel weicht von Rechtsvorschriften ab, § 307 Abs. 3 BGB
   c. Klauselverbote nach §§ 308, 309 BGB
   d. Unangemessenheit nach § 307 Abs. 1, 2 BGB (unter Beachtung der Begleitumstände beim Vertragsabschluss, § 310 Abs. 3 BGB)
   e. Verstoß gegen das Transparenzgebot, § 307 Abs. 1 S. 2 BGB

c) Unwirksamkeitsgründe

Der Arbeitsvertrag kann wie jeder andere Vertrag von Anfang an nichtig sein oder anfechtbar. Die Anfechtung wird in diesem Kapitel erst bei den Beendigungsgründen behandelt. Der Blick soll hier auf mögliche Nichtigkeitsgründe gerichtet werden.

Von den allgemeinen Gründen (fehlende Geschäftsfähigkeit, Vertretungsmacht etc.) rückt insbesondere die Nichtigkeit des Vertrages wegen eines **Verstoßes gegen ein Verbotsgesetz** in den Vordergrund. Nach § 134 BGB ist der Arbeitsvertrag nichtig, wenn er gegen ein gesetzliches Verbot verstößt. Viele arbeitsrechtliche Schutzgesetze enthalten Verbotsnormen. Darin drückt sich der zwingende Charakter des Arbeitsschutzrechtes aus.

Beispielhaft seien insbesondere die Beschäftigungsverbote des Jugendarbeitsschutzgesetzes (**JArbSchG**) genannt. Die Beschäftigung von Kindern ist gemäß § 5 Abs. 1 JArbSchG grundsätzlich verboten. Kind im Sinne des JArbSchG ist, wer noch nicht 15 Jahre alt ist.

Wichtige Ausnahmen für die Veranstaltungsbranche (§ 6 Abs. 1 JArbSchG):

Die Aufsichtsbehörde kann auf Antrag bewilligen,

dass bei Theatervorstellungen Kinder über sechs Jahre bis zu vier Stunden täglich in der Zeit von 10 bis 23 Uhr,

bei Musikaufführungen und anderen Aufführungen, bei Werbeveranstaltungen sowie bei Aufnahmen im Rundfunk (Hörfunk und Fernsehen), auf Ton- und Bildträger sowie bei Film- und Fotoaufnahmen

a) Kinder über drei bis sechs Jahre bis zu zwei Stunden täglich in der Zeit von 8 bis 17 Uhr,

b) Kinder über sechs Jahre bis zu drei Stunden täglich in der Zeit von 8 bis 22 Uhr

gestaltend mitwirken und an den erforderlichen Proben teilnehmen.

Eine Ausnahme darf nicht bewilligt werden für die Mitwirkung in Kabaretts, Tanzlokalen und ähnlichen Betrieben sowie auf Vergnügungsparks, Kirmessen, Jahrmärkten und bei ähnlichen Veranstaltungen, Schaustellungen oder Darbietungen.

Wird ein Arbeitsverhältnis mit einem Kind geschlossen, ohne das eine Ausnahme greift, so ist dieses gemäß § 134 BGB in Verbindung mit § 5 JArbSchG nichtig.

d) Faktisches Arbeitsverhältnis

Ist ein Vertrag nichtig oder nicht wirksam begründet, so bestehen zwischen den Parteien mangels vertraglicher Grundlage keine Rechte und Pflichten. Bei schon erbrachter Arbeitsleistung ist eine Rückabwicklung aber schwierig. Der oftmals schutzwürdige Arbeitnehmer müsste empfangene Leistungen zurückgewähren. Meist wird die Unwirksamkeit erst im Laufe der Vertragsdurchführung offenkundig. Im Arbeitsrecht wird trotz gesetzeswidriger, sittenwidriger oder unangemessener Vertragsbestimmungen der Vertrag im Übrigen aufrechterhalten.[23] Es wurde die Rechtsfigur des **faktischen Arbeitsverhältnisses** entwickelt. Ein faktisches Vertragsverhältnis wird für die vergangene Zeit so behandelt, als wenn ein wirksames Vertragsverhältnis bestanden hätte (mit allen Rechten und Pflichten, z. B. Lohnfortzahlung bei Krankheit). Für die Zukunft kann jede Arbeitsvertragspartei sich einseitig vom faktischen Arbeitsverhältnis lossagen. Voraussetzung für ein faktisches Arbeitsverhältnis ist, dass die Vertragsparteien von einem wirksamen Vertrag ausgehen und diesen auch vollzogen haben.

II. Formen des Arbeitsvertrages

Das Arbeitsrecht unterscheidet folgende Formen von Arbeitsverhältnissen.

- **Das unbefristete Arbeitsverhältnis:** Der Arbeitsvertrag ist auf unbestimmte Zeit geschlossen.
- **Das befristete Arbeitsverhältnis:** Das Arbeitsverhältnis wird für eine bestimmte Dauer begründet. Nach § 3 Teilzeit- und Befristungsgesetz (TzBfG) liegt ein befristeter Arbeitsvertrag vor, wenn seine Dauer kalendermäßig bestimmt ist oder sich aus Zweck oder Beschaffenheit der Arbeitsleistung (Sasionkraft) die Dauer ergibt. Für die Zulässigkeit der Befristung gibt es gesetzliche Schranken, vergleiche § 14 TzBfG. So bedarf die Befristung eines sachlichen Grundes. Ohne sachlichen Grund ist die kalendermäßige Befristung bis zur Dauer von zwei Jahren zulässig, § 14 Abs. 2 TzBfG. Aushilfsarbeitsverhältnisse sind klassische Befristungsfälle.
- **Teilzeitarbeitsverhältnis:** Von einem Teilzeitarbeitsverhältnis spricht man, wenn die regelmäßige Wochenarbeitszeit eines Arbeitsnehmers kürzer ist als die eines vergleichbaren vollzeitbeschäftigten Arbeitsnehmers, § 2 TzBfG.

Abschließend sei auf die im Eventbereich häufig anzutreffenden Verträge über **geringfügige** (400-Euro-Job) oder **kurzfristige** (50 Tage) Beschäftigung hingewiesen (§ 8 Sozialgesetzbuch IV – SGB IV). Diese ermöglichen dem Veranstalter als Arbeitgeber ohne die doch recht komplexe Berechnung von Sozial-, Kranken- und Rentenversicherungen hier eine pauschale Abgeltung.

III. Die Lohnzahlungspflicht

Der Arbeitgeber ist verpflichtet gemäß § 611 BGB den vereinbarten Lohn zu zahlen. Die Bezahlung von **Überstunden** richtet sich nach den vertraglichen Vereinbarungen (ggf. auch nach dem Tarifvertrag). Mangels konkreter Regelung kann von einer stillschweigenden Vergütungsvereinbarung gemäß § 612 Abs. 1 BGB ausgegangen

---

[23] ErfK/Preis, § 611 BGB Rn. 343.

werden, wenn der Arbeitgeber Überstunden angeordnet hat bzw. diese duldet und soweit durch das gezahlte Gehalt diese nicht mit allgemein abgegolten sind.

> **Exkurs: Abrechnung von Personalleistungen**
>
> Aus Sicht des Unternehmers (Veranstalter) setzen sich die Personalkosten aus dem vereinbarten Bruttolohn, dem Arbeitgeberanteil an den Beiträgen zur Sozialversicherung, dem Beitrag zur gesetzlichen Unfallversicherung sowie etwaigen freiwilligen sozialen Leistungen (z. B. betriebliche Altersvorsorge) zusammen. Die Beiträge zur Sozialversicherung (Rente-, Arbeitslosen-, Pflege- und Krankenversicherung) zahlen Arbeitgeber und Arbeitnehmer ungefähr zur Häfte. Der Arbeitgeber zahlt seinen Anteil zusammen mit dem vom Bruttogehalt abgezogenen Arbeitnehmeranteil am Ende des Abrechnungsmonats an den Sozialträger. Dem Arbeitnehmer wird ferner vom Lohn die Lohnsteuer abgezogen, welche der Unternehmer ans Finanzamt direkt abführt (sogenanntes Quellenprinzip im Steuerrecht). Geringfügige Beschäftigung bis zu einem Verdienst von 400 € bleibt für Beschäftigte abgabenfrei. Bei diesen Minijobs muss der Veranstalter als Arbeitgeber hierauf pauschale Beiträge zur Sozialversicherung von derzeit 30 % abführen (15 % gesetzliche Rentenversicherung, 13 % gesetzliche Krankenversicherung, 2 % Steuern).[24] Arbeitnehmer, die Minijobs ausführen, sind bei der Minijob-Zentrale Knappschaft Bahn See anzumelden.

Im Eventbereich (Catering, Bewirtung bei Veranstaltungen) wird oft dem Bedienpersonal vom Gast freiwillig ein **Trinkgeld** gezahlt. Dieses steht dem Personal unmittelbar zu und ist nicht als Vergütung durch den Arbeitgeber anzusehen. Trinkgelder gehören daher nicht zum Arbeitsentgelt, welches beispielsweise bei Krankheit oder Urlaub vom Arbeitgeber fortzuzahlen ist.

1. Allgemeine Sondervergütungen (Gratifikationen)

Bei größeren Unternehmen zahlt der Arbeitgeber oft Sondervergütungen („Weihnachtsgeld", „Urlaubsgeld"). Eine gesetzliche Regelung zur Zahlung von Jahressondervergütungen besteht nicht. Unter dem Begriff Sondervergütungen sind alle Leistungen des Arbeitgebers zu fassen, die nicht regelmäßig zum Arbeitslohn gezahlt werden, sondern nur zu bestimmten Anlässen.[25] Zur Beurteilung einzelner Rechtsfragen stellen sich zwei Themenkreise, die vorab zu erörtert sind. Zum einen muss stets geprüft werden, ob eine Rechtsgrundlage für die Zahlung einer Sondervergütung besteht, da der Arbeitgeber die Zahlung freiwillig und meist ohne dauerhaften Bindungswillen leistet.

---

[24] Siehe hierzu Kittner, S. 1239.
[25] ErfK/Preis, § 611 Rn. 527.

Beispiel: Veranstalter V zahlt einmalig und freiwillig an alle Arbeitnehmer 100 €, da das Geschäftsjahr 2011 erfolgreich verlief.

Ferner ist der Zweck der Sondervergütung zu ermitteln.

a) Anspruchsgrundlage

Neben Regelungen in Kollektivverträgen (Tarifvertrag, Betriebsvereinbarung) oder im Arbeitsvertrag entstehen Ansprüche oft durch eine **betriebliche Übung** oder aus **Gleichbehandlungsgrundsätzen**. Beide Rechtsfiguren haben auch außerhalb der Vergütungszahlung im Arbeitsrecht eine hohe Bedeutung.

Beispiel: Veranstalter V aus Bonn gibt allen seinen weiblichen Angestellten zum Rosenmontag seit Jahren frei, während seine männlichen Angestellten im Büro erscheinen müssen. Arbeitsvertragliche Regelungen fehlen. Mangels Anspruchsgrundlage kommt ein Anspruch aus den Grundsätzen der betrieblichen Übung in Verbindung mit dem Gleichbehandlungsgrundsatz in Betracht.

aa) Betriebliche Übung

Fall 4: Veranstalter V aus Dierhagen an der Ostsee zahlt seinen Angestellten seit dem Jahr 2000 ein 13. Monatsgehalt, welches er Anfang des folgenden Geschäftsjahres immer auszahlte. Eine ausdrückliche arbeitsvertragliche Regelung bestand nicht. Seit dem Jahr 2005 bekommen die Beschäftigen mit der Auszahlung dieses Geldes ein Schreiben, indem V mitteilte, dass die Zahlung freiwillig und ohne Anerkennung einer Rechtspflicht erfolge. Da das Jahr 2009 wegen der Finanzkrise schlecht lief, will er Anfang des Jahres 2010 kein 13. Monatsgehalt für das Jahr 2009 auszahlen. Zu Recht?

Aus einem entsprechenden Verhalten des Arbeitgebers (betrieblicher Übung) können arbeitsvertragliche Ansprüche entstehen. Der Arbeitnehmer muss aus **regelmäßigen Wiederholungen** bestimmter Verhaltensweisen des Arbeitgebers, einen konkreten Verpflichtungswillen ableiten können. Dieses konkludente Vertragsangebot auf dauerhafte Leistungsgewährung, nimmt der Arbeitnehmer (stillschweigend) durch Entgegennahme der Leistung an, § 151 BGB. Die üblich gewordene Leistung wird hierdurch Inhalt des Arbeitsvertrages. Von einer durch betriebliche Übung vereinbarten Leistung kann sich der Arbeitgeber nicht so einfach lösen. Er kann eine Änderungskündigung aussprechen, mit dem Arbeitnehmer im Einvernehmen die Leistung aufheben (Aufhebungsvertrag bezüglich einzelner Vergütungen) oder falls er einen Widerrufsvorbehalt aufgenommen hat auch widerrufen. Wobei der Widerruf nur im Rahmen billigen Ermessens für die Zukunft erfolgen kann, § 315 Abs. 1 BGB.

!! **Praxistipp:** Will man als Veranstalter/Arbeitgeber eine dauerhafte Bindung verhindern, so sollte man die Leistung unter einen **Freiwilligkeitsvorbehalt** stellen. Es muss ausdrücklich erklärt werden, dass die Sondervergütung ohne Rechtsanspruch freiwillig gezahlt werde und keine Verpflichtung für die Zukunft begründe. Da so für den Arbeitnehmer erkennbar ist, dass sich der Arbeitgeber nicht binden will, kann er (der Arbeitnehmer) später nicht auf eine Zahlung vertrauen.

Falllösung 4: V hat über 3 Jahre ein 13. Monatsgehalt gezahlt, so dass auch ohne ausdrückliche Regelung sein Verhalten als Abgabe einer Willenserklärung zu verstehen ist, welches die Arbeitnehmer stillschweigend angenommen haben. Durch diese betriebliche Übung ist ein Anspruch auf Zahlung des 13. Monatsgehaltes entstanden. Jedoch kann man diese betriebliche Übung auch wieder durch eine (negative) betriebliche Übung beenden.[26] Widerspricht der Arbeitnehmer einer geänderten Handhabung über einen Zeitraum von drei Jahren nicht, so kann der Anspruch wieder einvernehmlich aufgehoben werden. Indem V den Arbeitnehmern per Begleitschreiben seit 2005 mitteilte, dass die Zahlung freiwillig erfolge, ist ein Freiwilligkeitsvorbehalt vereinbart worden, so dass kein Anspruch mehr besteht. V verweigert daher die Zahlung zu Recht.

bb) Arbeitsrechtlicher Gleichbehandlungsgrundsatz

Das Prinzip der Gleichbehandlung gehört zu den Grundprinzipien des deutschen Arbeitsrechtes. Dies heißt jedoch nicht, dass der Arbeitgeber mit allen Arbeitnehmern die gleichen Vertragsbedingungen festlegen muss. Der Grundsatz gilt nur für Maßnahmen die **kollektiven Bezug** haben bzw. zu einer sachfremden Gruppenbildung führen.

Beispiel für kollektiven Bezug: Veranstalter V will nur den Angestellten in seiner Niederlassung in Berlin ein 13. Monatsgehalt zahlen, während die Angestellten in den Niederlassungen Freiburg, Dresden, Coburg und Erfurt leer ausgehen sollen. Die Zahlung eines 13. Monatsgehaltes an eine Vielzahl von Angestellten hat kollektiven Bezug und führt zu einer sachfremden Gruppenbildung, da sachliche Gründe nicht erkennbar sind.

Bezüglich individueller Maßnahmen (z. B. der studierte angestellte Eventmanager verdient mehr als ein nicht studierter Angestellter) gilt der arbeitsrechtliche Gleichbehandlungsgrundsatz nicht. Er setzt voraus, dass Arbeitnehmer oder Arbeitnehmergruppen in vergleichbarer Lage **ohne sachlichen Grund** von einer allgemein begünstigten Regelung des Arbeitsverhältnisses ausgenommen oder schlechter gestellt sind.[27] Die übergangenen Arbeitnehmer können bei einer nicht gerechtfertigten Ungleichbehandlung verlangen nach Maßgabe der allgemeinen Regelung behandelt zu werden.

Beispiel für sachlichen Grund: Veranstalter V zahlt seit Jahren unter einem Freiwilligkeitsvorbehalt ein 13. Monatsgehalt. Im Jahr 2010 zahlt er erstmals nicht für Angestellte, die sich in Elternzeit befinden. Der Anwendungsbereich des allgemeinen Gleichbehandlungsgrundsatzes ist eröffnet, da V zwischen Personen in der

---

[26] Vgl. dazu ErfK/Preis, § 611 BGB Rn. 225.
[27] ErfK/Preis, § 611 BGB Rn. 589.

Elternzeit und der übrigen Belegschaft differenziert (**abstrakt-generalisierendes Prinzip**). Das Bundesarbeitsgericht (BAG)[28] hat jedoch eine Ungleichbehandlung verneint, weil für die Differenzierung ein sachlicher Grund gegeben ist. Der Arbeitgeber schulde grundsätzlich nur Lohn für geleistete Arbeit, während für die Dauer der Elternzeit die Lohnzahlungspflicht ruht, so dass der Arbeitgeber nicht willkürlich handelt, wenn er die zusätzliche Zahlung des 13. Monatsgehalt auch nicht vornimmt. Aufgrund des Freiwilligkeitsvorbehaltes konnte V auch die Angestellten in der Elternzeit erstmalig aus der Zahlung für 2010 herausnehmen.

b) Zweck der Sondervergütung

Es ist zwischen drei Zwecken der Sondervergütungen zu unterscheiden. Es gibt Sondervergütungen mit „reinem Entgeltcharakter", welche ausschließlich die tatsächlich erbrachte Arbeitsleistung im Bezugsjahr belohnen. Eine Sondervergütung kann ferner ausschließlich für die vergangene und zukünftige Betriebstreue gewährt werden. Letztendlich haben Sondervergütungen meist „Mischcharakter", so dass die erbrachte Arbeitsleistung und Betriebstreue belohnt wird.

c) Rückzahlungspflichten

Fall 5: B ist als Bürokaufmann in der Eventagentur E angestellt. Im Arbeitsvertrag wurde folgendes vereinbart: „Die E zahlt zusätzlich zum Dezembergehalt ein 13. Monatsgehalt, wenn der Angestellte mindestens 6 Monate dem Betrieb angehört hat." B scheidet zum 15.07.2010 aus der Agentur aus. Kann er anteilig das 13. Monatsgehalt verlangen?

Die Differenzierung nach dem Zweck der Sondervergütung ist entscheidend für die Frage, wie ein Ausscheiden eines Arbeitnehmers sich auf die Zahlung der Sondervergütung auswirkt. Fehlen ausdrückliche Festlegungen (wie in der Praxis häufig), so sind auftretende Regelungslücken beim Ausscheiden eines Arbeitnehmers aus dem Unternehmen durch ergänzende Vertragsauslegung zu schließen. Bei einer Sondervergütung mit reinem Entgeltcharakter entfällt die Vergütung mit Ausscheiden des Arbeitnehmers nicht insgesamt, sondern ist anteilig zu kürzen. Bei Sondervergütungen, mit denen allein die Betriebstreue belohnt werden soll, scheidet ein Anspruch aus, wenn am maßgeblichen Stichtag kein Arbeitsverhältnis besteht bzw. dieses wirksam gekündigt wurde.[29] Oftmals enthält der Arbeitsvertrag eine konkrete Rückzahlungsvereinbarung, die individuell vereinbart werden kann. Handelt es sich um Formularverträge, so unterliegt eine solche Klausel der Inhaltskontrolle.

Beispiel: Bei einer Zahlung von 100 € bis zu einem Monatsgehalt kann der Arbeitnehmer im Formularvertrag zur Rückzahlung nur verpflichtet werden, wenn er vor dem 31.03. des darauf folgenden Jahres ausscheidet.

---

[28] BAG NZA 1996, 1027.
[29] ErfK/Preis, § 611BGB Rn. 539.

Falllösung 5: Die Zahlung der Sondervergütung an B hat Mischcharakter (reine Vergütungsregelung und Belohnung der Betriebstreue), was sich aus der Aufnahme einer Wartezeitregelung (hier: 6 Monate) ergibt. Nach dem mutmaßlichen Willen der E soll eine Zahlung nur an betriebstreue Arbeitnehmer erfolgen. Im Auszahlungszeitpunkt besteht mit B aber kein Arbeitsverhältnis mehr, so dass ein Anspruch des B ausscheidet. Es ist nicht davon auszugehen, dass E ein Weihnachtsgeld an nicht mehr agenturangehörige Arbeitnehmer zahlen wollte. Anders wäre der Fall zu beurteilen gewesen, wenn eine reine Vergütungsregelung vorgelegen hätte. Dann hätte B anteilig das 13. Monatsgehalt bekommen. An diesem Fall sieht man, wie wichtig die Ermittlung des Zweckes der Sondervergütung ist.

2. Lohnfortzahlung im Krankheitsfall

Fall 6: Der angestellte Veranstaltungskaufmann B ist in der Zeit vom 30. April 2008 bis 02. Mai 2008 arbeitsunfähig krank, da er sich als Torwart beim Training in der Freizeit bei seinem Verein am 29. April 2008 den rechten Arm leicht verstaucht hat. Am 02. Mai 2008 wäre B sowieso nicht zur Arbeit erschienen, da er sich an einem Streik beteiligt hätte. Kann B für die Zeit vom 30. April–02. Mai 2008 Lohnfortzahlung verlangen?

Eine Besonderheit des Arbeitsrechtes zum sonstigen Zivilrecht ist, dass man als Arbeitnehmer auch ohne Leistung seiner geschuldeten Arbeit seinen Lohn bekommen kann. Der Grundsatz ist jedoch und bleibt „Ohne Arbeit kein Lohn". Eine Ausnahme hiervon ist die Entgeltfortzahlung im Krankheitsfall, § 3 Abs. 1 S. 1 Entgeltfortzahlungsgesetz (**EFZG**). Danach erhalten Arbeitnehmer einen Anspruch gegen den Arbeitgeber auf Fortzahlung des Arbeitsentgeltes bei einer nicht verschuldeten Arbeitsunfähigkeit im Krankheitsfall bis zur Dauer von sechs Wochen. Gemäß § 3 Abs. 1 S. 2 entsteht im Falle einer Wiederholungserkrankung ein erneuter Entgeltfortzahlungsanspruch bis zu sechs Wochen, wenn der Arbeitnehmer mindestens sechs Monate nicht infolge der derselben Krankheit arbeitsunfähig war oder seit dem Beginn der ersten Erkrankung zwölf Monate abgelaufen sind.

Der Entgeltfortzahlungsanspruch entsteht nach einer Wartezeit von vier Wochen (§ 3 Abs. 3 EFZG), das heißt nach vierwöchiger ununterbrochener Dauer des Arbeitsverhältnisses, wobei Unterbrechungszeiten unerheblich sind, die im engen und sachlichen Zusammenhang zum Beschäftigungsverhältnis bestehen.

Beispiel[30]: Arbeitsverhältnis im Anschluss an eine Berufsausübung.

Voraussetzung für den Fortzahlungsanspruch ist das Vorliegen einer **krankheitsbedingten Arbeitsunfähigkeit**, das heißt die vertraglich vereinbarte Arbeitsleistung kann nicht erbracht werden wegen Unmöglichkeit oder Unzumutbarkeit.[31] Die Beweislast trifft den Arbeitnehmer. Gemäß § 5 Abs. 1 S. 2 EFZG hat der Arbeitnehmer bei einer Dauer der Arbeitsunfähigkeit von länger als drei Kalendertagen eine

---

[30] BAG NZA 2002, 610.
[31] ErfK/Dörner, § 3 EFZG Rn. 9.

ärztliche Bescheinigung vorzulegen. Der Arbeitgeber ist berechtigt, die Vorlage der ärztlichen Bescheinigung früher zu verlangen. Der Arbeitnehmer ist verpflichtet, dem Arbeitgeber die Arbeitsunfähigkeit und deren voraussichtlichen Dauer unverzüglich mitzuteilen.

Die krankheitsbedingte Arbeitsunfähigkeit muss **ohne Verschulden** des Arbeitnehmers eingetreten sein. Plakativ wird von einem Verschulden gegen sich selbst gesprochen, das heißt ein Arbeitnehmer handelt schuldhaft, wenn er durch grob fahrlässiges Verhalten gegen seine eigenen Interessen verstößt.[32]

Beispiel: Verkehrsunfall wegen grob fahrlässigen Alkoholkonsum.

Bei Sportunfällen wird zwischen gefährlichen und nicht gefährlichen Sportarten unterschieden. Wobei die Rechtsprechung des BAG auch Motorradrennen, Boxen und Drachenfliegen als nicht gefährlich eingestuft hat, wenn der Sport regelkonform und unter Beachtung des eigenen Ausbildungsstandes ausgeübt wird.

Nach § 4 Abs. 1 S. 1 EFZG ist dem Arbeitnehmer das ihm bei der für ihn maßgebenden regelmäßigen Arbeitszeit zustehende Arbeitsentgelt fortzuzahlen. So sind mögliche zusätzliche Überstundenzahlungen und tatsächlich sonst anfallende Aufwendungen (wie Übernachtungskosten) nicht Bestandteil der Lohnfortzahlung, § 4 Abs. 1a EFZG.

Falllösung 6: Ein Anspruch auf Lohnfortzahlung könnte sich aus § 611 Abs. 1 i. V. m. § 3 Abs. 1 S. 1 EFZG ergeben. Dies setzt voraus, dass B krankheitsbedingt arbeitsunfähig ist, ihn daran kein Verschulden trifft und die **Krankheit die alleinige Ursache** für die Nichterbringung seiner Arbeitsleistung ist. Von einer krankheitsbedingten Arbeitsunfähigkeit kann hier ausgegangen werden. Fraglich ist, ob B die krankheitsbedingte Arbeitsunfähigkeit zu vertreten hat. Als Amateurfußballer hat B sich beim Training verletzt. Da Fußball nicht zu den gefährlichen Sportarten gehört und B regelgerecht gehandelt hat, liegt ein Verschulden gegen sich selbst nicht vor. Problematisch ist weiterhin, ob seine Verletzung die alleinige Ursache für die Nichterbringung seiner Arbeitsleistung war. Der 01. Mai 2008 war ein Feiertag, so dass B ohnehin nicht hätte arbeiten können. Bei Feiertagen richtet sich die Entgeltfortzahlung eigentlich nach § 2 EFZG. Trifft eine Krankheit mit Feiertagen zusammen, so erfolgt die Fortzahlung jedoch einheitlich aus dem Gesichtspunkt der Entgeltfortzahlung im Krankheitsfall, wobei sich die Höhe für diesen Feiertag nach § 4 Abs. 2 EFZG bemisst, so dass auch für diesen Tag eine zusätzliche Überstundenvergütung zu zahlen wäre. Eine Entgeltfortzahlung für den 02. Mai 2008 findet nicht statt. B wäre normalerweise zum Streik gegangen. Während eines Streikes sind die gegenseitigen Hauptleistungspflichten suspendiert, so dass B auch ohne Krankheit für den 02. Mai 2008 keinen Lohn erhalten hätte. Die Krankheit am 02. Mai 2008 ist damit nicht die alleinige Ursache zur Arbeitsverhinderung. Im Ergebnis kann B nur bis einschließlich 01. Mai 2008 Lohnfortzahlung im Krankheitsfall erhalten.

---

[32] ErfK/Dörner, § 3 EFZG Rn. 23.

3. Lohnfortzahlung an Feiertagen

Für den Arbeitsausfall an gesetzlichen Feiertagen erhalten Arbeitnehmer nach § 611 Abs. 1 BGB i. V. m. § 2 Abs. 1 EFZG eine Lohnfortzahlung. Die Feiertage richten sich nach den jeweiligen Gesetzen in den Bundesländern. Der Feiertag muss die alleinige Ursache dafür sein, dass der Arbeitnehmer seine geschuldete Arbeitsleistung nicht erbringen kann.

4. Arbeitsausfall aus persönlichen Gründen

Der Arbeitnehmer behält seinen Lohnanspruch, wenn er aus **persönlichen** Gründen ohne Verschulden für eine verhältnismäßig nicht erhebliche Zeit an der Erbringung seiner Arbeitsleistung verhindert war, §§ 611, 616 BGB. Kein persönlicher Grund ist z. B. das Nichterreichen des Theaters aufgrund Winterchaos, da dieser Umstand alle Verkehrsteilnehmer trifft.

Anerkannte Hinderungsgründe in der Person des Arbeitnehmers sind[33]:

- eigene Hochzeit
- Geburt des eigenen Kindes
- Begräbnisse im engen Familienkreis
- persönliche Unglücksfälle wie Brand, Einbruch oder unverschuldeter Verkehrsunfall
- Vorladungen bei Gericht
- unvorhergesehene Pflege naher Angehöriger oder erkrankter Kinder.

Voraussetzung für den Anspruch ist die Verhinderung nur für einige Tage. Die genaue Beurteilung ist vom Einzelfall abhängig. Sollte der Arbeitnehmer länger ausfallen, so entfällt der Fortzahlungsanspruch insgesamt.

5. Betriebsrisiko

Gemäß § 615 S. 3 BGB hat der Arbeitgeber das Entgelt fortzuzahlen, wenn die Arbeit aus Gründen unterbleibt, die seinem Einflussbereich oder höherer Gewalt zuzurechnen sind (vgl. oben Fall 3).

6. Annahmeverzug durch den Arbeitgeber

Kommt der Arbeitgeber mit der Annahme der angebotenen Arbeitsleistung in Verzug, so hat er trotzdem die vereinbarte Vergütung zu bezahlen, §§ 611, 615 S. 1, 293 ff. BGB. Der Arbeitnehmer ist nicht zur Nachleistung verpflichtet. Um den Arbeitgeber in Verzug zu setzen, muss der Arbeitnehmer im ungekündigten Arbeits-

---

[33] ErfK/Dörner, § 616 BGB Rn. 4 ff.

verhältnis seine Leistung tatsächlich anbieten, das heißt zur rechten Zeit, am rechten Ort und in der rechten Art und Weise.

Beispiel: Der fest angestellte Zauberkünstler Z erscheint wie im Arbeitsvertrag vereinbart eine Stunde vor Vorstellungsbeginn im Showzelt. Veranstalter V lässt die Abendveranstaltung mangels geringer Kartennachfrage ausfallen. Gemäß §§ 611, 615 S. 1, 293 BGB muss er dennoch die vereinbarte Vergütung an Z zahlen, da er sich im Annahmeverzug befindet.

Hat der Arbeitgeber das Arbeitsverhältnis gekündigt, so ist ein Angebot von Seiten des Arbeitnehmers zur Leistungserbringung entbehrlich, § 296 BGB. Im Falle einer unwirksamen Kündigung gerät der Arbeitgeber quasi automatisch in Annahmeverzug. Er bringt ja durch seine Kündigung zum Ausdruck, dass er einen Arbeitsplatz nicht mehr zur Verfügung stellen wolle. Hierdurch kommt er seiner Mitwirkungspflicht nicht nach, so dass ein Angebot durch den Arbeitnehmer entbehrlich ist.

7. Urlaubsentgelt

Das im Bundesurlaubsgesetz geregelte Urlaubsrecht garantiert dem Arbeitnehmer und arbeitnehmerähnlichen Personen einen jährlichen Mindesturlaub von 24 Werktagen, § 3 Abs. 1 BUrlG. Dies entspricht 4 Arbeitswochen, da der Samstag gesetzlich als Werktag zählt, § 3 Abs. 2 BUrlG. Der volle Urlaubsanspruch wird erstmalig nach sechsmonatigem Bestehen des Arbeitsverhältnisses erworben. Während des Urlaubs darf der Arbeitnehmer keine dem Urlaubszweck widersprechende Erwerbstätigkeit leisten, § 8 BUrlG.

Beispiel: Die im Catering des Veranstalter V angestellte A arbeitet während ihres Urlaubs rund um die Uhr auf dem Münchener Oktoberfest.

Für die Urlaubsdauer hat der Arbeitgeber die **Vergütung fortzuzahlen**, § 1 BUrlG. Der Arbeitnehmer bekommt die während des Urlaubs ausgefallene Arbeitszeit inklusive der ohne Urlaub geleisteten Überstunde ausbezahlt. Die Überstundenzuschläge werden jedoch nicht bezahlt, § 11 BUrlG. Bei der zeitlichen Festlegung des Urlaubs sind gemäß § 7 BUrlG die Urlaubswünsche des Arbeitnehmers zu berücksichtigen, es sei denn, dass betriebliche Belange entgegenstehen. Eine **Übertragung des Urlaubs** auf das nächste Kalenderjahr ist nur statthaft, wenn dringende betriebliche oder in der Person des Arbeitnehmers liegende Gründe dies rechtfertigen.

III. Haftung im Arbeitsrecht

Fall 7: A ist beim Veranstalter V fest als Bühnenbauer und Gabelstaplerfahrer angestellt. Beim Aufbau einer Konzertbühne verursacht er beim Staplerfahren leicht fahrlässig einen Unfall bei dem hochwertiges Equipment des V im Wert von

50.000 € zerstört wird. Ferner wird sein Arbeitskollege B schwer verletzt sowie dessen Uhr zerstört. A erleidet keine Verletzungen, nur seine neue Brille im Wert von 150 € wird komplett zerstört.

1. Kann der Veranstalter V von A Schadensersatz verlangen?
2. Kann der Arbeitskollege B von A Schadensersatz verlangen?
3. Bekommt A von V Ersatz für seine beschädigte Brille?

Die wechselseitige Haftung der Arbeitsvertragsparteien für Schäden, die der andere Teil aufgrund von Pflichtverletzungen verursacht, erfährt im Arbeitsrecht im Vergleich zum sonstigen Zivilrecht erhebliche **Modifikationen**. Sie tragen der Tatsache Rechnung, dass grundsätzlich der Arbeitgeber das **Betriebsrisiko** trägt sowie die Befugnis zur Organisation des Betriebes und zur Gestaltung der Arbeitsbedingungen innehat. Folgende Haftungsbereiche lassen sich grob unterscheiden:

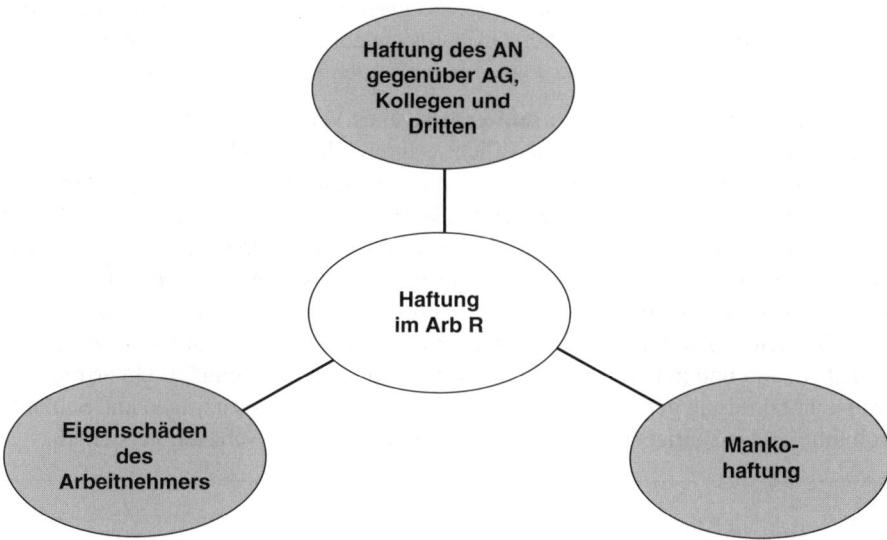

Abb. 5: Haftung im Arbeitsrecht

1. Haftung des Arbeitnehmers gegenüber dem Arbeitgeber

Fügt der Arbeitnehmer dem Arbeitgeber Schäden zu, so gelten die allgemeinen Regelungen des Bürgerlichen Gesetzbuches. Er haftet gemäß § 280 Abs. 1 BGB und/oder § 823 Abs. 1 BGB auch für leichte Fahrlässigkeit. Bezüglich des Haftungsumfanges (Höhe des Schadens) findet jedoch eine **Privilegierung** des Arbeitnehmers statt (Beschränkung der Haftung bei betrieblicher Tätigkeit), analog § 254 BGB.

Nach den Grundsätzen des innerbetrieblichen Schadensausgleiches[34]

- hat der Arbeitnehmer bei Vorsatz und grober Fahrlässigkeit den Schaden grundsätzlich alleine zu tragen.
- Bei mittlerer Fahrlässigkeit wird der Schaden zwischen Arbeitnehmer und Arbeitgeber geteilt nach Abwägung der Gesamtumstände und Berücksichtigung von Billigkeitsgesichtpunkten.
- Bei leichtester Fahrlässigkeit hat der Arbeitgeber den Schaden alleine zu tragen.

Voraussetzung dieser beschränkten Haftung ist, dass der Schaden bei einer **betrieblich veranlassten Tätigkeit** passiert und ein **Arbeitsverhältnis** besteht. Betrieblich veranlasst sind die Tätigkeiten, die der Arbeitnehmer in Erfüllung seines Arbeitsvertrages erbringt oder im Interesse des Arbeitgebers ausgeführt hat.

Beispiel: Die Fahrt zum Arbeitsplatz oder nach Hause gehört grundsätzlich nicht zu den betrieblich veranlassten Tätigkeiten.[35]

Freie Mitarbeiter und arbeitnehmerähnliche Personen (die nur wirtschaftlich, aber nicht persönlich abhängig sind) können sich nicht auf die Haftungsbeschränkung berufen.[36] Die Haftungsprivilegierung kann vertraglich nicht ausgeschlossen werden.

Falllösung 7 (Frage 1): Durch sein unachtsames Verhalten hat A eine arbeitsvertragliche Pflicht verletzt. A hat die Pflicht während der Ausführung seiner Arbeiten mit dem Gabelstapler Gegenstände des V nicht zu beschädigen. Diese Schutzpflicht hat er schuldhaft verletzt, so dass er aus § 280 Abs. 1 BGB haftet. Ferner hat er widerrechtlich durch sein Verhalten fremdes Eigentum zerstört, so dass er auch nach § 823 Abs. 1 BGB haften würde. Demnach müsste A den Schaden in Höhe von 50.000 € dem V ersetzen. Vorliegend greifen jedoch die Grundsätze des innerbetrieblichen Schadensausgleiches (analog § 254 BGB), da die Tätigkeit betrieblich veranlasst war und in Erfüllung der arbeitsvertraglichen Leistungspflicht erfolgte. A hat leicht fährlässig gehandelt, so dass V den Schaden alleine zu tragen hat. Schließlich trägt er das Betriebsrisiko und kann sich gegen solche Schäden versichern.

Exkurs: Nichtleistung im Arbeitsrecht

Erbringt der Arbeitnehmer seine geschuldete Arbeitsleistung nicht, so ist eine Vergütungspflicht des Arbeitgebers nach §§ 275, 326 Abs. 1 BGB ausgeschlossen, es sei denn er ist zur Lohnfortzahlung verpflichtet. Ferner kann der Arbeitnehmer schadensersatzpflichtig gemäß §§ 283, 280 Abs. 1 BGB wegen Unmöglichkeit sein, da die Arbeitsleistung Fixschuldcharakter hat. Der Umfang der Schadensersatzpflicht richtet sich bei unentschuldigtem Fernbleiben des Arbeitnehmers nach den allgemeinen Regeln, da die Grund-

---

[34] Vgl. vertiefend ErfK/Preis, § 619 a BGB Rn 13 f.
[35] ErfK/Preis, § 619 a BGB Rn. 12.
[36] ErfK/Preis, § 619 a BGB Rn. 19.

sätze des innerbetrieblichen Schadensausgleiches nicht eingreifen. In der Regel wird der Arbeitnehmer nämlich bedingt vorsätzlich handeln.

Beispiel: unentschuldigtes Fernbleiben des Musikers zum Auftritt, da er lieber das Länderspiel im Fernsehen verfolgen will.

2. Haftung des Arbeitnehmers gegenüber Arbeitskollegen

Verletzt der Arbeitnehmer bei seiner betrieblich veranlassten Tätigkeit Rechtsgüter von Arbeitskollegen, so ist zwischen Sach- und Personenschäden zu differenzieren. Die Haftung für Personenschäden ist gemäß § 105 Abs. 1 Sozialgesetzbuch VII (**SGB VII**) ausgeschlossen, soweit den schädigenden Arbeitnehmer kein Vorsatz trifft oder es sich nicht um einen Wegeunfall handelt. Für Sachschäden haftet er gegenüber seinen Arbeitskollegen nach § 823 Abs. 1 BGB, kann jedoch nach den Grundsätzen des innerbetrieblichen Schadensausgleiches Freistellung vom Arbeitgeber verlangen.

Falllösung 7 (Fortsetzung, Frage 2): Bezüglich des Ausgleiches von Personenschäden (Heilkosten, Schmerzensgeld) ist eine Haftung des A gegenüber B ausgeschlossen, § 105 Abs. 1 SGB VII. A hat nicht vorsätzlich gehandelt (auch liegt kein Wegeunfall vor). Für diese Schäden greift ja die gesetzliche Unfallversicherung.

Die zerstörte Uhr (Sachschaden) hingegen hat A dem B zu ersetzen, da § 105 Abs. 1 SGB VII nicht greift und auch die Haftungsprivilegierung des innerbetrieblichen Schadensausgleiches nur im Innenverhältnis zwischen Arbeitnehmer und Arbeitgeber gilt. Gegenüber B kann sich A nicht auf die innerbetriebliche Haftungsbeschränkung berufen. Er kann jedoch vom V verlangen, dass dieser den Schaden des B begleicht, da A im Rahmen seiner betrieblich veranlassten Tätigkeit leichtfertig diesen verursacht hat. Insoweit können die Grundsätze des innerbetrieblichen Ausgleiches im Endergebnis wieder A privilegieren. Sollte A den Schaden an der Uhr gegenüber B ausgleichen, so kann er von V Ersatz seiner Aufwendungen analog § 670 BGB verlangen. Hätte er normal fahrlässig gehandelt, hätte er nur die Hälfte von V erstattet bekommen. Bei grober Fahrlässigkeit und Vorsatz wäre eine Freistellung bzw. Erstattung durch V in der Regel ausgeschlossen.

3. Haftung des Arbeitnehmers gegenüber Dritten

Soweit der Arbeitnehmer einem Dritten einen Schaden zufügt, hat er **nach Außen** gegenüber dem Dritten gemäß §§ 823 Abs. 1, 249 ff. BGB **vollumfänglich** zu haften. Im Innenverhältnis zum Arbeitgeber kann er gemäß den Grundsätzen des innerbetrieblichen Schadensausgleiches je nach Verschuldensgrad (volle, hälftige oder keine) Freistellung von den drohenden Ansprüchen verlangen. Hat er an den Dritten schon gezahlt, so kann er bei leichter Fahrlässigkeit vollen Ersatz seiner Aufwendungen verlangen.

Beispiel: Arbeitnehmer A verlegt ein Bühnenkabel leichtfertig falsch, so dass Zuschauer B über das Kabel fällt und seine Uhr beschädigt. A muss gegenüber B den Schaden gemäß § 823 Abs. 1 BGB an der Uhr begleichen. Nach Zahlung kann er von seinem Arbeitgeber Ersatz der Aufwendungen verlangen, da er nur leicht fahrlässig gehandelt hat. Die Aufwendungen stellen einen Schaden des A dar, den sein Arbeitgeber nach den Grundsätzen des innerbetrieblichen Schadensausgleiches zu tragen hat. Dieses Zahlungsrisiko sollte der Veranstalter durch ein ausgewogenes **Risikomanagement** (Versicherung, Controlling) verlagern bzw. minimieren.[37]

4. Haftung des Arbeitgebers für Eigenschäden des Arbeitnehmers

Schädigt sich der Arbeitnehmer bei der betrieblichen Tätigkeit selbst, so stellt sich die Frage, ob er diese Eigenschäden ersetzt bekommt. Der Arbeitgeber hat unfreiwillige Aufwendungen in analoger Anwendung des § 670 BGB zu erstatten, soweit es sich um Schäden handelt die **dem Betätigungsbereich des Arbeitgebers zuzurechnen** sind.

Schäden, die regelmäßig mit der Erbringung der Arbeitsleistung einhergehen, sind nicht ersatzfähig. Hier verwirklicht sich nur das allgemeine Lebensrisiko.

Beispiel: Nicht ersatzfähig ist die Verschmutzung der Arbeitsbekleidung der Bühnenbauer, da diese Tätigkeit Schmutz mit sich bringt. Reinigungskosten können daher nicht geltend gemacht werden.

Das Risiko eines **Verkehrsunfalls** wird dem Arbeitgeber stets auferlegt, wenn der Arbeitnehmer vertraglich zur Benutzung seines PKW verpflichtet ist oder der Arbeitgeber die Benutzung verlangt bzw. billigt.[38] Bei gezahlten **Pauschalen** des Arbeitgebers für die Nutzung des privaten PKW ist stets zu fragen, inwieweit damit auch Unfallfolgen abgegolten sein sollen.

Falllösung 7 (Fortsetzung, Frage 3): Der Unfall des A mit dem Gabelstapler und damit einhergehend die Beschädigung der Brille stellen einen außergewöhnlichen Schaden dar, der dem Betätigungsbereich des V zuzurechnen ist. Ohne Brille kann A seine Arbeit nicht verrichten. In analoger Anwendung des § 670 BGB hat V die Aufwendungen in Höhe von 150 € zu ersetzen. Grundsätzlich ist das Verschulden des A anspruchskürzend zu berücksichtigen. Auch hier greifen die Grundsätze des innerbetrieblichen Schadensausgleiches. Da A leicht fahrlässig handelt, ist sein Mitverschulden im Sinne § 254 BGB (analog) nicht zu berücksichtigen. A kann von V vollen Ersatz seiner Aufwendungen verlangen.

5. Mankohaftung

In der Veranstaltungsbranche spielt die Mankohaftung eine erhebliche Rolle. Der Veranstalter lässt durch Angestellte die Eintrittgelder an der Kasse erheben. Kommt

---

[37] Dazu mehr im Kapitel Versicherungsrecht.
[38] ErfK/Preis, § 619 a BGB Rn. 85.

es dabei zu einem **Fehlbetrag (Manko)** in der vom Arbeitnehmer geführten Kasse stellt sich die Frage, wer diesen auszugleichen hat. Ein Anspruch des Arbeitgebers kann sich aus § 280 Abs. 1 BGB ergeben, wonach der Arbeitnehmer eingetretene Schäden aufgrund arbeitsvertraglicher Pflichtverletzungen zu ersetzen hat. Dies setzt Verschulden auf Seiten des Arbeitnehmers voraus, welches nach **§ 619 a BGB** der Arbeitgeber zu beweisen hat. Sollte der Arbeitgeber eine Pflichtverletzung darlegen und beweisen können, so greifen hinsichtlich des Schadensumfanges wiederum die Grundsätze des **innerbetrieblichen Schadensausgleiches**. Bei leichter Fahrlässigkeit scheidet eine Haftung des Arbeitnehmers aus, bei mittlerer Fahrlässigkeit kommt es zu einer Teilung unter Berücksichtigung der Gesamtumstände und bei grober Fahrlässigkeit muss der Arbeitnehmer grundsätzlich den Fehlbetrag voll erstatten.

Oftmals versucht der Arbeitgeber durch Abreden (Mankoabreden) das Risiko auf den Arbeitnehmer zu verlagern. Solche Abreden sind jedoch nur wirksam, wenn sie nicht im Widerspruch zur Haftungsverteilung im Arbeitsrecht stehen oder ein angemessenes **Mankogeld** gezahlt wird, mit dem man ggf. Fehlbeträge ausgleichen kann. Kommt es nicht zu Fehlbeträgen kann der Arbeitnehmer diese quasi Erfolgsprämie natürlich als Bestandteil seines Lohnes behalten.

IV. Beendigung des Arbeitsverhältnisses

Die wichtigsten Beendigungsgründe im Arbeitsrecht sind die Anfechtung, der Aufhebungsvertrag, der Ablauf des befristeten Arbeitsvertrages und die Kündigung.

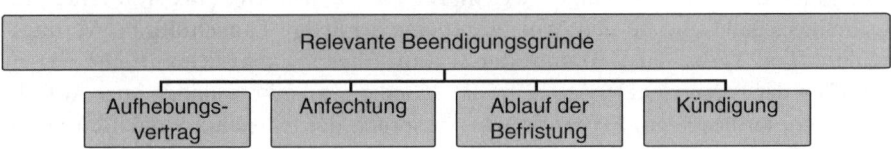

Abb. 6: Beendigungsgründe

1. Aufhebungsvertrag

Ein Arbeitsverhältnis kann **einvernehmlich** von den Vertragsparteien jederzeit ohne Beachtung von Kündigungsschutzvorschriften und Kündigungsfristen durch Aufhebungsvertrag beendet werden. Der Aufhebungsvertrag bedarf der **Schriftform**, § 623 BGB. Dem Arbeitnehmer steht es frei, dem Aufhebungsvertrag zuzustimmen oder nicht. Daher muss der Arbeitgeber in der Regel dem Arbeitnehmer keine Bedenkzeit zum Abschluss des Arbeitsvertrages oder eine Widerrufsfrist einräumen. Abhängig von den Umständen des Einzelfalles können jedoch nach Treu und Glauben (§ 242 BGB) **Aufklärungspflichten** bestehen.[39]

---

[39] ErfK/Müller-Glöge, § 620 BGB Rn. 12.

Weiß der Arbeitgeber, dass dem Arbeitnehmer durch Abschluss des Arbeitsvertrages sozialrechtliche Nachteile (z. B. Ruhen des Arbeitslosengeldes) drohen, so hat er hierauf hinzuweisen.[40] Eine mögliche Verletzung von Aufklärungspflichten führt nicht zur Unwirksamkeit des Aufhebungsvertrages. Auch besteht kein Widerrufsrecht nach § 312 BGB (Haustürwiderrufsgeschäft). Der Arbeitnehmer kann nur wenn die Voraussetzungen vorliegen seine Willenserklärung anfechten. Praxisrelevanter Fall ist die **Anfechtung wegen widerrechtlicher Drohung** nach § 123 Abs. 1 BGB, wenn der Arbeitgeber im Falle der Nichtunterzeichnung des Aufhebungsvertrages mit einer Kündigung droht und der Arbeitnehmer daraufhin lieber den Aufhebungsvertrag unterschreibt. Ein Recht zur Anfechtung wird nach der Rechtsprechung des Bundesarbeitsgerichtes bejaht, wenn ein verständiger Arbeitgeber eine außerordentliche Kündigung nicht in Betracht ziehen durfte.[41]

Beispiel: Nachdem die fest angestellte Tänzerin T unentschuldigt 10 Minuten zu spät zur Probe kommt, verlangt Veranstalter V in seiner Wut, dass sie einen Aufhebungsvertrag unterschreibe, ansonsten werde er ihr fristlos kündigen und sie überall verleumden. T unterschreibt und bereut sofort ihren Entschluss. Hier könnte T den Aufhebungsvertrag nach § 123 Abs. 1 BGB anfechten, da ein verständiger Arbeitgeber eine Kündigung nicht in Betracht ziehen durfte. Die einmalige Verspätung rechtfertigt noch keine verhaltensbedingte Kündigung, zumal eine Abmahnung ausgereicht hätte.

2. Anfechtung

Der Arbeitgeber kann ebenso wie der Arbeitnehmer seine Willenserklärung zum Abschluss des Arbeitsvertrages wegen **Irrtums** anfechten. Praxisrelevante Anfechtungsgründe sind für den Arbeitgeber eine **arglistige Täuschung** bei Vertragsschluss (§ 123 Abs. 1 BGB) oder **der Irrtum über verkehrswesentliche Eigenschaften** der Person (§ 119 Abs. 2 BGB). Kündigungsverbote sind bei der Anfechtung nicht zu beachten. Ferner ist vor Ausspruch der Anfechtung der Betriebsrat nicht zu beteiligen.

Oftmals berechtigten Falschinformationen durch den Arbeitnehmer im Rahmen der Bewerberauswahl zur Anfechtung wegen arglistiger Täuschung. Hierbei ist jedoch stets zu prüfen, ob die Frage des Arbeitgebers zur Person des Arbeitnehmers zulässig war. Ansonsten hat dieser nämlich ein Recht zur Lüge, so dass die Falschbeantwortung nicht als arglistig (bzw. rechtswidrig) gilt.

Beispiel: Im Auswahlgespräch bei der Neustellung fragt Kulturbetriebsleiter K die A, ob diese schwanger sei. Obwohl A im 3. Monat schwanger ist, verneint sie dies. K kann nicht wegen arglistiger Täuschung anfechten, da die Frage nach der Schwangerschaft generell unzulässig ist und A als Frau diskriminieren würde.

---

[40] ErfK/Müller-Glöge, § 620 BGB Rn. 12 unter Verweis auf das BAG.
[41] ErfK/Müller-Glöge, § 620 BGB Rn. 11.

Die Anfechtung wegen arglistiger Täuschung muss innerhalb eines Jahres seit Kenntnis von der Täuschung erklärt werden, § 124 BGB.

Befindet sich der Arbeitgeber bei Abschluss des Arbeitsvertrages über eine verkehrswesentliche Eigenschaft des Bewerbers im Irrtum, so ist er zur Anfechtung nach § 119 Abs. 2 BGB berechtigt. Zu den verkehrswesentlichen Eigenschaften einer Person gehören die körperlichen Merkmale, die tatsächlichen und rechtlichen Verhältnisse sowie Beziehungen zur Umwelt, soweit sie für die zu leistende Arbeit von Bedeutung sind.[42]

Beispiel: Verkehrswesentlich ist in Finanzpositionen (Buchhalter und Kassenwart) die Vertrauenswürdigkeit eines Arbeitnehmers. Diese kann durch einschlägige Vorstrafen erschüttert sein.

Die Anfechtung wegen eines Irrtums über eine verkehrswesentliche Eigenschaft hat **unverzüglich** zu erfolgen, das heißt zwischen Kenntniserlangung und Zugang der Anfechtung beim Arbeitnehmer dürfen höchstens zwei Wochen liegen.[43]

3. Befristung/auflösende Bedingung

Ist eine Befristung wirksam vereinbart, so endet das Arbeitsverhältnis mit Zeit- oder Zweckablauf. Die Befristung eines Arbeitsvertrages bedarf nach § 14 Abs. 4 Teilzeit- und Befristungsgesetz (TzBfG) der **Schriftform**. Eine Befristung von bis zu 2 Jahren ist nach § 14 Abs. 2 TzBfG ohne sachlichen Grund möglich. Die 2 Jahre können jedoch nur einmal ohne Sachgrund ausgeschöpft werden. Im Übrigen muss immer **ein sachlicher Grund** für eine Befristung bestehen, um unter anderem Kündigungsschutzvorschriften nicht zu umgehen. Ein sachlicher Grund ist beispielsweise eine befristete Einstellung einer Schauspielerin als Elternzeitvertretung.

Die Beendigung des Arbeitsvertrages durch eine auflösende Bedingung, das heißt bei Eintritt eines vereinbarten Umstandes endet das Arbeitsverhältnis, setzt zur wirksamen Bedingungsvereinbarung ebenfalls einen sachlichen Grund voraus.

Beispiel[44]**:** Die X-AG produziert im Auftrag des Fernsehsenders Z eine Fernsehserie, die täglich gesendet wird. Darin übernahm die A eine der weiblichen Hauptrollen. Gemäß ihrem Arbeitsvertrag endet der Vertrag, wenn nach Fortschreibung des Drehbuches im Hinblick auf den Zuschauergeschmack die Rolle der A in der Serie nicht mehr enthalten ist. Das Bundesarbeitsgericht hat diese auflösende Bedingung als zulässig erachtet, da die künstlerischen Erwägungen (Anpassung an den Publikumsgeschmack) einen sachlichen Grund darstellen.

---

[42] ErfK/Preis, § 611 BGB Rn. 350.
[43] ErfK/Preis, § 611 BGB Rn. 356.
[44] Angelehnt an BAG, AZ: 7 AZR 612/02, zitiert nach juris.

4. Kündigung

a) Allgemeine Grundsätze

Die Kündigung als einseitiges Gestaltungsrecht beendet den Arbeitsvertrag mit Wirkung für die Zukunft. Für eine wirksame Kündigung sind eine Vielzahl von allgemeinen Vorschriften zu beachten, die für jede Kündigungsart gelten. Sie ist **schriftlich** zu formulieren (§ 623 BGB) und sollte eindeutig sein, damit erkennbar ist, ob es sich um eine ordentliche oder außerordentliche Kündigung handelt. Der Prüfungsmaßstab ist nämlich jeweils ein anderer. Die elektronische Form einer Kündigung (z. B. per E-Mail) ist ausgeschlossen.

Lässt sich der Arbeitgeber bei Ausspruch der Kündigung vertreten, so ist der Kündigung in der Regel die Vollmachtsurkunde des Vertreters beizulegen, vgl. § 174 BGB. Ferner darf die Kündigung nicht sittenwidrig oder treuwidrig sein (z. B. Kündigung wegen sexueller Neigung). Sofern ein **Betriebsrat** besteht, ist **dieser vor jeder Kündigung anzuhören**, ansonsten ist die Kündigung unwirksam.

Die schriftliche Kündigung muss natürlich dem Arbeitnehmer zugehen. Ein **Zugang** nach § 130 BGB liegt vor, wenn die Kündigung in den Machtbereich des Empfängers gelangt und dieser unter gewöhnlichen Umständen die Möglichkeit der Kenntnisnahme hat (z. B. Einwurf in den Briefkasten). Hier treten oft Beweisprobleme auf, so dass es ratsam ist, die Kündigung im Beisein eines Zeugen zu übergeben.

b) Ordentliche Kündigung

Fall 8: Die Sekretärin S ist seit 8 Jahren bei der Eventagentur des E (mit 10 Arbeitnehmern) beschäftigt. E kündigt der S fristgerecht mit der Begründung, dass S mittlerweile ohne jegliche Motivation arbeite und nur Bürodienst nach Vorschrift mache. Dies sei für eine Eventagentur aber nicht weiter tragbar. Ist die Kündigung durch E wirksam?

War der Arbeitnehmer bei Zugang der Kündigung länger als 6 Monate im Betrieb oder Unternehmen (§ 1 Abs. 1 KSchG) beschäftigt und sind dort in der Regel mehr als 5 Arbeitnehmer (abzüglich der AzuBis) tätig, so kommt das Kündigungsschutzgesetz (**KSchG**) zur Anwendung. Ab dem 01.01.2004 gilt das KSchG für Neueingestellte nicht, wenn der Betrieb nicht mehr als 10 Arbeitnehmer beschäftigt. Eine ordentliche Kündigung bedarf dann zu ihrer Wirksamkeit **der sozialen Rechtfertigung**.

Eine ordentliche Kündigung ist nach § 1 Abs. 2 KSchG sozial gerechtfertigt, wenn sie

a) durch Gründe in der Person des Arbeitnehmers (z. B. Verlust der Arbeitsfähigkeit) oder
b) durch Gründe im Verhalten des Arbeitnehmers (z. B. Diebstahl von Firmeneigentum) oder
c) durch dringende betriebliche Erfordernisse (z. B. Wegfall des Arbeitsplatzes durch Rationalisierung) **bedingt ist** und nicht durch Umschulung und Umsetzung abgewendet werden kann.[45]

---

[45] Kittner, S. 883.

Falllösung 8: Die Kündigung durch E müsste sozial gerechtfertigt sein, § 1 Abs. 2 KSchG. In Betracht kommt ein verhaltensbedingter Grund. Ein Verhalten ist dann kündigungsgeeignet, wenn S gegen arbeitsvertragliche Pflichten verstoßen hat. Hierbei muss eine negative Zukunftsprognose bestehen. Weiterhin muss die verhaltensbedingte Kündigung verhältnismäßig sein, also das mildeste Mittel. Bei steuerbaren Vorgängen ist der Arbeitnehmer vor Ausspruch einer Kündigung abzumahnen. Eine fehlende Abmahnung führt zur Unverhältnismäßigkeit der Kündigung und damit Unwirksamkeit. Vorliegend scheitert die Kündigung bereits daran, dass E keine konkreten Tatsachen vorgetragen hat, die eine Schlechtleistung belegen. Ferner fehlt es an einer Abmahnung.

Checkliste: Wirksamkeit der ordentlichen Kündigung aus Sicht des Arbeitsgerichtes

1. Die Kündigung muss schriftlich erfolgt sein, § 623 BGB.
2. Eine Berufung des Arbeitnehmers auf die Unwirksamkeit der Kündigung setzt voraus, dass dieser rechtzeitig Kündigungsschutzklage erhoben hat, §§ 4, 7 KSchG.
3. Es dürfen keine allgemeinen Unwirksamkeitsgründe (z. B. fehlende Vertretungsmacht, Treuwidrigkeit der Kündigung) bestehen.
4. Der Arbeitnehmer darf nicht unkündbar sein.
5. Es dürfen keine gesetzlichen Kündigungsverbote oder Zustimmungsgebote bestehen (z. B. nach § 9 MuSchG genießen Schwangere Kündigungsschutz, bei Schwerbehinderten ist die Zustimmung des Integrationsamtes notwendig).
6. Der Betriebsrat ist zwingend anzuhören, § 102 BetrVG.
7. Ist die Kündigung sozial gerechtfertigt?

   a) Anwendbarkeit des Kündigungsschutzgesetzes (§§ 1, 23 KSchG)
   b) Kündigungsgrund (Gründe in der Person, im Verhalten oder betriebsbedingt)
   c) umfassende Interessenabwägung und Sozialauswahl, § 1 Abs. 3 KSchG

8. Beachtung der Kündigungsfrist, § 622 BGB.

---

c) Außerordentliche Kündigung

Eine fristlose Kündigung setzt **einen wichtigen Grund** voraus, § 626 Abs. 1 BGB. Sie muss verhältnismäßig sein und eine ordentliche Kündigung nicht zumutbar.

Beispiel: A ist seit einem Jahr beim Veranstalter V fest angestellt, der insgesamt 10 Angestellte hat. Unter anderem ist sie für den Kartenvorverkauf für von V geplante Veranstaltungen zuständig. Aus Geldknappheit konnte A nicht widerstehen und ließ 3,50 € aus der Kartenkasse mitgehen. Der Diebstahl stellt eine Pflichtverletzung dar, durch die die Vertrauensgrundlage zwischen V und A stark beeinträchtigt ist. Ein wichtiger, verhaltensbedingter Grund liegt damit vor. Im Rahmen der Verhältnismäßigkeit ist zu prüfen, ob nicht eine Abmahnung als milderes Mittel in Betracht kommt.

Trotz des geringen Schadens bei V stellt der Diebstahl einen schwerwiegenden Vertrauensbruch dar, so dass eine Fortsetzung des Arbeitsverhältnisses bis zum Ablauf der ordentlichen Kündigungsfrist wohl nicht zumutbar erscheint. Nach neuester Rechtsprechung des BAG ist gerade die Verhältnismäßigkeitsprüfung ausführlich durchzuführen. Ist der Mitarbeiter viele Jahre ohne Rechtsverstöße tätig gewesen, so kann eine Abmahnung ausreichend sein. Populär ist der Fall der Kassierin Emmely geworden, die zwei liegengelassene Pfandbons mit ct-Beträgen selbst einlöste.

Die außerordentliche Kündigung muss innerhalb von 2 Wochen seit Kenntnis des Kündigungssachverhaltes erfolgen, § 626 Abs. 2 BGB.

5. Rechtsschutz im Arbeitsrecht

Die Gerichtsbarkeit in Arbeitssachen wird ausgeübt durch die Arbeitsgerichte, die Landesarbeitsgerichte (Berufung) und das Bundesarbeitsgericht (Revision). Der Verfahrensablauf ist im Arbeitsgerichtsgesetz (ArbGG) geregelt. In erster Instanz sind die Arbeitsgerichte ohne Rücksicht auf den Streitwert zuständig. Dabei ist das Arbeitsgericht für alle Rechtsstreitigkeiten zwischen dem Arbeitnehmer und Arbeitgeber aus dem Arbeitsverhältnis sachlich zuständig. Streiten die Parteien um die Wirksamkeit der Kündigung so ist die Feststellungsklage die richtige Klageart. Geht es um Zahlungsansprüche so ist Leistungsklage zu erheben. Die Parteien können sich vorm Arbeitsgericht selbst vertreten, das heißt es besteht kein Anwaltszwang (§ 11 Abs. 1 ArbGG).

D. Arbeitsschutzrecht

Gerade in der Veranstaltungsbranche sind eine Vielzahl arbeitsschutzrechtlicher Vorschriften zu beachten. So finden Events in den Abendstunden und an Wochenenden sowie Feiertagen statt. Oftmals ist der Arbeitsort der Beschäftigten eine ausgefallene Eventlocation, so dass Vorkehrungen zum Schutz der Arbeitnehmer getroffen werden müssen. Theater und Schauspielhäuser brauchen ferner oft für bestimmte Rollen Kinder und Jugendliche. In der nachstehenden Übersicht werden die einschlägigen Gesetze bzw. Verordnungen kurz dargestellt.

> **- Arbeitszeitgesetz (ArbZG):** Das Arbeitszeitgesetz regelt die **arbeitsschutzrechtlichen Obergrenzen** der Arbeitszeit. Die werktägliche Arbeitszeit beträgt nach § 3 ArbZG grundsätzlich 8 Stunden und kann auf 10 Stunden ausgedehnt werden, sofern innerhalb von sechs Kalendermonaten oder innerhalb von 24 Wochen im Durchschnitt acht Stunden werktäglich nicht überschritten werden. Die Arbeitnehmer müssen nach Beendigung der täglichen Arbeitszeit eine ununterbrochene Ruhezeit von mindestens elf Stunden haben,

welche um eine Stunde verkürzt werden kann, wenn dies zeitlich ausgeglichen wird. Als Nachtarbeitszeit zählt die Zeit von 23 bis 6 Uhr. Bei Musikaufführungen, Theatervorstellungen, Schaustellungen und Darbietungen darf ausnahmsweise auch an Sonn- und Feiertagen gearbeitet werden. Nach § 11 ArbZG müssen 15 Sonntage im Jahr beschäftigungsfrei sein. Für das Arbeiten an Sonn- und Feiertagen ist ein Ersatzruhetag zu gewähren.

- **Jugendarbeitsschutzgesetz (JArbSchG):** Das Gesetz erfasst alle jugendlichen Arbeitnehmer. Zu den hier geregelten **Beschäftigungsverboten** und behördlichen Ausnahmen für Veranstaltungen vergleiche oben im Abschnitt C.

- **Arbeitsschutzgesetz (ArbSchG):** Das Arbeitsschutzgesetz ist das Grundgesetz des Arbeitsschutzes. Es verpflichtet den Arbeitgeber die erforderlichen Maßnahmen zu treffen, dass die **Sicherheit und Gesundheit der Arbeitnehmer** gewährleistet ist, §§ 3, 4 ArbSchG. Beim Bühnenaufbau hat der Veranstalter beispielsweise für seine Arbeitnehmer Schutzhelme und Schutzhandschuhe bereitzustellen.

- **Arbeitsstättenverordnung (ArbStättV):** Arbeitsstätten sind alle Orte, egal ob in Gebäuden oder im Freien, zu denen Beschäftigte im Rahmen ihrer Arbeit Zugang haben, § 2 ArbStättV. Der Arbeitgeber hat Toilettenräume bereitzustellen. Bei mehr als zehn Beschäftigten hat der Veranstalter in einer Eventlocation einen Pausenraum oder Pausenbereich bereitzustellen. Zu weiteren Einzelheiten siehe § 6 ArbStättV.

- **Lärm- und Vibrations-Arbeitsschutzverordnung:** Bei Veranstaltungen können die Arbeitnehmer starker musikalischer Dauerbeschallung ausgesetzt sein (z. B. dreitägige „Raveveranstaltung"). Ggf. kann der Arbeitgeber verpflichtet sein Schutzmaßnahmen zu treffen.

Wichtig zur Vermeidung von Unfällen sind für die Veranstalter noch die zu beachtenden Vorschriften der zuständigen Berufsgenossenschaft. Die **Verwaltungs-Berufsgenossenschaft** mit Sitz in Hamburg ist die für die Eventbranche (Agenturen, Theater etc.) zuständige Berufsgenossenschaft. Als Träger der gesetzlichen Unfallversicherung ist sie für die Vermeidung von Arbeitsunfällen federführend. Die Berufsgenossenschaften geben daher eine Vielzahl von Unfallverhütungsvorschriften heraus. Anbei die wichtigsten Unfallverhütungsvorschriften:

- **BGV A1** – Berufsgenossenschaftliche Vorschrift für Sicherheit und Gesundheit bei der Arbeit/Unfallverhütungsvorschrift – Grundsätze Prävention: Die Vorschrift enthält konkrete Anforderungen an den Unternehmer im Bereich Prävention. Zielsetzung der Vorschrift ist die Verzahnung zwischen staatlichem Arbeitsschutzrecht und dem berufsgenossenschaftlichen Satzungsrecht. Dabei werden Anforderungen wie die Bestimmung von Ersthelfern bei Unfällen und die Bereitstellung eines Sanitätsraumes bei mehr als 1000 Beschäftigten aufgestellt.

- **BGV A3** – Berufsgenossenschaftliche Vorschrift für Sicherheit und Gesundheit bei der Arbeit/Unfallverhütungsvorschrift Elektrische Anlagen und Betriebsmittel: Danach dürfen elektrische Anlagen und Betriebsmittel nur von einer Elektrofachkraft und unter Berücksichtigung der „Elektrotechnischen Regeln" geändert und instand gehalten werden.

- **BGV C1** – Vorschrift für Veranstaltungs- und Produktionsstätten für szenische Darstellung: Als Unternehmerpflicht wird dort u.a. statuiert, dass Flächen und Aufbauten so aufgestellt sein müssen, dass sie die anfallenden statistischen und dynamischen Lasten aufnehmen und ableiten können. Gefahrstellen wie Drehbühnen sind zu sichern. Im Orchestergraben ist je Musiker ein Platz von 1,3 Quadratmetern mindestens einzuhalten.

- **BGV C2** – Unfallverhütungsvorschrift für Schausteller (Kirmes/Jahrmarkt) und Zirkusunternehmen: So sind beispielsweise Geräte und Requisiten vor jedem Gebrauch durch die Artisten auf einwandfreien Zustand zu prüfen.

Drittes Kapitel: Handels- und Gesellschaftsrecht

A. Einführung

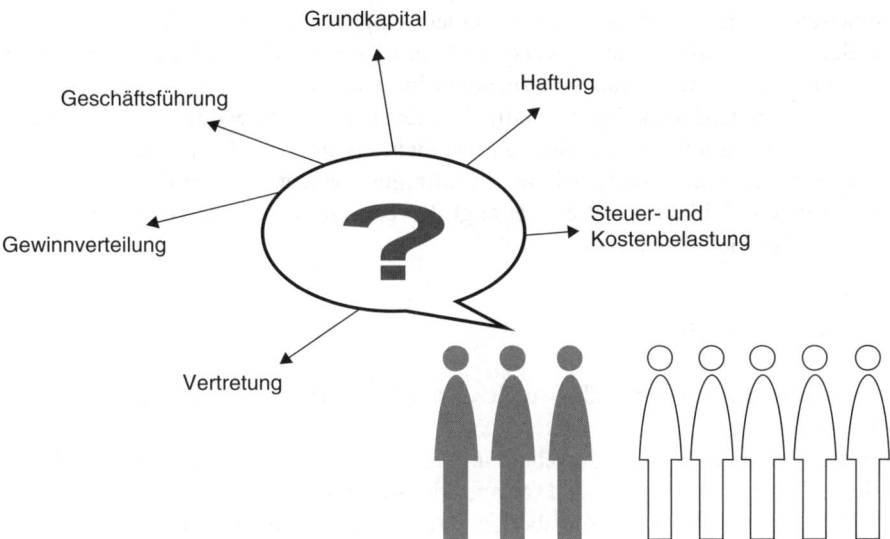

Abb. 1: Kriterien bei der Wahl der Rechtsform

Für den Veranstalter ist die Wahl der Rechtsform mit welcher er seinen Betrieb organisiert keine einfache, aber eine sehr wichtige Entscheidung. Leider lassen sich dafür keine allgemeingültigen Lösungen finden, denn viele Faktoren spielen in die Abwägung hinein. Je nach Gesellschaftsform ist die **Haftung** der Gesellschafter unterschiedlich ausgestaltet. Hiervon wiederum hängt das Unternehmerrisiko Kapital zu verlieren ab. Ebenso sind die Steuer- und Kostenbelastungen einzelner Gesellschaftstypen, sowie das **Grundkapital**, welches der oder die Unternehmer vorab aufbringen müssen, unterschiedlich. Ein wichtiger Faktor ist auch die **Leitungsmacht** (Geschäftsführung und Vertretung). Die unterschiedlichen Rechtsformen unterscheiden sich teilweise stark in ihrer Ausgestaltung der **Geschäftsfüh-**

rung (interne Organisation der Gesellschaft) und der **Vertretung** der Gesellschaft nach außen durch Gesellschafter oder Dritte. Abhängig davon wie das Verhältnis zwischen den Gesellschaftern ausgestaltet ist und wie die Aufgaben und die Gewinnverteilung zwischen den Gesellschaftern geregelt ist, bieten die einzelnen Gesellschaftstypen Vor- und Nachteile. Allgemein kann gesagt werden, dass es **keine pauschale Lösung** für die Wahl der richtigen Rechtsform gibt, sondern es handelt sich stets um einen Abwägungsprozess. Darüber hinaus ist es immer sinnvoll, sich ab- und an zu überlegen, ob ein Wechsel der Gesellschaftsform (beispielsweise von GbR zu GmbH) sinnvoll wäre.

Fall 1: S ist ein deutschlandweit agierendes Veranstaltungsunternehmen. Es ist für das Booking von vielen nationalen und internationalen Acts verantwortlich. Das Unternehmen ist als GmbH organisiert. Seit der Gründung gab es schon vier verschiedene Geschäftsführer. Bei Gründung der GmbH gab es noch 3 Gesellschafter. Inzwischen haben 10 Personen unterschiedlich große Anteile an der Gesellschaft. G, der Geschäftsführer der S, verspricht dem Künstler R die Organisation seiner Europatournee, obwohl das Unternehmen im Moment ohnehin überlastet ist und außerdem im Ausland keine geschäftlichen Kontakte zur Bewältigung des Auftrags hat. Als G R mitteilt, dass er die Tournee nicht organisieren kann, muss dieser ein anderes Veranstaltungsunternehmen beauftragen, welches wegen des hohen Zeitdrucks einen viel höheren Preis verlangt. R verlangt von G und von der S-GmbH Zahlung des Mehrbetrages. Zur Recht?

B. Grundbegriffe

Um sich in den unterschiedlichen Gesellschaftsformen zu Recht zu finden, sollen hier zunächst die gesellschaftsrechtlichen Grundbegriffe erörtert werden. Dies sind die Rechtsfähigkeit, die Unterscheidung zwischen Personengesellschaft und Kapitalgesellschaft, die Haftung und Organisationsstruktur.

Wichtige Voraussetzung um überhaupt rechtliche Handlungen, wie das Schließen von Verträgen vollführen zu können, ist die **Rechtsfähigkeit der Gesellschaft**. Das ist die Fähigkeit aus der Sicht des Rechts Träger von Rechten und Pflichten zu sein. Unproblematisch gegeben ist diese bei **natürlichen Personen**. Das sind beispielsweise Künstler, wenn sie für sich selbst Verträge schließen. Nach § 1 BGB beginnt die Rechtsfähigkeit des Menschen mit der Vollendung der Geburt. Im deutschen Recht gibt es aber auch die Konstruktion der **juristischen Person**. Das ist eine Personenvereinigung oder eine Vermögensmasse, die erst **aufgrund gesetzlicher Anerkennung** rechtsfähig wird. Obwohl die juristische Person faktisch nicht ohne die Entscheidung von Menschen handeln kann wird sie durch das Rechtssystem als **selbständiges Rechtssubjekt** angesehen. Als unabhängige Rechtssubjekte können juristische Personen ein Gesellschaftsvermögen bilden, welches unabhängig von den einzelnen Gesellschaftern besteht.

Da juristische Personen erst durch das Gesetz anerkannt werden, bestimmen sich viele ihrer Eigenschaften auch nach dem Gesetz. Entsprechend der Bedürfnisse im

Rechtsverkehr stehen daher unterschiedlichste Formen von juristischen Personen zur Auswahl. Zu den juristischen Personen, die auch **Körperschaften** genannt werden, gehören der Verein (e. V.), die Gesellschaft mit beschränkter Haftung (GmbH), die Aktiengesellschaft (AG) und die Genossenschaft (eG). Andere Gesellschaftsformen, die **Personengesellschaften**, sind keine juristischen Personen, da bei ihnen die Gesellschaft noch nicht ausreichend von den Gesellschaftern getrennt ist. Zu den Personengesellschaften gehören die Gesellschaft bürgerlichen Rechts (GbR), die offene Handelsgesellschaft (OHG) und die Kommanditgesellschaft (KG). Dennoch können auch die Personengesellschaften Träger von Rechten und Pflichten sein und mit Dritten Verträge schließen und von ihnen haftbar gemacht werden (sogenannte Teilrechtsfähigkeit).[1]

Im Sachverhalt des **Fall 1** wird die eigene Rechtspersönlichkeit einer juristischen Person gut erkennbar. Hier handelt es sich um eine GmbH. Es gab schon unterschiedliche Geschäftsführer und der Gesellschafterbestand hat seit der Gründung der Gesellschaft stetig zugenommen. Die Geschäftspartner schließen aber die Verträge nur mit der GmbH und nicht mit den einzelnen Gesellschaftern ab. Im Normalfall kommt es den Geschäftspartnern auch gar nicht darauf an, wer Gesellschafter ist, sondern vielmehr wie die Gesellschaft arbeitet.

Weiterhin ist auf die **Haftung** der Gesellschaft und der Gesellschafter ein wichtiges Augenmerk zu werfen. Die Sicherheit im Rechtsverkehr verlangt, dass die Vertragspartner nicht schutzlos der fehlenden Zahlungsfähigkeit einer Gesellschaft ausgeliefert sind. Hierzu gibt es unterschiedliche Lösungen des Gesetzgebers. Bei manchen Gesellschaftsformen haftet grundsätzlich nur die Gesellschaft. Dann wird der Vertragspartner aber durch die Verpflichtung zur Einbringung eines Stammkapitals und durch gewisse Offenbarungspflichten der Gesellschaft geschützt (bei der GmbH und der AG). Bei anderen Gesellschaftsformen bestehen diese Pflichten nicht im gleichen Maße, dafür haften die Gesellschafter aber persönlich und das in manchen Fällen bis zum Ende ihres Lebens.

Weiterhin muss die **Organisation** einer Gesellschaft betrachtet werden. Wenn der Mitgliederbestand ständig wechselt, sind andere Organisationsstrukturen erforderlich, als wenn die einzelnen Gesellschafter über Jahre hinweg gemeinsam Zeit und Geld investieren und einen Großteil der Entscheidungen miteinander abgesprochen haben. Soweit sich der Mitgliederbestand stets ändert ist der **Verein** oft eine günstige Rechtsform. Wenn hingegen die Gesellschaft stark mit den einzelnen Personen verbunden ist, sind die **GbR**, die **OHG** und die **GmbH** geeignete Rechtsformen.

Ebenso werden je nach Gesellschaftsform und Größe unterschiedliche Anforderungen an die Gesellschaft gestellt. So sind die Personengesellschaften OHG und KG sowie die Kapitalgesellschaften GmbH und AG kraft Gesetzes Kaufmann, vgl. § 6 HGB. Man nennt dies juristisch auch Formkaufmann. Damit sind diese Gesellschaften den Regelungen des **Handelsgesetzbuchs** (HGB) unterworfen. Sie

---

[1] Saenger, Gesellschaftsrecht, Rn. 15.

haben erhöhte Sorgfaltspflichten im Rechtsverkehr zu wahren. Ebenso treffen sie beispielsweise Buchführungs- und Bilanzierungspflichten.

Die Konzertagentur S in der Rechtsform der GmbH aus **Fall 1** schließt regelmäßig mit Clubs, Promotern, Bands, Securityunternehmen und anderen Berufen der Musikbranche Verträge ab. Sie tritt als marktwirtschaftlich organisiertes Unternehmen im Rechtsverkehr auf. Deshalb sind die Anforderungen an die Vertretung auch höher als bei einem gemeinnützigen Chorverein, der primär zur musikalischen Selbstverwirklichung der Mitglieder dient.

C. Personengesellschaften und Kapitalgesellschaften

Das Gesellschaftsrecht unterscheidet zwischen **Personengesellschaften** und **Kapitalgesellschaften**. Das Bestehen einer **Personengesellschaft** hängt direkt von der Mitgliedschaft und dem Beitrag einzelner Personen ab. Bei **Kapitalgesellschaften** hingegen ist, wie der Name schon sagt, entscheidendes Element die Kapitalbeteiligung der Gesellschafter und nicht deren persönliche Mitarbeit.

Tabelle 1: Gesellschaftsarten u. a.

Personengesellschaften	Kapitalgesellschaften
GbR – BGB-Gesellschaft **KG** – Kommanditgesellschaft **OHG** – offene Handelsgesellschaft	**GmbH** – Gesellschaft mit beschränkter Haftung **AG** – Aktiengesellschaft
Grundmerkmale sind: ▶ Gesellschafter haften persönlich ▶ beschränkte Rechtsfähigkeit ▶ Abhängigkeit der Gesellschaft von der Zusammensetzung ihrer Gesellschafter (sog. Grundsatz der Selbstorganschaft)	**Grundmerkmale sind:** ▶ Gesellschafter haften nicht persönlich ▶ volle Rechtsfähigkeit, da juristische Person ▶ Unabhängigkeit der Gesellschaft vom Wechsel der Mitglieder

D. Personengesellschaften

Eine Personengesellschaft beruht auf dem Zusammenschluss mehrerer Personen, die durch einen Gesellschaftsvertrag einen gemeinsamen zu verfolgenden Zweck vereinbaren. Die typischen Formen der Personengesellschaften sind die GbR, OHG und KG.

Jedoch ist die Gesellschaftsform nicht immer frei wählbar. Je nachdem welcher Zweck verfolgt wird und wie groß die Gesellschaft ist, stehen nicht alle Formen zur Auswahl. Wird ein Gewerbe betrieben, das nach Art und Umfang einen in kaufmännischer Weise eingerichteten Geschäftsbetrieb erfordert, so liegt kraft Gesetzes immer eine OHG oder KG vor.

I. Gesellschaft bürgerlichen Rechts

Fall 2: A, B und der ständig am Existenzminimum kratzende C haben vor Jahren eine Popgruppe gegründet und nach diversen Rückschlägen einen Plattenvertrag mit einem Indy-Label abgeschlossen. Ebenso wurde eine Booking-Agentur X auf sie aufmerksam. Diese nimmt ihre Arbeit sehr ernst und schickt die Band ein Jahr lang durch ganz Deutschland auf Tour. Dadurch verdienen die drei jetzt zwar Geld mit ihrer Musik. Da sie aber an den Kosten für den Tourbus und für die Produktion der ersten CD beteiligt sind und außerdem eine Vorliebe für neues und teures Equipment haben, ist die Bandkasse nie besonders gut gefüllt.

Wie ist das Handeln der Band A, B, C gesellschaftsrechtlich einzuordnen?

Im Laufe des Jahres geschehen verschiedene rechtserhebliche Ereignisse.

1. Da die Konzertanfragen zu Beginn der Band nur spärlich waren, sagt A, als er eine Anfrage bekommt, vorschnell ein Konzert zu. Später stellt sich heraus, dass X für den gleichen Abend auch bereits ein Konzert zugesagt hat. Der Club V, bei dem nicht aufgetreten wird, hatte bereits den Ton- und Lichttechniker gebucht, außerdem hat er in der Zeitung Werbung für das Konzert geschaltet und Plakate und Flyer gedruckt. V verlangt Zahlung der gemachten Ausgaben von der Pop-ABC GbR. Zu Recht?
2. Bei einem Konzert verletzt der Schlagzeuger C die Besucherin Y durch einen von ihm ins Publikum geworfenen Drumstick schwer am Auge. Y will die Kosten für die ärztliche Behandlung ersetzt bekommen. Zu Recht?
3. Nach einem Jahr hat C genug. Inzwischen hat die Band zwar einigen Erfolg, aber seine Gesundheit leidet unter den vielen Autofahrten und dem anstrengenden Tourallag. Er verkündet seinen Bandkollegen nicht mehr weiter zu machen. Diese fragen den befreundeten D, ob er nicht für C einspringen will. Welche Auswirkungen hat der Ausstieg des C und der Einstieg des D für den Fortbestand der Band?

Die Grundform der Personengesellschaft ist die **Gesellschaft bürgerlichen Rechts (GbR)**. Sie ist im BGB unter den §§ 705 ff. BGB geregelt.

Gesetzestext: § 705 BGB (Inhalt des Gesellschaftsvertrags)
Durch den **Gesellschaftsvertrag** verpflichten sich die **Gesellschafter** gegenseitig, die Erreichung eines gemeinsamen **Zweckes** in der durch den Vertrag bestimmten Weise zu fördern, insbesondere die vereinbarten **Beiträge** zu leisten.

Gesellschafter der GbR können natürliche und juristische Personen sein. Das heißt eine GbR muss nicht aus natürlichen Personen bestehen, sondern es können beispielsweise auch mehrere GmbHs zur Verwirklichung eines allein nicht zu bewältigenden Projekts eine GbR gründen. Der **Gesellschaftsvertrag** muss **nicht schriftlich** geschlossen werden, sondern es genügt grundsätzlich ein mündlicher oder sogar ein konkludenter, das heißt lediglich auf den jeweiligen einverständlichen Handlungen beruhender Vertragsschluss. Die Gründung einer GbR ist zur

Erreichung jedes erlaubten, dauernden oder vorübergehenden Zweckes möglich. So ist eine Band, die gemeinsam musiziert und auftritt eine GbR. Auch ein Veranstalter und eine Brauerei als Mitveranstalter können gemeinsam eine GbR für eine einzelne Veranstaltung gründen, die sie allein nicht bewältigen würden. Ein weiteres Beispiel für eine GbR ist eine Benefizveranstaltung. Hier schließen sich Veranstalter, Künstler und weitere gemeinnützig Interessierte zusammen, um für einen guten Zweck ein Event zu organisieren und durchzuführen.

Die GbR bildet zur Verwirklichung des Gesellschaftszwecks ein eigenes Vermögen. Dieses ist als Sondervermögen zu betrachten und ist daher vom Privatvermögen der einzelnen Gesellschafter zu trennen. Man nennt dies **Gesamthandsvermögen**.

Falllösung 2 (Gesellschaftsrechtliche Einordnung): Die Popgruppe ABC ist eine GbR (im folgenden Pop-ABC GbR genannt). Sicherlich waren sich die einzelnen Bandmitglieder nicht im Klaren, dass sie bei Gründung der Band auch eine GbR gründen. Ihr gemeinsam verfolgter Zweck war das gemeinsame Musizieren und möglicherweise auch damit derart erfolgreich zu sein, dass man damit Geld verdienen kann. Der Gesellschaftsvertrag wurde wahrscheinlich bei einem gemeinsamen Bier oder in einem Proberaum geschlossen und mit hoher Wahrscheinlichkeit geschah dies nicht schriftlich. Je größer der Erfolg einer Band ist, desto mehr ist es aber anzuraten, den Gesellschaftsvertrag schriftlich abzuschließen. Denn nicht nur die Tatsache alles Schwarz auf Weiß aus Beweisgründen zu haben, sondern vor allem sich einmal intensiv über die Rechte- und Pflichten jedes Gesellschafters im Klaren zu sein, kann im Nachhinein viel Streit ersparen.

1. Außen- und Innen-GbR

Abhängig davon, ob die Gesellschaft nach ihrem Zweck auf eine Teilnahme am Rechtsverkehr gerichtet ist oder nicht, handelt es sich um eine **Außen- oder Innengesellschaft**.

Die BGB-**Innengesellschaft** wirkt **nur zwischen den Gesellschaftern** und nimmt als Gesellschaft nicht am Rechtsverkehr teil. Durch sie können keine die Gesellschaft betreffenden Verbindlichkeiten mit Dritten begründet werden. Sie ist nicht rechts- und parteifähig. Das heißt sie kann keine Rechtsbeziehungen mit anderen als den Gesellschaftern eingehen und kann auch vor Gericht nicht klagen oder verklagt werden. Nach Außen tritt bei Innengesellschaften meist nur ein Gesellschafter in eigenem Namen auf.

Ganz anders hingegen die **Außengesellschaft**. Lange Zeit war ihre Rechtsfähigkeit umstritten. Durch das Grundsatzurteil des Bundesgerichtshofs (BGH) wurde die GbR in weiten Teilen der gewerblichen Personengesellschaft OHG (offene Handelsgesellschaft) angenähert.[2] Danach ist die Gesellschaft **rechtsfähig**. Das bedeutet einerseits, dass die Gesellschafter im Namen der Gesellschaft Verträge schließen können. Andererseits kann die Gesellschaft auch für das Handeln der Gesellschafter

---

[2] BGH vom 29.1.2001, AZ: II ZR 331/00.

haftbar gemacht werden. Aus der Anerkennung der Rechtsfähigkeit für das Außenrecht der GbR folgt die Markenrechtsfähigkeit und Handelsregister- sowie Grundrechtsfähigkeit.[3]

Fortsetzung Falllösung 2: So war die Popgruppe ABC in ihrer Anfangzeit in ihrem dunklen Proberaum nur eine Innengesellschaft. Erst als sie ihr erstes Konzert gaben oder in einer anderen Form gemeinsam am Rechtsverkehr teilnahmen, wurden sie zu einer Außengesellschaft. In diesem Moment änderte sich aber auch die Haftungsverfassung. Sobald die Popgruppe Dritten gegenüber schadensersatzpflichtig war, mussten neben der Pop-ABC GbR (§ 124 HGB analog) für die Gesellschaftsverbindlichkeit alle Bandmitglieder akzessorisch mithaften, § 128 BGB analog.

2. Rechte und Pflichten der Gesellschafter

In einer Gesellschaft haben alle Gesellschafter eine **Beitragspflicht**. In Ermangelung einer anderen Vereinbarung haben die Gesellschafter gleiche Beiträge zu leisten (§ 706 I BGB). Der Beitrag zur Gesellschaft kann in **Geld- und Sachwerten** und natürlich auch in einer **Dienstleistung**, also der Arbeit für die Gesellschaft bestehen.

Des Weiteren haben die Gesellschafter eine **Treuepflicht**. Dies ist die Pflicht zur Wahrnehmung der Interessen der Gesellschaft. Gesellschafter haben damit zum Wohle der Gesellschaft zu handeln und die Interessen der anderen Gesellschafter nicht ungerechtfertigt zu beeinträchtigen. Darunter fällt beispielsweise die Pflicht zur vollständigen und zutreffenden **Information** über wesentliche Umstände gegenüber den Mitgesellschaftern, das Verbot mit der eigenen Gesellschaft am Markt zu konkurrieren (**Wettbewerbsverbot**) oder auch das Verbot Dritten Interna der Gesellschaft preiszugeben (**Verschwiegenheitspflicht**).

Fortsetzung Falllösung 2: Die Hauptpflicht der einzelnen Musiker ist üblicherweise das gemeinsame Musizieren. Allerdings besteht auch durchaus die Möglichkeit, dass sie ihre Arbeit aufgeteilt haben. So konnte A, bevor das Label und die Booking-Agentur mit der GbR zusammenarbeitete, für die Organisation von Auftritten zuständig gewesen sein, B für die Buchführung und C kümmerte sich, da er in einem Tonstudio arbeitete, um die Aufnahme und Produktion der Band.

Den Pflichten stehen aber auch diverse Rechte gegenüber. So hat ein Gesellschafter für seine Tätigkeit für die Gesellschafter einen Anspruch auf **Aufwendungsersatz** (§§ 713, 670 BGB). Aufwendungen sind alle **Vermögensopfer**, die der Gesellschafter **freiwillig** macht.[4] Darunter fallen Reise- und Übernachtungskosten oder auch Ausgaben für die Gesellschaft. Jedoch ist eine Bezahlung für die eigenen Tätigkeiten keine Aufwendung. Wenn ein Geschäftsführer für seine Arbeit ein Entgelt erhalten will, muss dies im Gesellschaftsvertrag ausdrücklich geregelt sein.

---

[3] Dazu Saenger, Gesellschaftsrecht, Rn. 55.
[4] Saenger, Gesellschaftsrecht, Rn. 166 f.

Beispiel: Die Sängerin S der Band Z aus Dresden fährt nach Hamburg um einen Plattenvertrag für die Band auszuhandeln und benutzte hierzu den Zug und übernachtete in einem Hostel. Prinzipiell hat sie einen Anspruch darauf, dass diese Reise aus der Bandkasse gezahlt wird.

Darüber hinaus haben die Gesellschafter, wenn im Gesellschaftsvertrag nichts anderes geregelt ist, einen **Anspruch auf anteilige Gewinnausschüttung**. Dabei erhalten grundsätzlich alle Gesellschafter den gleichen Gewinnanteil.

Ebenso hat der Gesellschafter einen Anspruch auf den Auseinandersetzungsbetrag bei Beendigung der Gesellschaft und stets gegenüber allen Gesellschaftern ein Recht auf umfassende Information über Angelegenheiten der Gesellschaft (**Informationsrecht**).

3. Leitungsmacht

Von besonderer Bedeutung sind die Regelungen über das **Innen- und das Außenverhältnis** in einer Gesellschaft.

a) Innenverhältnis

Das Innenverhältnis betrifft die **Geschäftsführung** der Gesellschaft. Davon umfasst sind Entscheidungen über die Organisation, über das Handeln der Gesellschaft, über die Vermögensverwaltung und sonstige Angelegenheiten, die innerhalb der Gesellschaft zu treffen sind. Grundsätzlich sind Entscheidungen über die Geschäftsführung von allen Gesellschaftern **gemeinsam** zu treffen (§ 709 Abs. 1 BGB). Dies erscheint zwar auf den ersten Augenblick etwas schwerfällig, kann aber je nach Zweck und Größe der Gesellschaft für die Beständigkeit der Gesellschaft durchaus von Nutzen sein. Als flexibleres Modell wird im Gesetz in § 709 Abs. 2 BGB der **Mehrheitsbeschluss** vorgeschlagen. Dabei genügt für eine Entscheidung bereits die Mehrheit der Gesellschafter und auch die überstimmten Gesellschafter sind dann zur Mitwirkung an der beschlossenen Maßnahme verpflichtet.

Soweit in der Gesellschaft ausreichendes Vertrauen vorliegt und die Komplexität der Unternehmungen dies erfordert, kann aber auch im Gesellschaftsvertrag eine **Einzelgeschäftsführungsbefugnis** vereinbart werden. Abgesehen von Geschäften außerhalb des vereinbarten Gesellschaftszwecks und Geschäften, die sich mit den Grundlagen der Gesellschaft befassen (Stimmrecht, Verteilung des Gewinns, Auflösung der Gesellschaft) können die internen Angelegenheiten der Gesellschaft dann von einem Gesellschafter ohne Absprache getätigt werden. Ebenso können durch Gesellschaftsvertrag einzelne Gesellschafter auch ganz von der Gesellschaft ausgeschlossen werden. Dies darf jedoch nur soweit erfolgen, als dass **zumindest ein** Gesellschafter die Ermächtigung hat, im Innenverhältnis tätig zu werden und damit die Geschicke der Gesellschaft zu lenken. Ansonsten ist der Grundsatz der **Selbstorganschaft**, der für Personengesellschaften gilt, verletzt.

Beispiel: A, B und C sind Gesellschafter der Straßenfest-GbR. Sie veranstalten jährlich ein kleines Straßenfest in der Nordseestraße von Kiel. Der Gesellschaftsvertrag regelt nur, dass A alleingeschäftsführungsbefugt ist, eine Regelung für die Vertretung findet sich nicht. Deshalb steht A neben der Einzelgeschäftsführungsbefugnis im Zweifel auch Alleinvertretungsmacht zu.

b) Außenverhältnis

Das **Außenverhältnis** beschreibt das Verhältnis zwischen der Gesellschaft und Dritten im Rechtsverkehr. Dafür muss eine Person vertretungsbefugt sein für die Gesellschaft zu handeln. Im Zweifel hat ein Geschäftsführer auch Vertretungsmacht (§ 714 BGB). Es kann aber auch Dritten Vertretungsmacht erteilt werden und einzelne Geschäftsführer können von der Vertretungsmacht ausgeschlossen werden. Indem ein Vertreter im Außenverhältnis Verbindlichkeiten für die Gesellschaft eingeht, wird nicht er Vertragspartner, sondern die Gesellschaft wird verpflichtet. Teilweise wird von Plattenfirmen, Management und Veranstalter eine einzelne Person als Ansprechpartner und Vertreter bevorzugt. Dieser ist dann gegenüber Dritten allgemein vertretungsbefugt, wenn alle Gesellschafter dies mittragen.

4. Haftung

a) Haftung der Gesellschaft

Die GbR hat ein von den einzelnen Gesellschaftern unabhängiges „**Gesamthandsvermögen**". Mit diesem Vermögen haftet die Gesellschaft gegenüber Dritten. Dies gilt einerseits für **vertragliche Schulden** aus einem Vertrag mit einem Dritten, als auch für Handlungen, die durch einen **verfassungsmäßig** berufenen Vertreter durch eine **in Ausführung der ihm zustehenden Verrichtung** begangene, zum Schadensersatz verpflichtende Handlung entstehen (§ 31 BGB analog).

Falllösung 2 Nr. 1: Aufgrund der fehlenden Absprache zwischen der Booking-Agentur X und dem A konnte die Popband ABC nicht im Club V auftreten, so dass diesem ein Nichterfüllungsschaden entstanden ist. Kann die Pop-ABC GbR bei einem Konzert nicht auftreten und hat dies wegen falscher Terminplanung selbst verschuldet, so haftet die GbR mit ihrem Vermögen für den dem Clubbetreiber entstandenen Schaden aus vertraglicher Pflichtverletzung, § 280 Abs. 1 BGB i. V. m. § 124 Abs. 1 HGB analog.

Falllösung 2 Nr. 2: C hat durch seinen beeindruckenden Wurf mit dem Drumstick die Besucherin Y verletzt. Er ist, wie auch A und B „verfassungsmäßig berufener Vertreter" der Pop-ABC GbR. Da dies bei einem Konzert geschah, ist die Verletzung auch „in Ausführung der ihm zustehenden Verrichtung", nämlich des Musizierens vor Publikum geschehen. Er tritt also als Organ der Band auf, so dass die GbR für seine zum Schadensersatz verpflichtende Handlung nach § 823 Abs. 1 BGB i. V. m. § 124 Abs. 1 HGB analog haftet. Das schuldhafte Verhalten des C muss sich die Pop-ABC GbR analog § 31 BGB zurechnen lassen. Für die Verbindlichkeit der Pop-ABC GbR haften die Gesellschafter A, B und C akzessorisch mit, § 128 HGB analog.

b) Haftung der Gesellschafter

Die persönliche Haftung der Gesellschafter für Verbindlichkeiten der Außen-GbR ist durch mehrere Urteile des BGH in den letzten Jahren grundlegend neu gestaltet worden und nun sehr ähnlich zur Rechtslage bei der offenen Handelsgesellschaft (OHG) und der Kommanditgesellschaft (KG).[5] Damit haften Gesellschafter für Verbindlichkeiten der Gesellschaft gesamtschuldnerisch (§ 128 HGB analog, § 426 BGB). Das bedeutet, dass von jedem einzelnen Gesellschafter die Befriedigung der **gesamten noch bestehende Gesellschaftsschuld** verlangt werden kann bis diese erfüllt ist.[6] Inwieweit im Innenverhältnis die Anteile der Gesellschafter verteilt sind, hat hierauf keine Auswirkung.

5. Änderung des Gesellschafterbestandes

Dem Grundsatz nach ist eine Personengesellschaft abhängig von ihren Gesellschaftern. Sobald **ein** Gesellschafter kündigt (§ 723 BGB), führt dies automatisch zur Auflösung der Gesellschaft und der damit folgenden Auseinandersetzung (**Liquidation**). Besteht allerdings ein Interesse daran, dass die Gesellschaft auch nach Ausscheiden eines Gesellschafters weiterbestehen soll, gibt es unterschiedliche Möglichkeiten die Auflösung der Gesellschaft zu verhindern.

1. Soweit keine Vorkehrungen im Gesellschaftsvertrag getroffen wurden, kann ein Vertrag zwischen den verbleibenden Gesellschaftern und dem ausscheidenden Gesellschafter geschlossen werden, dass die Gesellschaft weiterbesteht und der ausscheidende Gesellschafter eine Abfindung erhält.
2. Ebenso besteht die Möglichkeit im Gesellschaftsvertrag festzuschreiben, was im Falle des Ausscheidens eines Gesellschafters zu geschehen hat. Beispielsweise kann eine Klausel formuliert werden, nach welcher die Gesellschaft bei Ausscheiden eines Gesellschafters fortgeführt wird und dem ausscheidenden Gesellschafter ein Geldbetrag auszuzahlen ist, der seinem Anteil am Liquidationserlös entspricht, vgl. § 736 BGB.

Falllösung 2 Nr. 3: C will aufgrund der ständigen Touren aussteigen. Allerdings will die Band wegen des sich einstellenden Erfolgs weiter zusammenspielen und deshalb haben A und B auch einen Nachfolger für C (den D) gefunden. Da davon auszugehen ist, dass eine spezifische Klausel im Gesellschaftsvertrag für diesen Fall nicht vorgesehen ist, bleibt den Bandmitgliedern nur die Möglichkeit dies vertraglich zu regeln. A und B schließen dann einen Austrittsvertrag mit C. Dieser hat

---

[5] BGHZ 146, 341.
[6] BGH vom 29.1.2001, AZ: II ZR 331/00.

dann einen Wertanspruch auf den Anteil des Gesellschaftsvermögens, das ihm bei einer Liquidation der Gesellschaft zustünde. Darin enthalten sind alle einen Marktwert besitzenden Elemente der GbR. Das ist oftmals nicht einfach. Beispielsweise lässt sich der Wert des Namens der GbR oft nicht feststellen.[7] Einfacher ist dies bei dem tatsächlichen Bandvermögen. Soweit nicht anders vereinbart ist, hat C einen Anspruch auf seinen Anteil (in diesem Fall ein Drittel). Anschließend schließen A, B und D dann einen Beitrittsvertrag.

6. Besteuerung

Obwohl die GbR jetzt zwar Träger von Rechten und Pflichten ist, ist sie keine juristische Person (Körperschaft). Deshalb muss sie keine Körperschaftssteuer entrichten. Der Gesellschafter versteuert den auf ihn entfallenden Gewinnanteil und die Sonderbetriebseinnahmen (Einnahmen aus der vertraglichen Beziehung zwischen Gesellschaft und Gesellschafter) im Rahmen seiner Einkommens- oder Körperschaftssteuer. Je nachdem, ob er natürliche oder juristische Person ist. Aus dem Gesellschaftsvermögen nicht entnommene Gewinneinkünfte können mit einem ermäßigten Steuersatz von 28,25 % versteuert werden, § 34a EStG.

II. Die offene Handelsgesellschaft (OHG)

Fall 3: F, G und H haben gemeinsam studiert und bereits während des Studiums eine Promotion-Agentur gegründet. Dabei bewerben sie verschiedene Produkte an öffentlichen Plätzen, indem sie dort an Ständen Promotionmaterial verteilen und Adressen von möglichen Kunden sammeln.

1. Das gemeinsame Geschäft läuft gut. F, G und H haben ihr Studium beendet und beschäftigen bereits 270 Studenten, die für sie tagtäglich deutschlandweit Promo machen. Um dies zu koordinieren und neue Aufträge zu akquirieren sind 10 Personen in der Zentrale fest angestellt. Zusätzlich unterhalten sie einen Fuhrpark mit 50 Autos und haben 3 Lagerhallen angemietet, um die Promotionmaterialien zwischen zu lagern. F, G und H können einen Jahresumsatz von 750.000 € für sich verzeichnen. Welche Rechtsform liegt vor? Welche Pflichten folgen aus der einschlägigen Rechtsform?
2. Nach zwei Jahren treten U und W, zwei Betriebe, die bereits regelmäßig mit der Promotion-Agentur zusammengearbeitet haben, an F, G und H heran. Sie wollen sich an der Agentur beteiligen. Allerdings sind sie mehr daran interessiert, bei der Abwicklung durch die Agentur bevorzugt behandelt zu werden, als tatsächlich an den Geschäften persönlich teilzunehmen. Beide wollen das Unternehmen aber mit Kapital unterstützen. Welche Gesellschaftsform bietet sich an?

Die OHG ist eine insbesondere für kleinere oder mittlere Unternehmen geeignete Rechtsform, bei der es nicht allein auf den Kapitaleinsatz, sondern vor allem

---

[7] Siehe dazu das Kapitel Markenrecht.

auch auf den **persönlichen Arbeitseinsatz** der Gesellschafter ankommt. Ihr Vorteil gegenüber Kapitalgesellschaften wie der GmbH ist, dass die persönliche Haftung der Gesellschafter oft zu einer höheren Kreditwürdigkeit bei Banken führt. Eben jene persönliche Haftung der Gesellschafter und das Fehlen der Möglichkeit, Kapitalgebern eine rein finanzielle Teilhabe zu ermöglichen, macht sie in der Rechtswirklichkeit aber weniger interessant als die GmbH und die KG.

Mit der neuen Rechtsprechung durch den BGH wurden – noch mehr als bisher – die OHG und die GbR einander angeglichen. Insofern wird hier nur ausdrücklich auf die Besonderheiten der OHG eingegangen. Bezüglich der restlichen Regelungen kann getrost auf die GbR verwiesen werden.

Auch die OHG ist eine rechtsfähige Personengesellschaft. Jedoch ist ihr Zweck auf den Betrieb eines **Handelsgewerbes** unter gemeinschaftlicher **Firma** (Name der Gesellschaft) gerichtet. Alle Gesellschafter haften gegenüber den Gesellschaftsgläubigern unbeschränkt (§ 105 HGB). Sie kann Verbindlichkeiten eingehen, Eigentum und andere dingliche Rechte an Grundstücken erwerben, vor Gericht klagen und verklagt werden (§ 124 HGB).

1. Das Handelsgesetzbuch (HGB)

Die OHG ist nach § 6 Abs. 1 HGB i. V. m. § 1 Abs. 1 HGB **Kaufmann**. Das bedeutet, dass sie den strengeren Regeln des **HGB** unterworfen ist. Dies hat weitreichende Folgen für das Verhalten im Rechtsverkehr. Das Handelsrecht zeichnet sich dadurch aus, dass zugunsten der Zügigkeit im Rechtsverkehr einerseits weniger Schutzmechanismen zur Sicherheit der einzelnen Vertragspartner vorgesehen werden, andererseits höhere Anforderungen an die Kaufleute gestellt werden. Die Vertragsbeziehungen sollen nicht mit komplizierten und langwierigen Rückabwicklungen belastet werden. Zusätzlich sind noch spezifische Regeln für die Beschleunigung beim Vertragsschluss und die Auslegung von Verträgen vorgesehen.[8] Im Allgemeinen gilt zu sagen, dass es wichtig ist, sich ausreichend über die Gepflogenheiten im Handelsverkehr kundig zu machen. So gilt es für den Betrieb die Vorschriften über den **Handelskauf** zu berücksichtigen und sich über die besonderen Sorgfalts- und Prüfungspflichten klar zu werden. Ebenso unterliegt die OHG der Bilanzierungspflicht und der Pflicht einen Jahresabschluss anzufertigen. Ab einer bestimmten Größe der Gesellschaft bedarf es außerdem einer Abschlussprüfung durch einen externen Wirtschaftsprüfer.

a) Das Handelsgewerbe

OHG kann eine Gesellschaft nur sein, wenn sie auf den **Betrieb eines Handelsgewerbes** gerichtet ist. Ein **Gewerbe** liegt vor, wenn es sich um eine **planmäßige, auf Dauer angelegte, selbständige und auf Gewinnerzielung ausgerichtete Tätigkeit** handelt. Nicht hierunter fallen die freien Berufe (das sind u. a. Rechtsanwälte,

---

[8] Vgl. zum Kaufmännischen Bestätigungsschreiben das Kapitel Vertrags- und Haftungsrecht.

Steuerberater und Ärzte), die Verfolgung ideeller Zwecke ohne Gewinnerzielungsabsicht, die bloße Verwaltung eigenen Vermögens sowie wissenschaftliche und eben auch **künstlerische** Tätigkeiten.[9]

Beispiel: Die Artisten A, B, C und D haben sich durch Gesellschaftsvertrag zu gemeinsamen Auftritten unter dem Künstlername „Söhne Stuttgarts" verpflichtet. Da A, B, C und D eine künstlerische Tätigkeit ausüben begründet ihr Zusammenschluss eine GbR aber keine OHG.

Damit die Gesellschaft ein Handelsgewerbe betreibt, muss sie nach Art und Umfang einen **in kaufmännischer Weise eingerichteten Geschäftsbetrieb** innehaben (§ 1 Abs. 2 HGB). Die Frage, wann dies der Fall ist, ist nicht einfach zu beantworten. Entscheidend hierfür sind das Umsatzvolumen, Betriebskapital, Zahl und Funktion der Mitarbeit sowie die Anzahl und die Größe der Betriebsstätten. Im Einzelnen ist das Erfordernis eines eingerichteten Geschäftsbetriebs weder im Gesetz noch durch die Rechtsprechung klar definiert. Allerdings gilt grundsätzlich die Vermutung, dass ein Handelsgewerbe notwendig ist und die Gesellschafter müssen beweisen, dass dem nicht so ist (§ 1 Abs. 2 Halbsatz 2 HGB).[10]

Falllösung 3 Nr. 1: F, G und H haben sich zu einer Promotion-Agentur „FGH-Promotion" zusammengeschlossen. Sie haben klein angefangen, sich aber schnell zu einem mittelgroßen Unternehmen entwickelt. Im Folgenden stellt sich die Frage nach der Rechtsform der Agentur. Ist es eine GbR oder eine OHG? F, G und H üben mit ihrer Agentur eine planmäßige, auf Dauer angelegte, selbständige und auf Gewinnerzielung ausgerichtete Tätigkeit aus. Sie betreiben also ein Gewerbe. Jedoch kann sowohl eine GbR und als auch eine OHG ein Gewerbe betreiben. Entscheidend, welche Rechtsform die Agentur hat, ist letztlich ihre Größe und die Komplexität des Unternehmens. Sobald eine GbR einen in kaufmännischer Weise eingerichteten Geschäftsbetrieb erfordert, wird sie automatisch zur OHG. Da die FGH-Promotion-Agentur mehrere Angestellte hat, einen Umsatz von 750.000 € erzielt, einen eigenen Fuhrpark betreibt, eigene Lagerräume angemietet hat, deutschlandweit agiert und mehrere unterschiedliche Kunden hat, kann von einem in kaufmännischer Weise eingerichteten Geschäftsbetrieb ausgegangen werden. Die Agentur-GbR ist dadurch automatisch zur OHG geworden. Allerdings hätte sich die Agentur auch schon vor diesem Zeitpunkt ins Handelsregister eintragen lassen können, § 105 Abs. 2 HGB. Dann wäre sie bereits durch die Eintragung Kaufmann und damit OHG geworden (§ 2 S. 1 HGB).

b) Die Firma

Die Gesellschaft muss eine gemeinschaftliche Firma führen. Der Begriff „Firma" führt teilweise zu Verwirrung, da damit umgangssprachlich oft das ganze Unter-

---

[9] Baumbach/Hopt, HGB, § 1 Rn. 11 ff.
[10] Baumbach/Hopt, HGB, § 1 Rn. 25.

nehmen gemeint ist. Genau genommen ist die Firma der Name, mit welchem das Unternehmen nach Außen als Einheit auftritt. Die Firma hat mehrere wesentliche Funktionen. Diese müssen erfüllt sein, damit das Unternehmen ins Handelsregister eingetragen werden kann.

Zuallererst muss die Firma **Kennzeichnungswirkung und Unterscheidungswirkung** haben. Das bedeutet, dass das Unternehmen einen Namen hat, welches es im Geschäftsverkehr eindeutig bestimmbar macht.[11] Es muss nach Möglichkeit die Verwechslung mit einer anderen Firma vermieden werden.

Des Weiteren muss die Gesellschaft einen Rechtsformzusatz enthalten, der erkennen lässt, dass es sich um eine OHG, GmbH oder sonst eine Gesellschaft handelt.

c) Publizität

Unternehmen, die die Kaufmannseigenschaft besitzen, müssen sich ins Handelsregister eintragen lassen. Das Handelsregister ist ein öffentliches Verzeichnis, in dem die Firma (der Name der Gesellschaft), der Sitz (Niederlassungen und Zweigniederlassungen), die vertretungsberechtigten Personen, die Rechtsform des Unternehmens, das Stammkapital und die Kommanditisten eingetragen werden. Es wird in der Regel von dem Amtsgericht geführt, in dessen Bezirk sich der Sitz der Gesellschaft befindet (§ 106 HGB). **Das Handelsregister dient der Sicherheit im Rechtsverkehr**. Ein Dritter kann durch die Einsicht ins Handelsregister Informationen über das Unternehmen erhalten. Darüber hinaus wird er aber auch noch geschützt, sodass Tatsachen, die ins Handelsregister eingetragen werden müssten, aber dort nicht stehen, nicht nachträglich zu seinen Lasten vom Kaufmann vorgebracht werden können (negative Publizität[12]).

Fortsetzung Falllösung 3 (Pflichten): Die Agentur ist wie dargelegt automatisch zur OHG geworden. Sie hat daher die Pflicht sich ins Handelsregister eintragen zu lassen (e contrario § 2 S. 1 HGB). In dem Zeitpunkt, dass die Agentur OHG ist, gelten für sie auch die besonderen Vorschriften des HGB und damit auch die Publizitätswirkung des Handelsregisters.

2. Gründung

Zur Gründung einer OHG sind mindestens zwei Personen erforderlich, die persönlich und unbeschränkt haften (**Komplementäre**). Gesellschafter können sowohl natürliche Personen als auch andere Gesellschaften sein. Zur Gründung bedarf es eines Gesellschaftsvertrages, der den übereinstimmenden Willen der zukünftigen Gesellschafter enthält gemeinschaftlich ein Handelsgewerbe unter einer gemeinsamen Firma zu betreiben. Die OHG muss durch alle Gesellschafter beim Registergericht des Sitzes der Gesellschaft zur Eintragung ins Handelsregister angemeldet

---

[11] Weiter hierzu Baumbach/Hopt, HGB, § 18 Rn. 4, 6.
[12] Zur positiven Publizität siehe Baumbach/Hopt, HGB, § 15 Rn. 18 - 22.

werden (§§ 106 Abs. 1 HGB, 108 HGB). Seit Inkrafttreten des Gesetzes über das elektronische Handelsregister (EHUG) zum 01.01.2007 sind die Anmeldungen zur Eintragung ins Handelsregister elektronisch in öffentlich beglaubigter Form einzureichen. Eine OHG kann aber auch durch **Umwandlung** von einer anderen Gesellschaftsform entstehen. Beispielsweise bedarf es der Eintragung ins Handelsregister als OHG, wenn eine GbR, die auf den Betrieb eines Handelsgewerbes gerichtet ist, groß genug wird, so dass sie eines eingerichteten Geschäftsbetriebes bedarf.

3. Rechte und Pflichten der Gesellschafter

Die Rechte und Pflichten in einer OHG entsprechen weitgehend denen der GbR.[13] Auch hier sind die Rechte und Pflichten gekennzeichnet durch den Grundsatz der Gleichbehandlung aller Gesellschafter.[14] Dennoch bleibt nach dem Grundsatz der Vertragsfreiheit den Gesellschaftern die Möglichkeit, dies im Gesellschaftervertrag unterschiedlich zu regeln. Grundsätzlich hat jeder Gesellschafter eine **Beitragspflicht**, die er durch Dienstleistungen, Geld oder das Einbringen von Sachen und Rechten erfüllen kann. Zusätzlich ist er am **Gewinn und Verlust** der OHG beteiligt. Die Berechnung des Gewinnes erfolgt anhand des Jahresabschlusses, den die OHG nach § 242 HGB verpflichtet ist aufzustellen. Anhand der Anteile jedes Gesellschafters an der OHG wird er am Gewinn beteiligt. Zu beachten ist aber, dass der Gesellschafter bei einem negativen Saldo zum Ausgleich des Gesellschaftskontos weder verpflichtet (§ 707 BGB) noch berechtigt[15] ist. Bei der OHG besteht **keine Nachschusspflicht**. Nach § 122 HGB hat ein Gesellschafter auch das Recht, soweit es der Gesellschaft nicht zum Schaden gereicht, vier Prozent seines für das letzte Geschäftsjahr festgestellten Kapitalanteils zu entnehmen (**Entnahmerecht**). Wie bei der GbR kann der Gesellschafter, außer es ist im Gesellschaftsvertrag anders geregelt, keine Bezahlung für seine Tätigkeit für die Gesellschaft verlangen. Er kann lediglich den Ersatz von Aufwendungen beanspruchen, die er den Umständen nach für erforderlich halten darf (§ 110 Abs. 1 Halbsatz 1 HGB). Weiterhin gilt die **Treuepflicht** gegenüber der Gesellschaft und damit einhergehend das Verbot wider die Gesellschaft am Wettbewerb teilzunehmen. Außerdem besitzen die Gesellschafter das Recht auf umfassende Information und auf Einsicht in alle Angelegenheiten der Gesellschaft (§ 118 HGB).

Beispiel (angelehnt an Fall 3): F, G und H haben nach § 122 HGB ein Entnahmerecht aus dem Vermögen der OHG. Da dieses allerdings nur 4 % des Kapitalanteils des Vorjahres beträgt, ist es sinnvoll im Gesellschaftsvertrag auch ein Gehalt der einzelnen Gesellschafter für ihre Tätigkeit zu vereinbaren.

---

[13] Vgl. oben.
[14] Baumbach/Hopt, HGB, § 109 Rn. 29.
[15] Baumbach/Hopt, HGB, § 109 Rn. 12 - 14.

4. Leitungsmacht

Der Begriff der Leitungsmacht umfasst die **Geschäftsführung** und die **Vertretung** der Gesellschaft nach Außen. Das HGB hält einige Spezialregelungen für den Handelsverkehr bereit.

a) Geschäftsführung

Die Geschäftsführung umfasst alle Handlungen der Gesellschafter, die auf die Verwirklichung des Gesellschaftszwecks gerichtet sind.[16] Für die OHG wird zwischen **gewöhnlichen** und **außergewöhnlichen Geschäften** unterschieden. Für gewöhnliche Geschäfte besteht bei der OHG **Einzelgeschäftsführungsbefugnis**. Das heißt, dass jeder Gesellschafter Geschäfte, die der gewöhnliche Betrieb des Handelsgewerbes der Gesellschaft mit sich bringt alleine vornehmen kann (**gewöhnliche Geschäfte**), außer ein anderer Gesellschafter widerspricht (§§ 114 Abs. 1, 115 Abs. 1, 116 Abs. 1 HGB). Bei Geschäften jedoch, die besonders risikoreich sind oder den normalen Rahmen der bisherigen Tätigkeit der Gesellschaft überschreiten (**außergewöhnliche Geschäfte**), muss ein gemeinsamer Beschluss der Gesellschafter gefasst werden (§ 116 Abs. 2 HGB).

b) Vertretung

Die Vertretungsmacht jedes persönlich haftenden Gesellschafters (Komplementär) umfasst **alle** gerichtlichen und außergerichtlichen Geschäfte und Rechtshandlungen (§ 126 Abs. 1 HGB). Jeder Komplementär kann allein Dritten gegenüber im Namen und auf Rechnung der Gesellschaft handeln (§ 125 Abs. 1 HGB). Besonderheit hierbei ist, dass dies zwar im Gesellschaftsvertrag anderweitig geregelt werden kann, Dritten gegenüber aber unwirksam ist (§ 126 Abs. 2 HGB). Zur Wahrung der Sicherheit im Rechtsverkehr werden die Gläubiger der Gesellschaft daher zu Lasten der Mitgesellschafter geschützt. Die Gesellschaft kann aber auch von Nicht-Gesellschaftern vertreten werden. Das Handelsrecht bietet zwei besondere Formen des Handelns für die Gesellschaft. Dies sind die **Prokura** und die **Handlungsvollmacht**.

c) Prokura

Die **Prokura** ermächtigt nach deutschem Handelsrecht gemäß § 49 Abs. 1 HGB „zu **allen** Arten von gerichtlichen und außergerichtlichen Geschäften und Rechtshandlungen, die der Betrieb eines Handelsgewerbes mit sich bringt". Die Prokura muss ins Handelsregister eingetragen werden. Besonderheit ist, dass die Prokura ebenso wie die Vertretungsmacht des Komplementärs Dritten gegenüber nicht beschränkt werden kann. Selbst wenn zwischen dem Gesellschafter der die Prokura erteilt und

---

[16] Saenger, Gesellschaftsrecht, Rn. 273b.

dem **Prokuristen** eine Vereinbarung besteht, dass nur bestimmte Geschäfte getätigt werden können, hat diese Vereinbarung für Dritte keine Wirkung.

d) Handlungsvollmacht

Die **Handlungsvollmacht** ist jede vom einem Kaufmann erteilte Vollmacht die **nicht** Prokura ist (§ 54 HGB). Sie kann im Gegensatz zur Prokura auch konkludent erteilt werden und muss nicht ins Handelsregister eingetragen werden. Durch sie wird der Bevollmächtigte aber **lediglich zu branchentypischen Geschäften ermächtigt**, die zum gewöhnlichen Betrieb des Unternehmens gehören. Umfasst sind also nicht außergewöhnliche Tätigkeiten, sondern lediglich gewöhnliche Tätigkeiten, die im täglichen Geschäftsverkehr ausschließlich für diesen Geschäftszweig des Handelsgewerbes üblich sind. Die Handlungsvollmacht ist im Gegensatz zur Prokura auch Dritten gegenüber beschränkbar. Allerdings ist der Dritte dadurch geschützt, dass die Beschränkung dem Dritten gegenüber nur wirksam ist, wenn dieser sie kannte oder hätte kennen müssen (§ 54 Abs. 3 HGB).

5. Haftung

Auch bei der OHG muss wieder zwischen der **Haftung der Gesellschaft** und der **Haftung der Gesellschafter** unterschieden werden.

Die **Gesellschaft** haftet – wie bereits schon bei der GbR erwähnt – einerseits für vertragliche Schulden aus einem Vertrag mit einem Dritten, als auch für Handlungen, die durch einen verfassungsmäßig berufenen Vertreter durch eine in Ausführung der ihm zustehenden Verrichtung begangene, zum Schadensersatz verpflichtende Handlung entstehen (§ 31 BGB analog). Die **Gesellschafter** unterliegen im Außenverhältnis, das heißt gegenüber Dritten, der unbeschränkten Haftung. Das heißt, sie haften auch mit ihrem Privatvermögen. Im Innenverhältnis gegenüber den anderen Gesellschaftern besteht dann die Möglichkeit auf Ausgleich des dem Dritten geleisteten Schadensersatzes (§ 128 HGB, § 426 BGB).

6. Besteuerung

Für die Besteuerung gilt das zur GbR gesagte. Außerdem erzielt die OHG auch gewerbliche Einkünfte. Damit wird auf Einkünfte des Gesellschafters, wenn er eine natürliche Person ist, die **Gewerbesteuer** auf die Einkommensteuer angerechnet.[17]

III. Kommanditgesellschaft

Die **Kommanditgesellschaft** (KG) ist eine Sonderform der OHG und wie diese eine Personenhandelsgesellschaft. Soweit in § 161 ff. HGB nichts anderes vorge-

---

[17] Siehe vertiefend im Kapitel Steuerrecht.

schrieben, finden auf die KG die für die OHG geltenden Vorschriften Anwendung. (§ 161 Abs. 2 HGB i. V. m. §§ 105 ff. HGB). Besonderheit an der Kommanditgesellschaft im Gegensatz zur OHG ist, dass nicht nur unbeschränkt haftende Gesellschafter (**Komplementäre**) beteiligt sind, sondern auch Gesellschafter bei denen die Haftung auf den Betrag einer bestimmten Vermögenseinlage beschränkt ist (**Kommanditisten**). Wegen dieser Ähnlichkeit zur OHG beschränkt sich die Erklärung zur KG nur auf die Besonderheiten der Kommanditisten.

Falllösung 3 Nr. 2: U und W wollen sich an der Promotion-Agentur beteiligen. Sie könnten dies einerseits als Komplementäre, andererseits aber auch als Kommanditisten. Der Vorteil des Kommanditisten ist, dass sein Haftungsrisiko kalkulierbar ist und er dennoch Anteile am Gewinn der Gesellschaft erhalten kann. Insofern bietet sich für die Beteiligung von U und W die Umwandlung in eine Kommanditgesellschaft an. Sie haben kein gesteigertes Interesse an der Führung des Unternehmens, sondern wollen sich nur eine gewisse Bevorzugung bei der Arbeit des Promotion-Unternehmens sichern und am Gewinn teilhaben.

1. Rechte und Pflichten des Kommanditisten

Der Kommanditist ist nach § 164 S. 1 HGB von der Geschäftsführung ausgeschlossen und darf auch nicht Maßnahmen von geschäftsführenden Gesellschaftern widersprechen. Allerdings hat er bei außergewöhnlichen Geschäftsführungsangelegenheiten ein Stimmrecht.[18] Dieses kann aber im Gesellschaftsvertrag ausgeschlossen werden.[19]

2. Haftung des Kommanditisten

Bei der Haftung des Kommanditisten muss unterschieden werden, ob die KG schon ins Handelsregister eingetragen ist oder nicht.

Wenn die Gesellschaft ihre Geschäfte **vor Eintragung** begonnen hat, so haftet auch der Kommanditist, der dem Geschäftsbeginn zugestimmt hat wie ein Komplementär unbeschränkt (§ 176 Abs. 1 HGB). Nach Eintragung ist dessen Haftung auf die Höhe der Einlage beschränkt (§§ 161, 171 HGB).

Bei der Einlage muss zwischen der **Pflichteinlage** und der **Hafteinlage** unterschieden werden. Die Pflichteinlage betrifft nur das Innenverhältnis zu den anderen Gesellschaftern. Sie ist der Beitrag des Kommanditisten zum Betrieb der Gesellschaft. Die Hafteinlage hingegen muss im Handelsregister eingetragen werden und betrifft das Außenverhältnis der Gläubiger zu der KG. Mit der Hafteinlage haftet der Gesellschafter gegenüber den Gesellschaftsgläubigern (§ 171 Abs. 1, 1. HS. HGB). Meist entsprechen sich Pflicht und Hafteinlage, dies muss aber nicht der Fall sein. Wenn die Einlage nicht nur der Haftung, sondern auch der finanziellen Unterstützung der Tätigkeiten der Gesellschaft dienen soll, kann die Pflichteinlage auch höher sein.[20]

---

[18] Baumbach/Hopt, HGB, § 164 Rn. 2.
[19] Baumbach/Hopt, HGB, § 164 Rn. 6.
[20] Baumbach/Hopt, HGB, § 171 Rn. 1.

Fortsetzung Falllösung 3 Nr. 2: Es würde sich für U und W anbieten, dass sich die Pflicht- und die Hafteinlage voneinander unterscheiden. Durch eine im Gesellschaftsvertrag erhöhte Pflichteinlage können sie die Arbeit der Promotion-KG unterstützen, ohne dass dieser Betrag voll zur Haftung benutzt werden kann.

Bei der Frage der Haftung muss berücksichtigt werden, ob die Hafteinlage bereits in vollem Umfang durch den Kommanditisten erbracht wurde und damit ins Gesellschaftsvermögen übergegangen ist. Ist dies der Fall ist eine darüber hinausgehende Haftung des Kommanditisten ausgeschlossen. Soweit dies nicht geschehen ist, kann der Gläubiger bis zur Höhe der Haftsumme direkt gegen den Kommanditisten vorgehen. Dieser haftet ihm dann persönlich und unmittelbar bis zur Höhe seiner Hafteinlage (§ 171 Abs. 1 1. HS. HGB). Zu beachten ist, dass ein neu eintretender Kommanditist auch für Altverbindlichkeiten der Gesellschaft haften muss, § 173 HGB.

E. Kapitalgesellschaften

Entscheidendes Element der Kapitalgesellschaften ist die Kapitalbeteiligung und nicht die persönliche Mitarbeit. Die Kapitalgesellschaft beruht ebenso wie die Personengesellschaft auf der Mitgliedschaft von natürlichen und juristischen Personen. Die wichtigsten Formen der Kapitalgesellschaften sind die **Gesellschaft mit beschränkter Haftung** (GmbH), die **Aktiengesellschaft** (AG) und die **Kommanditgesellschaft auf Aktien** (KGaA). Anders als beispielsweise die OHG können Kapitalgesellschaften zu **jedem** gesetzlich zugelassenen Zweck betrieben werden. Aber auch wenn nur ein ideeller Zweck im Gesellschaftsvertrag festgelegt ist, sind sie stets Formkaufmann (das heißt Kaufmann kraft Gesetzes) und unterliegen damit den Regelungen des HGB. Ein weiterer Unterschied zu Personengesellschaften ist, dass sie auch als Ein-Mann-GmbHs oder Ein-Mann-AGs gegründet werden können. Eine Einpersonen-GmbH liegt vor, wenn sich die Geschäftsanteile der GmbH in der Hand eines einzigen Gesellschafters befinden.

Besonderheiten der Kapitalgesellschaften:

Kapitalgesellschaften sind juristische Personen und damit rechts- und parteifähig. Während für Personengesellschaften die Pflicht zur Selbstorganschaft kennzeichnend ist, das heißt zumindest ein Gesellschafter muss noch mit der Geschäftsführung betraut sein, ist dies bei Kapitalgesellschaften nicht der Fall. Die Vertretung und Geschäftsführung kann bei ihnen auch vollständig in den Händen von Nichtgesellschaftern liegen (**Fremdorganschaft**). Kapitalgesellschaften bauen auf dem Modell des Vereins auf und sind wie dieser auf einen wechselnden Mitgliederbestand ausgerichtet. Aufgrund dessen gibt es nur in Ausnahmefällen eine unmittelbare Haftung der Mitglieder gegenüber Gesellschaftsgläubigern. Die Kapitalgesellschaft selbst hingegen haftet uneingeschränkt mit ihrem ganzen Vermögen.

I. GmbH – Gesellschaft mit beschränkter Haftung

Die GmbH ist in Deutschland die beliebteste Gesellschaftsform für kleinere und mittelständische Unternehmen. Die GmbH ist Formkaufmann (§ 13 Abs. 3 GmbHG, § 6 HGB) mit einer eigenen Rechtspersönlichkeit und kann zu jedem gesetzlich zulässigen Zweck gegründet werden. Mit ihr können ideelle, sportliche und politische Zwecke verfolgt werden. Da für ihre Verbindlichkeiten grundsätzlich nur das Gesellschaftsvermögen haftet, ist ihre Kreditwürdigkeit im Vergleich zu anderen Personengesellschaften nicht allzu hoch. Daher verlangen Banken für einen Kredit meist auch persönliche Bürgschaften, wodurch der Vorteil der Beschränkung der Haftung auf das Gesellschaftsvermögen wieder gemindert wird und dies faktisch zu einer persönlichen Haftung führen kann.

Die GmbH ist im Vergleich zur AG viel stärker auf die Person des einzelnen Gesellschafters ausgerichtet. Zwar sind die Geschäftsanteile der GmbH grundsätzlich frei veräußerlich und vererblich, allerdings bedarf es für die Veräußerung stets einer notariellen Beurkundung. Zudem wird in der Praxis für die Veräußerung von Geschäftsanteilen häufig die Genehmigung der Gesellschaft im Gesellschaftsvertrag festgeschrieben (§ 15 Abs. 5 GmbHG).

Falllösung 1: Die Veranstaltungsagentur S ist als GmbH ausgestaltet. Wie der Fall zeigt, gab es im Laufe der Jahre schon unterschiedliche Geschäftsführer und auch der Gesellschafterbestand hat sich mit der Zeit gewandelt und vergrößert. Im Vergleich zur GbR oder OHG ist sie viel unabhängiger von den einzelnen Gesellschaftern. Teilweise sind diese sicherlich am tatsächlichen geschäftlichen Handeln der GmbH nicht mehr beteiligt und lediglich ihre Kapitalbeteiligung „arbeitet" für sie.

Als juristische Person (§ 13 Abs. 1 GmbHG) ist die GmbH selbst Inhaber von Rechten und Pflichten und nicht der einzelne Gesellschafter. Die Gesellschafter müssen zu ihrer Gründung ein im Gesellschaftsvertrag festgesetztes Stammkapital aufbringen, welches der Summe der von den Gesellschaftern zu leistenden Stammeinlagen entspricht und mindestens insgesamt 25.000 € betragen muss (§ 5 Abs. 1 GmbHG).

1. Organe

Für die Leitung der Gesellschaft sind zwei Organe im GmbHG zwingend vorgeschrieben: Die **Gesellschafterversammlung** und die **Geschäftsführung**. Im Gesellschaftsvertrag können weitere Organe wie der **Beirat** oder der **Aufsichtsrat** vorgesehen werden. Sobald die Gesellschaft 500 Arbeitnehmer beschäftigt ist ein mitbestimmter Aufsichtsrat gesetzlich vorgeschrieben. Ebenso muss die GmbH ab einer bestimmten Größe einen **Abschlussprüfer** bestellen.

2. Vorgründungsgesellschaft, Vorgesellschaft und GmbH – die Gründung der GmbH

Alle natürlichen und juristischen Personen können Gesellschafter einer GmbH sein. Die GmbH entsteht erst mit der **Eintragung ins Handelsregister** (§ 11 Abs. 1 GmbHG). Vorab müssen die Gesellschafter zwei rechtlich voneinander zu unterscheidende Phasen durchlaufen. Zuerst entsteht die **Vorgründungsgesellschaft**, anschließend die **Vorgesellschaft**, die dann durch Eintragung zur GmbH wird.

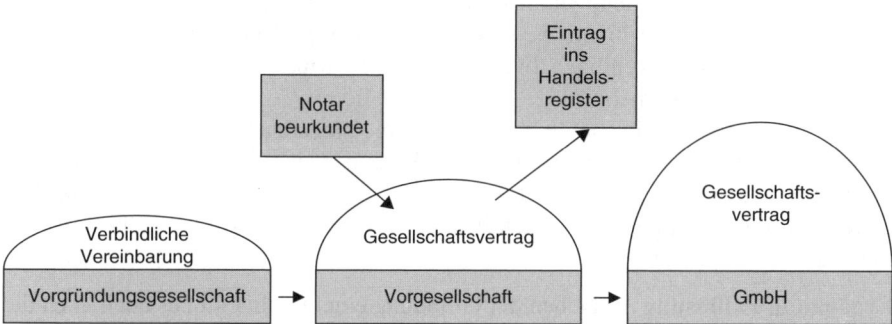

Abb. 2: Entstehung einer GmbH

a) Vorgründungsgesellschaft

Bis zum Abschluss eines notariellen GmbH-Vertrags besteht eine Vorgründungsgesellschaft. Diese entsteht durch den formlosen Beschluss der Gesellschafter eine GmbH zu gründen. Ihre Rechtsform ist entweder eine GbR oder, wenn sie einen eingerichteten Gewerbebetrieb erfordert, eine OHG.

b) Vorgesellschaft

Sobald der notarielle GmbH-Vertrag geschlossen wurde, besteht bis zur Eintragung ins Handelsregister eine Vorgesellschaft. Wenn bereits Einlagen in die Vorgründungsgesellschaft gemacht wurden, sind diese einzeln an die Vorgesellschaft zu übertragen, da diese beiden Gesellschaften auch wenn sie die gleichen Gesellschafter haben, rechtlich voneinander getrennt sind. Die Vorgesellschaft entspricht einer GmbH abgesehen von Regelungen, bei denen es auf die Eintragung ins Handelsregister ankommt. Dies betrifft beispielsweise die **Haftungsbeschränkung auf das Vermögen der GmbH**. Vor Eintragung der GmbH haften die Gesellschafter den Gläubigern persönlich und solidarisch (§ 11 Abs. 2 GmbHG).

3. Der Gesellschaftsvertrag

Im Gesellschaftsvertrag werden die **Rechtsbeziehungen zwischen der Gesellschaft und den Gesellschaftern** bestimmt. Zusätzlich wird die **Organisation** und die **Rechtsstellung der Gesellschaft** festgeschrieben. Durch das Gesetz zur Modernisierung des GmbH-Rechts und zur Bekämpfung von Missbräuchen (MoMiG) wurde für unkomplizierte Standardgründungen ein Mustervertrag zur Verfügung gestellt, § 2 Abs. 1a GmbHG. Wenn dieser verwendet wird, bedarf es keiner notariellen Beurkundung mehr. Es ist lediglich eine öffentliche Beglaubigung der Unterschriften erforderlich. Der Gesellschaftsvertrag hat einen **obligatorischen Mindestinhalt**, darüber hinaus können noch **freiwillige Regelungen** festgeschrieben werden. Zum notwendigen Inhalt gehört die Firma (Name) und der Sitz der Gesellschaft, der Unternehmensgegenstand, der Betrag des Stammkapitals und der Betrag, den jeder Gesellschafter für die Stammeinlage zu leisten hat. Der **Unternehmensgegenstand** stellt klar auf welche Art und Weise die Gesellschaft den Gesellschaftszweck erreichen will. Dieser soll möglichst genau beschrieben werden, damit sich die beteiligten Verkehrskreise ein hinreichendes Bild hierüber machen können.[21]

Ergänzung Falllösung 3: Neben der Gründung einer GmbH gibt es auch noch die Möglichkeit einer Umwandlung nach dem Umwandlungsgesetz (UmwG). Bei der **Promotion**-Agentur in **Fall 3** hätte es sich auch angeboten, dass F, G und H ihre OHG zu einer GmbH umwandeln. Sie könnten dann Geschäftsführer nach § 35 Abs. 1 GmbHG sein und U und W wären lediglich Gesellschafter, deren Rechte im Gesellschaftsvertrag geregelt werden könnten. Dies hätte für alle Beteiligten den Vorteil, dass sie nicht mehr persönlich haften müssten und durch U und W könnte das Stammkapital leichter aufgebracht werden.

4. Stammkapital und Stammeinlage

Das **Stammkapital** ist der Ersatz der persönlichen Haftung bei der Personengesellschaft. Es muss mindestens 25.000 € betragen. Die Festlegung des Stammkapitals und der **Stammeinlagen** gehört zu den zwingenden Bestimmungen des Gesellschaftsvertrages der GmbH. Das Stammkapital bezeichnet die Summe der einzelnen Stammeinlagen der Gesellschafter (§ 3 Abs. 1 Nr. 4 GmbHG). Die Stammeinlagen können nicht nur in bar (**Geldeinlagen**), sondern auch als **Sacheinlagen** erfolgen. Das sind Vermögensgegenstände, deren wirtschaftlicher Wert feststellbar ist (Firmenfahrzeuge, Computer, Patente etc.). Für Sacheinlagen gelten allerdings einige Sonderregelungen.

Bei der Anmeldung zum Handelsregister muss noch nicht das gesamte Stammkapital eingebracht worden sein, aber die eingebrachten Einlagen müssen mindestens die Gesamtsumme von 12.500 € erreichen (§ 7 Abs. 2 S. 2 GmbHG). Bei Geldeinlagen ist von jedem Gesellschafter mindestens ein Viertel des Gesamtbetrages

---

[21] Näheres hierzu Saenger, Gesellschaftsrecht, Rn. 729.

einzuzahlen. Sacheinlagen hingegen müssen vor Eintragung komplett eingebracht worden sein.

Damit nach der Gründung der GmbH das Stammkapital erhalten bleibt, gibt es ein System von Regelungen, die eine Entziehung des Haftungskapitals verhindern sollen (**Kapitalerhaltungsvorschriften**). Eine solche Regelung ist das **Auszahlungsverbot**. Demnach darf das zur Erhaltung des Stammkapitals erforderliche Vermögen nicht an die Gesellschafter ausbezahlt werden (§ 30 Abs. 1 GmbHG). Wenn durch Zahlungen an einen Gesellschafter die Stammeinlage unterschritten wurde, kann der Betrag vom Zahlungsempfänger wieder zurückgefordert werden (§ 31 Abs. 1 GmbHG). Soweit dieser Erstattungsanspruch der Gesellschaft gegenüber dem Gesellschafter wertlos ist (der Gesellschafter ist nicht solvent), kann die Gesellschaft den fehlenden Betrag von den anderen Mitgesellschaftern verlangen (§ 31 Abs. 3 GmbHG).

5. Leitungsmacht

Bei der GmbH ist die **Geschäftsführung** von der **Gesellschafterversammlung** zu unterscheiden. Entscheidungen der Unternehmensleitung finden auf der Ebene der Geschäftsführung statt. Grundlegende Entscheidungen, die das Verhältnis der Gesellschafter untereinander betreffen, werden auf der Ebene der Gesellschafterversammlung getroffen. Die Gesellschafterversammlung ist das **oberste Willensbildungsorgan** der GmbH. Der Geschäftsführer ist dahingegen für die **laufenden Geschäfte** zuständig. Dazu gehört, dass er den Jahresabschluss aufstellen und die Gesellschafterversammlung einberufen muss. Er muss für eine ordnungsgemäße Buchführung sorgen und dafür Sorge tragen, dass die Kapitalerhaltungsvorschriften befolgt werden.

6. Rechte und Pflichten der Gesellschafter

Die Rechte und Pflichten der Gesellschafter bestimmen sich aus dem Gesetz und dem Gesellschaftsvertrag. Bei der Gesellschafterversammlung haben die Gesellschafter ein Bündel von **Mitbestimmungsrechten**. Dazu gehört zu aller erst das **Teilnahmerecht** an der Versammlung, das **Stimmrecht**, das **Recht zur Beschlussfassung** über die Bestellung und die Abberufung der Geschäftsführung, sowie die **Feststellung des Jahresabschlusses** und die **Verwendung des möglichen Gewinns**. Zusätzlich haben die Gesellschafter aber auch **individuelle Rechte und Pflichten**, die sie unabhängig von der Gesellschafterversammlung ausüben dürfen. Zu den wichtigsten individuellen Rechten gehören die **Vermögensrechte**. Die Gesellschafter haben ein Recht am Gewinn der Gesellschaft (**Dividende**), soweit durch die Gesellschafterversammlung beschlossen wurde, dass dieser ausbezahlt und nicht in die GmbH eingebracht wird. Ebenso haben sie bei der Liquidation der GmbH ein Recht auf einen **Anteil am Liquidationserlös**. Neben den schon bei GbR und OHG genannten Pflichten wie die **Treuepflicht** und das **Wettbewerbs-**

verbot kommt hauptsächlich bei der GmbH noch die **Einlageverpflichtung** zur Erbringung der Stammeinlage hinzu.

Tabelle 2: Rechte und Pflichten der Gesellschafter

Rechte der Gesellschafter	Pflichten der Gesellschafter
Bei Gesellschafterversammlung	- Einlagepflicht
- Mitbestimmungsrecht	- Verschwiegenheitspflicht
- Teilnahmerecht	- Einhaltung des Wettbewerbsverbots
- Stimmrecht	- Treuepflicht
- Beschlussfassungsrecht	
Individuell	
- Vermögensrecht	
- Anteil am Liquidationserlös	
- Aufwendungsersatz	

7. Haftung der Gesellschaft

Wie bereits ausgeführt, haftet die GmbH für Verbindlichkeiten gegenüber ihren Gläubigern nur mit ihrem Vermögen (§ 13 Abs. 2 GmbHG).

Falllösung 1: S hat mit R einen Tourneevertrag abgeschlossen, den er nicht erfüllen konnte. Wenn nun R Schadensersatz verlangt für die Mehrkosten, die ihm durch einen Alternativvertrag entstanden sind, kann er sich damit nicht an G als natürliche Person, sondern nur an die Veranstaltungs-GmbH wenden, § 13 Abs. 2 GmbHG. Anspruchsgrundlage gegenüber der GmbH ist § 280 BGB i. V. m. § 31 BGB.

Von dieser Regel bestehen verschiedene Ausnahmen. Teilweise wird wegen der beschränkten Haftung der GmbH zusätzlich eine **vertragliche Haftungsvereinbarung** geschlossen. So müssen Gesellschafter bei der Kreditvergabe häufig persönlich bürgen oder einen Schuldbeitritt unterzeichnen.

In einigen Fallkonstellationen besteht aber auch die Möglichkeit einer **Durchgriffshaftung**. Dabei kann der Gesellschafter trotz der grundsätzlichen Trennung von Gesellschafts- und Gesellschaftervermögen ausnahmsweise in Anspruch genommen werden.

Dies ist der Fall, wenn beispielsweise durch eine **undurchsichtige oder auch ganz fehlende Buchführung** die Abgrenzung zwischen Gesellschafts- und Privatvermögen unmöglich gemacht wird (**Vermögensvermischung**). Ebenso haften die dafür verantwortlichen Gesellschafter, wenn durch eine **unübersichtliche Unternehmensführung** (mehrere Unternehmen in den gleichen Räumlichkeiten, das gleiche Personal) die einzelnen Unternehmen nicht mehr unterschieden werden können (**Sphärenvermischung**).[22]

In der Praxis besonders bedeutsam sind die Fälle **sittenwidriger Gläubigerschädigung** (§ 826 BGB). Diese liegt teilweise dann vor, wenn das Stammkapital für die Durchführung beabsichtigter Geschäfte unzureichend ist und dies vorsätz-

---

[22] Saenger, Gesellschaftsrecht, Rn. 805.

lich zur Gläubigerbenachteiligung im Insolvenzfall führt.[23] Ebenso liegt nach der neueren Rechtsprechung des BGH auch eine sittenwidrige Gläubigerschädigung vor, wenn ein Gesellschafter der Gesellschaft offen oder verdeckt Vermögenswerte entzieht und zumindest für möglich hält, dass die sie zur Erfüllung ihrer Verbindlichkeiten nicht mehr oder nur noch in geringem Maße erfüllen kann (existenzvernichtender Eingriff).[24]

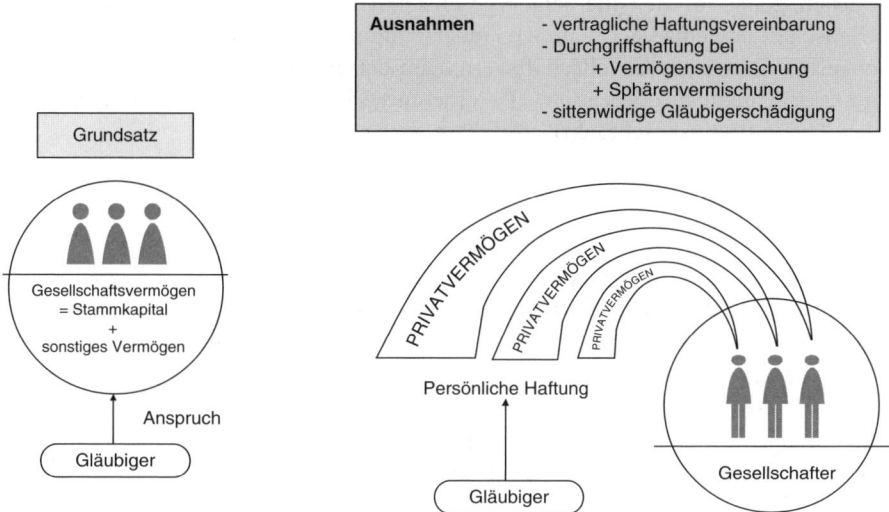

Abb. 3: **Grundsätze der Haftung bei der GmbH**

8. Besteuerung

Die GmbH unterliegt als juristischer Person der **Körperschaftssteuer**. Werden Gewinne ausgeschüttet, findet eine nochmalige Besteuerung beim Anteilseigner statt. Hierbei sind jedoch Steuerermäßigungen möglich.

II. Unternehmergesellschaft (haftungsbeschränkt)

Durch das Gesetz zur Modernisierung des GmbH-Rechts und zur Bekämpfung von Missbräuchen (MoMiG) sollen Unternehmensgründungen erleichtert und beschleunigt werden, um den Wettbewerbsnachteil der GmbH gegenüber ausländischen Rechtsformen wie der englischen Limited auszugleichen. Deshalb wurde in § 5a GmbHG die **haftungsbeschränkte Unternehmergesellschaft** eingeführt.

---

[23] Saenger, Gesellschaftsrecht, Rn. 806.
[24] BGH vom 16. 7. 2007, AZ: II ZR 3/04.

Es handelt sich dabei um eine Sonderform der GmbH, die **mit einem geringeren Stammkapital** als 25.000 € gegründet werden kann. Erforderlich ist lediglich ein Stammkapital von 1 €, da mindestens ein Geschäftsanteil zu zeichnen ist.[25] Die Errichtung der Unternehmergesellschaft kann nur durch Neugründung erfolgen.[26] Kehrseite des geringen Gründungsaufwandes ist, dass die Unternehmergesellschaft ihre Gewinne aber nicht voll ausschütten darf. Es besteht die Pflicht zur Bildung einer gesetzlichen Rücklage, § 5a Abs. 3 GmbHG. Soweit keine Sonderregelungen bestehen, gelten für die Unternehmergesellschaft die Vorschriften des GmbHG. Die Gesellschaft ist gemäß § 13 GmbHG rechtsfähig und die Haftung für ihre Verbindlichkeiten ist auf das Gesellschaftsvermögen beschränkt. Die Gesellschaft hat in ihrem Firmennamen den Zusatz „Unternehmergesellschaft (haftungsbeschränkt)" oder „UG (haftungsbeschränkt)" zu führen.

III. Limited

Durch ein Urteil des EuGH müssen Gesellschaften, die ihren Verwaltungssitz aus dem EU-Ausland nach Deutschland verlegen, grundsätzlich als ausländische Gesellschaften nach dem Recht ihres Gründungsstaates anerkannt werden. Da dies auch für Gesellschaften gilt, die nie in ihrem Gründungsstaat tätig waren, dort lediglich als Briefkastengesellschaften auftreten, ist die Verwendung einer ausländischen Rechtsform auch in Deutschland attraktiv geworden. Die englische **Private Company Limited by Shares (Limited)** steht dabei im Mittelpunkt des Interesses.

1. Vorteile

Die Gründung einer Limited gilt als schnell, kostengünstig und unkompliziert. Im Gegensatz zur GmbH ist kein Mindestkapital erforderlich und Änderungen der Satzung und Anteilsübertragungen bedürfen nicht wie bei der GmbH der notariellen Beurkundung. Natürlich darf nicht vergessen werden, dass Englisch eine weitverbreitete Sprache ist und dies begünstigt ebenso die Entscheidung eine Limited und keine andere Gesellschaftsform aus dem EU-Ausland zu wählen. Mit der Limited können grundsätzlich die gleichen Zwecke erfüllt werden, wie mit der GmbH. Darüber hinaus bietet sie sich gerade für kurzzeitige Unternehmungen an, da sie schnell gründ- und liquidierbar ist. Auch ist zu bedenken, dass die Limited in Deutschland zwar eher unbekannt ist, im Ausland hingegen weite Anerkennung findet. Insofern ist sie für internationale Geschäfte gut geeignet. Doch der Teufel steckt im Detail. Daher muss die Entscheidung eine Limited und nicht eine GmbH oder eine Unternehmergesellschaft (UG haftungsbeschränkt) als Rechtsform zu wählen weise überdacht werden. Die Unternehmergesellschaft ist eine gelungene Reaktion des deutschen Gesellschaftsrechtes auf die Limited.

---

[25] Saenger, Gesellschaftsrecht, Rn. 822.
[26] Herrschende Meinung; so auch Saenger, Gesellschaftsrecht, Rn. 822.

Tabelle 3: Vor- und Nachteile der Limited

Vorteile der Limited	Nachteile der Limited
- schnelle kostengünstige Gründung - kein Mindestkapital - keine notarielle Beurkundung bei Änderungen u. a. der Satzung - internationale Anerkanntheit	- doppelte Buchführungspflicht nach engl. und dt. Recht - strengere englische Publizitätsvorschriften, als die des deutschen Handelsregisters - strengere Auskunftspflichten mit härteren Folgen - Anwendung des englischen Rechts und damit erhöhte Kosten (engl. Anwälte) bei Streitigkeiten zwischen den Gesellschaftern (Innenverhältnis)

2. Nachteile

Ein gewichtiges Problem ist bei der Limited, dass sich das Innenrecht, also das Recht über die Organisation der Gesellschaft nach englischem Recht richtet. Daher muss, auch wenn die Limited ausschließlich in Deutschland tätig ist, den Buchführungs- und Bilanzierungspflichten in England Folge geleistet werden. Dies führt zu einer doppelten Buchführungspflicht, denn eine nach Deutschland ausgewanderte Limited ist auch in Deutschland beim Handelsregister eintragungspflichtig und muss die handelsrechtlichen Pflichten beachten. Des Weiteren wird das fehlende Stammkapital der Limited durch vielfältige Publizitätspflichten ausgeglichen. Das bedeutet, dass die Limited erhöhte Auskunftspflichten gegenüber dem Companies House in Cardiff (entspricht in etwa dem deutschen Handelsregister) hat, deren Missachtung mit Geldbußen, Entziehung der Geschäftsführungsbefugnis oder gar dem Zwang zur Liquidation der Gesellschaft bestraft wird. Der Geschäftspartner kann sich anhand dieser Eintragungen stets über Kapitalausstattung, Gesellschafter, Geschäftsführung, die Gründungssatzung etc. informieren. Zuletzt bleibt zu bedenken, dass – auch wenn dies bei einer Gründung einer Gesellschaft meist noch nicht bedacht wird – alle Innenstreitigkeiten zwischen den Gesellschaftern, zwischen Gesellschaftern und Geschäftsführung und zwischen den Gesellschaftern und der Gesellschaft nach englischem Recht zu beurteilen sind. Im Streitfall bedarf es dann entweder eines Spezialisten für englisches Gesellschaftsrecht oder gar eines englischen Anwalts. Dies kann zu erheblichen Mehrkosten führen.[27]

IV. Die Aktiengesellschaft

Große Veranstaltungskonzerne sind meist in der Rechtsform der Aktiengesellschaft organisiert. Die Aktiengesellschaft (AG) ist eine Gesellschaft mit eigener Rechtspersönlichkeit und mit einem in Aktien zerlegten Grundkapital. Für die Verbindlichkeiten der AG haftet den Gläubigern nur das Gesellschaftsvermögen, § 1 AktG. Die AG ist darauf angelegt, große Kapitalsummen durch eine Vielzahl von Kapital-

---

[27] Weitere Ausführungen vor allem in Bezug auf die Funktionsweise der Limited siehe Saenger, Gesellschaftsrecht, Rn. 880.

gebern aufzubringen und langfristig zu binden. Die Aktionäre sind die wirtschaftlichen Eigentümer der AG. Die Organe der AG sind der Vorstand, Aufsichtsrat und die Hauptversammlung. Der Vorstand leitet die Geschäfte der AG in eigener Verantwortung und vertritt diese nach Außen, §§ 77, 78 AktG. Im Gegensatz zum Geschäftsführer einer GmbH ist der Vorstand nicht an Weisungen der Kapitalgeber gebunden.

Beispiel: Der Vorstand der Veranstaltungs-AG mit Sitz in München entschließt sich, wieder mehrere Konzerte zur volkstümlichen Musik zu veranstalten, da diese immer sehr erfolgreich waren. Die Aktionäre A, B, C, D und E sind strikt dagegen, da sie Volksmusik nicht mögen. Der Vorstand kann unabhängig von dem Willen von A, B, C, D und E die Konzerte veranstalten.[28]

F. Nichtkapitalistische Körperschaften

Beliebte Rechtsformen im Kulturbereich sind der Verein und die Stiftung. Da nur Körperschaften gemeinnützig sein können und somit steuerprivilegiert sind, haben sich im Kulturbereich insbesondere der Verein und die Stiftung als Rechtsformen etabliert. Der eingetragene Verein ist die einfachste Rechtsform, ein ideelles, gemeinnütziges Ziel gemeinsam mit anderen Personen zu verfolgen und dabei vom Staat unterstützt zu werden, indem Spenden als Einnahmen steuerfrei sind, aber auch dem Spender steuerliche Vorteile bringen (Spendenquittung). Ein Verein ist weiterhin das ideale Instrument für Kulturinstitutionen, um einen unterstützenden Förderkreis aufzubauen.

Beispiel: Für die Gewinnung neuer Besuchergruppen gründen die Domfestspiele Erfurt einen Freundes- und Förderkreis als Verein.

I. Verein

Fall 4: W ist ein talentierter Dirigent. Schon seit er fünfzehn ist, leitet er ein Projektorchester und über die Jahre arbeitet er mit einer Stammbesetzung von 70 Musikern zusammen. Wegen der hohen Qualität des Amateurorchesters – bestehend aus Musikhochschulstudenten, jungen Musiklehrern sowie ausgewählten Freizeitmusikern – und dem das Publikum gewinnenden Repertoire lässt der Erfolg nicht lange auf sich warten. Das Orchester tritt anfangs regional, mit der Zeit aber bald bundesweit auf und veranstaltet diverse Tourneen. Dennoch spielt das Orchester weiterhin in der Besetzung von Amateurmusikern, die für ihr Engagement keine Gage erhalten. Lediglich die Solisten werden zu Konzerten eingekauft und das meist auch zu einem Unkostenbeitrag, da sie über die menschliche und musikalische Stimmung im Orchester so begeistert sind.

---

[28] Zur Haftung des Vorstandes und der D&O-Versicherung (Managerversicherung gegen Schäden) siehe Kerst, WM 2010, 594 ff.

Welche Rechtsform kommt für das Orchester in Betracht?

Trotz dieser Erfolgsgeschichte mangelt es dem Orchester immer an Geld und es überlegt sich anderweitig seinen knappen Haushalt aufzubessern. Dazu gibt es unterschiedliche Vorschläge aus den Reihen der Orchestermitglieder.

1. Da sich über die Jahre viele Instrumente, Notenständer und sonstiges Zubehör angesammelt hat, wird überlegt dieses weiterzuvermieten, wenn es im Orchester nicht benötigt wird.
2. Wegen dessen hoher Qualität wird beim Orchester regelmäßig angefragt, seine Musiker weiterzuvermitteln. Da dies sehr zeitaufwendig ist, entschließt sich das Orchester für die Vermittlung Geld zu verlangen.

Wie wirken sich diese wirtschaftliche Zwecke auf den möglichen Status der Gemeinnützigkeit aus?

Im Kulturbetrieb spielt der Verein – wie eingangs erwähnt – eine wichtige Rolle. Denn gerade im hobby- und im semiprofessionellen Bereich ist mit einem hohen Wechsel des Mitgliederbestandes zu rechnen. Unabhängig davon, ob es sich um einen Chor, ein Orchester, eine Theater- oder Tanzgruppe handelt ist aber, trotz des regelmäßigen Ein- und Austritts von Mitgliedern der mehrheitliche Wille auf Fortführung des Projekts gerichtet. Im Allgemeinen steht bei solchen Gruppen die Erfüllung eines künstlerischen Bedürfnisses meist vor dem Interesse mit der Kunst auch noch Geld zu verdienen.

Der Verein ist ein auf eine gewisse Dauer angelegter, körperschaftlich organisierter Zusammenschluss einer Anzahl von Personen, die ein gemeinschaftliches Ziel verfolgen. Der Verein hat die Möglichkeit Rechtsfähigkeit zu erlangen. Dies geschieht entweder durch die Eintragung in das Vereinsregister (§ 21 BGB) oder durch staatliche Verleihung (§ 22 BGB).

Falllösung 4 (Rechtsform): Für das Orchester ist die geeignete Rechtsform der Verein. Wegen des wechselnden Mitgliederbestandes und des vorwiegenden Interesses der Mitglieder an der musikalischen Zusammenarbeit und nicht am erwirtschafteten Gewinn ist dies die ideale Rechtsform.

1. Entstehung des Vereins

Der Gründungsakt eines Vereins besteht darin, dass die Gründer sich darüber einig werden, dass die von ihnen aufgestellte Satzung jetzt verbindlich sein soll (sog. Gründungsvertrag). Für eine **Eintragung ins Vereinsregister**, welches beim Amtsgericht geführt wird, sind allerdings **mindestens sieben Personen** erforderlich (sog. Gründungsmitglieder). Bis zur Eintragung im Vereinsregister handelt es sich dann um einen „Vorverein". Damit ein Verein handlungsfähig wird, muss ein Vorstand berufen werden.

Zur Anmeldung ist die Mitwirkung aller Vorstandsmitglieder erforderlich. Sie müssen ihre Unterschrift unter die Anmeldung von einem Notar beglaubigen lassen.

Nach Eingang der Anmeldung prüft der Rechtspfleger, ob eine in formeller und materieller Hinsicht wirksame Satzung vorliegt. Einzutragen sind Name und Sitz des Vereins, der Tag der Errichtung der Satzung, sowie die Mitglieder des Vorstandes. Mit der Eintragung erhält der Verein den Zusatz „eingetragener Verein" (§ 65 BGB). Der Verein ist damit rechtsfähig und eine juristische Person geworden. Anschließend wird die Eintragung durch das Amtsgericht bekannt gemacht. Der eingetragene Idealverein wird in der Folge mit dem Zusatz e. V. (eingetragener Verein) bezeichnet. In Deutschland ist der weit überwiegende Teil tätiger Vereine ein e. V.

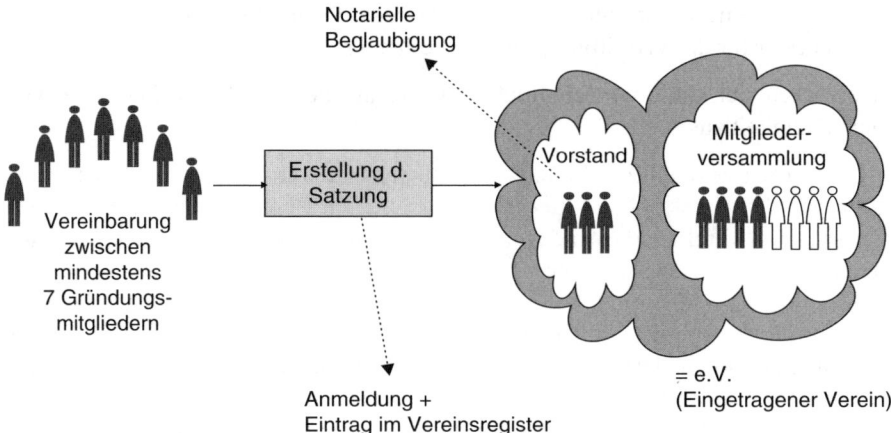

Abb. 4: Entstehung eines eingetragenen Vereins

2. Die Satzung

Die Vereine bestimmen ihre Satzung unter Berücksichtigung der Vorschriften der §§ 21–79 BGB selbst. Darin müssen der Name, der Sitz und der Zweck des Vereins geregelt sein, ferner die grundsätzlichen Regeln über den Erwerb und den Verlust der Mitgliedschaft, die Beitragspflicht, Aufgaben und Tätigkeit der Vereinsorgane und deren Zusammensetzung. Schließlich müssen Regelungen getroffen werden über die Auflösung des Vereins und das Schicksal des Vereinsvermögens beim Abschluss der Liquidation.[29]

Bei der Gründung eines Vereins besteht weitgehend Satzungsautonomie. Daher darf teilweise erheblich von der gesetzlichen Regelung abgewichen werden. Im Folgenden wird überwiegend auf die gesetzlichen Regelungen eingegangen.

Fortsetzung Falllösung 4: Es gilt die Satzung des Orchesters auf die spezifischen Gegebenheiten des Vereins abzustimmen. Es gilt Regelungen zu finden, wie ein so aktiver Verein geleitet wird. Wenn der Vorstand nicht alle Tätigkeiten ehrenamtlich

---

[29] Schleder, S. 32.

bewältigen kann, sind Personen anzustellen, die den Vorstand in ihrer Arbeit unterstützen. Es ist festzulegen, ob der Dirigent für seine Tätigkeit entlohnt wird und wer die Entscheidungen über die Verwendung der Einnahmen aus den Konzerten und Tourneen trifft.

3. Der Zweck des Vereins

a) Abgrenzung wirtschaftlicher Verein – Idealverein

Der **Zweck** ist der den Charakter des Vereins bestimmende **oberste Leitsatz** der Vereinstätigkeit, in dem das alle Mitglieder verbindende gemeinsame Interesse zum Ausdruck kommt.[30] Nach § 21 BGB können nur die Vereine Rechtsfähigkeit durch Eintragung in das Vereinsregister erwerben, „deren Zweck **nicht auf einen wirtschaftlichen Geschäftsbetrieb gerichtet**", sondern vielmehr ideell sind (z. B. Musik-, Sport-, Kunst- und Tanzvereine).

Es gilt daher den wirtschaftlichen vom nichtwirtschaftlichen („ideal"-) Verein zu unterscheiden. Um den Charakter des Vereins festzustellen ist nicht nur die Bestimmung in der Satzung zu berücksichtigen, sondern es muss auch darauf abgestellt werden, inwieweit sich die **tatsächliche Betätigung** des Vereins als „**wirtschaftlicher Geschäftsbetrieb**" darstellt.[31] Wenn der Verein sich wirtschaftlich betätigt, muss zusätzlich die Frage gestellt werden, in welchem Verhältnis der „wirtschaftliche Geschäftsbetrieb" zur nichtwirtschaftlichen Tätigkeit des Vereins steht. Vereinen, deren wirtschaftliche Tätigkeit nur eine untergeordnete Rolle spielt, beispielsweise zur Finanzierung der ideellen Betätigung, ist eine Eintragung ins Vereinsregister möglich (**Nebenzweckprivileg**).

Grund für diese Regelung ist, dass bei einer wirtschaftlichen Betätigung der Gesetzgeber für den Geschäftspartner eine höhere Sicherheit für notwendig hält und deshalb die Mitglieder veranlassen will, eine GmbH, AG oder eine andere Gesellschaftsform zu gründen. Denn mit den vereinsrechtlichen Bestimmungen des Bürgerlichen Gesetzbuchs kann den Risiken, die der Wirtschaftsverkehr für Dritte birgt, nicht wirksam begegnet werden.

Fortsetzung Falllösung 4 (Rechtsform): Es stellt sich die Frage, ob es sich bei dem Orchester um einen wirtschaftlichen oder einen Idealverein handelt. Dabei ist auf die tatsächliche Betätigung abzustellen. Im vorliegenden Fall könnte man zuerst von einem wirtschaftlichen Geschäftsbetrieb ausgehen, da durch die Tourneen und Konzerte einerseits ein erheblicher Verwaltungsaufwand entsteht, andererseits auch Gagen gezahlt werden, die dem Verein zugute kommen. Auf der anderen Seite sind die Musiker unbezahlt und opfern ihre Zeit für das gemeinsame Musizieren. Dass sie eine so hohe Qualität erreichen, dass sie damit mit Profiorchestern konkurrieren können ist eher der intensiven Zusammenarbeit geschuldet, als dem wirtschaftlichen Interesse. Die wirtschaftliche Betätigung dient vielmehr der Aufrechterhaltung die-

---

[30] BGHZ 96, 245.
[31] KG NZG 2005, 361, 362.

ser intensiven Zusammenarbeit und ist daher als Nebenzweckprivileg einzustufen. Es handelt sich bei dem Orchester somit um einen Idealverein.

b) Gemeinnützigkeit

Im Grunde unterliegt der Verein den Steuergesetzen wie andere zivilrechtliche Körperschaften auch. Soweit der Verein aber einen nichtwirtschaftlichen Zweck verfolgt, besteht die Möglichkeit einer steuerlichen Begünstigung. Um diese zu nutzen, müssen aber die jeweiligen Grenzen der Steuervergünstigungen berücksichtigt werden.

Besonders zu erwähnen ist hierzu die Steuerbegünstigung nach § 51 AO. Denn soweit ein Verein „ausschließlich und unmittelbar **gemeinnützige, mildtätige** oder **kirchliche** Zwecke" verfolgt, entfällt die Körperschaftsteuer (§ 5 Abs. 1 Nr. 9 KStG), die Gewerbesteuer (§ 3 Nr. 6 GewStG) und die Umsatzsteuer beträgt nur 7 % (§ 12 Abs. 2 Nr. 8a UStG). Da vorab nicht immer klar abzusehen ist, wann ein Zweck durch das Steuerrecht zu begünstigen ist, ist es sinnvoll dies mit dem Finanzamt abzuklären.

Ein **gemeinnütziger Zweck** liegt vor, wenn die Tätigkeit des Vereins darauf gerichtet ist, die Allgemeinheit auf materiellem, geistigem oder sittlichem Gebiet **selbstlos** und **unmittelbar** zu fördern. Der Kreis der geförderten Personen darf nicht fest abgeschlossen sein. Hierzu gehört auch die Förderung von Kunst- und Kultur.[32] Eine Steuerbegünstigung erfolgt aber nur, wenn die steuerbegünstigten Zwecke **selbstlos** verfolgt werden. Selbstlosigkeit bedeutet in diesem Sinne, dass nicht in erster Linie eigenwirtschaftliche Zwecke verfolgt werden (§ 55 Abs. 1 S. 1 AO). Außerdem dürfen die Mittel nur für **satzungsgemäße Zwecke** verwendet werden (§ 55 Abs. 1 S. 1 AO). Wenn gemeinnützige Zwecke verfolgt werden und diese nicht in der Satzung niedergeschrieben sind, entfällt die Steuerbegünstigung.[33] Mitglieder dürfen keine Gewinnanteile oder andere Zuwendungen erhalten (§ 55 Abs. 1 Nr. 2 AO).

Außerdem müssen die Mittel des Vereins grundsätzlich **zeitnah** für seine steuerbegünstigten satzungsmäßigen Zwecke verwendet werden (§ 55 Abs. 1 Nr. 5 AO). Zeitnah bedeutet, dass die Mittel spätestens in dem Kalender- oder Wirtschaftsjahr, das dem Zufluss der Mittel folgt verwendet werden müssen.

Hohe Anforderungen werden auch an die tatsächliche Geschäftsführung gestellt. Diese muss ebenfalls auf die ausschließliche und unmittelbare Erfüllung der in der Satzung festgelegten steuerbegünstigten Zwecke gerichtet sein. Für die Geschäftsführung gilt das **Sparsamkeitsprinzip**. Demzufolge dürfen für die Verwaltung **keine übermäßigen Ausgaben** getätigt werden.

Verstöße gegen Vorschriften zur Steuerbegünstigung können erhebliche Folgen haben. Die Finanzbehörden haben die Möglichkeit, Steuerbescheide über die Steuer zu ändern, die innerhalb der letzten zehn Jahre vor der erstmaligen Verletzung der Vorschriften entstanden sind (§§ 61 Abs. 3, 63 Abs. 2 AO).

---

[32] Näheres über mildtätige und kirchliche Zwecke findet sich in §§ 53 bzw. 54 AO.
[33] Schleder, S. 121.

Fortsetzung Falllösung 4 (Rechtsform, Finanzierungsmöglichkeiten): Der Orchester-Verein hat die Möglichkeit als gemeinnütziger Verein anerkannt und damit steuerlich begünstigt zu werden. Durch seine Aufführungen fördert er Kunst und Kultur. Nicht nur für die Mitglieder des Vereins, sondern auch für die Zuhörer auf den Konzerten bietet er ein künstlerisches Erlebnis. Wie bereits oben ausgeführt, fördert er diesen Zweck auch unmittelbar und selbstlos. Mitglied des Orchesters kann jeder werden, der sich ausreichend hierfür einsetzt und die notwendige musikalische Qualität besitzt.

Allerdings ist bei der zusätzlichen Finanzierung durch eine eigene Künstler-Agentur und den Vermietungsservice von Material insofern Vorsicht geboten, als dass der Verein Gefahr läuft, die steuerliche Begünstigung zu verlieren, da diese erwerbswirtschaftliche Betätigung sich nur noch indirekt auf den eigentlichen Zweck des Vereins bezieht. Die Haupttätigkeit des Vereins muss gemeinnützig bleiben. Wirtschaftliche Betätigung ist als Nebentätigkeit möglich. Mit ihrer übrigen wirtschaftlichen Betätigung unterliegen gemeinnützige Vereine grundsätzlich der normalen Besteuerung. Zur besseren Trennung der Tätigkeiten bietet es sich beispielsweise an, die wirtschaftlichen Bereiche in eigene GbRs, UGs (haftungsbeschränkt) oder GmbHs auszugliedern, um das steuerliche Privileg für den gemeinnützigen Verein zu wahren. Diese Gesellschaften dürfen allerdings nicht nur zum Schein errichtet werden, sondern deren Vermögen ist vom Vereinsvermögen zu trennen. Allerdings kann dieses gegen Ausstellung einer Spendenbescheinigung wieder dem Verein zugute kommen. Da das Steuerrecht der Vereine komplex ist, sollte rechtlicher Rat eingeholt werden.

4. Organe

In der Satzung müssen die Organe des Vereins geregelt sein. Im Allgemeinen, soweit die Satzung nichts anderes bestimmt, ist die **Mitgliederversammlung** oberstes Willensbildungsorgan des Vereins. Ein weiteres notwendiges Organ ist der **Vorstand**. Dieser ist, von einer anderen Regelung in der Satzung abgesehen, mit den laufenden Geschäften betraut.

a) Die Mitgliederversammlung

Die Satzung kann die Rechte der Mitgliederversammlung zwar weitgehend einschränken, sie kann sie aber nicht ganz beseitigen.[34] Gemäß § 32 Abs. 1 S. 1 BGB werden die Angelegenheiten des Vereins soweit sie durch die Satzung nicht dem Vorstand zugeordnet sind, durch Beschlussfassung in einer Mitgliederversammlung festgelegt.

Die Mitgliederversammlung ist entweder gemäß den Vorgaben der Satzung einzuberufen oder wenn es das Interesse des Vereins erfordert (§ 36 BGB). Zur Mitgliederversammlung sind alle Mitglieder **einzuladen.** Der Einladung ist die **Tagesordnung**, die die zu behandelnden Themen enthält, beizulegen.

---

[34] OLG Celle NJW-RR 1995.

Für große Vereine ist es sinnvoll, dass durch die Mitglieder Delegierte bestellt werden, die dann auf der Delegiertenversammlung ihre Rechte wahrnehmen. Dabei ist jedoch durch die Satzung zu gewährleisten, dass das Wahlverfahren die Interessen aller Mitglieder berücksichtigt.

Ablauf einer Mitgliederversammlung:

Wer die Mitgliederversammlung zu leiten hat, bestimmt zunächst die Satzung. Abhängig von der Größe der Versammlung erfordert dies besondere Kommunikationsfähigkeiten.

Es haben sich dabei gewisse **protokollarische Gepflogenheiten** bewährt, auf die hier nur kurz eingegangen wird.

Die Versammlung beginnt mit einer offiziellen Eröffnung, so dass den Teilnehmenden bewusst wird, dass sie jetzt rechtserheblich handeln. Des Weiteren muss die Beschlussfähigkeit festgestellt werden. Ansonsten kann die Mitgliederversammlung nicht verbindlich entscheiden. Anschließend wird die Tagesordnung verlesen, um den Anwesenden durch Nachfragen zu ermöglichen, sich Klarheit über die einzelnen Punkte zu verschaffen. Anschließend wird jeder einzelne Punkt behandelt, wobei darauf zu achten ist, dass durch Regelungen wie die Festsetzung der Redezeit und das Anfertigen einer Rednerliste, eine zielführende Diskussion stattfindet. Es sollte ein Protokoll geführt werden, in dem der wesentliche Gang der Versammlung festgehalten wird. Sobald eine Diskussion reif zur Entscheidung ist, wird diese durch Abstimmung gefällt. Nach dem Gesetz ist das Stimmrecht persönlich auszuüben, soweit die Satzung davon keine Abweichung zulässt (§§ 40, 32 Abs. 1 S. 2 BGB). Grundsätzlich genügt die Stimmenmehrheit der abgegebenen Stimmen. Stimmenthaltungen werden dabei nicht mitgezählt. Bei Stimmengleichheit ist der Antrag abgelehnt. Zur Änderung einer Satzung verlangt das Gesetz eine Dreiviertel-Mehrheit der „erschienen Mitglieder" (§§ 33 Abs. 1 S. 1, 41 BGB).

---

b) Der Vereinsvorstand

Als juristische Person braucht der Verein Menschen, die für ihn rechtlich und tatsächlich handeln. Das Gesetz hat damit dem **Vorstand** die rechtliche Stellung eines **gesetzlichen Vertreters** des Vereins gegeben.

Der Vereinsvorstand ist auch das Organ, dem die **Geschäftsführung** obliegt. Diese kann nach überwiegender Ansicht auch nicht durch die Satzung komplett begrenzt werden.[35] Zur Geschäftsführung im Verein gehört die Buch- und Kassenführung und deren Kontrolle sowie die Einstellung von Personal, Ein- und Verkäufe für den Verein und das Einfordern von Mitgliedsbeiträgen. Der Vorstand hat die

---

[35] Saenger, Gesellschaftsrecht, Rn. 454.

Beschlüsse der ihm übergeordneten Vereinsorgane (meist die Mitgliederversammlung) mit der nötigen Sorgfalt auszuführen und darüber Rechenschaft abzulegen.[36]
Der Vereinsvorstand wird üblicherweise durch die Mitgliederversammlung bestellt (§ 27 Abs. 1 BGB). Eine bestimmte **Amtsdauer** des Vorstandes ist im Gesetz nicht vorgesehen. Im Allgemeinen wird sie daher in der Satzung bestimmt. Fehlt diese Bestimmung, so hat die Mitgliederversammlung die Dauer der Vorstandsschaft zu bestimmen. Die Vorstandschaft endet entweder durch den Ablauf der vorgesehen Dauer, durch Abberufung durch die Mitgliederversammlung (wobei hier zu berücksichtigen ist, dass die Satzung dies teilweise nur aus wichtigem Grund zulässt) oder durch Amtsniederlegung.

5. Haftung

Als juristische Person haftet der Verein für rechtsgeschäftliche Verbindlichkeiten, sofern diese durch seine Vertreter wirksam begründet wurden. Der Verein haftet nach § 31 BGB für den Vorstand. Das bedeutet, dass zum Schadensersatz verpflichtende Handlungen des Vorstands dem Verein als eigene zugerechnet werden. Regelmäßig bei der alljährlichen Vollversammlung muss daher der Vorstand für seine Tätigkeit Rechenschaft ablegen und anschließend ist er, wenn seine Tätigkeit als überwiegend gesetz- und satzungsgemäß angesehen wird, zu entlasten. Die Mitgliederversammlung verzichtet dadurch auf Bereicherungs- und Schadensersatzansprüche gegenüber dem Vorstand.[37]

II. Stiftung

Es gibt Stiftungen des privaten wie auch des öffentlichen Rechts (z. B. Stiftung Preußischer Kulturbesitz). Auch Wirtschaftsunternehmen entscheiden sich für ihr Kulturengagement oft für die Gründung einer Stiftung. Als Stiftung im rechtlichen Sinne wird eine rechtsfähige Organisation bezeichnet, welche die Aufgabe hat, mit Hilfe des der Stiftung gewidmeten Vermögens den vom Stifter festgelegten Zweck dauerhaft zu verfolgen.[38] Die Stiftung ist eine mitgliederlose, verselbstständigte Vermögensmasse mit eigener Rechtsform. Geregelt ist das Stiftungsrecht in §§ 80 ff. BGB. Ausgangspunkt für die Gründung der Stiftung ist das Stiftungsgeschäft. Durch diesen rechtsgeschäftlichen Stiftungsvorgang wird in Form einer Satzung die Verfassung der Stiftung bestimmt.

Notwendige Merkmale einer rechtsfähigen Stiftung des Privatrechtes:
– Stiftungszweck,
– Stiftungsvermögen und
– die Stiftungsorganisation.

---

[36] Saenger, Gesellschaftsrecht, Rn. 458.
[37] BGHZ 97, 382.
[38] Saenger, Gesellschaftsrecht, Rn. 477.

Checkliste: Welche Rechtsform ist die richtige?

☑ **Ist das Unternehmen auf einen wechselnden Mitgliederbestand ausgerichtet oder sind stets die gleichen Personen an den Aktivitäten des Unternehmens beteiligt?**

Bei personenbezogenen Gesellschaften ist die GbR, OHG oder die KG in Betracht zu ziehen. Bei wechselndem Mitgliederbestand ist primär an den Verein, die Aktiengesellschaft oder auch die GmbH zu denken. Allerdings bietet sich die GmbH im Mittelstand auch für personenbezogene Gesellschaften an.

☑ **Wie groß ist mein Unternehmen?**

Je nach Größe des Unternehmens kommen unterschiedliche Gesellschaftsformen in Betracht. Soweit es keines großen organisatorischen Aufwands bedarf und der Umsatz mäßig bleibt, sind die GbR und der Verein vorzugswürdig. Die neue Unternehmergesellschaft mit beschränkter Haftung ist für einen Kleinbetrieb eine bedenkenswürdige Alternative. Allerdings dürfen dabei die erhöhten Pflichten beispielsweise an die Geschäftsführung, Bilanzierung und Sorgfalt im Geschäftsverkehr nicht unterschätzt werden. Sobald der Umsatz und das Organisationsbedürfnis steigen, sind die OHG, die KG und auch die GmbH die richtige Rechtsform. Für die GmbH bedarf es aber eines Stammkapitals von mindestens 25.000 €.

☑ **Was ist der Gesellschaftszweck?**

Abhängig vom Gesellschaftszweck dürfen manche Rechtsformen nicht gewählt werden. Die OHG und die KG sind der gewerblichen Betätigung vorbehalten. Künstler, Freiberufler und wissenschaftlich Tätige müssen daher auf die GbR, die Unternehmergesellschaft mit beschränkter Haftung, die GmbH und den Verein ausweichen.

☑ **Welche Haftung ist welcher Rechtsform eigen?**

Die Personengesellschaften (GbR, OHG, KG) sehen für die Komplementäre eine volle persönliche Haftung vor. Die Kommanditisten sind auf die Höhe ihrer Hafteinlage beschränkt. Bei den Kapitalgesellschaften (GmbH, AG, Unternehmergesellschaft) und beim Verein ist die Haftung mit Ausnahmen auf das Vermögen des Vereins beschränkt. Um dennoch die Sicherheit im Rechtsverkehr zu wahren, sind höhere Anforderungen an die Gesellschaften im Bezug auf die Kapitalaufbringung und auf die Publizitätspflichten vorgeschrieben bzw. der Verein darf nicht primär wirtschaftlich tätig werden.

Viertes Kapitel: Urheberrecht

A. Einleitung

Das Urheberrecht bildet die Grundlage für die wirtschaftliche Betätigung der gesamten Kulturwirtschaft. Verwerter von Kulturgut sind u. a. die Rundfunk- und Fernsehanstalten, die Musik- und Filmindustrie, das Verlagswesen und die Werbewirtschaft, die Künstler selbst sowie nicht zuletzt auch die Veranstalter von Events.

Musikkompositionen, Kunstgegenstände oder Film- und Fotowerke bereichern oder prägen ein Event. Ohne künstlerische oder literarische Werke wären Musikkonzerte, Kunstausstellungen, Theateraufführungen oder Kinovorführungen gar nicht erst denkbar. Oftmals leben Events auch von einzigartigen, künstlerischen Fotos, die auf Werbeplakaten abgedruckt die Besucher in die Veranstaltung locken.[1]

Darüber hinaus bringen vor und während eines Events engagierte Sänger, Musiker, Tänzer, Schauspieler, Regisseure und andere Kulturschaffende für jedermann sichtbar auf Bühnen oder verborgen im Hintergrund ihre Leistung ein. Der Veranstalter, der sich durch seine kulturfördernde organisatorisch-wirtschaftliche Leistung für die künstlerische Darbietung in ihrer Gesamtheit verantwortlich zeigt, gehört selbst ebenfalls zu diesem Kreis. Der Gesetzgeber hat daher dem Veranstalter ein eigenes Recht in § 81 UrhG verliehen, um seine Rolle in der Kulturwirtschaft noch einmal zu betonen.

Diesen Werkschöpfern oder Erbringern bestimmter künstlerischer, unternehmerischer oder sonstiger kultureller Leistungen räumt das Urheberrechtsgesetz (UrhG) diverse Rechte ein:

- Der **Urheber** eines Werkes hat zum ideellen und wirtschaftlichen Schutz seines geistigen Eigentums diverse Urheberpersönlichkeitsrechte sowie Verwertungsrechte, die ihm ausschließlich und absolut zustehen. Daneben hat er aus sonstigen Rechten schuldrechtliche Ansprüche.
- Der **Erbringer** bestimmter künstlerischer, unternehmerischer oder sonstiger Leistungen hat zum Schutz seiner geistigen Leistung ein dem Urheberrecht verwandtes Leistungsschutzrecht. Insbesondere gewährt das Urhebergesetz neben

---

[1] Konzertplakat der Uraufführung „Die Schneekönigin"-Komposition von Wolfgang Roese www.orso.org.

dem ausübenden Künstler auch dem Veranstalter künstlerischer Darbietungen für die weitere Verwertung der Darbietung ein eigenes Leistungsschutzrecht.
- Durch das Einräumen von **Lizenzen** werden diese Rechte wirtschaftlich nutzbar gemacht.

Der Veranstalter wird einerseits im Geflecht der Kulturwirtschaft als Träger eines eigenen Leistungsschutzrechts privilegiert, wenn er Darbietungen ausübender Künstler veranstaltet. Andererseits wird er als Nutzer von urheberrechtlichen Verwertungsrechten und im Hinblick auf das Verhältnis zu den ausübenden Künstlern und den Sendeunternehmen durch das UrhG eingeschränkt.

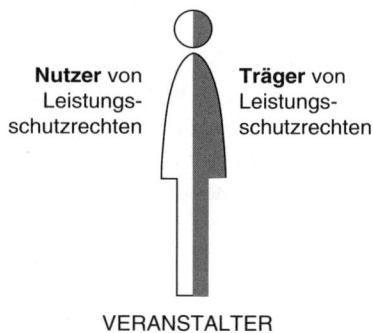

Abb. 1: Stellung des Veranstalters als Nutzer und Erbringer künstlerischer Leistungen

Verwendet der Veranstalter zu Werbezwecken für seine Veranstaltung Abbildungen von Personen ohne deren Einwilligung, kann er des Weiteren mit den Bestimmungen des Kunsturhebergesetzes in Konflikt geraten. Das tangierte Recht am eigenen Bild ist ein an das Urhebergesetz angrenzendes allgemeines Persönlichkeitsrecht.

Die Kenntnis der eigenen und fremden Rechte und deren Schranken ist für den Veranstalter oder dessen Eventmanager ebenso wie für Werkschaffende und Interpreten unerlässlich. Einen wirtschaftlichen Vorteil hat vor allem derjenige, der mit dieser Kenntnis bewusst und zielgerichtet agiert. Neben wirtschaftlicher besteht zudem juristische Relevanz: Bei Rechtsverletzungen drohen Ansprüche auf Schadensersatz, Unterlassung und Auskunft sowie Bußgelder und strafrechtliche Konsequenzen. In der Praxis sind gerade die Schadensersatz- und Unterlassungsansprüche häufig Gegenstand gerichtlicher Auseinandersetzungen.

Tabelle 1: Urheberrecht, verwandte Leistungsschutzrechte und Recht am eigenen Bild

Urheberrecht → geistiges Eigentum		verwandte Schutzrechte → geistige Leistung
Urheberpersönlichkeitsrechte Insbesondere: ➢ Veröffentlichungsrecht ➢ Recht auf Anerkennung der Urheberschaft ➢ Recht auf Verbot der Entstellung des Werks	Urheberverwertungsrechte Insbesondere: ➢ Vervielfältigungsrecht ➢ Verbreitungsrecht ➢ Ausstellungsrecht ➢ Vortragsrecht ➢ Aufführungsrecht ➢ Vorführungsrecht ➢ Recht der öffentlichen Zugänglichmachung ➢ Senderecht ➢ Recht der Wiedergabe durch Bild- oder Tonträger ➢ Recht der Wiedergabe von Funksendungen und der öffentlichen Zugänglichmachung ➢ Umgestaltung	Insbesondere Schutz: ➢ ausübender Künstler ➢ des Veranstalters ➢ von Lichtbildern ➢ von Laufbildern ➢ des Sendeunternehmens ➢ des Filmherstellers ➢ des Tonträgerherstellers ➢ des Datenbankenherstellers ➢ wissenschaftlicher Ausgaben

Sonstige Rechte des Urhebers (relativ):
➢ Urheberstammrecht: Zugangsrecht von Werkstücken
➢ Vergütungsansprüche:
  - aus Weiterveräußerung eines Originals eines Werkes der bildenden Künste
  - für Vermieten oder Verleihen von Vervielfältigungsstücken
  - aus der Geräte-, Leerkassetten- und Betreiberabgabe
		angrenzendes Persönlichkeitsrecht:
		
		Recht am eigenen Bild

B. Urheberrecht

I. Voraussetzungen des Urheberrechts

Gesetzestext: § 1 UrhG (Allgemeines):
Die Urheber von Werken der Literatur, Wissenschaft und Kunst genießen für ihre Werke Schutz nach Maßgabe dieses Gesetzes.

> Urheberrechtlich geschützt sind alle *persönlichen geistigen Schöpfungen* aus den Bereichen Literatur, Wissenschaft und Kunst. Dazu gehören insbesondere Werke der Sprache, Musik, Pantomime und Tanzkunst, bildenden Kunst, Fotographie und Film.

1. Schutzgegenstand: Werk der Literatur, Wissenschaft oder Kunst

a) Definition

Ein Werk im Sinne des UrhG ist eine **persönliche geistige Schöpfung**, § 2 Abs. 2 UrhG. Persönlich kann eine Schöpfung nur dann sein, wenn sie von einem Menschen stammt. Was die Natur hervorbringt, was eine Maschine produziert oder was ein Programm bewirkt, kann zwar interessant und einmalig sein, ist aber nicht persönlich.[2] Eine Schöpfung muss nicht zwingend in einem körperlichen Gegenstand fixiert worden sein.[3] Als Ausdrucksform des individuellen menschlichen Geistes muss das Werk entweder durch seinen Inhalt, seine Form oder durch die Verbindung der beiden etwas Neues und Eigentümliches darstellen.[4] Voraussetzung des urheberrechtlichen Schutzes ist eine gewisse Schöpfungshöhe des Werkes. Dabei wird nicht das ästhetische oder künstlerische Niveau bewertet. Verlangt wird lediglich ein gewisses Maß an eigenpersönlicher Prägung, welche den individuellen Geist des Schöpfers erkennen lässt. Auch die als „kleine Münze" bezeichneten einfacheren Schöpfungen des menschlichen Geistes fallen unter den urheberrechtlichen Schutz.[5]

Ein Werk muss nicht vollendet sein, die Gestaltung muss aber so weit fortgeschritten sein, dass sie individuelle Züge erkennen lässt.[6]

Die bloße Idee zu einem Werk, also der schöpferische Gedanke als solcher, oder die innere geistige Vorstellung wird demgegenüber nicht geschützt.[7] Erst wenn die Idee in eine mit den Sinnen wahrnehmbare Form gebracht wird, handelt es sich um ein Werk.[8]

Schutzgegenstand sind nur Werke **aus den Bereichen Literatur, Wissenschaft und Kunst**. Werke aus anderen Bereichen, z. B. der Technik, fallen nicht unter das UrhG, außer sie gehören zugleich einem der geschützten Bereiche an.[9] Darstellungen wissenschaftlicher oder technischer Art ordnet § 2 Abs. 1 Nr. 7 UrhG ausdrücklich in den Bereich der geschützten Werke ein. Einzelne geschützte Werkarten der Literatur, Wissenschaft und Kunst nennt § 2 Abs. 1 UrhG ausdrücklich. Diese Aufzählung ist jedoch nicht abschließend.

---

[2] Ebling/Schulz, Kunstrecht, S. 56.
[3] So Schack, Rn. 227.
[4] So Rehbinder, Rn. 114.
[5] Fischer/Reich, § 3 Rn. 6.
[6] Siehe Rehbinder, Rn. 53; Ebling/Schulz, Kunstrecht, S. 57.
[7] Vgl. Fischer/Reich, § 3 Rn. 6.
[8] Auch Funke/Müller, Rn. 1023.
[9] Fischer/Reich, § 3 Rn. 6.

b) Sprachwerke (Nr. 1)

Sprachwerke sind sämtliche Schöpfungen, deren Gehalt mit den Mitteln der Sprache zum Ausdruck gebracht wird, ob in geschriebener oder gesprochener Form.[10] Dazu zählen beispielsweise *Schriftwerke* wie *Theaterstücke* oder *Romane* sowie *Reden*. Dagegen werden *Regiewerke* eines Bühnenregisseurs nicht als geschütztes Werk bewertet, außer es handelt sich um eine grundlegende, schöpferische Neugestaltung der bühnenmäßigen Ausdrucksmittel.[11] Anders ist dies beim Filmregisseur. Dem Bühnenregisseur steht immerhin ein Leistungsschutzrecht zu.[12] Ebenfalls nicht erfasst sind *Werbesprüche* und *kurze Slogans*, weil ihnen die nötige Gestaltungshöhe fehle.[13] Hier hilft das Wettbewerbs- oder Markenrecht weiter.

Nicht nur Texte in ihrer Gesamtheit, sondern auch einzelne Werkteile sind geschützt, sofern der benutzte Teil des Werkes den urheberrechtlichen Anforderungen genügt.[14] Das ist z. B. bei *Titeln* nicht der Fall[15], die aber durch das Markenrecht gemäß § 5 MarkenG als Werktitel ausreichend Schutz erfahren.

c) Musikwerke (Nr. 2)

Beispiel: Der Opernliebhaber und Veranstalter O organisiert einen Volksmusikabend, bei dem auch Hits des Volkmusikkomponisten V gespielt werden sollen. O sieht nicht ein, dem V deswegen Geld zu bezahlen. Er ist der Ansicht, dass die Lieder des V einfallslos und genauso wie alle anderen Volksmusiklieder klingen und deshalb keine durch das UrhG geschützten Werke darstellen.

Musikwerke sind akustische Werke. Gemeint sind alle Werke, die Töne oder Geräusche als Ausdrucksmittel verwenden, gleichgültig, ob sie durch die menschliche Stimme, Instrumente oder elektronische Apparate erzeugt werden.[16]

Dazu zählen deshalb insbesondere auch Werke der *Klangkunst*.[17] Den Löwenanteil der geschützten Musikwerke machen *Musikkompositionen* aller Art aus, angefangen bei Backgroundmusik in Aufzügen, Hotels und Kaufhäusern über Unterhaltungsmusik – *Pop- und Rocksongs*, Schlager etc. – bis hin zu klassischen Opern und Symphonien. Obwohl *Schlager* oftmals wenig originell sind und nur eine geringe Gestaltungshöhe aufweisen, werden sie dennoch unter dem Stichwort der „kleinen

---

[10] Enders, § 2 Rn. 56.
[11] Herrschende Meinung laut Enders, § 2 Rn. 41. Die Gegenstimmen, die für ein Urheberrecht plädieren, z.B. Rehbinder, Rn. 401, mehren sich jedoch; zweifelnd auch OLG Dresden ZUM 2000, S. 210.
[12] Näher dazu unten.
[13] OLG Frankfurt am Main GRUR 1987, S. 44; vgl. auch Enders, § 2 Rn. 44.
[14] LG Frankfurt am Main GRUR 1996, S. 125; BGH GRUR 1961, S. 33; Rehbinder, § 3 Rn. 122.
[15] Rehbinder, § 3 Rn. 53.
[16] Rehbinder, Rn. 131.
[17] Fischer/Reich, § 3 Rn. 26.

Münze" den geschützten Werken zugeordnet. *Entwurfsmusik* und *Improvisationen* erfüllen ebenfalls die Voraussetzungen an den Werksbegriff.

Auch eine geringe Folge von Tönen kann bereits eine schutzfähige Melodie sein, wenn sie in sich geordnet und geschlossen ist und dem Werk eine individuelle Prägung verleiht.[18] Eine „*wandernde Melodie*", die von Komponisten immer wieder aufgegriffen wird, ist demgegenüber nicht geschützt.

Eine besondere Rolle im Bereich der Musik spielen Bearbeitungen. Die nicht nur unwesentliche **Bearbeitung** eines Werkes, die eine persönliche geistige Schöpfung des Bearbeiters ist, wird unbeschadet des Urheberrechts am bearbeiteten Werk gemäß § 3 UrhG wie ein selbstständiges Werk geschützt. Deshalb erfahren auch *Orchestrationen* und *Arrangements* den Schutz des UrhG. Die *Variation* eines Themas ist mindestens eine geschützte Bearbeitung, wenn nicht ein neues Werk.[19]

d) Pantomimische Werke einschließlich der Werke der Tanzkunst (Nr. 3)

Pantomimische Werke einschließlich der Werke der Tanzkunst werden definiert als optische Darstellung eines Gedankeninhalts durch Mimik, Gebärden und Körperbewegung.[20]

Geschützt werden neben der *Pantomime Choreographien*, das heißt Tänze wie etwa der *Balletttanz*. Eine eigentümliche geistige Schöpfung ist demgegenüber bei bloßen *Tanzfiguren, Schrittfolgen* oder dem *Tanzstil* an sich nicht anzunehmen.[21]

e) Werke der bildenden Künste (Nr. 4)

Werke der bildenden Künste drücken ästhetischen Gehalt durch Linien und Gestalten auf der Fläche und im Raum aus.[22] Umfasst werden *Malerei* einschließlich *Grafik, Plastik, Bildhauerei, Collagen, Happenings* und ähnliche neuere Formen künstlerischen Schaffens.[23]

f) Lichtbildwerke (Nr. 5)

Lichtbildwerke sind abzugrenzen von Lichtbildern, denen allenfalls der Leistungsschutz zukommt. Der Unterschied in der Gestaltungshöhe wird durch künstlerische Gestaltungsmittel wie Licht- und Schattengebung, Retuschierungen, Fotomontagen oder die Wahl des Motivs bewirkt.[24]

---

[18] So Enders, § 2 Rn. 69.
[19] Laut Fischer/Reich, § 2 Rn. 30.
[20] Enders, § 2 Rn. 76; Rehbinder, Rn. 132.
[21] Rehbinder, Rn. 132.
[22] Rehbinder, Rn. 134.
[23] So Enders, § 2 Rn. 78.
[24] Enders, § 2 Rn. 88.

g) Filmwerke (Nr. 6)

Filmbildwerke sind alle nicht nur schematisch aneinandergereihten Bildfolgen, die den Eindruck eines bewegten Bildes hervorrufen, gleichgültig ob mit oder ohne Ton (z. B. Feater-, Werbefilme und Videoclips).[25] Miterfasst sind auch (Live-) Fernsehsendungen (z. B. Theaterübertragungen, Kabarett – und Musiksendungen).

h) Werke der darstellenden Kunst

Die bei Events so wichtigen Werke der darstellenden Kunst werden in der gesetzlichen Aufzählung nicht explizit erwähnt. Tatsächlich werden Bühnenwerke[26] in ihrer Gesamtheit nicht als geschützte Werke anerkannt. Vielmehr werden sie in Einzelbeiträge gesplittet, die für sich genommen schutzwürdig sind. Genannt seien beispielsweise *Bühnenbilder*[27], *Kostüme*[28], *Masken*[29], *Bühnenmusik*[30] oder die *Choreographie*.[31]

> Der urheberrechtliche Schutz beginnt **unmittelbar** mit der Entstehung des Werkes, ohne dass weitere Formalien wie etwa eine Eintragung beim Patentamt, ein Copy-Right-Vermerk oder eine Veröffentlichung im Titelschutzanzeiger getätigt werden müssen.[32]

2. Rechtsinhaber

a) Urheber

Inhaber des Urheberrechtes an einem Werk ist ausschließlich der Urheber des Werkes. Der Urheber ist der Schöpfer des Werkes. Das kann immer nur die natürliche Person sein, die das Werk geschaffen hat.[33]

> Das Urheberrecht steht niemals dem Auftraggeber eines Werkes zu, sondern immer dem Werkschaffenden selbst.

---

[25] Enders, § 2 Rn. 91.
[26] Siehe auch oben, Sprachwerke; näher Fischer/Reich, § 3 Rn. 22.
[27] So BGH GRUR 1986, S. 458 ff.; BGH GRUR 1989, S. 106 ff.
[28] Fischer/Reich, § 3 Rn. 23.
[29] So BGH GRUR 1974, S. 674.
[30] Fischer/Reich, § 3 Rn. 22.
[31] So LG München GRUR 1979, S. 852 f.
[32] Fischer/Reich, § 3 Rn. 6; Funke/Müller, Rn. 1023.
[33] Vgl. Schack, Rn. 236.

> Beim Werkschaffen im Rahmen eines Arbeits- oder Dienstverhältnisses steht das Urheberrecht ausschließlich dem Werkschaffenden zu und nicht dem Arbeitgeber, für den er das Werk schafft.

b) Miturheber

Haben mehrere ein Werk gemeinsam geschaffen, ohne dass sich die Teile gesondert verwerten lassen, so sind sie gemäß § 8 UrhG Miturheber des Werkes. Häufig ist das der Fall etwa bei Popsongs, die nicht selten von einem Songwriterteam oder in kreativer Zusammenarbeit mit den Sängern und Musikern komponiert werden.

Die Veröffentlichungs- und Verwertungsrechte stehen den Miturhebern in Gesamthandsgemeinschaft zu.

Die Erträge aus der Nutzung des Werkes gebühren den Miturhebern nach dem Umfang ihrer Mitwirkung an der Werkschöpfung. Es ist auch möglich, abweichendes zu vereinbaren. Insbesondere kann ein Miturheber durch schriftliche Erklärung gegenüber den anderen Miturhebern und zu deren Gunsten auf seinen Anteil an den Verwertungsrechten verzichten.

c) Urheber verbundener Werke

Bei der Werkverbindung werden zu Verwertungszwecken mehrere selbständig verwertbare Werke im Einverständnis ihrer Urheber miteinander verbunden.

In der Regel liegt dem eine vertragliche Vereinbarung zugrunde, in der die beteiligten Urheber auch ihre Rechte bezüglich der Verwertung im Verhältnis untereinander festlegen.[34] Im Übrigen kann jeder beteiligte Urheber vom anderen die Einwilligung zur Veröffentlichung, Verwertung und Änderung des verbundenen Werkes verlangen, wenn ihm dies nach Treu und Glauben zuzumuten ist, § 9 UrhG.

Da die Werke auch selbständig verwertbar sind, können sie nach wie vor unabhängig von einander verwendet werden.

Wenn etwa bei einem Popsong die Komposition und der Text nicht einer Teamarbeit entstammen, sondern von einer Person die Komposition erstellt und von einer anderen Person der Text geschrieben wurde, sind die beiden nicht Miturheber, sondern Urheber eines verbundenen Werkes. Sowohl die Komposition als auch der Text können isoliert verwendet werden.[35]

---

[34] Siehe Rehbinder, Rn. 174.
[35] Ebenso Kitzberger, S. 98.

d) Urheberbezeichnung

Der Urheber sollte zu Beweiszwecken dafür sorgen, dass er auf den Vervielfältigungsstücken seines erschienenen Werkes und auf dem Original seines Werkes der bildenden Künste in der üblichen Weise als Urheber bezeichnet ist:

„Dieses Werk ist urheberrechtlich geschützt. Sämtliche Rechte liegen bei XY."

Denn wer dort als Urheber genannt ist, gilt gemäß § 10 Abs. 1 UrhG solange als Urheber, bis ihm das Gegenteil bewiesen ist. Diese Beweislastumkehr kann bei Missbrauch erhebliche prozessuale Probleme für den wahren Urheber mit sich bringen.

II. Inhalt des Urheberrechts

Das UrhG hat zum einen das Ziel, den Urheber in seiner ideellen Beziehung zum Werk zu sichern, zum anderen will es ihn in wirtschaftlicher Hinsicht schützen. Dafür gewährt es ihm diverse Rechte.

1. Urheberpersönlichkeitsrechte

Die Urheberpersönlichkeitsrechte sollen den Urheber in seiner geistigen und persönlichen Beziehung zum Werk schützen.[36]

Fall 1: Der Konzertveranstalter V richtet die Uraufführung des ersten Werkes „Die Pfingstlilie" des jungen Komponisten W aus. Auf ausdrücklichen Wunsch des exzentrischen Künstlers macht V wie alle anderen (Sponsoren) zunächst ein großes Geheimnis um den Inhalt der Erstkomposition. Als jedoch der Zeitpunkt aus PR-Gründen günstig ist, lässt er die „Bombe" platzen und teilt der Presse mit, worum es sich bei der Komposition handelt. Hat V damit das Urheberrecht des Künstlers W verletzt?

a) Veröffentlichungsrecht

Das Veröffentlichungsrecht aus § 12 UrhG gewährt dem Urheber das Recht zu bestimmen, ob und wie sein Werk zu veröffentlichen ist.

Ihm steht also ein Erstveröffentlichungsrecht zu, welches das Interesse des Werkschöpfers schützt, über Geheimhaltung oder Veröffentlichung des Werkes zu entscheiden.[37] Praktisch bedeutsam ist das *Uraufführungsrecht* eines Werkes. Der Urheber darf damit entscheiden, welches von mehreren aufführungsberechtigten Theatern die Premiere des Stücks ausrichten darf.[38]

---

[36] Enders, § 2 Rn. 125.
[37] Rehbinder, Rn. 237.
[38] Rehbinder, Rn. 237.

Neben dem Erstveröffentlichungsrecht gebührt ausschließlich dem Urheber das Recht, als erster den Inhalt seines Werkes öffentlich mitzuteilen oder zu beschreiben, solange weder das Werk noch der wesentliche Inhalt oder eine Beschreibung des Werkes mit seiner Zustimmung veröffentlicht ist (§ 12 Abs. 2 UrhG).

Falllösung 1: Die Preisgabe des Inhalts der Komposition stellt eine öffentliche Mitteilung gegen den Willen des Komponisten dar. Mithin ist hierin eine Verletzung eines Teils des Erstveröffentlichungsrechts zu sehen. Anders ist dieses zu beurteilen, wenn die Interessen des V gewichtig erscheinen, mit einer guten PR-Werbung den Konzertsaal füllen zu wollen. Im Konzertvertrag zwischen K und V sollte daher der Zeitpunkt der Bekanntgabe vereinbart werden.

b) Recht auf Anerkennung der Urheberschaft

Das Recht auf Anerkennung der Urheberschaft schützt den Urheber vornehmlich vor Plagiaten.[39] Wird seine Urheberschaft bestritten oder maßt sich ein anderer derer an, kann er Unterlassungs- oder Schadensersatzansprüche gemäß §§ 96 ff. UrhG geltend machen.

Zudem entspringt das in § 13 UrhG geregelte Urheberbenennungsrecht dem Persönlichkeitsrecht, den Namen des Urhebers nach außen zu dokumentieren.[40] Es gestattet dem Urheber zu bestimmen, ob das Werk mit einer Urheberbezeichnung versehen wird und welche Bezeichnung zu wählen ist. Streitigkeiten ergeben sich häufig, sobald ein Transfer des Originalwerks in eine andere Werkgattung erfolgt.[41] Hier erfährt das durch Bearbeitung geschaffene neue Werk eigenständige urheberrechtliche Schutzfähigkeit. Das Namensnennungsrecht beider Urheber richtet sich dann nach § 13 Abs. 2 UrhG. Danach ist der Urheber an üblicher Stelle zu benennen, die sich am Verständnis des Verkehrs oder der allgemeinen Branchenübung orientiere.

c) Verbot der Entstellung des Werkes

§ 14 UrhG nennt das Verbot der Entstellung des Werkes. Entstellungen sind Verzerrungen oder Verfälschungen, die die Wesenszüge des Werkes verändern.[42] Der Urheber ist berechtigt, jedwede Entstellung oder andere Beeinträchtigungen seines Werkes zu verbieten, die geeignet sind, seine berechtigten geistigen oder persönlichen Interessen am Werk zu gefährden. Im Bereich der darstellenden Kunst wird z. B. die Veränderung von Texten durch erhebliche Streichungen als Entstellung bewertet.[43] Auch ein indirekter Eingriff, etwa in Form einer erheblich verletzenden

---

[39] Ein Plagiat ist ein durch urrechtmäßiges Nachahmen entstandenes künstlerisches oder wissenschaftliches Werk; siehe auch Enders, § 2 Rn. 131.
[40] BGH, Urt. v. 16.06.1994 - AZ:I ZR 3/92 - ZUM 1995,40.
[41] OLG München - v. 20.12.2007 - AZ:29 U 5512/06 - Urheberbenennung im Vorspann eines Films („Pumuckl-Illustrationen II").
[42] So Enders, § 2 Rn. 133.
[43] Laut Enders, § 2 Rn. 136.

Kritik (Schmähkritik), ist nicht ausgenommen.[44] In einer rechtlichen Grauzone befindet sich die Frage, inwieweit das Spielen von Arrangements klassischer Werke für Sinfonieorchester durch ein Blasorchester eine Entstellung darstellt.

2. Verwertungsrechte

Verwertungsrechte dienen dem wirtschaftlichen Schutz des Urhebers. Nutzt er diese Rechte, hat er in der Regel einen größeren finanziellen Vorteil als derjenige, der sich nur den Zeitaufwand für die Herstellung eines Werkes bezahlen lässt.[45]

Die Verwertungsrechte sind untrennbar mit dem Urheber verbunden und per se nicht übertragbar, § 29 Abs. 1 UrhG. Die Verwertung des Werkes in körperlicher und unkörperlicher Form bleibt somit dem Urheber vorbehalten.

Die Verwertungsrechte wirken absolut, das heißt sie gewähren dem Urheber einen Anspruch gegenüber jedermann.[46] Sie beschränken sich nicht auf die im Einzelnen aufgeführten Verwertungsarten.

Fall 2: Der überforderte Tourneemanager T hat es im Rahmen seiner Tourneeplanung völlige vernachlässigt, die Notenbestellung der Werke von Georg Gershwin (1898–1937) und „Die Schneekönigin" von Wolfgang Roese (1976–noch lebend) trotz vertraglicher Verpflichtung im Tourneevertrag zu übernehmen. Aufgrund der Zeitnot bittet er das engagierte Orchester X die Noten schnellstmöglich und kostengünstig selbst zu besorgen. Notenwart N des Orchesters X hat aufgrund seines Netzwerkes die Möglichkeit von einem fremden Orchester beide komplette Notensätze jeweils mit Partitur in Kopie ohne Entgelt zu erhalten. N ist sich nicht ganz sicher, woher die Kopien stammen. Außerdem steht auf den kopierten Noten der Verbotshinweis: „Das widerrechtliche Kopieren ist gesetzlich verboten". Der Dirigent des Orchesters X fordert N auf, sich nicht so viele Gedanken zu machen, da jedes Orchester von kopierten Noten spielen würde und es sich hier ja um ein unentgeltliches Ausleihen der Noten handeln würde. Kann N die Noten ausleihen und im Orchester X für die Probenarbeit und das Konzert verteilen ohne eine Urheberrechtsverletzung zu begehen?

a) Körperliche Verwertungsrechte

Zu den körperlichen Rechten zählen das **Vervielfältigungs-** sowie das **Verbreitungsrecht**. Die §§ 16, 17 UrhG gewähren dem Urheber, Vervielfältigungsstücke des Werkes herzustellen und diese der Öffentlichkeit anzubieten oder in Verkehr zu bringen. Bereits die erstmalige und einmalige Aufnahme eines *Musikwerkes* auf Ton- oder Datenträger stellt eine Vervielfältigung dar.[47] In der *szenischen Darstellung* ist die Festlegung der Bühnenaufführung auf Videoband, Datenträger oder Film

---

[44] Vgl. Enders ebenda.
[45] Fischer/Reich, § 3 Rn. 1.
[46] Enders, § 2 Rn. 147.
[47] Fischer/Reich, § 3 Rn. 91.

eine Vervielfältigung.⁴⁸ Demgegenüber ist erst die Herstellung des *Filmwerkes* und nicht bereits die Herstellung des ursprünglichen Filmnegativs Vervielfältigung.⁴⁹

Das **Ausstellungsrecht** berechtigt, das Original oder Vervielfältigungsstücke eines unveröffentlichten Werkes der bildenden Kunst oder eines unveröffentlichten Lichtbildwerkes öffentlich zur Schau zu stellen.

b) Unkörperliche Verwertungsrechte

In unkörperlicher Hinsicht hat der Urheber das ausschließliche **Recht der öffentlichen Wiedergabe** seines Werkes, so § 15 Abs. 2 UrhG. Wann eine Wiedergabe öffentlich ist, ist wie folgt legaldefiniert:

Gesetzestext: § 15 Abs. 3 UrhG (Verwertungsrechte)
¹Die Wiedergabe ist öffentlich, wenn sie für eine Mehrzahl von Mitgliedern der Öffentlichkeit bestimmt ist. ²Zur Öffentlichkeit gehört jeder, der nicht mit demjenigen, der das Werk verwertet, oder mit den anderen Personen, denen das Werk in unkörperlicher Form wahrnehmbar oder zugänglich gemacht wird, durch persönliche Beziehungen verbunden ist.

aa) Vortrags-, Aufführungs- und Vorführungsrecht

Eine spezielle Form der öffentlichen Wiedergabe sind die Vortrags-, Aufführungs- und Vorführungsrechte, die gem. § 19 UrhG dem Werkschöpfer zustehen.

Das **Vortragsrecht** bezieht sich auf Sprachwerke. Sie dürfen durch persönliche Darbietung öffentlich zu Gehör gebracht werden. Darunter fällt beispielsweise das Aufsagen eines Gedichtes vor Publikum.

Das **Aufführungsrecht** berechtigt, ein Werk der Musik durch persönliche Darbietung öffentlich zu Gehör zu bringen oder ein Werk öffentlich auf einer Bühne darzustellen.

Erfasst sind daher zum einen *konzertmäßige Aufführungen* in Gestalt von bloßen Musikaufführungen wie z. B. die Wiedergabe eines Songs.⁵⁰ Keine Rolle spielt, ob die Darbietung durch die menschliche Stimme oder durch Instrumente geschieht.⁵¹

Zum anderen ist das „große Recht" der *bühnenmäßigen Aufführung* enthalten.⁵² Diese zeichnet sich aus durch bewegtes Spiel für das Auge im Raum. Üblicherweise sind Schauspiele, choreographische oder pantomimische sowie musikdramatische Werke wie Opern, Operetten und Musicals derartige Aufführungen.⁵³

In der Praxis ergibt sich ein Unterschied der beiden Aufführungsarten im Bereich der Verwertung.⁵⁴ Eingeschlossen sind sowohl beim Vortrags- als auch beim Auf-

---

⁴⁸ So Fischer/Reich, § 3 Rn. 93.
⁴⁹ Fischer/Reich, § 3 Rn. 94.
⁵⁰ Vertiefend im GEMA-Kapitel.
⁵¹ Rehbinder, Rn. 215.
⁵² Vertiefend im GEMA-Kapitel.
⁵³ Rehbinder, Rn. 215; Fischer/Reich, § 3 Rn. 103.
⁵⁴ Fischer/Reich, § 3 Rn. 103.

führungsrecht Bildschirm- und Lautsprecherübertragungen außerhalb des Raumes, in dem die persönliche Darbietung stattfindet.

Das **Vorführungsrecht** enthält das Recht, ein Werk der bildenden Künste, ein Lichtbildwerk, ein Filmwerk oder Darstellungen wissenschaftlicher oder technischer Art durch technische Einrichtungen öffentlich wahrnehmbar zu machen. Betroffen ist nur die optisch wahrnehmbare Vorführung.[55] Nicht umfasst ist hingegen die Zweitverwertung im Wege der öffentlichen Bild- und Tonwiedergabe, die in § 21 UrhG gesondert geregelt ist.[56]

bb) Recht der öffentlichen Zugänglichmachung

Dieses Recht aus § 19a UrhG gewährt dem Werkschöpfer einen sehr frühzeitigen Schutz: Er hat das Recht, das Werk drahtgebunden oder drahtlos der Öffentlichkeit in einer Weise zugänglich zu machen, dass es Mitgliedern der Öffentlichkeit von Orten und zu Zeiten ihrer Wahl zugänglich ist. Gemeint ist die Schaffung einer technischen Möglichkeit für den interaktiven Abruf (On-demand-Dienste).[57]

cc) Senderecht

Das Senderecht ist das Recht, das Werk durch Funk, wie Ton- und Fernsehrundfunk, Satellitenrundfunk, Kabelfunk oder ähnliche technische Mittel, der Öffentlichkeit zugänglich zu machen (§ 20 UrhG).

Dazu zählt vor allem auch die Ausstrahlung des Werks durch Radio und Fernsehen. Dagegen unterfällt der Empfang der Sendung durch das Empfangsgerät nicht dem Senderecht. Etwa in dem für den Eventbereich besonders bedeutsamen Fall der Wiedergabe der Sendung an die Öffentlichkeit durch ein DVD-/Videogerät, z. B. in Gaststätten oder Biergärten, erfolgt ein neuer urheberrechtlich relevanter Wiedergabeakt, der als Recht der Wiedergabe durch Bild- und Tonträger ebenfalls dem Urheber vorenthalten ist.[58]

dd) Recht der Wiedergabe durch Bild- oder Tonträger sowie von Funksendungen und von öffentlicher Zugänglichmachung

Die Rechte der Wiedergabe durch Bild- oder Tonträger sowie der Wiedergabe von Funksendungen und von öffentlicher Zugänglichmachung sind die sogenannten **Zweitverwertungsrechte**.[59] Das Werk kann nach seiner Veröffentlichung mehrfach öffentlich wiedergegeben werden, gleichgültig ob dies auf dieselbe oder auf andere Weise erfolgt. So ergibt sich für den Urheber eine erhebliche Erweiterung des Nutzungskreises, der ebenfalls ausschließlich ihm vorbehalten ist.[60]

---

[55] Enders, § 2 Rn. 167.
[56] Fischer/Reich, § 3 Rn. 103.
[57] Rehbinder, Rn. 216 a.
[58] Vgl. Rehbinder, Rn. 217.
[59] Enders, § 2 Rn. 172 m.w.N., vertiefend im GEMA-Kapitel.
[60] Vgl. Rehbinder, Rn. 222.

Das Recht der Wiedergabe durch Bild- oder Tonträger (§ 21 UrhG) ist das Recht, Vorträge oder Aufführungen öffentlich wahrnehmbar zu machen. Demzufolge unterfällt das Abspielen von Hintergrundmusik bei öffentlichen Veranstaltungen, in Bekleidungsläden oder Gaststätten von Tonbändern ebenso dem Verwertungsschutz wie die Betätigung einer Musicbox in einem Lokal.[61]

Das Recht der Wiedergabe von Funksendungen und von öffentlicher Zugänglichmachung (§ 22 UrhG) befugt zur öffentlichen Wahrnehmbarmachung des Werkes durch Bildschirm, Lautsprecher oder ähnliche technische Einrichtungen.

Nicht selten laufen bei Events im Hintergrund Radio- oder Fernsehsendungen, ebenso in Kneipen und Gastzimmern. Erinnert sei in diesem Zusammenhang auch an das Beispiel, in dem ein Kinobetreiber Fernsehsendungen auf einer Leinwand übertragen will. In allen Fällen ist die Wiedergabe ausschließlich dem Urheber zur Verwertung vorbehalten.[62]

Falllösung 2: Um die komplizierte Materie des sog. Kopierverbots von Noten zu lösen, ist stets zwischen den einzelnen Verwertungshandlungen zu unterscheiden.

Das Notenbeschaffen durch Kopieren, das Verteilen der kopierten Noten im Orchester und schlussendlich das Benutzen der Noten, in dem die Musiker die kopierten Noten auf dem Notenständer liegen haben und spielen, stellen jeweils einzelne Handlungen dar.

Inwieweit jede Handlung auch eine urheberrechtliche Verwertungshandlung und damit eine Urheberrechtsverletzung darstellt, ist stets isoliert zu betrachten. Die einzelnen Verwertungsrechte stehen für sich in der Welt des Orchestermanagements. Dies hat zur Folge, dass ein nichtöffentliches Proben mit kopierten Noten zulässig ist – da keine Verwertungshandlung vorliegt – aber das vorherige Austeilen der kopierten Noten (verbotener Kopien) durch den Notenwart als „Verbreitung in der Öffentlichkeit" unzulässig sein kann.

Tabelle 2: Verwertungshandlungen bei Noten

Vervielfältigen von Noten = Notenbeschaffung durch Kopieren der Noten	Verbreiten von Noten = Verteilen der kopierten Noten (verbotener Kopien) im Orchester		Aufführen des Werkes = Benutzen kopierter Noten (verbotener Kopien) durch Orchestermusiker		
	↓ durch Notenwart	↓ durch Pult-nachbarn	↓ in der Probe	↓ in der öffentl. Probe	↓ im Konzert
= Verwertungshandlung	= Verwertungshandlung	= keine Verwertungshandlung	= keine Verwertungshandlungen		= Verwertungshandlung

---

[61] Rehbinder, Rn. 222.
[62] So Rehbinder, Rn. 223.

Überhaupt kein Indiz für ein sog. Kopierverbot ist der Abdruck diverser Kopierverbote durch die Musikverlage auf den Noten. Dieser Abdruck zeigt nur konkret, dass der Musikverlag in die gesetzliche Erlaubnisregelung gem. § 53 Abs. 4 a UrhG – der käuflichen Gebührenmarke für Kopien geschützter Noten – nicht einwilligt. Häufig wird dies von der Praxis missverstanden und als Urheberrechtsschutz gedeutet. Allein maßgebend für ein tatsächliches Kopierverbot ist aber das UrhG. Nicht selten kommt es vor, dass kein gesetzlicher Kopierschutz besteht, obwohl der Abdruck des sog. Verbotshinweises auf den Noten noch vorhanden ist. Diese Widersprüchlichkeit kann nur durch sichere Kenntnis der gesetzlichen Regelung aufgeklärt werden.

Gemäß §§ 16, 17 UrhG stellen das Vervielfältigen und Verbreiten von Noten Verwertungsrechte des Urhebers dar. Da es sich bei Noten nicht um Schriftzeichen aus Büchern, sondern um graphische Aufzeichnungen von Werken der Musik handelt, können diese stets nur mit Einwilligung der Berechtigten (Urheber/Musikverlag) gemäß § 53 Abs. 4 a UrhG vervielfältigt werden. Eine Einwilligung ist unnötig, wenn die urheberrechtlichen Schutzfristen abgelaufen sind. Die Schutzfrist des Komponisten (Urheber) ist 71 Jahre nach seinem Tod und des Musikverlages 26 Jahre nach dem Erscheinen des Notendruckes beendet. Stichtag für den Ablauf der Schutzfrist ist immer der 31.12. des jeweiligen Kalenderjahres. Im vorliegenden Fall ist die Schutzfrist der Originalkomposition von Georg Gershwin am 1.01.2008 bereits abgelaufen. Notenwart N kann also bedenkenlos die kopierten Noten des befreundeten Orchesters annehmen und an die Musiker für die Probenarbeit und das Konzert verteilen.

Für das zweite Werk von Wolfgang Roese, dessen Schutzfrist nicht vor 2137 abgelaufen ist- wenn der Komponist, was ihm zu wünschen wäre, 90 Jahre alt wird- besteht bis dato ein striktes Kopier- und Verbreitungsverbot.

Dieses strikte Kopier- und Verbreitungsverbot lässt sich in der Praxis allerdings nicht kontrollieren und deshalb auch nicht lückenlos durchsetzten. Aufgrund dessen haben sich folgende zulässige Verhaltensweisen durchgesetzt, die zwar nirgends niedergeschrieben noch gesetzlich verankert wurden, aber in der Event- und Musikbranche seitens der Musikverlage und Komponisten geduldet sind.

→Eigene **ORIGINALNOTEN** dürfen ohne Einwilligung der Berechtigten kopiert und für sich verwendet werden, um die Originalnoten vor Verlust oder Beschädigung zu schonen. Die Originalnoten müssen nicht beim Konzert aufliegen oder als Beweismittel mitgenommen werden. Eine ordnungsgemäße Archivierung wird als ausreichend angesehen. Die Kopien sollten jedoch einen Stempel des Orchesters mit dem zusätzlichen Hinweis „Kopie als Arbeitsmittel des Orchesters O" tragen.

→**LEIHNOTEN** dürfen nur mit schriftlicher Kopiererlaubnis des Verlags kopiert werden, da grundsätzlich in den AGBs des Leihvertrags ein Kopierverbot zur Vertragsgrundlage gemacht wird. Meist ist die schriftliche Kopiererlaubnis aber unproblematisch bei Vertragsabschluss aushandelbar, wenn sich der Entleiher gleichzeitig dazu verpflichtet, die Kopien nach dem Konzert zu vernichten oder zusammen mit den Originalnoten nach Gebrauch an den Verlag zurückzuschicken.

Indem Notenwart T keine Originalnoten, sondern nur Kopien von dem Werk „Die Schneekönigin" vom Orchester X – das selbst keine Originale hat – ausleihen könnte, wäre eine Verletzung jeglicher Verwertungsrechte des Komponisten gegeben.

c) Grundsätze zum Kopierverbot für Noten

Bezug nehmend auf die Fallgestaltung Nr. 2 und -lösung können folgende Grundsätze zum Kopierverbot für Noten aufgestellt werden.

> **Grundsatz 1:** Das Kopierverbot für Noten ergibt sich ausschließlich aus dem Gesetz (UrhG) und nicht aus dem Aufdruck diverser Verbotshinweise auf dem Notenmaterial durch die Musikverlage.
>
> **Grundsatz 2:** Orchesterproben unter Ausschluss der Öffentlichkeit sind keine „Verwertungshandlungen" im Sinne des Urheberrechts.
> - Das Verwenden verbotswidriger Kopien ist dort erlaubt.
> - Das vorherige Verteilen der verbotswidrigen Kopien durch den Notenwart ist hingegen nicht erlaubt, da hierdurch das Verbreitungsrecht des Urhebers verletzt wird.
> - Das vorherige verbotswidrige Kopieren der Noten ist ebenso nicht erlaubt, da hierdurch das Vervielfältigungsrecht des Urhebers verletzt wird.
>
> Die Gefahr einer Urheberrechtsverletzung ist bei der Verwendung verbotswidrig kopierter Noten stets gegeben, da die Noten irgendwie zum Orchestermusiker gelangen müssen und stets nach einer Probenarbeit ein Konzert folgt. Jedes Konzert ist grundsätzlich öffentlich, so dass eine Verbreitung in der Öffentlichkeit spätestens dann erfolgt.
>
> **Grundsatz 3:** Die GEMA interessiert überhaupt nicht, ob aus verbotswidrig kopierten oder Originalnoten gespielt wird. Sie nimmt nur die Aufführungsrechte der Komponisten wahr und kein anderes Verwertungsrecht (z. B. Vervielfältigungs- und Verbreitungsrecht).

d) Umgestaltungen sowie freie Benutzung

Fall 3: Der Komponist und Arrangeur W möchte ein Cross-over-Konzert mit Orchester (Sinfonieorchester, Band, extra Bläsersatz und Chor) der besonderen Art verwirklichen. Hierzu will er Werke von Tschaikowsky, Rachmaninow, Schostakowitsch mit den Hits von Queen, Micheal Jackson, Beatles etc. verschmelzen lassen. Die Konzertbesucher der Klassik wie auch der Liebhaber der Unterhaltungsmusik sollen gleichzeitig im Konzert auf ihre Kosten kommen. Braucht W hierfür von allen Urhebern die Einwilligung?

Fall 4: Der Theaterdirektor T möchte eine parodistische Verfremdung des Werkes X in den Spielplan aufnehmen. Braucht er die Einwilligung des Urhebers des X?

aa) Bearbeitung oder andere Umgestaltungen

Zum Inhalt des Urheberrechts gehören zudem das Bearbeitungsrecht und das Recht zur sonstigen Umgestaltung des Werkes. Darunter fällt auch die Befugnis, die Veröffentlichung oder Verwertung von Umgestaltungen des Werkes zu verbieten. Bei der Verfilmung des Werkes oder der Ausführung von Plänen und Entwürfen eines Werkes der bildenden Künste bedarf bereits das Herstellen der Bearbeitung oder Umgestaltung der Einwilligung des Urhebers (§ 23 UrhG).

bb) Freie Benutzung

Ein selbstständiges Werk, das in freier Benutzung des Werkes eines anderen geschaffen worden ist, darf ohne Zustimmung des Urhebers des benutzten Werkes veröffentlicht und verwertet werden. Dies gilt jedoch nicht für die Benutzung eines Werkes der Musik, durch welche eine Melodie erkennbar dem Werk entnommen und einem neuen Werk zugrunde gelegt wird (§ 24 UrhG).

Entscheidend für die Freiheit der Bearbeitung ist, dass das ursprüngliche Werk in seinen Wesenszügen soweit hinter dem neu geschaffenen zurücktritt, dass der Begriff der Bearbeitung dem neuen Werk nicht mehr gerecht würde und dass das vorbestehende Werk vielmehr als Inspiration diente. Wann dies gegeben ist, wird im Einzelfall schwierig zu entscheiden sein, der Gesamteindruck zählt.[63] Ein Indiz ist allerdings der Wechsel der Kunstgattung, z. B. von einem Gedicht zu einer Musikkomposition.[64]

Falllösung 3: Es kommt bei dem geplanten Cross-over-Konzert darauf an, *wie* die Werke von W bearbeitet werden. Generell müsste W eine Einwilligung der jeweiligen Urheber einholen, es sei denn, es wird bei dem Arrangement eine derartige neue Schöpfungshöhe erreicht, dass die ursprünglichen Werke nur noch teilweise erkennbar sind und sie aber im Ganzen hinter die neue Komposition zurücktreten. Möglich ist auch, dass es sich um ein zulässiges Musikzitat i. S. d. § 51 Nr. 3 UrhG handelt, bei welchem das ursprüngliche Werk eher als Stilmittel und wegen seiner assoziativen Wirkung verarbeitet wird. Hierbei ist zu beachten, dass nur einzelne

---

[63] Rehbinder, Rn. 227.
[64] Enders, § 2 Rn. 176.

Stellen aus dem Originalwerk entnommen werden dürfen, eben nur soviel, wie dies zur Erkennbarkeit des Originalwerkes und zur Auslösung der Assoziation erforderliche ist. Ferner sollte eine ausreichende geistige Distanz erkennbar sein, beispielsweise der Gegensatz dramatisch – heiter. Auch ist W zu empfehlen, dass der Titel seiner Werke nicht mit den Originalwerken identisch sein sollte.

Es muss somit zwischen einer einwilligungsbedürftigen Umgestaltung und der freien Benutzung eines Werkes differenziert werden. *Parodien* und *Satire* können den Anwendungsbereich des § 23 UrhG berühren. Im Ergebnis kommt es auf den Abstand an, den das neue Werk zu den entlehnten, eigenpersönlichen Zügen des benutzten Werkes hält.[65]

Falllösung 4: T braucht dann keine Einwilligung des Urhebers, wenn das neue Werk zu dem ursprünglichen Werk ausreichend eigene persönliche Züge und schöpferischen Charakter aufweist und damit das ursprüngliche Werk hinter dem neuen Satire Werk zurücktritt. Dass bei einem Satirestück natürlich der Bezug zum Originalwerk besteht, liegt in der Natur der Sache und spielt bei der Beurteilung des Gesamteindrucks eine erhebliche Rolle.

III. Schranken des Urheberrechts

Fall 5: Die bildende Künstlerin U ist über den Artikel ihrer Ausstellungseröffnung empört, nicht nur weil ihre Kunst nicht besonders hervorgehoben wurde, sondern auch, weil der Kulturamtsleiter, der die öffentliche Bezuschussung versagte, auch noch vor ihren Bildern fotografiert und so in der Zeitung abgebildet wurde. Die Künstlerin U will nun Schadensersatz von der Zeitung, da diese ohne ihre Einwilligung ihre Werke fotografiert und veröffentlicht hat.

Das Urheberrecht unterliegt **inhaltlichen** wie **zeitlichen** Schranken.

1. Ausgestaltung der Schrankenregelungen

Die Urheberpersönlichkeitsrechte und die Verwertungsrechte des Urhebers werden durch diverse gesetzliche Bestimmungen beschränkt. Diese Beschränkungen bestehen

- zugunsten einzelner Nutzer,
- zugunsten der Allgemeinheit und insbesondere
- zugunsten der Kulturwirtschaft.[66]

---

[65] BGH GRUR 1994, S.191 sowie S. 206.
[66] Siehe Rehbinder, Rn. 253.

Die Schranken des Urheberrechts sind unterschiedlich ausgestaltet.

Tabelle 3: Schranken des Urheberrechts

Gesetzliche Lizenzen	Diese ermöglichen eine bestimmte Nutzung des Werkes auch ohne die Bewilligung des Urhebers. Es entstehen aber gesetzlich normierte Vergütungsansprüche des Werkschaffenden[67]
Freie Nutzungsarten	Die Freistellung hat im Gegensatz zu den gesetzlichen Lizenzen die Konsequenz, dass die bestimmten Nutzungsarten ohne Entschädigung freigegeben werden[68]
Schutzdauer befristet	Nach Ablauf der Frist entfällt der gesamte Urheberrechtsschutz[69]

Im Eventbereich sind folgende Beschränkungen relevant:

2. Inhaltliche Schranken

a) Berichterstattung über Tagesereignisse

Zur Berichterstattung über Tagesereignisse durch Funk oder ähnliche technische Mittel in Zeitungen, Zeitschriften und anderen Druckschriften oder sonstigen Datenträgern, die im wesentlichen Tagesinteressen Rechnung tragen, sind die Nutzungsarten der Vervielfältigung, Verbreitung und öffentliche Wiedergabe von Werken, die im Verlauf dieser Ereignisse wahrnehmbar gemacht werden, in einem durch den Zweck gebotenen Umfang **freigestellt**, § 50 UrhG.

Falllösung 5: Die Abbildung der Gemälde im Hintergrund eines Fotos in der Tageszeitung stellt keine Verletzung des Urheberrechts (Vervielfältigungsrecht) dar, da es sich um eine Berichterstattung über Tagesereignisse handelt. Mithin ist das Urheberrecht der Künstlerin U insofern gemäß § 50 UrhG eingeschränkt, dass in der Ablichtung ihrer Werke ohne Einwilligung der Künstlerin mit dem Kulturamtsleiter keine Urheberechtsverletzung gesehen werden kann.

b) Öffentliche Wiedergabe

Die öffentliche Wiedergabe eines veröffentlichten Werkes im Rahmen einer Veranstaltung ist gemäß § 52 Abs. 1 UrhG zulässig, wenn die Wiedergabe **keinem Erwerbszweck des Veranstalters** dient, die Teilnehmer ohne Entgelt zugelassen werden und im Falle des Vortrages oder der Aufführung des Werkes keiner der ausübenden Künstler eine besondere Vergütung erhält. Denkbar ist dies etwa bei gemeinnützigen öffentlichen Veranstaltungen (z. B. Benefizevents).

---

[67] Rehbinder, Rn. 253.
[68] Rehbinder, Rn. 253.
[69] Rehbinder, Rn. 253.

§ 52 UrhG ist als **gesetzliche Lizenz** ausgestaltet. Für die Wiedergabe ist eine angemessene Vergütung zu zahlen (Abs. 1 Satz 2).[70] Die Vergütungspflicht entfällt nur ausnahmsweise bei Veranstaltungen der Jugendhilfe, der Sozialhilfe, der Alten- und Wohlfahrtspflege, der Gefangenenbetreuung sowie für Schulveranstaltungen, die nicht zugleich dem Erwerbszweck eines Dritten dienen (z. B. ORSOeducation-Programm[71]).

Zu beachten ist jedoch, dass öffentliche bühnenmäßige Darstellungen ebenso wie öffentliche Zugänglichmachungen und Funksendungen eines Werkes sowie öffentliche Vorführungen eines Filmwerkes stets nur mit Einwilligung der Berechtigten zulässig ist, so § 52 Abs. 3 UrhG. Hier kann eine Verwertungsgesellschaft (GEMA) die Lizenz durch Zahlung einer Gebühr erteilen.

c) Benutzung als unwesentliches Beiwerk

Gesetzestext: § 57 UrhG (Unwesentliches Beiwerk)
Zulässig ist die Vervielfältigung, Verbreitung und öffentliche Wiedergabe von Werken, wenn sie als unwesentliches Beiwerk neben dem eigentlichen Gegenstand der Vervielfältigung, Verbreitung oder öffentlichen Wiedergabe anzusehen sind.

Ein Werk ist unwesentliches Beiwerk, wenn es beliebig austauschbar und somit ohne jegliche Aussagekraft für den eigentlichen Gegenstand ist. Die Größe des Beiwerks ist dabei von untergeordneter Bedeutung.[72] In diesem Fall wird eine **Freistellung** der aufgeführten Nutzungsarten ohne Entschädigungspflicht eingeräumt.

Für den Veranstalter eines Events kann dies z. B. hilfreich sein, wenn er seine Veranstaltung auf DVD vermarktet oder diese im Fernsehen ausgestrahlt wird und dabei zufällig ein an sich urheberrechtlich geschütztes Werk mit auf den Aufnahmen zu sehen ist.

d) Werbung für öffentliche Ausstellungen, Ausstellungskataloge

Gesetzestext: § 58 UrhG (Werke in Ausstellungen, öffentlichem Verkauf)
(1) Zulässig ist die Vervielfältigung, Verbreitung und öffentliche Zugänglichmachung von öffentlich ausgestellten oder zum öffentlichen Verkauf bestimmten Werken der bildenden Künste und Lichtbildwerken durch den Veranstalter zur Werbung, soweit dies zur Förderung der Veranstaltung erforderlich ist.
(2) Zulässig ist ferner die Vervielfältigung und Verbreitung der in Abs. 1 genannten Werke in Verzeichnissen, die von öffentlich zugänglichen Bibliotheken, Bildungseinrichtungen oder Museen in inhaltlichem und zeitlichem Zusammenhang mit einer Ausstellung (…) herausgegeben werden und mit denen kein eigenständiger Erwerbszweck verfolgt wird.

---

[70] Vertiefend das Tarifwerk der GEMA, näher im GEMA-Kapitel.
[71] Www.orso.org.
[72] Laut Fischer/Reich, § 3 Rn. 211.

§ 58 UrhG gewährt die **Freistellung** der Nutzungsarten der Vervielfältigung, Verbreitung und öffentlichen Zugänglichmachung **ohne Entschädigungspflicht**.
Bei öffentlichen Kunst- oder Fotokunstausstellungen genießen also die Veranstalter bzw. Bibliotheken, Bildungseinrichtungen oder Museen weitreichende Privilegien. Sie dürfen ausgestellte Werke zu Werbezwecken benutzen, indem sie diese auf Postern, Flyern etc. abdrucken und verteilen. Entscheidend ist dabei allerdings, dass dies zur Förderung der Veranstaltung erforderlich ist bzw. dass kein eigenständiger Erwerbszweck verfolgt wird. Ein eigenständiger Erwerbszweck wird etwa angenommen bei Postkarten, Repliken, T-Shirts und Ausstellungsplakaten, die im Museumsshop als *Merchandising-Produkte* verkäuflich sind. *Ausstellungskataloge* sind zulässig, *Kunstbildbände*, die keinen strengen Bezug zur Veranstaltung aufweisen, dagegen nicht.[73]

Wiedergegeben werden dürfen ausschließlich die Originale, nicht aber Fotografien dieser Originale, denn bezüglich der Fotografien hat der Fotograf eigene Rechte.[74]

Für den Veranstalter gilt hinsichtlich des öffentlichen Verkaufs gleiches wie für Ausstellungen.

e) Zitatrecht

Daneben bildet unter anderem beispielsweise das **Zitatrecht** eine Schranke des Urheberrechts. Werden Stellen eines erschienenen Sprach- oder Musikwerkes in einem selbstständigen Werk angeführt, ist gemäß § 51 Satz 2 Ziff. 2 bzw. 3 UrhG die Vervielfältigung, Verbreitung und öffentliche Wiedergabe in gebotenem Umfang zulässig.

f) Auslegung der Schrankenregelung

Zu beachten ist, dass es sich bei den Schranken des Urheberrechts um Ausnahmebestimmungen handelt, die grundsätzlich eng auszulegen sind.[75] Aus dem internationalen Urheberrecht hat sich zudem ein **3-Stufen-Test** etabliert. Demnach sind Schrankenregelungen nur erlaubt, wenn

1. es sich um einen bestimmten Sonderfall handelt,
2. die freie Nutzung durch die normale Auswertung des Werkes nicht beeinträchtigt wird und
3. berechtigte Interessen des Urhebers nicht unzumutbar verletzt sind.[76]

---

[73] Siehe Fischer/Reich, § 3 Rn. 212; Rehbinder, Rn. 273.
[74] Vgl. Rehbinder, Rn. 273.
[75] So etwa BGH ZUM 2002, S. 636 zum verhüllten Reichstag/Fall Christo; ebenso Rehbinder, Rn. 253.
[76] Artt. 9 II RBÜ, 13 TRIPS-Abkommen; siehe auch Rehbinder, Rn. 253.

Im Zweifelsfalle ist es daher unbedingt zu empfehlen, die Zustimmung des Urhebers zur Nutzung des Werkes einzuholen.[77]

Zusammenfassung
- Die Urheberpersönlichkeits- und Verwertungsrechte unterliegen Schranken.
- Diese Schranken sind eng auszulegen.
- Im Zweifel sollte die Zustimmung des Urhebers zur Werknutzung eingeholt werden.

---

3. Zeitliche Schranke

Im Interesse der Allgemeinheit ist das Urheberrecht zeitlich begrenzt. Diese Beschränkung ist am einschneidensten für den Urheber und dessen Erben.[78]

Die allgemeine Schutzfrist für Urheberrechte beträgt 70 Jahre. Sie wird grundsätzlich vom Tode des Urhebers an gerechnet, § 64 UrhG. Es gibt jedoch Besonderheiten bei Miturhebern und Ausnahmen bei anonymen und pseudonymen Werken:

Tabelle 4: Erlöschen des Urheberrechts

Urheber	Erlöschen des Urheberrechts
Allgemein	70 Jahre nach dem Tod des Urhebers
Miturheber	70 Jahre nach dem Tod des längstlebenden Miturhebers
Miturheber bei Filmwerken u. ä.	70 Jahre nach dem Tod des Längstlebenden der folgenden Personen: Hauptregisseur, Urheber des Drehbuchs, Urheber der Dialoge, Komponist der für das betreffende Filmwerk komponierten Musik
Veröffentlichte anonyme und pseudonyme Werke	70 Jahre nach der Veröffentlichung
Unveröffentlichte anonyme und pseudonyme Werke	70 Jahre nach der Schaffung des Werks
Offenbarung der Identität innerhalb 70 Jahre nach Veröffentlichung bei anonymen Werken bzw. Pseudonym lässt keinen Zweifel an der Identität bei pseudonymen Werken	70 Jahre nach dem Tod des Urhebers
Anonyme oder pseudonyme Lieferungswerke	70 Jahre nach der Veröffentlichung, gesondert für jede Lieferung

---

[77] Der gleichen Ansicht ist Kitzberger, S. 102.
[78] Rehbinder, Rn. 290.

C. Verwandte Schutzrechte

Leistungsschutzrechte sind dem Urheberrecht verwandte Rechte, deren Inhaber auch der Veranstalter sein kann. Geschützt werden durch sie nicht Werke im Sinne einer persönlichen geistigen Schöpfung, sondern eine **geistige Leistung**, die im Zusammenhang mit dem Kulturleben erbracht wird. Sie verbieten, wenn auch in weniger ausgeprägter Form, ebenfalls eine unbefugte Verwendung der Leistungen und ermöglichen eine Beteiligung am wirtschaftlichen Nutzen.

I. Leistungsarten

Das Urhebergesetz enthält ein breites Spektrum an verwandten Schutzrechten aus dem kulturellen und wissenschaftlichen Bereich.[79] Für den Eventbereich sind die Interpretenrechte und der Veranstalterschutz maßgeblich, daneben spielen auch die Rechte des Sendeunternehmens sowie Produzentenrechte des Tonträgerherstellers und des Filmherstellers eine Rolle.

Diese Schutzrechte sind explizit im Urhebergesetz aufgeführt. Anders als der Urheberrechtsschutz können sie nicht erweitert werden, sondern sind abschließend.

II. Rechte des ausübenden Künstlers

Fall 6: Ein Konzert der Sopranistin Melinda P. wird auf Betreiben des Veranstalters V im Fernsehen übertragen. Wer kann welche Leistungsschutzrechte geltend machen? Beziehungsweise wer muss in die Übertragung einwilligen?

Ausübender Künstler ist, wer ein Werk oder eine Ausdrucksform der Volkskunst (Folklore) aufführt, singt, spielt oder auf eine andere Weise darbietet oder an einer solchen Veranstaltung künstlerisch mitwirkt, § 73 UrhG. Bloße technische oder organisatorische Mitwirkung lässt keine Leistungsschutzrechte entstehen, es muss ein künstlerischer Mindestgehalt gegeben sein.[80] Zu dem Kreis der ausübenden Künstler gehören Interpreten wie *Sänger*, *Musiker*, *Tänzer* oder *Schauspieler*, aber auch *Dirigenten*, *Bühnenregisseure*, *Tonregisseure* und andere künstlerisch Mitwirkende. Soweit Zirkusartisten und Varietékünstler rein artistische Elemente aufführen, fallen sie hingegen aus dem Schutzbereich heraus, da sie kein Werk aufführen.[81] Inwiefern Lichtdesignern trotz technischer Mitwirkung jedoch häufig mit künstle-

---

[79] Eine vollständige Auflistung oben, Übersicht 3.
[80] Fischer/Reich, § 3 Rn. 246.
[81] Enders, § 2 Rn. 205 m.w.N., Rehbinder, Rn. 290.

rischem Gehalt ein Leistungsschutzrecht zusteht, ist bisher in der Rechtsprechung noch nicht entschieden.

1. *Persönlichkeitsrechtlicher Schutz*

a) Anerkennung als ausübender Künstler

§ 74 UrhG schützt das Authentizitätsinteresse des ausübenden Künstlers im gleichen Umfang wie das des Urhebers. Er hat das Recht, in Bezug auf seine Darbietung anerkannt zu werden, das heißt gegen Bestreitung und Anmaßung geschützt zu werden.[82]

Besondere Ausprägung ist das Recht auf **Namensnennung**. Damit wird gewürdigt, dass die Interpretation von der Persönlichkeit des Interpreten geprägt und mit seiner Person untrennbar verbunden ist.[83] Bei gemeinsamen Darbietungen mehrerer ausübender Künstler, vor allem bei Ensembles, kann das Namensnennungsrecht auf die Nennung des Namens der Künstlergruppe beschränkt sein, wenn die Einzelnennung einen unverhältnismäßig hohen Aufwand bedeuten würde.

b) Beeinträchtigung der Darbietung

§ 74 UrhG gewährt dem ausübenden Künstler das Recht, eine Entstellung oder andere Beeinträchtigung seiner Darbietung zu verbieten, wenn sie geeignet ist, sein Ansehen oder seinen Ruf als ausübender Künstler zu gefährden.

Hier sind im Vergleich zu den berechtigten Interessen beim Urheberrecht mit der Gefährdung des Ansehens oder des Rufes strengere Voraussetzungen getroffen worden. Zur Schädigung geeignet sind z. B. herabwürdigende, lächerlich machende oder in sonstiger Weise erheblich missachtende Veröffentlichungen oder Verbreitungen. Insbesondere können auch Verfremdungen, Verkürzungen und sonstige grobe Veränderungen Schädigungspotenzial für Ruf oder Ansehen enthalten. Dies gilt z. B. für Remixe.[84] Eine tatsächliche Gefährdung ist nicht erforderlich, die bloße Eignung zu gefährden reicht aus. Bei gemeinsamen Darbietungen haben die ausübenden Künstler gegenseitig angemessen Rücksicht zu nehmen.

---

[82] Siehe Rehbinder, Rn. 407.
[83] Vgl. Fischer/Reich, § 3 Rn. 250.
[84] Vgl. Fischer/Reich, § 3 Rn. 252.

2. Verwertungsrechtliche Befugnisse

Aufnahme	Vervielfältigung	öffentliche Wiedergabe	Vergütungsanspruch

Die verwertungsrechtlichen Befugnisse geben dem ausübenden Künstler das ausschließliche Recht, bestimmte Verwertungen vorzunehmen. Das bedeutet zugleich auch, dass kein anderer diese Verwertungen vornehmen kann, ohne dass der ausübende Künstler seine Einwilligung erteilt hat.

a) Recht auf Aufnahme, Vervielfältigung und Verbreitung

§ 77 UrhG räumt dem ausübenden Künstler entsprechend dem Urheber das ausschließliche Recht ein, seine Darbietung auf Bild- oder Tonträger aufzunehmen.

Daneben hat er das Vervielfältigungs- und Verbreitungsrecht bezüglich des Bild- oder Tonträgers, auf den seine Darbietung aufgenommen worden ist. Insoweit sind für die Darbietung die Bestimmungen über das Urheberrecht, §§ 16, 17 UrhG, entsprechend anzuwenden. Hierbei handelt es sich um körperliche Verwertungsrechte.

b) Öffentliche Wiedergabe

§ 78 Abs. 1 UrhG gewährt wirtschaftlich bedeutsame unkörperliche **ausschließliche Erst- und Zweitverwertungsrechte** hinsichtlich seiner Darbietung. Nur mit Einwilligung des ausübenden Künstlers dürfen entsprechend § 19a UrhG seine Darbietungen öffentlich zugänglich gemacht, gesendet und außerhalb des Raumes, in dem sie stattfinden, durch Bildschirm, Lautsprecher oder ähnliche technische Einrichtungen öffentlich wahrnehmbar gemacht werden.

In einigen Fällen wird das ausschließliche Verbietungsrecht des ausübenden Künstlers auf **Vergütungsansprüche** beschränkt. In diesem Fall hat der ausübende Künstler keinen Abwehranspruch.[85]

Die Rechtsposition des ausübenden Künstlers wird jedoch wieder dadurch gestärkt, dass er auf diese Vergütungsansprüche gemäß § 78 Abs. 3 UrhG im Voraus nicht verzichten kann, selbst wenn der Veranstalter im Aufführungsvertrag den Künstler eine solche Verzichtsklausel untergeschoben und unterschreiben lassen hat. Sie können im Voraus nur an eine Verwertungsgesellschaft abgetreten werden (z. B. VG-Wort, VG-Bild, GEMA).[86]

Über die in § 78 **Abs. 2** UrhG normierten Vergütungsansprüche hinaus hat der ausübende Künstler Vergütungsansprüche für Vermietung und Verleihen nach §§ 77 Abs. 2 S. 2, 27 UrhG, sowie für die Kabelweitersendung nach §§ 78 IV, 20b UrhG.

---

[85] Siehe auch Rehbinder, Rn. 394 und 402.
[86] Vertiefend zu den Verwertungsgesellschaften im GEMA-Kapitel.

178 Viertes Kapitel: Urheberrecht

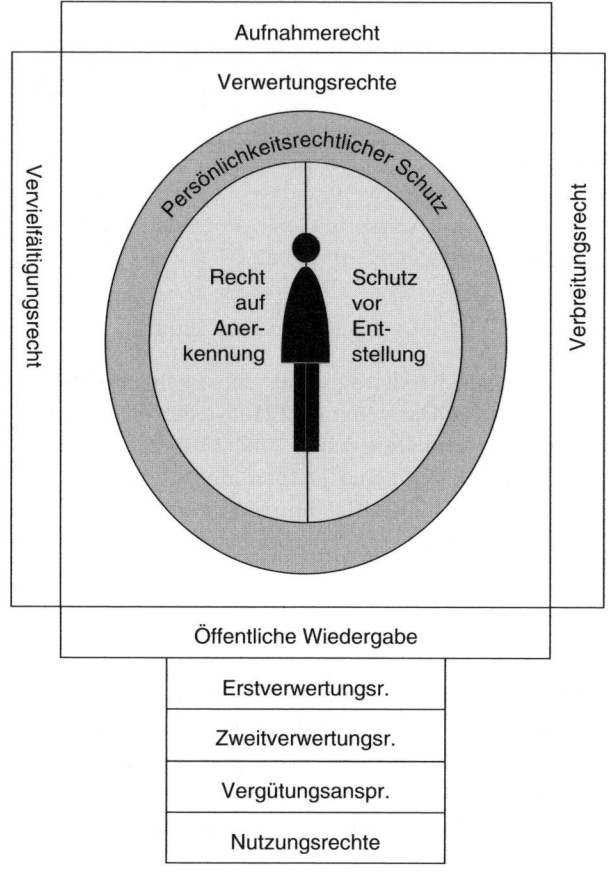

Abb. 2: **Persönlichkeits- und verwertungsbezogene Leistungsschutzrecht des ausübenden Künstlers**

Der ausübende Künstler hat schließlich auch **Nutzungsrechte**, das heißt er kann seine Verwertungsrechte und Vergütungsansprüche einem anderen, z. B. dem Veranstalter oder Produzenten, einräumen (§ 79 Abs. 2 UrhG). Im wesentlichen Unterschied zum Urheberrecht können nicht nur die Vergütungsansprüche, sondern auch die Verwertungsrechte vollständig und uneingeschränkt übertragen werden (§ 79 Abs. 1 UrhG). Damit wird deren vermögenswertem Charakter Rechnung getragen.[87]

---

[87] Mehr dazu unten über dem Abschnitt Nutzungsrechte; Vgl. Rehbinder, Rn. 403.

C. Verwandte Schutzrechte   179

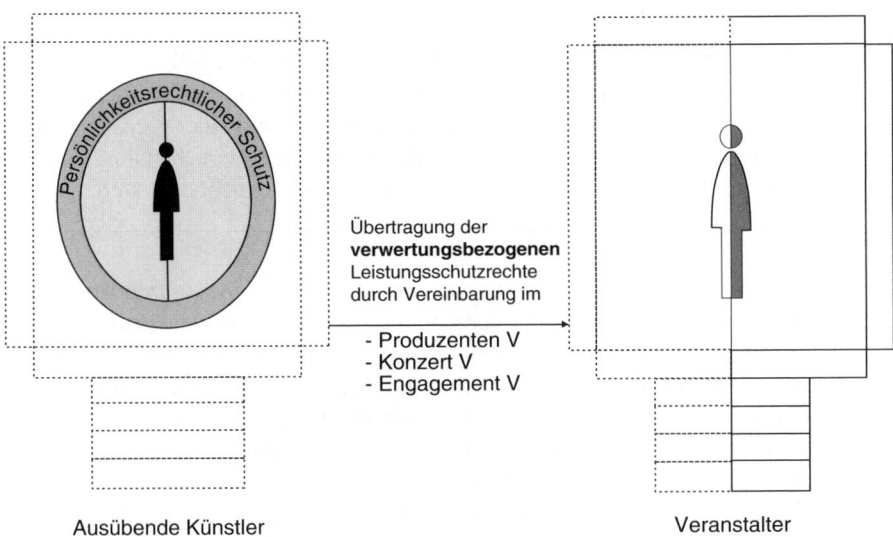

Abb. 3: **Übertragung der verwertungsbezogenen Leistungsschutzrechte an den Veranstalter**

Ausübender Künstler ist, wer ein Werk oder eine Ausdrucksform der Volkskunst aufführt, singt, spielt oder auf eine andere Weise darbietet oder an einer solchen Veranstaltung künstlerisch mitwirkt.

Ihm stehen beschränkte persönlichkeits- und verwertungsbezogene Leistungsschutzrechte für seine Darbietung zu. Ohne seine Einwilligung darf kein anderer seine Darbietung wirtschaftlich verwerten.

Falllösung 6: Melinda P. muss in die Fernsehübertragung ihres Konzerts einwilligen, da sie die ausübende Künstlerin ist. Ihr kommt somit das Recht zu, ihre eigene Darbietung auf Bild- oder Tonträger aufzunehmen sowie diese zu vervielfältigen oder zu verbreiten. Ferner hält sie die Erst- und Zweitverwertungs- sowie Nutzungsrechte an ihrer Darbietung. Wird die Darbietung i. S. d. § 78 Abs. 2 UrhG gesendet, so hat sie zumindest einen Vergütungsanspruch.

III. Rechte des Veranstalters

Die gleichen Verwertungsrechte des ausübenden Künstlers aus §§ 77 Abs. 1, Abs. 2 S. 1; 78 Abs. 1 UrhG stehen neben diesem auch dem gewerblichen Veranstalter zu, der Darbietungen ausübender Künstler veranstaltet, so § 81 UrhG.[88] Inhalt und Reichweite sind insoweit identisch.

---

[88] Mehr zu den Voraussetzungen und dem Hintergrund des § 81 UrhG im Kapitel Medienrecht.

> **Veranstalter** ist derjenige, der für eine Aufführung bzw. eine öffentliche Wiedergabe in organisatorischer und finanzieller Hinsichtlich verantwortlich ist.[89]
> Der gewerbliche Veranstalter von Darbietungen ausübender Künstler hat neben dem ausübenden Künstler ein eigenes Leistungsschutzrecht. Ohne seine Einwilligung darf kein anderer die Veranstaltung wirtschaftlich verwerten.

Geschützt sind in erster Linie der *Konzert- oder Theaterveranstalter*, aber auch *Rundfunkanstalten, Tonträgerhersteller* und *Filmproduzenten* können in den Anwendungsbereich des § 81 UrhG fallen.[90] Der Veranstalter von Darbietungen unkünstlerischer Art, so etwa von Sportveranstaltungen, genießt keinen urheberrechtlichen Schutz, kann jedoch durch andere Vorschriften geschützt sein.[91]

§ 81 UrhG stellt den ausübenden Künstler und den Veranstalter nebeneinander. Für die Aufnahme einer Darbietung auf Bild- und Tonträger und deren Vervielfältigung und Verbreitung ist daher ebenso wie für die öffentliche Wiedergabe der Veranstaltung neben der Einwilligung des ausübenden Künstlers auch die Einwilligung des Veranstalters erforderlich. Der Veranstalter und der ausübende Künstler sind folglich zur Einigung über entsprechende Nutzungen gezwungen.[92] Der Veranstalter hat die Möglichkeit, entsprechend einem Urheber anderen Nutzungsrechte einzuräumen (§ 81 S. 2 UrhG i. V. m. § 31 Abs. 1 S. 1 bis 3 und 5 UrhG sowie §§ 33 und 38 in analoger Geltung) oder seine ausschließlichen Rechte analog § 79 Abs. 1 UrhG zu übertragen.

Dem Veranstalter stehen in folgenden Bereichen selbständige Einwilligungsrechte zu:[93]

Bildschirm u. Lautsprecher-Übertragung	Aufnahme auf Bild- o. Tonträger	Vervielfältigung und Verbreitung von erlaubterweise erstellten Bild- und Tonträgern	Funksendung mit ausübenden Künstlern

IV. Rechte des Sendeunternehmens

Dem Sendeunternehmen wird gemäß § 87 UrhG ein Leistungsschutzrecht zugestanden. Sendeunternehmen ist nur, wer die Übertragung als Sendung an die Öffentlichkeit kontrolliert und verantwortet, dagegen nicht, wer die Übertragung technisch durchführt.[94]

---

[89] Enders, § 3 Rn. 323 m.w.N.
[90] Siehe auch Rehbinder, Rn. 409.
[91] In Frage kommt das Hausrecht, § 823 I BGB wegen Eingriffs in den eingerichteten und ausgeübten Gewerbebetrieb sowie § 1 UWG, s.u. Wettbewerbsrecht; vgl. auch Rehbinder, Rn. 409.
[92] Mehr dazu unten dem Abschnitt Nutzungsrechte; siehe auch Fischer/Reich, § 3 Rn. 271.
[93] Vgl. BGH GRUR 1971, 76; BGHZ 39, 352, 356.
[94] BGHZ 123, S. 154.

Es erhält u. a. die ausschließlichen Rechte, seine Funksendung weiterzusenden und öffentlich zugänglich zu machen, sie auf Bild- oder Tonträger aufzunehmen, sowie diese Bild- oder Tonträger zu vervielfältigen und zu verbreiten. Das Sendeunternehmen kann anderen Nutzungsrechte einräumen (Abs. 2).

V. Schranke der verwandten Schutzrechte

1. Inhaltliche Schranken

Für die dargestellten verwandten Schutzrechte gelten überwiegend dieselben inhaltlichen Beschränkungen, denen das Urheberrecht unterliegt, in entsprechender Anwendung, §§ 83, 87 Abs. 4 UrhG. Das Sendeunternehmen unterfällt allerdings nicht der Vergütungspflicht für Vervielfältigung im Wege der Bild- und Tonaufzeichnung, §§ 87 Abs. 4, 54 Abs. 1 UrhG.

2. Zeitliche Schranken

Tabelle 5: Schutzrechte

Schutzrechte	Schutzfristen
des ausübenden Künstlers/des Veranstalters ➤ an den auf Bild- oder Tonträger aufgenommenen Darbietungen, wenn der Bild- oder Tonträger erschienen ist	50/25 Jahre nach dem Erscheinen bzw. der ersten erlaubten Benutzung zur öffentlichen Wiedergabe
➤ an den auf Bild- oder Tonträger aufgenommenen Darbietungen, wenn der Bild- oder Tonträger innerhalb dieser Frist nicht erschienen oder erlaubterweise zur öffentlichen Wiedergabe benutzt worden ist	50/25 Jahre nach der Darbietung
➤ Schutz vor Entstellung	bis zum Tode des ausübenden Künstlers, jedoch mindestens 50 Jahre nach der Darbietung
des Sendeunternehmens	50 Jahre nach der ersten Sendung des vom Sendeunternehmen geschaffenen Programms

Die Schutzrechte unterliegen ebenso wie das Urheberrecht Schutzfristen. Diese sind jedoch kürzer, insbesondere für den Veranstalter (s. Tabelle 5).

D. Lizenzen: Urheber- und Leistungsschutzrecht im Rechtsverkehr

Aufgrund der Kommerzialisierung des heutigen Kulturbetriebs und der Komplexität der Verwertungswege sind künstlerische Urheber und leistungsschutzberechtigte Interpreten zumeist nicht in der Lage, ihr Werk oder ihre geistige Leistung selbst effektiv zu verwerten. Die Verwertung durch Dritte, etwa durch Veranstalter oder Sendeunternehmen, ist daher die Regel. Häufig schieben sich auch Verwertungsgesellschaften zwischen Werkvermittler und Urheber oder Leistungsschutzberechtigten, die für diese ihre Vergütungsrechte wahrnehmen.[95] Der Veranstalter ist in diesem Verhältnis der Antipode, das heißt der dem künstlerischem Urheber gegenüber stehende Partner.

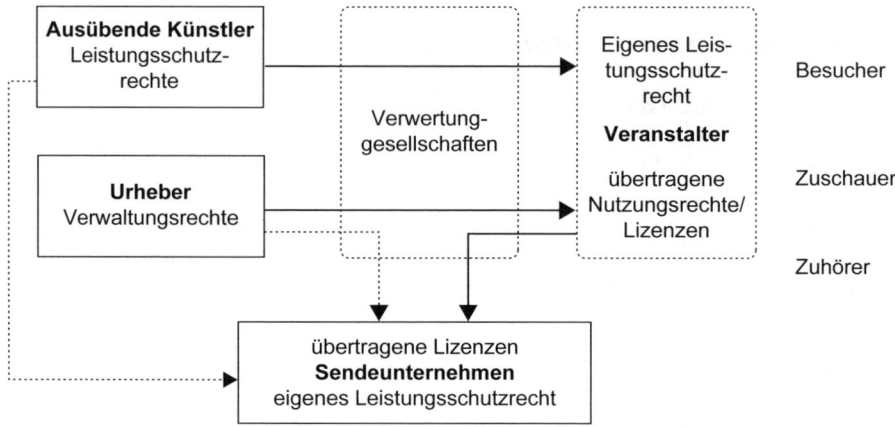

Abb. 4: Verwertung der Urheber- und Leistungsschutzrechte im Eventbereich

I. Urheberrecht

Das Urheberrecht ist sowohl als Ganzes als auch in Teilen **unübertragbar** (§ 29 Abs. 1 UrhG). Deshalb kann der Urheber auch nicht einzelne Verwertungsrechte oder Urheberpersönlichkeitsrechte auf einen anderen übertragen. Der Grund liegt in der engen Beziehung des Schöpfers zu seinem Werk.[96]

§ 31 UrhG gewährt dem Urheber jedoch das Recht anderen einzelne oder alle Nutzungsarten an seinem Werk einzuräumen. Diese Nutzungsrechte, die gemeingebräuchlich auch als **Lizenzen** bezeichnet werden, sind gebundene Rechte. Obwohl sie gegenüber den Verwertungsrechten selbstständige Rechte darstellen, können sie nur einen den Verwertungsrechten innewohnenden Inhalt haben.[97]

Das Nutzungsrecht kann **räumlich**, **zeitlich** oder **inhaltlich beschränkt** eingeräumt werden (§ 31 Abs. 1 S. 2 UrhG) oder aber auch insgesamt für alle denkbaren Nutzungsarten. Überdies unterliegt das Nutzungsrecht nicht den gleichen Beschränkungen wie die Urheberrechte und kann somit auf einen anderen übertragen werden. Dafür ist allerdings die Zustimmung des Urhebers erforderlich (§ 34 Abs. 1 UrhG).

---

[95] Mehr zu den Verwertungsgesellschaften im GEMA - Kapitel.
[96] Siehe Rehbinder, Rn. 299.
[97] Rehbinder, Rn. 299.

Es sind zwei Arten von Nutzungsrechten zu unterscheiden:

- **Einfache Lizenz:** Das einfache Nutzungsrecht berechtigt den Inhaber, das Werk auf die erlaubte Art zu nutzen. Eine Nutzung durch andere ist dabei nicht ausgeschlossen (§ 31 Abs. 2 UrhG).
- **Ausschließliche Lizenz:** Das ausschließliche Nutzungsrecht berechtigt den Inhaber demgegenüber, das Werk unter Ausschluss aller anderen Personen einschließlich des Urhebers auf die ihm erlaubte Weise zu nutzen (§ 31 Abs. 3 UrhG).

Das Prinzip der Unveräußerlichkeit der Verwertungsrechte wird in der Praxis faktisch ausgehöhlt. Die Werkvermittler, unter ihnen auch Veranstalter, lassen sich nicht selten durch entsprechend gestaltete Formularverträge sämtliche bekannten Nutzungsrechte einräumen, so dass im Ergebnis der Urheber weitestgehend leer ausgeht.[98]

> **Merke:**
> Die Verwertungsrechte des Urhebers sind unveräußerlich.
> Der Urheber kann anderen Nutzungsrechte (Lizenzen) einräumen. Zu differenzieren ist zwischen einfachen und ausschließlichen Lizenzen.

II. Verwandte Schutzrechte

1. Allgemeines

Im Gegensatz zum Urheberrecht ist das ausschließliche Verwertungsrecht des ausübenden Künstlers **uneingeschränkt übertragbar** (§ 79 Abs. 1 S. 1 UrhG). Interpreten, die im Rahmen einer Veranstaltung auftreten, übertragen regelmäßig ihre Wiedergaberechte auf den Veranstalter oder den Produzenten. Ein Anspruch auf Vergütung besteht insbesondere auch, wenn die rundfunkmäßige Verwertung von Konzerten vereinbart war, diese aber tatsächlich nie stattgefunden hat.[99] Zusätzlich kann der ausübende Künstler einem anderen auch ähnlich dem Urheber Nutzungsrechte einräumen (§ 79 Abs. 2 S. 1 UrhG). Dann sind die Vorschriften über Nutzungsrechte an Werken analog anzuwenden. Alternativ kann der ausübende Künstler seine Vergütungsansprüche an die Verwertungsgesellschaft GVL abtreten. Die Verwertungsgesellschaft GVL (Gesellschaft für Verwertung von Leistungsschutzrechten) nimmt speziell die Rechte der ausübenden Künstler i. S. d. § 73 ff. UrhG wahr.[100]

Der Veranstalter hat ebenfalls die Alternative zwischen der Einräumung von Nutzungsrechten (§ 81 S. 2 UrhG) und der Übertragung seines Ausschließlichkeitsanspruchs analog § 79 Abs. 1 UrhG. So kann der Veranstalter etwa in Übereinstimmung mit den Interpreten seines Events die Senderechte oder das Recht, sie auf

---

[98] Fischer/Reich, § 3 Rn. 86.
[99] ArbG Dresden, Entscheidung v. 27.10.2004, AZ:3 Ca 2400/04.
[100] Näher zur GVL im GEMA-Kapitel.

DVD zu vertreiben, auf Fernsehanstalten oder andere Kulturfördernde übertragen. In der Regel wird der Veranstalter dies mit den auftretenden Künstlern im Rahmen des Konzert -bzw. Aufführungsvertrages abgeklärt haben.

> **Merke:**
> Verwertungsrechte eines ausübenden Künstlers oder Veranstalters können auf einen anderen übertragen werden.
> Alternativ können auch Nutzungsrechte eingeräumt werden.
> Die Vergütungsansprüche des ausübenden Künstlers werden regelmäßig an die GVL übertragen.
> Die geschlossenen Vereinbarungen sollten schriftlich fixiert werden, um später Unstimmigkeiten zwischen dem Interpreten und dem Veranstalter zu vermeiden. Gleiches gilt im Verhältnis zum Urheber eines Musik-, Sprach- oder sonstigen geschützten Werkes.

2. Ausübende Künstler in Arbeits- oder Dienstverhältnissen

Auch wenn sich ausübende Künstler in Arbeitsverhältnissen oder öffentlich-rechtlichen Dienstverhältnissen befinden, erwerben sie **originäre Leistungsschutzrechte**.[101] Dies gilt etwa für *fest angestellte Musiker in Orchestern, Schauspieler auf städtischen Bühnen* oder *Tänzerinnen eines kommerziellen Ballettensembles*. Daraus resultiert die Frage, ob und inwieweit die Arbeitgeber die Darbietungen dieser Interpreten verwerten dürfen.

Falls sich in den Anstellungs- oder Tarifbestimmungen wie etwa der TVK (Tarifvertrag für Musiker in Kulturorchestern) keine abweichenden Regelungen finden, sind für ausübende Künstler ebenso wie bei Urhebern gemäß § 79 Abs. 2 S. 2 i. V. m. § 43 UrhG der Inhalt und das Wesen des Arbeits- oder Dienstverhältnisses maßgeblich.[102] Daraus ergibt sich, dass der Arbeitgeber oder Dienstherr die Leistung der Interpreten jedenfalls insoweit verwerten darf, als es für seine betrieblichen oder dienstlichen Zwecke erforderlich ist.[103] So darf eine Rundfunkanstalt die Darbietungen des Rundfunkorchesters senden, eine städtische Bühne dagegen muss für die Sendung einer Bühnenaufführung die Einwilligung der Schauspieler einholen.[104]

Wer keine Festanstellung hat, sondern sich selbstständig in freien Dienst- oder Werkverträgen befindet, insbesondere als Solist, fällt dagegen nicht unter § 43 UrhG.[105]

---

[101] So Fischer/Reich, § 3 Rn. 260.
[102] Vgl. Rehbinder, Rn. 404.
[103] Siehe Rehbinder, Rn. 404.
[104] Rehbinder, Rn. 404.
[105] Siehe Rehbinder, Rn. 404.

3. Ausübende Künstler in Ensembles

Eine ungewöhnliche Konstellation liegt bei Interpreten, die Teil eines Ensembles (z. B. eines *Orchesters*, *Balletts*, *Chors* oder *Bühnenensembles*) sind, vor.[106]

§ 80 Abs. 1 S. 1 UrhG bestimmt, dass mehreren ausübenden Künstlern, die gemeinsam eine Darbietung erbringen, das Recht zur **Verwertung zur gesamten Hand** zusteht, wenn sich ihre Anteile nicht gesondert verwerten lassen. Normalerweise ist es jedem Interpreten selbst vorbehalten, über die Verwertung seiner Leistung zu entscheiden. Die Ensemblearbeit wird durch das UrhG dahingehend erleichtert, dass eine Wahrnehmung der jeweiligen Schutzrechte der Einzelpersonen (Interpreten) gesetzlich ausgeschlossen ist. Den vorhersehbaren Unstimmigkeiten zwischen den Interpreten wird so wirksam vorgebeugt. Ansonsten könnte ein einzelner Interpret die Verwertung der gemeinsamen Leistung (z. B. eines Chores) behindern oder zumindest der Rechtsverkehr unverhältnismäßig erschwert werden.[107] Zusätzlich darf deshalb gemäß § 80 Abs. 1 S. 2 UrhG keiner der ausübenden Künstler seine Einwilligung zur Verwertung wider Treu und Glauben verweigern.

In Ensembles ist jeder Interpret zum einen berechtigt, Ansprüche aus Verletzungen der gemeinsamen Rechte geltend zu machen, zum andern kann er aber nur Leistungen an alle ausübenden Künstler verlangen (§§ 80 Abs. 1 S. 3, 8 Abs. 2 S. 3 UrhG). Hinsichtlich der Verwertungsrechte wird die Befugnis jedoch nur einer bestimmten Person zugebilligt: Hat das Ensemble einen Vorstand, das heißt einen gewählten Vertreter, so ist dieser Dritten gegenüber allein befugt, die Verwertungsbefugnisse auszuüben sowie Vergütungsansprüche geltend zu machen (§§ 80 Abs. 2 S. 1, 74 Abs. 2 S. 2 UrhG). Andernfalls steht die Befugnis dem Leiter der Gruppe oder, falls kein Leiter vorhanden ist, einem ad hoc zu wählenden **Vertreter** zu (§§ 80 Abs. 2 S. 1, 74 Abs. 2 S. 3 UrhG). Die Erträge aus der Nutzung der Darbietung stehen den ausübenden Künstlern nach der vertraglichen Vereinbarung zu oder, falls eine Vereinbarung fehlt, nach dem Umfang ihrer Mitwirkung bei der Darbietung (§§ 80 Abs. 1 S. 2, 8 Abs. 3 UrhG). Ein Interpret kann zu Gunsten der anderen auf seinen Anteil verzichten. Dies hat er gegenüber den anderen ausübenden Künstlern zu erklären (§§ 80 Abs. 1 S. 2, 8 Abs. 4 UrhG).

E. Rechtsschutz bei Verletzungen des Urheber- und Leistungsschutzrechts

Fall 7: Die Trainerin und Tanzpädagogin M des Tanztheaters J erhält sichere Kenntnis, dass das konkurrierende Tanzensemble F 3 komplette Tanzchoreographien mit identischen Kostümen, Musik und Maske in ihr neues Programm übernehmen wird. Die Proben laufen bereits. M fragt sich, ob ihr Tanztheater bereits jetzt etwas gegen die Wettbewerber unternehmen kann oder erst den Auftritt abwarten muss?

---

[106] So Fischer/Reich, § 3 Rn. 257.
[107] So Rehbinder, Rn. 405.

Fall 8: Der Tourismusmanager T erstellt eine DVD mit Werken der Region für den Verkauf an Touristen. Allerdings enthält diese 2/3 der Zeit Auszüge aus den von Veranstalter V organisierten Festivals und Konzerten. V sieht sich eindeutig in seinem Leistungsschutzrecht gem. § 81 UrhG verletzt. Was kann V gegen T tun?

Wird ein Urheberrecht oder ein verwandtes Leistungsschutzrecht verletzt, etwa durch eine rechtswidrige Nutzung, hat das zumeist juristische Konsequenzen. Der urheberrechtliche Schutz ermöglicht dem Verletzten ein breites Spektrum an zivilrechtlichen Ansprüchen, insbesondere auf Unterlassung, Beseitigung, Auskunft oder Schadensersatz. Darüber hinaus kann sich eine Ordnungswidrigkeit, bei groben Verstößen auch eine Strafbarkeit des Verletzers ergeben.

I. Zivilrechtliche Ansprüche

Unterlassung	Beseitigung	Herausgabe und Vernichtung	Schadensersatz

1. Anspruch auf Unterlassung

Dem Inhaber eines Urheberrechts, Leistungsschutzrechts oder ausschließlichen Nutzungsrechts steht zunächst ein Anspruch auf Unterlassung *künftiger Beeinträchtigungen* zu (gemäß §§ 97 Abs. 1 S. 1, 96 UrhG; § 1004 BGB analog). Voraussetzung ist zum einen die **widerrechtliche Verletzung** oder die drohende Gefährdung des Urheber- oder Leistungsschutzrechts. Zum anderen muss **Wiederholungsgefahr** bestehen. Diesbezüglich stellt die Rechtsprechung nur geringe Anforderungen. Sie nimmt an, dass nach jeder rechtswidrigen Nutzung grundsätzlich Wiederholungsgefahr besteht, und dass diese in der Regel nur durch eine strafbewehrte Unterlassungserklärung beseitigt werden kann.[108] Für einen vorbeugenden Unterlassungsanspruch lässt die Gerichtspraxis auch den *Nachweis von Vorbereitungshandlungen*, die eine Rechtsverletzung objektiv wahrscheinlich machen, als hinreichenden Grund gelten.

Falllösung 7: M muss nicht warten bis das Programm aufgeführt wird, da die laufenden Proben bereits als Vorbereitungshandlung gesehen werden können und damit wahrscheinlich ist, dass die Choreographie und damit die Rechtsverletzung stattfinden wird.

Der Unterlassungsanspruch ist **verschuldensunabhängig**, das heißt, er kann auch gegen einen gutgläubigen Verwerter, der weder vorsätzlich noch fahrlässig gehandelt hat, durchgesetzt werden. Der verschuldensfreie Verletzer wird aber insoweit privilegiert, als dass er den Verletzten in Geld entschädigen darf, wenn ihm durch die Erfüllung der Ansprüche ein unverhältnismäßig großer Schaden entstünde und dem Verletzten dies zumutbar ist (§ 101 Abs. 1 UrhG). Dies ist beispielsweise der

---

[108] Wanckel/Nitschke, Rn. 411.

Fall, wenn ein Unternehmen sich von einem Grafikdesigner ein Logo hat entwickeln lassen.

2. Anspruch auf Beseitigung

Der Inhaber eines Urheberrechts, Leistungsschutzrechts oder ausschließlichen Nutzungsrechts hat Anspruch auf Beseitigung noch fortbestehender Beeinträchtigungen (ebenfalls §§ 97 Abs. 1 S. 1, 96 UrhG; § 1004 BGB analog). Vorausgesetzt wird ebenso wie beim Unterlassungsanspruch eine widerrechtliche Verletzung eines nach dem Urheberrechtsgesetz geschützten Rechts **unabhängig vom Verschulden**. Die daraus resultierende fortdauernde Störung kann im Gegensatz zu den künftigen Beeinträchtigungen im Rahmen eines Unterlassungsanspruchs nicht durch ein bloßes Unterlassen beseitigt werden. Sie bedarf eines aktiven Handelns.[109] Gefordert werden kann eine nach Art und Umfang verhältnismäßige Beseitigung, für die der Verletzer die Kosten zu tragen hat[110] (z. B. Einsammeln von bereits verteilten Flyern/Plakaten/DVDs). Auch dieser Anspruch besteht ohne Rücksicht auf ein Verschulden des Verletzers. Der verschuldensfrei handelnde Verletzer wird jedoch – wie beim Unterlassungsanspruch – besser gestellt (§ 101 Abs. 1 UrhG).

3. Anspruch auf Herausgabe und Vernichtung

Im Vergleich zum allgemeinen Beseitigungsanspruch hat der besondere Beseitigungs- und Herausgabeanspruch gemäß § 98 UrhG in der Praxis wesentlich höhere Bedeutung.[111] Er ermöglicht dem Inhaber eines Urheber-, Leistungsschutz- oder ausschließlichen Nutzungsrechts eine Handhabe speziell gegen „Raubkopien", ohne ein Verschulden des Verletzers zu fordern. Der Verletzte kann verlangen, dass alle rechtswidrig hergestellten, verbreiteten oder zur rechtswidrigen Verbreitung bestimmten Vervielfältigungsstücke, die im Besitz oder im Eigentum des Verletzers stehen, **vernichtet** werden (Abs. 1). Alternativ zur Vernichtung kann der Verletzte verlangen, dass ihm die Vervielfältigungsstücke, die im Eigentum des Verletzers stehen, **überlassen** werden. Dafür darf allerdings im Gegenzug der Verletzer eine angemessene Vergütung verlangen, welche jedoch keinesfalls die Herstellungskosten überschreiten darf (Abs. 2).

Bei einer unverhältnismäßigen Schwere des Eingriffs kann der Verletzer im Einzelfall verlangen, dass mildere Maßnahmen ergriffen werden.

Falllösung 8: V kann als Inhaber eines eigenen Leistungsschutzrechts auf § 98 UrhG zurückgreifen. V hat damit das Recht den widerrechtlichen Mitschnitt seiner Veranstaltung und den Vertrieb der DVDs zu untersagen und die Bild- und Datenträger herauszuverlangen.

---

[109] Wanckel/Nitschke, Rn. 413.
[110] Wanchel/Nitschke, Rn. 413.
[111] So auch Wanckel/Nitschke, Rn. 413.

4. Anspruch auf Schadensersatz

Wichtigster und umfassendster Anspruch ist der Schadensersatzanspruch, an der zugleich auch die strengsten Voraussetzungen gestellt werden.

Der Schadensersatzanspruch ist in § 97 Abs. 1 S. 1 UrhG speziell geregelt. Er nennt als **Voraussetzungen** einen schuldhaften, rechtswidrigen Eingriff in ein nach dem Urhebergesetz geschütztes Recht. Ein **Eingriff** muss in die ausschließlichen Befugnisse, etwa das Urheberrecht, das Leistungsschutzrecht oder das ausschließliche Nutzungsrecht, erfolgen. Nicht zu verwechseln ist ein Eingriff (Urheberrechtsverletzung) mit einer Vertragsverletzung, das heißt einer Nichterfüllung eines schuldrechtlichen Anspruchs (z. B. Verweigerung von Vergütungsansprüchen oder Einwilligungsrechten).[112] **Rechtswidrig** sind grundsätzlich alle Eingriffe, die nicht durch das Gesetz für erlaubt erklärt werden. Klassischer Rechtfertigungsgrund ist die Einwilligung des Berechtigten.[113] Zusätzlich ist anders als beim Unterlassungs- und Beseitigungsanspruch ein **Verschulden**, das heißt Vorsatz oder Fahrlässigkeit des Verletzers erforderlich. Ein Irrtum über die Existenz oder Tragweite urheberrechtlicher Vorschriften ist in der Regel fahrlässig, da die im Verkehr erforderliche Sorgfalt nicht erfüllt worden ist. Dies gilt in besonderem Maße für Fachleute, die sich berufsmäßig mit der Verwertung von Geisteswerken beschäftigen.[114] Darunter sind auch Veranstalter oder Eventmanager zu zählen, da sie selbst Leistungsschutzrechte erwerben und sich durch Konzertverträge häufig Nutzungsrechte der ausübenden Künstler einräumen lassen, um diese weiter zu verwerten.

Sind alle Voraussetzungen erfüllt, muss der Verletzer **Schadensersatz** leisten. Neben der Naturalrestitution, das heißt der Wiederherstellung des ursprünglichen Zustandes, muss der Verletzer den Vermögensschaden des Geschädigten in Geld ersetzen. Urhebern, Lichtbildnern und ausübenden Künstlern ist insbesondere auch Schmerzensgeld geschuldet, wenn und soweit dies billig erscheint (§ 97 Abs. 2 UrhG).

Im Falle von rechtswidriger Nutzung werden bei der Berechnung des Vermögensschadens verschiedene Methoden der Schadensliquidation zur Verfügung gestellt. Es wird dem Umstand Rechnung getragen, dass bei der Verletzung von Schutzrechten der Verletzte zumeist nicht feststellen kann, ob und in welcher Höhe bei ihm eine Vermögensminderung eingetreten ist. Hinzu kommt, dass es oft auch generell unbillig erscheint, dem Verletzer die Vorteile aus seiner Rechtsverletzung zu belassen, ohne dass er dem Verletzten die übliche Lizenzgebühr zahlt.[115] Diese besondere Interessenlage wird berücksichtigt, indem dem Verletzten folgende drei Methoden, die Höhe des Schadensersatzes zu bestimmen, zur freien Wahl gestellt werden:

- Berechnung des entgangenen Gewinns (1)
- Herausgabe des Verletzergewinns (2)

---

[112] Rehbinder, Rn. 451.
[113] Rehbinder, Rn. 451.
[114] Rehbinder, Rn. 451.
[115] So auch Rehbinder, Rn. 451; Wanckel/Nitschke, Rn. 416.

- Fiktive Lizenzgebühr (3).

  (1) Der Verletzte kann wie üblich gemäß § 252 BGB **Ersatz seines Vermögensschadens** einschließlich des ihm **entgangenen Gewinns** verlangen. Diese Methode wird in der Praxis nur selten gewählt, da es schwierig ist, vor Gericht konkret nachzuweisen, welcher Gewinn erzielt worden wäre, wenn der Verletzer nicht in das Schutzrecht (Urheberecht) eingegriffen hätte.[116]

  (2) Stattdessen kann der Verletzte die Herausgabe des **Verletzergewinns** fordern (§ 97 Abs. 1 S. 2 UrhG). Gemeint ist der Reingewinn nach Abzug der Selbstkosten des Verletzers. Dabei dürfen nur die variablen Kosten abgezogen werden, die für Produktion und Vertrieb angefallen sind, nicht aber die Fixkosten, wie z. B. Miete oder Abschreibungen für Betriebsvermögen.[117] Auch hier muss ein konkreter Nachweis geführt werden, in welcher Höhe der Gewinn kausal durch die Rechtsverletzung erzielt wurde. Die Beweisschwierigkeiten im Prozess sind tückisch und wenig erfolgsversprechend.

  (3) Am gebräuchlichsten ist die **fiktive Lizenzgebühr**. Der Verletzte kann eine angemessene Vergütung, insbesondere die übliche Lizenzgebühr für die unbefugte Werknutzung, einfordern.[118] Ausschlaggebend ist der *Betrag, auf den sich die Vertragspartner verständigerweise geeinigt hätten.*[119] Das Gericht kann die Lizenzhöhe nach § 287 ZPO schätzen.[120] Anhaltspunkte geben in einigen Fällen Honorarempfehlungen. Im übrigen bleibt es dem Verletzten vorbehalten, durch substantiierten Vortrag, etwa durch Vorlage von konkreten Lizenzverträgen, darzulegen, dass er üblicherweise überdurchschnittliche Lizenzgebühren erhält.[121]

Davon ausgehend wird der Verletzer nicht schlechter gestellt als ein rechtmäßiger Nutzer von Verwertungsrechten, was Anreiz zu rechtsuntreuem Verhalten bieten könnte. Von vielen wird deshalb ein *Verletzerzuschlag* verlangt. Diesbezüglich gibt es noch keine einheitliche Linie in der Rechtsprechung. Ein Verletzerzuschlag wird nur in Ausnahmefällen gewährt, in denen ein eigener Kontrollapparat zur Verfolgung von Verletzern unterhalten werden muss,[122] so erhalten bspw. Verwertungsgesellschaften wie die GEMA regelmäßig einen Zuschlag von 100 % zu den üblichen Tarifsätzen.[123] Einen bis zu 100 %-igen Aufschlag kann es auch bei der Veröffentlichung eines Werkes (vor allem von Fotos) ohne Urheberbenennung geben, wenn

---

[116] Wanckel/Nitschke, Rn. 418.
[117] Näher Rehbinder, Rn. 452; Wanckel/Nitschke, Rn. 417.
[118] Rehbinder, a.a.O.; Wanckel/Nitschke, Rn. 419.
[119] BGH GRUR 1990, S.1008, 1010; LG Leipzig, NJW-RR 2002, S. 620.
[120] OLG München, NJW-RR 2003, S. 767.
[121] Wanckel/Nitschke, Rn. 419 f.
[122] Näher Wanckel/Nitschke, Rn. 421.
[123] Eingehend im GEMA-Kapitel, siehe auch Rehbinder, Rn. 452.

der Urheber sich seines Urheberpersönlichkeitsrechts – etwa zu Werbezwecken – bedient.[124]

Durch das Abweichen vom Grundsatz der konkreten Schadensermittlung ergeben sich wesentliche **Beweiserleichterungen** für den Verletzten, so dass die fiktive Lizenz die praktikabelste Methode ist. Zudem spielt auch keine Rolle, ob der Verletzer mit seiner rechtswidrigen Nutzung tatsächlich Gewinn gemacht hat. Dies fällt in den Bereich seines allgemeinen Unternehmerrisikos.[125]

(4) Darüber hinaus haben Urheber, Lichtbildner und ausübende Künstler gemäß § 97 Abs. 2 UrhG Anspruch auf immateriellen Schadensersatz, das heißt Schmerzensgeld, wenn und soweit es der Billigkeit entspricht. Hier werden allerdings hohe Maßstäbe angesetzt. Ob eine schwerwiegende Verletzung des Urheberpersönlichkeitsrechts vorliegt, hängt von der Bedeutung und Tragweite des Eingriffs sowie vom Anlass und Beweggrund des Handelnden und dem Grad seines Verschuldens ab.[126] Eine lediglich unberechtigte Veröffentlichung eines Werkes ist allein zumeist nicht ausreichend.

Neben dem speziellen Schadensersatzanspruch kann gemäß § 97 Abs. 3 UrhG weiterhin ein allgemeiner Schadensersatzanspruch aus § 823 Abs. 1 BGB oder § 823 Abs. 2 BGB i. V. m. §§ 106 bis 108 UrhG geltend gemacht werden.[127]

5. Anspruch auf Auskunft und Rechnungslegung

Fall 9: Das Orchester O hat sich mit seinem Manager/Veranstalter S überworfen. Neben vielen Fehlorganisationen, leeren Versprechungen und chaotischer Kommunikationsführung hat O den Verdacht, S würde heimlich Vervielfältigungsstücke der von O teuer bezahlten CDs und DVDs vornehmen und diese veräußern. S war nur gestattet, aus Werbe- und Akquisegründen kostenlos Original-CDs/DVDs an potenzielle Veranstalter und Direktionen diverser Konzerthäuser weiterzugeben. Welche Ansprüche hat O?

Der Anspruch auf Auskunft und Rechnungslegung (§ 97 Abs. 1 S. 2 UrhG; § 101a Abs. 1, Abs. 2 UrhG; §§ 242, 259, 260 BGB) soll dem Berechtigten ermöglichen, notwendige Informationen zur Durchsetzung sonstiger Ansprüche (Unterlassung, Beseitigung, Schadensersatz) zu erhalten.

a) Basierend auf den §§ 242, 259, 260 BGB hat der Berechtigte einen allgemeinen Anspruch auf Auskunft und Rechnungslegung, wenn

- er in entschuldbarer Weise über das Bestehen oder den Umfang seines Rechts im Ungewissen ist,

---

[124] Näher Wanckel/Nitschke, Rn. 422.
[125] Wanckel/Nitschke, Rn. 419.
[126] BGH NJW 1995, S. 861, 864.
[127] Vgl. im Kapitel Vertragsrecht, Deliktische Haftung.

- er sich die zur Vorbereitung und Durchführung seines Anspruchs notwendigen Auskünfte nicht auf zumutbare Weise selbst beschaffen kann,
- der Verpflichtete sie unschwer, das heißt ohne unbillig belastet zu sein, zu geben vermag und
- zwischen dem Berechtigten und dem Verpflichteten eine besondere rechtliche Beziehung besteht.[128]

Der Berechtigte hat Anspruch auf alle und ausschließlich die Angaben, die für die Schadensberechnung notwendig sind. Es soll jedoch nicht möglich sein, weitergehende Informationen wie die Kundenbeziehungen oder die Preisstruktur des Verpflichteten auszuforschen. Bei einem bestehenden Wettbewerbsverhältnis kann der Verpflichtete zusätzlich darauf bestehen, die Angaben unter dem Wirtschaftsprüfervorbehalt zu machen.[129]

b) In Verbindung mit dem allgemeinen Anspruch stellt § 97 Abs. 1 S. 2 UrhG ausdrücklich den Anspruch des Verletzten auf Rechnungslegung im Rahmen eines Schadensersatzanspruchs klar. So soll es dem Verletzten erleichtert werden, den Schaden nach jeder der drei Berechnungsarten auszurechnen und die günstigste auszuwählen.[130]

c) Überdies gewährt § 101a Abs. 1, Abs. 2 UrhG einen weitreichenden verschuldensunabhängigen Anspruch gegenüber Personen, die gewerbsmäßig schuldrechtsverletzende Vervielfältigungsstücke herstellen oder verbreiten. Sie müssen unverzüglich Auskunft über die Herkunft und den Vertriebsweg dieser Vervielfältigungsstücke geben, insbesondere auch über Namen und Adressen des Herstellers, Lieferanten und anderer Vorbesitzer, des gewerblichen Abnehmers oder Auftraggebers sowie über die Menge der Vervielfältigungsstücke. Die Auskünfte dürfen verweigert werden, wenn sie im Einzelfall unverhältnismäßig sind. Sie dürfen zudem nicht ohne Einwilligung des Auskunftspflichtigen in einem Straf- oder Ordnungswidrigkeitenverfahren verwendet werden.

Falllösung 9: Damit O weiß, ob er mit seiner Vermutung der Urheberrechtsverletzung richtig liegt, gegen die er rechtlich in Form von Unterlassungs-, Beseitigungs- und Schadensersatzansprüchen gegen S vorgehen kann, benötigt er weitere Informationen. Diese kann er durch seinen Anspruch auf Auskunft und Rechnungslegung geltend machen, da O in entschuldbarer Weise im Ungewissen ist, er die Auskünfte benötigt, S unschwer die Auskunft erteilen kann und zwischen beiden ein Vertragsverhältnis (Managervertrag) vorliegt. Ferner hat S auch die Vertriebswege offen zu legen.

Hinsichtlich der **Verjährung** sämtlicher urheberrechtlicher Ansprüche finden die allgemeinen Vorschriften des BGB Anwendung,[131] § 102 UrhG.

---

[128] Vgl. Rehbinder, Rn. 455.
[129] Wanckel/Nitschke, Rn. 414.
[130] Siehe Rehbinder, Rn. 455.
[131] Vgl. im Kapitel Vertragsrecht.

II. Strafbarkeit

Mit zunehmender Produktpiraterie erfahren die im Urhebergesetz geregelten Straftatbestände wachsende Bedeutung. Sofern es sich nicht um eine gewerbsmäßige Begehung handelt, werden die Strafdelikte nur auf **Strafantrag** hin verfolgt. Gewerbsmäßiges Handeln liegt vor, wenn sich der Täter aus wiederholter Tatbegehung eine nicht nur vorübergehende Einnahmequelle von einigem Umfang verschaffen möchte.[132] Das bedeutet, dass das Opfer der Urheberrechtsverletzung einen Antrag auf Verfolgung der Straftat stellen muss. Ansonsten wird die Polizei mangels öffentlichen Interesses an der Straftat nicht tätig. Anders ist es bei gewerblichen Urheberrechtsverletzungen, da hier aufgrund des öffentlichen Interesses eine Strafverfolgung von Amts wegen (das heißt ohne Strafantragstellung) gegen den Täter eingeleitet wird. Die maximale Strafandrohung ist drei Jahre, bei gewerblicher Begehung fünf Jahre. Der Versuch ist jeweils strafbar. Es handelt sich um Vorsatzdelikte, die fahrlässige Begehung ist nicht strafbar.

1. Unerlaubte Verwertung urheberrechtlich geschützter Werke

§ 106 Abs. 1 UrhG sanktioniert die unerlaubte Vervielfältigung, Verbreitung und öffentliche Wiedergabe eines Werkes. Diese Verwertung ist unerlaubt, wenn sie in anderen als den gesetzlich zugelassenen Fällen ohne Einwilligung des Berechtigten erfolgt, unabhängig ob das Werk in seiner ursprünglichen oder in einer bearbeiteten oder umgestalteten Form wiedergeben wird. Demgegenüber nicht strafbar ist die unbefugte Ausstellung eines Werkes.[133]

2. Unzulässiges Anbringen der Urheberbezeichnung

Strafbar ist nach § 107 Abs. 1 UrhG das unzulässige Anbringen

- der unzutreffenden Urheberbezeichnung auf dem Original eines Werkes der bildenden Künste
- der Urheberbezeichnung auf einem Vervielfältigungsstück, einer Bearbeitung oder Umgestaltung eines Werkes der bildenden Künste, wenn dadurch der Anschein eines Originals erweckt wird.

Strafbar ist zudem die Verbreitung der unzulässig bezeichneten Werke der bildenden Künste. Unzulässig ist das Anbringen der Urheberbezeichnung in allen Fällen, die vom Gesetz nicht ausdrücklich zugelassen sind.[134]

---

[132] Vertiefend Enders, § 2 Rn. 355 m.w.N.
[133] Laut Rehbinder, Rn. 458.
[134] So Rehbinder, Rn. 458.

3. Unerlaubte Eingriffe in verwandte Schutzrechte

Strafbar macht sich ferner nach § 108 Abs. 1 UrhG, wer in anderen als den gesetzlich zugelassenen Fällen ohne Einwilligung des Berechtigten
- die *Darbietung eines ausübenden Künstlers* entgegen den §§ 77 Abs. 1 oder Abs. 2, 78 Abs. 1 UrhG verwertet,
- ein Lichtbild oder eine Bearbeitung oder Umgestaltung davon vervielfältigt, verbreitet oder öffentlich wiedergibt,
- einen Tonträger entgegen § 85 UrhG verwertet,
- eine Funksendung entgegen § 87 UrhG verwertet,
- einen Bildträger oder einen Bild- und Tonträger entgegen §§ 94 oder 95 i. V. m. 94 UrhG verwertet.

Allerdings sind die Leistungen des Veranstalters nicht strafrechtlich geschützt. Das heißt dieser kann nicht mit strafrechtlichen Sanktionen drohen, wenn es um die Verletzung seines Leistungsschutzrechtes geht.

Neben strafrechtlichen Bestimmungen kann gemäß der Ordnungswidrigkeitenregelung des § 111a UrhG in einzelnen Fällen zum Schutze technischer Maßnahmen, zwecks Durchsetzung der Schrankenbestimmungen und zur Durchsetzung der Kennzeichnungspflicht ein Bußgeld erhoben werden.

Merke:
Bei Verletzung von Rechten, die nach dem Urhebergesetz geschützt sind, drohen zivilrechtliche Ansprüche auf Unterlassung, Beseitigung, Auskunft und Rechnungslegung sowie Schadensersatz, in einigen Fällen auch auf Schmerzensgeld.

Strafbar machen kann sich, wer

- unerlaubt urheberrechtlich geschützte Werke verwertet.
- unzulässig die Urheberbezeichnung anbringt.
- unerlaubt in bestimmte verwandte Schutzrechte eingreift.

Bestimmte Verletzungen können mit Bußgeldern geahndet werden.

Checkliste: Zum UrhG

☑ Werden urheberrechtlich geschützte Werke verwendet?
☑ Liegt eine Schranke des Urheberschutzes vor? oder
☑ Hat der Veranstalter die Nutzungsrechte bezüglich des Werkes?
☑ Treten bei dem Event Interpreten oder andere ausübende Künstler auf?
☑ Soll deren Darbietung aufgenommen, vervielfältigt, verbreitet oder öffentlich wiedergegeben werden?
☑ Liegt eine Schranke des Leistungsschutzes vor?
☑ Hat der Interpret anderen Nutzungsrechte eingeräumt?

> ☑ Hat der Veranstalter ein eigenes Leistungsschutzrecht?
> ☑ Werden bei dem Event Funksendungen der Öffentlichkeit (gegen Zahlung eines Eintrittsgeldes) öffentlich wahrnehmbar gemacht?
> ☑ Bei wem liegen die Lizenzen?

F. Foto- und Bildrecht

Das Foto- und Bildrecht spielt in der täglichen Eventmarkting- und Agenturpraxis eine immer größere Rolle, denn Werbung braucht Bilder. Visuelle Anreize sind für eine erfolgreiche redaktionelle Berichterstattung in der Presse, in Programmheften, Flyern und im Internet nicht mehr wegzudenken. Selbst Hersteller von Merchandisingartikeln greifen zwangsläufig auf Bildmaterial zurück, um effizient einen Imagetransfer zwischen Event und Produkt zu erreichen. Kleinste Fehler im Umgang mit Foto- und Bildrechten können kostspielig werden, da neben einer Urheberechtsverletzung auch Eigentums- und Persönlichkeitsrechtsverletzungen in Frage kommen. Jedem Bildverwerter ist daher höchste Sorgfalt in diesem sensiblen Bereich anzuraten.

I. Bildbeschaffung

Allen Bildverwertern stehen insgesamt zwei Wege zur Verfügung, das benötigte Bildmaterial zu beschaffen. Zum einen können diese das Bildmaterial selbst **herstellen** oder herstellen lassen. Dieser Weg ist individueller und reizvoller, wenn keine praktischen Probleme bei der Einholung der notwendigen Einwilligungen und der Zutritts- sowie Hausrechte bestehen. Zum anderen kann das gewünschte Bildmaterial von bereits vorhandenen Aufnahmen aus Archiven von Fotografen, Bildagenturen, Verlagen, Sendern und anderen Medienunternehmen erworben werden. Bei diesem **Erwerb**sweg handelt es sich um eine Zweit- und Mehrfachverwertung. Anders als der erste Weg, der eine originäre Erstellung individuellen Bildmaterials bedeutet, ist der zweite Weg im Gegenzug preiswerter. Nachteilig ist hier der hohe Recherche- und damit Zeitaufwand, welcher nicht nur das Auffinden des geeigneten Fotomaterials beinhaltet, sondern auch die Rechteabklärung. Die Rechte des Fotografen, der abgebildeten Personen (Recht am eigenen Bild) und der Agenturen hinsichtlich des Verwendungszweckes sollten beim Erwerb genau hinterfragt werden.

1. Herstellung von Fotos

Fall 1: Die tierbegeisterte Event-Veranstalterin T wirbt für ihre „Kuh-Charity-Party" auf einer hierfür eingerichteten Internetseite www.rettet-anita.de mit drei Fotos des frisch geborenen Rinderkalbs „Anita". Die Fotos wurden im Schwarzwald auf dem Feld des Bauerhofs B ohne dessen Einwilligung geschossen. Hat T die Eigentumsrechte des B oder gar sein bäuerliches Persönlichkeitsrecht verletzt, indem sie die Kuhfotos werbemäßig im Internet und auf Plakaten verwendete?

Prinzipiell ist zwischen der Herstellung von **Sachaufnahmen** (z. B. von Skulpturen, Gebäuden, Landschaften, Möbeln, Tieren) und **Personenaufnahmen** zu unterscheiden. Aufnahmen von Personen werden daher im nachfolgenden Abschnitt F – Recht am eigenen Bild ausführlich behandelt.

Die Herstellung von Aufnahmen von Sachen ist grundsätzlich ohne Zustimmung der jeweiligen Eigentümer zulässig. Die Aufnahmen müssen ohne Verstoß gegen das **Hausrecht** entstanden sein und dürfen nicht in die **Privat-** oder **Intimsphäre** eingreifen. Nach aktuellem Stand der Rechtsprechung liegt dies unproblematisch vor, wenn die Aufnahmen von einem öffentlich frei zugänglichen Ort hergestellt worden. Problematisch ist in diesem Zusammenhang, dass nicht automatisch mit dem Erwerb einer Eintrittskarte auch gleichzeitig eine Fotografieerlaubnis oder Drehgenehmigung besteht. Die allgemeine Zutrittsgestattung schließt nicht ein Aufnahmerecht mit ein.[135] Vielmehr muss stets derjenige, der Aufnahmen herstellen will, die Rechtslage seinerseits aktiv klären.[136] Häufig werden bereits in ausgehängten Hausordnungen oder als Soundtrack vor Beginn eines Events Fotoge- und Verbote mitgeteilt. Wichtig für alle Beteiligten ist, dass die Aufnahmegenehmigung klar und deutlich abgefasst ist.[137]

Aufnahmen von Gegenständen, die urheberrechtlich geschützt sind, sind allerdings ohne Zustimmung des Eigentümers rechtswidrig. Dies betrifft nicht nur Abbildungen von **Kunstwerken**, sondern auch schon außergewöhnliche Bauwerke, Fassaden und Sachen mit kreativem Design (z. B. Designerstuhl), wenn die urheberrechtliche Schöpfungshöhe erreicht ist.

Falllösung 1: Das AG Köln sprach 2010 dem Bauern B keinen Schadensersatz gem. § 823 BGB in Höhe der geforderten 2000,- € zu. Das Gericht begründete seine Entscheidung damit, dass ungenehmigtes Fotografieren eines fremden Eigentums (Tier) und die gewerbliche Verwertung einer solchen Fotografie dann zulässig ist, wenn die Fotografie von einer allgemein zugänglichen Stelle aus angefertigt wurde. Hier stand die Kuh zwar auf dem Feld des Bauern, aber vom Wegrand konnte das Bild gefertigt werden. Eine Eigentumsverletzung wie auch eine Verletzung des bäuerlichen Persönlichkeitsrechts wurden verneint, da sich aus den Fotos der Kuh keine Rückschlüsse auf die Persönlichkeit des Rechtsgutsträgers (Bauern B) ziehen ließen. Auch der Bereicherungsrechtsanspruch wurde verworfen, da die Eventveranstalterin in kein Fotorecht eingegriffen hatte.

Im militärischen Bereich sowie bei Gerichtsverhandlungen, in Gerichtsgebäuden und Strafvollzugsanstalten als auch in Behörden/Amtsgebäuden sind die **gesetzlichen Fotografieverbote** zu beachten. Anfragen sind an die Pressestelle des je-

---

[135] KG Berlin NJW 200, 2210, 2211 entschied, dass kommerzielle Aufnahmen in einem zoologischen Garten erlaubnispflichtig seien.
[136] Wankel, Foto-und Bildrecht, S. 6.
[137] KG Berlin Schulze (1969) KGZ 52, 1 ff.

weils zuständigen Ministeriums zu richten. Luftaufnahmen aus bspw. angemieteten Hubschraubern oder während einer Zeppelin- oder Heißluftballonfahrt sind seit der Gesetzesänderung 1990 im Luftverkehrsgesetz erlaubt, solange die Sicherheit der BRD oder die Privatssphäre nicht verletzt wird. Letzteres betrifft de facto die besondere Form der Paparazzi-Fotografie.

2. *Erwerb von Fotos*

Der Veranstalter oder die Eventagentur hat die Qual der Wahl beim Erwerb von Fotos zu Werbezwecken. Es gibt praktisch drei Alternativen beim Bilderwerb, nämlich direkt vom **Fotografen**, von **Bildagenturen** oder von der Verwertungsgesellschaft **VG Bild-Kunst**.

a) Erwerb vom Fotografen

Beim Erwerb des benötigten Fotomaterials direkt vom Fotografen ist zwischen der **Kundenwunschfotografie** und dem Erwerb von **Nutzungsrechten an vorbestehendem Fotomateral** zu unterscheiden. Bei der Kundenwunschfotografie wird der Fotograf direkt beauftragt bspw. Aufnahmen des Events für die Firmenpräsentation im Internet zur Bebilderung zu fertigen. Das heißt der Fotograf erstellt die gewünschten Aufnahmen und der Kunder erwirbt vom Fotografen das Bildmaterial. Hierfür ist ein entsprechender „Produktionsvertrag" oder „Shootingvertrag" zwischen dem Fotografen und dem Kunden (Verwerter) zu schließen. Üblicherweise werden hierdurch beliebte Streitpunkte wie Auslagen und Kostenersatz (z. B. Reisekosten, Modelhonorare, Styling, Ausrüstung, Steuern), Eigentumsrechte am Fotomaterial und Namensnennungsrechte vorab verbindlich aus dem Weg geräumt.[138]

Der Erwerb von Fotomaterial aus dem **Archiv** des Fotografen setzt ebenso eine Vereinbarung zwischen Fotograf und Kunden (z. B.Eventagentur) voraus. Hier handelt es sich dann um einen reinen Lizenzvertrag. Der Kunde wählt das gewünschte Foto aus und vereinbart mit dem Fotografen eine Nutzungsberechtigung in zeitlicher, räumlicher und ggf. auch thematischer Hinsicht sowie das zu zahlende Honorar.[139]

b) Erwerb von Bildagenturen

Fall 2: Die Eventagentur A lässt sich von der Werbeagentur W ein Plakat für eine Dancenight gestalten. Die Fotorechte an dem abgedruckten Foto läßt sich diese von einer Bildagentur B übertragen. Auf dem Foto befindet sich das tanzende Model M. M erkennt sich auf den ausgehängten Plakaten in der ganzen Stadt wieder und fordert gegenüber A Unterlassung sowie eine Geldentschädigung wegen Verletzung ihres Persönlichkeitsrechts und damit ihres Rechts am eigenen Bild. Kann A gegen-

---

[138] Näher hierzu im Vertragsrechtskapitel.
[139] Wandt, Foto-und Bildrecht, S. 37.

über M einwenden, die Foto- und Bildrechte von der Bildagentur erhalten zu haben, wenn sich im Nachhinein herausstellt, dass M ohne Einwilligung abgelichtet worden ist und die Bildagentur gar nicht Inhaberin der Bildrechte gewesen ist?

Wie Musiker, darstellende Künstler oder Schauspieler, übertragen auch Fotografen zur besseren Vermarktung ihre Rechte an eine oder mehrere Agenturen. Diese Agenturen nennen sich Bild- oder Pressebildagenturen. Ca. 100 Verbandsagenturen sind in dem jährlich erscheinenden Verzeichnis des Bundesverbands der Pressebild-Agenturen und Bildarchiven e. V. (kurz BVPA) mit Sitz in Berlin unter www.bvpa.org einsehbar. Aufgrund einer thematischen Schwerpunktsetzung in der Übersicht und der neuen Fotosuchmaschine unter www.photosearch.de ist mittlerweile eine vereinfachte Bildrecherche für den Kunden möglich. Die Bildagentur vergibt dann unter Zugrundelegung ihrer AGBs an den Kunden ein entsprechendes Nutzungsrecht an dem gewünschten Fotomaterial. Der Nutzungszweck sollte vertraglich fixiert werden, um nachträglichen Streit über den Umfang der Nutzungsrechtseinräumung interessengerecht gem. § 31 Abs. 5 UrhG beilegen zu können.

Falllösung 2: Es ist **kein gutgläubiger Erwerb von Rechten** und damit auch nicht von Fotorechten möglich. Die Gerichte legen den Verwertern und damit hier der Eventagentur A eine strenge Sorgfaltspflicht auf, zu prüfen ob Einwilligungen der Abgelichteten tatsächlich vorliegen. Verwerter müssen sogar selbst Nachforschungen vornehmen. Sie können sich dieser strengen Prüfungspflicht selbst dann nicht entziehen, wenn die Druckvorlagen von Dritten, wie hier durch eine Werbeagentur W stammen. Die Gerichte ließen in ihren Urteilen auch nicht die Argumente gelten, dass derartige Nachrecherchen in der Praxis unüblich und kaum durchführbar seien.[140] Vielmehr besteht nur dann ein Regressanspruch gegenüber Bildagenturen, wenn eine Freistellungserklärung mit entsprechender Zusicherung vereinbart wurde.[141] Nur so ist eine Haftungsminimierung erreichbar. Im Ergebnis bedeutet das, dass nicht die Bildagentur B oder die Werbeagentur W, sondern die Eventagentur A als Verwerter des Bildmaterials den Unterlassungsanspruch und den Schadensersatzanspruch der M gegen sich gelten lassen muss.

c) Erwerb von Verwertungsgesellschaften (VG Bild-Kunst)

Die VG Bild-Kunst mit Sitz in Berlin, Frankfurt und Bonn ist für den Fotobereich die bedeutenste Verwertungsgesellschaft. Sie ist ebenso wie die GEMA gesetzlich verpflichtet, jedermann auf Verlangen zu angemessenen Bedingungen Nutzungsrechte oder Einwilligungen zu erteilen (§ 11 UrhWG). Diese Vergabe an Rechten beschränkt sich natürlich auf das Reportiore der von ihr wahrgenommenen Foto- und Bildrechte. Lässt ein Fotograf seine Rechte von der VG Bild-Wort wahrnehmen, verliert er automatisch seine Vertragsfreiheit. Er kann nicht mehr entscheiden, ob er Veranstalter X oder nur Veranstalter Y eine Nutzungslizenz seines Fotomate-

---

[140] NJW-RR 1997, 1044 – Sieben Tipps; NJW-RR 1999, 1703, 1705 – scharfe Slip.
[141] LG Hamburg AfP 2007, 385 – Désirée Nick.

rials erteilt. Mit der Einschaltung von Verwertungsgesellschaften entsteht damit ein Abschlusszwang zugunsten des Verwerters (z. B. Veranstalters), der zwangsläufig aus der faktischen Monopolstellung der Verwertungsgesellschaften hervorgeht. Die Monopolstellung resultiert aus den strengen Regelungen des § 1 UrhWG. Obwohl die Verwertungsgesellschaften privatrechtlich organisiert sind (zumeist Verein oder GmbH), bedürfen sie einer Zulassung und unterliegen einer staatlichen Aufsicht. Hintergrund dieser Strenge ist ihre bedeutende Aufgabe. Sie sind allein berechtigt, pauschale Urheberechtsabgaben (z. B. pauschale Kopiergerätevergütung gem. §§ 54 ff. UrhG), die in der Praxis massenhaft anfallen, zu erheben und zu verteilen.[142]

Bei der Recherche zu Fotorechten ist daher stets eine Abfrage unter www.bildkunst.de bei der VG Bild-Kunst zu empfehlen. Die Tarife sind dort in einem Tarifkatalog mit tabellarischer Auflistung zusätzlich einsehbar, um den konkreten Preis für ein Foto bestimmen zu können. Mit einem Zuschlag von 100 % ist für Titelfotos und für eine unterlassene Urheberrechtsbenennung jeweils zu rechnen.

II. Rechtsfolgen und strafrechtliche Konsequenzen

Für jeden Fotografen, aber auch für jeden Verwerter von Fotomaterial (z. B. Eventagenturen), sollten die unterschiedlichen Rechtsschutzmöglichkeiten gegen rechtswidriges Bildmaterial und deren Veröffentlichung/Verbreitung in den Grundzügen bekannt sein. Zum einen gelten die bereits im obigen 4. Kapitel zum Urheberrecht ausführlich dargestellten urheberrechtlichen Ansprüche gem. §§ 97 ff. UrhG, also der Unterlassung-, Auskunfts-, Beseitigungs-, Vernichtungs- und der Schadensersatzanspruch entsprechend den Regeln zur fiktiven Lizenzgebühr. Bei einer <u>besonders schweren Persönlichkeitsverletzung</u> – Verletzung des Rechts am eigenen Bild – kommt im Foto-und Bildrecht zusätzlich neben einem Zahlungsanspruch nach den Grundsätzen des Bereicherungsrechts ein Anspruch auf **Schmerzensgeld** in Betracht. Dieser Schmerzensgeldanspruch hat seit neuester Rechtsprechung nicht nur eine Ausgleichsfunktion, sondern auch eine Präventivfunktion.[143] Mit anderen Worten hat er auch eine Abschreckungsfunktion, die augenscheinlich wird, wenn zwei unterschiedliche Fotoverletzung gleich schwer, aber die Verletzer unterschiedlich finanziell stark ausgestattet sind. Kleine Werbe- und Eventagenturen müssen im Verletzungsfall weniger zahlen als große Verlagshäuser.

Beispiele aus der Rechtsprechung zur Höhe der Geldentschädigung:
- 1000,- € Schadensersatz entschied das LG Stuttgart 2005 wegen Abdrucks eines Fotos eines Gelegenheitsmodels von einer Agenturhompage in einem Bericht über „Möchtegern-Stars" und unseriöse Modellagenturen.[144]

---

[142] Vertiefend zur Bedeutung der Verwertungsgesellschaften dazu GEMA-Kapitel.
[143] BGH NJW 1996, 984, 985 – Caroline II.
[144] LG-Stuttgart v. 28.06.2005, AZ: 17 S 3/05.

- 5000,- € Schmerzensgeld entschied das OLG München 2002 gegenüber einem Verlag wegen Abdrucks eines Aktfotos der verstorbenen *Marlene Dietrich* ohne Zustimmung ihrer Tochter wegen Verletzung des postmortalen Würdeanspruchs gem. Art. 1 Abs. 1 GG i. V. m. § 823 Abs. 1 BGB.[145]
- 5000,- € Schmerzensgeld entschied das LG München 2005 zugunsten eines Versicherungsvertreters dessen Homosexualität durch ein „Zwangsouting" mit einem Foto vom Christopher-Street-Day 2002 in Würzburg in einem Beitrag über Schwule in München 2004 öffentlich gemacht wurde.[146]

Neben den urheberrechtlichen Straf-und Bußgeldvorschriften in §§ 106 ff. UrhG gibt es im Foto-und Bildrecht noch weiter Strafbarkeitstatbestände. Gem. § 33 Kunsturheberrechtsgesetz (KUG) kann der Verletzte sein Recht am eigenen Bild im Wege des Privatklageverfahrens einer strafrechtlichen Verfolgung unterziehen. Im Falle einer **Verletzung des höchstpersönlichen Lebensbereichs** durch rechtswidriges fotografieren kann sogar eine Strafbarkeit gem. § 201 a StGB in Betracht kommen, der häufig mit dem Tatbestand des Hausfriedensbruchs gem. § 123 Abs. 1 StGB kollidiert. Im Eventbereich sind hier vor allem Fotos im Backstagebereich relevant, da Umkleidekabinen, Toiletten und dergleichen einen „besonders gegen Einblicke geschützten Raum" darstellen. Hier sollte die Intimsphäre des Künstlers besonders gewahrt und nicht durch medientaugliche Spektakel verletzt werden. Dem Künstler steht in einer solchen Situation sogar ein **Notwehrrecht** zu, welches allerdings nicht soweit reicht, einen Paparazzi-Fotografen körperlich zu misshandeln.[147] Um dem vorzubeugen, sollte der Veranstalter von seinem Hausrecht Gebrauch machen und Hausverbote sowie Fotografier- und Drehgenehmigungsverbote aussprechen. Im Vergleich zu einer gerichtlichen Unterlassungsverfügung ist dieser Weg schneller und effektiver, seine Künstler oder Besucher vor unliebsamen Fotografen zu schützen. Im Falle einer presserechtlichen Berichterstattung wird auf das Hausverbot gegenüber Journalisten im Medienrechtskapitel verwiesen.

G. Recht am eigenen Bild

Fall 10: Der örtliche Konzertveranstalter V wirbt für ein Konzert mit von ihm erstellten Plakaten, auf denen die berühmte Sopranistin Melinda P. groß abgebildet ist, ohne vorher eine ausdrückliche Genehmigung erhalten zu haben. Hat V zu vorschnell gehandelt und dabei das Recht am eigenen Bild der Künstlerin verletzt, obwohl sie in dem Konzert auftreten wird?

Für seine Events wirbt der Veranstalter in der Öffentlichkeit regelmäßig mit Plakaten, Flyern, Broschüren oder im Internet. Dort sind häufig Abbildungen von auftretenden Interpreten oder von Besuchern früherer Veranstaltungen zu sehen. Nicht

---

[145] OLG München, ZUM 2002, 744 ff.
[146] LG München v. 21.7.2005, AZ: 7 O 4742/05.
[147] Vertiefend hierzu Wanckel, Foto-und Bildrecht, S. 201 ff.

selten werden auch professionelle Werbefotos mit Models angefertigt und verwendet. In diesem Zusammenhang wird der Veranstalter mit der praktisch wichtigen Frage konfrontiert, ob er diese **Personenfotos** auch **ohne** die **Einwilligung** der Abgebildeten für seine Werbezwecke nutzen darf. Gerade im Falle von anonymen Veranstaltungsbesuchern wäre dies andernfalls schwer zu handhaben.

Gesetzestext: § 22 KunstUrhG (Recht am eigenen Bild)
[1]Bildnisse dürfen nur mit Einwilligung des Abgebildeten verbreitet oder öffentlich zur Schau gestellt werden. [2]Die Einwilligung gilt im Zweifel als erteilt, wenn der Abgebildete dafür, dass er sich abbilden ließ, eine Entlohnung erhielt.

Bei dem Recht am eigenen Bild handelt es sich nicht um ein urheberechtlich geschütztes Recht, sondern um eine besondere **Ausprägung des allgemeinen Persönlichkeitsrechts**. Das Persönlichkeitsrecht des Abgebildeten beschränkt jedoch in gewisser Weise das Urheberrecht des Künstlers an dem von ihm geschaffenen Bildnis.[148] In § 141 Ziffer 5 UrhG wird die Geltung des Rechtes am eigenen Bild ausdrücklich bestätigt. Aufgrund der unterschiedlichen Zielrichtungen beider Rechtsgebiete wird üblicherweise zwischen dem Urheberrecht und dem Recht am eigenen Bild unterschieden.

I. Bildnis

Ein Bildnis i. S. d. § 22 KunstUrhG ist gegeben, wenn ein Mensch in seiner äußeren Erscheinung bildlich dargestellt wird.[149] Dabei sind Bildnisse nicht nur Fotos und Filmaufnahmen, sondern auch alle nicht naturgetreuen Abbildungsformen[150] wie etwa Karikaturen und andere zeichnerische Darstellungen[151] oder Replikanten, die computeranimierte wirklichkeitsgetreue visuelle Darstellungen von Personen sind. Selbst wenn eine Person auf einer Abbildung von einem Double dargestellt wird, ist das Recht am eigenen Bild tangiert, sobald der Betrachter die nachgestellte Person in dem Double erkennt.[152] Gleiches kann sogar gelten, wenn ein Schauspieler von einem anderen in einem nachgestellten Szenenbild auf der Bühne, im Film oder im Fernsehen dargestellt wird.[153] Der Begriff des Bildnisses ist folglich weit auszulegen.

Ebenso besteht Bildnisschutz für Verstorbene, indem Aufnahmen von Leichen in der Regel gem. § 23 Abs. 2 KunstUrhG unzulässig sind. Darüber hinaus be-

---

[148] Rehbinder, Rn. 430.
[149] Vgl. Wanckel/Nitschke, Rn. 121.
[150] Siehe Wanckel/Nitschke, Rn. 122.
[151] OLG Hamburg, AfP 97, S. 282 ff.
[152] Wanckel/Nitschke, Rn. 123.
[153] So BGH NJW 2000, 2201; OLG München NJW-RR 2003, S. 767, siehe auch Rehbinder, Rn. 430.

darf die Verwendung von Fotos, die zu Lebzeiten gefertigt worden gem. § 22 S. 3 KunstUrhG bis zum Ablauf von 10 Jahren nach dem Tod, der Einwilligung der Angehörigen.

II. Erkennbarkeit

Die abgebildete Person muss auf der Darstellung erkennbar sein. Dafür müssen nicht zwingend die Gesichtszüge der betreffenden Person abgebildet werden, auch Statur, Haltung oder Frisur können charakteristische Erkennungsmerkmale sein.[154]

III. Verbreitung und öffentliche Schaustellung

Jede Art der Verbreitung ist betroffen, so neben der gewerbsmäßigen auch etwa die Überlassung an einzelne Personen[155] (z. B. Versendung von Werbebroschüren an bestimmte Veranstalter, Plakate, Flyer oder die Verbreitung im Internet).

Öffentliche Schaustellung ist nicht nur die Ausstellung eines Bildnisses, sondern auch die Vorführung im Film und die Sendung im Fernsehen[156] (z. B. DEMO-CD für Werbezwecke).

Auch die Herstellung von Bildnissen ist entgegen dem Wortlaut des Gesetzes (§ 22 S. 1 KUG) vom Schutzbereich des Persönlichkeitsrechts betroffen. Der Begriff des „Verbreitens" wird in der Rechtsprechung weit ausgelegt und der Rechtschutz zugunsten des Abgebildeten damit auf den Zeitpunkt der Herstellung der Aufnahme vorverlagert.

IV. Einwilligung

Vorausgesetzt ist zudem die Einwilligung der abgebildeten Personen. Sie kann mündlich oder schriftlich, ausdrücklich oder stillschweigend erfolgen. Das Vorliegen der Einwilligung muss im Streitfall der Verwerter des Bildnisses nachweisen,[157] das heißt er trägt die Beweislast im Prozess.

1. Eine **stillschweigende Einwilligung** gibt nicht schon derjenige, der eine Aufnahme duldet, es müssen weitere Umstände hinzukommen. Mit der Entlohnung für die Abbildung nennt § 22 Abs. 1 S. 2 KunstUrhG einen solchen ausdrücklich. Die Entlohnung im Rahmen eines Arbeitsverhältnisses reicht hingegen nicht automa-

---

[154] Wanckel/Nitschke, Rn. 126.
[155] Rehbinder, Rn. 430.
[156] Auch Rehbinder, Rn. 430.
[157] Wanckel/Nitschke, Rn. 149.

tisch für eine stillschweigende Einwilligung.[158] Neben der Honorarzahlung können weiter Umstände z. B. auch für Pressefotos angenommen werden, wenn jemand bei einer Veranstaltung vor den Fotografen innehält[159] oder wenn ein für eine Modenschau engagiertes Model von der dortigen Anwesenheit der Presse weiß. Diese konkludente (stillschweigende) Einwilligung bezieht sich allerdings nicht auf die kommerzielle Verwertung eines solchen Fotos in der Werbung.[160] Die Teilhabe an einer Theateraufführung stellt trotz öffentlichen Interesses per se keine schlüssige Einwilligung dar.[161] Als Faustregel kann gelten, dass im Fall der wirtschaftlichen Nutzung der Bildnisse zu Werbezwecken im Zweifel keine stillschweigende Einwilligung vorliegt. Es empfiehlt sich aus Gründen der Rechtssicherheit und der Beweisführung, hier immer eine ausdrückliche schriftliche Einwilligung einzuholen.

2. Eine **ausdrückliche Einwilligung** sollte detailliert hinsichtlich der konkret geplanten Verwendung getroffen werden, vor allem wenn die Verwendungsform so gravierend in die Persönlichkeitsrechte eingreift wie bei Werbe- und Merchandising-Zwecken.[162]

Einwilligung für Foto-/Filmaufnahmen

Einwilligung zu Foto- und/oder Filmaufnahmen

Ort/Eventslocation:…………………………..*Berlin - Friedrichstadtpalast*
Name der Veranstaltung:…………………..*3. Firmenfestival der Firma A*

Verwendungszweck:………………………*Werbeprintmedien, Internet*
                                                               (Firmenwebsite)

Ich bin über den aktuellen Vewendungszweck informiert worden und stimme der Veröffentlichung dieser Fotos und/oder Filmaufnahmen zu.
Einverstanden/ nicht einverstanden* bin ich damit, dass diese Fotos und/oder Filmaufnahmen im Archiv aufbewahrt und für weitere Zwecke verwendet werden können. Die Aufbewahrungsfrist beträgt……….Tage/Wochen/Monate. Dieses Einverständnis ist jederzeit widerrufbar.

Vor-/Nachnahme:
Ort/Datum und Unterschrift:

                                                                * Unzutreffendes bitte streichen

---

[158] Näher hierzu Funke/Müller, Rn. 1122 g ff.
[159] Laut Wanckel/Nitschke, Rn. 137.
[160] OLG Koblenz GRUR 1995, S. 771 f; LG Düsseldorf, AfP 2003, S.467, 470.
[161] LG Saarbrücken, NJW-RR 2000, S. 1571.
[162] Ausführlich Wanckel/Nitschke, Rn. 147.

Da es sich bei der Einwilligung um eine rechtsgeschäftliche Willenserklärung handelt, können Abbildungen von Minderjährigen nur mit Einwilligung des gesetzlichen Vertreters vorgenommen werden. Von der ausdrücklichen Einwilligung einer Person bei der Abbildung mehrerer Personen kann nicht automatisch auf eine Einwilligung aller geschlossen werden.

Beispiel: Bei der Ablichtung einer Artistengruppe, Band oder eines Orchesters reicht entweder die Einwilligung des Ensembleleiters, Bandleaders oder Dirigenten oder des Künstlermanagments, wenn dieser Vertretungsberechtigt die Interessen seiner Künstler vertritt. Bereits im Engagementvertrag ist eine Vertragsklausel zur vertretungsberechtigten Einwilligung empfehlenswert.

Eine **Genehmigung** zur Verwendung von Fotos stellt juristisch gesehen eine nachträgliche Zustimmung dar. Diese Nachträglichkeit hat zwei entscheidende Nachteile. Zum einen hängt die nachträgliche Einwilligung in die Verbreitung und Veröffentlichung des Bildmaterials nun vom „Wohlwollen" des Abgebildeten ab. Dieser sieht sich vielleicht nicht optimal auf den Fotos getroffen oder gerade weil er das Bildmaterial für hervorragend hält, fordert er plötzlich ein Honorar für seine Einwilligung zur Veröffentlichung. Zum anderen trifft den Verwender neben diesem gerade beschriebenen finanziellen Risiko bei der Verwendung nicht bewilligten Bildmaterials stets auch die sog. **Verbreiterhaftung**. Bereits der Herstellungsvorgang impliziert Speicher- und Vervielfältigungsvorgänge (Fotolabor, DVD, CD-ROM) die als „in den Verkehr gebracht" rechtlich eine Verbreitung darstellen. Um dem vorzubeugen ist daher ein entsprechender Hinweis bereits in der Einladung zur Veranstaltung oder am Veranstaltungsort empfehlenswert. Neben der Angabe des Verwendungszweckes (z. B. Verwendung für Pressearbeit, Werbematerial oder Veranstaltungsdokumentation zur Einstellung im Internet) muss der Fotograf für die Besucher erkennbar sein. Dem Besucher muss die Möglichkeit offenstehen, seine Einwilligung für unliebsame Schnappschüsse zu entziehen.

V. Ausnahmen

§ 23 Abs. 1 KunstUrhG nennt Ausnahmen, bei deren Vorliegen die Bildnisse auch ohne die Einwilligung der Betroffenen verbreitet und zur Schau gestellt werden dürfen.

1. Bildnisse aus dem Bereich der Zeitgeschichte (Nr. 1)

Zur Zeitgeschichte gehören alle Persönlichkeiten, an deren Handlungen die Öffentlichkeit ein berechtigtes, wenn auch nur vorübergehendes Informationsinteresse hat.[163] Differenziert wird hier zwischen relativen Personen und absoluten Perso-

---

[163] Siehe Rehbinder, Rn. 431.

nen der Zeitgeschichte.[164] **Relative Personen** der Zeitgeschichte müssen nur solche Aufnahmen ohne Einwilligung dulden, die in einem sachlichen Zusammenhang mit einem für die Öffentlichkeit bedeutsamen, das heißt zeitgeschichtlich relevanten Ereignis oder einmaligem publikumswirksamen Aktion stehen. Dies können beispielsweise Musiker oder Moderatoren beim Auftritt oder Schauspieler auf der Bühne sein.[165] Auch Opfer eines Unfalls oder einer Katastrophe, wie der Todesfalle bei der Love Parade 2010 in Duisburg, sind in dem Moment relative Personen der Zeitgeschichte. Aller Aktualität zum Trotz sind stets die allgemeinen Grenzen des Persönlichkeitsrechts gem. § 23 Abs. 2 KunstUrhG zu beachten, damit es nicht zu einer Schaustellung der Opfer in ihrer Notsituation kommt.[166] Nur zu Beweissicherungszwecken in Straf- und Zivilverfahren sind derartige Aufnahmen zulässig.

Schwerwiegende Folgen wird daher das „***Beuys*-Urteil**" des LG Düsseldorf[167] für die Fotografenzunft haben, wenn hierdurch die Dokumentationsfotografie künstlerischer Aktionen tatsächlich abgeschafft werden soll. Die Fotoausstellung über die Beuys-Performance muss von der Witwe des verstorbenen Künstlers Joseph Beuys erst bewilligt werden, bevor eine Vernissage im Museum stattfinden kann.

Absolute Personen der Zeitgeschichte, wie u. a. bekannte Künstler, Schauspieler, Sportler, Prominente oder Politiker haben eines gemeinsam – sie stehen regelmäßig im Rampenlicht und genießen zumeist Abbildungen ihrer Person. Von solchen absoluten Personen der Zeitgeschichte dürfen deshalb ereignisunabhängige Aufnahmen gemacht werden. Unter Abwägung des Informationsinteresses der Öffentlichkeit und des Rechts am eigenen Bild, wird regelmäßig das Informationsinteresse bevorzugt, wenn nicht der „unantastbare Kernbereich" der Privat- und Intimsphäre des Abgebildeten verletzt wird. Ungenehmigte rein private Aufnahmen sind seit dem Urteil vom 25.06.2004 des Europäischen Gerichtshofs für Menschenrechte nur dann zulässig, wenn die Abgebildeten in Ausübung einer bestimmten Funktion oder eines bestimmten Amtes gezeigt werden. Hier wurde das öffentliche Interesse bejaht, wenn das Verhalten des Abgebildeten Auswirkungen auf sein berufliches Wirken hat oder sogar im Widerspruch zu seinem Image steht.[168]

Beispiel: Die bekannte Werbekampagne der Autovermietung Sixt mit Abdruck der Kanzlerin Angela Merkel „Lust auf eine neue Friseur? – Mieten Sie sich ein Cabrio" der Agentur Jung von Matt.[169]

---

[164] So Wanckel/Nitschke, Rn. 180.
[165] Funke/Müller, Rn. 1025.
[166] Näher zur Schrankenregelung gem. § 23 Abs. 2 KunstUrhG unter F. IV Nr. 3.
[167] LG Düsseldorf Urteil v. 29.09.2010, AZ: 12 O 255/09.
[168] BGH v. 6.3.2007 – VI 13/06, 14/06, 50/06-53/06; BGH v.1.7.2008 - VI ZR 67/08; BGH v. 3.7.2007 – VI ZR 164/06.
[169] Ullmann in Rechtsbrief Marketing 08/2010 S. 3 f.- Scherz und Ironie in der Werbung.

2. Bilder von Versammlungen, Aufzügen und ähnlichen Vorgängen (Nr. 3)

Haben Personen an Versammlungen, Aufzügen und ähnlichen Vorgängen (Sportevents, öffentliche Parties, Konzerte, Demonstrationen usw.) teilgenommen, dürfen sie in diesem Zusammenhang bildlich ohne vorherige Zustimmung dargestellt werden. Die Abbildung der Veranstaltung muss im Vordergrund stehen. So dürfen Besucher oder sonstige Veranstaltungsteilnehmer im Bildhintergrund oder der Menge jederzeit erkennbar abgebildet werden. Bei Personen im Bildvordergrund ist hingegen erforderlich, dass sie den Charakter der Veranstaltung mitprägen[170] und das Geschehen selbst verkörpern.

3. Schranke: berechtigte Interessen

Trotz des Vorliegens von einer Ausnahme nach § 23 Abs. 1 KunstUrhG muss die Veröffentlichung eines Personenbildnisses unterbleiben, wenn dadurch die berechtigten Interessen des Abgebildeten verletzt werden, § 23 Abs. 2 KunstUrhG. Als berechtigte Interessen sind z. B. die Privat- und Intimsphäre (Paparazzi-Wesen), sachlich verfälschende Fotomontagen ebenso wie die Herabsetzung, Zurschaustellung, Verächtlichmachung oder Anprangerung des Abgebildeten anzuführen.[171]

Unverhältnismäßg sind daher Personenfotos bei Gottesdiensten, Trauerferen und sonstigen Anlässen, die zwar typischerweise öffentlich zugänglich sind, aber von einer besonders vertraulichen und in sich gekehrten Stimmung gekennzeichnet sind.

Die Benutzung des Bildnisses zu kommerziellen Zwecken ohne redaktionellen Zusammenhang, insbesondere in der Werbung, ist nach ständiger Rechtsprechung von der Einwilligung des Abgebildeten abhängig.[172] Dies gilt besonders für Abbildungen bekannter Persönlichkeiten. Die Abbildung teilnehmender Künstler auf Werbemitteln zu den gebuchten Events hat regelmäßig einen informellen Hintergrund, so dass ein redaktioneller Zusammenhang anzunehmen ist.

Falllösung 10: Bei der Abbildung der Melinda P. auf dem Werbeplakat handelt es sich um ein Bildnis i. S. d. § 22 KunstUrhG. Da es sich bei Melinda P. um eine berühmte Sopranistin handelt, kann sie als relative Person der Zeitgeschichte gelten (§ 23 Abs. 1 KunstUrhG), deren Einwilligung es nicht bedarf, da sie hier im Zusammenhang mit dem Konzert angebildet wurde, in welchem sie selbst auftreten wird. Es werden keine berechtigten Interessen der Künstlerin verletzt, da insofern zwischen ihrem Auftritt und der Abbildung auf dem Werbeplakat ein redaktioneller Zusammenhang besteht.

Ähnlich ist es bei Medienprodukten. Wird es mit rechtlich zulässigen Aufnahmen aus der Publikation beworben, dürfen diese Personenbildnisse veröffentlicht wer-

---

[170] Wanckel/Nitschke, Rn. 208.
[171] Ausführlich Wanckel/Nitschke, Rn. 215.
[172] Wanckel/Nitschke, a.a.O.

den.[173] Anhand nachfolgender Auflistung diverser Rechtsprechungsfälle lässt sich die Einzelfallrechtsprechung der Zivilgerichte und die damit verbundene Rechtsunsicherheit in diesem Bereich besonders gut ablesen.

- Der BGH und das LG Berlin bejahten ein berechtigtes Interesse des Musikers *Bob Dylan*, der sich erfolgreich gegen die Abbildung seines Fotos auf dem Cover einer von ihm nicht autorisierten CD zur Wehr setzte. Es bestehe keine Duldungspflicht bekannter Persönlichkeiten „in eigener Sache" mit ihren Abbildungen zu werben, solange diese Produkte nicht von ihnen selbst genehmigt wurden.[174]
- Das OLG Hamburg hat den Vertrieb von Konzertfotos des Musikers *Marius Müller-Westernhagen* für unzulässig erklärt. Nach Ansicht des Gerichts verletze der Fotoverkauf ohne konzeptionellen Informationshintergrund die berechtigten Interessen des Musikers.[175]
- Das OLG Hamburg verbot die Verbreitung eines Star-Kalenders mit den ungenehmigten Motiven der *Backstreet-Boys*.[176]
- Für zulässig erachtete das OLG Frankfurt hingegen die ungenehmigte Abbildung von *Boris Becker* auf der Titelseite eines sachbezogenen Tennislehrbuchs.[177]
- Das LG Hamburg verbot die verfremdete Wiedergabe von *Joschka Fischer* auf Plakaten zur Einführung der damals neuen Zeitung „Welt kompakt". Die Gesichtszüge vieler Politiker und Persönlichkeiten wurden in dieser Werbekampagne elektronisch verändert, so dass sie wie Babies mit intelligentem Gesichtsausdruck wirkten („Babyface-Bilder").[178]

Insgesamt betrachtet sprechen die Zivilrichter bekannten Persönlichkeiten ausdrücklich das Recht zu, ihre Popularität und ihr Image wirtschaftlich zu verwerten. Gegen Entgelt können sie in zulässiger Weise Bildnisse, ihren Namen oder auch andere Merkmale der Persönlichkeit mit Wiedererkennungswert in der Werbung für Waren und Dienstleistungen einsetzen. Bei unzulässigen Werbeveröffentlichungen sprechen die Gerichte ihnen daher hohe Schadensersatzbeträge zu, wenn ihr „Werbewert" durch Vergleichsfälle belegt werden kann.[179]

---

[173] Siehe Wanckel/Nitschke, Rn. 223.
[174] BGH NJW 1997, 1152, 1153; ebenso LG Berlin Urteil v. 9.05.2006, AZ: 16 O235/05.
[175] OLG Hamburg WRP 1995, 124.
[176] OLG Hamburg, AfP 1999, 486 f.
[177] OLG Frankfurt, AfP 2001, 353 ff.
[178] LG Hamburg NJW 2007, 691.
[179] Wankel, Foto-und Bildrecht, S. 136 f.

Checkliste: Zum Recht am eigenen Bild

☑ Verstoße ich gegen das Recht am eigenen Bild?
☑ Verbreite ich ein Bildnis oder stelle ich es zur Schau (Erkennbarkeit)?
☑ Liegt die ausdrückliche oder stillschweigende Einwilligung des Abgebildeten vor oder muss eine Genehmigung eingeholt werden?
☑ Liegt eine Ausnahme gemäß § 23 Abs. 1 KunstUrhG vor?
 insbesondere:
 - Bildnis aus dem Bereich der Zeitgeschichte?
  Handelt es sich um eine relative oder absolute Person der Zeitgeschichte?
 - Beiwerk?
☑ Verletzt die Verbreitung des Bildnisses die berechtigten Interessen des Abgebildeten?

Fünftes Kapitel: Wettbewerbsrecht

A. Grundlagen des Wettbewerbsrechts

I. Gegenstand und Bedeutung des Wettbewerbsrechts

Wirtschaftlicher Wettbewerb ist mittlerweile in nahezu allen Lebensbereichen anzutreffen – damit auch in der Kultur, Kunst und im Sport.

Was im Mittelalter noch als Verstoß gegen das Gebot der Nächstenliebe gesehen wurde, wirkt sich nach heutigem Verständnis die strikte Orientierung des Individuums an eigensüchtigen Motiven nicht nur zu dessen Wohl, sondern auch zum Wohl aller aus. [1] *Frei nach dem Motto: Wenn jeder an sich denkt, ist für alle gesorgt.*

Das US – Supreme Court formuliert es eleganter: „......the unreastrained interactions of competitive forces will yield the best allocation of our economic resources, the lowest prices, the highest quality and the greatest material progress".[2]

Zur heutigen Eventbranche gehört es, Zuschauer, Auftraggeber oder Künstler für Events zu gewinnen, mit denen auch der Mitbewerber rechnet. Kundenverlust ist die Folge des Wettbewerbs, denn der Kundenkreis ist kein geschütztes Rechtsgut.[3]

Damit gehört es zum täglichen Geschäft jedes Eventmanagers und Künstlers, dass der Absatz und Vertrieb seiner Dienstleistung sowie die Verwertung daran durch die Tätigkeit der Mitbewerber beeinträchtigt wird. Ausgehend von der Erkenntnis, dass Wettbewerb durch einen Ausleseprozess bei der Kundengewinnung

---

[1] Adam Smith, An Inquiry into the Nature an Causes of the Wealth of Nations 1776; siehe dazu Rocktenwald,1974, Bd. 1, XLI.; Götting, Wettbewerbsrecht § 2 Rn. 3.

[2] Black J. in Northern Pacific Railway v. United States, 356 U.S. 1, 4 (1958).

(übersetzt: "die unbeschränkte Wechselwirkung der Kräfte des Marktes wird zur besten Verteilung unserer wirtschaftlichen Ressourcen führen, den niedrigsten Preisen, der höchsten Qualität, dem größter materiellen Fortschritt").

[3] Hefermehl/Köhler/Bornkamm, Kommentar zum Wettbewerbsrecht, Einleitung UWG Rn. 1.21.

gekennzeichnet ist[4], erhöht sich folglich der besondere Einsatz von Kreativität und Innovation im Wettbewerb.

Damit der Wettbewerb fair bleibt, gibt es eine **Wettbewerbsordnung**. Das jüngst reformierte Gesetz gegen den unlautern Wettbewerb (UWG) regelt Verhaltensformen und verbietet unlautere Praktiken. Aufgabe des UWG ist es zu gewährleisten, dass der Wettbewerb in geordneten Bahnen verläuft und die „Spielregeln" der Fairness eingehalten werden.

Daneben bildet das Gesetz gegen Wettbewerbsbeschränkungen (GWB) den zweiten Grundpfeiler der Wettbewerbsordnung mit dem gemeinsamen Ziel der **Wettbewerbsfreiheit**. Denn Wettbewerb setzt einen freien Zugang zum Markt und die Möglichkeit freier Betätigung voraus. Danach müssen beispielsweise Eventmarketingunternehmen ihre Leistungen in Bezug auf Preis, Güte und Service frei bestimmen, Veranstaltungsagenturen die ihnen angebotene Leistungen frei auswählen können. Des Weiteren können beispielsweise Vereinbarungen zwischen Vorverkaufstellen, Künstleragenturen oder Cateringunternehmen, die darauf gerichtet sind, den Wettbewerb zu behindern, in einer Wettbewerbswirtschaft grundsätzlich keine rechtliche Anerkennung finden (Art. 81 EG, §§ 1 ff. GWB).[5]

Das GWB sichert die Existenz des freien Wettbewerbs
   = das überhaupt Wettbewerb entsteht
Das UWG sichert die Qualität des Wettbewerbs
   = dass anständiger Wettbewerb besteht

Die wettbewerbspolitische **Neutralität des UWG** hat zur Folge, dass es nicht auf ein bestimmtes gesellschafts- oder wirtschaftspolitisches System festgelegt ist, sondern sich gerade durch die Generalklausel § 3 UWG flexibel an verschiedene Wertmaßstäbe anpassen kann.[6]

Auch das **Schutzgut** des UWG wurde so dem Wandel der Zeit angepasst. Ursprünglich dominierte die individualrechtliche Deutung des Schutzguts als reinen Mitbewerberschutz. Mittlerweile liegt das Schwergewicht im Verstoß gegen objektive Verhaltensnormen, die den lauteren Wettbewerb im Interesse der Mitbewerber, der Verbraucher und der übrigen Marktteilnehmer sowie der Allgemeinheit schützen,[7] sog. Schutzzwecktrias in § 1 UWG.[8] Alle drei Schutzzwecke stehen grundsätzlich gleichrangig nebeneinander und genießen gleichberechtigten Schutz.

---

[4] Götting, Wettbewerbsrecht, § 1 Rn. 2; die Auslese geschehe durch die (gerechte) Verteilung von Gewinnen und Verlusten, dass erfolgreiche Unternehmen überleben und expandieren und erfolglose Unternehmen an Größe verlieren.

[5] Hefermehl/ Köhler/ Bornkamm, Kommentar zum Wettbewerbsrecht, Einleitung UWG Rn. 1.17.

[6] Götting, Wettbewerbsrecht § 2 Rn. 18, 20.

[7] Baumbach/Hefermehl/Köhler, UWG, § 1 Rn. 7; siehe auch Götting, Wettbewerbsrecht, § 4 Rn. 8.

[8] Bei der Feststellung des Schutzgutes geht es um die Beantwortung beider Fragen: Wen schützt das Wettbewerbsrecht? Was schützt das Wettbewerbsrecht?.

> Das UWG schützt damit den Wettbewerb umfassend im Horizontal- und im Vertikalverhältnis sowie den Wettbewerb als Institution.

II. Wettbewerbsrechtliche Nebengesetze

Das UWG steht in engem Zusammenhang mit einer Reihe von gesetzlichen Regelungen, die einen unmittelbaren Wettbewerbsbezug aufweisen und gerade im Ticketing eine große Rolle spielen. Zu nennen ist hier die **Preisangabenverordnung**, die nach dem Grundsatz von Preisklarheit und Preiswahrheit u. a. die Verpflichtung zur Angabe des Endpreises aufstellt.

Bezogen auf die Eventbranche verfolgt auch das **Gesetz über die Nutzung von Telediensten (TMG)** den Zweck, einheitliche wirtschaftliche Rahmenbedingungen für die verschiedenen Nutzungsmöglichkeiten der elektronischen Informations- und Kommunikationsdienste zu schaffen.[9]

III. Europäische Entwicklung

In den Mitgliedsstaaten gilt das Gemeinschaftsrecht unmittelbar und vorrangig vor widerstreitendem innerstaatlichem Recht.[10] Die Befugnis der Gemeinschaft zur Rechtsetzung im Bereich des Rechts des unlauteren Wettbewerbs (UWG) hat die EG bisher nur in Teilbereichen genutzt.[11] Nichtsdestotrotz beeinflusst das europäische Gemeinschaftsrecht das deutsche UWG erheblich. Gerade die Rechtsprechung des Europäischen Gerichtshofes (EuGH) gibt in mehreren Entscheidungen den deutschen Gerichten Grundsätze und Leitlinien für den freien europäischen Wettbewerb im Waren- und Dienstleistungsbereich vor.

Bei der Schaffung eines gemeinsamen Marktes (Art. 2 EG) hat die europäische Rechtsentwicklung leider noch keine Harmonisierung und Vereinheitlichung des Wettbewerbsrechts erreicht. Unklare Konturen der europäischen Rechtsentwicklung konnten die Wettbewerbsverzerrungen, die sich aus den zum Teil gravierenden Unterschieden der Wettbewerbsordnungen der Mitgliedsstaaten der EG ergeben, noch nicht beseitigen.

Die im Juni 2005 in Kraft getretene **Richtlinie über unlautere Geschäftspraktiken** ist bisher die umfassendste gemeinschaftsrechtliche Regelung des Lauterkeitsrechts, die sich allerdings nur auf den Verbraucherschutz beschränkt.[12] Diese Richtlinie wurde am 30.12.2008 in das deutsche Recht umgesetzt. Eine Gesetzesänderung des UWG war die Folge. Insbesondere die Generalklausel (§ 3 UWG) wurde neu gefasst. Zusätzlich wurde das UWG mit einem Anhang mit 30 irreführenden

---

[9] Götting, Wettbewerbsrecht § 1 Rn. 13.
[10] BGH GRUR 1994, 794, 796 - Rolling Stones.
[11] Hefermehl/Köhler/Bornkamm, Kommentar zum Wettbewerbsrecht, Einleitung UWG Rn. 3.1.
[12] Kritisierend hierzu Götting, Wettbewerbsrecht, § 1 Rn. 17 mit weiteren Nachweisen.

und aggressiven Geschäftspraktiken (sog. Black List) ergänzt, die unter allen Umständen verboten sind.

B. Generalklausel – Verbot unlauteren Wettbewerbs

Das neu reformierte UWG wird von zwei Zentralbegriffen geprägt – der **geschäftlichen Handlung** und der **Unlauterkeit**. Hintergrund beider Begriffe ist der Umstand, dass das UWG nicht allgemein für jede unlautere Verhaltensweise von Unternehmen zur Anwendung gelangt. Die Generalklausel des § 3 UWG, auf die alle anderen Unlauterkeitstatbestände Bezug nehmen, wird deshalb auch als Herzstück des Gesetzes gegen den unlautern Wettbewerb bezeichnet.[13]

Gesetzestext: § 3 Verbot unlauterer geschäftlicher Handlungen
Unlautere geschäftliche Handlungen sind unzulässig, wenn sie geeignet sind, die Interessen von Mitbewerbern, Verbrauchern oder sonstigen Marktteilnehmern **spürbar** zu beeinträchtigen.

Die novellierte Bagatellklausel („spürbar") sorgt insofern für die Berücksichtigung des Verhältnismäßigkeitsgrundsatzes, der auch im europäischen Lauterkeitsrecht anerkannt ist.[14]

I. Geschäftliche Handlung im Wettbewerbsrecht

Unter einer geschäftlichen Handlung versteht man – kurz gesagt – jedes objektive Verhalten einer Person zugunsten eines Unternehmens zu Wettbewerbsförderungszwecken. (§ 2 Abs. 1 Nr. 1 UWG). Künftig fallen in den Anwendungsbereich des UWG nicht nur geschäftliche Handlungen die vor, sondern auch die während und nach Geschäftsabschluss getätigt werden.
Die geschäftliche Handlung muss darüberhinaus **unternehmens-** und **marktbezogen** sein.

1. Unternehmensbezug

Am Unternehmensbezug mangelt es, wenn es sich um eine private Betätigung handelt. Allerdings schließt der private Charakter einer Unterhaltung nicht ohne weiteres aus, dass z. B. bestimmte abfällige Äußerungen über eine konkurrente Künstleragentur in den geschäftlichen Bereich ausstrahlen, wenn diese Person hierdurch seine Agentur oder eine andere zu fördern versucht. Es ist dabei insbesondere unerheblich, ob ein Privatmann oder ein Unternehmer gehandelt hat, solange eine

---

[13] Hefermehl/Köhler/Bornkamm, Kommentar zum Wettbewerbsrecht, UWG, § 3 Rn. 2.
[14] Vgl. Harte/Henning, Kommentar zum UWG, § 3, Rn. 231.

Handlung nur mit dem Ziel der Förderung des eigenen oder fremden Wettbewerbs erfolgt.[15]

Beispiel: Ein Künstler, der als Feuerspucker bei der Agentur C unter Vertrag ist (Exklusivvertrag), äußert sich bei einem Auftritt gegenüber dem Veranstalter einer Großraumdisko dahingehend abfällig über die Künstleragentur H, dass diese angeblich nur Gogo-Girls zweiter Wahl unter Vertrag hätte, diese zudem jeweils unpünktlich und unzuverlässig seien, und dass sie manchmal gar nicht zum Auftritt erscheinen würden. Der Feuerspucker erhofft sich hierdurch, dass die Agentur C in Zukunft die Aufträge für die großen Diskos allein bekommt und er hierdurch ebenfalls für mehr Auftritte eingeteilt werde, um so mehr Gage verdienen zu können.

In diesem Beispiel fördert der Feuerspucker nicht nur den fremden Wettbewerb der Agentur C, sondern auch den **eigenen** Unternehmer i. S. d. § 2 Abs. 2 UWG i. V. m. § 14 UWG ist nämlich jede natürliche oder juristische Person oder rechtsfähige Personengesellschaft, die in Ausübung ihrer gewerblichen oder selbständigen beruflichen Tätigkeit handelt. Das bedeutet, dass gerade auch Künstler neben den Veranstaltern, Event- und Künstleragenturen und übrigen Veranstaltungsteilnehmern unternehmensbezogen handeln können, wenn sie als Anbieter oder Nachfrager von Leistungen (künstlerischen Leistungen) am Markt auftreten.

2. Marktbezug

Eine geschäftliche Handlung ist marktbezogen, wenn sie objektiv zu Wettbewerbsförderungszwecken geeignet ist.

Das ist der Fall, wenn die Handlung sich positiv auf den Marktauftritt oder die Marktposition eines Unternehmens auswirkt oder dessen Absatz- oder Bezugschancen erhalten oder verbessern kann (sog. **Absatzförderungshandlung**).[16] Es reicht also, wenn die Wettbewerbshandlung statt auf Erweiterung nur auf bloße Erhaltung des Kundenstamms zielt.[17]

Es spielt dabei keine Rolle, ob die Handlung zugunsten des eigenen oder eines fremden Eventunternehmens erfolgt. Es genügt sogar die mittelbare Förderung, etwa durch Aufmerksamkeitswerbung, Imagewerbung oder Meinungsumfragen, die erst als Vorbereitung dienen, den Namen des Werbenden im Verkehr bekannt zu machen oder dessen Verkehrsbekanntheit zu steigern.[18]

Beispiel: Zur Förderung des Wettbewerbs schaltet der geizige Geschäftsführer der Promotionfirma T jeweils monatlich in der Frauenzeitschrift B eine Stellenanzeige, die zugleich in äußerst auffälliger Darstellung die neuesten Kreationen seines Dienstleistungsangebotes und sich selbst als jungen, dynamischen und erfolgrei-

---

[15] Vgl. Harte/Henning, Kommentar zum UWG § 2, Rn. 14; wie § 8 Abs. 2 UWG zeigt, können sogar Handlungen von abhängig Beschäftigten Wettbewerbshandlungen sein.
[16] Götting, Wettbewerbsrecht, § 5 Rn. 10.
[17] Vgl. BGH in KG GRUR - RR 2005, 162.
[18] Götting, Wettbewerbsrecht, § 5 Rn. 10.

chen Organisator zeigt. Durch diese Selbstdarstellung und Unternehmenspräsentation kamen bereits häufig Aufträge.

Bei diesen Stellenanzeigen handelt es sich auch um Werbeanzeigen, die neben dem Stellenangebot Eigenschaften und Tätigkeiten des Promotionunternehmens darstellen. Darin liegt eine werbemäßige Anpreisung des Promotionunternehmens nicht nur gegenüber dem interessierten Stellensucher, sondern auch – wenn auch nicht vorrangig – gegenüber sonstigen am Wirtschaftsleben interessierten Leserinnen der Anzeigen. Eine solche Imagewerbung, die nicht hinter der Suche nach Arbeitskräften zurücktritt und geeignet ist, den Aussagegehalt der Stellenanzeige zu beeinflussen, muss wegen ihrer Werbewirkung mit den Regeln des lauteren Wettbewerbs vereinbar sein.[19]

Ob die Wettbewerbshandlung das angestrebte Ziel erreicht, ist dagegen belanglos. Anders als im früheren Recht ist auch nicht mehr erforderlich, dass die Wettbewerbshandlung einem anderen Eventunternehmer zum Nachteil gereicht oder dieses beabsichtigt ist.[20]

An einem Marktbezug fehlt es hingegen bei rein betriebs- und behördeninternem und amtlich-hoheitlichem Handeln, ideellem Handeln von Vereinen und Verbänden ferner bei sozialpolitischer Tätigkeit, reiner Spendenwerbung, Mitgliederbetreuung und -werbung durch Gewerkschaften und Arbeitgeberverbände, sowie bei reiner Abwicklung, Durchsetzung und Verletzung von Verträgen.[21]

3. Keine Wettbewerbsförderungsabsicht

Mit dem Änderungsgesetz 2008 muss dem Beklagten im Gerichtsprozess die Wettbewerbsabsicht nicht mehr nachgewiesen werden. Vielmehr muss ein „unmittelbarer Zusammenhang" zwischen der betreffenden Handlung und der Absatzförderung bestehen.

Ist der Handelnde ein **Unternehmer** und ist sein Handeln objektiv geeignet, den Absatz oder Bezug (Wettbewerb) des eigenen oder fremden Unternehmens zu fördern, liegt dieser vor. Diese Annahme zu widerlegen ist dann Aufgabe des Beklagten (Unternehmers) im Prozess (sog. Beweislastumkehr). Gerade im Eventbereich sind hinsichtlich der Öffentlichkeitsarbeit die Besonderheiten von redaktionellen Beiträgen hervorzuheben. Bei Äußerungen von Medienunternehmen ist von einem unmittelbaren Zusammenhang dann nicht auszugehen, wenn die Äußerungen in der Öffentlichkeit von allgemeiner Bedeutung (z. B. Aufklärung der Verbraucher) oder von den Grundrechten der Presse- und Meinungsfreiheit gedeckt sind.[22] Ein unmittelbarer Zusammenhang ist hingegen eindeutig zu bejahen, soweit Medienunternehmen Kundenwerbung (Anzeigengeschäft) betreiben.[23]

---

[19] Vgl. BGH in GRUR 2003, 540 f. - Stellenanzeige.
[20] Hefermehl/Köhler/Bornkamm, Kommentar zum Wettbewerbsrecht, UWG, § 2 Rn. 22.
[21] Hefermehl/Köhler/Bornkamm, Kommentar zum Wettbewerbsrecht, UWG, § 2 Rn. 19 ff.
[22] Hefermehl/Köhler/Bornkamm, Kommentar zum Wettbewerbsrecht, UWG, § 2 Rn. 32f.
[23] Hefermehl/Köhler/Bornkamm, Kommentar zum Wettbewerbsrecht, UWG, § 2 Rn. 34.

II. Unlauterkeit

Nach der Prüfung, ob eine geschäftliche Handlung im wettbewerbsrechtlichen Sinne vorliegt, muss nunmehr weiter geprüft werden, ob diese unlauter war.

Vorteil des unbestimmten Rechtsbegriffs Unlauterkeit ist die Freiheit des Richters, der hier nicht an starre Normen gebunden ist. Vielmehr ist der Weg für eine alle Umstände des Einzelfalls berücksichtigende Rechtsprechung frei. Die Vielzahl der Entscheidungen geben aber auch einen Eindruck wieder, dass Offenheit und Flexibilität zwangsläufig mit einer nachteiligen Rechtsunsicherheit verbunden sein können. Gerade der jungen Eventbranche, die durch die schnelllebige technische und wirtschaftliche Entwicklung beeinflusst oder gar geprägt wird, kann aber solche Einzelfallgerechtigkeit nur zum Vorteil gereichen.

Durch die UWG-Reform wurde die Kompatibilität mit dem Gemeinschaftsrecht verbessert, indem der Maßstab der Sittenwidrigkeit herausgenommen und durch Unlauterkeit ersetzt wurde. Unlauter sollen demnach alle Handlungen sein, die den anständigen Gepflogenheiten in Handel, Gewerbe, Handwerk oder selbständiger beruflichen Tätigkeit zuwiderlaufen.[24] Im Rahmen der hierfür notwendigen Abwägung und Gewichtung der beteiligten Interessen ist nach ständiger Rechtsprechung eine Gesamtwürdigung vorzunehmen, die das fragliche Wettbewerbshandeln in seinen verschiedenen objektiven und subjektiven Bedeutungsinhalten nach Anlass, Mittel, Zweck, Begleitumstände und Auswirkungen umfasst.[25]

Folgende Aspekte spielen für die Gerichte bei der Beurteilung der Unlauterkeit eine Rolle.[26]

Tabelle 1: Richtung der Unlauterkeit

Unlauterkeit in Richtung Verbraucher	Unlauterkeit in Richtung Konkurrent	Unlauterkeit in Richtung Allgemeinheit
• Täuschung • Erschleichen von Vorteilen • Tarnung • Belästigung • Verlockung durch Begünstigungen • Rechtlich/psych./moralischer Kaufzwang • Ausübung von Druck (Bedrohung/Nötigung) • Übertriebenes Anlocken • Ausnutzen von Unerfahrenheit und Gefühlen • (Angst, soziales Verantwortungsgefühl, Hilfsbereitschaft, Spieltrieb)	• Behinderung, Beeinträchtigung von deren freier Betätigung • Ausbeutung fremder Leistungen • Vorsprung durch Rechtsbruch	• Planmäßigkeit bestimmten Handelns • Verwilderung der Wettbewerbssitten

---

[24] Siehe Begründung RegE, BT-Drucks. 15/1487, S. 16.
[25] Köhler/Piper, UWG, Rn. 272.
[26] Eisenmann/Jautz, UWG, Rn. 373.

Wegen der Vielzahl der in der Tabelle aufgeführten Aspekte zur Unlauterkeit wurde ein umfangreicher Tatbestandskatalog von Fallgruppen, der bisher von der Rspr. lediglich als Leitlinien zur Konkretisierung der Generalklausel herausgearbeitet wurde, in § 4 UWG in 11 Ziffern eingearbeitet. Der Rspr. steht es zwar frei, neue Fallgruppen zu schaffen. Sie kann aber die Bestehenden nicht abschaffen.[27]

Insgesamt darf jedoch nicht gefolgert werden, dass jeder Gesetzesverstoß, dem eine Wettbewerbshandlung zugrunde liegt, eine Unlauterkeit im Sinne des § 3 UWG ist.

> **Merke:**
> Es gibt keinen Automatismus zwischen Ungesetzlichkeit und Unlauterkeit.

Einen Automatismus gibt es hingegen im neu eingefügten § 3 Abs. 3 UWG der auf einen Anhang – die „**sog. Schwarze Liste**" – am Ende des UWG verweist. Diese Verweisung erklärt die dort (leider völlig unsystematisch) aufgeführten irreführenden und aggressiven Geschäftspraktiken allesamt für unlauter und damit für unzulässig. Unerheblich ist dabei, ob die irrführende und agressive Geschäftspraktik auch spürbar für den Verbraucher ist. Hintergrund dieser harten Regelung ist, dass sie nicht im kaufmännischen Verkehr, sondern nur im Verhältnis zum Verbraucher gilt, denn allein der Verbraucherschutzzweck wurde mit der „Black List" der Richtlinie 2005/29/EG des Europäischen Parlaments und des Rates verfolgt, die nun in § 3 Abs. 3 UWG umgesetzt wurde.

Gesetzestext neu: § 3 Abs. 3 UWG - Verbot unlauterer geschäftlicher Handlungen
Die im **Anhang** dieses Gesetzes aufgeführten geschäftlichen Handlungen gegenüber Verbrauchern sind **stets unzulässig.**

Im Folgenden sollen nur die eventspezifischen unlauteren Geschäftspraktiken aus der „sog. Schwarzen Liste" herausgegriffen werden:

Gesetzestext: Auszug aus dem **Anhang**
Unzulässige geschäftliche Handlungen im Sinne des § 3 Abs. 3 UWG sind

Nr. 1   die unwahre Angabe eines Unternehmens, zu den Unterzeichnern eines Verhaltenskodex zu gehören;

Nr. 11 der vom Unternehmer finanzierte Einsatz redaktioneller Inhalte zu Zwecken der Verkaufsförderung, ohne dass sich dieser Zusammenhang aus dem Inhalt oder aus der Art der optischen oder akustischen Darstellung eindeutig ergibt (als Information getarnte Werbung);

Nr. 15 die unwahre Angabe, der Unternehmer werde demnächst sein Geschäft aufgeben oder seine Geschäftsräume verlegen;

Nr. 20 das Angebort eines Wettbewerbs oder Preisausschreibens, wenn weder die in Aussicht gestellten Preise, noch ein angemessenes Äquivalent vergeben werden;

---

[27] So auch Götting, Wettbewerbsrecht, § 6 Rn. 34.

Nr. 22   die Übermittlung von Werbematerial unter Beifügung einer Zahlungsaufforderung, wenn damit der unzutreffende Eindruck vermittelt wird, die beworbene Ware oder Dienstleistung sei bereits bestellt.

III. Bagatellklausel

Mit nochmaligem Blick auf den Gesetzestext von § 3 Abs. 1 UWG ist abschließend die **Spürbarkeit** der Marktbeeinflussung infolge des Wettbewerbsverstoßes zu prüfen.

Gesetzestext: § 3 Verbot unlauterer geschäftlicher Handlungen
Unlautere geschäftliche Handlungen sind unzulässig, wenn sie geeignet sind, die Interessen von Mitbewerbern, Verbrauchern oder sonstigen Marktteilnehmern **spürbar** zu beeinträchtigen.

Mit dem Erfordernis der **Spürbarkeit** des Wettbewerbs hat der Gesetzgeber deutlich gemacht, dass nicht marginale Marktbeeinflussungen infolge des Wettbewerbsverstoßes von der Generalklausel erfasst werden. Die Verfolgung bloßer Bagatellfälle mit Ausnahme der Geschäftspraktiken aus der „sog. Schwarzen Liste" ist damit ausgeschlossen, da hierdurch eine sachlich nicht gerechtfertigte Inanspruchnahme der Gerichte verhindert werden soll. Den Kläger trifft die Darlegungs- und Beweislast, dass es sich in seinem Rechtsstreit nicht um einen Bagatellfall handelt. In der Praxis ist vermehrt zu beobachten, dass Wettbewerber, die wegen Verstößen gemäß §§ 3–7 UWG abgemahnt werden, eine „vorgezogene Verteidigungslinie" errichten, indem sie sich auf die Bagatellklausel berufen.

Beispiel: Veranstalter beziffert den Eintrittspreis auf dem Konzertplakat nur mit 10,- € zzgl. 19 % MwSt. Dies stellt zwar einen Verstoß gegen § 1 Abs. 1 PrAngVO dar, da an sich immer der Endpreis anzugeben ist. Hier liegt aber wegen einfachster Errechenbarkeit des Endpreises ein Bagatellfall vor, so dass kein Verstoß gegen § 3 UWG gegeben ist.

C. Arten von Wettbewerbsverstößen

Als weitere in der Praxis äußerst bedeutsame Unlauterkeitshandlung i. S. v. § 3 UWG stellt das Gesetz die Irreführung in § 5 UWG, die vergleichende Werbung in § 6 UWG und die unzumutbare Belästigung in § 7 UWG heraus.

Entsprechend der Ausrichtung dieses Buchs werden in den folgenden fünf Abschnitten wegen der außerordentlich komplexen Struktur des Wettbewerbsrechts nur für den Eventbereich spezifische Einzelheiten dargestellt.

I. Irreführende Werbung

1. Allgemeine Wahrheitspflicht

Gemäß § 5 Abs. 1 UWG handelt derjenige unlauter, der irreführend wirbt.

Das Irreführungsverbot ist Ausdruck der **Wahrheitspflicht**, die das oberste Gebot im Wettbewerb darstellt.[28] Auch wenn Werbung ihrer Natur nach oft nicht unparteiisch und objektiv ist, sondern aus suggestiven Appellen besteht, die sich mehr an die Emotionen richtet, müssen die Informationen, die durch die Werbung vermittelt werden, richtig und umfassend sein.

Welche Informationspflichten man dem Verbraucher bei der Wahrnehmung seiner eigenen Interessen und welche man dem Werbenden auferlegt, hängt vom Einzelfall ab. Die wichtigsten Kriterien werden in § 5 Abs. 2 UWG genannt und sind bei der Beurteilung einer Werbung, die im Eventmarketing von höchster Bedeutung ist, zu berücksichtigen.

Beispiel: Konzertveranstalter Wendig wirbt in der Öffentlichkeit für seine Konzertveranstaltung, die im Konzerthaus Freiburg stattfinden soll. Er weiß, dass dieser Veranstaltungsort bei dem Freiburger Publikum sehr beliebt ist und verkauft aufgrund dessen über 800 Tickets. In Wahrheit hat er einen anderen viel billigeren Konzertsaal angemietet und gibt 2 Tage vor der Veranstaltung über die Presse den neuen Veranstaltungsort bekannt.

Der Konzertveranstalter verstößt gegen das Irreführungsverbot, wenn er irreführende Angaben macht, die bei dem potentiellen Konzertbesucher einen unrichtigen Eindruck über das zu erwartenden Konzert vermitteln; hier eben die Irreführung über den Veranstaltungsort. Dabei genügt es, dass die Werbung zur Irreführung und Beeinflussung des Konzertbesuchers **geeignet** ist; auf eine tatsächliche Irreführung kommt es nicht an. Die Eignung zur Irreführung ist sogar bereits dann gegeben, wenn die Konzertbesucher durch die unrichtige Angabe in die VVK-Stellen angelockt wurden. Das heißt die bloße Gefahr einer relevanten Irreführung, die zur Beeinflussung des Vertragsabschlusses geeignete ist, reicht aus.[29]

Nicht alle Komponenten der Werbung werden vom Irreführungsverbot gemäß § 5 UWG erfasst. Reine Werturteile oder immaterielle Werte, wie Prestige, Schönheit, Jugendlichkeit etc., die häufig mit der Werbung suggeriert werden, unterliegen nicht der wettbewerbsrechtlichen Überprüfung. Auch allgemeine Aussagen in der Werbung, die nichtssagende Anpreisungen, reklamehafte Übertreibungen oder bloße Kaufappelle enthalten und insofern nicht ernst genommen werden, verstoßen nicht gegen das Irreführungsverbot.[30]

Nur **Tatsachenbehauptungen**, worunter inhaltlich nachprüfbare Aussagen über geschäftliche Verhältnisse zu verstehen sind, dürfen nicht irreführend sein. Zur Irre-

---

[28] Köhler/Piper, UWG, § 3 Rn. 155.
[29] Eisenmann/Jautz, UWG, Rn. 524.
[30] Anders u.U. bei Spitzenstellungsbehauptung - vertiefend Hefermehl/Köhler/Bornkamm, Kommentar zum Wettbewerbsrecht, UWG, § 5 Rn. 2.125.

führung geeignete Angaben werden in der Regel durch aktives Tun, also etwa durch Wort oder Bild, gemacht. Aber auch Unterlassungen, Unvollständigkeiten oder das Verschweigen von Tatsachen können irreführend sein.[31]

Nach der heutigen Rechtsprechung liegt in dem Verschweigen einer Tatsache nur dann eine irreführende Angabe, wenn für den Werbenden eine Aufklärungspflicht besteht. Eine solche Verpflichtung zur Aufklärung auch über negative und damit für den Werbenden nachteilige Tatsachen besteht insbesondere immer dann, wenn es zum Schutz des Verbrauchers unerlässlich ist.[32] Informationspflichten für Verkaufsförderungsmaßnahmen, einschließlich für Preisausschreiben und Gewinnspielen sind sogar gesetzlich in § 4 Nr. 4 und 5 UWG normiert.

Ob eine Werbung irreführend ist, richtet sich nicht nach objektiv-absoluten, sondern nach subjektiv-relativen Kriterien.[33] Entscheidend ist allein, welcher Eindruck bei dem Werbeadressaten hervorgerufen wird und ob dieser mit der Wirklichkeit übereinstimmt (**sog. Verkehrsauffassung**). Das kann auch bedeuten, dass selbst eine objektiv richtige Werbeaussage subjektiv (nach Maßgabe der Verkehrsauffassung) falsch sein kann.[34] Besonders schutzwürdig sind Kinder, Jugendliche, ältere Menschen und ausländische Mitbürger, wenn sich die Werbung gezielt auf diese Verbrauchergruppen richtet. Hinsichtlich der quantitativen Anforderungen, die an die Irreführungsquote zu stellen sind, gilt mittlerweile der Regelfall, dass mindestens ein Viertel bis ein Drittel des angesprochenen Verkehrskreises durch die Werbeaussage irregeführt wurde.[35]

In der Praxis gestaltet sich die Feststellung der Verkehrsauffassung im Gerichtsprozess sehr problematisch, da sich das Gericht regelmäßig auf seine eigene Sachkunde und Lebenserfahrung stützen darf und es demnach überwiegend keiner Beweisaufnahme bedarf.[36] Da die Eventbranche insbesondere in der U-Musik häufig ihre eigene Sprache spricht, ist es schwierig zu beurteilen, ob dem Verkehrsverständnis (z. B. der Rapszene) im Prozess genügend Gewichtung beigemessen würde. Sollte ein Sachverständigenbeweis (§ 402 ZPO) notwendig werden, bleibt nur ein Beweiserhebungsverfahren durch eine aufwendige, langwierige und kostspielige Verkehrsbefragung, die einer hohen Gefahr des Misslingens ausgesetzt ist.[37]

2. Formen irreführender Werbung

Folgende Formen der irreführenden Werbung sind für den Eventbereich relevant:

---

[31] Eisenmann/Jautz, UWG, Rn. 520.
[32] BGH WRP 1993, 239 - Sofortige Beziehbarkeit; GRUR 1999,125,1126 - Neuwagen II; 2000, 616, 618 - Auslaufmodell.
[33] Götting, Wettbewerbsrecht, § 8 Rn. 22.
[34] Götting, Wettbewerbsrecht, § 8 Rn. 22.
[35] Vgl. BGH, GRUR 04, 162 f. - Mindestverzinsung.
[36] Götting, Wettbewerbsrecht, § 8 Rn. 27.
[37] Vertiefend hierzu Hefermehl/Köhler/Bornkamm, Kommentar zum Wettbewerbsrecht, UWG, § 5 Rn. 3.16.

Tabelle 2: Formen der irreführenden Werbung

Blickfangwerbung	▪ wenn Werbebehauptungen blickfangmäßig herausgestellt werden, müssen diese für sich allein genommen zu sein ▪ die Werbung wird hier ausnahmsweise nicht in ihrer Gesamtheit beurteilt	Z. B. Eintrittspreis 9,- € als Blickfang auf dem Konzertplakat, obwohl dies nur für Schüler/Studenten gilt
Werbung mit objektiv falschen Angaben	▪ Unwahre Angaben über die Verfügbarkeit, sog. Lock ▪ Unwahre Angaben über das Verfahren der Herstellung und der Beschaffenheit ▪ Unwahre Angaben über die geographische oder betriebliche Herkunft ▪ Unwahre Angaben über den Anlass des Verkaufs/der Veranstaltung ▪ Unwahre Angaben über den Preis oder die Berechnung des Preises (sog. Mondpreise; Beachtung der Preisangabenverordnung[38]) ▪ Unwahre Angaben über die Identität des Werbenden ▪ Unwahre Angaben über geistige Eigentumsrechte des Werbenden ▪ Unwahre Angaben über die Befähigung des Werbenden (geschützte Berufsbezeichnungen/Akademische Grade) ▪ Unwahre Angaben über Auszeichnungen des Werbenden (Irreführung in Bezug auf Alleinstellungs-/Spitzengruppenwerbung) ▪ Unwahre Angaben in Bezug auf umweltbezogene Werbung	Z. B. Veranstaltungsagentur wirbt in der Öffentlichkeit mit der Anpreisung als bester Veranstalter durch EVA (Event Award) des Jahres 2007 " prämiert worden zu sein, wenn der Werbende an dem betreffenden Leistungswettbewerb gar nicht teilgenommen hat Z. B.eine rechtlich selbständige Künstleragen, die in den Geschäftsräumen eines Theaters seine gewerbliche Tätigkeit entfaltet, darf in seiner Werbung nicht den Eindruck erwecken, sie gehöre zu dem anderen Unternehmen Z. B. irreführend ist der Hinweis auf Werbmitteln einer Künstleragentur, die Aufnahmen oder das Logo des Künstlers seien „gesetzlich geschützt", da hier der Eindruck entsteht, eine Behörde habe dieses Schutzrecht erteilt, obwohl es von selbst entsteht
Werbung mit mehrdeutigen Aussagen/ Angaben	▪ mehrdeutige Aussagen kommen in der Praxis häufig vor, da sie für den Werbenden scheinbar einen Vorteil bringen, wenn der Umworbene die Werbung in seinem Sinne versteht ▪ die Werbung ist bereits dann irreführend, wenn auch nur eine einzige der in Betracht kommenden Bedeutungen in einem unzutreffenden Sinne verstanden wird, auch wenn die anderen richtig sind ▪ das heißt jede der möglichen Deutungen der Werbeaussagen muss der Wahrheit entsprechen	Z. B. Cateringunternehmen wirbt mit dem Begriff „neu" bei der Vorortproduktion von Pralinen während einer Galaveranstaltung. Bei der Verwendung des Begriffs „neu" ist generell Vorsicht geboten, da dies auch wahr sein muss. Nur geringfügige Änderungen bei der Produktion der Pralinen, auch im Verhältnis zur Konkurrenz, rechtfertigen eine Neuheitswerbung nicht

---

[38] Vertiefend auch Güllemann, S. 209.

Tabelle 2: (Fortsetzung)

Werbung mit unvollständigen Angaben	▪ grundsätzlich gilt, dass die Werbung nur richtig, aber nicht vollständig, zu sein braucht ▪ eine umfassende Aufklärungspflicht besteht nicht, nur wenn das Schweigen irreführend ist (Vgl. obige Erklärung)	Z. B. sog. Kaffeefahrten, hier ist die Bezeichnung als Werbe/Verkaufsveranstaltung notwendig. Irreführend ist die Tarnbezeichnung „Ausflugsfahrt"
Werbung mit Selbst-Verständlichkeiten	▪ ist ein Sonderfall der objektiv richtigen Werbung ▪ diese Form der Werbung vermag eine Irreführung zu begründen, wenn der Verkehr das Selbstverständliche der umworbenen Eigenschaft nicht kennt und deshalb zu Unrecht von einem Vorzug ausgeht ▪ in der Praxis ist eine Abgrenzung zur rein beschreibenden und erläuternden Werbung sehr schwierig	Z. B. **zulässig** ist die beschreibende Werbung, wenn eine Künstleragentur folgendermaßen wirbt: „sorgfältige Betreuung unserer Künstler", „regelmäßige Castings mit Fotoshootings", „Wir sorgen konsequent für die beste Leistung unserer Künstler"

Im Interesse einer erfolgreichen Eventorganisation sei besonders auf die Gefahr der Irreführung gemäß § 5 Abs. 2 Nr. 2 UWG und nach dem wettbewerbs Nebengesetz der Preisangabenverordnung (= PAngV) hinzuweisen.

Die Preiswerbung ist ein wichtiges Werbemittel. Für die Kunden ist der Preis von ausschlaggebender Bedeutung, insbesondere im derzeitigen „Geiz ist geil"-Zeitalter. Aus diesem Grunde legt der Gesetzgeber besonderen Wert auf die Eindeutigkeit und Klarheit in der Preiswerbung. Mithin liegt der Zweck der PAngV darin, die Position des Endverbrauchers durch Gewährleistung eines optimalen Preisvergleichs zu stärken.[39] In der PAngV wird daher ein Dreifaches geregelt:

1. **Ob** ein Preis anzugeben ist. → Grundsatz der Preiswahrheit
2. **Welcher** Preis anzugeben ist. → Grundsatz der Preisklarheit
3. **Wie** der Preis anzugeben ist. → Grundsatz der Preistransparenz

Bei der Frage, **ob** ein Preis anzugeben ist, unterscheidet die PAngV zwei Bereiche. Wenn der Veranstalter nur in der Öffentlichkeit (Plakat, Zeitungsartikel, Radio) wirbt, ist er nicht verpflichtet den Preis bereits zu benennen. Bietet der Veranstalter jedoch dem Konzertbesucher einzelne Tickets schriftlich an, ist er stets gemäß § 1 Abs. 1, 9 Abs. 1 Ziff. 4 PAngV zur Preisnennung verpflichtet.[40]

Welcher Preis anzugeben ist, richtet sich ebenfalls nach § 1 Abs. 1 PAngV. Danach ist immer der Endpreis anzugeben. Das bedeutet, dass der Veranstalter immer den Eintrittspreis, einschließlich der Umsatzsteuer und sonstiger Preisbestandteile (VVK-Gebühr und Bearbeitungsgebühr) unabhängig von einer Rabattgewährung

---

[39] Köhler/Piper, UWG, PAngV Einf. Rn. 8.
[40] BGH, GRUR 80, 340; Eisenmann/Jautz, UWG, Rn. 593.

angeben muss. Die in der Praxis häufig vorzufindende Formulierung auf Plakaten z. B. 23,- € zzgl. VVK-Gebühr/Bearbeitungsgebühr ist unzulässig.

Der Tourneeveranstalter/örtliche Veranstalter hat daher die Aufgabe, mit den VVK-Stellen entweder eine einheitliche VVK-Gebühr für alle Konzerte zu vereinbaren oder für jede Stadt ein eigenes Plakat mit unterschiedlichen Endpreisen oder Aufschriften drucken zu lassen. Nicht ausreichend ist nämlich die Angabe beispielsweise 23,- € zzgl. 19 % Mehrwertsteuer und 10 % VVK-Gebühr. Eine Rechenleistung des Besuchers um zum Endpreis zu gelangen, ist nur dann zulässig, wenn die Einzelbeträge nicht in Prozentzahlen angegeben sind und durch kurzes Hinsehen der Endpreis höchst einfach für den angesprochenen Verkehrskreis (Besucherkreis) zu ermitteln ist, wie z. B. 20,- € zzgl. 3,- € VVK-Gebühr.

Für welche Darstellungsvariante sich der Veranstalter entscheidet, das heißt Angabe nur des Endpreises oder die Auflistung der zusätzlichen Gebühren neben dem Endpreis, bleibt rechtlich gesehen ihm überlassen. Psychologisch betrachtet können beide Varianten im Rahmen der Preiswerbung mit einem geschickten Eventmarketing Vorteile bieten.

Vorsicht ist in jedem Fall bei Verstößen gegen die PAngV geboten. Diese werden nicht nur als Ordnungswidrigkeiten gemäß § 10 PAngV von Amts wegen verfolgt, sondern nach grundlegender Änderung der Rechtsprechung auch mittlerweile gemäß § 4 Nr. 11 UWG als unlauterer Wettbewerb geahndet.

So entschied das LG Hamburg, dass es wettbewerbswidrig ist, wenn im geschäftlichen Verkehr in Zeitungsanzeigen Konzertkarten für einen bestimmten Preis beworben werden und sich erst aus einer drucktechnisch unauffälligen Fußzeile ergibt, dass noch weitere Gebühren (VVK-Gebühr) anfallen.[41]

3. Sonderform irreführender Werbung – „Green Events"

Umweltargumente können heutzutage zu erheblicher Umsatzsteigerung beitragen.

Auch in breiten Schichten der Eventteilnehmer ist das soziale Verantwortungsgefühl gewachsen, so dass umweltbezogene Werbung im Eventbereich seine Wirkung nicht verfehlt.

Insbesondere Großveranstaltungen wie Konzerte, aber auch die Vielzahl von Firmen- und Fortbildungsveranstaltungen, erzeugen durch Mobilität und Energieverbrauch viele umweltschädliche CO_2-Emissionen. Immer mehr Künstler setzen sich selbst aktiv für den Umweltschutz ein und geben auf diese Weise ein Vorbild – z. B. durch die Vermeidung von CO_2 und die Neutralisierung von nicht vermeidbaren Emissionen bei den eigenen Konzerten.[42] „Green Events" oder „klimaneutrale Tickets" sind dabei gern gelesene Werbslogan.

---

[41] LG Hamburg Urteil v. 21.12.2009, AZ: 315 O 551/09.
[42] Den Auftakt machte 2007 das bekannte Klimakonzert *Live Earth* in Hamburg. Es folgten die Punkrock-Band *Die Ärzte*, die hessische Band *Juli*, die Kultrocker von *Fury in the Slaughterhouse*, Olli Dittrichs Projekt *Texas Lightning* und viele weitere.

Die Gerichte billigen Umweltmarketing dann, wenn den Prinzipien von Wahrheit und Klarheit entsprochen wird; dabei legen sie strenge Maßstäbe an.[43] Genau hier ist im Eventmarketing die Irreführungsgefahr mit diesen selbst geschaffenen Umweltbezeichnungen und Assoziationssymbolen wie Wasser, blauer Himmel, Blumen und grüner Farbe groß. Alle derartigen Begriffe und Zeichen haben eines gemeinsam: Sie sind ungenau und es herrscht in der Bevölkerung eine große Ungewissheit, was sich genau hinter einem sog. „Green Event" verbirgt. Bieten die Cateringunternehmen allesamt Lebensmittel aus ökologischem Anbau an oder wird auf den Toiletten nur Toilettenpapier aus 100 % Altpapier den Besuchern zur Verfügung gestellt? Vorstellbar wäre auch eine Reinigung der Eventlocation nur mit Produkten, die eine „EU-Blume" oder den „Blauen Engel" tragen oder aber, dass alle Künstler bei einem „Green Event" nur Naturkosmetik/-schminke auftragen. Grenzen werden der Phantasie nur durch den Begriff „CO_2-neutrale Veranstaltung" gesetzt, wenn von einem Klimakonzert oder Klimaevent die Rede ist. Allein die Reduktion des gesamten CO_2-Ausstoßes bedingt durch die Mobilität der Crew und Zuschauer bei der An- und Abreise sowie durch die Organisation des Events sind für die umweltbezogene Werbung eines „sog. Green Events" maßgggebend. Selbst die Emissionen am Veranstaltungsort durch Energieverbrauch für Licht- und Tontechnik wie auch Printmedien sowie für Verpflegung und Müll werden zur CO_2 Bilanzerstellung herangezogen. Nicht weiter reduzierbare CO_2-Emissionen werden durch den Kauf diverser CO_2-Zertifikate aus anerkannten und validen Klimaschutzprojekten kompensiert. Erst dann kann mit dem Verkauf klimaneutraler Tickets wettbewerbsgemäß geworben werden. Bei Ankündigung eines sog. „Green Events" oder einer sog. „Green Konzerttour" dürfen unter dem Strich somit keine Treibhausgase freigesetzt werden. Inwieweit dies tatsächlich realisierbar ist und den strengen Maßstäben der Gerichte entspricht, ist nicht sicher. Schließlich sind meistens umweltbeworbene Produkte nur in Teilbereichen umweltgerechter als andere, so dass nur eine „relative Umweltfreundlichkeit" vorliegt. Nur eine Zertifizierung kann eine wettbewerbswidrige Irreführungsgefahr sicher ausräumen. Doch genauso wie bei der „Green IT" mangelt es noch an zentralen Zertifizierungskonzepten, die die zum Teil verwirrende Vielfalt von Kennzeichnungen für Green-Produkte vereinheitlichen könnten.[44]

II. Vergleichende Werbung

Beispiel: Ein Werbefilm enthält folgende Aussage einer Künstleragentur über seine TänzerInnen: „…sie seien atemberaubend, haben einen aufregenden künstlerischen Sexappeal, geben den Zuschauern ein neues Bewusstsein ….. dagegen sei alles andere nur Tanz."

---

[43] BGH GRUR 97, 666-Umweltfreundliche Reinigungsmittel.
[44] Horvath-Fachbereich Kultur, Medien, Sport, in Wissenschaftliche Dienste des Deutschen Bundestages Nr. 81/10 (22.11.2010 zum aktuellen Begriff Green IT).

Tabelle 3: Wettbewerbsverstöße bei vergleichender Werbung

Verwechslung	Unlautere Beeinträchtigung der Wertschätzung	Herabsetzung des Mitbewerbers
Vergleichende Werbung ist wettbewerbswidrig, wenn sie zu **Verwechslungen** führt zwischen - Werbenden und Mit-bewerber - Den angebotenen künstl. Leistungen/ Dienst-leistungen/Waren - Den von ihnen verwendeten Kenn¬zeichen (Logo, Marke, Künstlername)	Vergleichende Werbung ist wettbewerbswidrig, wenn der Werbevergleich die Wertschätzung des von einem Mitbewerber verwendeten Kennzeichens ausnutzt oder beeinträchtigt Kennzeichnend für die Ausnutzung ist die Übertragung der Wertvorstellung von einer fremden künstlerischen Leistung oder Dienstleistung auf die eigene (**sog. Imagetransfer**)[45]	Vergleichende Werbung ist wettbewerbswidrig, wenn durch den Werbevergleich Leistungen oder geschäftliche/persönliche Verhältnisse eines **Mitbewerbers herabgesetzt** oder verunglimpft werden Erfasst werden alle herabsetzenden Äußerungen, unabhängig ob sie **wahr** oder **unwahr** sind
Z. B. Flyerwerbung einer unbekannten Tanzgruppe in Jena: Abbildung von Tänzerinnen, die identisches Kostüm tragen, wie die Tänzerinnen des überregional bekannten Tanztheaters Jena e. V., zusätzlich versehen mit dem gleichen Repertoire, das der Jena e. V. eine Woche zuvor aufgeführt hatte	Z. B. Plakatwerbung für ein Musical ZZ mit dem Hinweis, dass dies nach dem Vorbild des Musicals XX präsentiert wird	Z. B. Werbung einer Eventagentur „Ihre Veranstaltung ist bei uns besser organisiert als bei vielen anderen die besten Events des Jahres"

Im Zweifel ist davon auszugehen, dass vergleichende Werbung zulässig ist.[46]

Gemäß § 6 UWG ist vergleichende Werbung nur dann unlauter, wenn hierdurch einer der 6 Verbotstatbestände in § 6 Abs. 2 UWG verwirklicht wird und sie zu einer nicht nur unerheblichen Wettbewerbsbeeinträchtigung geeignet ist. In der Praxis ist diese Art der Werbung sehr verbreitet, da sich die Irreführungsgefahr aus aufgestellten **wahren** Behauptungen ergibt. Trotz ihrer Wahrheit ist diese Art der Werbung teilweise nicht erlaubt, weil die in dem Werbevergleich enthaltenen Informationen nicht von einer objektiven, neutralen Stelle stammen, sondern vom Werbenden selbst, der naturgemäß ein Interesse daran hat, seine Leistungen in einem positiven Licht erscheinen zu lassen und die Leistungen seines Konkurrenten herabzusetzen.[47]

---

[45] Götting, Wettbewerbsrecht, § 8 Rn. 73 m.w.N.

[46] Gemäß der europ. Richtlinie, ist das Recht der vergleichenden Werbung zu liberalisieren, mit der Erwägung, das sie tendenziell geeignet ist, die Markttransparenz zu verbessern. EuGH Slg. 2001, I-7945 Tz 37 = GRUR 2002, 354,355 - Toshiba/Katun; Harte/Henning/Sack, UWG, § 6 Rn. 10. m.w.N.

[47] So auch Götting, Wettbewerbsrecht, § 8 Rn. 60.

Die vergleichende Werbung gemäß § 6 UWG setzt voraus, dass der Bezug auf einen oder mehrere individualisierbare Mitbewerber **erkennbar** ist. Zulässig ist folglich eine Werbeaussage, die so allgemein gehalten ist, dass den ange Verkehrskreisen eine Bezugnahme auf Mitbewerber nicht aufgedrängt wird, sondern „nur um zehn Ecken gedacht" herleiten lässt[48] (Bsp. ein Werbe „Statt Blumen ein Konzertbesuch...").

Erwähnenswert ist in diesem Zusammenhang die Entscheidung des BGH im Rechtsstreit zum Werbespot „Gib mal Zeitung".[49] Der Werbespot bewarb die Zeitung „taz" unter Bezugnahmen und Einblendung der „Bild"-Zeitung. Der Betreiber eines Kiosks bot seinem prollig dargestellten Stammkunden nach dessen Aufforderung „Gib mal Zeitung" nicht – wie erwartet – „seine BILD"-Zeitung, sondern die „taz" an. Beim nächsten Kioskbesuch verlangt der Stammkunde „Gib mal taz". Beide Szenen münden in einem Gelächter der Personen, woraufhin am Ende des Spots der Text „taz ist nicht für jeden. Das ist OK so." eingeblendet wird. Der BGH sah in der humorvollen und ironischen Anspielung auf den Mitbewerber („Bild"-Zeitung) keine unlautere Herabsetzung im Sinne des § 6 Abs. 2 Nr. 5 UWG. In dem Werbevergleich sei der Mitbewerber weder dem Spott oder der Lächerlichkeit preisgegeben worden noch sei die Anspielung von den Adressaten der Werbung wörtlich und damit ernst genommen worden, was eine Herabsetzung ausschließe.[50]

Obwohl im obigen Beispiel auch nicht unmittelbar oder mittelbar die Konkurrenztänzer aus der Werbung erkennbar sind, stellt diese pauschale Abwertung durch ihre kränkenden, abwertenden, gehässigen und ironischen Angaben zwar keine vergleichende Werbung gemäß § 6 UWG dar, aber i. S. d. Generalklausel gemäß § 3 UWG eine unlautere Wettbewerbshandlung.

Die in Tabelle 3 genannten Verbotstatbestände gemäß § 6 Abs. 2 UWG werden im gesamten Eventmarketing häufig missachtet.

III. Unzumutbare Belästigung

Fall 1: Cateringunternehmer S versendet an alle Veranstalter, Eventlocations, Kulturämter und Firmen, deren Visitenkarte er auf der letzten World of Event Messe in Wiesbaden erhalten hatte, seine neu gestalteten Angebotslisten inkl. Imagebroschüre und telefoniert zusätzlich alle Angeschriebenen eine Woche später nochmals ab.

Fall 2: Veranstalter X bewirbt seine neue Konzerttournee mit einem unbekannten Künstler mittels eines per Mail versendeten „Newsletters" an alle Besucher, deren Daten er durch Übersendung der Tickets im Vorverkauf aus vorangegangenen Konzerten sorgfältig gespeichert hatte.

---

[48] Hefermehl/Köhler/Bornkamm, Kommentar zum Wettbewerbsrecht, UWG, § 6 Rn. 37.
[49] BGH, Urteil v. 01.10.2009, AZ: I ZR 134/07.
[50] BGH, Urteil v. 01.10.2009, AZ: I ZR 134/07, juris-Dokument, Rn. 20.

Die **Art und Weise** von Werbemethoden unabhängig von ihrem Inhalt kann auch wettbewerbswidrig und damit unlauter i. S. d. § 3 UWG sein.

Das UWG schützt in diesem Fall das allgemeine Persönlichkeitsrecht des Einzelnen, sowie deren Besitz und Eigentum, vor den Interessen der werbenden Wirtschaft.

Obwohl dem Gesetzgeber stets bewusst ist, dass Wettbewerb ohne Werbung nicht möglich ist und dem Marktteilnehmer ein gewisses Maß an Belästigung durch Werbung zugemutet und nicht auf jeweilige individuelle Befindlichkeiten Rücksicht genommenen werden kann, ist gemäß § 7 UWG eine Belästigung „in unzumutbarer Weise" wettbewerbswidrig.

Die Eigenart der belästigenden Werbung besteht darin, dass Werbung auf Kosten der Empfänger getrieben wird, das heißt Ressourcen der Kunden, wie Zeit, Arbeitskraft und finanzielle Aufwendungen für die Entgegennahme und gegebenenfalls Beseitigung der Werbung in Anspruch genommen wird.

Zusätzlich ist sie vor allem dadurch gekennzeichnet, dass sie dem Empfänger **gegen seinen Willen „aufgedrängt"** wird, so dass er gezwungen ist, sich damit auseinander zu setzen. Marketingmaßnahmen, die so grob aufdringlich sind, dass die Gefahr besteht, dass ein Teil der Umworbenen sich nicht – oder nicht nur – auf Grund sachlicher Überprüfung des Angebots, sondern auch um der Belästigung zu entgehen, zu einem Vertragsschluss entschließt, sind unlauter. Die Beeinträchtigung der Entscheidungsfreiheit durch eine solche Marketingstrategie in der **Individualwerbung**, also die gezielt gegenüber einer Person vorgenommen wird, steht im Widerspruch zum Wettbewerbsrecht.

Nicht im Widerspruch zu § 7 UWG steht hingegen eine **Allgemeinwerbung**, also Werbung, die sich an einen unbestimmten Personenkreis wendet, wie z. B. Plakat- oder Medienwerbung. Diese Werbung kann zwar ebenfalls vom Einzelnen als unzumutbare Belästigung empfunden werden, da er sich aber einer solchen Werbung ohne weiteres entziehen kann (z. B. durch Wegsehen oder Weggehen) besteht kein Verstoß gegen § 7 UWG.

Folgende wettbewerbswidrige Belästigungen, die als Fallgruppen in § 7 Abs. 2 UWG genannt sind, sollten bei der Bewerbung seines Events unbedingt vermieden werden:

1. Belästigung durch Telefonwerbung

Das Telefonmarketing als eine Form des Direkt-Marketings ist in anderen Ländern uneingeschränkt rechtlich zulässig und daher von erheblicher wirtschaftlicher Bedeutung.[51] Auch im Eventbereich ist diese Vertriebsmethode von hohem Nutzen, da der Besucher individuell angesprochen und auf seine Fragen und Bedürfnisse (z. B. Sitzkategorie) eingegangen und ihm das Gefühl besonderer Dringlichkeit und Wichtigkeit vermittelt und damit beeinflusst werden kann. Ein zusätzlicher Anreiz hin zum Telefonmarketing sind natürlich auch die stark gesunkenen Telefonkosten.

---

[51] Z.B. USA, England - vgl. GRUR Int. 1993, 208.

In Deutschland richtet sich die Frage der Zulässigkeit unaufgeforderter, überraschender Werbetelefonate (sog. cold calling) danach, ob der Angerufene zuvor sein **ausdrückliches** oder **stillschweigendes Einverständnis** erklärt hat.[52]

Von einem stillschweigenden Einverständnis kann beispielsweise dann ausgegangen werden, wenn der private Kunde neben seiner Adresse auch seine Telefonnummer in der Erkenntnis mitteilt, diese werde von dem werbenden Eventunternehmen zur Fortführung des geschäftlichen Kontakts genutzt.[53]

Rechtlich irrelevant ist bei der Frage der Zulässigkeit, ob der Anrufer gleich zu Beginn des Telefonats fragt, ob er mit einem Werbegespräch einverstanden sei. Die restriktive Haltung der deutschen Rechtsprechung beruht auf der Ansicht, dass mit einem Anruf bereits ein erheblicher Eingriff in die Individualsphäre des Anschlussinhabers verbunden ist, da dieser veranlasst wird, das Gespräch zunächst aufzunehmen und wegen der Ungewissheit über den Zweck des Anrufs meist genötigt ist, sich auf das Gespräch einzulassen.[54]

Deshalb wird gerade bei der Telefonwerbung gegenüber Gewerbetreibenden und Selbständigen mangels Individualsphäre ein milderer Maßstab als gegenüber Verbrauchern angelegt. Diese erwarten nicht nur Anrufe ihrer Lieferanten und Abnehmer, sondern darüber hinaus auch solche, die generell ihre Geschäftszwecke betreffen. Danach ist bei diesen Telefonwerbung auch dann zulässig, wenn ein Einverständnis **zu vermuten** ist.[55] Dies wird dann angenommen wenn aufgrund konkreter Umstände ein fachliches Interesse vermutet werden kann.

Falllösung 1: Bei allen Anzurufenden kann aufgrund desselben fachlichen Interessenbereiches (Eventplanung/-durchführung) ein Einverständnis vermutet werden. Zusätzlich ist in der bewussten Visitenkartenweitergabe ein ausdrückliches Einverständnis erkennbar, worin sich auch der Grund des Besuchs der Messe widerspiegelt. Das Hinterhertelefonieren stellt keine unzumutbare Belästigung gemäß § 7 Abs. 2 Nr. 2 UWG dar, sondern ist vielmehr Ausdruck einer beiderseitig gewollten Kontaktpflege.

Eine unlautere Arbeitnehmerabwerbung per Telefon (sog. Direktansprache am Arbeitsplatz) liegt dann vor, wenn der Anrufer sich darüber hinwegsetzt, dass der Arbeitnehmer kein Interesse hat, oder das Gespräch über eine knappe Stellenbeschreibung hinaus ausdehnt.[56]

---

[52] Siehe BGH GRUR 1970, 523 - Telefonwerbung I; BGH GRUR 1989, 753, 754 - Telefonwerbung II; BGH GRUR 1990, 280, 281 - Telefonwerbung III; BGH GRUR 1991, 764, 765 - Telefonwerbung IV; BGH GRUR 1995, 220, 221 - Telefonwerbung V; BGH GRUR 2000, 722, 723 - Telefonwerbung VI.
[53] BGH GRUR 1989, 753, 754 - Telefonwerbung II.
[54] Begr. RegE, BT-Drucks. 15/1487, S. 21 zu § 7 Abs. 2 Nr. 2.
[55] Begr. RegE, ebenda.
[56] BGH Urteil v. 22.11.2007- I ZR 183/04 - jurisPR-WettbR 2/2008 - Anmerkung Gangolf Hess.

2. Belästigung durch sonstige elektronische Kommunikation

Seit das Internet und insbesondere E-Mails boomen, hat auch die Werbung im Eventbereich diesen Kommunikationszweig schnell für sich entdeckt. In zunehmendem Maße wird Werbung per E-Mails, sowohl individuell als auch massenhaft, versandt. Es gelten daher die gleichen Grundgedanken wie bei den traditionellen Werbemethoden. Anders als bei der Telefonwerbung besteht hier eine Gleichbehandlung von Verbrauchern und Unternehmern, weil diese Werbeform gerade im geschäftlichen Bereich einen stark belästigenden Charakter hat.[57] Insbesondere die Telefax-Werbung blockiert den Anschluss für wichtige und eilige Mitteilungen. Den Empfänger treffen Kosten für Papier und Farbe und nicht selten müssen mehrer Minuten aufgewendet werden, um Massenwerbung (sog. Spamming) von normaler elektronischer Post zu trennen.

Eine Direktwerbung via Internet ist deshalb nur unter bestimmten Voraussetzungen zulässig:

- Unternehmer hat im Zusammenhang mit dem Kauf von Waren/Dienstleistungen vom Kunden dessen elektronische Postadresse erhalten
- Unternehmer verwendet diese Adresse zur Direktwerbung für eigene Waren/Dienstleistungen
- Kunde hat der Verwendung nicht widersprochen
- Kunde wurde bei Erhebung der Adresse und bei jeder Verwendung klar und deutlich darauf hingewiesen, dass er der Adressenverwendung jederzeit widersprechen kann, ohne dass hierfür andere als die Übermittlungskosten nach den Basistarifen entstehen

Der Absender trägt die **Beweislast**. Zu beachten ist, dass das deutsche Werberecht auch für ausländische Spammer gilt (selbst wenn diese ihren Sitz außerhalb der EU – zum Beispiel in den USA – haben).

Falllösung 2: Indem der Veranstalter X die E-Mail-Adressen im Zusammenhang mit dem Verkauf eigener vorangegangener Konzerttickets erhalten hat und er diese Adressen wiederum nur für die Bewerbung seines Konzerts verwendet, handelt er zulässig, wenn der Besucher vorher ordnungsgemäß auf die Verwendung, Speicherung und die Widerrufsmöglichkeit hingewiesen wurde.

IV. Rufschädigung

Beispiel: Ein konkurrierendes Promotionunternehmen sagt auf der mittlerweile ihm gehörenden Internetseite über den verhassten Mitbewerber aus, dass es dessen Internetseite und dessen Unternehmen nicht mehr gebe und Gläubiger sich wegen offener Forderungen für eine Sammelklage gern bei ihm melden könnten. Neben

---

[57] Götting, Wettbewerbsrecht, § 9 Rn. 52.

der Frage, ob es sich um eine Meinungsäußerung oder um eine unlautere Wettbewerbshandlung handelt, muss der Mitbewerber laut Beweisbeschluss des AG Freiburgs beweisen, dass er noch sein Unternehmen aktiv zum Zeitpunkt der im Internet geäußerten Meinung betrieben hat.

Der Schutz der Ehre und des guten Rufs hat nicht nur ideellen Charakter, sondern besitzt ganz erhebliche wirtschaftliche Bedeutung. Das **Image** eines Eventunternehmens ist einerseits ein wesentlicher Faktor bei der Bonitätsprüfung durch Banken, Sponsoren und Vertragspartner, da gerade in der Musikbranche häufiger denn je sog. „windige Veranstalter" mit großen Visionen unterwegs sind und gern „verbrannte Erde hinterlassen".[58] Andererseits bildet das Image eines Veranstalters auch eine wesentliche Grundlage für den Werbe- und Absatzerfolg.

Gemäß § 4 Nr. 7 und 8 UWG handelt unlauter, wer die Leistungen seines Mitbewerbers herabsetzt, verunglimpft oder anschwärzt und hierdurch eine Geschäfts- oder Kreditgefährdung erzielt. Schwer abzugrenzen sind hiervon die sog. Meinungsäußerungen, die von dem Grundrecht aus Art. 5 Abs. 1 GG (Meinungs- und Pressefreiheit) und dem Aufklärungsinteresse der Adressaten bzw. der Öffentlichkeit abgedeckt sind.

Stets unzulässig ist die sog. Schmähkritik[59], die von der Absicht getragen ist, zu verunglimpfen oder zu beleidigen.

V. Ausbeutung fremder Leistungen

Beispiel: Der Diskoveranstalter Findig bewirbt seine Diskonacht mit ähnlichem Logo und Beschreibung der legendären „Singlenachtevents", obwohl ihm die hierfür lizenzierten elektronischen Flirtspielequipments fehlen. Wegen der hohen Güte- und Herkunftsvorstellung der Singles zu dieser Art von Diskoveranstaltung war an diesem Abend die Disko auch gut besucht, obwohl anders als erwartet, schlichte Flirtspielchen ohne elektronische Kontaktaufnahmemöglichkeit (SMS) veranstaltet wurden. Die Erfolgsquote der neu Verliebten ist für die Beurteilung der Wettbewerbswidrigkeit ohne Belang.

Das Wettbewerbsrecht bietet einen **zusätzlichen Schutz** gegen Nachahmung und Ausbeutung fremder wirtschaftlicher oder künstlerischer Leistungen für den Fall des Vorliegens besonderer Umstände, die außerhalb des Sonderrechtsschutzes nach Urheberrechts-, Marken- oder Patentgesetz liegen.

Der ergänzende wettbewerbsrechtliche Leistungsschutz ist in § 4 Nr. 9 a) –c) UWG geregelt und liegt in der Grauzone zwischen Urheberrechts-, Marken-, Patentgesetz auf der einen und dem klassischen Wettbewerbsrecht auf der anderen Seite. Diese Grauzone ist von einem Spannungsverhältnis geprägt.

---

[58] Diese warnende Aussage gegenüber einem Künstler stammte von einem Geschäftsführer einer alt eingesessenen Ton- und Lichtfirma, die sich leider bewahrheitete, indem u.a. offene Forderungen von über 18.000,- € hinterlassen wurden.
[59] BGH GRUR 1977, 801, 803 - Halsabschneider.

Die Sonderschutzrechte schützen die schöpferische Leistung als solche (sog. Erfolgsunrecht) und das Wettbewerbsrecht schützt den Wettbewerb gegen die Unlauterkeit (sog. Handlungsunrecht).[60] Man nennt den wettbewerbsrechtlichen Leistungsschutz deshalb auch den verlängerten Arm der Sonderschutzrechte, der immer dann zur Anwendung kommt, wenn infolge zu geringer Schöpfungshöhe der Urheberrechtsschutz nicht greift. In der Praxis ist dieser Unlauterkeitstatbestand zwar von hoher Bedeutung, doch müssen besondere Umstände vorliegen, damit die Nachahmung fremder Leistung unzulässig wird.

Grundvoraussetzung für einen ergänzenden Schutz ist, dass der Leistung, die nachgeahmt wird, zunächst eine wettbewerbliche Eigenart zukommt. Eine solche liegt etwa bei abstrakten Ideen zu Eventkonzepten[61], bei Bühneninstallationen aufgrund Standardtechniken oder bei stil- und gestaltungsüblichen Unternehmens nicht vor. Vielmehr setzt eine wettbewerbliche Eigenart **überdurch Individualität** in Gestaltung, technischer Umsetzung oder betrieblicher Herkunft voraus, die für die angesprochenen Verkehrskreise (Besucher) eine Besonderheit darstellt. Geschützt ist danach also nur ein konkretes Eventkonzept, wenn es sich auch tatsächlich so verwirklichen lässt. Unter Berücksichtigung des Amortisationsgedanken[62] muss wegen der hohen Entwicklungs für einen angemessenen Zeitraum gesichert sein, dass Fremde die Leistungen nicht mit weniger Aufwand nachahmen können. Im Umkehrschluss bedeutet dies für die Dauer der Schutzfrist, dass es keine starre, sondern eine am Einzelfall orientierte Frist gibt.[63]

Im Eventbereich sind die Fallgruppen der unmittelbaren Leistungsübernahme als auch die Rufausbeutung zu nennen. Letzteres liegt bei der Verbreitung von nachgeahmten Leistungen vor, wenn hierdurch in vermeidbarer Weise der gute Ruf einer fremden Leistung ausgebeutet wird.

VI. Behinderungswettbewerb

Bevor man sich mit dem Behinderungswettbewerb näher auseinandersetzt, darf stets der Grundsatz des Wettbewerbs nicht vergessen werden. Es gibt kein Recht auf Erhaltung seiner Kundschaft, da das Eindringen in einen fremden Kundenkreis und das „Ausspannen" von Kunden, selbst wenn es systematisch erfolgt, im Wesen des Wettbewerbs liegt.

Gemäß § 4 Nr. 10 UWG ist daher nur ein gezielter Behinderungswettbewerb wettbewerbswidrig. Durch das Merkmal **„gezielt"** soll nur eine Behinderung gegen das UWG verstoßen, wenn das Geschäftsverhalten allein oder überwiegend den Zweck verfolgt, einen oder mehrere Konkurrenten zu beeinträchtigen oder gar auszuschalten.

---

[60] Götting, Wettbewerbsrecht, § 11 Rn. 10.
[61] OLG München AfP 1992, 38 ff. - Sendekonzepte.
[62] Götting, Wettbewerbsrecht, § 11 Rn. 39.
[63] Bei Modeschöpfungen wird grds. die Schutzdauer nur auf eine Saison beschränkt. BGHZ 60, 168, 172 = GRUR 1973, 478, 480 - Modeneuheiten.

Beispiel: Der frustrierte Konzertveranstalter Albertin lässt durch seinen freien Plakatierer alle Plakate konkurrierender Veranstaltungen, die wie er am selben Veranstaltungstag ein Konzert durchführen wollen, „rein zufällig" mit seinen Konzertplakaten überkleben. *(Neben einem Wettbewerbsverstoß liegt in dem Verhalten des Albertin auch noch eine deliktische Eigentumsgutsverletzung und eine strafrechtliche zu verfolgende Sachbeschädigung vor.)*

Gegenbeispiel: Zulässig ist hingegen, wenn Albertin bewusst seine Konzert-Plakattafeln aufstellt, obwohl dadurch der Blick auf die Leuchtreklame eines anderen Konzertveranstalters versperrt wird.

Bei der Internetwerbung kann eine unlautere Werbebehinderung dann vorliegen, wenn durch gezielte Störmaßnahmen der Internetauftritt des Mitbewerbers vereitelt oder beeinträchtigt wird. Unzulässig ist daher die Platzierung von Pop-up oder Pop-down Fenstern unmittelbar auf der Internetseite eines Mitbewerbers.[64] Eine Behinderung liegt dagegen nicht vor, wenn durch deep links[65] der Nutzer an der Werbung auf der Homepage eines Dritten „vorbeigeführt" wird.[66] Begründet wurde das Urteil damit, dass die Werbung als solche dadurch nicht behindert werde, denn der Werbende könne sich gegebenenfalls dadurch schützen, dass er seine Werbung auf „tiefer liegende" Websites verlagert oder technische Schutzmaßnahmen gegen Hyperlinks trifft.

Zusätzlich stellt die unzulässige Verwendung einer fremden Marke aufgrund der Verwechslungsgefahr zwischen den Mitbewerbern eine massive Behinderung dar. Das Markenrecht bildet grundsätzlich eine abschließende Regelung für den Schutz von Kennzeichen Dritter und wird daher in einem eigenen Kapitel behandelt. Speziell im Event- und Werbebereich kann aber das Wettbewerbsrecht hilfsweise zur Anwendung kommen, wenn die fremde Marke lediglich als Ornament oder Dekorationsmittel für eine andere Ware/Dienstleistung verwendet oder parodistisch entfremdet wird.[67] Daneben kann eine wettbewerbsrechtliche Behinderung durch sog. **„Spekulationsmarken"** im Eventbereich auftreten, wenn beispielsweise die Anmeldung einer Vielzahl von Marken für sehr unterschiedliche Waren bzw. Dienstleistungen erfolgt oder für die Marke kein ernsthafter Benutzungswille besteht.[68]

Grundsätzlich ist es zulässig, sich Zeichen als Marken schützen zu lassen, um sie später im Wege des Merchandising als eigenständiges Wirtschaftsgut kommerziell zu verwerten. Gemäß § 25 MarkenG muss eine Marke auch erst nach 5 Jahren tatsächlich benutzt werden, so dass ihre Nichtbenutzung während dieser Zeit nicht beanstandet werden kann.[69] Wettbewerbswidrig ist aber, wenn **sog. Hinterhaltsmarken** von vornherein in der Absicht angemeldet und eingetragen werden, um

---

[64] Hefermehl/ Köhler/ Bornkamm, Kommentar zum Wettbewerbsrecht, UWG, § 4 Rn. 10.37.
[65] Deep links; siehe dazu IM Kapital Internetrecht im Buch:
[66] BGH GRUR 2003, 958, 963-Paperboy.
[67] BGH GRUR 1988, 453 - Ein Champagner unter den Mineralwassern; Hefermehl/Köhler/Bornkamm, Kommentar zum Wettbewerbsrecht, UWG; § 4 Rn. 10.81. m.w.N.
[68] Hefermehl/Köhler/Bornkamm, Kommentar zum Wettbewerbsrecht, UWG; § 4 Rn. 10.86.
[69] Siehe dazu im Kapitel Markenrecht.

andere Unternehmen bei der späteren Benutzung dieses Namens systematisch mit Unterlassungs- und Schadensersatzklagen überziehen zu können.

Parallel hierzu ist das **sog. Domain grabbing**[70] als wettbewerbswidrige Behinderung zu qualifizieren, da auch dort die Anmeldung von Domains ausschließlich zu dem Zweck erfolgt, den Dritten an der Benutzung des Kennzeichens im Internet zu hindern bzw. ihn zu einer Zahlung einer „Überlassungsgebühr" zu veranlassen.[71]

D. Sanktionen

Es stehen bei Verstößen gegen das Wettbewerbsrecht die **zivilrechtlichen** Ansprüche eindeutig im Vordergrund. Das deutsche Recht hat sich gegen eine Staatsaufsicht entschieden, es vertraut auf das System der Selbstkontrolle. Das bedeutet, dass die Wettbewerbsverstöße gemäß § 8 Abs. 3 UWG durch Mitbewerber, Wirtschafts- bzw. Verbraucherschutzverbände oder die Industrie- und Handels- und Handwerkskammern verfolgt werden müssen.

Obwohl das UWG neben den Konkurrenten auch die Verbraucher und die All schützt, sei nochmals darauf hingewiesen, dass nicht jedermann zur Durchsetzung wettbewerbsrechtlicher Ansprüche legitimiert ist, sondern eben nur die oben genannten 3 Gruppen, das heißt entweder die Mitbewerber, die Wirtschafts- und Verbraucherzentralen oder die Industrie-, Handels- und Handwerkskammern. Eine Popularklage ist bei Wettbewerbsverstößen nicht zulässig.

Fall 3: Das Cateringunternehmen C pflegt in seinen Werbeprospekten auf der World of Events Messe in Wiesbaden stets die Tischdeckendekorationen zu extrem niedrigen Mietpreisen auszuzeichnen. Interessierten Veranstaltern gegenüber lehnt C nachträglich jedoch den Mietpreis zu diesen Preisen ab. Darüber ärgert sich besonders der Kunde K.

1. X, ein regionaler Caterer und damit kleiner Konkurrent des C, will aus persönlichen Gründen (die Eventbranche ist klein und jeder kennt jeden), auch weil er das Prozessrisiko scheut, nicht selbst gegen C vorgehen. Gibt es eine andere Möglichkeit?
2. Kann der Kunde K gegen C vorgehen?

Falllösung 3:
Zu 1.: Dem X ist anzuraten, sich an einen Unternehmerverband, z. B. die Vereinigung deutscher Veranstaltungsorganisatoren e. V. zu wenden, vorausgesetzt dieser ist personell, sachlich und finanziell ausgestattet, dass er seine satzungsgemäßen Aufgaben der Verfolgung gewerblicher Interessen auch tatsächlich wahrnehmen kann.

Der Verband wird dann nach seinem Ermessen gegen den C wegen Verletzung der §§ 5, 3 UWG unter dem Gesichtspunkt der Irreführung vorgehen.

---

[70] Siehe dazu im Kapitel Internetrecht.
[71] Götting-Wettbewerbsrecht § 12 Rn. 80 ff. m.w.N.; siehe dazu auch im Kapitel Internetrecht.

Zu 2.: Der Kunde K, als Verbraucher, hat hingegen kein Klagerecht, da eine Popularklage im UWG nicht vorgesehen ist.

Geht nun weder ein Mitbewerber, noch ein Wirtschaftsverband, noch ein Verbraucherverband, noch die IHK oder Handwerkskammer gegen eine unzulässige Wettbewerbshandlung vor, so gilt der uralte Satz: **„Wo kein Kläger, da kein Richter."** mit der Folge, dass es besonders im Eventbereich recht häufig erkennbare Wettbewerbsverstöße gibt, die aber ungeahndet bleiben.

I. Unterlassungs- und Beseitigungsanspruch

Wer unlauter i. S. d. § 3 UWG handelt, kann gemäß § 8 Abs. 1 UWG auf Beseitigung und bei Wiederholungsgefahr auf Unterlassung in Anspruch genommen werden.

Der Unterlassungsanspruch ist die in der wettbewerbsrechtlichen Praxis wichtigste Sanktion, die sehr häufig im Wege des einstweiligen Rechtsschutzes geltend gemacht wird.[72] Im Unterschied zum Schadensersatzanspruch[73] ist der Unterlassungsanspruch nicht von einem Verschulden abhängig, sondern es genügt, dass die Handlung rechtswidrig ist. Auch benötigt der Rechtsverletzer keine Kenntnis darüber, dass sein Verhalten unlauter ist, da er spätestens über die (kostenpflichtige) Abmahnung in Kenntnis gesetzt wird.

Eine **Wiederholungsgefahr** vermutet das Gericht bereits dann, wenn erst ein Wettbewerbsverstoß gegeben ist. Diese widerlegbare Vermutung des Gerichts gilt nicht nur für die Wiederholung derselben Verletzungsform, sondern auch für leicht abgewandelte Verletzungshandlungen, die dem „Kern" oder „Wesen" der konkreten Verletzungshandlung entsprechen.[74] Nur die Abgabe einer Unterwerfungserklärung kann die Vermutung des Gerichts widerlegen.[75] Diese Unterwerfungserklärung nennt man in der Rechtspraxis auch strafbewehrte Unterlassungs- und Verpflichtungserklärung, da der Unterzeichner eine **angemessene Vertragsstrafe** für jeden Fall der Zuwiderhandlung übernimmt. Hierdurch bestätigt der Abgemahnte die erforderliche Ernstlichkeit an seiner Erklärung.

Verpflichtungserklärung im Fall 3:

Unterlassungs- und Verpflichtungserklärung
unter Verzicht auf die Fortsetzungseinrede

Cateringunternehmen C, Frankfurt
                       - nachfolgend „Unterlassungsschuldner"- genannt
verpflichtet sich gegenüber

---

[72] Siehe dazu unten.
[73] Siehe dazu unten.
[74] BGH GRUR 1989, 1040 - Fotovergrößerung; 2000, 605, 607 - comtes/ComTel; 2001, 453, 455-TCM - Zentrum.
[75] BGH GRUR 1987, 640, 642 - Wiederholte Unterwerfung II.

> dem regionalen Caterer X, Freiburg
> - nachfolgend „Unterlassungsgläubiger"- genannt
>
> 1. Es ab sofort zu unterlassen, im geschäftlichen Verkehr zu Zwecken des Wettbewerbs in Werbeprospekten auf Messen Tischdeckendekorationen zu extrem niedrigen Mietpreisen auszuzeichnen, wie u.a. auf der World of Events Messe in Wiesbaden am 17.01.2008 geschehen.
> 2. Für jeden Fall der Zuwiderhandlung eine Vertragsstrafe in Höhe von 5.001,- € an den Unterlassungsgläubiger zu zahlen.
> 3. Die Kosten anwaltlicher Inanspruchnahme in Höhe von …….. zu übernehmen.
>
> …………………………..   …………………………..
> Ort/Datum   Unterschrift

Der Beseitigungsanspruch ergänzt den Unterlassungsanspruch. Er dient dem Zweck, einen durch einen Wettbewerbsverstoß eingetretenen Zustand fortdauernd zu beseitigen. Das bedeutet im Einzelfall, dass der Störungszustand wieder rückgängig gemacht werden muss. Im Eventbereich bietet sich als Beseitigungsmittel etwa ein Widerruf einer ehrkränkenden oder kreditschädigenden Äußerung über einen Konkurrenten an. Bei massiven eindringlichen und fortwirkenden Wettbewerbsverstößen kommt allerdings nur eine „berichtigende Werbung" in Betracht, die spiegelbildlich das gleiche Werbemedium verwenden muss, dessen sich der Werbende bei der Irreführung bedient hat.

Beispiel: Wird auf 10.000 Flyern ein Konzert mit dem falschen Orchesternamen angekündigt und beworben, müssen wiederum 10.000 Flyer gedruckt und in gleichem Verhältnis verteilt werden, auf denen die Richtigstellung des verwechslungsähnlichen Namens enthalten ist.

Wird der Wettbewerbsverstoß von einem Mitarbeiter oder einem Beauftragten beispielsweise eines Eventunternehmens begangen, sind der Unterlassungsanspruch und der Beseitigungsanspruch gemäß § 8 Abs. 2 UWG auch gegen den Inhaber des Unternehmens zu richten. Dem Unternehmer/Eventmanager wird das Handeln seiner Angestellten und Beauftragten wie eigenes zugerechnet. Es gelten die allgemeinen Bestimmung, insbesondere §§ 31 und 831 BGB.

II. Schadensersatz

Zusätzlich besteht neben dem Unterlassungs- und Beseitigungsanspruch gemäß § 9 UWG ein Schadensersatzanspruch. Das bedeutet, dass der unlauter handelnde Mitbewerber zum Ersatz des daraus entstehenden Schadens verpflichtet werden kann. Ausnahmsweise muss der Handelnde hier **vorsätzlich** oder zumindest **fahrlässig** gegen die wettbewerbsrechtlichen Vorschriften (UWG) verstoßen haben. Vorsätzlich handelt ein Mitbewerber erst, wenn er sämtliche Tatsachen kennt, aus denen sich die Unlauterkeit seines Verhaltens ergibt, sowie das Bewusstsein/Willen zur Unlauterkeit besitzt. Unterliegt der Rechtsverletzer einem Rechtsirrtum, weil er glaubt sein Verhalten sei wettbewerbsgemäß, handelt er zwar ohne Bewusstsein/ Willen und damit nicht vorsätzlich, aber fahrlässig. Hier ist die Rechtsprechung sehr streng, da bereits die Nichteinholung einer Rechtsauskunft fahrlässig ist.[76]

> **Merke:**
> Guter Rat ist teuer, insbesondere von einem wettbewerbsrechtlich erfah Rechtskundigen. Dennoch lohnt sich dieser Kostenaufwand, da eine Scha die Kosten der Rechtsanwaltsberatung deutlich übersteigt.

Der Umfang des Schadensersatzanspruchs richtet sich nach den allgemeinen schadensrechtlichen Regelungen der §§ 249 ff. BGB. Im Wettbewerbsrecht bereitet die Ermittlung des Schadens aufgrund der besonderen Beweis im Prozess häufig Probleme. Deshalb gewährleistet die Rechtsprechung dem Verletzten ein **dreifaches Wahlrecht** hinsichtlich der Schadens.[77] Der Verletzte kann neben dem (1) konkreten Schaden einschließlich des Gewinnentgangs auch die (2) Zahlung einer angemessenen, fiktiven Lizenzgebühr verlangen oder aber sich für die (3) Herausgabe des Verletzergewinns entscheiden.

Darüber hinaus ist die mit **6 Monaten relativ kurze Verjährungsfrist** nach § 11 Abs. 1 UWG hervorzuheben. Auch hier gilt eine Sonderregelung, die für eine rasche Abwicklung von Wettbewerbsstreitigkeiten sorgen soll. Die Verjährungsfrist beginnt entsprechend der allgemeinen Regelung gemäß § 199 Abs. 1 BGB ab Kenntnis. Ein wettbewerbsrechtlicher Schadensersatzanspruch kann aber, ohne Rücksicht auf die Kenntnis, in 10 Jahren gemäß § 11 Abs. 3 UWG verjähren.

Unabhängig von der Verjährung kann die Geltendmachung der Unterlassungs-, Beseitigungs- und Schadensersatzansprüche verwirkt sein, wenn die Mitbewerber über einen gewissen Zeitraum aufgrund ihrer Untätigkeit beim Verletzer das Vertrauen erweckt haben, sie werden von einer Geltendmachung der Ansprüche absehen. Hier müssen sich die Mitbewerber an ihrem Untätigkeitsverhalten festhalten lassen, weil die Rechtsprechung eine verspätete Geltendmachung der Unterlassungs-, Beseitigungs- und Schadensersatzansprüche als **Verstoß gegen Treu und Glauben** wertet.

!! **Praxistipp:** Kein unverhältnismäßiges Warten, sondern ein zügiges Vorgehen gegen ein offensichtlich wettbewerbswidriges Fehlverhalten eines Mitbewerbers ist angebracht.

---

[76] BGH GRUR 1960, 186, 189 - Arctos.
[77] Götting, Wettbewerbsrecht, § 19 Rn. 6 f. m.w.N.

III. Strafrechtlich Sanktion

Lediglich besonders gefährliche Verhaltensweisen im Wettbewerb werden mit beträchtlichen Freiheitsstrafen von zwei bis fünf Jahren oder mit Geldstrafe bestraft. Hierunter ist die strafbare Werbung (16 UWG), Verrat von Geschäfts- und Betriebsgeheimnissen (§ 17 UWG) und die Verwertung von Vorlagen (§ 18 UWG) sowie das Verleiten und Erbieten zum Verrat (§ 19 UWG) zu zählen. In diesen Fällen bedarf es eines Strafantrages des Geschädigten, damit der Wettbewerbsverstoß verfolgt werden kann, es sei denn, dass die Staatsanwaltschaft wegen des besonderen öffentlichen Interesses von Amts wegen einschreitet und die Strafverfolgung einleitet.

E. Verfahren zur Durchsetzung wettbewerbsrechtlicher Ansprüche

Gesetzestext: § 12 UWG (Anspruchsdurchsetzung)
(1) Die zur Geltendmachung eines Unterlassungsanspruchs Berechtigten **sollen** den Schuldner vor der Einleitung eines gerichtlichen Verfahrens abmahnen und ihm Gelegenheit geben, den Streit durch Abgabe einer mit einer angemessenen Vertragsstrafe bewehrten Unterlassungsverpflichtung beizulegen. Soweit die Abmahnung berechtigt ist, kann der Ersatz der erforderlichen Aufwendungen verlangt werden.

Das Verfahren zur Durchsetzung wettbewerbsrechtlicher Ansprüche teilt sich in das **Abmahnungsverfahren** und das **gerichtliche Verfahren** auf. Dem Abmahnungsverfahren kommt in der Praxis eine überragende Bedeutung zu, da hierdurch ca. 90–95 %der Wettbewerbsverstöße außergerichtlich erledigt werden, ohne dass es zu einem kostspieligen und zeitaufwendigen Prozess kommt.

I. Abmahnung

Durch die Formulierung „sollen" stellt der Gesetzgeber allerdings klar, dass keine echte Rechtspflicht zur Abmahnung besteht. Vielmehr kann auch sofort Unterlassungsklage vor Gericht erhoben werden. Der Kläger riskiert dann aber, die Prozesskosten tragen zu müssen, wenn der Beklagte die Unlauterkeit sofort anerkennt (§ 93 ZPO). Hintergrund dieser strengen Kostenfolge ist, dass durch eine vorherige Abmahnung der unlauter Handelnde darauf aufmerksam gemacht worden wäre, dass er (eventuell unabsichtlich) einen Wettbewerbsverstoß begangen hat.

Das Abmahnungsverfahren dient damit drei Zwecken:

- Warnung
- Kostenvermeidung
- Streitvermeidung.

Um den Streit endgültig zu vermeiden, muss der Abgemahnte eine **Unterlassungsverpflichtungserklärung**[78] abgeben, die für den Fall der Zuwiderhandlung mit einer Strafe versehen wird. Dieser wichtigste Teil des Abmahnungsschreibens wird in aller Regel von dem abmahnenden Mitbewerber vorformuliert und zusammen mit der Abmahnung übermittelt. In der Unterlassungsverpflichtungserklärung hat sich der Abgemahnte verbindlich zu verpflichten, den konkreten Wettbewerbsverstoß zukünftig zu unterlassen und für jeden Fall der Zuwiderhandlung eine Vertragsstrafe in angemessener Höhe zu bezahlen. Durch die Abgabe einer solchen Erklärung wird die Wiederholungsgefahr beseitigt und damit ein Gerichtsprozess entbehrlich.

In der Praxis wird häufig dann nur noch über die Höhe der Abmahnungskosten gestritten, die soweit die Abmahnung berechtigt ist, von dem Abgemahnten gemäß § 12 Abs. 1 S. 2 UWG zu tragen sind. Oft wird auch darüber gestritten, ob das Abmahnungsschreiben überhaupt zugegangen ist. Obwohl eine Abmahnung formfrei (das heißt auch telefonisch) erfolgen kann, sollte aus Beweissicherungsgründen parallel per einfacher Post, per Fax und per E-Mail oder per Einschreiben mit Rückschein schriftlich die Abmahnung versendet werden.[79]

Inhaltlich muss die Abmahnung grundsätzlich folgende Mindestangaben enthalten:[80]

1. Bezeichnung der Parteien
2. kurze Sachverhaltsdarstellung des konkret beanstandeten wettbewerbswidrigen Verhaltens mit rechtlicher Würdigung
3. Aufforderung zur Abgabe einer strafbewehrten Unterlassungsverpflichtung
4. Fristsetzung
5. Androhung gerichtlicher Maßnahmen für den Fall der Nichtabgabe der Unterlassungsverpflichtungserklärung.

II. Einstweilige Verfügung

Wird die strafbewehrte Unterlassungserklärung von dem Verletzer nicht oder verspätet abgegeben, ist Veranlassung zur Einleitung gerichtlicher Schritte gegeben.

Die Eilbedürftigkeit bestimmt die Art des Klageverfahrens. Anstelle der Erhebung einer Unterlassungsklage wird zumeist der Weg des **beschleunigten Verfahrens** gemäß §§ 935 ff. ZPO gewählt. Man spricht vom einstweiligen Rechts, in dem sich die Parteien nicht als Kläger und Beklagter, sondern als Antragsteller und Antragsgegner gegenüberstehen. Das einstweilige Verfügungsverfahren schafft zwar nur einen **vorläufigen Titel**, aber durch Abgabe eines sog. Abschlussschreibens zwischen den Parteien kann der Rechtsstreit endgültig beendet werden.

---

[78] Vgl. Abdruck der Unterlassungs- und Verpflichtungserklärung oben.
[79] Hefermehl/Köhler/Bornkamm, Kommentar zum Wettbewerbsrecht, UWG, § 12 Rn. 1.34 f.
[80] Götting, Wettbewerbsrecht, § 22 Rn. 7 m.w.N.

Muster: Abschlussschreiben mit Abschlusserklärung

An Cateringunternehmen
z.H. Geschäftsführerin

Aufforderung zur Abgabe einer Abschlusserklärung
Sehr geehrte Damen und Herren,

auf unseren Antrag hat das Landgericht Freiburg am …gegen Sie eine einstweilige Verfügung erlassen, die ihnen zwischenzeitlich zugestellt wurde. Die im einstweiligen Verfügungsverfahren ergangene Regelung hat lediglich vorläufigen Charakter. Das Ihnen auferlegte Verbot beseitigt weder dauerhaft die Wiederholungsgefahr für den uns zustehenden Unterlassungsanspruch noch das Rechtsschutzbedürfnis für die Erhebung einer Hauptsacheklage. Insbesondere unterbricht die ergangene einstweilige Verfügung nicht die Verjährung. Zur Vermeidung der Erhebung einer Hauptsacheklage fordern wir Sie deshalb auf, die beigefügte Abschlusserklärung bis zum …… unterzeichnet an uns zurückzusenden.

Nach ergebnislosem Fristablauf wären wir leider gezwungen, Hauptsacheklage gegen Sie zu erheben, was mit erheblichen weiteren Kosten für Sie verbunden wäre.

Weiterhin fordern wir sie auf, uns innerhalb der genannten Frist die Aufwendungen für dieses Abschlussschreiben in Höhe von ….zu erstatten.
Mit freundliche Grüßen

Abschlusserklärung
Die am …..ergangene einstweilige Verfügung des Landgerichts Freiburg, Aktenzeichen …. wird als endgültige und zwischen den Parteien als materiellrechtlich verbindliche Regelung anerkannt. Insbesondere wird auf die Einlegung eines Widerspruchs sowie auf die Rechtsbehelfe gem. §§ 926, 927 ZPO verzichtet. Weiterhin verpflichten wir uns, die Kosten für das Abschlussschreiben in Höhe von ….. zu erstatten.

………………………………………
Rechtsverbindliche Unterschrift

Im einstweiligen Verfügungsverfahren können im Rahmen der Glaubhaftmachung nur präsente Beweismittel[81] dem Gericht angeboten werden, da das Gericht in aller Regel **ohne mündliche Verhandlung** die einstweilige Verfügung erlässt. Für

---

[81] Z.B. Statt der Angabe eines Zeugen mit Namen und ladungsfähiger Adresse, muss eine eidesstattliche Versicherung seiner Aussage in Textform bereits als Beweis angeboten werden.

den Abgemahnten hat das äußerst negative Auswirkungen, da ihm unter Androhung von Zwangsgeld bzw. Zwangshaft eine Werbemaßnahme untersagt wird, ohne dass er Gelegenheit hatte, zuvor seine Argumente vor Gericht zu vertreten. Dem Antragsgegner bleibt dann nur gegen die einstweilige Verfügung den Rechtsbehelf des Widerspruchs einzulegen und so eine nachträgliche mündliche Verhandlung zu erzwingen (§§ 936, 924 ZPO). Eine Art Vorwegverteidigung funktioniert nur durch Hinterlegung einer Schutzschrift, die aber aufgrund des sog. „fliegenden Gerichtsstandes"[82] im Wettbewerbsrecht fast unmöglich ist.

III. Einigungsstelle bei der Industrie- und Handelskammer (IHK)

Alternativ zur gerichtlichen Geltendmachung der Wettbewerbsverletzungen besteht auch die Möglichkeit, die Einigungsstelle der IHK anzurufen. Die Einigungsstelle hat gem. § 15 UWG die Aufgabe, einen gütlichen Ausgleich zwischen den Streitenden anzustreben. Einfach und kostensparend können so Wettbewerbsstreitigkeiten beigelegt werden, sofern Letztverbraucher von dem Wettbewerbsverstoß betroffen sind. Stehen sich im Rechtsstreit Mitbewerber gegenüber, muss der Gegner der Anrufung der Einigungsstelle zustimmen. Zusätzlich wird durch die Anrufung der Einigungsstelle die kurze Verjährungsfrist in gleicher Weise wie durch Klageerhebung unterbrochen (§ 15 Abs. 9 S. 1 UWG).

Antragsberechtigt für die Anrufung der Einigungstelle sind Mitbewerber, Verbraucher, Verbraucherverbände als auch die Industrie-und Handelskammern sowie Handwerkskammern. Die nicht öffentliche Verhandlung wird durch einen Vorsitzenden, der rechtskundig und die Befähigung zum Richteramt hat und mit sachverständigen Gewerbetreibenden als Beisitzern geleitet. Befangenheitsablehnungen der Mitglieder der Einigungsstelle sind entsprechend der Zivilprozessordnung gem. § 15 Abs. 2 UWG i V m. §§ 41 ff. ZPO wie vor Gericht möglich. Da Wettbewerbsstreitigkeiten zumeist eilbedürftig sind, erfolgt die Ladung durch den Vorsitzenden in der Regel mit einer Frist von drei Tagen. Das persönliche Erscheinen der Parteien in der mündlichen Verhandlung ist – auch wenn es nicht immer angeordnet wird – stets empfehlenswert für eine erfolgreiche Aufklärung des Sachverhalts und gütliche Einigung. Aus einem vor der Einigungstelle geschlossenen Vergleich kann die Zwangsvollstreckung wie aus einem Urteil betrieben werden. Konnte kein Vergleich geschlossen werden, stellt die Einigungsstelle dieses fest und die Parteien müssen sich nun entscheiden, ob sie gerichtliche Hilfe in Anspruch nehmen wollen.

---

[82] Gemäß § 14 Abs. 2 UWG ist das Gericht zuständig, in dessen Bezirk die Handlung gefallen ist. Das bedeutet der Mitbewerber kann zwischen einer Vielzahl von Gerichtsständen (Landgericht Frankfurt, Berlin, Hamburg, usw.....) wählen, da die meiste wettbewerbswidrige Werbung im gesamten Bundesgebiet anzutreffen ist.

F. Werbeselbstkontrolle

Neben dem soeben dargestellten rechtlichen Kontrollsystem gibt es ergänzend noch den Deutschen Werberat[83], der eine freiwillige Selbstkontrolle für die Werbewirtschaft, und damit auch die Eventbranche betreffend, darstellt. Dorthin kann sich **jeder** wenden, wenn er sich über kommerzielle Werbung beschweren will, beispielsweise im Zusammenhang mit der Würde von Frauen, dem Respekt vor Religionen oder der Rücksicht auf Kinder. Hält der Werberat die Beschwerde für begründet, wird beispielsweise das Eventunternehmen aufgefordert, Abhilfe zu schaffen. Häufig wird die beanstandete Werbung wegen des hohen Ansehens des Deutschen Werberats geändert, da ansonsten eine „Öffentliche Rüge" ausgesprochen wird. Der drohende Imageverlust für das Eventunternehmen wäre fatal, was tunlichst von den Eventunternehmen vermieden wird. Bei grenzüberschreitender Werbung schreitet die 1991 von Institutionen der nationalen Werbeselbstkontrolle „European Advertising Standards Alliance" (EASA) ein.[84]

---

[83] Http:// www.werberat.de.
[84] Http://www.easa-alliance.org./.

Sechstes Kapitel: Markenrecht

A. Einleitung

Marken werden immer bedeutender. Jedoch selbst die Eventbranche, die aufgrund ihres Dienstleistungs- und hohen Kommunikationscharakters z. B. Logos gut aufbauen kann, behandelte noch vor einigen Jahren die Betreuung der Marken stiefmütterlich. Dies hat sich entscheidend geändert, wobei die Gründe vielschichtig sind. Hervorzuheben ist neben der Globalisierung, das schnelle Wachstum der Eventbranche und damit der Wunsch nach Abgrenzung. Die Marke dient als Informationsträger für ein Produkt (z. B. Event, Gala, Kongress, Meeting). Die Marke beschreibt ein ganzes Bündel an Kommunikationsmerkmalen und kann daher als Visitenkarte eines Produkts gesehen werden. Jedes Markenzeichen ist designed und umgekehrt entwickeln sich gerade im Eventmarketing häufig reine Designs zu Markenzeichen.

Mittlerweile ist der Markenerfolg auch messbar, da Markenwerte häufig einen bedeutenden Teil des Unternehmenswertes ausmachen. Markenbewertung ist eine eigenständige Dienstleistung, die für den Markeninhaber zunehmend an wirtschaftlicher Bedeutung gewinnt.[1]

Wie alle bedeutsamen Wirtschaftsgüter entstehen solche Werte nicht von selbst, sondern müssen aufgebaut und vor Wertverlust geschützt werden. Neben dem konsequenten Markeneinsatz (Corporate Identity) dem sich das Marketing widmet, benötigt die Marke auch eine **rechtliche Pflege**. Neben der anfänglichen Eintragung der Marke im richtigen Umfang, darf die Verteidigung der Marke nicht vernachlässigt werden. Die stets größer werdende Markendichte erschwert es für die Konkurrenz, Zeichen zu finden, die nicht mit einem anderen Zeichen weltweit kollidieren. Trotz elektronischer Vorabrecherchemöglichkeiten kommt es vielfach zu Markenkollisionen. Die Auseinandersetzungen mit Inhabern älterer Rechte, die sich durch die neue Kennzeichnung in ihren Rechten verletzt fühlen, sind ebenso häufig, wie Kollisionen mit jüngeren Marken. Der Markeninhaber muss daher sehr wachsam sein, dass nicht jüngere Marken seiner Marke ähnlich sind und daher ihre Kennzeichnungskraft verwässern. Deshalb gehören die Beobachtung des Marktes und das Reagieren auf Kollisionen zu einem erfolgreichen Markenmanagement.

---

[1] Vgl. die Bewertung der „Interbrand's Annual Ranking of 100 of the World's Most Valuable Brands".

B. Markenschutz und andere Schutzrechte

I. Markenformen

Zur Beantwortung der Frage „Was ist eigentlich eine Marke?" gibt § 3 Abs. 1 Markengesetz und Art. 4 der Gemeinschaftsmarkenverordnung Auskunft. Danach sind Marken all jene Zeichen, die geeignet sind, Waren und Dienstleistungen eines Unternehmens von denjenigen eines anderen Unternehmens zu unterscheiden. Kurz gesagt, Marken kennzeichnen Waren- und **Dienstleistungsprodukte**. Da für die Eventbranche die Marke eines Dienstleistungsprodukts eine größere Rolle spielt, wird aus Gründen der Verständlichkeit diese Markenform bevorzugt behandelt.

Die klassischen Markenformen sind die **Wort- und Bildmarken**. Häufig werden farbliche oder schwarz-weiße Bildelemente mit den Wortmarken kombiniert und zu Wort- und Bildmarken verbunden. Daneben kommt noch eine Vielzahl weiterer Markenformen in Betracht, da akustische Signale bis hin zu Tonfolgen, sowie sinnlich wahrnehmbare Zeichen und dreidimensionale Gestaltungen ebenso Markenqualität besitzen können.

Grundlegend im Markenrecht ist, dass Marken nicht „abstrakt" schützen, sondern sich nur auf Ihr Produkt beziehen. Der Markenschutz ist produktbezogen und wird durch die Klassifizierung bei der Anmeldung verbindlich festgelegt. Wer die Marke „Stratigo" für die Dienstleistung „Hostess- und Promotervermittlung" eintragen lässt, kann aus dieser Marke nicht gegen ein Cafe „Stratigo" vorgehen. Einziger Ausnahmefall ist, wenn die Marke tatsächlich bekannt ist. Nur dann kann der Inhaber einer bekannten Marke gegen die Benutzung der Marke für ganz andere Produkte vorgehen. Unerheblich für den Produktbezug ist, wenn die Marke gleichzeitig für das gesamte Unternehmen steht.[2] Zur Verdeutlichung ist das Beispiel „ORSO" gut geeignet. Die Marke „ORSO" ist gleichzeitig der Name eines Kulturunternehmens, wie auch der einzelner Orchester und Projekte.

ORSO – The Rock Symphony Orchestra	=	größte „Band" Europas mit 130 Musikern und 70 Sängern
ORSOphillharmonic	=	Sinfonieorchester
ORSOwinds	=	symphonisches Blasorchester
ORSOsoloists	=	Kammerorchester
ORSOeducation	=	Schülerprogramm mit integrierenden Probenbesuchen
ORSOacademie	=	Weiterbildung für Dirigenten – Meisterklasse
ORSOartists	=	Musikervermittlung
ORSOmusic		
ORSOservices	=	Dienstleistungen, u. a. Verleihen von Notenlampen/eigen Noten, Vermieten der Probenräume an andere Orchester

---

[2] Lüken-Stöckel/Lüken, Handbuch Marken- und Designrecht, S. 46.

Diese wiederkehrenden Wortwiederholungen sind kein Zeichen von Bequemlichkeit oder mangelnder Kreativität. Vielmehr steckt ein Kennzeichensystem dahinter, welches für die Entwicklung und Bekanntmachung einer Marke durchaus förderlich sein kann.[3]

II. Registermarke/Benutzungsmarke

Markenschutz kann man durch **Registrierung** oder **kraft Benutzung** erlangen.

Obwohl sich die Benutzung für viele, die Geld sparen wollen, verführerisch anhört, sei an dieser Stelle ausdrücklich auf Folgendes hingewiesen: „Wer eine Marke benutzt, sollte diese auch eintragen lassen"! Die Markenregistrierung begründet die sicherste Möglichkeit, ein Recht an der Marke zu erlangen. Die folgende Tabelle soll die Vorteile der Markenregistrierung im Vergleich zur bloßen Benutzung aufzeigen.

Da es in vielen Staaten überhaupt nicht die Möglichkeit gibt, Markenschutz durch reines Benutzen zu erlangen, führt häufig kein Weg an der Markenanmeldung vorbei.[4] Mithin sollte auch in Deutschland die Benutzungsmarke die Ausnahme bleiben. Vor allem von Bedeutung wird diese, wenn durch Nachlässigkeit keine Marke angemeldet wurde, aber die Voraussetzungen für eine Benutzungsmarke gegeben sind. Im Eventbereich ist das häufig bei semiprofessionellen Tanzgruppen, Bands, Artistengruppen, sowie bei kleineren Eventagenturen und Subunternehmern leider anzutreffen.

Neben der Register- und der Benutzungsmarke existiert Markenschutz auch aufgrund notorischer Bekanntheit der Marke (sogeannte Notorietätsmarke, nach § 6bis Pariser Verbandsübereinkunft, § 4 Nr. 3 MarkenG). Der Schutz der Notoriätsmarke ist allerdings nach deutschem Recht noch schwerer zu erlangen, als der Schutz der Benutzungsmarke, denn nach der neuesten Rechtsprechung des EuGH ist davon auszugehen, dass die notorische Bekanntheit der Marke mindestens in einem wesentlichen Teil des Staates gegeben sein muss.[5]

Tabelle 1: Vorteile der Registermarke

Geringere Anforderungen	Im Vergleich zur Benutzungsmarke sind die Anforderungen an eine Markenanmeldung zum Register niedriger. Die Benutzungsmarke muss zusätzlich ihre Verkehrsgeltung und damit ihre Bekanntheit beweisen. Dieses geschieht grundsätzlich durch teure Meinungsbefragungsgutachten
Prioritätsvorsprung	Im Vergleich zur Benutzungsmarke wird die Markenanmeldung zeitlich schneller die Priorität sichern können, da hierfür nur die Antragstellung notwendig ist und nicht die Verkehrsgeltung, welche nur durch hohen werblichen Einsatz zügig erfolgen kann. Selbst wenn sich das Eintragungsverfahren hinzieht, wird die Priorität bereits mit der Anmeldung begründet und nicht erst zum Zeitpunkt der Eintragung (Rückwirkung)

---

[3] Vgl. ähnliche Kennzeichensysteme wie McDonalds oder T-Online.
[4] Lüken-Stöckel/Lüken, Handbuch Marken- und Designrecht, S. 47.
[5] Vgl. EuGH Urteil v. 22.11.2007, C-328/06.

Tabelle 1: (Fortsetzung)

Gütesiegel durch Prüfung	Im Vergleich zur Benutzungsmarke erfolgt bei der Registrierung der Marken durch die staatlichen Registrierungsbehörden eine Prüfung, an die der Widerspruchssachbearbeiter im Verletzungsfall gebunden ist (sog. Gütesiegel)[6]
Urkunde	Im Vergleich zur Benutzungsmarke hat der Inhaber einer Registermarke nach erfolgter Eintragung eine Urkunde in der Hand, in der nicht nur das Markeninhaberrecht selbst, sondern auch der Anmeldetag verbrieft ist. Mithin kann bei Streitigkeiten bereits durch Vorlage der Urkunde wirkungsvoller um das Recht der Markeninhaberschaft argumentiert werden, als mit der bloßen Benutzungsbehauptung
Lizenzvergabe	Im Vergleich zur Benutzungsmarke muss der Inhaber einer Registermarke diese nicht zwingend selbst benutzen. Vielmehr hat er die Freiheit durch Lizenzvergabe andere Unternehmen (z. B. Tochterunternehmen) zur Benutzung berechtigen. Wenn der Anmelder den Willen hat, die Marke in der Zukunft zu benutzen, ist sogar die sog. Vorratsmarke zulässig[7]

Nicht zu vergessen ist, dass der Markenschutz einer Registermarke zeitlich auf **10 Jahre** begrenzt ist. Im Gegensatz zum Patent- und Geschmacksmusterrecht ist er jedoch beliebig jeweils um 10 Jahre verlängerbar. Die Verlängerung setzt einen fristgerechten Antrag und die Zahlung einer Verlängerungsgebühr voraus. Sobald die verlängerte Marke aber nicht mehr benutzt wird, ist sie angreifbar. Umgekehrt besteht aber die Möglichkeit eine Marke vorsorglich einzutragen, wenn diese innerhalb der nächsten 5 Jahre tatsächlich benutzt wird. Man spricht von der sog. **5-jährigen Benutzungsschonfrist**, da die Eintragung zunächst ein förmliches Recht darstellt, das von der tatsächlichen Benutzung grundsätzlich unabhängig ist.

III. Andere Schutzrechte

Neben der Marke, die sich nur auf Waren und Dienstleistungen bezieht, gibt es noch eine Reihe anderer Schutzrechte, die dem Markeninhaber Schutz gewähren. Nicht selten stehen sich im Eventbereich folgende Arten von gewerblichen Kennzeichen gegenüber. Neben dem **Namensrecht** gemäß § 12 BGB und dem **Firmenrecht** gemäß §§ 17 ff., 37 HGB ist speziell für den Eventbereich das Recht der **Unternehmenskennzeichen**, **Werktitel** und **geographischer Herkunftsangaben** von Bedeutung (§ 5 MarkenG).

1. Unternehmenskennzeichen

Als Unternehmenskennzeichen kommt, anders als bei der Marke, nicht ein einzelnes Produkt, sondern das Unternehmen in seiner Gesamtheit (z. B. Firmenname)

---

[6] Lüken-Stöckel/Lüken, Handbuch Marken- und Designrecht, S. 47 m. w. N.

[7] Vgl. zu den Grenzen der Hinterhalts- und Spekualtionsmarken im Folgenden; Einzelheiten bei Fezer, Markenrecht, § 3 Rn. 179 ff.

in Betracht. Wie im Beispiel „ORSO" ist ein Zeichen häufig Marke und Unternehmenskennzeichen zugleich. So erklärt es sich, dass ein und dieselbe gewerbliche Bezeichnung mehrfach Schutz genießen kann. Unternehmenskennzeichen können allerdings nur durch **Benutzung** entstehen und sind daher auch nicht lizenzierbar.

2. Werktitel

Werktitel stellen die dritte klassische Kategorie eines Kennzeichens dar. Neben der Marke und dem Unternehmenskennzeichen steht der Werktitel dazwischen. Er bezieht sich ebenfalls auf ein Produkt, ist aber nicht wie eine Marke eintragungsfähig. Vielmehr muss der Werktitelschutz, wie der Unternehmenskennzeichenschutz durch **Benutzung** entstehen.

Inhaltlich dreht sich der Werktitelschutz nicht um den urheberrechtlichen Begriff des Werkes gemäß § 2 Abs. 2 UrhG oder um ein Werk im Sinne des Werkvertrags gemäß § 631 BGB, sondern um den Schutz von Werktiteln von Druckschriften, Filmwerken, Tonwerken, Bühnenwerken und sonstigen vergleichbaren Werken gemäß § 5 Abs. 3 MarkG.

Neben dem eigentlichen Titel von Zeitschriften, Zeitungen und Büchern, sind auch Untertitel, einzelne Rubriken, Kolumnen oder Spalten einer Zeitschrift zu verstehen.[8] Der Werktitelschutz gilt ebenso für Titel einzelner Songs oder im klassischen Bereich für einzelne Bestandteile eines gesamten Werkes, Partituren und sonstigem Notenmaterial.[9]

Auch Bezeichnungen von periodischen Festspielen, Festivals, Ausstellungsreihen und Messen fallen unter den Werktitelschutz.[10] Mithin können regelmäßige Veranstaltungen, die einen Namen tragen bereits Werktitelschutz und damit Markenqualität erlangen.

Der Titel ist per se schutzfähig, wenn er originär unterscheidungs- bzw. kennzeichnungskräftig ist. Die Rechtsprechung fordert dabei ein geringes Mindestmaß an Individualität, das dem Rechtsverkehr die Unterscheidung von andern Werken erlaubt. Trotz großzügigen Maßstabs der Rechtsprechung hat das OLG Köln für einen Tonträger die Kennzeichnungskraft der Bezeichnung „European Classics" verneint.[11] Unabhängig von der Schutzfähigkeit des Titels ist stets die Schutzfähigkeit des bezeichneten Werkes. Selbst bei gemeinfreien Werken kann auch Titelschutz bestehen.[12]

Von besonderer praktischer Bedeutung ist der **Titelschutzanzeiger**[13], wenn sich die Konzeption z. B. Veranstaltungsreihe über einen längeren Zeitraum hinzieht und sich die Gefahr des „Wegschnappens" des Veranstaltungsnamens durch

---

[8] BGH GRUR 1990, 218 f.
[9] OLG Frankfurt WRP 1978, 892 - Das bisschen Haushalt.
[10] Eisenmann/Jautz, Grundriss Gewerblicher Rechtsschutz und Urheberrecht, S. 138 Rn. 316.
[11] OLG Köln - ZUM-RD 2000, 1979.
[12] V. Have - Fischer/Reich, Der Künstler und sein Recht, S. 116 Rn. 38.
[13] Www.titelschutzanzeiger.de

die Konkurrenz verdichtet. Um eine solche Gefahr zu verhindern, akzeptiert die Rechtsprechung die Vorverlagerung des Titelschutzes.[14] Durch die öffentliche Bekanntmachung in brachenüblicher Weise kann ein Werktitelrecht begründet werden. Durchgesetzt hat sich die öffentliche Bekanntmachung in der Publikation „Der Titelschutzanzeiger", wenn innerhalb eines angemessenen Zeitraums die Veranstaltungsreihe realisiert wird. Die zeitliche Begrenzung soll das „Hamstern von Vorratstiteln" verhindern. Ferner kann sich die Vorankündigung im Titelschutzanzeiger positiv auf den Zeitrang auswirken. Vorausgesetzt das Werk/Event erscheint rechtzeitig, wird der Zeitrang auf den Zeitpunkt der Veröffentlichung des Titels zurückverlegt. Diese Zurückverlegung wirkt sich günstig auf die Prioritätsstellung aus, wonach derjenige berechtigt ist, der die Marke zuerst im Wirtschaftsverkehr etabliert hat.

3. Geographische Herkunftsangaben

Die geographischen Herkunftsangaben sind von den Marken, Unternehmenskennzeichen und Werktiteln klar abzugrenzen. Geographische Angaben sind keine Individualrechte, sondern stehen allen berechtigten Unternehmen des geographischen Gebiets zu. Auch in der Show- und Eventbranche können Regionen einen bestimmten Ruf haben, die in der Werbung eine relevante Tatsache für den potentiellen Kunden bedeuten (z. B. Filme aus Hollywood, französische Champagne-Region, Künstler aus Berlin). Der kollektive Goodwill einer Region wird dabei zusätzlich über den wettbewerbsrechtlichen Irreführungsschutz verstärkt, um zu verhindern, dass sich Unternehmen an den Ruf einer Region anhängen.[15]

4. Namensrecht

Der Name gewährt in Deutschland gemäß § 12 BGB ein subjektives Recht, das den Namensträger vor Namensleugnung und Namensanmaßung schützt. Künstlernamen von Musikern, Sängern, Schauspielern, Schriftstellern, Unterhaltungskünstlern und anderen Künstlern, die in der Öffentlichkeit nur unter ihrem Pseudonym bekannt sind, fallen ebenfalls in den Schutzbereich des § 12 BGB. Dieser angenommene Name ist damit in gleichem Maße wie der bürgerliche Name geschützt, wenn er Verkehrsgeltung erlangt hat.[16] Dazu muss der Namensträger innerhalb der angesprochenen Verkehrskreise unter dem Künstlernamen bekannt sein. Das Namensrecht kollidiert häufig mit dem Recht der Unternehmenskennzeichen, da nicht nur natürliche, sondern auch juristische Personen Namensträger sein können. Bandnamen fallen somit ebenso in den Schutzbereich des Namensrechtes.

---

[14] BGH GRUR 2001, 1054, 1056 - MarkenR 2001, 358, 360 - Tagesreport; GRUR 1989, 760, 762 - Titelschutzanzeiger.
[15] Lüken-Stöckel/Lüken, Handbuch Marken- und Designrecht, S. 260 m.w.N.
[16] BGH-NJW 2003, 2978, 2979 - maxem.de.

Erwähnenswert ist in diesem Zusammenhang die Entscheidung des BGH mit dem Titel „Zerknitterte Zigarettenschachtel".[17] Gegenstand war die Werbemaßnahme eines Tabakkonzerns, die eine zerknitterte Zigarettenschachtel auf Plakaten zeigte, und mit den Worten „War das Ernst? Oder August?" überschrieben war. Der BGH verneinte hier eine Verletzung des Persönlichkeitsrechts des Klägers einschließlich des Rechts an seinem Namen, da er die Verwendung des Vornamens des Klägers durch die Meinungsfreiheit des Art. 5 Abs. 1 GG gerechtfertigt ansah.[18]

C. Überblick zur Deutschen Markenanmeldung

I. Grundzüge zum Eintragungsverfahren

Bevor es zu einer Eintragung der Marke in das Markenregister kommt, muss ein entsprechender Antrag durch den Anmelder beim **Deutschen Marken- und Patentamt (DPMA)** in München oder Jena gestellt werden. Im Antrag ist die Marke, für die Schutz begehrt wird, in der Weise wiederzugeben, in der sie zukünftig geschützt werden soll. Zusätzlich ist ein Verzeichnis der Dienstleistungen oder Waren, für die die Eintragung beantragt wird, einzureichen. Der Antrag ist ein **Formularblatt**, welches beim DPMA erhältlich oder unter www.dpma.de herunter geladen werden kann. Gleichzeitig sind mit der Antragstellung, die Anmelde- und Klassengebühren zu entrichten. Falls nicht innerhalb von drei Monaten nach dem Eingang der Anmeldung die Gebühr fristgemäß gezahlt wird, gilt die Anmeldung gemäß § 36 Abs. 2 MarkenG als zurückgenommen, ohne dass das Amt den Anmelder nochmals auf die ausstehende Zahlung hinweist. Deshalb empfiehlt es sich, sofort nach Erhalt der Empfangsbestätigung die Überweisung unter Angabe der Aktenzeichennummer zu tätigen. In der Praxis kommt es häufig vor, dass die Anmelder das Einhalten der Frist schlicht vergessen oder ohne Angabe der Aktenzeichennummer die Anmeldegebühr überweisen. Die Anmeldegebühr in Höhe von 300,- € (bzw. 290,- € bei elektronischer Anmeldung) beinhaltet die Gebühr für drei Dienstleistungs- oder Warenklassen. Ab der vierten benannten Klasse ist für jede weitere Dienstleistungs- und Warenklasse eine Gebühr in Höhe von 100,- € zu zahlen. Soll das Eintragungsverfahren, welches sich durchschnittlich auf 3–5 Monate erstreckt, beschleunigt werden, ist eine gesonderte Gebühr in Höhe von 200,- € zu entrichten.[19]

Daraufhin prüft das DPMA, ob die Anmeldung den **formellen** und **materiellen** Erfordernissen entspricht. Sind Mängel vorhanden, erlässt das DPMA einen Be-

---

[17] BGH, Urteil v. 05.06.2008, AZ: I ZR 96/07.
[18] Die Vorinstanzen, das LG Hamburg (Urteil v. 21.01.2005, AZ: 324 O 970/03) und das OLG Hamburg (Urteil v. 15.05.2007, AZ: 7 U 23/05), hatten den Fall anders beurteilt und einen Vorrang des Persönlichkeitsrechts des Klägers unter Zuspruch von 60.000,- € Wertersatz bejaht.
[19] Vgl. Kostenmerkblatt auf der Internetseite: http://www.dpma.de/docs/service/formulare/allgemein/a9510.pdf.

scheid unter Angabe der gerügten Mängel gegenüber dem Anmelder. Beseitigt der Anmelder die Mängel nicht innerhalb einer vom DPMA vorgegebenen Frist, gilt die Anmeldung im Falle formeller Mängel nach § 36 Abs. 1 S. 1 MarkenG als nicht erfolgt. Bei materiellen Mängeln, insbesondere bei Vorliegen absoluter Schutzhindernisse, wird der Antrag zurückgewiesen. Der Anmelder kann gegen den Zurückweisungsbeschluss das Rechtsmittel der Erinnerung gemäß § 64 MarkenG einlegen oder selbst seine Anmeldung zurücknehmen, einschränken, berichtigen gemäß § 39 MarkenG oder teilen gemäß § 40 MarkenG.

Ist der Prüfer (Sachbearbeiter) des DPMA der Ansicht, dass sich aus keinem der oben genannten Gesichtspunkte Anlass zur Beanstandung ergibt, wird die Marke in das beim DPMA geführte elektronische Register eingetragen und veröffentlicht. Seit dem 1. Juli 2004 erfolgt die Veröffentlichung im Markenblatt ausschließlich in elektronischer Form. Allerdings erhält der Markeninhaber eine Urkunde in Papierform über die Eintragung, sowie eine Bescheinigung über die sonstigen in das Register eingetragenen Angaben. Mit Erhalt der Urkunde ist der Markenschutz entstanden, wenn nicht innerhalb der nächsten 3 Monate ein Dritter (Konkurrent) gegen den Eintragungsbeschluss unter Berufung auf **relative Schutzhindernisse** Widerspruch einlegt, um eine Löschung der Marke zu erreichen.

Mit Erwerb des Markenschutzes kann das Zeichen ®[20] verwendet werden. Nachträglich kann eine Marke nicht geändert werden. Eine Ergänzung des Dienstleistungs- und Warenverzeichnisses um eine neue Dienstleistung oder Ware ist somit nicht möglich. Vielmehr ist hierfür eine neue Anmeldung mit allen damit verbundenen Gebühren notwendig.

II. Formelle und materielle Erfordernisse

Formell ist neben der Markenwiedergabe und dem Dienstleistungs- und Warenverzeichnis zwingend der Anmelder genau zu bezeichnen, um als Inhaber der eingetragenen Marke identifizierbar zu sein. Anmelder gemäß § 7 MarkenG können natürliche und juristische Personen (wie GmbH, AG, Verein) sowie Personengesellschaften (also OHG, KG) als auch mittlerweile eine Gesellschaft bürgerlichen Rechts (GbR)[21] sein. Von der Eventpraxis ausgehend können damit auch Werbe-, Event-, Künstleragenturen oder Veranstalter, die einzelkaufmännisch ihr Unternehmen führen, eine Marke anmelden. Auch der einzelne Künstler oder die Band sind als GbR anmeldeberechtigt.

---

[20] Kennzeichen für die Öffentlichkeit, dass Markenschutz besteht.

[21] In konsequenter Umsetzung der Rechtsprechung des BGH zur Anerkennung der GbR wird durch das DPMA und das Bundespatentgericht inzwischen die Markenregisterfähigkeit einer GbR umgesetzt. Vgl. BPatG 25 W(pat) 232/03 v. 27.05.2004. Darüber hinaus tragen die zum 1.1.2005 in Kraft getretenen Änderungen der Markenverordnung (BIPMZ 2005, 45f) der gewandelten Rechtsauffassung zur GbR Rechnung.

Die **materiellen Anforderungen** an die Schutzfähigkeit und Eintragungsfähigkeit einer Marke ergeben sich aus den §§ 3, 8 MarkenG. Danach ist eine Marke im Umkehrschluss dann eintragungsfähig, wenn sie

- Markenfähig
- unterscheidungskräftig
- nicht freihaltungsbedürftig
- keine üblich gewordene Bezeichnung
- nicht täuschend
- kein Verstoß gegen die öffentliche Ordnung oder guten Sitten
- kein Hoheitszeichen oder sonstiges Prüf- oder Gewährzeichen ist und
- Anmeldung nicht bösgläubig.

Für den Eventbereich sind besonders die ersten vier Punkte maßgeblich.

Grundsätzlich können gemäß § 3 MarkenG als Marke alle Zeichen, insbesondere Wörter einschließlich Personennamen, Abbildungen, Buchstaben, Zahlen, Hörzeichen, dreidimensionale Gestaltungen und Farben geschützt werden. Das Markengesetz hat damit für jede denkbare Form von Zeichen den Markenschutz eröffnet. Diese Freiheit wird durch die Bedingung der grafischen Darstellbarkeit gemäß § 8 Abs. 1 MarkenG begrenzt, da die Marke im Eintragungsverfahren in einer fixierten Form für die Beurteilung des Prüfers des DPMA vorliegen muss. Das bedeutet, dass aus Gründen der Aktenführung und vor allem zum Zwecke der Veröffentlichung im Markenblatt eine Darstellbarkeit in zweidimensionaler Form empfehlenswert ist. In der Eventbranche führt dieses Erfordernis gerade bei den neuen Markenformen zu Problemen.

1. Klang- und Hörmarken

Zu den neueren Zeichenformen, die m. E. zukünftig im Eventbereich an Bedeutung gewinnen werden, sind die Klang- und Hörmarken, zu zählen. Sie sind sogar ausdrücklich in § 3 Abs. 1 MarkenG erwähnt. Unter Hörmarken sind bestimmte Töne, Tonfolgen, Melodien, aber auch sonstige Klänge und Geräusche (z. B. Knarren einer Tür, Plätschern eines Flusses) zu verstehen, deren Bestimmtheit und Individualität als Marke auf der Eigenart bestimmter Obertonreihen und Frequenzspektren beruht.[22] Die musikalische Phrase kann melodisch oder a-melodisch sein oder auch synthetische Geräusche beinhalten (z. B. Jingel der Deutschen Telekom, der EM 2008 oder vor Nachrichtensendungen der Radio- und Fernsehsender). Markenfähig ist regelmäßig nur eine kurze Melodie und nicht ein ganzer Song. Für das Erfordernis der graphischen Darstellbarkeit einer melodischen Hörmarke wird die Vorlage einer Notenschrift verlangt, die auch Angaben zum Tempo, Dynamik und Instrumentarium enthält, damit das tatsächliche Klangbild für den Prüfer des

---

[22] Fezer, Markenrecht, § 3 Rn. 591.

DPMA lesbar ist. Problematisch ist die Darstellung von a-melodischen Hörmarken mittels Einreichung eines Sonagramms.[23] Durch ein Sonagramm kann die akustische Struktur graphisch dargestellt werden.

2. Lichtmarke

Lichtzeichen in der Form von Lichtinszenierungen oder Lichtinstallationen, wie sie aus der bildenden Kunst als Lichtperformance oder Lightshows im Rahmen von Popkonzerten, Diskotheken, Ausstellungseröffnungen und andern Events bekannt sind, können als Marke angemeldet werden.[24] Selbst einfache visuelle Kommunikationszeichen, die nur einfache Blinkzeichen, Lichtstrahlen oder Lichtbewegungen in einer besonderen Art darstellen, sind markenfähig.[25] Für das Eintragungsverfahren sollte als grafische Darstellung die Einreichung eines aufgenommenen Videos mit entsprechender Beschreibung reichen.[26]

3. Event- bzw. Ereignismarke

Bei der Event-/Ereignismarke ist für die Eintragung stets zu berücksichtigen, ob sie hinreichend unterscheidungskräftig ist, wenn die Marke ausschließlich das spezielle Ereignis/Event beschreibt. Im Fall „FUSSBALL WM 2006" sollten nach dem Willen des Anmelders die mit dieser Bezeichnung versehenen Dienstleistungen oder Waren der Sponsoren einer Sportveranstaltung als Produkt des Merchandising identifiziert und von Produkten der Nichtsponsoren unterschieden werden. Das Gericht verneinte die Markenfähigkeit, da der Verbraucher die Dienstleistungen oder Waren, die mit der Eventmarke versehen sind, nur als Hinweis auf das Event selbst versteht.[27] Nicht verstehen würde der Verbraucher, ob die Eventmarke einen bestimmten Hersteller kennzeichnet oder ob die Dienstleistungen oder Waren unter der besonderen Aufsicht des Markeninhabers erbracht oder hergestellt wurden.[28]

In einer Reihe mit dieser Entscheidung steht auch die kürzlich ergangenen Entscheidung des BGH[29] zum so genannten „Ambush Marketing"[30]. Hierbei stellen Unternehmen ihre Werbung in den Zusammenhang mit einer bekannten Veranstaltung ohne selbst Sponsor zu sein. Der BGH hatte in diesem Fall zu entscheiden,

---

[23] So auch Lüken- Stöckel/Lüken, Handbuch Marken- und Designrecht, S. 92 f.
[24] Schalk-Büscher/Dittmer/Schiwy, Kommentar Gewerblicher Rechtsschutz, Urheberrecht, Medienrecht, § 3 MarkenG Rn. 48.
[25] Schalk-Büscher/Dittmer/Schiwy, Kommentar Gewerblicher Rechtsschutz, Urheberrecht, Medienrecht, § 3 MarkenG Rn. 48.
[26] So auch Lüken- Stöckel/Lüken, Handbuch Marken- und Designrecht, S. 99.
[27] BGH GRUR 2006, 850, 854f. = MarkenR 2006, 395, 397 f., FUSSBALL WM 2006.
[28] Näher hierzu Berlit GRUR 200, 858, 858 f.
[29] BGH, Urteil v. 12.11.2009, AZ: I ZR 183/07.
[30] „Ambush" *(engl.)* meint: aus dem Hintergrund/Hinterhalt handelnd.

ob die Marken- und Kennzeichnungsrechte der FIFA[31] durch einen Schokoladenerzeugnisvertrieb verletzt wurden, der bereits die Wort-/Bildmarken „2006", „WM 2006" und „2010" geschützt hatte und diese benutzte, indem er seinen Erzeugnissen in Kooperation mit dem DFB Sammelbilder zu Fußball-Welt- und Europameisterschaften beilegte. Der BGH gestand den Marken der FIFA nur eine geringe Kennzeichnungskraft und damit nur einen engen Schutzbereich zu. Ferner verneinte er eine Verwechslungsgefahr aufgrund der unterschiedlichen Sprachfassungen der jeweiligen Marken sowie Titelschutzrechte der Klägerin. Subsidiär zum Markenrecht hatte der BGH hier auch eine wettbewerbsrechtliche Irreführung zu überprüfen, welche allerdings ebenfalls verneint wurde, da die fehlende Sponsoreneigenschaft des Schokoladenvertriebs für den Verkehr offensichtlich sei, schließlich stelle der offizielle Sponsor derartiger Sportveranstaltungen dieses deutlich heraus. Diese Entscheidung ist somit ein aktuelles Beispiel für die immer größer werdende Bedeutung der Markenrechte aufgrund der Kommerzialisierung von Sport- und Kulturveranstaltungen und macht deutlich, dass der Veranstalter nicht jede wirtschaftliche Nutzung verbieten kann, die auf das Ereignis Bezug nimmt, solange nicht Marken- oder Wettbewerbsrechte verletzt werden.

4. Slogans

Mittlerweile verlangt die Rechtsprechung bei Werbeslogans (z. B. „Das Prinzip der Bequemlichkeit"[32]; „Energie mit Esprit"[33]; „Radio von hier"[34]) keine zusätzliche Originalität mehr, sondern nur eine prägnante und kurze Wortfolge.[35] Besonders Mehrdeutigkeit und Interpretationsbedürftigkeit des Slogans können die Unterscheidungskraft liefern, die für die Markenfähigkeit zwingend notwendig ist. Slogans, die rein beschreibende und werbeübliche Aussagen besitzen und nur eine allgemeine Aufforderung darstellen, sind nicht markenfähig (z. B. „Find mich"). Ein Beispiel für die gelockerte Rechtsprechung in diesem Bereich ist die Entscheidung des EuGH zum bekannten Werbeslogen von Audi „Vorsprung durch Technik". Das Europäische Gericht 1. Instanz (EuG) hatte die Markenfähigkeit aufgrund mangelnder Unterscheidungskraft des Slogans noch verneint. Der EuGH entschied nun jedoch, indem er dem Slogan Markenqualität zubilligte, er weise sehr wohl eine gewisse Originalität und Prägnanz auf und zudem schließe ein anpreisender Sinne einer Wortmarke nicht aus, dass diese von Verbrauchern als Herkunftshinweis auf eine bestimmte Ware oder Dienstleistung wahrgenommen werde.[36]

---

[31] Die FIFA ist ihrerseits Inhaberin zahlreicher deutscher und internationaler Wort- und Wort-/Bildmarken (z.B. „Germany 2006", „WORLD CUP", „World Cup 2006 Germany", „South Africa").
[32] EuGH GRUR 2004, 1027.
[33] GRUR 2001, 511.
[34] BGH, GRUR 2000, 321, 322.
[35] V. Gamm-Büscher/Dittmer/Schiwy, Kommentar Gewerblicher Rechtsschutz, Urheber- recht, Medienrecht, § 8 MarkenG Rn. 16.
[36] Vgl. EuGH, Urteil v. 21.10.2009, AZ: C-389/08, Rn. 58, 59.

5. Buchstaben und Zahlen

Nach dem neuen MarkenG sind Zahlen und Buchstaben in Alleinstellung markenfähig i. S. d. § 3 Abs. 1 MarkenG. Jede Zahl, auch einstellige Zahlen, Brüche, Wurzeln, Gleichungen oder andere mathematischen Anweisungen können grundsätzlich als Marke eingetragen werden.[37] Hier ist allerdings aufgrund der Einzelfallbeurteilung der Gerichte unter Berücksichtigung der jeweiligen Branche (Autobranche – „A3", „A4", Rundfunk-Fernsehsendungen ARD – „1", Tabakwaren – „F6") Vorsicht geboten.[38] Wenn Zahlen und Buchstaben gehäuft eingesetzt werden, besteht die Gefahr, dass das Publikum – aufgrund der Vielzahl der Verwendungen – die Bedeutung der Buchstaben und Zahlen nicht mehr nachvollziehen kann.[39] Unbeachtlich ist wiederum, ob die Zahlen- oder Buchstabenmarke aussprechbar ist oder einen erkennbaren Sinngehalt hat.[40] Bei der Kombination aus Zahlen und Wörtern ist ebenso darauf abzustellen, ob sie lediglich die Dienstleistung oder Ware nur beschreiben oder wegen der zusätzlichen Originalität, die in der Kombination zweier Zahlwörter/Zahlen liegt, die notwendige Unterscheidungskraft besitzen (z. B. der Bandname „3zwanzig" der Dresdner Rockband, mit der originellen Begründung, dass die meisten Hits drei Minuten und 20 Sekunden lang seien[41]).

6. Farbmarken

Anmeldefähig sind nach § 3 Abs. 1 MarkenG auch Farben und Farbkombinationen. Kombinationen von Farben genießen Markenschutz in ihrer jeweiligen Zusammenstellung (z. B. Farbmarke gelb/schwarz). Eine sogenannte abstrakte Farbmarke schützt dabei nur eine Farbe an sich. Beiden ist gemeinsam, dass sich der Schutz ihrer Marke also auf die Farbe oder die Kombination schlechthin bezieht, ohne Einschränkung auf konkrete körperliche Gestaltungen, Erscheinungsformen, Ausstattungen oder Aufmachungen.[42]

Für Aufsehen sorgte beispielsweise die Entscheidung des BGH zur „Lila-Postkarte".[43] Die Klägerin und Inhaberin der Marke „Milka" genießt zugleich Markenschutz für ihre Farbmarke „lila". Sie wandte sich mit ihrer Klage gegen eine Kartenproduzentin, die eine Karte mit violettem Grundton und der Aufschrift „Über allen Wipfeln ist Ruh, irgendwo blökt eine Kuh. Muh!" vertrieben hatte. Unterschieben war der Spruch mit „Rainer Maria Milka". Die bekannte Schokoladenproduzentin sah in der Herstellung und dem Vertrieb dieser Karte einen Eingriff in ihre Marken-

---

[37] Schalk-Büscher/Dittmer/Schiwy, Kommentar Gewerblicher Rechtsschutz, Urheber-recht, Medienrecht, § 8 MarkenG Rn. 18.
[38] Näher hierzu v. Gamm-Büscher/Dittmer/Schiwy, Kommentar Gewerblicher Rechtsschutz, Urheberrecht, Medienrecht, § 8 MarkenG Rn. 18.
[39] Lüken-Stöckel/Lüken, Handbuch Marken- und Designrecht, S. 75.
[40] Schalk-Büscher/Dittmer/Schiwy, Kommentar Gewerblicher Rechtsschutz, Urheber-recht, Medienrecht, § 8 MarkenG Rn. 18 m.w.N.
[41] Www.3zwanzig.de.
[42] Schork-Stöckel/Lüken, Handuch Marken- und Designrecht, S. 89.
[43] BGH, Urteil v. 03.02.2005, AZ: I ZR 159/02.

rechte und eine Ausnutzung ihres guten Rufes für eigene kommerzielle Zwecke der Beklagten. Der BGH bejahte zwar, dass durch die Karte die besondere Aufmerksamkeit, die durch die Assoziation mit der bekannten Schokolandenmarke erweckt werde. Er verneinte aber eine Rufausbeutung der Klägerin, denn die Postkarte greife die Marken der Klägerin und deren Werbung in humorvoll-sartierischer Weise auf, womit die Markenverletzung aufgrund einer Abwägung mit der Kunstfreiheit (Art. 5 Abs. 3 GG) ausscheide.[44]

7. Dreidimensionale Marken

Dreidimensionale Marken sind gerade in ihrer spezifischen dreidimensionalen Form geschützt. Dabei wird zwischen der Form-, der Warenform- und der Warenverpackungsformmarke unterschieden.[45] Zur Verhinderung einer Monopolisierung von allgemein gebräuchlichen Warenformen sieht § 3 Abs. 2 MarkenG einen eigenen Ausschlusstatbestand für dreidimensionale Formen vor. Diese Regelung verfolgt den Zweck, es grundsätzlich dem freien Wettbewerb zu überlassen und freizustellen, Waren jeder beliebigen Form zu produzieren und zu verwenden.[46] Danach ist eine Form beispielsweise dann nicht markenfähig, wenn sie durch die Art der Ware bedingt ist oder ihr einen wesentlichen Wert verleihen (§ 3 Abs. 2 Nr. 1 und 3 MarkenG). Schmuckringe und andere Schmuckwaren können aufgrunddessen nicht als Formmarken angemeldet werden, da ihre ästhetische Funktion das Wesen der Ware selbst ausmacht und ihr so den wesentlichen Wert verleiht.[47] Merken kann man sich, dass der Markenschutz erst dort anfängt, wo die Zweckerfüllung der Ware endet[48] – obwohl die Grenzen in der Praxis oft schwer zu ziehen sind.

Typische Formmarken finden sich in den jeweiligen Figuren und Zeichen des Automobilsektors, wie etwa die „Flying Lady Emily" von Rolls Royce. Als Beispiel für eine Warenformmarke ist die Schokolade „Ritter Sport" zu nennen, die sich schon aufgrund ihrer quadratischen Form von den übrigen im Handel angebotenen Schokoladentafeln unterscheidet.[49]

8. Bildmarken

Als Bildmarke können alle Abbildungen (Logos, Etiketten, Schriftzüge, abstrakte Bilder, Abbildungen von Waren oder Personen) in Betracht kommen. Schutzunfähig sind beschreibende Bildmarken, die quasi mit der Abbildung genau die von der Anmeldung beanspruchte Dienstleistung oder Ware wiedergeben, z. B. die Zeichnung eines Stuhls als Logo eines Verleihunternehmens für Messemöbel. Markenfähig ist hingegen eine naturgetreue Abbildung einer Ware, wenn diese nicht Gegenstand des

---

[44] BGH Urteil v. 03.02.2005, AZ: I ZR 159/02, juris-Dokument, Rn. 23.
[45] Vgl. Schork-Stöckel/Lüken, Handbuch Marken- und Designrecht, S. 82 ff.
[46] Schork-Stöckel/Lüken, Handbuch Marken- und Designrecht, S. 82.
[47] Vgl. BPatG, Beschluss v. 26.09.2001, AZ: 28W (pat) 61/01.
[48] Schork-Stöckel/Lüken, Handbuch Marken- und Designrecht, S. 83.
[49] Weitere Bespiele bei Schork-Stöcke/Lüken, Handbuch Marken- und Designrecht, S. 83 ff.

Dienstleistungs- und Warenverzeichnisses der Marke ist (z. B. Computer und Softwareunternehmen Apple). Bestehen die Bildzeichen aus einfachsten geometrischen Formen (Umrahmung, Kreis, Punkte, Dreieck) wird mangels Originalität zumeist die Markenfähigkeit verneint, da in der Werbung allgegenwärtig derartige Bildelemente ihre Verwendung finden. Ähnlich verhält es sich mit einfachen Satzzeichen, da ihnen grundsätzlich keine originäre Unterscheidungskraft zukommt. Denn im Fall des Modeunternehmens Joop! GmbH gegen das Harmonisierungsamt für den Binnenmarkt (HABM) entschied das Europäische Gericht 1. Instanz (EuG), dass ein einzelnes Ausrufezeichen nicht geeignet sei, die betriebliche Herkunft der es kennzeichnenden Waren zu identifizieren und somit die wesentliche Funktion einer Marke nicht erfüllen könne.[50]

Eintragungsfähig ist demgegenüber ein Zeichen, dem es eigentlich an Unterscheidungskraft fehlt oder ausschließlich aus beschreibenden Angaben besteht, welches sich aber infolge seiner Benutzung im Verkehr als Marke durchgesetzt hat[51] (Drei-Streifen-Motiv von adidas[52]).

III. Widerspruchsverfahren

Im deutsche Markenrecht gibt es ein der Eintragung nachgeschaltetes **Widerspruchsverfahren**. Mit dem Zeitpunkt der Veröffentlichung im Markenblatt beginnt die dreimonatige Widerspruchsfrist. Innerhalb dieser Frist können Inhaber älterer Marken (angemeldet oder eingetragen) gegen die veröffentlichte Marke gemäß § 42 MarkenG Widerspruch erheben. Der Widerspruch ist statthaft gegen deutsche Marken und gemäß §§ 107, 119 MarkenG gegen die Schutzerstreckung von IR-Marken (internationale Marken) auf Deutschland. Der Widerspruchsführer muss um Erfolg mit seinem Widerspruch zu haben, entweder eine **Zeichenidentität** oder eine **Verwechslungsgefahr** geltend machen. Eine Zeichenidentität gemäß § 9 MarkenG setzt allerdings eine Marken- und Produktidentität voraus (sog. Doppelidentität), das heißt nicht nur der Markenname, sondern auch das Dienstleistungs- und Warenverzeichnis müssen identisch sein. Das Widerspruchsverfahren ist ein rein schriftliches Verfahren, ohne mündliche Anhörung. Obwohl das Widerspruchsverfahren das einfachste und billigste Verfahren[53] ist, da es vor dem DPMA und ohne Anwaltspflicht durchgeführt wird, kann es sehr langwierig aufgrund der

---

[50] EuG Urteil v. 30.09.2009, AZ: T-75/08. Das Unternehmen Joop! GmbH wollte in diesem Verfahren losgelöst von seiner Hauptmarke („JOOP!") das Ausrufezeichen („!") als Marke anmelden.

[51] Siehe oben zur Benutzungsmarke, B. II.

[52] Im Vorabentscheidungsverfahren des EuGH (Urteil v. 10.04.2008, AZ: C-102/07) hat dieser die Markenverletzung des besagten adidas-Drei-Streifen-Motivs bejaht, wenn ein anderes aus der gleichen Branche stammendes Unternehmen ein Zwei-Streifen-Motiv zur Dekoration seiner Sport- und Freizeitartikel verwendet und so das Publikum davon ausgehen könne, die Waren stammten von demselben oder miteinander verbundenen Unternehmen. Auch liege eine Verwendung als bloße Dekoration nicht vor, wenn der Verkehr darin einen Herkunftshinweis der Ware sehe.

[53] Widerspruchsgebühr beträgt derzeit 120,- €.

Überlastung der Widerspruchsabteilung im DPMA sein. Aufgrund der Vielzahl der zu bearbeitenden Widersprüche, handelt es sich bei dem Widerspruchsverfahren nur um ein summarisches Verfahren, das abstrakt schematisch abläuft und sich nicht dazu eignet, komplizierte Einzelsachverhalte zu klären.[54] Schneller und zielführender ist der Weg über die **Löschungsklage** vor dem zuständigen Landgericht. Unter Einschaltung einer Anwältin oder eines Anwalts kann im Wege eines Gerichtsverfahrens, nach vorheriger Abmahnung, zwar teurer aber häufig schneller und umfassender das Recht der älteren Marke gewahrt werden.

D. Folgen einer Markenrechtsverletzung

Unterlassungs-anspruch	Schadensersatz-anspruch	Auskunfts-anspruch	Vernichtungs-anspruch

Liegt eine Markenrechtsverletzung vor, kann der Markeninhaber seine Monopolstellung ausüben und vom Verletzer Unterlassung, Schadensersatz, Auskunft und Beseitigung verlangen. Voraussetzung einer Markenrechtsverletzung ist die **Benutzung** eines Zeichens trotz **Doppelidentität** oder **Ähnlichkeit** der Marke sowie der Dienstleistungs-/Warenklassen. Überdies genießen verkehrsbekannte Marken einen besonders weiten Schutz vor Rufausbeutung, Verwässerung und einer Verunglimpfung der Marke gemäß § 14 Abs. 2 Nr. 3 MarkenG. Der erhöhte Schutzumfang soll vor allem die unternehmerischen und werblichen Leistungen des Markeninhabers belohnen, die die Marke so bekannt gemacht haben. Wie im Wettbewerbs-, Urheber- und Internetrecht kann man typischerweise vier Verfahrensstadien unterscheiden.

- Vorprozessuale Abmahnungsverfahren
- Einstweilige Verfügungsverfahren
- Hauptsacheverfahren
- Vollstreckungsverfahren

Da die Kammern für Handelssachen am Landgericht zuständig sind, besteht Anwaltszwang. Die Ansprüche aus einer Markenrechtsverletzung verjähren in Deutschland nach drei Jahren. Die Verjährungsfrist beginnt ab dem Zeitpunkt, zu dem der Markeninhaber von der Verletzung Kenntnis erhält. Ohne Kenntnis beträgt die Verjährungsfrist 30 Jahre. Falls der Inhaber einer Marke oder geschäftlichen Bezeichnung die Benutzung einer jüngeren Marke in Deutschland länger als fünf Jahre duldet, kann er die Markenverletzung nicht mehr rügen oder die Benutzung verbieten.[55]

---

[54] V. Gamm-Büscher/Dittmer/Schiwy, Kommentar Gewerblicher Rechtsschutz, Urheberrecht, Medienrecht, § 42 MarkenG Rn. 3 m.w.N.
[55] Lüken-Stöckel/Lüken, Handbuch Marken- und Designrecht, S. 175.

E. Einblick in das internationale Markenrecht

Eine deutsche Markenanmeldung gewährt dem Markeninhaber einen Markenschutz für und innerhalb der Grenzen von Deutschland. Das hat zur Konsequenz, dass der Inhaber einer deutschen Marke gegen eine identische oder ähnliche ausländische Marke in anderen Ländern nicht vorgehen kann.[56]

Sobald also Dienstleistungen oder Waren über die Grenzen des Heimatlandes hinaus angeboten werden (z. B. bei Konzerttourneen, Festivals, internationalen Kongressen, Technik-, Bühnen-, Licht-Ton-, Toilettenverleih) ist es vernünftig, frühzeitig in den jeweiligen Ländern Marken anzumelden. Gerade wegen der Vertriebs- und Werbemöglichkeiten im Internet ist eine internationale Ausrichtung der Geschäfts- sowie künstlerischen Tätigkeit und damit auch ein internationaler Markenauftritt nicht nur großen Eventunternehmen oder „Global Players" vorbehalten.

Die Kosten für eine Markenanmeldung sind in den einzelnen Ländern unterschiedlich und häufig sehr hoch. Ferner ist eine sog. supranationale Markenanmeldung bereits aufgrund der Sprachbarrieren und der unterschiedlichen Markengesetze aufwendig. Als kostengünstigste Formen sind daher die zwei internationalen Markensysteme der **Gemeinschaftsmarke** und der **IR-Marke** nach dem Madrider Abkommen (MMA) und dem Protokoll zum Madrider Abkommen (PMMA) vorzustellen.

I. Gemeinschafts-/EU-Marke

Mit der Eintragung einer Gemeinschaftsmarke beim Harmonisierungsamt in Alicante erlangt der Markeninhaber ohne Rücksicht auf die Landesgrenzen innerhalb der EU ein **einheitliches Schutzrecht** (sog. EU-Marke). Die Gemeinschaftsmarke ist demzufolge ein innerhalb der gesamten Europäischen Gemeinschaft – inzwischen 27 europäische Staaten – gültiges Zeichen, das nur einer Anmeldung bedarf. Diese kann entweder beim Harmonisierungsamt in Alicante oder bei einer der Zentralbehörden der EG-Mitgliedstaaten (z. B. Deutschen Marken- und Patentamt) sowie beim Benelux-Markenamt gemäß Art. 25 GMV eingereicht werden. Ein amtliches Anmeldeformular kann unter www.oami.eu.int/de/mark/marque/form.htm herunter geladen werden.

Die rechtliche Einordnung der Gemeinschafts-/EU-Marke folgt überwiegend den gleichen Grundätzen wie die Deutsche Marke.[57] Das heißt die formellen und materiellen Anforderungen im Eintragungsverfahren der Gemeinschaftsmarke sind mit denen der Deutschen Markenanmeldung vergleichbar. Wichtiger Unterschied ist, dass die Gemeinschaftsmarke nur durch Eintragung und nicht kraft

---

[56] Lüken- Stöckel/Lüken, Handbuch Marken- und Designrecht, S. 102.
[57] Durch die Umsetzung der Ersten Marken-Richtlinie 89/104/EG des Rates zur Anleichung der Rechtsvorschriften der Mitgliedsstaaten über die Marken, wurde auch das deutsche Markenrecht angeglichen.

Benutzung oder notorische Bekanntheit entstehen kann. Das Anmeldeverfahren kann in sämtlichen 20 Amtssprachen der EU erfolgen. Für die Hinterlegung muss der Anmelder allerdings eine zweite Sprache angeben, die sich nicht mit der ersten deckt und eine der fünf Arbeitssprachen des Amtes, namentlich Spanisch, Deutsch, Englisch, Französisch oder Italienisch ist. Im Falle eines Widerspruchsverfahrens wird diese zweite Sprache als Verfahrenssprache verwendet. Die Gebühr setzt sich aus einer Anmeldegebühr (900 €) und einer Eintragungsgebühr (850 €) sowie jeweils einer Klassengebühr (ab der vierten Klasse) zusammen. Unter www.oami.eu.int/de/office/marque/taxes.htm können die konkreten Gebühren entnommen werden.

Erst kürzlich gescheitert ist der amerikanische Bierkonzern Anheuser Busch, als er die Marke „Budweiser" beim Harmonisierungsamt registrieren lassen wollte. Die im Vergleich wesentlich kleinere Brauerei aus dem tschechischen Budweis, welche das „Budweiser"-Bier vertreibt, konnte vor dem EuGH ältere Rechte für Deutschland, Österreich, Frankreich und Benelux nachweisen.[58] Es bleibt abzuwarten, wie sich dieser schon seit Jahren geführte Kampf um die Markenrechte zwischen David und Goliath weiter entwickeln wird, denn es sind aktuell noch 22 Verfahren in 14 Ländern anhängig.[59] Bislang haben die Tschechien den Großteil der Prozesse gewinnen können.

Eine Gemeinschaftsmarke und nationale Marke schließen sich nicht aus, sondern können eingetragen nebeneinander bestehen. Für die Eventpraxis hat dies zur Folge, dass ein kleines Eventunternehmen oder eine junge Band zunächst eine deutsche Marke und erst später aus Kosten- und Bedarfsgründen zusätzlich eine Gemeinschaftsmarke anmelden kann. Die bisher eingetragene nationale Marke verliert nicht ihre Gültigkeit. Hintergrund dieser Parallelität ist die Unbeschränktheit der Gemeinschaftsmarke auf einzelne Mitgliedstaaten im Interesse der Einheitlichkeit.

II. IR-Marke

Mit der internationalen Registrierung (IR-Marke) nach dem Madrider System kann der Inhaber beispielsweise einer deutschen Marke (Basismarke) seinen Markenschutz auf andere Staaten ausdehnen. Das bedeutet, dass eine IR-Marke stets eine nationale Marke (sog. Basismarke) voraussetzt und keine IR-Marke isoliert angemeldet werden kann. Auch kann sich die internationale Registrierung nur auf Dienstleistungen oder Waren beziehen, die auch von der Basiseintragung abgedeckt sind.

Die IR-Marke stellt ein Bündel von einzelnen -nationalen- Markenrechten dar, die zentral verwaltet werden. Die Verwaltung des Madrider Systems geschieht durch das internationale Büro der WIPO (World Intellectual Property Organisation oder Weltorganisation für geistiges Eigentum). Das Madrider System setzt sich zu-

---

[58] Vgl. EuGH, Urteil v. 29.07.2010, AZ: C-214/09 P.
[59] http://www.tagesschau.de/ausland/budweiser112.html.

sammen aus dem Madrider Abkommen von 1891 (MMA) und dem Protokoll zum Madrider Markenabkommen von 1989 (PMMA). Seit November 2003 gehören diesen zwei Abkommen 74 Mitgliedsstaaten an, nämlich alle EU-Staaten, die meisten osteuropäischen Länder, die USA, Russland, China, Japan, Australien und andere mehr. Diese beiden internationalen Abkommen sind die Grundlage der Internationalen Registrierung (IR-Marke).

Beide internationale Abkommen hängen eng miteinander zusammen. Sie weichen aber im Hinblick auf die Anmeldung einer IR-Marke auch erheblich voneinander ab. Das Antragsverfahren wird aufgrund der Unterschiedlichkeiten etwas unübersichtlich. Die Verfahrenssprache ist teilweise nur Französisch oder Französisch und Englisch. U. a. unterscheiden sich selbst die Gebührenhöhen, die unter www.wipo.int/madrid einzusehen sind. Der Antrag auf Eintragung der internationalen Registrierung ist an die Ursprungsbehörde (z. B. Deutsches Marken und Patentamt – DPMA) zu senden, die den Antrag nach Überprüfung der Basismarke an die WIPO weiterleitet. Hierfür erhebt das DPMA derzeit eine Gebühr von 180 €. Danach überprüft die WIPO das Vorliegen aller Eintragungsvoraussetzungen und fordert bei Bedarf per Bescheid den Antragsteller innerhalb von drei Monaten auf, die gerügten Mängel zu beheben. Nach fristgerechter (drei Monate) Behebung der Mängel wird die Marke in das internationale Register eingetragen. Die Basismarke muss ab diesem Zeitpunkt noch fünf Jahre bestehen, da die IR-Marke hiervon abhängig ist. Wird vor Ablauf der Fünf-Jahresfrist die Basismarke gelöscht, hat dies auch die Löschung der Marke aus dem internationalen Register zur Folge. Unabhängig von der Basismarke wird die IR-Marke erst nach Ablauf der Fünf-Jahresfrist. Die Schutzdauer der internationalen Registrierung nach MMA beträgt 20 Jahre bei zweimaliger Gebührenentrichtung und nach PMMA 10 Jahre. Eine Verlängerung der Schutzdauer ist jedoch bei beiden unbegrenzt möglich.

Siebtes Kapitel: Medienrecht

A. Einleitung

Die Werbung und Information über anstehende Schaustellungen, Zirkusauftritte, Tanzfeste und andere Lustbarkeiten übernahmen früher die Schausteller, Künstler und Gaukler selbst. Wer kennt nicht den Teil aus Filmen, wo ein Reisetheater in die Stadt kommt, wobei die Künstler durch die Straßen ziehen und durch Kurzaufführungen für ihre Darbietungen werben.

Die allgemeine Informations- und Werbungsfunktion kommt im Zeitalter der Globalisierung heute den Medien zu. Die Massenmedien informieren den Menschen über anstehende Veranstaltungen. Jeder Veranstalter versucht, um ein breites Publikum zu erreichen bzw. ein ausverkauftes Haus zu bekommen, seine Veranstaltung in den lokalen Printmedien oder im Rundfunk sowie gegebenenfalls im Fernsehen zu platzieren. Dies kann durch redaktionelle Berichterstattung oder durch reine Werbung erfolgen.

Diese Unterscheidung ist aus rechtlicher Sicht enorm wichtig. Bei Berichterstattungen und Rundfunk- oder Fernsehsendungen dürfen redaktionelle Informationen und Werbeinhalte nicht miteinander vermengt werden, damit der Leser, Zuhörer bzw. Zuschauer nicht über den Aussagegehalt der Informationen getäuscht wird.

Seit den 90er Jahren erfolgt die Werbung und Information über anstehende Events jedoch nicht nur über die herkömmlichen Medien Presse, Film und Rundfunk sondern hinzugetreten sind die Neuen Medien, insbesondere das Internet. Um die verschiedenen Medien als Informations- und Werbekanal erfolgreich nutzen zu können bzw. Haftungsfallen im Internetbereich zu vermeiden, ist es unabdingbar die Grundlagen des Medienrechtes zu kennen. Ferner sollte man wissen, wie man sich beispielsweise gegen eine falsche Berichterstattung wehren kann.

B. Überblick über die Medienrechtsgebiete

Die Vielschichtigkeit der Medien Presse, Rundfunk, Film und Internet führt dazu, dass es kein einheitliches Rechtsgebiet Medienrecht gibt. Es werden vielmehr darunter diejenigen Rechtsregeln verstanden, die für die Kommunikation durch ein bestimmtes Mittel (Medium) relevant sind. Einschlägig sind unter anderen das Grundgesetz, die Presse- und Rundfunkgesetze, das Bürgerliche Gesetzbuch, das Urheber- und Markengesetz und das Telemediengesetz. Sie alle können je nach Einzelfall zur Anwendung kommen, sogar nebeneinander einschlägig sein.

I. Presserecht

Der Begriff Presse umfasst alle Druckerzeugnisse von regelmäßig erscheinenden Zeitungen und Zeitschriften, Bücher, wissenschaftliche Abhandlungen bis zu Plakaten, Reklamebroschüren, Flugblätter, Handzettel.[1] Die geltenden Rechtsregeln für die Presse werden unter dem Begriff Presserecht zusammengefasst. Zu nennen sei zum einen die verfassungsrechtliche Verbürgung der Pressefreiheit in Art. 5 Absatz 1 GG,[2] zum anderen die Landespressegesetze.

II. Rundfunkrecht

Der Begriff des Rundfunks umfasst sowohl den Hörfunk (Kabelrundfunk, Hörrundfunk, Radio) als auch das Fernsehen (auch Kabelfernsehen).[3] Die in Artikel 5 Abs. 1 GG verankerte Rundfunkfreiheit umfasst ebenso wie die Freiheit der Presse die Beschaffung und Verbreitung von Nachrichten, Informationen und Meinungen. Das Rundfunkrecht ist in starkem Maße durch dieses Grundrecht geprägt. Maßgebliche einfachgesetzliche Rechtsregeln für Funk und Fernsehen sind die Landesrundfunkgesetze, der Rundfunkstaatsvertrag sowie Vereinbarungen der Rundfunkanstalten untereinander (zum Beispiel über die Arbeitsgemeinschaft der öffentlich-rechtlichen Rundfunkanstalten der Bundesrepublik Deutschland, ARD).[4]

III. Filmrecht

Unter dem Begriff Film wird die öffentliche Wiedergabe geistiger Gehalte in unkörperlicher Form mit Filmmitteln verstanden (Kino- und Fernsehfilme).[5] Schwerpunkte des Filmrechts liegen in der Drehbuchentwicklung, dem Rechterwerb des Produzenten, der Finanzierung der Filmproduktion und dem Vertragsabschluss mit den Filmschaffenden.

---

[1] Fechner, Kapitel 1 Rn. 12.
[2] Die Freiheit der Kommunikation wird in Art. 5 Abs. 1 GG geregelt und umfasst fünf Grundrechte (Freiheit der Meinungsäußerung, Informationsfreiheit, Pressefreiheit, Freiheit des Rundfunks und des Films).
[3] Fechner, Kapitel 1 Rn. 14.
[4] Fechner, Kapitel 1 Rn. 18.
[5] Fechner, Kapitel 1 Rn. 15.

IV. Internetrecht

Das am stärksten wachsende Kommunikationsmedium ist das Internet. Aufgrund der vielfältigen Rechtsfragen für einen Veranstalter von der Domainnutzung bis zum rechtskonformen Internetauftritt ist dem Internetrecht im Buch ein eigenes Kapitel gewidmet.

C. Rundfunkrechtliche Fragen rund um die Kulturveranstaltung

Ausgehend von der Länderkompetenz (Art. 70 GG) zum Erlass von Rechtsvorschriften im Rundfunkbereich haben sich diese durch Rundfunkstaatsverträge auf einheitliche Regelungen geeinigt, um auch der Bundesländergrenzen überschreitenden Funktion des Rundfunks Rechnung zu tragen. Vor allem der **Rundfunkstaatsvertrag** (abgekürzt RStV) enthält grundlegende Vorgaben für den öffentlich-rechtlichen und den privaten Rundfunk, welche für den Veranstalter praktisch bedeutsam sind.

I. Werbung im Rundfunk

Der Rundfunkstaatsvertrag gibt in § 7 einen Rechtsrahmen zur Ausgestaltung der Werbung in Fernsehen und Radio vor. Danach dürfen Werbung und Teleshopping nicht irreführend sein. Der Werbetreibende darf auf das übrige Programm keinen inhaltlichen und redaktionellen Einfluss ausüben, § 7 Abs. 2 S. 1 RStV.

Beispiel: Veranstalter V verlangt vom privaten Radiosender Antenne X, dass neben seiner geplanten Radiowerbung für das Konzert der Band X auch ein ausführlicher Vorbericht im Programm gesendet wird. Ferner dürfen keine Berichte zu anderen Kulturveranstaltungen im Programm erfolgen. Dies stellt eine unzulässige Einflussnahme auf das Programm des Senders Antenne X dar (**Verbot der Programmbeeinflussung, § 7 Abs. 2 S. 1 RStV**).

Weiterhin gilt gemäß § 7 Abs. 3 RStV die Pflicht der Trennung von Werbung und Programm. **Werbung** muss als solche klar **erkennbar** und eindeutig von anderen Programmteilen getrennt werden (Kennzeichnung). Sinn dieser Regelung ist der Schutz der Zuschauer bzw. Zuhörer vor einer Täuschung über den werbenden Charakter einer Sendung.[6] Der Beginn der Hörfunkwerbung erfordert durch akustische Mittel (z. B. Werbejingle, Ansage) eine eindeutige Trennung von anderen Programmteilen. Das akustische Mittel muss aufgrund der Art seiner Gestaltung und der Dauer seiner Ausstrahlung eine eindeutige Trennung von Programm und Werbung gewährleisten. Im Fernsehen muss die Kennzeichnung der Werbung durch optische Mittel erfolgen. Zulässig ist eine Teilbelegung des ausgestrahlten Bildes

---

[6] Fechner, Kapitel 10 Rn. 139.

mit Werbung, wenn die Werbung vom übrigen Programm eindeutig optisch getrennt und als Werbung gekennzeichnet ist, **sog. „split screen"** nach § 7 Abs. 4 RStV.

Die Pflicht zur Trennung und Kennzeichnung von Werbung wird ergänzt durch das grundsätzliche **Verbot der Schleichwerbung** gemäß § 7 Abs. 7 RStV. Darstellungen sind keine Schleichwerbung, wenn sie aus überwiegend programmlich-dramaturgischen Gründen sowie zur Wahrnehmung von Informationspflichten erfolgen. Eine Erwähnung oder Darstellung gilt insbesondere dann als zu Werbezwecken vorgesehen, wenn sie gegen Entgelt oder eine sonstige Gegenleistung erfolgt (gesetzliche Vermutung). Schleichwerbung wird nach § 2 Abs. 2 Nr. 8 RStV gesetzlich definiert als Erwähnung oder Darstellung von Dienstleistungen und Namen in Sendungen, wenn sie vom Veranstalter absichtlich zu Werbezwecken vorgesehen ist und mangels Kennzeichnung die Allgemeinheit hinsichtlich des eigentlichen Zweckes dieser Erwähnung oder Darstellung irreführen kann.

Beispiel: Die ständige Erwähnung einer Neueröffnung eines Musiktheaters mit Dinner außerhalb der Werbeblöcke gegen Zahlung eines Entgeltes an den Fernsehsender X wäre Schleichwerbung, während die Information über anstehende Events am Wochenende im Rahmen des Kulturblocks („Was ist los in der Region?") Programmgestaltung wäre.

Schleichwerbung ist zu dem unter engen Ausnahmen nunmehr auch in Deutschland zulässigen Produkt-Placement („Produktplatzierung") abzugrenzen. Abweichend vom Grundsatz des Verbotes der Schleichwerbung, der Produkt- und Themenplatzierung ist die **Produktplatzierung** gemäß § 15 RStV im öffentlichrechtlichen Rundfunk zulässig in Kinofilmen, Filmen und Serien, Sportsendungen und Sendungen der leichten Unterhaltung, die nicht vom Rundfunkveranstalter selbst oder einem mit dem Veranstalter verbundenen Unternehmen produziert werden. Weiterhin muss die platzierte Ware oder Dienstleistung kostenlos bereitgestellt werden. Die Regelung für Privatsender findet sich in § 44 RStV, die weitgehend identisch ist, allerdings nicht voraussetzt, dass es sich um Fremdsendungen handelt. Unter engen Voraussetzungen können somit Privatsender auch in eigenen Sendungen Produkte platzieren. Für den öffentlichrechtlichen Rundfunk (wie z. B. hr3, WDR, rbb, ARD) und Privatsender (wie z. B. RTL, Kabel 1, VOX) gelten als **allgemeine Zulässigkeitsvoraussetzungen** nach § 7 Abs. 7 S. 2–6 RStV:

- die redaktionelle Verantwortung und Unabhängigkeit müssen unbeeinträchtigt bleiben,
- die Produktplatzierung darf nicht unmittelbar zu Kauf, Miete oder Pacht von Waren und Dienstleistungen auffordern,
- das Produkt darf nicht so stark herausgestellt werden,
- auf eine Produktplatzierung ist eindeutig hinzuweisen; Ausnahme bei Fremdsendungen, wenn die Produktplatzierung nicht zumutbar ermittelbar ist.

Übertragungen von Gottesdiensten sowie Sendungen für Kinder dürfen nicht durch Werbung oder Teleshopping-Spots unterbrochen werden, § 7a RStV. Beschränkungen für die Werbung ergeben sich auch aus § 6 Jugendmedienschutz-Staatsvertrag, der die körperliche und seelische Beeinträchtigung von Kindern und Jugendlichen ebenso verbietet wie Kaufapelle an diese Altersgruppe.

Um die Unabhängigkeit des Rundfunkveranstalters zu gewährleisten macht der Rundfunkstaatsvertrag auch Beschränkungen für das **Sponsoring**, vgl. § 8 RStV.

Aufgrund der Vielzahl der rechtlichen Hürden für die Produktplatzierung als Werbung kommen manche Fernsehsender auf die Idee ganze Sendungen als Dauerwerbesendung zu kennzeichnen und so den Fallstricken zu umgehen (z. B. Stefan Raab – WOK-WM).

II. Kurzberichterstattung durch Fernsehveranstalter

Fall 1: Der Opernstar A plant eine Tournee, welche durch den Veranstalter V in angemieteten Schlossgärten organisiert und durchgeführt werden soll. Um die Berichterstattung über die Tournee exklusiv dem Meistbietenden zu verkaufen, möchte V in Abstimmung mit A jede Berichterstattung im Fernsehen vermeiden. Wie ist die Rechtslage?

1. Interessenlage

Der Veranstalter hat ausgehend von seinem Hausrecht (§§ 858, 1004 BGB) die Möglichkeit, den Zugang zum Event zu kontrollieren, einzuschränken sowie ggf. zu verhindern. Damit bestimmt er, wer, wie und in welchem Umfang Fernsehaufnahmen machen und senden darf. Durch Exklusivverträge werden die Vermarktungsrechte oft teuer verkauft bzw. Dreherlaubnisse erteilt. Durch die Ausübung des Hausrechtes ist den Massenmedien dann der Zugang zur Veranstaltung versperrt, eine Berichterstattung nicht möglich. Die Beschränkung des Zugangs der Massenmedien steht im Konflikt mit dem Interesse der Massenmedien, gegenständlich uneingeschränkt über alle Lebensbereiche zu informieren. Die Medienrechtsordnung versucht durch die Normierung des Rechts der Kurzberichterstattung den Interessenkonflikt (Wirtschaftliche Verwertung, Leistungsschutz contra allgemeines Informationsinteresse) sachgemäß zu lösen.

2. Gesetzliche Regelung

Das **Recht auf Kurzberichterstattung** für Fernsehveranstalter ist Teil der Ausgestaltung der Rundfunkfreiheit und in § 5 Abs. 1 S. 1 RStV geregelt.

Rundfunkstaatsvertragstext: § 5 Abs. 1 S. 1 RStV „Das Recht auf unentgeltliche Kurzberichterstattung über Veranstaltungen und Ereignisse, die öffentlich zugänglich und von allgemeinem Informationsinteresse sind, steht jedem in Europa zugelassenen Fernsehveranstalter zu eigenen Sendezwecken zu."

Danach steht jedem in Europa zugelassenen Fernsehveranstalter zu eigenen Sendezwecken das Recht zu, über Veranstaltungen und Ereignisse, die öffentlich zugänglich sind und von allgemeinem Informationsinteresse sind, zeitlich begrenzt zu berichten. Daraus folgt aber auch, dass ein Recht auf Berichterstattung über Veranstaltungen **Privater** nicht besteht. Der Veranstalter bestimmt allein im Rahmen seines Hausrechtes, wem und zu welchen Bedingungen er jemanden Zutritt gewährt. Film- und Fotorechte über Prominentenhochzeiten, Taufen, Geburten und runden Geburtstagen werden exklusiv verkauft.

Das Recht auf Kurzberichterstattung schließt die Befugnis auf Zugang zum Ort der Veranstaltung mit ein. Für den Veranstalter stellt dieses **Zutrittsrecht** eine Einschränkung seines Hausrechtes dar. Bei Großveranstaltungen, bei denen die Kartennachfrage besonders hoch ist, muss er eine angemessene Zahl an Pressekarten bereithalten, um das Recht auf Kurzberichterstattung nicht zu vereiteln. Den Medienvertretern stehen beim Zutrittsrecht **im Übrigen keine Sonderrechte** zu. Ohne Zustimmung des Veranstalters dürfen sie den Bühnen- und Backstage-Bereich nicht betreten, sondern haben sich im allgemein zugänglichen Zuschauerareal aufzuhalten.

Das Bundesverfassungsgericht hat die frühere unentgeltliche Kurzberichterstattung im Hinblick auf die Berufsfreiheit des Art. 12 Abs. 1 GG für verfassungswidrig erklärt.[7] Der Veranstalter kann für berufsmäßig durchgeführte Veranstaltungen gemäß § 5 Abs. 6 RStV von den Medienvertretern das vorgesehene Eintrittsgeld und Ersatz seiner notwendigen Aufwendungen verlangen, die durch Ausübung des Rechts entstehen.

Die Ausübung des Rechts auf Kurzberichterstattung setzt eine Anmeldung des Fernsehveranstalters bis spätestens zehn Tage vor Beginn der Veranstaltung beim Veranstalter voraus, § 5 Abs. 8 S. 1 RStV.

3. Beschränkungen

Das Recht auf Kurzberichterstattung unterliegt jedoch zeitlichen, organisatorischen und umfangmäßigen Beschränkungen. In bestimmten Fällen ist es sogar ganz ausgeschlossen.

a) Allgemein

Die zulässige Dauer der Kurzberichterstattung richtet sich nach der Länge der Zeit, die notwendig ist, um den nachrichtenmäßigen Informationsgehalt der Veranstaltung oder des Ereignisses zu vermitteln, § 5 Abs. 4 S. 2 RStV. Bei kurzfristigen und regelmäßig wiederkehrenden Veranstaltungen beträgt gemäß § 5 Abs. 4 S. 3 RStV die Obergrenze der Dauer in der Regel eineinhalb Minuten. Um eine Entwertung vertraglich erworbener Übertragungsrechte zu verhindern, ist zwischen Ende der Veranstaltung und der Kurzberichterstattung eine Karenzzeit einzuhalten. Dies gilt nach Ansicht des Bundesverfassungsgerichts für die Fälle, in denen der Inhaber der Übertragungsrechte selbst eine Karenzzeit aufgrund einer entsprechenden Vereinbarung mit dem Veranstalter einzuhalten hat.[8] Nach Abwägung des Informationsinteresses der Öffentlichkeit, den Interessen der Veranstalter und dem Rechteinhaber

---

[7] Fechner, Kapitel 10 Rn. 129 mit Nachweis.
[8] Fechner, Kapitel 10 Rn. 130.

erscheint es geboten, schlechthin die Einhaltung von Karenzzeiten zu verlangen, um den Interesse des Veranstalters sachgemäß Rechnung zu tragen. In organisatorischer Hinsicht kann der Veranstalter nach § 5 Abs. 5 S. 2 RStV die Kurzberichterstattung einschränken oder ausschließen, wenn anzunehmen ist, dass sonst die Durchführung der Veranstaltung in Frage gestellt ist oder das sittliche Empfinden der Veranstaltungsteilnehmer gröblich verletzt würde.

b) Urheberrechtlicher Leistungsschutz

Ein Recht auf Fernsehkurzberichterstattung besteht nur für solche Großveranstaltungen, an denen kein urheberrechtlicher Leistungsschutz nach § 81 Urheberrechtsgesetz (**UrhG**) besteht.[9] Nach § 5 Abs. 2 RStV bleiben die Bestimmungen des Urheberrechts und des Persönlichkeitsschutzes unberührt.

aa) Regelungsgehalt des § 81 UrhG

§ 81 UrhG begründet zugunsten des Veranstalters unter anderem für Theateraufführungen, Opern und Konzerte ein unternehmensbezogenes Leistungsschutzrecht. Das Leistungsschutzrecht trägt der kulturfördernden Leistung des Veranstalters Rechnung, der durch Investitionen die Darbietung eines ausübenden Künstlers vor einem Publikum ermöglicht. Das Leistungsrecht dient dem Investitionsschutz.

Nach § 81 UrhG bedürfen Bildschirm- oder Lautsprecherübertragungen, Aufnahmen auf Bild- oder Tonträgern, Vervielfältigung und Verbreitung der Aufnahmen sowie schließlich die Sendung der veranstalteten Darbietung neben **der Einwilligung** des ausübenden Künstlers auch der des Veranstalters.[10] Eine Veranstaltung setzt die Anwesenheit von **Publikum** voraus. Vom Leistungsschutz umfasst sind auch die Generalprobe oder Voraufführungen.[11] Nicht erfasst sind nichtöffentliche Studioaufnahmen. Erforderlich ist ferner immer die Darbietung eines ausübenden Künstlers (Werkvermittlung), da § 81 UrhG nur solche organisatorischen und wirtschaftlichen Leistungen anerkennt, die der Förderung des Kulturbetriebes dienen. Es muss sich um die **Darbietung eines ausübenden Künstlers nach § 73 UrhG** handeln. Der Veranstalterschutz setzt damit eine Live-Darbietung voraus, in der ein urheberrechtlich schutzfähiges Werk gemäß § 2 UrhG dargestellt wird. Anders formuliert: § 81 UrhG schützt den Veranstalter nur im Hinblick auf solche Veranstaltungen, deren Zweck primär in der Werkvermittlung liegt.[12] Aus dieser Gesetzesinterpretation folgt, dass Sport-, Zirkusveranstaltungen, Messen und kulturunabhängige Festakte nicht unter § 81 UrhG fallen. Einwilligungsberechtigter (Veranstalter) ist derjenige, der für die öffentliche Darbietung in organisatorischer und finanzieller Hinsicht (Tragung des finanziellen Risikos) verantwortlich ist.[13]

---

[9] Fechner, Kapitel 10 Rn. 128.
[10] Wandtke/Bullinger/Büscher, Praxiskommentar UrhG, § 81 Rn. 1.
[11] Wandtke/Bullinger/Büscher, Praxiskommentar UrhG, § 81 Rn. 7.
[12] Wandtke/Bullinger/Büscher, Praxiskommentar UrhG, § 81 Rn. 9.
[13] Wandtke/Bullinger/Büscher, Praxiskommentar UrhG, § 81 Rn. 10.

Nur **gewerbliche Veranstalter** werden demnach erfasst, unabhängig von der Rechtsform (egal ob privatrechtlich oder öffentlich-rechtlich organisiert, somit zum Beispiel auch das städtische Theater). Veranstaltungen, die nur ideelle Zwecke verfolgen, fallen nicht in den Anwendungsbereich von § 81 UrhG.[14]

bb) Verhältnis zwischen § 81 UrhG und § 50 UrhG

Zur Berichterstattung über Tagesereignisse durch Hörfunk, Fernsehen, Neue Medien, in Zeitungen, Zeitschriften oder sonstigen Druckschriften, ist die Vervielfältigung, Verbreitung und öffentliche Wiedergabe von Werken, die im Verlauf dieser Ereignisse wahrnehmbar werden, in einem durch den Zweck gebotenen Umfang zulässig, § 50 UrhG. Über § 83 UrhG gilt diese Vorschrift auch für ausübende Künstler und Veranstalter. Nunmehr könnte man meinen, dass damit das bisher dargelegte komplett hinfällig ist.

Die Lösung liegt im genauen Lesen des Wortlautes des § 50 UrhG („von Werken, die im Verlauf dieser Ereignisse wahrnehmbar werden, ..."). Die Einschränkung des Urheberrechts greift nur bei Werken, die im Verlauf eines Tagesereignisses wahrnehmbar werden.

Beispiel: Zur Wiedereröffnung der Oper in D wird im Regionalfernsehen ein Kurzbericht gezeigt. In diesem wird auch ein Ausschnitt vom Eröffnungskonzert durch das Orchester X eingeblendet.

Die eng auszulegende Sonderregelung in § 50 UrhG geht davon aus, dass bei Gelegenheit der Berichterstattung über Tagesereignisse urheberrechtlich geschützte Werke und Bruchteile hiervon kurz wahrnehmbar werden, ohne dass hierdurch die Veröffentlichung des Berichtes mangels Zustimmung des ausübenden Künstlers und Veranstalters, die in hinreichend kurzer Zeit meist kaum erreichbar sein dürfte, vereitelt wird.[15]

Der Schwerpunkt der Berichterstattung muss auf der Information über das Tagesereignis liegen, so dass § 50 UrhG nicht greift, wenn das geschützte Werk als Aufhänger dient.[16] Ebenso gilt § 50 UrhG nicht, wenn das wiedergegebene Werk alleiniges Ereignis und Berichtgegenstand ist.[17]

Beispiel: Der Regionalfernsehsender will im Abendprogramm durch eine Lifeschaltung vom Konzert der Boygroup B berichten.

Wird somit über ein geschütztes Werk selbst berichtet, so müssen die Nutzungsrechte erworben werden. In diesen Fällen ist eine Kurzberichterstattung der Fernsehveranstalter über § 5 Abs. 2 RStV in Verbindung mit § 81 UrhG ausgeschlossen.

---

[14] Wandtke/Bullinger/Büscher, Praxiskommentar UrhG, § 81 Rn. 10.
[15] Fischer/Reich, § 3 Rn. 196.
[16] Wandtke/Bullinger/Lüft, Praxiskommentar UrhG, § 50 Rn. 5.
[17] Wandtke/Bullinger/Lüft, Praxiskommentar UrhG, § 50 Rn. 6.

c) Gesamtausschluss

Der Veranstalter hat ferner das Recht, die Übertragung oder die Aufzeichnung auch nicht urheberrechtlich geschützter Veranstaltungen **insgesamt** auszuschließen, § 5 Abs. 5 S. 4 RStV. Ein Recht auf Fernsehkurzberichterstattung für Veranstaltungen besteht **aber** in dem Fall, wo mindestens einem anderen Fernsehsender ein Übertragungsrecht eingeräumt wurde.[18] Anders formuliert: Nur wenn keinem Fernsehveranstalter ein Übertragungsrecht zusteht, kann die Berichterstattung insgesamt ausgeschlossen werden. Hintergrund dieser Maßgabe ist, dass die Monopolisierung der Berichterstattung bei einem einzelnen Veranstalter verhindert werden soll.

Falllösung 1: V könnte aufgrund seines privaten Hausrechtes als Veranstalter den Fernsehmedien den Zugang zum Auftritt von A verhindern. Das Hausrecht ist die Gesamtheit der rechtlichen Befugnisse, über den befriedeten Bereich tatsächlich frei zu verfügen. Das Hausrecht folgt aus der Anmietung der Schlossgärten. V ist Besitzer. Gemäß § 862 BGB kann er jede Besitzstörung (unbefugtes Betreten des Veranstaltungsortes) verhindern. Jedoch könnten die Fernsehmedien ein Zutrittsrecht zu den Auftritten des A haben. Das Hausrecht wäre dann eingeschränkt. Gemäß § 5 Abs. 1 S. 1 RStV hat jeder zugelassene Fernsehveranstalter das Recht auf unentgeltliche Kurzberichterstattung über Veranstaltungen und Ereignisse, die öffentlich zugänglich und von allgemeinem Informationsinteresse sind. Das Recht auf Kurzberichterstattung schließt denklogisch die Befugnis auf Zugang zum Ort der Veranstaltung mit ein. Folglich könnten die Fernsehvertreter ein Zugangsrecht haben, welches das Hausrecht des V zurücktreten lässt. Nach § 5 Abs. 5 S. 4 RStV könnte V das Recht auf Übertragung oder Aufzeichnung der Veranstaltung insgesamt ausschließen. Da V die Übertragungsrechte jedoch exklusiv verkaufen will, ist ein Gesamtausschluss nicht möglich, da das Ausschlussrecht nur greift, wenn keinem anderen Fernsehsender ein vertragliches Übertragungsrecht eingeräumt wurde, Umkehrschluss aus § 5 Abs. 11 RStV.

Das besondere Leistungsschutzrecht des Veranstalters nach § 81 UrhG könnte aber dem V die Befugnis einräumen, die Fernsehveranstalter auszuschließen. Ein Recht auf Fernsehkurzberichterstattung besteht nur für solche Veranstaltungen und Ereignisse, an denen kein urheberrechtlicher Leistungsschutz nach § 81 UrhG besteht, da nach § 5 Abs. 2 RStV die Bestimmungen des Urheberrechts und des Persönlichkeitsschutzes unberührt bleiben. § 81 UrhG begründet zugunsten des Veranstalters ein unternehmensbezogenes Leistungsschutzrecht. Bei den Darbietungen von A handelt es sich um Werke der Musik, die einem Publikum zugänglich gemacht werden. Ferner ist V gewerblicher Veranstalter, so dass ihm ein Leistungsschutzrecht nach § 81 UrhG zusteht. Das Recht auf Kurzberichterstattung tritt dahinter zurück. Die Einschränkung des § 50 UrhG (§ 83 UrhG) greift nicht, da die Fernsehsender von den Darbietungen des A als alleiniges Ereignis berichten wollen. V kann die Fernsehmedien zurückweisen.

---

[18] Fechner, Kapitel 10 Rn. 131.

4. Exklusivberichterstattungsverträge

Durch einen Exklusivvertrag wird dem Berichterstatter gegen Honorar das Recht eingeräumt, die Information exklusiv publizistisch verwerten zu können. Er hat damit einen Informationsvorsprung gegenüber den Massenmedien. Exklusivverträge sind zivilrechtlich grundsätzlich wirksam, obwohl ein Informationsmonopol zu Lasten der anderen Massenmedien entsteht. Das Urheberrecht des ausübenden Künstlers und das Leistungsschutzrecht des Veranstalters zielen gerade auf eine Verwertung nur nach Einwilligung, die gegen Honorar zu erwerben ist. Zielrichtung des neuen UrhG ist die **Sicherung einer angemessenen Vergütung** für die Nutzung des Werkes. Die Exklusivität der Verwertung sichert gerade den wirtschaftlichen Erfolg eines Events.

Für die Gestaltung eines Exklusivvertrages sollte unter anderem auf folgende zwei Aspekte genau geachtet werden:

- Zunächst einmal sollte man sich die Rechtsverhältnisse zwischen den Beteiligten klar strukturieren (Künstler, Veranstalter und Fernsehsender). Dann ist sich der geltende Rechtsrahmen vor Augen zu führen, hier insbesondere §§ 77 Abs. 1, 81 UrhG. Aus diesem ergibt sich, dass der Veranstalter zur alleinigen Verwertung der Darbietungen sich die Rechte des Künstlers übertragen lassen muss, da dieser ja sonst für jeden Einzelfall nach § 77 UrhG zustimmen muss.
- Der Vertrag zwischen Veranstalter und Berichterstatter sollte am Anfang eine Präambel enthalten, in der der Vertragsgegenstand eingegrenzt wird. Unter der Überschrift Lizenz sollte konkret dargelegt werden, welche Rechte dem Berichterstatter übertragen werden. Folgende Fragen sollten dort unter anderem beantwortet werden: Wann, in welcher Art und Weise werden Aufnahmen gemacht? Wo, wann und in welcher Art und Weise werden diese gesendet? Schließlich sei an dieser Stelle noch genannt, dass man sich die Mitschnitte, Aufnahmen bzw. die ausgestrahlte Sendung auf einem Datenträger (CD-ROM, DVD etc.) vom Sender als Belegexemplare bzw. für spätere Werbezwecke zur Verfügung stellen lassen sollte.

Exkurs: Rechtsprechung zu Hausverboten im Eventbereich wegen Veranstaltungskritik

1. Hausverbot wegen kritisierter Theateraufführung
Das Hausrecht spielt im Eventbereich eine wichtige Rolle. In einem Fall des Verwaltungsgerichtes Bayreuth aus dem Jahr 2008[19] hatte das Landestheater Coburg gegenüber einem Premium-Abonnements-Inhaber ein Hausverbot ausgesprochen. Dieser hatte sich zuvor in einem offenen Brief an die Intendanz, den Theaterausschuss und an die Presse mit positiver wie auch negativer Kritik zu 11 Produktionen des Landestheaters geäußert. Er verwendete Formulierungen u. a. wie „billigster Klamauk", „jämmerliches Machwerk",

---

[19] VG Bayreuth, Gerichtsbescheid v. 24.04.2008, AZ: B 2 K 07.849.

„verächtliche Anbiederung an einen Plebs-Slang" oder „Geistesprodukt eines ruhmsüchtigen Regisseurs". Das Verwaltungsgericht Bayreuth hat dieses ausgesprochene öffentlich-rechtliche Hausverbot für rechtswidrig erachtet. Das Gericht sprach dem kritischen Theaterbesucher als Gemeindeangehörigem vielmehr einen Anspruch auf Benutzung der öffentlichen Einrichtung (Landestheater Coburg) zu, weil es das verhängte Hausverbot für unverhältnismäßig bewertete. Trotz der zweifelsohne sehr deutlichen und bisweilen polemisch wie auch überspitzten Formulierungen handle es sich um eine wertende subjektive Meinungsäußerung. Derartige öffentliche Meinungsäußerungen entsprechen der Meinungsfreiheit. Nach Ansicht des Gerichts muss im Rahmen der öffentlichen Meinungsbildung auch Kritik hingenommen werden. Das Verwaltungsgericht erkennt keine unzulässige Schmähkritik oder Rufschädigung des Landestheaters, da im offenen Brief des Theaterbesuchers nur eine Auseinandersetzung mit der künstlerischen Qualität der Inszenierung stattfand. Nur eine vordergründige Diffamierung einer Person des Theaters hätte ein Hausverbot rechtfertigen können.

2. Hausverbot gegenüber Journalisten
Ein Journalist kann nicht allein wegen kritischer Berichterstattung vom Besuch der Pressekonferenzen oder des Spielgeländes ausgeschlossen werden, wenn diese Veranstaltung ansonsten der allgemeinen Presseöffentlichkeit zugänglich ist. Das OLG Köln hat in seinem Beschluss im Jahr 2000[20] deshalb dem Veranstalter aufgegeben, bei öffentlichen Pressekonferenzen grundsätzlich alle Pressevertreter gleich zu behandeln. Dennoch steht jedem privaten (Sport-)Veranstalter nach freiem Ermessen zu, ob und inwieweit die Medienöffentlichkeit generell oder partiell durch Exklusivbindung ausgeschlossen werden soll. Nur die Verletzung allgemeiner Verhaltensregeln durch einen Journalisten, wie störende Zwischenrufe in Pressekonferenzen oder Schmähkritik und die Verbreitung unwahrer Tatsachenbehauptungen können ein Hausverbot gegenüber einem einzelnen Journalisten rechtfertigen. Unliebsame Berichterstattung kann somit nicht über ein Haus-oder Stadionverbot unterbunden werden, da ansonsten einer sog. „Hofberichterstattung" Vorschub geleistet würde.

Keinen Verstoß gegen die Freiheit der Berichterstattung hat hingegen das OLG München in seinem Urteil von 28.01.2010[21] gesehen, als ein Journalist wegen Fertigung von Filmaufnahmen diverser Pressekonferenzen ein Hausverbot erhielt. Hier sei die Informations-, Presse-, Rundfunk- und Filmfreiheit nicht verletzt, wenn der Veranstalter Zutrittsbedingungen mit Akkreditierungsrichtlinien schafft, wonach die Vermarktung selbstveranstalteter Pressekonferenzen dann dem Hausrecht unterliegt.

---

[20] OLG Köln, Beschluss v. 07.03.2000, AZ: 16 W 8/2000.
[21] OLG München, Urteil v. 28.01.2010, AZ: U (K) 3946/09.

5. Großereignisse

Die Ausstrahlung von Großereignissen von erheblicher gesellschaftlicher Bedeutung in Deutschland (verschlüsselt oder gegen besonderes Entgelt) ist nur zulässig, wenn der Fernsehveranstalter oder ein Dritter zu angemessenen Bedingungen ermöglicht, dass das Ereignis zumindest in einem frei empfangbaren und allgemein zugänglichen Fernsehprogramm zeitgleich oder, sofern wegen parallel laufender Einzelereignisse nicht möglich, geringfügig zeitlich versetzt gesendet wird, § 4 Abs. 1 S. 1 RStV. Diese Regelung stellt eine Ausnahme von der Ausübung von Exklusivrechten dar.

Beispiele: Olympische Spiele, Spiele der deutschen Fußballnationalmannschaft bei EM und WM, DFB-Pokalendspiel.

Im hier interessierenden Kulturbereich sind Exklusivverträge hingegen im Hinblick auf die genannten Beispiele in der Regel unproblematisch zulässig.

D. Presserechtliche Fragen rund um die Kulturveranstaltung

Fall 2: Der Eventmanager E plant wie jedes Jahr ein großes Konzert mit einem Orchester, einer integrierten Band, einem Chor und Solisten in München. Dazu will E groß in den regionalen Zeitungen werben.
Welche presserechtlichen Vorgaben gibt es für eine Berichterstattung im Vorfeld des Konzertes?

Fall 3: Der Zeitschriftenverlag Z in Berlin gibt ein regionales und kostenloses Magazin „Eventspiegel Berlin/Brandenburg" heraus, das nach Branchen aufgeteilt ist (vom Automatenaufsteller über Tontechniker bis Zeltverleiher) und überwiegend Werbeanzeigen von Unternehmen in der Region Berlin/Brandenburg enthält. Der jeweilige branchenbezogene Anzeigenblock wird durch einen redaktionellen Teil eingeleitet. Im Anschluss daran finden sich meist ganzseitige und mehrseitige Werbeanzeigen mit Text über das werbende Unternehmen. Die Werbetexte sind in Inhalt, Gliederung und Formulierung nicht zu unterscheiden von den jeweils vorangestellten redaktionellen Beiträgen. Am unteren Rand neben die Seitenzahl ist klein das Wort „Anzeige" gedruckt. Der Konkurrenzverlag Y aus Potsdam mahnt den Verlag Z aufgrund der Beiträge im Magazin wegen eines Wettbewerbsverstoßes ab. Zu Recht?

I. Wahrheitsgemäße Berichterstattung

Objektive redaktionelle Berichterstattung über eine Veranstaltung ist jederzeit zulässig. Die Landespressegesetze normieren eine Pflicht zur wahrheitsgemäßen Berichterstattung. Um Fehlinformationen zu vermeiden, hat die Presse alle Fakten vor ihrer Verbreitung mit der nach den Umständen gebotenen Sorgfalt auf Wahrheit, Inhalt, Herkunft zu überprüfen (sog. **Sorgfaltspflicht der Presse**).[22]

II. Zutrittsrecht zu öffentlichen Events

Aus der Pressefreiheit ergibt sich gegenüber privaten Veranstaltern das Recht auf Zugang zu öffentlichen Veranstaltungen.[23] Die Vertragsfreiheit und das Hausrecht des Veranstalters müssen bei öffentlich zugänglichen Veranstaltungen unter dem Blickwinkel der Pressefreiheit interpretiert werden, so dass eine Zugangshinderung unzulässig sein kann.[24]

III. Trennung von Werbung und redaktionellem Teil

Entgeltliche Veröffentlichungen (Werbung) über Events müssen bei periodischen Druckwerken als Anzeige gemäß den jeweiligen Landespressegesetzen gekennzeichnet werden. Anzeigen und sonstige entgeltpflichtige Veröffentlichungen sind klar zu trennen (**Pflicht zur Trennung von Werbung und redaktionellem Teil**).

Beispiel: Art. 9 Bayerisches Pressegesetz
„Bei Zeitungen und Zeitschriften müssen Teile, insbesondere Anzeigen- und Reklametexte, deren Abdruck gegen Entgelt erfolgt, kenntlich gemacht werden."

Es soll verhindert werden, dass der Leser die Werbung als solche nicht erkennt, sondern sie dem Autor des Berichtes zurechnet und ihr damit höhere Glaubwürdigkeit schenkt.[25] Die landespresserechtlichen Bestimmungen zur Kennzeichnung entgeltlicher Veröffentlichungen stellen eine Form des Verbraucherschutzes dar und gewährleisten zugleich die Neutralität der Berichterstattung.

Falllösung 2: Berichte in der Presse müssen wahrheitsgemäß und sorgfältig recherchiert sein (Pflicht der Presse). Sofern E Anzeigen in Zeitungen schaltet, müssen diese als Werbeanzeige erkennbar sein.

Die **Nichtbeachtung des Grundsatzes der Trennung von Werbung und redaktionellem Teil** stellt auch einen Verstoß gegen das Gesetz gegen den unlauteren Wettbewerb dar (UWG). Nach § 4 Nr. 3 UWG ist die Verschleierung des Werbecharakters von geschäftlichen Handlungen unlauter. Das verstoßende Unternehmen kann von einem Wettbewerber nach erfolgloser Abmahnung auf Unterlassung verklagt werden. Wenn ein Artikel in einer Zeitschrift seinem äußeren Erscheinungsbild und seinem wesentlichen Inhalt nach wie ein von der Redaktion verfasster Beitrag wirkt, sind an die Kennzeichnung als Werbung hohe Anforderungen zu stellen. Dem genügt eine kaum lesbare Kennzeichnung nicht, die von einem wesentlichen

---

[22] Fechner, Kapitel 8 Rn. 114.
[23] Fechner, Kapitel 8 Rn. 64.
[24] Fechner, Kapitel 8 Rn. 64.
[25] Fechner, Kapitel 8 Rn. 123.

Teil der Verbraucher nicht wahrgenommen wird (z. B. das Wort „Anzeige" in weißer Schrift vor dem Hintergrund eines blaßblauen Himmels im Werbefoto).[26]

Falllösung 3[27]: Die Abmahnung ist zu Recht erfolgt. Der Unterlassungsanspruch folgt aus §§ 8, 3, 4 UWG. Nach § 4 Nr. 3 UWG handelt unlauter, wer den Werbecharakter von geschäftlichen Handlungen verschleiert. Auch für kostenlose Zeitschriften gilt der Grundsatz der Trennung von redaktionellen Beiträgen und Werbung. Kann die Anzeige – wie im Fall – nicht eindeutig erkannt werden, weil die Gestaltung und die Art des Werbetextes einem redaktionellen Text ähnelt, so muss dem Leser der Werbecharakter auf andere Weise verdeutlicht werden. Das kleingedruckte Wort „Anzeige" neben der Seitenzahl reicht nicht. Bei kostenlosen Magazinen ist meist mit einer flüchtigen Lektüre zu rechnen, so dass die Anforderungen an ein rechtmäßiges Verhalten daran auszurichten sind.

E. Medienzivilrechtliche Rechtsschutzmöglichkeiten

Fall 4: Dirigent D steht mit dem Reporter und Konzertkritiker K einer örtlichen Tageszeitung „auf Kriegsfuss", da dieser immer negativ und falsch über seine Konzerte und Leistungen berichtet.
Kann sich D gegen unwahre Tatsachenbehauptungen wehren?

Um seine Standpunkte und Interessen gegenüber Presse, Hörfunk und Fernsehen im Bedarfsfall durchsetzen sowie zivilrechtliche Rechtsgüter schützen zu können, ermöglicht das Medienzivilrecht dem betroffenen Veranstalter eine Reihe von zivilrechtlichen Möglichkeiten. Einen Schwerpunkt bilden die zivilrechtlichen Folgen der Verletzung von Wahrheits- und Sorgfaltspflichten der Medien. Im Folgenden werden die wichtigsten Anspruchsgrundlagen nebst ihrer Voraussetzungen im Überblick dargestellt.

I. Der Anspruch auf Gegendarstellung

Der wohl wichtigste Anspruch gegenüber Medienberichterstattungen ist der Gegendarstellungsanspruch. Er ist eine Ausprägung des allgemeinen Persönlichkeitsrechtes. Alle Landespressegesetze sehen eine Verpflichtung der periodischen Presse zur Veröffentlichung von Gegendarstellungen vor. Ferner enthalten alle rundfunkrechtlichen Regelungen einen Anspruch auf Gegendarstellung gegenüber Hörfunk und Fernsehberichterstattung.

Beispiel: ZDF-Staatsvertrag – § 9 Abs. 1
„Das ZDF ist verpflichtet, durch Fernsehen die Gegendarstellung der Person oder Stelle zu verbreiten, die durch eine vom ZDF in seiner Sendung verbreitete Tatsachenbehauptung betroffen ist."

---

[26] OLG Düsseldorf, Urteil vom 28.05.2009, AZ: 20 W 42/09, zitiert nach juris.
[27] Nach OLG Karlsruhe, Urteil vom 08.10.2009, AZ: 4 U 31/08, zitiert nach juris.

Anspruchsberechtigt ist derjenige, der durch eine in einer Sendung oder Veröffentlichung aufgestellte Tatsachenbehauptung betroffen ist. Eine Rechtsverletzung ist nicht notwendig. **Anspruchsverpflichtete** sind nach den Landespressegesetzen der verantwortliche Redakteur und der Verleger. Nach dem jeweiligen Rundfunkrecht sind die öffentlichen Anstalten oder die privaten Sender zur Ausstrahlung der Gegendarstellung verpflichtet. Der Anspruch ist prozessual vor den Zivilgerichten geltend zu machen.

Der Gegendarstellungsanspruch setzt konkret voraus, dass eine den Anspruchsteller betreffende Tatsachenbehauptung (Erstmitteilung) in einer Sendung oder einem periodischen Druckwerk aufgestellt wurde. Der Anspruchsteller muss ein berechtigtes Interesse an der Gegendarstellung haben.

Beispiel für fehlendes Interesse: Die Konzertbesucherzahl wurde anstatt mit 510 fälschlicherweise mit 501 Besuchern im Presseartikel angegeben.

Die Gegendarstellung ist durch den Anspruchsteller (Veranstalter) **schriftlich** abzufassen und **handschriftlich** zu unterzeichnen.[28]

Checkliste: Aufbau einer Gegendarstellung[29]

- ☑ Überschrift: „Gegendarstellung"
- ☑ Veröffentlichungsverlangen mit Fristsetzung
- ☑ Bezugnahme auf Erstmitteilung und Wiedergabe: „Im Kulturteil der Ausgabe ... vom ... auf Seite ... unter der Überschrift ... schrieb der Verfasser ... "
- ☑ Erwiderung mit Tatsachen (angemessener Umfang)
- ☑ Unterschrift

Die Gegendarstellung muss **unverzüglich** dem zum Abdruck Verpflichteten zugeleitet werden.

!! Praxistipp: Da man nicht jederzeit die einschlägige Gesetzesnorm bei der Vielzahl der Landespressegesetze und rundfunkrechtlichen Regelungen zu Hand hat, sollte ein Verlangen auf Gegendarstellung innerhalb von vier Wochen nach Veröffentlichung geltend gemacht werden (Gebot des sichersten Weges). Je nach Gesetz liegt die Frist für die Geltendmachung zwischen 6 und 12 Wochen, wobei bei fehlender Regelung eine Zuleitung der Gegendarstellung an den verantwortlichen Redakteur, Verleger oder Sender innerhalb von drei Monaten verlangt wird.[30]

II. Der Anspruch auf Unterlassung

Am effektivsten gegen rechtswidrige Berichterstattung ist wohl der Unterlassungsanspruch. Er ist wie der Gegendarstellungsanspruch (dieser verlangt aber keine

---

[28] Paschke, Rn. 823.
[29] Vertiefend Paschke, Rn. 825.
[30] Vgl. Paschke, Rn. 829.

rechtswidrige Berichterstattung!) mithilfe einer einstweiligen Verfügung im Zivilrechtsweg schnell durchsetzbar. Der medienrechtliche Unterlassungsanspruch hat seine Rechtsgrundlage in § 1004 BGB analog.
Folgende Voraussetzungen müssen vorliegen:

- Der Anspruchsteller muss durch eine Tatsachenbehauptung oder Meinungsäußerung in seinem Persönlichkeitsrecht individuell betroffen sein.
- Rechtswidriger Eingriff in das Persönlichkeitsrecht (unwahre Tatsachenbehauptung, unberechtigte Veröffentlichung von Fotografien, Schmähkritik).
- Erstbegehungs- oder Wiederholungsgefahr.

Um die Auferlegung von Verfahrenskosten bei Anerkenntnis des Unterlassungsanspruches durch den Antragsgegner vor Gericht nicht zu riskieren, ist grundsätzlich eine **Abmahnung** mit Fristsetzung erforderlich.

III. Der Anspruch auf Berichtigung

Werden falsche Behauptungen in den Medien aufgestellt, so kann der Betroffene verlangen, dass diese falschen Tatsachen berichtigt werden. Der Anspruch wird auf eine analoge Anwendung der §§ 12, 862, 1004 BGB gestützt. Der Berichtigungsanspruch setzt eine erweislich unwahre Tatsachenbehauptung voraus, die zu einem noch andauernden Eingriff in das Persönlichkeitsrecht des Betroffenen führt. Die Richtigstellung der getätigten Medienaussage muss erforderlich sein. Die Erfüllung des Anspruches kann in Form eines Widerrufes oder einer Richtigstellung durch den verantwortlichen Redakteur, Verleger oder Sender erfolgen.

Der Berichtigungsanspruch kommt wie der Unterlassungsanspruch aber auch bei Schmähkritik in Betracht. Meinungsäußerungen sind in der Regel nach Art. 5 Abs. 1 GG geschützt, so dass beide Ansprüche grundsätzlich nur bei unwahren Tatsachenäußerungen geltend gemacht werden können. Erst wenn Kritik keinerlei sachlichen Bezugspunkt hat und eine persönliche Herabsetzung oder Diffamierung der Person in den Vordergrund tritt (**Schmähkritik**), muss die Meinungsfreiheit zurücktreten.[31]

IV. Anspruch auf Schadensersatz

In bestimmten Fällen kommt auch ein Schadensersatzanspruch nach §§ 823, 824 und 826 BGB in Betracht. Im Gegensatz zum Berichtigungsanspruch kommt ein Anspruch auf Schadensersatz **bei jedweder Art unzulässiger Berichterstattung** in Betracht, nicht nur bei unwahren Tatsachenbehauptungen. Der Schädiger muss dem Verletzten auch den entgangenen Gewinn ersetzen, § 252 BGB.

Beispiel: Die Musikzeitung M behauptet mehrfach falsch, dass der Popsänger P immer betrunken sei und auf der Bühne sowie im Hotel randaliere. Veranstalter V beschließt daraufhin den P nicht unter Vertrag zu nehmen, so dass ihm ein sicheres

---

[31] Hufen, Grundrechte, § 25 Rn. 36.

Engagement in Höhe von 150.000 € entgeht. P kann hier den entgangenen Gewinn gemäß § 823 Abs. 2 BGB in Verbindung mit § 187 Strafgesetzbuch (Verleumdung) verlangen.

Bei schweren Persönlichkeitsverletzungen kommt auch der Ersatz eines immateriellen Schadens in Betracht.

Beispiel: Rocksänger R wird heimlich beim Duschen im Hotelzimmer während einer Tournee nackt gefilmt.

Falllösung 4: D kann gegen die unwahren Tatsachenbehauptungen einen Berichtigungsanspruch geltend machen sowie aufgrund der Wiederholungsgefahr einen (vorbeugenden) Unterlassungsanspruch. Ferner kommt ein Schadensersatzanspruch in Betracht, wobei D einen Schaden nachweisen muss.

V. Der Anspruch auf Herausgabe der ungerechtfertigten Bereicherung

Erzielen die Medien Gewinn aufgrund einer unbefugten Benutzung persönlichkeitsrechtlicher Befugnisse, so stellt dies eine ungerechtfertigte Bereicherung dar, die nach den Regeln des Bereicherungsrechtes im BGB herausverlangt werden kann. Hinzu kommt noch das, was der Rechtsverletzer dadurch ersparte, dass er die eigentlich erforderliche Lizenz nicht erworben hat.[32] Anspruchsgrundlage ist § 812 Abs. 1 S. 1 2. Alt. BGB.

Beispiel: Die Kulturzeitschrift X aus Köln wirbt – ohne Einwilligung mit Bildern der Sängerin N – damit, dass N zu den Abonnenten der Zeitschrift gehöre. Daraufhin kaufen mehr Menschen die Zeitschrift, was zur Erhöhung des Gewinns gehört.

Rechtsschutz gegenüber Medien im Überblick:

- **Gegendarstellungsanspruch:** Der Schädiger hat die Gegendarstellung des Geschädigten bei berechtigtem Interesse wiederzugeben. Der Anspruch ergibt sich aus dem jeweiligen Landespressegesetz.

- **Unterlassungsanspruch:** Der Geschädigte kann die künftige, rechtswidrige Verletzung des Persönlichkeitsrechtes verhindern. Bestimmte Tatsachenbehauptungen dürfen vom Schädiger nicht mehr verbreitet werden. Anspruchsgrundlage ist § 1004 BGB analog i. V. m. §§ 823 ff. BGB.

- **Berichtigungsanspruch:** Der Schädiger muss bereits getätigte falsche Tatsachenbehauptungen ergänzen oder durch richtige ersetzen. Der Anspruch folgt aus §§ 12, 862, 1004 BGB analog.

---

[32] Fechner, Kapitel 4 Rn. 158.

> **- Schadensersatzanspruch:** Der Schädiger muss den eingetretenen Schaden bei unzulässiger Berichterstattung ersetzen. Anspruchsgrundlage sind die §§ 823 ff. BGB.
>
> **- Anspruch aus Bereicherung:** Der Schädiger muss den zu Unrecht erlangten Vermögensvorteil herausgeben. Anspruchsgrundlage sind die §§ 812 ff. BGB.

Für den Rechtsstreit sind die **Zivilgerichte zuständig**. Je nach Streit ist die Klage beim Amtsgericht oder Landgericht einzureichen. Die Amtsgerichte sind bis zu einem Streitwert von 5.000 € zuständig. Vorm Landgericht besteht Anwaltszwang.

Achtes Kapitel: Internetrecht

A. Einleitung

I. Rechtsgrundlagen

Das Internetrecht (IT-Recht) ist keine geschlossene Rechtsmaterie wie das Strafrecht, Urheberrecht oder Arbeitsrecht. Vielmehr versteht sich das IT-Recht als Klammer um jene Ausschnitte der Rechtsordnung, die auf Lebensbereiche mit Internetbezug anzuwenden sind. Man spricht deshalb auch von einem sog. „Patchwork"-Charakter des Internetrechts[1], den das Eventrecht ebenso in sich trägt. Seit 01.03.2007 fasst als neue Rechtsgrundlage das **Telemediengesetz (TMG)** alle wirtschaftsbezogenen Regelungen für Tele- und Mediendienste aus dem Teledienstegesetz (TDG), Teledienstedatenschutzgesetz (TDDSG) und Medienstaatsvertrag (MDStV) zusammen.[2] Das einheitliche Bundesgesetz für Telemedien dient dem Interesse und der Wahrung der Rechts- und Wirtschaftseinheit in Deutschland. Allerdings stellt das TMG trotzdem kein Internetgesetz in diesem Sinne dar. Vielmehr finden im Internet all die Gesetze und Rechtsgebiete Anwendung, die es auch im „realen" Leben gibt.

Tabelle 1: Einschlägige Gesetze

Rechtsgebiete im Eventbereich	Im Internet zu finden	Gesetzlich geregelt im
Zivilrecht	Vertragsabschluss (Konzertvertrag, Mietvertrag), Mängelgewährleistungsrecht, (Schadensersatz, Kündigung)	Bürgerlichen Gesetzbuch (BGB)
Urheberrecht	Schutz des Urheberpersönlichkeitsrechts, Urheberverwertungsrechts, Recht am eigenen Bild	Urheberrechtsgesetz (UrhG) Kunsturhebergesetz (KunstUrhG)

---

[1] Haug, Internetrecht, Rn. 24.

[2] Einzelne rundfunknahe Regelungen zu den sog. Telemediendiensten wurden in den Rundfunkstaatsvertrag der Länder (RStV) übernommen.

Tabelle 1: (Fortsetzung)

Rechtsgebiete im Eventbereich	Im Internet zu finden	Gesetzlich geregelt im
Namens- und Markenrecht	Domainregistrierung, Domainnutzung Schutz fremder Marken/Namen	Markengesetz (MarkenG)
Wettbewerbsrecht	wettbewerbsrechtliche Abmahnung wegen unlauteren Wettbewerb	Gesetz gegen den unlauteren Wettbewerb
Datenschutzrecht	E-Commerce, Speicherung von Adressen für Direktmarketing	Telemediengesetz (TMG) Bundesdatenschutzgesetz (BDSG)
Medienrecht, Jugendmedienschutz	Schutz von Kindern und Jugendlichen	Telemediengesetz (TMG) Jugendmedienschutz-Staatsvertrag
Telekommunikationsrecht	Teledienste	Telemediengesetz (TMG) Telekommunikationsgesetz (TKG) Informations- und Kommunikationsdienste-Gesetz

II. Internetrechtliche Fragen rund um das Event

Bevor die wichtigsten internetrechtlichen Vorschriften und Fallgestaltungen im Eventbereich – angefangen mit der **Visitenkarte im Netz** (Impressum/Linksetzung), dem **Domainrecht** und dem **Urheberrecht** (mit den Fragen zur Nutzung fremder Texte/Bilder im Internet) – behandelt werden, sind folgende Grundlagen und technische Begriffe für das Verständnis unabdingbar.

B. Grundlagen des Internetrechts

I. Zielsetzung des TMG

Das TMG konzentriert sich auf die allgemeinen und besonderen **Informationspflichten** (§§ 5, 6 TMG), die Regelungen zur Verantwortlichkeit (§§ 7 ff. TMG) und zum Datenschutz (§§ 11 ff. TMG). Insbesondere bei der kommerziellen Kommunikation mittels elektronischer Post (sog. Spamming) wurden die besonderen Informationspflichten ergänzt, um ein Verschleiern oder Verheimlichen des Absenders oder dessen kommerzielle Interessen zu vermeiden. Die Spezifika des Internets bedürfen besonderer Regelungen, allerdings erschweren die Internationalität und das hohe Tempo der technischen Entwicklung die Rechtsdurchsetzung im Internet.

II. Begriffsbestimmung der Telemedien

Telemedien sind gemäß § 1 Abs. 1 S. 1 TMG alle elektronischen Informations- und Kommunikationsdienste, die in Form von Bild-, Text-, oder Toninhalten zur Verfügung gestellt werden, soweit sie nicht Telekommunikationsdienste sind. Aufzuzählen sind klassisch der Internetauftritt des Künstlers, Veranstalters, der Eventagentur (sog. Visitenkarte im Netz) sowie Meinungsforen, Weblogs, Newsgroups, Chatrooms, Datendienst (Verkehr, Wetter, Börsendaten), elektronische Bestell-, Buchungs- und Maklerdienste, Telefon- und Internetbanking, Handels- und Internetauktionen, Internet-Suchmaschinen, elektronische Presse und Internetnachrichtenportale.

Ausgeschlossen sind damit alle mechanischen und verkörperten Informations- und Kommunikationsdienste und andere sog. „Offline"-Medien, wie Print- und Presseprodukte.[3]

III. Begriffsbestimmung des Dienstanbieters

Fall 1: Der junge unbekannte Künstler J erstellt selbst seine erste Künstlerhomepage und erhofft sich endlich die gewünschten Auftrittsangebote zu erhalten. Die Fotografien über sich und seine künstlerische Arbeit stellen dabei den wesentlichen Bestandteil der Homepage dar. Aufgrund seiner alleinigen Selbstdarstellung und der ausschließlichen Weitergabe seiner Homepageadresse an potentielle Veranstalter, ist er der Ansicht, dass er nicht den strengen Informationspflichten des TMG unterliegt und gibt daher nur seinen Künstlernamen und seine E-Mail-Adresse als Kontaktdaten an. Liegt ein Impressumsverstoß vor?

Anbieter ist gemäß § 2 Nr. 1 TMG derjenige, der eigene Telemedien zur Nutzung bereithält (sog. Content-Provider), der fremde Telemedien zur Nutzung bereithält (sog. Server-Provider und sog. Host-Provider) oder den Zugang zur Nutzung von Telemedien vermittelt (sog. Access-Provider[4]). Danach sind private Angebote ebenso erfasst wie das Angebot der Telemediendienste zu beruflichen/geschäftsmäßigen Zwecken oder nur gelegentliche Maßnahmen.[5] Auch bei sog. beschränkt-öffentlichen oder geschlossenen Benutzungsgruppen (sog. Intranets) gilt das TMG.[6]

Falllösung 1: Der Künstler J stellt mit seiner Homepage eigene Telemedien zur Nutzung – Selbstdarstellung und Kontaktaufnahme – im Internet bereit, so dass er als sog. Content-Provider (Anbieter) von Telemedien gemäß § 2 Nr. 1 TMG gilt. Die Vorstellung des Künstlers J, dass die Homepage nur von Veranstaltern genutzt werden soll, ändert daran nichts, da auch dieser Nutzerkreis ein Informationsinteresse hat, das durch das TMG geschützt wird (Kenntnis des Vertragspartners). J verstößt folglich gegen seine Impressumspflicht, wenn er nur seinen Künstlernamen und seine E-Mail-Adresse angibt.

Der **Niederlassungsort** des Anbieters richtet sich nach dem Ort der Unternehmensführung, das heißt wo die Wirtschaftstätigkeit ausgeübt/gesteuert und der Ort des

---

[3] Zur näheren Begriffs- und Funktionserklärung siehe unter C. III. Kapitel Internetrecht.
[4] Zur näheren Begriffs- und Funktionserklärung siehe unter C.III Kapitel Internetrecht; Unterliegen nicht den Informationspflichten gem. § 5 TMG.
[5] Heckmann, juris Praxiskommentar-Internetrecht, S. 19 m.w.N.
[6] Spindler in: Spindler/Schmitz/Geis, TDG, § 2 Rn. 9.

Personaleinsatzes ist. Bei einem Veranstalter ist das der Unternehmenssitz und bei einem Künstler der Wohnsitz.

Im Eventbereich sind alle wirtschaftsbezogenen Formen der Produkt- und Selbstpräsentation (Werbung), des Direktmarketings, des Sponsorings, der Verkaufsförderung und der Öffentlichkeitsarbeit dann als **kommerzielle Kommunikation** (§ 2 Nr. 5 TMG) zu verstehen, wenn sie der unmittelbaren oder mittelbaren Förderung des Absatzes von Waren, Dienstleistungen oder des Erscheinungsbildes eines Unternehmens, einer Organisation oder einer natürlichen Person (Künstler) dienen.[7]

Die E-Mail-Werbung oder gestalterische Maßnahmen im Zusammenhang mit dem Internetauftritt (Werbebanner, sog. Pop-Up-Fenster) sind ebenso als kommerzielle Kommunikation zu werten.[8]

Für Telemedien mit **journalistisch-redaktionell gestalteten Angeboten** gelten ergänzend die Bestimmungen der §§ 54 ff. RStV. Dies hat zur Folge, dass für diese Telemedien die Pflichten der klassischen journalistischen Arbeit bestehen.

- Pflicht zur Beachtung der verfassungsmäßigen Ordnung
- Verpflichtung auf die journalistische Sorgfalt (Wahrheitspflicht)
- Pflicht zur Benennung eines verantwortlichen Redakteurs
- Recht des Betroffenen auf Gegendarstellung
- Auskunftsrecht des Journalisten gegenüber Behörden

IV. Herkunftslandprinzip in Abgrenzung zum Territorialprinzip/ Schutzlandprinzip

Fall 2: Der clevere Geschäftsführer T der Promotionagentur S überlegt schon seit längerer Zeit, seine Agentur ins Ausland zu verlegen. Er ist es leid, ständig von seinen Konkurrenten wegen Urheberrechtsverletzungen, Impressumsverstößen und Markenrechtsverletzungen auf seiner deutschen Website, auf der er für Studenten in Deutschland Produkte bewirbt, abgemahnt zu werden. Er erhofft sich hierdurch die strengen und in seinen Augen einengenden deutschen Gesetze endlich hinter sich zu lassen. Wird er damit Erfolg haben?

Für die Ermittlung des anzuwendenden Rechts im Internet gilt das **Herkunftslandprinzip** gemäß § 3 TMG. Das heißt, dass ein in Deutschland niedergelassener Diensteanbieter den Anforderungen des deutschen Rechts unterliegt, auch wenn die Telemedien in einem anderen Staat geschäftsmäßig angeboten werden.

Abzugrenzen davon ist das **Territorialprinzip/Schutzlandprinzip** für die Ermittlung des anwendbaren Urheberrechts, Markenrechts, Patentrechts und Domainrechts. Hier gibt es kein einheitliches Schutzrecht, sondern ein Bündel nationaler

---

[7] Steckler, Grundzüge des IT-Rechts, S. 36 f.
[8] Spindler in: Spindler/Schmitz/Geis, TDG, § 3 Rn. 22.

Schutzrechte nach den allgemeinen internationalen Kollisionsregeln (sog. Mosaiktheorie).[9] Hier gilt das Recht des Schutzlandes, in dem die Eingriffshandlung stattfindet. Dies richtet sich nach dem bestimmungsgemäßen Abrufgebiet. Zahlungsbedingungen (Währung), die Top-Level-Domain, die Sprache bzw. das Fahnensymbol für die Sprachauswahl und die Lieferbedingungen sind Indizien für das Abrufgebiet des Internetauftritts und damit für die Eingriffshandlung.

Vorteil des Herkunftslandprinzips im Internetrecht ist, dass sich Telediensteanbieter im grenzüberschreitenden Diensteverkehr nur an den Anforderungen der Rechtsordnungen eines Mitgliedstaates orientieren müssen. Da aber die rechtlichen Vorgaben und Bindungen in anderen EU-Staaten oft deutlich unter dem deutschen Level liegen, ist das Herkunftslandprinzip mit zahlreichen Ausnahmen in fast allen internetrelevanten Rechtsgebieten aufgeweicht worden. Eine konsequente Anwendung des Herkunftslandsprinzips liegt also gem. § 3 Abs. 3 bis 5 TMG rechtstatsächlich nicht vor, um Marktverzerrungen zugunsten ausländischer EU-Anbieter auf dem deutschen Markt zu verhindern, die ansonsten teilweise leichtes Spiel hätten.

Falllösung 2: Der clevere Geschäftsführer T erreicht sein Ziel nur teilweise. Entsprechend dem Herkunftslandsprinzip unterliegt er nach seinem Umzug nicht mehr dem TMG, da er nur den ausländischen Anforderungen hinsichtlich der Telemedien (Impressumsvorschriften – Informationspflichten) des (Herkunfts-) Staates genügen muss. Dies gilt auch, wenn er die Leistung innerhalb Deutschlands erbringt.[10] Vor Abmahnungen wegen Urheber- und Markenrechtsverletzungen ist er aber auch weiterhin nicht geschützt, da die sog. Eingriffshandlung (Urheberrechts- und Markenrechtsverletzung) in Deutschland stattfindet. Hier gilt das Schutzlandprinzip und damit wiederum das deutsche Recht.

C. Rechtliche Vorgaben bei der Gestaltung der Website

I. Impressumspflicht

Fall 3: Der von dem Konkurrenten P abgemahnte Promotionunternehmer D aus Hamburg, verteidigt sich gegenüber diesem mit der Begründung, dass die Angabe seines Vornamens im Impressum nicht notwendig sei. Zum einen stehe im Gesetz nur Name und nicht Vor- und Nachname und zum anderen gebe es in Hamburg nur ihn mit diesem Nachnahmen, so dass keine Verwechslungsgefahr bestehe. Kann P gegen den Promotionunternehmer D weiter vorgehen oder muss er sich mit dieser Erklärung zufrieden geben und die entstandenen Abmahnungskosten selbst tragen?

Die Gestaltung der Künstler- und Veranstalterwebsite unterliegt entsprechend den Vorgaben des § 5 TMG **allgemeinen Informationspflichten**. Ziel der in § 5 TMG

---

[9] Vgl. Rechtsprechungsübersicht Heckmann, juris Praxiskommentar-Internetrecht, S. 34.
[10] Heckmann, juris Praxiskommentar-Internetrecht, S. 31.

festgelegten Informationspflichten ist der Schutz der Verbraucher und die Schaffung von Transparenz im Bereich der Telemedien.[11] Die Allgemeinheit soll über den Diensteanbieter aufgeklärt werden. Er soll ohne weiteres identifiziert werden und nicht anonym bleiben können. Hier wird nicht die Neugierde gefördert, sondern es besteht ein berechtigtes Interesse zu erfahren, wer Vertragspartner wird. Insbesondere auch um eventuelle Klage- und Vollstreckungsverfahren gegen einen Vertragspartner durchführen zu können, ist dies von berechtigtem Interesse.[12]

Böse Zungen behaupten, die Impressumspflicht widerspräche dem Grundgedanken der anonymen Nutzung des Internets und der freien Meinungsäußerung. Diese Behauptung ignoriert aber, dass die Impressumspflicht nicht für alle gilt, die das Internet aktiv nutzen. Nicht von Interesse sind daher Homepages, die rein privaten Zwecken oder für Informationsangebote von Idealvereinen dienen.[13] Hier ist der Anwendungsbereich des § 5 TMG beschränkt. Die Informationspflichten gelten nur für Dienste, die **gegen Entgelt** angeboten werden. Ebenso sind der Access-Provider und der Dialer-Betreiber von der Informationspflicht befreit.[14]

1. Form des Impressums

Gemäß § 5 Abs. 1 TMG sind die notwendigen Informationen (Impressum) leicht erkennbar, ständig verfügbar und ohne langes Suchen optisch leicht und effektiv auffindbar zu halten.[15] Der BGH hat hierzu entschieden, dass die Bezeichnungen „Impressum" und „Kontakt" gleichermaßen zulässig sind.[16] Irreführend und damit abmahnbar ist dagegen die Bezeichnung „Backstage".[17]

Unmittelbare Erreichbarkeit	= max. über 2 Links ausgehend von jeder beliebigen Seite eines Internetangebots = kein langes Scrollen
Ständige Verfügbarkeit	= jederzeitige Abruf der Informationen ohne weitere Hindernisse = rund um die Uhr = Möglichkeit, die Informationen zu Beweiszwecken auszudrucken (das Impressum darf nicht in hellweißer Schrift sein)

---

[11] BT-Drucksache 14/6098, S. 21.
[12] Spindler in : Spindler/Schmitz/Geis, TDG, § 6 Rn. 1.
[13] BT- Drucksache 16/3078, S. 14.
[14] Spindler in: Spindler/Schmitz/Geis, TDG, § 6 Rn. 8; a.A. Woitke, NJW 2003, 871, 872.
[15] BT- Drucksache 14/6098, S. 21.
[16] BGH Urteil v. 20.07.2006, AZ: I ZR 228/03.
[17] OLG Hamburg, Beschluss v. 20.11.2002, AZ: 5 W 80/02.

2. Impressumspflichten im Detail

a) Name, Anschrift, Vertreter, Angaben zum Gesellschaftskapital

Der Veranstalter, die Eventagentur oder aber auch der Künstler als Anbieter einer Internetwebsite hat zunächst den Namen und die Anschrift, unter der er niedergelassen ist, nach Maßgabe der Anforderungen des § 5 Abs. 1 TMG bereit zu halten.

Bei natürlichen Personen (z. B. Künstler)	= **Vor- und Zuname** gemäß § 12 BGB (ausgeschrieben), auch wenn der Name unter den AGBs lesbar ist
Bei Personen- und Kapitalgesellschaften	= **Firmenname** gemäß §§ 17 ff. HGB einschließlich des **vollständigen Rechtszusatzes**
Bei juristischen Personen	= Angabe des **Vertretungsberechtigten**; bei mehreren Vertretungsberechtigten ist zwischen Gesamtvertretung und Einzelvertretung zu unterscheiden
Anschrift	= **vollständige ladungsfähige Postanschrift** unter der eine tatsächliche Erreichbarkeit gegeben ist; bei mehreren Niederlassungen, ist die Organisationsniederlassung anzugeben
Angaben zum **Gesellschaftskapital sind freiwillig**, werden sie allerdings gemacht, müssen sie dem § 5 Abs. 1 Nr. 1 TMG entsprechen.[18]	

Das bedeutet, dass auch bei der neuen UG (haftungsbeschränkend) oder auch Mini-GmbH genannten Gesellschaftsform ein erhebliches Abmahnrisiko in Bezug auf das Impressum besteht. Wer es versäumt hinter „UG" das Wort „haftungsbeschränkt") zu ergänzen, verhält sich wettbewerbswidrig.[19]

b) Kontaktmöglichkeiten

Diensteanbieter sind nach § 5 Abs. 1 Nr. 2 TMG verpflichtet, Angaben zu machen, die sowohl eine schnelle elektronische Kontaktaufnahme als auch eine unmittelbare Kommunikation mit ihnen ermöglichen, einschließlich der elektronischen Postadresse. Die Angabe der **E-Mail-Adresse** allein reicht nicht, da hierin eine zeitversetzte Kommunikation gesehen wird.[20] Die Angabe der **Telefonnummer** ist notwendig, wenn der Dienstanbieter seinen Kunden keine Kommunikation mittels Internet-Chat bzw. Instant-Messaging-Programmen anbietet.[21] Nicht ausreichend ist, wenn der Diensteanbieter es lediglich ermöglicht, in einem Online-Formular bestimmte Daten einzugeben und hierdurch um einen Rückruf zu bitten.[22] Da schon

---

[18] Näher hierzu: Heckmann, juris Praxiskommentar-Internetrecht, S. 47 ff.

[19] LG Hamburg, Urteil v. 14.08.2009, AZ: 406 O 235/08.

[20] OLG Oldenburg v. 12.05.2006 - 1 W 29/06 - GRUR-RR 2007, 54; OLG Köln v. 13.02.2004 - 6 U 109/03 - NJW- RR 2004, 1570; a.A. OLG Hamm v. 17.03.2004 - 20 U 222/03 - NJW-RR 2004, 1045, 1046.

[21] Brunner in: Manssen, Telekommunikations- und Multimediarecht, § 6 TDG Rn. 33.

[22] OLG Köln v. 13.02.2004 - 6 U 109/03 - MMR 2004, 412; a.A. Spindler in: Spindler/ Schmitz/ Geis, TDG, § 6 Rn. 26 m.w.N.

Abweichungen in einer Ziffer bzw. einem Buchstaben dazu führen, dass kein Kontakt hergestellt werden kann, werden Telefonnummern und E-Mail-Adressen mit Tippfehlern wie nicht erfolgte Angaben gewertet.

Freiwillig ist die Angabe einer **Fax-Nummer**.[23] Erlaubt ist die Angabe einer kostenpflichtigen Telefonnummer, wenn der Nutzer von der Kontaktaufnahme hierdurch nicht gehindert wird (z. B. zu hohe Minutenpreise). Eine direkte Verlinkung der E-Mail-Adresse ist nicht erforderlich, da ein Abtippen jedem Internetnutzer zumutbar ist.[24]

c) Angaben zur Aufsichtsbehörde (§ 5 Abs. 1 Nr. 3 TMG)

Diese sind nur erforderlich, soweit die angebotene Tätigkeit einer behördlichen Zulassung bedarf und dort etwaige Verstöße des Anbieters gegen Berufspflichten zu melden sind (z. B. Immobilienhandel, Finanzierung, Kapitalanlagen die gemäß § 34c GewO als gewerbsmäßig einzuordnen sind). Im Eventbereich ist diese Informationspflicht im Impressum nicht von praktischer Bedeutung.

d) Registerinformationen (§ 5 Abs. 1 Nr. 4 TMG)

Das **Handelsregister**, **Vereinsregister**, Partnerschaftsregister oder Genossenschaftsregister, in das der Diensteanbieter eingetragen ist, muss mit der entsprechenden Registernummer ersichtlich sein. Strittig ist, ob die Gewerberegisternummer angegeben werden muss.[25] Angabepflichtig ist auch die Eintragung in ausländische Register.[26]

e) Berufsspezifische Informationen (§ 5 Abs. 1 Nr. 5 TMG)

Angaben zu Pflichtmitgliedschaften als auch Selbstverwaltungskammern von Freiberuflern sind erforderlich. Die bloße Angabe eines Dachverbandes genügt nicht, sondern stets ist die konkrete zumeist regionale Kammer anzugeben (z. B. Industrie- und Handelskammer, Handwerkskammer).

Die genaue Berufsbezeichnung sowie der Staat, in dem die Berufsbezeichnung verliehen wurde, sind anzugeben, damit diesbezüglich keine Verwirrung bei den Nutzern entsteht[27] (z. B. Fachkraft für Eventmanagement (staatl. anerkannt); International Event Organiser (Bachelor); Dipl. Kulturmanager (FH)).

---

[23] Heckmann, juris Praxiskommentar-Internetrecht, S. 50 Rn. 32; a.A. wohl LG Düsseldorf v. 29.01.2003 - 34 O 188/02 - MMR 2003, 340.
[24] Heckmann, juris Praxiskommentar-Internetrecht, S. 50 Rn. 34.
[25] Heckmann, juris Praxiskommentar-Internetrecht, S. 51 Rn. 43 m.w.N.
[26] Die Rechtssprechung bejaht dies zumindest für Spindler in: Spindler/Schmitz/Geis, TDG, § 6 Rn. 32.
[27] Spindler in: Spindler/Schmitz/Geis, TDG, § 6 Rn. 35.

f) Angabe von Identifikationsnummern

Die Umsatzsteueridentifikationsnummer, die gemäß § 27a Abs. 1 UStG vom Bundeszentralamt für Steuern vergeben wird, sowie die Wirtschafts-Identifikationsnummer sind anzugeben, soweit man eine besitzt, § 5 Abs. 1 Nr. 6 TMG. Die Existenz des Unternehmens ist hierdurch erkennbar.

g) Hinweis auf Liquidationsverfahren (§ 5 Abs. 1 Nr. 7 TMG)

Kapitalgesellschaften haben anzugeben, wenn sie sich in Abwicklung oder Liquidation befinden. Diese Informationspflicht ist eine reine Schutzvorschrift für zukünftige Vertragspartner.

3. Rechtsfolgen eines Verstoßes

Verstoßen Diensteanbieter gegen die Informationspflichten kann dies verschiedene Konsequenzen haben. Durch das TMG selbst droht bei einem derartigen Verstoß ein **Bußgeld** von bis zu 50.000 €, § 16 TMG. Ferner können **zivilrechtliche Ansprüche auf Schadensersatz** gemäß § 823 Abs. 2 i. V. m. § 5 Abs. 1 TMG durch Kostenmehraufwand beim Ausfindigmachen des Diensteanbieters geltend gemacht werden, wenn gerade wegen des mangelhaften Impressums die Adressdaten über Umwege (Auskünfte verschiedener Melderegister) beschafft werden mussten. Aus dem **Wettbewerbsrecht** ergibt sich weiterhin der in der Praxis bedeutungsarme wettbewerbsrechtliche Unterlassungs- und Schadensersatzanspruch mit vorheriger Abmahnung gemäß § 8 Abs. 1 UWG i. V. m. § 3 UWG i. V. m. § 4 Nr. 11 UWG wegen Erheblichkeit des Wettbewerbsverstoßes sowie der Unterlassungsanspruch gemäß § 2 Abs. 1 UKlaG.

Speziell dem Empfänger von Spam-E-Mails hat der Gesetzgeber aktuell mit § 6 Abs. 2 Satz 1 i. V. m. § 16 Abs. 1 TMG ein **neues Mittel zur Bekämpfung des E-Mail Spammings** an die Hand gegeben. Danach kann ebenso mit einem Bußgeld von bis zu 50.000 € belegt werden, wer kommerzielle Kommunikation per elektronischer Post versendet und dabei in der Kopf- und Betreffzeile den Absender oder den kommerziellen Charakter der Nachricht verschleiert oder verheimlicht, § 16 Abs. 3 TMG. Das Spamming wird folglich im TMG als Ordnungswidrigkeit qualifiziert. Diese Neuerung ist eine Besonderheit, da wettbewerbsrechtliche Verstöße bislang grundsätzlich nur von Mitbewerbern, Verbraucherverbänden oder Kammern verfolgt werden können. Für die Verhängung des Bußgeldes ist die Verwaltungsbehörde oder die Staatsanwaltschaft zuständig, in deren Bezirk die Ordnungswidrigkeit begangen/entdeckt oder der betroffene User zur Zeit der Einleitung des Bußgeldverfahrens seinen Wohnsitz hat.

Falllösung 3: Der Konkurrent P kann den Promotionunternehmer D gerichtlich zwingen, den Vornamen in das Impressum aufzunehmen, da erst der Nachnahme mit vollständig ausgeschriebenem Vornahmen für das Impressum ausreichend ist.[28]

---

[28] OLG Düsseldorf, Urteil v. 4.11.2008, AZ: 20 U 125/08.

Aufgrund der Dringlichkeit kann er das einstweilige Verfügungsverfahren wählen und einen Antrag auf Erlass einer einstweiligen Verfügung stellen.

II. Datenschutzrecht

Zum Datenschutz verpflichtet sind gemäß dem Datenschutzgesetz (BSDG) „öffentliche und nicht-öffentliche Stellen", damit auch privatrechtliche Organisationen wie u. a. Veranstalter, Eventagenturen und Künstlergruppen unabhängig von ihrer Rechtsform (Einzelunternehmer, GbR, GmbH, OHG u. a.), soweit sie personenbezogene Daten unter Einsatz von Datenverarbeitungsanlagen **verarbeiten**, **nutzen** oder dafür **erheben** (§ 2 Abs. 4 BDSG). Ausgenommen sind dabei lediglich ausschließlich persönliche und familiäre Tätigkeiten.

Personenbezogene Daten sind Einzelangaben über persönliche oder sachliche Verhältnisse einer bestimmten oder bestimmbaren natürlichen Person. Hierzu zählt man beispielsweise Konfession, Familienstand, Geburtsdatum, Beruf, Telefonnummer, Email-Adresse, Postanschrift oder in sachlicher Hinsicht auch Handlungen (z. B. Abruf bestimmter Informationen, Gruppenzugehörigkeit, etc.).

Inwieweit ein Veranstalter diese Voraussetzungen erfüllt obliegt einer Einzelfallbetrachtung, kann aber bei der elektronischen Buchung von Tickets für Besucher unter Verwendung ihrer Adressdaten grundsätzlich bejaht werden. Notwendig ist dann eine **Datenschutzerklärung in Form einer Einwilligung** des Betroffenen gemäß § 4 Abs. 1 BDSG. Diese muss beinhalten, dass personenbezogene Daten erhoben und verwendet werden dürfen. Diese Erlaubnis kann auch durch eine Opt-Out-Regelung – bei der der Besucher positiv ankreuzen muss, dass er in einen Verwendungszweck nicht einwilligen möchte – AGB-maßig geschehen.[29]

III. Providerdienstleistungen

Providerdienstleistungen werden für jede Website im Netz zwangsläufig in Anspruch genommen, so dass eine rechtliche Einordnung unumgänglich ist. Selbst jeder Veranstalter, jede Agentur oder jeder Künstler als Inhaber einer Website rutschen sogar selbst in eine Providerrolle. Welche Providerarten sich in den letzten Jahren herausgebildet haben, gilt es daher kurz zu erläutern, um danach auf die Feinheiten in der Vertragsgestaltung mit den Providern und die Risiken beim Aufbau der Website hinweisen zu können.

Der im Internet weit verbreitete Begriff des **„Providers"** stammt von dem englischen Verb „to provide" ab, das so viel wie **versorgen, beliefern und bereitstellen** bedeutet. Für die vielfältigen Providerleistungen – angefangen vom Netzzugang über Speicherkapazität bis hin zu inhaltlichen Dienstleistungen oder Anwendungssoftware – unterscheidet man mittlerweile zwischen fünf Providerarten.

---

[29] Haug, Internetrecht, Rn. 107.

1. Access-, Presence-, Contentprovider und Mischformen

Der **Access-Provider** ist ein rein technischer Dienstleister, der den Zugang (engl.: access) zum Internet bietet. Als Zugangsvermittler stellt er damit die technische Verbindung zu den verschiedenen Servern der Presence-Provider her. Er bildet als Telekommunikationsdienstleister damit die Schnittstelle für die Telemedien-Anbieter zum Internet.

Der **Presence-Provider** stellt mit seinen Servern quasi die „Internet-Hardware" als technischen Raum für die Präsenz der Website zur Verfügung. Der in diesem Zusammenhang verwendete Begriff des „**Webhosting**" ist ganz einfach vom engl. „host" zu übersetzen, was soviel heißt wie „Gastwirt". Diese sog. „gastwirtschaftliche" Dienstleistung ist sowohl technischer als auch inhaltsbezogener Art, da ein Internetauftritt gestaltet und im Netz ausgerichtet sein muss. Webhosting-Anbieter liefern den Kunden daher nicht allein nur Speicherkapazität, sondern ganze Leistungspakete. Diese können u. a. die „layoutmäßige" Gestaltung und Programmierung von Internetseiten („**Webdesign**") enthalten oder aber auch die Entwicklung und Realisierung von Internet-Marketingstrategien („**Webvertising**"). Hier werden die Suchmaschinen durch Metatags oder Keywords gezielt angesprochen und damit eine. Suchmaschinenoptimierung angestrebt. Ebenso kann das Leistungspaket Beratungsleistungen in internetspezifischen Sicherheits- und Unternehmensfragen („**Webconsulting**") beinhalten.[30]

Der **Content-Provider** steht am Ende der Kette der Providerdienstleistungen. Er bietet, wie die engl. Bezeichnung „content" bereits sagt, nur Inhalte an. Das bedeutet, jeder Anbieter eines Internetauftritts vom kommerziellen Webshop bis hin zur reinen Künstlerpräsenz-Hompage mit Porträtbildern ist ein Content-Provider, der als Diensteanbieter die Pflichten des Telemediengesetzes (TMG) zu erfüllen hat (z. B. Impressumspflicht).

Als **Provider-Mischformen** werden im Eventbereich häufig die Leistungen des Informations-Providers und des Application-Service-Providers (ASP) genutzt. Bei einem **Informations-Provider** handelt es sich – wie der Begriff „informieren" nahe legt – um eine Dienstleistung in Form der Lieferung von Informationen. Dieser Informationshandel kann als Informationsbroker oder mit Datenbankangeboten betrieben werden (z. B. Pressearchive, Recherchedatenbanken). Ein **Application-Service-Provider (ASP)** bietet im Internet hingegen Anwendungssoftware (die sog. „applications") an, die man als Kunde aber nicht auf den eigenen Rechner herunterlädt, sondern die im Internetangebot des ASP verbleibt und dort vom Kunden „online" (also im Fernzugriff) benutzt wird.[31] **Ticketingsoftware** zum Einstellen eines Saalplans für den Vorverkauf wird auf diesem Wege genutzt und mit eigenen Daten (Besucherprofile, Statistiken) weiter verarbeitet. Dabei agiert der ASP als Presence- und Content-Provider, da Speicherkapazität und Software genutzt werden. Der wirtschaftliche Zweck eines ASP-Vertrages besteht darin, dass der Veranstalter die

---

[30] Strömer, Online-Recht, S. 10.
[31] Haug, Internetrecht, Rn. 243.

auf dem ASP-Server angebotene Ticketingsoftware via Internet gegen Entgelt nutzt und dadurch eigene Investitions- und Pflegekosten für die benötigte Software spart.

2. Provider-Verträge

Die Einordnung der einzelnen Providerverträge in die Reihe von Vertragstypen, die das Bürgerliche Recht kennt, ist u. a. für die Bestimmung der Vertragspflichten und insbesondere für das Gewährleistungsrecht von großer Bedeutung. Im Falle einer Leistungspflichtverletzung durch den Provider können dessen AGBs häufig auch nicht weiterhelfen, denn die Anforderungen der Rechtsprechung an Provider-AGBs sind relativ streng. Eine ganze Reihe von AGB-Klauseln wurden beispielsweise zum Lösch- und Sperrverhalten sowie zur Haftungsfreistellung des Providers für unwirksam erklärt.[32] Insgesamt stellen Providerverträge Dauerschuldverhältnisse dar, was darauf zurückzuführen ist, dass sie auf eine längere Geltungsdauer angelegt sind. Neben einem vertragsgemäßen Ablauf der Gültigkeitsdauer können Provider-Verträge durch fristgemäße Kündigung beendet werden. Eine fristlose Kündigung kann zugunsten des Providers im Falle dauernden Zahlungsverzugs durch den Kunden oder bei Einstellung grob rechtswidriger Inhalte (Marken-/Urheberrechtsverstöße, Verletzung des Persönlichkeitsrechts wegen Beleidigung) erklärt werden. Ein Veranstalter oder Künstler kann aber auch seinen Provider-Vertrag fristlos kündigen, wenn über einen längeren Zeitraum hinweg (z. B. 5 Tage) der Server nicht erreichbar ist oder fortlaufend abstürzt und deshalb der Internetauftritt nur sehr eingeschränkt erreichbar ist.[33]

a) Access-Providing

Anhand des gewählten Vergütungssystems bei dem auf Zeit vermittelten Zugang zum Internet wird die Vertragsart indiziert. Weitgehend hat sich im Access-Providing die Flatrate-Lösung durchgesetzt, so dass überwiegend von einem dienstvertraglichen Charakter des Access-Providing-Vertrages auszugehen ist. Es empfiehlt sich zur Vermeidung von Unklarheiten eine klare Formulierung der Vertragsklausel zur **Zugangsgewährung**. Dabei sollte ein konkreter Prozentsatz bezüglich der Erreichbarkeit des Zugangsservers festgelegt werden. Formulierungen wie „Der Zugang wird nur im Rahmen der bestehenden technischen und betrieblichen Möglichkeiten vereinbart" bevorteilt den Provider unnötig, da er so im Rahmen seiner Vertragserfüllung einen großen Spielraum geniest, der nicht interessengerecht ist. Nicht umsonst hat das LG Karlsruhe eine Provider-AGB-Klausel, die eine Zugangssicherheit von 99 % garantierte, für nichtig erklärt.[34]

---

[32] LG München I, MMR 2004, 265.
[33] Strömer, Online-Recht, S. 21 f.
[34] LG Karlsruhe, CR 2007, 369.

Das Gericht sah zu Recht in der Klausel einen verhüllten Haftungsausschluss.³⁵ Ebenso von Bedeutung sind im Access-Providing-Vertrag die Klauseln zur **Sperrung des Netzzugangs**. Ein Recht zur Sperrung besteht im Falle einer Vertragsverletzung. Eine klare Vertragsverletzung liegt vor bei Zahlungsverzug von mehr als 75,- € oder wenn der User seinen vom Provider vermittelten Netzzugang für rechtswidrige Handlungen missbraucht (z. B. Versand eines Computerwurms, Spamming).³⁶ Für den Fall eines **Missbrauchsverdachts** sollte vertraglich das Recht zur Sperrung davon abhängig gemacht werden, dem User zuvor Gelegenheit zur Ausräumung des Verdachts einzuräumen. Alternativ wäre ebenso denkbar, die Sperrung aufgrund eines Missbrauchsverdachts erst ab Einleitung eines staatsanwaltlichen Ermittlungsverfahrens zu vollziehen. Aus einer anonymen Denunziation sollte sich noch kein Recht zur Sperrung ergeben, da die wirtschaftlichen Folgen und Imageschäden einer Offline-Internetpräsenz nicht im Verhältnis zu einem Missbrauchsverdacht stehen. Selbst das LG Hamburg sieht in einer Sperrmaßnahme einen Eingriff in das Fernmeldegeheimnis, wenn keine konkrete Rechtsgrundlage hierfür gegeben ist.³⁷

b) Account-Nutzung

Der Vertrag zur Einrichtung eines Accounts beinhaltet – wie die englische Übersetzung „account" bereits andeutet – die Einrichtung eines **Email-Briefkastens**. Es handelt sich hierbei um einen Unterfall des Access-Providingvertrags, der für diese Email-Anschrift eine reservierte Speicherkapazität auf dem Zugangsserver des Access-Providers bereithält. Der Inhaber der Email-Anschrift holt sich somit von dem Zugangsserver seine Nachrichten ab und lädt diese auf seinen eigenen Rechner herunter. Neben der dienst- und werkvertraglichen Vertragskomponente des Datenabrufs und der Erreichbarkeit des Accounts, beinhaltet die Account-Nutzung auch eine mietvertragliche Komponente bezüglich der Speicherfläche. Die maximale Speicherkapazität hinsichtlich des Datenvolumens auf dem Account sollte sinnvollerweise konkret vereinbart werden, um keine bösen Überraschungen in Form einer Nachberechnung erleben zu müssen.

c) Webhosting

Ebenso mietvertraglichen Charakter hat der Webhosting-Vertrag, dessen Schwerpunkt in der Zurverfügungstellung der (Server-)Speicherkapazität für den Content seiner Kunden liegt. Mit dem Presence-Provider sollte der Umfang der gemieteten **Speicherfläche** in Form von Datenvolumen-Obergrenzen und einer Webseiten-

---

³⁵ Ebenda-LG Karlsruhe, CR 2007, 369.
³⁶ Haug, Internetrecht, Rn. 255.
³⁷ LG Hamburg, Urteil v. 12.03.2010, AZ: 308 O 640/08.

Obergrenze vereinbart werden.[38] Empfehlenswert ist die Zusicherung eines deutschen Serverstandortes, weil mit der größeren Nähe eine kürzere Zugriffszeit verbunden ist.[39]

Als Unter- oder Sonderformen des Webhosting seien das Webhousing und das Serverhousing genannt. Während der Kunde beim **Webhousing** einen Server des Presence-Providers ausschließlich für seinen Gebrauch mietet, stellt er beim **Serverhousing** seinen eigenen Server beim Presence-Provider unter. Dort wird der eigene Server auf der angemieteten Stellfläche im Serverraum vom Presence-Provider technisch betreut, gewartet und an das Internet angeschlossen. Beim Serverhousing steht damit eher die dienstvertragliche Komponente der Wartung und des Netzanschlusses im Vordergrund.[40]

d) Webdesigning

Die technische und lay-out-mäßige Erstellung und Gestaltung von Webseiten ist als **Werkvertrag** zu qualifizieren, da es sich bei einer Website nicht um eine bewegliche Sache, sondern um ein geistiges Werk handelt.[41] Der Webdesigner schuldet dem Auftraggeber (z. B. Eventagentur, Veranstalter oder Künstler) ein konkretes Ergebnis. Wird zusätzlich eine fortlaufende Seitenaktualisierung und -pflege vereinbart, stellt dies eine dienstvertragliche Zusatzabrede dar.

Empfehlenswert sind **Abschlagszahlungen** in Abhängigkeit der wesentlichen Arbeitsschritte des Webdisigners im Vertrag festzulegen. Als erster Arbeitsschritt kommt die **Konzeptphase**, in der der Strukturbaum, das Framekonzept und die Platzierung von Links entwickelt werden, in Betracht. Darauf folgt die **Entwurfsphase**, in der die Basisversion mit den wesentlichen Grundfunktionen erstellt wird. Am Ende steht die **Herstellungsphase**, in der die Endvesion erarbeitet wird und an deren Ende die Schlussabstimmung steht. Soweit vereinbart, kommt zusätzlich noch die **Einstellung des Internetauftritts ins Netz** in Betracht, was die ausdrückliche Netzfreigabe des Auftraggebers voraussetzt.[42] Diese Vergütungsart ist für beide Vertragsparteien vorteilhaft und interessengerecht. Der Auftraggeber kauft nicht die „Katze im Sack", wenn er vorab die volle Vergütung zahlen soll und keinen Einfluss mehr auf den Schaffensprozess des Designers hat. Anders herum trägt der Webdesigner nicht die Zahlungsgefahr, erst nach erheblichen Vorarbeiten und Zeitstunden ganz am Ende sein Honorar zu erhalten.

---

[38] Haug, Internetrecht, Rn. 260.
[39] Strömer, Online-Recht, S. 28.
[40] Strömer, Online-Recht, S. 31 f.
[41] Vgl. Deckers, CR 2002, 900, 901.
[42] Vgl. Deckers, CR 2002, 900, 901.

IV. Haftung beim Setzen von Links

Fall 4: Der über alle Maßen von sich selbst überzeugte Großveranstalter A will mit seinem Internetauftritt endlich an die Topposition bei Google kommen und verlinkt seine Veranstalterwebsite mit allen nur denkbaren Veranstaltungen, Veranstaltungsbörsen, Künstlern, Bands sowie Musiklabels. Er erhofft sich durch die Verlinkung den gewünschten Werbeerfolg zu erreichen und verfasst zur Sicherheit einen Disclaimer mit folgendem Inhalt, um sich vor den Inhalten der verlinkten Webseiten haftungsrechtlich frei zu zeichnen: „Mit Urteil vom 12. Mai 1998 hat das Landgericht Hamburg entschieden, dass man durch Ausbringung eines Links die **Inhalte der gelinkten Seiten gegebenenfalls mitzuverantworten hat. Dies kann nur dadurch verhindert werden, dass man sich ausdrücklich von diesem Inhalt distanziert. Ich distanziere mich aus diesem Grund hiermit ausdrücklich von allen Inhalten aller gelinkten Seiten auf meiner Homepage und mache mir diese Inhalte nicht zu eigen."**

1. Grundsatz der Verantwortlichkeit

§ 7 TMG ist die wichtigste Regelung für die Haftung eines Dienstanbieters im Hinblick auf die Fragestellung, ob und unter welchen Voraussetzungen er für eigene oder fremde Informationen haftet. Aufgrund der Vielzahl möglicher Fallgestaltungen im Eventbereich ist für alle Websitebetreiber zunächst der Grundsatz zu beherzigen, dass sich die wesentlichen Verantwortlichkeitsabstufungen nach der **Intensität der Informationsbeziehung** richten. Das heißt je intensiver die Informationsbeziehung ist, je höher ist auch die Verantwortlichkeit.

2. Verantwortlichkeit für eigene Informationen (§ 7 Abs. 1 TMG)

Für eigene Informationen, die vom Diensteanbieter zur Nutzung bereitgehalten werden, **haftet** dieser **uneingeschränkt** und damit nach den allgemeinen Grundsätzen (zivil-, straf- und öffentlich rechtlich). Das Bereithalten eigener Informationen ist die stärkste Form der denkbaren Informationsbeziehung. Folglich sind auch keine Privilegierung und keine Entlassung aus der Verantwortlichkeit möglich.[43] Eigene Informationen sind Informationen, die auf einem eigenen oder einem fremden Rechner bzw. Server bereitgehalten werden.[44] Man unterscheidet zwischen originär eigenen und zu eigen gemachten Informationen.

---

[43] Müller-Terpitz in: Kröger/Hoffmann, Rechtshandbuch zum E-Government, 4. Teil Rn. 25.
[44] Spindler in: Spindler/Schmitz/Geis, TDG, § 8 Rn. 4.

Tabelle 2: Informationsarten

Originär eigene Informationen	=vom Dienstanbieter selbst erzeugte Informationen, das heißt es fallen nicht nur Informationen in Textform, sondern auch Musikstücke, Grafiken oder zum Download bereitgehaltene Software oder Dateien darunter	Z. B.: Der künstlerische Leiter des Orchesters O stellt den von ihm geschriebenen Text zur Konzertankündigung und Musikpassagen aus der Probenarbeit zum Download für die Presse (die nicht zur Pressekonferenz kommen wollen) und für das interessierte Publikum in die Website des Orchesters ein
Zu eigen gemachte Informationen	=wenn sich der Diensteanbieter mit dem fremden Inhalt derart identifiziert, dass er die Verantwortung für den gesamten oder für bewusst ausgewählte Teile übernimmt	Z. B.: Kopiert die Künstleragentur H fremde Modelbilder von einer anderen Webseite und fügt sie in ihr Angebot ein, macht sie sich diese zu eigen, da bei dem Nutzer/Veranstalter der Eindruck erzeugt wird, die Künstleragentur H wolle sich diese Bilder „wie eigene" Bilder zurechnen lassen. Dadurch ist ein Haftungsausschluss für eventuelle Rechtsverletzungen durch „Quellenangabe" oder eines anderen Hinweises auf den Fremdbezug nicht möglich[45]

Nach höchstrichterlicher Rechtsprechung[46] reicht der reine Betrieb einer Internetplattform, auf welcher Nutzer Inhalte Dritter einstellen, für ein Zueigenmachen regelmäßig nicht aus, wenn diese keiner Prüfung durch den Betreiber unterzogen werden können. (z. B. Bewerterseite für Promotionagenturen – www.4promo.de)

3. Sonderfall – Hyperlinks

Das setzen eines Links ist nur ein technischer Weiterleitungsvorgang, der nicht von den Haftungsprivilegierungen §§ 7 ff. TMG erfasst wird, da eine Zuordnung in die Kategorien eigenen oder zu eigen gemachte Information unmöglich ist.

Bei der Beurteilung der Haftung des Linksetzers unterscheidet die Rechtsprechung vielmehr zwei verschiedene Zeitpunkte.[47]

a) Zivilrechtliche Haftung

Grundsätzlich haftet als Mitstörer jeder, der in irgendeiner Weise willentlich und ursächlich an der Herbeiführung einer rechtswidrigen Beeinträchtigung mitgewirkt hat. Für die Beurteilung der Haftung des Linksetzers kommt es daher maßgeblich

---

[45] Heckmann, juris Praxiskommentar-Internetrecht, S. 95 Rn. 17.
[46] Vgl. BGH v. 11.03.2004 - I ZR 304/01 - GRUR 2004, 860, 862.
[47] AG Berlin-Tiergarten v. 30.06.1997 - 260 DS 857/96 - MMR 1998, 49 mit Anm. Hütig, MMR 1998, 50.

darauf an, ob er ihm **zumutbare Prüfungspflichten** verletzt hat.[48] Hier unterscheidet die Rechtsprechung zwischen den Prüfungspflichten **bei** der Linksetzung und **nach** der Linksetzung.

Der Umfang der Prüfungspflichten **beim** Setzen der Links richtet sich nach dem Gesamtzusammenhang, in dem der Hyperlink verwendet wird sowie nach dem Zweck des Hyperlinks und nach der Kenntnis des Linksetzers von den Umständen, die dafür sprechen, dass die Website, auf die verwiesen wird, rechtswidrigem Handeln dient.[49] Aufgrund der hohen Bedeutung eines Hyperlinks für das Funktionieren des Internets werden aber keine überspannten Anforderungen an die Webseitenbetreiber gestellt. Schließlich sollen diese nicht aus purer Angst vor rechtlichen Konsequenzen von einer Linksetzung komplett absehen. Aber ist die Rechtswidrigkeit eines Inhalts einer Webseite eindeutig, so darf diese – folgt man dem Prinzip des „sichersten Weges" – nicht verlinkt werden, selbst wenn die Verlinkung im Rahmen einer Onlinepresseberichterstattung erfolgt.[50]

Der Umfang der Prüfungspflichten **nach** der Linksetzung ist problematisch, da aus Zumutbarkeits- und Verhältnismäßigkeitsgesichtspunkten keine pauschale und zeitlich unbegrenzte Pflicht zur Überprüfung angenommen werden kann. Ferner ist umstritten, ob der Hyperlink als Gefahrenquelle gilt, da er keine neue Gefahrenquelle schafft, sondern eine bereits bestehende Gefahr nur erhöht.[51] Das OLG München leitet hieraus eine **„Internetverkehrssicherungspflicht"** ab, da eine spätere Änderung der verlinkten Seite dem Diensteanbieter bewusst ist.[52] Eine erhöhte Kontroll- und Überwachungspflicht in inhaltlicher und zeitlicher Hinsicht besteht deshalb dann, wenn der verlinkte Inhalt positiv bewertet (z. B. empfohlen) wird.[53]

b) Strafrechtliche Verantwortlichkeit

Die strafrechtliche Bewertung der Verlinkung ist bislang uneinheitlich.[54] Bei direkter Verlinkung auf eine Seite mit strafrechtlich relevanten Informationen kommt eine Strafbarkeit wegen **Täterschaft**[55] oder zumindest wegen **Beihilfe**[56] in Betracht.

---

[48] Näher zur Zumutbarkeit von Prüfungspflichten allgemein BGH v. 17.05.2001 - I ZR 251/99 - MMR 2001, 671, 673.
[49] So genannte Schöner-Wetten-Entscheidung BGH v. 01.04.2004 - I ZR 317/01 - MMR 2004, 529.
[50] OLG München v. 28.07.2005 - 29 U 2887/05 - MMR 2005, 768.
[51] Heckmann, juris Praxiskommentar-Internetrecht, S. 107 Rn. 87.
[52] OLG München v. 15.03.2002 - 21 U 1914/02 - MMR 2002, 625.
[53] Haug, Internetrecht, S. 157 Rn. 356.
[54] Heckmann, juris Praxiskommentar-Internetrecht, S. 108 Rn. 98 ff.
[55] OLG Stuttgart v. 24.04.2006 - 1 Ss 449/05 - MMR 2006, 387; Stadler, Haftung für Informationen im Internet, Rn. 182 f.
[56] LG Stuttgart v. 15.06.2005 - 38 Ns Js 2147/02 - CR 2005, 675 f.

Straflosigkeit tritt nur ein, wenn eine erkennbare Distanzierung vom Inhalt dieser Seite im Rahmen einer umfangreichen Dokumentation erfolgt und die Distanzierung eindeutig ist.[57]

c) Haftungsvermeidung durch Disclaimer

Obwohl sich eine pauschale Haftungsfreizeichnung mit Hilfe eines „Disclaimers" (übersetzt „Distanzierungshinweis") größter Beliebtheit erfreut und in vielen Varianten im Internet zu finden ist[58], sei nochmals folgendes hervorzuheben. Ein „Disclaimer" trägt zwar dazu bei, dass eine Wertung des jeweiligen Links als „eigener Inhalt" entfallen kann, weil verdeutlicht wird, das sich der Verlinkende den jeweiligen Inhalt der verlinkten Seiten nicht „zu eigen machen" will, aber auf **urheberrechts-**, **wettbewerbs-** und **markenrechtswidrige** Inhalte hat dies keine Auswirkungen, da dieser an der Gefahrenerhöhung nichts ändert.[59]

> **Fazit:** In der Praxis ist ein pauschaler Distanzierungshinweis zur Haftungsvermeidung ungeeignet. Es empfiehlt sich vielmehr die gesetzten Verlinkungen regelmäßig auf Veränderungen zu überprüfen und das Datum der Überprüfung zu vermerken.[60]

Falllösung 4: Das Einsetzen des Disclaimers enthält nur den Hinweis des Großveranstalters A darauf, dass er sich den Inhalt der verlinkten Seiten nicht „zu eigen machen" wollte. Sollte der verlinkte Inhalt urheberrechtliche, wettbewerbsrechtliche oder markenrechtliche Verletzungen enthalten, kann sich A nur der Haftung entziehen, wenn er nachweisen kann, dass zum Zeitpunkt der Linksetzung keine Rechtsverletzungen vorlagen und dass er nach der Linksetzung regelmäßig den Inhalt der Verlinkungen überprüft hat. Hinsichtlich der strafrechtlichen Verantwortlichkeit ist der Disclaimer zu allgemein, da nur eine erkennbare Distanzierung vom Inhalt dieser Seiten im Rahmen einer umfangreichen Dokumentation mit eindeutiger Distanzierung genügt. Im Übrigen ist das von Großveranstalter A zitierte Urteil des LG Hamburgs nie rechtskräftig geworden.[61]

d) Allgemeine Ver- und Entpflichtungen der Diensteanbieter (§ 7 Abs. 2 TMG)

Fall 5: Konzertbesucher L lädt seine „Affäre" zur Eröffnungsfeier ins neue Opernhaus der Stadt E ein. Gleich am Eingang werden die VIP-Gäste entlang des roten Teppichs fotografiert. L lässt das Blitzlichtfeuer über sich ergehen, da er seiner

---

[57] Näher hierzu unter c) Haftungsvermeidung - Disclaimer.
[58] Www.e-recht24.de/muster-disclaimer.htm
[59] Heckmann, juris Praxiskommentar-Internetrecht, S. 110 Rn. 109 f. m.w.N.
[60] Ebenda.
[61] Das bedeutet, dass das Urteil mit einem Rechtsmittel (Berufung) angegriffen wurde und damit nicht endgültig ist und in der nächsten Instanz von einem anderen Gericht überprüft wird.

neuen Begleiterin gefallen will und sonnt sich ein bisschen in dem außergewöhnlich veranstalteten Hype. Am nächsten Tag kommen ihm starke Bedenken, ob nicht die Fotos eventuell seiner Ehe schaden könnten. Er unternimmt allerdings nichts und hofft darauf, dass niemand etwas erfährt. Anders als gedacht, erscheinen die Fotos auf der neuen Internetpräsenz des Opernhauses im Pressespiegel. Der Zufall will es, dass die Ehefrau auf die neue Begleitung ihres Mannes angesprochen wird. L ist nun der Ansicht, dass das Opernhaus mit der Einstellung der Fotos ins Internet sein Recht am Eigenen Bild verletzt und Schadensersatz in Form der Scheidungskosten zu tragen hat.

Für übermittelte oder gespeicherte Informationen besteht grundsätzlich keine Überwachungsverpflichtung und Gefahrerforschungspflicht, da es sich um **fremde Informationen** handelt. Die weitreichende Haftungserleichterung und damit Entpflichtung der Diensteanbieter bezieht sich nur auf Access-, Network- und auf Hostprovider.[62] Für diese Providerdienstleister besteht nur die allgemeine Reaktionsobliegenheit stets dafür Sorge zu tragen, dass ein rechtswidriger Zustand unverzüglich abgestellt wird. So lange und soweit sie aber keine Kenntnis vom fremden Inhalt haben, können sie nicht strafrechtlich zur Verantwortung gezogen werden. Auch kann ihnen kein Fahrlässigkeitsvorwurf gemacht werden, weil sie nicht stichprobenweise die von ihnen verbreiteten Inhalte auf Rechtsverstöße (z. B. Markenrechtsverletzungen) überprüfen oder eine entsprechende Filtersoftware installiert haben müssen. § 7 Abs. 2 TMG schließt gesetzlich eine vorbeugende Inhaltskontrolle aus, obwohl die Access-, Presence- und Hostprovider einen kausalen Tatbeitrag zur Verbreitung dieser Daten leisten.

Tabelle 3: Zusammenfassung der Haftungsprivilegien der Providerarten

Access-Provider	Presence-Provider	Content-Provider
(=reine Durchleitung § 8 TMG)	(=Webhosting § 10 TMG)	(=Websiteninhaber)
Durchleitung fremder Inhalte durch eigene Leitungen	Speicherung fremder Inhalte auf eigenen Servern	Einstellung eigener Inhalte in das Internet
↓	↓	↓
Haftungsprivilegierung gem. § 7 Abs. 2 TMG d. h. keine Haftung, solange sich der Provider aus dem Datenfluss heraushält § 8 TMG	Haftungsprivilegierung gem. § 7 Abs. 2 TMG d. h. keine Haftung, solange der Provider keine Kenntnis von den Inhalten hat und ab Kenntnis die Inhalte löscht oder den Zugang	Volle Haftung für diese Inhalte gem. § 7 Abs. 1 TMG

Blogbetreiber sind stets zur Aufmerksamkeit verpflichtet, wenn Anlass zu der Vermutung besteht, dass rechtswidrige Aktivitäten (z. B. geschäftsschädigende Äu-

---

[62] Heckmann, juris Praxiskommentar-Internetrecht, S. 114 Rn. 130.

ßerungen) in seinem Forum stattfinden.[63] Eine generelle Vorabprüfungspflicht ist allerdings nicht zumutbar, da ansonsten der verfassungsrechtlich gewünschte Meinungsaustausch „abgewürgt" und so die Fortführung eines Forums unmöglich ist.

Kritisch zu hinterfragen ist daher das neue Youtube-Urteil des LG Hamburg.[64] Danach haftet Youtube für urheberrechtswidrige Nutzungsvideos wie für eigene Inhalte, da Youtube sich diese zu eigen mache. Das Gericht ordnete Youtube nicht als Host-Provider, sondern als Content-Provider ein, so dass die Haftungsprivilegien nicht anwendbar sind. Gerichtsentscheidend ist die Eingebundenheit des jeweiligen Videos beim Abspielen in einen von Youtube vorgegebenen Rahmen auf der linken Hälfte der Internetseite, wodurch sich in erster Linie Youtube als Anbieter der künstlerischen Inhalte präsentiere. Unbeachtet hingegen ließ das Gericht die Argumentation, dass Youtube den Inbegriff einer User-Generated-Content-Plattform darstellt.

Genauso sensibel ist dies für den Eventbereich bei Plattformen mit Partyfotos. **Gemäß § 22 S. 1 KUG dürfen Bildnisse** grundsätzlich nur mit Einwilligung des Abgebildeten verbreitet oder öffentlich zur Schau gestellt werden. Die Einwilligung kann jedoch auch stillschweigend erteilt werden, wenn das eindeutig aus der Sicht des Empfängers zum Ausdruck kommt. Abzugrenzen davon ist die Einwilligung in die Ablichtung selbst. Die Einwilligung in beides kann gemäß § 22 Abs. 2 KUG vermutet werden, wenn die abgebildete Person für die Abbildung eine Entlohnung erhalten hat.

Falllösung 5: Gegen die Verbreitung bzw. öffentliche Zurschaustellung von Bildnissen ohne Einwilligung hat der Abgebildete L neben einem Unterlassungsanspruch gemäß §§ 1004, 823 BGB i. V. m. § 22 S. 1 KUG auch einen Schadensersatzanspruch auf Ersatz des immateriellen Schadens. Die Scheidungskosten fallen darunter aber nicht. Da L in die Ablichtung zweifellos eingewilligt hat, als er sich auf dem roten Teppich im Blitzfeuer sonnte, kann mit hoher Wahrscheinlichkeit angenommen werden, dass hierin gleichzeitig eine stillschweigende Einwilligung in die Internetveröffentlichung erfolgte. In der Praxis ist es üblich, dass die fotografierten oder gefilmten Personen spätestens vor der Veröffentlichung des Bildmaterials darüber informiert werden, dass diese auf einer Fotoplattform im Internet eingestellt und somit der Öffentlichkeit zugänglich gemacht werden sollen. Die erforderliche Einwilligung kann formlos geschehen, sollte aber aus Beweissicherungszwecken schriftlich erteilt werden. Die Erfolgsaussichten im Klageverfahren sind eher gering zu bewerten.

V. Urheberrechts wegen fremden Contents

Fall 6: Journalist J schreibt als freier Mitarbeiter im Jahr 2004 einen sehr lobenden Artikel für eine Lokalzeitung über ein Orchester, das bis dato nur mit schlechter

---

[63] AG München v. 06.06.2008- 142 C 6791/08 - Anmerkung Thorsten Feldmann JurisPR-ITR 15/2008.

[64] LG Hamburg v. 03.09.2010, AZ: 308 O 27/09.

Kritik bedacht wurde. Die engagierte Mitarbeiterin der Presseabteilung R freut sich sehr darüber und veröffentlicht den Bericht auf der eigenen Homepage des Orchesters. Journalist J ärgert sich im Laufe der Jahre darüber, dass sein Artikel der einzig lobende Artikel geblieben ist. Er fordert das Orchester daher auf, entweder den Beitrag von der Seite zu nehmen oder ihn zumindest mit einem Entgelt von 64,20 € angemessen zu vergüten. Muss das von der Lokalpresse „geplagte" Orchester diesen einen wertvollen Artikel entfernen oder nun auch noch dafür bezahlen?

Die mit dem Internet verbundenen technischen Möglichkeiten lassen viele Nutzer unbewusst Urheberrechtsverletzungen bzw. Verletzungen verwandter Schutzrechte begehen. Im großen Stile wird die „Copy & Paste" Mentalität ausgelebt und dabei „hürdenlos" Teile von Internetseiten kopiert und dann selbst verwendet (z. B. als Texte in eigenen Websites). Die Verwendung fremden Contents (übersetzt „Inhalt") bleibt nicht sanktionslos, da das Internet trotz flutender und flüchtiger Informationen keinen „urheberrechtsfreier Raum" darstellt.[65] In einzelnen Fällen kann das Kopieren von Teilen einer Website zusätzlich gegen das Markengesetz, Wettbewerbsrecht und das Kunsturhebergesetz verstoßen.[66]

In der Praxis stellt sich neben der Frage, ob die einzelnen Bestandteile einer Website urheberrechtlichen Schutz genießen, häufig die Problematik, ob auch die Künstler/Veranstalter-Website als Ganzes urheberrechtlich geschützt sein kann. Die Homepagegestaltungen und Logos genießen urheberrechtlichen Schutz als Werke der bildenden Kunst, wenn sie eine künstlerisch-ästhetische Gestaltung aufweisen und nicht nur von der Gebrauchsfunktion geprägt sind.[67] Die Anforderungen an die Schaffenshöhe sind entsprechend der sog. kleinen Münze[68] nicht hoch. Für die im Internet zu findenden Musik- und Sprachwerke gilt das ebenso. Dies gilt vor allem, seit es durch die Einführung des MP3-Formats möglich geworden ist, Musikdateien sehr stark zu komprimieren. Abzugrenzen sind davon jedoch die reinen akustischen Signale, die nur als Erkennungszeichen für das Aufrufen einer Webseite erklingen, ohne dabei eine Melodie zu entfalten.[69] Hier kommt vielmehr ein markenrechtlicher Schutz als sog. Hörmarke[70] in Betracht.

Auf Webseiten der Veranstalter, Künstler-, Event-, Promotion- und Werbeagenturen sowie Cateringunternehmen kommen häufig Sprachwerke i. S. d. § 2 UrhG vor. Ein urheberrechtlich geschütztes Sprachwerk ist gegeben, wenn die geistige Schöpfung durch Mittel der Sprache zum Ausdruck kommt (z. B. Reden, Schriftwerke).[71] Auch Gebrauchstexte wie Disclaimer, Musterverträge, AGBs und Routenplaner/Stadtplanausdrucke, nicht aber ein Impressum zählen zu den urheber-

---

[65] Koch, Internetrecht, S. 300.
[66] Näher hierzu die Kapitel: Wettbewerbsrecht, Markenrecht und Urheberrecht.
[67] OLG Hamm v. 24.08.2004 - 4U 51/04 - GRUR-RR 2005, 73, 74 - Web-Grafiken.
[68] Vgl. Ausführungen im Kapitel zum Urheberrecht.
[69] Schulze in: Dreier/ Schulze, Urheberrechtsgesetz § 2 Rn. 137.
[70] Siehe dazu im Kapitel Markenrecht.
[71] Schulze in: Dreier/Schulze, Urheberrechtsgesetz § 2 Rn. 137.

rechtlich geschützten Sprachwerken.[72] Zeitungsartikel genießen regelmäßig urheberrechtlichen Schutz. Auch Kritiken, Kommentare sowie die reine Bericht- und Tatsachenerstattung, die keine eigene Meinung oder eine individuelle Prägung des Autors beinhaltet, fallen darunter. Nur kurze Artikel (Meldungen) mit rein tatsächlichem Inhalt, die routinemäßig erstellt werden, erreichen keinen urheberrechtlichen Schutz mangels Schöpfungshöhe. Deutlich verkürzte Buchrezensionen (sog. „Abstracts") aus verschiedenen renommierten Zeitungen stellen nach neuster Rechtsprechung dann eine urheberrechtlich freie Benutzung nach § 24 UrhG dar, wenn es dem Abstract – Verfasser gelingt durch die Komprimierung einen eigenständigen schöpferischen Gehalt zu erzeugen.[73] Dies hängt vor allem davon ab, wie weit sich das Abstract in Aufbau und Gliederung vom Original unterscheidet und in welchem Umfang Passagen aus dem Originaltext übernommen werden.[74]

Sollte nun eine Künstler- oder Veranstalterwebsite insgesamt betrachtet besonders komplex und einfallsreich sein, kann der Internetauftritt an sich bereits die notwendige Schöpfungshöhe gemäß § 2 Abs. 2 UrhG erreichen, so dass ein Schutz als sog. Multimediawerk besteht.[75]

Falllösung 6: Journalist J ist nach § 7 UrhG Urheber des Textes, der bei der Lokalzeitung erschienen ist. Damit ist er Inhaber des Vervielfältigungsrechts (§ 16 UrhG), des Verbreitungsrechts (§ 17 UrhG) und der sonstigen in § 15 UrhG beschriebenen Verwertungsrechte. Da er im Auftrag der Zeitung den Artikel geschrieben hat und dieser gedacht war, in der Zeitung veröffentlicht zu werden, hat er das Vervielfältigungsrecht und das Verbreitungsrecht als so genanntes Veröffentlichungsrecht an die Zeitung übertragen. Fraglich ist hierbei in welchem Umfang er seine Rechte der Zeitung eingeräumt hat. Es kommen wie so oft mehrere Möglichkeiten in Betracht. Meistens vergibt der Autor, wenn er als freier Mitarbeiter tätig ist, bei Presseartikeln entweder nur das einfache Nutzungsrecht oder er verpflichtet sich zusätzlich bis zum Erscheinen des Beitrages in der Zeitung seinen Artikel nicht anderweitig zu publizieren (Konkurrenzausschluss). Bisweilen wird auch das ausschließliche Nutzungsrecht für ein Jahr vereinbart und erst danach darf der Autor wieder frei über seinen Artikel verfügen. Die darüber hinausgehende Einräumung von Nutzungsrechten ist bei freien Mitarbeitern unüblich. Nur bei angestellten Journalisten, die auch ein festes Gehalt beziehen, können bisweilen weitere Nutzungsrechte beispielsweise das Zweitveröffentlichungsrecht in einer anderen Zeitung, in einem E-Journal oder eben auf einer Homepage eingeräumt werden. Es ist im Jahr 2008 davon auszugehen, dass J wieder voll über die Nutzung seines Artikels bestimmen kann. Daher darf er auch das Orchester auffordern, den Artikel von der Seite zu nehmen oder ein angemessenes Entgelt verlangen. Hier sind die Vertragsparteien (Orchester und Journalist) an keine Vorgaben gebunden, sondern können die Vergütung frei verein-

---

[72] Heckmann, juris Praxiskommentar-Internetrecht, S. 303 Rn. 34 ff.
[73] OLG Frankfurt v. 11.12.2007- 11 U 76/06 - jurisPR-WettbeR 4/2008 - Anmerkung Elke Ullmann.
[74] OLG Frankfurt v. 11.12.2007- 11 U 75/06 - jurisPR-ITR 8/2008 - Anmerkung Robert Scherzer.
[75] OLG Düsseldorf v. 29.06.1999 - 20 U 85/98 - MMR 1999, 729.

baren. Allerdings haben sich gewisse Erfahrungswerte herausgebildet, die von der Berufserfahrung und der Relevanz der Zweitveröffentlichung abhängen.

Da sein Artikel ja bereits in der Lokalzeitung erstverwertet wurde und die Zweitverwertung gewöhnlich nur bei 20 %, in Ausnahmefällen bis zu 50 % der Erstverwertung liegt, errechnet sich hier ein deutlich geringerer Betrag als der von J geforderte. Soweit er als arrivierter Redakteur 0,77 € pro Zeile von der Lokalzeitung erhalten und der Artikel 64 Zeilen mit durchschnittlich 37 Buchstaben pro Zeile lang ist, ergibt sich hieraus für die Erstverwertung ein Gehalt von 49,28 €. 50 % hiervon ergeben aufgerundet 25 €. Die Forderung des J ist somit dem Grunde nach berechtigt aber der Höhe nach unberechtigt und damit um 39,20 € zu kürzen.

D. Domainstreitigkeiten

I. Überblick

Domainstreitigkeiten gehören zu den häufigsten Fällen mit Internetbezug, die einer gerichtlichen Klärung bedürfen. Schuld daran ist, dass es kein dezidiertes Domainrecht gibt, sondern oft Konflikte im Namensrecht (BGB), Markenrecht und Wettbewerbsrecht ausgelöst werden. Weiterhin ist es die strategische Bedeutung der Domains, die gerade im Eventbereich zum Tragen kommt, und deshalb für die überdurchschnittliche Streitkultur der Veranstalter, Agenturen und auch Künstler sorgt. Die besondere Begehrlichkeit dieser aussagekräftigen, möglichst kurzen bzw. prägnanten und damit werbewirksamen Domains liegt darin begründet, dass sie kraft ihrer Verbreitungsfähigkeit und Verbreitungsgeschwindigkeit stark imagebildend sind und ihrerseits „Markenqualität" besitzen.[76]

Die Domainstreitigkeiten lassen sich grob in drei Kategorien einordnen.

Ansprüche **gegen** die Domain	Verletzung von Rechten Dritter durch die Registrierung oder Benutzung der Domain
Ansprüche **aus** der Domain	Domain hat selbst marken-, namens- und wettbewerbsrechtlichen Schutz
Ansprüche **um** die Domain	Wettlauf um ein „knappes Gut" oder ob die Adresse überhaupt „verwendbar" ist (sog. Verwendungsfähigkeit)

Durch den grenzüberschreitenden Charakter des Internets besteht teilweise eine örtliche und internationale Zuständigkeit deutscher Gerichte. Unabhängig von der staatlichen Gerichtsbarkeit werden Domainstreitigkeiten häufiger vor privaten Schiedsstellen ausgetragen, was Geld und vor allem Zeit sparen kann. Es gibt zur Zeit von der ICANN vier anerkannte Schiedsgerichte:

- die World Intellectual Property Organization (WIPO),
- die Nation Arbitration Forum (NAF),

---

[76] Heckmann, juris Praxiskommentar-Internetrecht, S. 232 Rn.1 ff.

- das International Institute for Conflict Prevention & Resolution (CPR) und
- das Asian Domain Name Dispute Resolution Centre (ADNDRC).

Streitigkeiten um eine „de" – Domain können vor einer Schiedsstelle bisher noch nicht ausgetragen werden.[77] Als Haftungsgegner kommt primär der Domaininhaber nach den Grundsätzen der allg. Störerhaftung in Betracht. Dadurch können Unterlassungsansprüche mit vorheriger Abmahnung, Beseitigungs- bzw. Freigabeansprüche, Auskunftsansprüche und Schadensersatzansprüche ausgelöst werden, wenn eine rechtlich relevante Domainbeeinträchtigung festgestellt wird. Der Zonenverwalter und technische Ansprechpartner, sowie die DENIC scheiden als Haftungsgegner mangels Prüfungspflichten aus.[78] Die DENIC kann nur als Haftungsgegner in Anspruch genommen werden, um sie zu verpflichten eine bestimmte Domain zu registrieren. Die DENIC ist nur im Ausnahmefall verpflichtet einen Antrag auf Registrierung eines Domainnamens abzulehen. Dies ist dann der Fall, wenn die Registrierung ganz offensichtlich unter Verletzung von Namens- oder Kennzeichenrechten eines Dritten erfolgt. Unter kartellrechtlichen Erwägungen kann ein Anspruch auf Registrierung von Second-Level-Domains aus zwei oder gar einem Buchstaben bestehen (z. B. www.vw.de).[79] Inwieweit dies auch für Provider gilt, sind sich die Gerichte noch nicht einig.[80] Einigkeit besteht darüber, dass eine Inanspruchnahme der DENIC auf Aufhebung der Registrierung im Nachhinein regelmäßig dann möglich ist, wenn ein Titel vorgelegt wird, der gegen den Domaininhaber gerichtet ist. Ein Titel gegen den Admin C genügt den Anforderungen regelmäßig nicht für einen Freigabeanspruch.[81]

II. Streitigkeit gegen und um die Domain

Die Kenntnis der Prinzipien im Wettlauf um begehrte Domainnamen ist für eine eventspezifische Werbung unabdingbar.

1. Prioritätsprinzip

Nach den Richtlinien der DENIC wird eine Domainregistrierung ohne Rücksicht auf eine materielle Rechtsposition vorgenommen. Es gilt das Prinzip „first come,

---

[77] Heckmann, juris Praxiskommentar-Internetrecht, S. 286 Rn. 230.
[78] BGH v. 17.05.2001 - I ZR 251/99 - GRUR 2001, 1038 - ambiente.de; OLG Hamburg v. 27.02.2003 - 3 U 7/01 - GRUR-RR 2003, 332, 335 - nimm2.com.
[79] OLG Frankfurt v. 29.04.2008 - 11 U 32/04 (Kart) - JurisPR-ITTR 15/2008 Anmerkung Thomas Lapp.
[80] Vertiefend zur Uneinheitlichkeit der Rechtsprechung – Heckmann, juris Praxiskommentar-Internetrecht, S. 282 Rn. 218.
[81] OLG Frankfurt v. 17.06.2010, AZ: 16 U 239/09 – zur Prüfungspflicht der DENIC bei der Vergabe von Domainnamen.

first level".[82] Dieses Prioritätsprinzip verschafft dem Registrierten eine zunächst komfortable Position bis ihn eine (schieds-)richterliche Entscheidung auf Unterlassung oder Störerbeseitigung zur „Freigabe" zwingt.[83] Der Domainbestreiter muss im Rahmen des „Freigabeprozesses" eine ausreichend starke materielle[84] Rechtsposition nachweisen können. Unbedenklich sind daher Phantasiebezeichnungen, die weder einem persönlichen Namen noch einer geschützten Marke, einem Werktitel oder einer Geschäftsbezeichnung entsprechen. Jedem Veranstalter ist daher bei der Suche nach einer treffenden Formulierung seiner Veranstaltungsdomain oder jedem Künstler/Künstleragentur bei der Bandnamensuche die Wahl einer Phantasiebezeichnung zu empfehlen. So wäre z. B. eine nachträglich Änderung der Internetadresse, wenn bereits alle Plakate, Flyer, Anzeigen und sonstige Werbemaßnahmen für eine Veranstaltung gedruckt sind, nicht nur kosten- und zeitaufwendig, sondern könnte auch den Vorverkauf nachhaltig beeinflussen.

2. Durchbrechung des Prioritätsprinzips

Eine Durchbrechung des Prioritätsprinzips findet statt, wenn sich der Domainbestreiter auf eine **materielle** Rechtsposition stützen und der Domaininhaber sich nur auf das Prioritätsprinzip berufen kann. Unter einer materiellen Rechtsposition versteht man in diesem Zusammenhang einen rechtlich wirksamen Anspruch entweder aus dem Namensrecht nach § 12 BGB oder aus dem Markenrecht nach §§ 14, 15 MarkenG.

a) Entgegenstehendes Namensrecht

§ 12 BGB schützt den Namen natürlicher Personen (Vor- und Nachnamen) und juristischer Personen (auch solche des Öffentlichen Rechts – z. B. Gemeinden[85]). Geschützt ist auch die Firma des Kaufmanns, eine Personenhandelsgesellschaft (z. B. GmbH & Co. KG) oder einer Kapitalgesellschaft (z. B. Aktiengesellschaft). Eigentümer des Grundstücks deren Häuser namensartige Kennzeichnungen (z. B. Schloss Eggersberg) besitzen, können ebenfalls den Namensschutz des § 12 BGB in Anspruch nehmen.[86]

Ebenso sind Pseudonyme (Berufs- und Künstlernamen) umfasst, wenn sie hinreichend unterscheidungskräftig sind und Verkehrsgeltung haben.[87]

---

[82] Siehe § 3 Abs. 1 S. 1 der DENIC-Domainbedingungen.
[83] Heckmann, juris Praxiskommentar-Internetrecht, S. 243 Rn.11.
[84] Begriffserklärung befindet sich im nächsten Abschnitt – b).
[85] LG Erfurt v. 31.01.2002 - 3 O 2554/01 - MMR 2002, 396 - suhl.de.
[86] LG München I v. 01.04.2008 - 33 O 15411/07 - www.schloss-eggersberg.de.
[87] BGH v. 18.03.1959 - IV ZR 182/58 - BGHZ 30, 7-18 - Caterina Valente.

Die **Schutzdauer** des Namensrechts ist endlich, da mit dem Tod des Namensträgers das Namensrecht erlischt. Vererbt werden können nur vermögenswerte Bestandteile des postmortalen Persönlichkeitsrechts.[88]

Eine Domainnutzung als **Namensanmaßung/unbefugter Namensgebrauch** liegt vor, wenn dadurch die Gefahr einer namensmäßigen Zuordnungsverwirrung ausgelöst wird.[89] Inwieweit trotz einer veränderten Schreibweise ein Gebrauch des Namens vorliegt, ist streitig.[90] Maßgebend ist wie immer der Gesamteindruck. Eine Klarstellung auf der Startseite der Internetplattform kann die Zuordnungsverwirrung nicht beseitigen. Als zulässig wird hingegen betrachtet, wenn der Domain selbst ein <u>unterscheidungskräftiger Zusatz</u> angefügt wird[91] (z. B. bei geographischen Herkunftsangaben). Nicht ausreichend ist nur die Anfügung einer Jahreszahl (Bsp. www.hessentag2006.de).[92]

Veranstaltern ist dementsprechend zu empfehlen, eine Domain, die den Veranstaltungsort enthält, nur mit einem unterscheidungskräftigen Zusatz zu verwenden, da ansonsten die betreffende Stadt oder Gemeinde die Namensanmaßung abmahnen und auf Unterlassung klagen kann, da in der Namensanmaßung eine **Verletzung eines schutzwürdigen Interesses** liegt. Auch ein rein persönliches oder ideelles, sogar ein Affektionsinteresse (Liebhaberinteresse) des Namensträgers genügt bereits für die Geltendmachung.[93] Das liegt daran, dass in unserer Rechtsordnung die Persönlichkeitsrechte höher gewichtet werden als vermögensrechtliche oder geschäftliche Interessen.[94]

b) Entgegenstehendes Markenrecht

Der Markenschutz bietet, ebenso wie das Namensrecht, eine materielle Rechtsposition, die das Prioritätsprinzip ohne weiteres verdrängen kann. Es können Ansprüche **auf** die Domain und **aus** der Domain entstehen. Derjenige, der eine an sich „freie" Domain registrieren will, sollte daher eine Kollision mit diesen Rechtspositionen vermeiden. Umgekehrt hat die materielle Rechtsposition zur Folge, dass sich der Markeninhaber (Rechteinhaber) gegen eine dennoch erfolgte Registrierung und Nutzung seines Kennzeichens erfolgreich wehren kann.[95]

---

[88] Siehe dazu die Entscheidung des BGH v. 05.10.2006 - IZR 277/03 - BGHZ 169, 193-199 - kinski-klaus.de.
[89] Heckmann, juris Praxiskommentar-Internetrecht, S.245 Rn.23 ff. m.w.N.
[90] Heckmann, juris Praxiskommentar-Internetrecht, S.245 Rn.23 ff. m.w.N.
[91] OLG Düsseldorf v. 15..01.2002 - 20 U 76/01 - GRUR-RR 2003, 25 - duisburg-info.de.
[92] LG Frankfurt/M. v. 29.04.2005 - 2-03 O 583/04 - MMR 2005, 782.
[93] Heckmann, juris Praxiskommentar-Internetrecht, S. 247 Rn.31 ff. m.w.N.
[94] Beier, Recht der Domainnamen, S. 165 m.w.N.
[95] Vertiefend zu Markenschutz, Markenarten und markenrechtlichem Unterlassungsanspruch, siehe im Kapitel Markenrecht.

c) Subsidiaritätsprinzip

Sollte ein kennzeichenrechtlicher Schutz aus dem MarkenG mit dem Namensrecht kollidieren, ist das Namensrecht aus § 12 BGB ausnahmsweise nachrangig. Im Umkehrschluss bedeutet das, wenn keine Marke vorliegt, hat das Namensrecht stets Vorrang. Hier spricht man von dem sog. **Subsidiaritätsprinzip**.

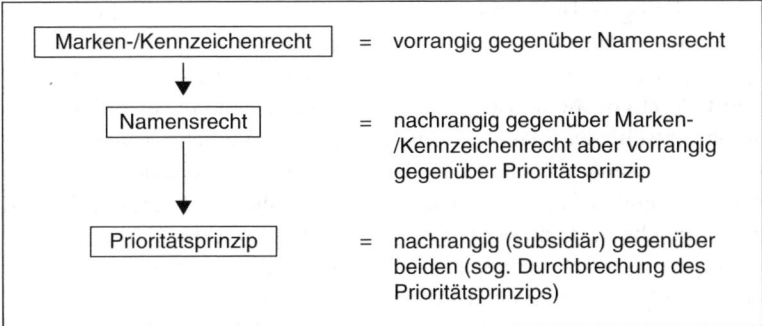

Abb. 1: Subsidiaritätsprinzip

3. Grundsätze des Rechts der Gleichnamigen

Fall 7: Die Stadt Thum muss feststellen, dass ihre Internetdomainadresse www.thum.de bereits vergeben ist. Der Fotograf namens Thum aus X hat sich bereits seit 8 Jahren diese Domain registriert und benutzt sie seitdem. Seine Fotografenwebsite ist unter dieser Internetadresse auffindbar. Die Stadt Thum, die ihre Internpräsenz gerade versucht umzusetzen, ist der Ansicht, dass ihr nur allein als wirklicher Stadtnamensträger diese Domainadresse zustehe. Muss sich Herr Thum eine neue Domainadresse für seine Agenturwebsite suchen?

Bei vielen Domainstreitigkeiten können die Streitparteien jeweils eigene materielle Rechtspositionen an dem Domainnamen aus Namens- oder Markenrecht geltend machen. Häufig stehen sich Städte/Gemeinden und Privatpersonen/Unternehmen sowie Privatperson und Unternehmen im Kampf um die Domain gegenüber. Das Gericht hat stets in seiner Entscheidung das **Prioritätsprinzip** zu Grunde zu legen, denn das Erhaltungsinteresse des Domaininhabers überwiegt gegenüber dem Erlangungsinteresse des anderen Namensinhabers, unabhängig davon, ob sich dieser aus dem Namens- oder Markenrecht ergibt.[96]

Ausnahmsweise kommt es zur **Durchbrechung des Prioritätsprinzips**, wenn der „prioritätsjüngere" Namensträger eine überragende Bekanntheit (ca. 60 bis 80 %), im Rechtsverkehr für sich geltend machen kann.[97] Ist dem nicht so, gilt das Prioritätsprinzip weiter. In Einzelfällen kann nur das sog. RÜCKSICHTNAHME-

---

[96] BGH Urteil v. 22.11.2001 - I ZR 138/99 - CR 2002, 525 - shell.de.
[97] Grundlegend BGH v. 22.11. 2001 - I ZR 138/99 - CR 2002, 525 - shell.de.

GEBOT der unterliegenden Streitpartei weiterhelfen.[98] Danach kann das Gericht den obsiegenden Domaininhaber zumindest verpflichten, auf den eigenen Internetseiten einer Verwechslungsgefahr mit geeigneten Maßnahmen vorzubeugen.[99]

Falllösung 7: Die Stadt Thum genießt Namensschutz, so dass die Gebietskörperschaft Anspruch auf Löschung des Domainnamen www.thum.de hat, wenn der Fotograf als Domaininhaber kein eigenes namens-/markenrechtliches Recht geltend machen kann. Der Fotograf Herr Thum hat ein Namensrecht, mit der Folge dass eine „Rechtekollision" wegen Gleichnamigkeit gegeben ist. Es gilt grundsätzlich das Prioritätsprinzip, welches nur durchbrochen werden kann, wenn die Stadt Thum eine **überragende Verkehrsbedeutung** aufweisen kann. Das LG Osnabrück[100] hat verallgemeinerbar entschieden, dass „...eine überragende Verkehrsbedeutung nur deshalb angenommen werden kann, wenn der Bekanntheitsgrad einer Gemeinde dem der bisher anerkannten Fälle wie „krupp.de" oder „shell.de" vergleichbar ist. Einer näheren Prüfung bedürfte diese Frage nur, wenn der Name der Gemeinde z. B. mit einem wichtigen, überörtlich bekannten Ereignis (Sportveranstaltung, Stadtgeschichte, Geburtsort einer bekannten Persönlichkeit) oder mit einem bekannten geografischen Punkt (Autobahnkreuz) verbunden wäre und deshalb Anhaltspunkte bestehen.... Eine Einwohnerzahl von ca. 50.000 begründet allein noch keine überragende Verkehrsbedeutung."

Da die Stadt Thum nur 5.000 Einwohner, keine außergewöhnliche Stadtgeschichte hat oder bekannter Veranstaltungsort mit Ausnahme des jährlichen Blasorchestertreffens ist und über 25 km von der Autobahn A 4 entfernt liegt, fehlt es an der überragenden Verkehrsbedeutung, dass das Prioritätsprinzip nicht durchbrochen werden kann. Herr Thum darf daher seine Domain entsprechend dem Prioritätsprinzip („first come, first level") behalten.

4. Domaingrabbing

Fall 8: Der kreative Veranstalter V hat bereits über 70 verschiedene Domainnamen gesichert. Er weiß aber nicht, ob er jemals alle Domainnamen für seine Veranstaltungen verwenden wird.

Sollte V mit dem Horten der Domains besser aufhören?

Das unlautere Domaingrabbing ist gegenüber dem zulässigen „Horten" generischer Domains abzugrenzen. Auch hier spielt wiederum das Prioritätsprinzip eine Rolle, denn jedem steht es frei, Domains zu registrieren. Es steht auch jedem frei zu entscheiden, ob und wann der Domainname genutzt werden soll, oder ob man diesen einem Dritten überlassen soll. Ein unlauteres Domaingrabbing liegt erst dann vor, wenn die Registrierung trotz fehlender eigener Nutzungsabsicht als Domainname erfolgt, um diesen dem wahren Kennzeicheninhaber (z. B. Markeninhaber) zum

---

[98] Neue aber noch nicht gefestigte Linie der Rspr. - BGH v. 28.02.2002 - I ZR 195/99 - NJW 2002, 2093- vossius.de.

[99] Heckmann, juris Praxiskommentar-Internetrecht, S. 258 Rn. 98 f. m.w.N.

[100] LG Osnabrück v. 23.09.2005 - 12 O 397/04 - MMR 2006, 248 - obergerichtliche Entscheidungen fehlen bislang.

Verkauf anzubieten und auf diese Weise unter **Ausnutzung einer Zwangslage** einen hohen Preis zu erzielen.[101] Entscheidendes Abgrenzungskriterium ist somit der Vorsatz, den Domainnamen als Handelsware benutzen zu wollen. Liegt ein Verkaufsangebot des Domaininhabers vor, ist von einem unlauteren Domaingrabbing auszugehen.[102] Als Rechtsfolge kommen der Ersatz der Abmahnungskosten[103] und die Löschung der Domain in Betracht. Daneben kann sich ein Domaingrabber wegen Erpressung und (bei Marken) einer Kennzeichenrechtsverletzung strafbar machen.[104]

Falllösung 8: Nein, V kann weiterhin Domains horten, da er keinen Vorsatz hat, die Domainnamen als Handelsware den Kennzeicheninhabern zum Kauf anzubieten, sondern vielmehr ein eigenes Nutzungsinteresse an den Domains für seine Veranstaltungen hat.

III. „Verbotene" Domainnamen – Grenzen freier Formulierbarkeit

Bei den „verbotenen" Domainnamen geht es um Ansprüche **gegen** die Domain.

Aufgrund der Meinungs- und Kunstfreiheit gibt es in Deutschland keine „absolut verbotenen" Domainnamen, die quasi für niemanden registrierfähig wären.[105] Vielmehr gibt es „**relativ**" verbotene" Domainnamen. Relativ verbotene Domainnamen enthalten „Sachaussagen", die die Rechte Dritter verletzen und diese sich deshalb gegen die Domainregistrierung wehren können, obwohl sie selbst diese Domain genauso wenig nutzen dürften. Vor dem eventspezifischen Hintergrund sind Umlautdomains und Tippfehlerdomains zu nennen, die in der Praxis eine irreführende Werbung und unzulässige Kanalisierung von Kundenströmen erreichen können.

E. Beweissicherung

Um die Chancen im Falle einer gerichtlichen Auseinandersetzung erheblich zu steigern, ist eine Sicherung der Beweise von Anfang an in schriftlicher und digitaler Form sowie unter Zuhilfenahme von Zeugen unabdingbar. Häufig ist im Voraus nicht genau absehbar wie sich ein Fall entwickeln wird. Gerade im Internet sind Rechtsverletzungen genauso schnell behoben, wie sie aufgetaucht sind.

Die einfachste, aber dennoch effektivste Art der Beweissicherung ist das **Ausdrucken** einer Website unter Zuhilfenahme des Browsers bei Anwesenheit eines oder mehrerer unabhängiger Zeugen. Hier werden Daten wie Datum, Uhrzeit, Seitentitel, genaue URL der Seite und frei editierbare Kopf- und Fußzeilen automa-

---

[101] Beier, Recht der Domainnamen, S. 172 f.
[102] OLG Zweibrücken v. 17.10.2002 - 4 U 59/02 - OLGR Zweibrücken 2003, 157 ff.
[103] Vgl. die Ausführungen zum Sanktionsverfahren im Kapitel Wettbewerbsrecht.
[104] LG München II v. 14.09.2000 - W 5 KLs 70 Js 12730/99 - CR 2000, 847.
[105] Heckmann, juris Praxiskommentar-Internetrecht, S. 264 Rn. 130 f.

tisch mit ausgedruckt, welche bei der Sortierung und Archivierung der Beweise sehr hilfreich sind. Die häufigste Art der Beweissicherung ist das „Abfotografieren" der Bildschirmanzeige (sog. **Screenshot**). Beim Erstellen eines Screenshots ist allerdings zu beachten, dass der dazugehörige Quelltext mit abgespeichert wird, da dort Informationen enthalten sind, die über den sichtbaren Teil der Website hinausgehen (z. B. die META-Tags). Der Quelltext ist im Übrigen nichts anderes als der Programmcode der betreffenden Website.

Zusätzlich sollte man auch die Fundstellen auf anderen Webseiten und **Suchmaschinenergebnisse sichern**, um nachvollziehen zu können, ob z. B. die geltend gemachte Urheberrechtsverletzung neu oder alt und im Google Cache zu finden ist. Obwohl die Beweiskraft abgespeicherter E-Mails aufgrund hoher Fälschungsgefahr nicht besonders hoch vor Gericht ist, kann eine archivierte lückenlose Kette sich aufeinander beziehender **E-Mails** von Vorteil sein. Bei der Polizei und Staatsanwaltschaft, sowie vor Gericht ist die Sicherung der **IP-Adressen** sehr beliebt, da diese eine hohe Beweiskraft besitzen. Über die IP-Adresse kann in Verbindung mit einem Zeitstempel (Datum, Uhrzeit) der verwendete Telefonanschluss und somit der Ursprungsrechner und damit häufig auch der Rechtsverletzer ermittelt werden. Private Internetbenutzer erhalten von ihrem Internetprovider mit jeder Verbindung eine neue IP-Adresse und deshalb auch dynamische IP-Adresse genannt. Hingegen erhalten Computer, die wie ein Webserver permanent mit dem Internet verbunden sind, nur eine feste IP-Adresse. Die Abkürzung IP steht für Internet-Protokoll und ist ein zentraler Standard für die Selbstorganisation des weltweiten Datennetzes. Es bestimmt auf welche Weise jeder an das Internet angeschlossene Computer identifiziert wird.

Neuntes Kapitel: Recht der GEMA

Fall 1: Musiker M spielt ein Konzert in einer 210 qm großen Kneipe und das Eintrittsgeld beträgt 7 €. Das Konzert wird durch den Veranstalter V organisiert. M spielt ausschließlich sein eigenes Repertoire, welches dem Stil Rockmusik zuzuordnen ist. V fragt sich, ob er das Konzert bei der GEMA anmelden muss und wenn ja, welchen Betrag er zu zahlen hat.

Fall 2: Wie jedes Jahr findet auch dieses Jahr der Kölsche Karneval statt. Dazu gehören Prunksitzungen mit Tanz- und Musikeinlagen, der Umzug mit Spielmannszügen, Musikkapellen und Lautsprecherwagen und natürlich der obligatorische Weg durch die Kneipen. Das Organisationskomitee der „Kölscher Narren" O fragt sich, wie ihre Veranstaltungen anzumelden sind. Die „Kölscher Narren" sind Mitglied im Bund Deutscher Karneval (BDK) und erhoffen sich dadurch eine Vergünstigung.

Auch der Gaststättenbetreiber G in der Kölner Innenstadt, der wie jedes Jahr mit einem erhöhten Zustrom von Karnevalisten rechnet, fragt sich, ob es für die närrischen Tage einer besonderen Anmeldung bei der GEMA bedarf.

A. Einführung

Die GEMA ist für beinahe jeden Veranstalter ein alter und meist unbeliebter Bekannter. Das liegt oft daran, dass ihr Zweck dem Musiknutzer schleierhaft ist oder dass zumindest kein Grund gesehen wird, weitere Ausgaben als nötig zu tätigen. Daher werden die Veranstaltungen bei der GEMA oft nicht angemeldet. Doch eine Veranstaltung ohne GEMA-Anmeldung kann teuer werden, wenn die GEMA durch das gut funktionierende Netz ihrer freien Mitarbeiter davon Kenntnis erlangt. Denn die GEMA vergibt nicht nur die Lizenzen und kassiert dafür Gebühren, sondern sie ist auch eine Kontrollinstanz, die überprüft, ob die Verwendung GEMA-pflichtiger Musiktitel bei ihr gemeldet wurde. Gleichzeitig steht sie beratend zur Seite und übernimmt die Tarifberechnungen anhand der durch den Veranstalter gemachten Angaben. Dennoch ist es sinnvoll, das System verstanden zu haben. Unabhängig, ob als Veranstalter für Livekonzerte, als Betreiber eines Restaurants oder sogar auf der eigenen Hochzeit oder Beerdigung eines Familienmitglieds, die GEMA-Anmeldung ist bei einer öffentlichen Wiedergabe von Musik immer zu beachten. Es stellen sich damit unmittelbar einige Fragen:

- Wem nutzt die GEMA?
- Ist meine Veranstaltung überhaupt GEMA-pflichtig?
- Was ist zu beachten, wenn ich einen Nutzungsvertrag mit der GEMA abschließe?
- Und zu guter Letzt natürlich: Welche Einsparungspotenziale können genutzt werden?

B. Urheber- und Leistungsschutzrecht

Musik ist in unserer Gesellschaft allgegenwärtig. Und immer steckt ein mehr oder weniger heller Kopf hinter der Komposition, hinter dem Text und hinter der Art und Weise wie sie gespielt, aufgenommen und/oder produziert wurde. Gemäß dem Urheberesetz (im folgenden UrhG) haben sowohl die Urheber, das heißt die Komponisten, die Texter und die Bearbeiter, als auch die ausübenden Künstler, das Recht über die Verwertung und Verwendung des Stückes zu bestimmen und dafür – wenn dies möglich – Geld zu verlangen. Die Verwertungsrechte des **Urhebers** sind vielfältig und umfassen grundsätzlich alle vorstellbaren Möglichkeiten, die Musik öffentlich zu machen. Sie sind geregelt in den §§ 15 ff. UrhG. Die Rechte des **ausübenden Künstlers**, das heißt desjenigen, der nicht Urheber des Stückes ist, sondern die Stücke öffentlich aufführt (sog. Interpret) oder in einem Studio aufnimmt, sind in den §§ 73 ff. UrhG geregelt und werden **Leistungsschutzrechte** genannt.

Es ist leicht einsichtig, dass nicht jeder Urheber mit jedem Interessenten an seiner Musik einen Vertrag über deren Nutzung abschließen kann. Der Zeit- und Kostenaufwand würde den Künstler von seiner maßgeblichen Arbeit abhalten und der Musiknutzer würde entweder die Musik ohne Erlaubnis spielen oder sich auf ein gewisses Repertoire beschränken, um die Lizenzierung im übersichtlichen Rahmen zu halten. Dies ist natürlich nicht im Interesse des Künstlers und des Publikums. Um dieses organisatorische Problem zu lösen, treten die Verwertungsgesellschaften im Namen des Künstlers auf.

C. Verwertungsgesellschaften

Komponisten, Musiker, Schriftsteller, Regisseure, Schauspieler, im Prinzip alle Personen, die im künstlerischen Massenverkehr auftreten und Schwierigkeiten haben, ihre Rechte selbst wahrzunehmen, können die Nutzungsrechte an ihren Werken **Verwertungsgesellschaften** (VG) übertragen. Im Gegenzug kümmern diese sich um die rechtliche und die finanzielle Abwicklung mit den Verbrauchern unter Abzug der für die Verwertungsgesellschaften anfallenden Kosten. Zur Wahrnehmung dieser Nutzungs-, Einwilligungs- und Vergütungsansprüche bedarf eine Verwertungsgesellschaft zunächst der behördlichen Erlaubnis. Gegenwärtig sind in Deutschland 12 Verwertungsgesellschaften nach § 1 UrhWahrnG zugelassen. Hervorzuheben sind hier die **VG Wort** zur Vertretung der Schriftsteller und Publizisten, die **VG Bild-Kunst**, die die Rechte für Bildende Künstler, Fotografen, Designer, Regisseure und sonstige visuelle Künstler wahrnimmt, die **GVL**, die vornehmlich für die Rechtewahrnehmung der musikausübenden Künstler (Interpreten) und Veranstalter zuständig ist, und schließlich die **GEMA**, die im Auftrag des Musikurhebers handelt. Sie nimmt die Nutzungsrechte von **Werken der Tonkunst mit oder ohne Text** wahr. Lizenzen an reinen Sprach- oder sonstigen Werken (z. B. Hörbüchern) werden von ihr folglich nicht vergeben.

Kurzbezeichnung	Name	Internet	E-Mail
GEMA	Gesellschaft für musikalische Aufführungs- und Verwertungsrechte – rechtsfähiger Verein kraft Verleihung	www.gema.de	gema@gema.de
GVL	Gesellschaft zur Verwertung von Leistungsschutzrechten mbH	www.gvl.de	gvl@gvl.de
VG-Wort	Verwertungsgesellschaft Wort – rechtsfähiger Verein kraft Verleihung	www.vgwort.de	vgw@vgwort.de
VG Bild-Kunst	Verwertungsgesellschaft Bild-Kunst – rechtsfähiger Verein kraft Verleihung	www.bildkunst.de	info@bildkunst.de
VG Musikedition	Verwertungsgesellschaft – rechtsfähiger Verein kraft Verleihung	www.vgmusikedition.de	info@vgmusikedition.de
GÜFA	Gesellschaft zur Übernahme und Wahrnehmung von Filmaufführungsrechten mbH	www.guefa.de	info@guefa.de
VFF	Verwertungsgesellschaft der Film- und Fernsehproduzenten mbH	www.vffvg.de	anna.nassl@vff.org
VGF	Verwertungsgesellschaft für Nutzungsrechte an Filmwerken mbH	www.vgf.de	info@vgf.de
GWFF	Gesellschaft zur Wahrnehmung von Film- und Fernsehrechten mbH	www.gwff.de	kontakt@gwff.de
AGICOA	AGICOA – Urheber-Rechtsschutz GmbH	www.AGICOA.org	info@agicoa.org
VG Media	Gesellschaft zur Verwertung der Urheber- und Leistungsschutzrechte von Medienunternehmen mbH	www.vgmedia.de	info@vgmedia.de
VG TWF	Verwertungsgesellschaft Treuhandgesellschaft Werbefilm GmbH	www.twfgmbh.de	info@twfgmbh.de

Abb. 1: Liste der gegenwärtigen Verwertungsgesellschaften[1]

Im Jahre 2008 betrug der Umsatz aller Verwertungsgesellschaften 1,27 Mrd. €, wovon allein 823 Mio. € auf die GEMA entfielen.[2]

---

[1] Siehe dazu die Liste der zugelassenen Verwertungsgesellschaften, abrufbar unter http://www.dpma.de/amt/aufgaben/urheberrecht/aufsichtueberverwertungsgesellschaften/listederverwertungsgesellschaften/index.html

[2] Jahresbericht 2009 des DPMA, S. 41, verfügbar unter http://www.dpma.de/docs/service/veroeffentlichungen/jahresberichte/dpma-jahresbericht2009.pdf.

I. Grundlagen und Entwicklungen

Die Übertragung der Nutzungsrechte erfolgt auf vertraglicher Grundlage. Dabei befinden sich die Verwertungsgesellschaften in einer Schlüsselstellung zwischen Urhebern und Leistungsschutzberechtigten auf der einen sowie Werknutzern auf der anderen Seite. Sie schließen mit den Werknutzern Lizenzverträge, mit welchen sie die entgeltliche Nutzung der Werke gestatten. Zuvor müssen die Urheber jedoch den Verwertungsgesellschaften die treuhänderische Wahrnehmung ihrer Rechte durch Wahrnehmungs- oder Berechtigungsverträge übertragen haben. Nach Abzug der den Verwertungsgesellschaften anfallenden Verwaltungskosten kehren diese die eingezogenen Lizenzgebühren an die Urheber aus.

Da auch in anderen Ländern Verwertungsgesellschaften existieren, verbinden sich diese länderübergreifend in der Regel mittels sogenannter Gegenseitigkeitsverträge miteinander. Auf diese Weise ist es den Verwertungsgesellschaften möglich, nicht nur Lizenzen für das Repertoire der von ihr repräsentierten Urheber und Leistungsschutzberechtigten zu erteilen, sondern auch für das Repertoire aller über Gegenseitigkeitsverträge verbundenen Verwertungsgesellschaften.[3]

Die Vertragbeziehungen der Verwertungsgesellschaften können so in einer „horizontale" und eine „vertikale" Ebene verbildlicht werden.[4]

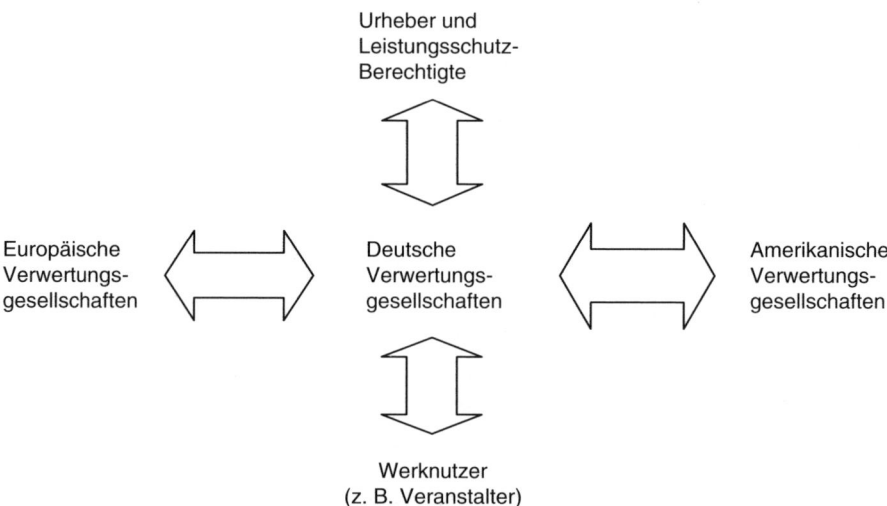

Abb. 2: Vertragsbeziehungen der Verwertungsgesellschaften

Die deutschen Verwertungsgesellschaften lassen sich in der Regel von den Urhebern und Leistungsschutzberechtigten die jeweiligen Rechte weltweit einräumen.[5]

---

[3] Hansen, in: Urheberrecht und Internet, S. 288, Rn. 22.

[4] So anschaulich wiedergegeben bei Hansen, in: Urheberrecht und Internet, S. 288, Rn. 20 ff.

[5] Vgl. § 1 Abs. 1 GEMA-Berechtigungsvertrag, GEMA-Jahrbuch 2009/2010, C. II. 2, S. 170.

Auf diese Weise wird die Verwertungsgesellschaft berechtigt, diese Rechte in allen Ländern wahrzunehmen, was sie durch Gegenseitigkeitsverträge mit Schwestergesellschaften gewährleisten kann. Der Inhalt dieser bilateraler Vereinbarungen wird gegebenenfalls durch internationale Dachorganisationen vorgegeben, unter denen die jeweiligen nationalen Schwestergesellschaften zusammengefasst sind (z. B. CISAC (Confédération Internationale des Sociétés d'Auteurs et Compositeurs), BIEM (Bureau International des Société gérant les Droits d'Enregistrement et de Reproduction Mécanique), IFRRO (International Federation of Reproduction Rights Organisations)).[6] Die überragende Bedeutung der Gegenseitigkeitsverträge zwischen den Schwestergesellschaften liegt darin, dass erst durch sie die einzelne Verwertungsgesellschaft ermächtigt wird, die ihr zuvor eingeräumten Rechte effektiv und wirksam auch im Ausland wahrzunehmen. Denn nur mittels dieser weltweiten Zusammenarbeit ist es zur Wahrnehmung des „Weltrepertoires" nicht notwendig, in allen Ländern Verwaltungsstrukturen zu schaffen, welche die Rechtswahrnehmung auch faktisch ermöglichen.

Allerdings kommt es durch die Übertragung des Repertoires ausländischer Verwertungsgesellschaften zu einem faktischen Monopol der Schwestergesellschaft, da die Lizensierung nur für das eigene Verwaltungsgebiet erfolgen kann.[7] Einen unverbindlichen Mustervertrag für Gegenseitigkeitsvereinbarungen zur Verwaltung von Rechten für die öffentliche Wiedergabe von Werken bietet etwa die Dachorganisation der Verwertungsgesellschaften CISAC ihren Mitgliedern an.

Am 16.07.2008 erließ die Europäische Kommission die sogenannte „CISAC"-Entscheidung, mit welcher sie die in dem Mustervertrag der CISAC enthaltenen Mitgliedschaftsbeschränkungen und die gebietsbezogenen Beschränkungen für die Bereiche Online, Satellitenübertragung und Kabelweitersendung[8] mit den Bestimmungen der Art. 81 EG und Art. 53 EWR unvereinbar erklärte und insofern eine Untersagungsverfügung erließ.[9] Nachdem das Europäische Gericht 1. Instanz (EuG) die von der GEMA beantragte Aussetzung des Vollzugs der Entscheidung bereits abgelehnt hat,[10] bleibt abzuwarten, wie das EuG nun über die Klage auf teilweise Nichtigerklärung der „CISAC"-Entscheidung befinden wird.

---

[6] Hansen, in: Urheberrecht und Internet, S. 291, Rn. 27.

[7] Hansen, in: Urheber- und Internetrecht, S. 292, Rn. 31 ff. m. w. N.

[8] Im Gegensatz dazu waren die verschiedenen Offline-Verwertungen (z.B. Konzerte, Rundfunk, Diskotheken, Bars) sowie Vervielfältigungsrechte nicht Gegenstand der Entscheidung und des vorausgegangenen Prüfungsverfahrens.

[9] Entscheidung der Europäischen Kommission vom 16.07.2008, COMP/C2/38.698, abrufbar unter http://ec.europa.eu/competition/antitrust/cases/decisions/38698/de.pdf.

[10] EuG, Beschluss vom 14.11.2008, Rs. T-410/08 R, abrufbar unter http://curia.europa.eu/jurisp/cgi-bin/gettext.pl?lang=de&num=79918885T1908%20R0410_1&doc=T&ouvert=T&seance=ORD.

II. Die GEMA

Die GEMA kann auf eine bereits über einhundertjährige Geschichte zurückblicken. Im Jahr 1901 wurde im Reichstag ein Gesetz verabschiedet, das das Urheberrecht an Werken der Literatur und Tonkunst (LUG) beinhaltete. Bereits am 01.07.1903 wurde die Anstalt für musikalisches Aufführungsrecht (AFMA) gegründet, welche nicht nur die Rechte der Musikurheber, sondern auch die der Verleger vertrat. Dies ist auch der Grund, warum heute noch die Verleger bei der GEMA ein wichtiges Mitspracherecht haben. Im Laufe des zwanzigsten Jahrhunderts hat die AFMA durch Zusammenschlüsse und durch politischen Missbrauch im Dritten Reich mehrere Male ihren Namen gewechselt und die von ihr wahrgenommenen Rechte erweitert. 1947 erfolgte dann die Umbenennung in **GEMA (Gesellschaft für musikalische Aufführungs- und mechanische Vervielfältigungsrechte)**. Sie hat heute zwar nicht mehr rechtlich (wie im Dritten Reich) aber faktisch das Monopol auf Wahrnehmung der Musikurheberrechte in Deutschland. Die GEMA ist ein wirtschaftlicher Verein nach § 22 BGB und hat ihren Sitz in Berlin. Gemäß ihrer Satzung ist die GEMA uneigennützig und nicht auf die Erzielung von Gewinn ausgerichtet.[11]

Die GEMA nimmt nicht nur die Rechte deutscher Musikurheber wahr, sondern über Gegenseitigkeitsverträge mit ausländischen Verwertungsgesellschaften vertritt sie das musikalische Weltrepertoire mit mehr als 1,4 Mio. Musikurhebern und über 8 Mio. Werken.[12] Diese Aufgabe nimmt sie in allen Bereichen der Verwertung von Musik wahr. Dazu zählt die Öffentliche Aufführung, die mechanische Vervielfältigung auf CD, DVD, LP etc., die Ausstrahlung, Vermietung und Verleihung von Musik. Sogar bei der privaten Vervielfältigung von Musik kassiert die GEMA durch eine Geräte- und Leerkassettenabgabe. Für den Veranstalter ist die Aufführung von Musik das wichtigste Betätigungsfeld der GEMA, auf das sich das folgende Kapitel deshalb konzentriert.

Vorweg stellt sich stets die Frage, wann eine Veranstaltung GEMA-pflichtig ist.

Gesetzestext: § 13 b Abs. 1 Urheberrechtswahrnehmungsgesetz (UrhWG)
Veranstalter von öffentlichen Wiedergaben urheberrechtlich geschützter Werke haben vor der Veranstaltung die Einwilligung der Verwertungsgesellschaft einzuholen, welche die Nutzungsrechte an diesen Werken wahrnimmt.

Die einzelnen Voraussetzungen dafür, dass eine Veranstaltung GEMA-pflichtig ist, sind somit, dass es sich um eine **öffentliche Wiedergabe** handelt, bei der **GEMA-Repertoire** gespielt wird.

Öffentliche Wiedergabe	GEMA-Repertoire

---

[11] Siehe Satzung der GEMA § 2 (http://www.gema.de/der-verein-gema/satzung/).
[12] Siehe Homann, S. 86.

1. Öffentliche Wiedergabe

Entscheidendes Kriterium für die Öffentlichkeit einer Veranstaltung ist die **mangelnde persönliche Beziehung** zwischen dem Verwerter und den Zuhörern oder den Zuhörern untereinander. Als Indiz für das Fehlen dieser Voraussetzung wird zusätzlich die Größe der Veranstaltung herangezogen. Je größer der Zuhörerkreis ist, desto eher wird von einer öffentlichen Wiedergabe ausgegangen. Umstritten war bislang immer die Einordnung von besonders großen Hochzeiten. Allerdings ist nach einer neuen und endlich hierzu ergangenen Gerichtsentscheidung klargestellt, dass auch bei einer Hochzeit mit 600 Gästen von einer nicht öffentlichen Veranstaltung i. S. d. § 15 Abs. 3 UrhG auszugehen ist, da die persönlich geladenen Gäste durch ihre jeweilige Beziehung zum Brautpaar persönlich untereinander verbunden seien. Denn der Begriff der persönlichen Verbundenheit beziehe sich nicht nur auf familiäre oder freundschaftliche Beziehungen. Derartige Hochzeiten gelten auch dann als „öffentlich", wenn es wegen fehlender Einlasskontrollen teilweise möglich sei, dass sich fremde Personen unberechtigt Zutritt zur Hochzeit verschafften.[13]

Falllösung 1: Es stellt sich die Frage, ob es sich hier um eine öffentliche Wiedergabe handelt. Der Musiker M spielt in einer Kneipe. Das Konzert wurde in der Zeitung und mit Anschlägen beworben und ein möglichst großes Publikum wird erwartet. Auf das Verhältnis des Publikums zum Sänger oder untereinander kommt es dabei nicht an. Die Veranstaltung ist damit öffentlich.

2. GEMA-Repertoire

Schwieriger ist die Frage, wann es sich um GEMA-Repertoire handelt und wann nicht. Grundlegend ist hierfür die Klärung, welche Rechte die GEMA tatsächlich für den Künstler wahrnimmt. Es muss stets geprüft werden, ob die betreffenden Musiktitel zeitlich gesehen überhaupt noch vom Urheberrechtsgesetz erfasst sind. Das ist in der deutschen Rechtsordnung nach § 64 UrhG nicht mehr der Fall, wenn siebzig Jahre seit dem Tode des Urhebers vergangen sind.[14] Des Weiteren muss der Künstler des betreffenden Stückes einen **Wahrnehmungsvertrag** – auch **Berechtigungsvertrag** genannt – mit der GEMA abgeschlossen haben (sog. GEMA-Mitglied). Berechtigt hierzu sind Komponisten, Textdichter, Bearbeiter oder Verleger. Da die GEMA ein faktisches Monopol innehat, ist sie gemäß § 6 UrhWG verpflichtet, die Rechte sämtlicher Berechtigter wahrzunehmen, soweit sie Deutsche im Sinne des Grundgesetzes oder Staatsangehörige eines anderen Mitgliedstaates der Europäischen Union sind. Weitere notwendige Folge der faktischen Monopolstellung der GEMA ist der nach § 11 Abs. 1 UrhWG bestehende Abschlusszwang. Danach ist die Verwertungsgesellschaft verpflichtet, aufgrund der von ihr wahrgenommenen Rechte jedermann auf Verlangen zu angemessenen Bedingung Nutzungsrechte einzuräumen. Allerdings besteht dieser Abschlusszwang ausnahmsweise dann nicht, wenn der Interessent die Nutzungsrechte aus rechtlichen Gründen nicht ausüben

---

[13] AG Bochum, Urteil v. 20.01.2009, AZ: 65 C 403/08.
[14] Näher dazu auch im Kapitel Urheberrecht.

kann, weil es dazu einer weiteren Einräumung von Nutzungsrechten bedüfte, die er nicht erlangen kann (sog. rechtliche Unmöglichkeit).[15]

a) Erst- und Zweitverwertungsrecht

Es wird zwischen Erst- und Zweitverwertungsrechten unterschieden.[16] Das **Erstverwertungsrecht** wird meist bei einer Auftragsarbeit direkt an den Besteller übertragen. Komponiert ein Musiker eine Filmmusik, überträgt er das Erstverwertungsrecht meist an die Filmgesellschaft oder den Regisseur. Will nun ein anderer Musiker das Thema der Filmmusik im Rahmen eines Rockkonzerts auf der Bühne präsentieren, handelt es sich um eine **Zweitverwertung** des Stückes. Andere Verwertungsgesellschaften wie die GVL (für Rechte der ausübenden Musiker) und die VG Wort (für Rechte von Schriftstellern und Publizisten) sind nur mit der Wahrnehmung der Zweitverwertungsrechte betraut.

Anders ist dies hingegen beim Berechtigungsvertrag mit der GEMA. Hier kann auch die Wahrnehmung des Erstverwertungsrechts auf die GEMA übertragen werden, soweit nicht im Rahmen eines Verlagsvertrages die Erstverwertungsrechte bereits exklusiv auf einen anderen Vertragspartner übertragen worden sind.

Die Übertragung der Verwertungsrechte erfolgt nach § 1 GEMA-Berechtigungsvertrag. Der Berechtigte (Komponist, Texter) überträgt alle ihm gegenwärtig zustehenden oder während der Vertragsdauer noch zuwachsenden, zufallenden oder sonst erworbenen Urheberrechte in dem im Vertrag bestimmten Umfang zur Wahrnehmung der GEMA. Mit dem Berechtigungsvertrag überträgt der Musikurheber alle Nutzungsrechte, soweit sie ihm noch zustehen, an die GEMA.

Fortsetzung Falllösung 1: Das hat weitreichende Folgen sowohl für den Musiker M als auch für den Veranstalter V. So muss bei dem Konzert des M, wenn er einen Berechtigungsvertrag mit der GEMA abgeschlossen hat, dennoch vom Veranstalter die GEMA-Lizenz von der GEMA erworben werden, obwohl M sein eigenes Repertoire spielt. Denn nicht mehr M, sondern die GEMA ist in diesem Fall Inhaber der Nutzungsrechte an dem Repertoire.

Fazit: Der Veranstalter muss die GEMA-Gebühr auch bezahlen, wenn der engagierte Künstler, der seine eigenen Songs spielt, Mitglied der GEMA ist. Die GEMA-Gebühr fällt dann als umgerechnete Tantieme – abzüglich der Verwaltungsgebühr – an den M.

b) Kleines und großes Recht

Nicht vom Berechtigungsvertrag umfasst sind allerdings **bühnenmäßige Aufführungen dramatisch-musikalischer Werke**, auch „großes Recht" genannt. Wie bereits beschrieben, ist es Sinn und Zweck der Verwertungsgesellschaften, dem Urheber bei der Verwertung seiner Rechte behilflich zu sein, wenn es ihm aus lo-

---

[15] Vgl. BGH v. 22.04.2009, AZ: I ZR 5/07 – Seeing is Believing – Xavier Naidoo.
[16] Siehe im Kapitel Urheberrecht.

gistischen Gründen selbst nicht mehr sinnvoll möglich ist. Deshalb unterscheidet die GEMA auch zwischen „kleinem und großem Recht" (Recht i. d. S.=Nutzungsrecht). Es gilt dabei der **Grundsatz, dass die „kleinen" Nutzungsrechte von der GEMA wahrgenommen werden, die „großen" hingegen beim Musikurheber verbleiben.** Bei den großen Rechten wird dem Musikurheber unterstellt, dass er sie selbst wahrnehmen kann. Nach Ansicht des Bundesgerichtshofs (BGH) liegt eine **„bühnenmäßige Aufführung"** im Sinne des § 19 Abs. 2 UrhG jedenfalls in allen Fällen vor, in denen das Werk durch ein für das Auge oder für Auge und Ohr bestimmtes bewegtes Spiel im Raum dargeboten wird. **„Dramatisch-musikalisch"** ist das Werk, wenn es zumindest geeignet ist, als ein geschlossenes, dramatisch angelegtes Geschehen angesehen zu werden.[17] Grundsätzlich trifft dies auf die Kunstformen Oper, Operette, Musical oder Ballett zu. Auch hier gibt es Ausnahmen: So sollen die Rechte an einem Schlager, der für sich genommen nicht in Szene gesetzt werden kann, aber in einem Musical verwendet wird, von der GEMA wahrgenommen werden.[18] Alle anderen Rechte (die „kleinen") werden umfassend von der GEMA vergeben, sobald zwischen GEMA und Musikurheber (GEMA-Mitglied) ein Berechtigungsvertrag geschlossen wurde. Für den Künstler hat die umfassende Rechtswahrnehmung der GEMA zur Folge, dass er sich nach dem Alles-oder-Nichts-Prinzip entscheiden muss: entweder alle seine Musikwerke (Kompositionen) werden von der GEMA wahrgenommen oder keines. Für den Verwerter (Veranstalter) ist die umfassende Wahrnehmung durch die GEMA vorteilhaft, da er sich hinsichtlich der Nutzungslizenz für besondere Musikwerke nicht separat an den Künstler wenden muss (sog. **Rosinentheorie**).

Fortsetzung Falllösung 1: Da die Aufführung des M dem Genre Singer/Songwriter zugehörig ist, handelt es sich hier um ein kleines Recht für deren Wahrnehmung die GEMA zuständig ist.

Das Gleiche gilt für **Fall 2**. Da die alljährlichen Karnevalshits à la „viva colonia" nicht nur zur Belustigung der Anwesenden vorgetragen werden, sondern da auch ein direktes Verkaufsinteresse besteht, hat der Komponist meist auch einen Vertrag mit der GEMA. Soweit bei einer Veranstaltung ein Lied eines von der GEMA vertretenen Komponisten gespielt wird, ist die ganze Veranstaltung anzumelden. Dies gilt übrigens auch für Lieder, die mit einem neuen Text versehen werden. Bei diesen meist komödiantischen Einlagen handelt es sich in der Regel um eine nicht erlaubte, aber geduldete Bearbeitung. Sie sind in der Originalfassung anzumelden und die Tantiemen fließen an den Komponisten ebenso wie an den ursprünglichen Texter.

c) Sämtliche Rechte

Es ist für die GEMA sinnvoll, in einem Berechtigungsvertrag die Einräumung der Rechte über sämtliche Werke des Berechtigten einzufordern. Denn neben ihrer Aufgabe, das Inkasso, das heißt die finanzielle Abwicklung der Tantiemen, für die

---

[17] BGH GRUR 2000, 228, 230.
[18] BGH GRUR 2000, 228, 230.

Musikurheber zu übernehmen und zu überwachen, damit keine Urheberrechtsverletzungen stattfinden, hat die GEMA auch eine gemeinnützige Funktion. Gemäß den §§ 11, 12 UrhwahrnG ist sie verpflichtet, allen Nutzern auf Verlangen Nutzungsrechte an diesen Rechten zu **angemessenen** Bedingungen einzuräumen. Würden Musikurheber die Rosinen in ihrem Repertoire selbst lizenzieren und nur die B-Ware der GEMA überlassen, könnte sie den Auftrag durch den Gesetzgeber nicht mehr wahrnehmen.

In diesem Zusammenhang ist das stetig wachsende Phänomen der GEMA-freien Musik anzusprechen. Da nicht nur bei Auftritten, sondern auch bei der Pressung von CDs, beim Airplay und den anderen Nutzungsformen von Musik eine Gebühr an die GEMA zu zahlen ist, hat sich ein Markt für GEMA-freie Musik entwickelt. Viele Auftragsproduktionen werden unter der Voraussetzung gemacht, dass die komponierten Stücke nicht bei der GEMA gemeldet sind. Wie bereits dargestellt, werden der GEMA beim Berechtigungsvertrag grundsätzlich alle Rechte des gesamten Repertoires eingeräumt. Insofern kann ein Mitglied der GEMA nicht mehr GEMA-freie Musik komponieren. In der Realität geschieht dies natürlich durchaus, beispielsweise unter einem Pseudonym.

Stets ist nur eine Gebühr an die GEMA zu zahlen, wenn auch GEMA-pflichtige Stücke gespielt werden. Das Material ist nicht GEMA-pflichtig, wenn der Urheber nicht Mitglied der GEMA ist. **Sobald allerdings im Rahmen eines Konzerts ein einziger Titel von einem Künstler stammt, der von der GEMA vertreten wird, hat dies zur Folge, dass die ganze Veranstaltung bei der GEMA anzumelden ist.**

Die Bezirksdirektionen der GEMA[19] untersuchen oft regionale und überregionale Zeitungen darauf, ob Veranstaltungen beworben werden, die nicht bei der GEMA gemeldet sind. Wird die GEMA fündig, stellt sie dem Veranstalter die doppelte GEMA-Gebühr in Rechnung. Dies ist auch dann nicht unberechtigt, wenn nur GEMA-freies Material gespielt wird, denn es gilt allgemein die **GEMA-Vermutung**. Das heißt, dass dem Nutzer die Beweislast dafür obliegt, dass die von ihm benutzten Werke tatsächlich nicht aus dem GEMA-Repertoire stammen. Insofern sollte sich der Veranstalter V ausreichend absichern, dass er die GEMA-Vermutung widerlegen kann. Dies ist beispielsweise durch eine vertragliche Klausel im Konzertvertrag zwischen Künstler und Veranstalter möglich, dass nur GEMA-freie Musik gespielt wird und durch das Ausfüllen der Musikfolgebögen der GEMA bzw. die Beilegung der Setliste des Konzerts. Mehr zum Schadensersatz bei fehlender Anmeldung eines Konzertes findet sich unten im Abschnitt „Tarife".

III. Die GVL

Wie soeben dargelegt, nimmt die Gesellschaft für Verwertung von Leistungsschutzrechten (GVL) das **Senderecht, das Recht zur öffentliche Wiedergabe und das**

---

[19] Für die einzelnen zuständigen Bezirksdirektionen siehe: http://www.gema.de/der-verein-gema/adressen/bezirksdirektionen/.

Recht zur Tonträgervervielfältigung der ausübenden **Künstler** und **Tonträgerhersteller** wahr. Zusätzlich werden auch die Rechte der **Hersteller von Videoclips** (Bild- und Tonträgerhersteller), der **Veranstalter** i. S. v. § 81 UrhG sowie der **Filmurheber**, soweit es sich um Tonträger begleitende Bildträger (Videoclips) handelt, von der GVL wahrgenommen.

Zu den ausübenden Künstlern im Sinne der §§ 73 ff. UrhG gehören **Musiker, Sänger, Tänzer, Schauspieler** und alle sonstigen Interpreten. Besonders zu berücksichtigen sind dabei einerseits das Recht zur Aufnahme, Vervielfältigung und Verbreitung (§ 77 UrhG) und das Recht zur öffentlichen Wiedergabe (§ 78 Abs. 1 UrhG) bzw. das Recht auf eine angemessene Vergütung, wenn ein Stück des Künstlers erlaubterweise gesendet oder auf eine andere Weise öffentlich wahrnehmbar gemacht wird (§ 78 Abs. 2 UrhG). **Tonträgerhersteller** sind alle Tonträgerproduzenten und damit auch die **Schallplattenfirmen**. Ihnen stehen die Rechte nach §§ 85, 86 UrhG zu. Demnach haben sie nach § 85 UrhG einerseits das Recht, die Aufnahme zu vervielfältigen, zu verbreiten und öffentlich zugänglich zu machen. Andererseits haben sie nach § 86 UrhG einen Anspruch auf eine angemessene Beteiligung an der Vergütung, die der ausübende Künstler nach § 78 UrhG erhält. Ebenso haben sie nach § 85 Abs. 2 S. 2 i. V. m. §§ 31, 33 und 38 UrhG den Urheberrechten ähnliche Nutzungsrechte. **Veranstalter** sind ebenfalls Inhaber von Leistungsschutzrechten. Nach § 81 i. V. m. §§ 77, 78 Abs. 1 UrhG müssen auch sie einer Aufnahme und der öffentlichen Wiedergabe eines von ihnen veranstalteten Events zustimmen. Wie die Tonträgerhersteller besitzen auch Veranstalter Nutzungsrechte nach § 81 S. 2 i. V. m. §§ 31, 33 und 38 UrhG an den Aufnahmen.

Nicht zu vergessen ist, dass die GVL lediglich das **Zweitverwertungsrecht** bzw. grundsätzlich auch das **Drittverwertungsrecht** der **ausübenden** Künstler, Tonträgerhersteller und Veranstalter wahrnimmt. Das **Erstverwertungsrecht** wird beim Künstler beispielsweise über die Gage für den Auftritt oder durch den Plattenvertrag erworben. Bei der Herstellung einer Musikaufnahme umfassen die Erstverwertungsrechte in der Regel auch die Vervielfältigung und die Verbreitung der Darbietungen auf Tonträger. Das Zweitverwertungsrecht kommt beispielsweise beim Abspielen von Aufnahmen eines Konzerts oder einer Studioaufnahme im Fernsehen oder im Radio zum Tragen. Bei der Wiedergabe eines solchen Fernseh- oder Radioprogramms in einer öffentlichen Lokalität, wie beispielsweise einer Gaststätte oder bei der Einspeisung eines Kabelbetreibers von Fernseh- und Hörfunkprogrammen ins Kabelnetz, handelt es sich um das so genannte Drittverwertungsrecht. Ebenso nimmt die GVL die Rechte des Künstlers bei der Herstellung von Aufnahmegeräten für die private Überspielung von Tonträgern wahr.

1. Lizenzvergabe

Die GVL schließt mit den Sendeunternehmen Einzelverträge ab. Diese zahlen dann einen prozentualen Anteil der Werbeeinnahmen (private Sendeunternehmen) bzw. auch der Rundfunkgebühren (ARD, ZDF). Bei der öffentlichen Wiedergabe in Diskotheken, Gaststätten, Ladenlokalen und öffentlichen Veranstaltungen nimmt die GVL die Lizenzvergabe nicht selbst wahr. Sowohl die Lizenzvergabe, als auch das

Inkasso – die Bezahlung der Zweitverwertung – hat die GVL der GEMA übertragen. Diese zieht auf Basis der von der GVL aufgestellten Tarife und vorhandenen Verträge die Vergütungen ein und verteilt sie an die Berechtigten. Das schlägt sich folglich auf die Tarife der GEMA nieder. Beim Abspielen von Tonträgern ist der GVL-Zuschlag immer mit enthalten.

Die Vergütungsansprüche bei der privaten Vervielfältigung (§ 54 UrhG) werden ebenso nicht von der GVL, sondern im Verbund mit anderen Verwertungsgesellschaften durch die ZPÜ (Zentralstelle für private Überspielungsrechte) wahrgenommen.

2. Verteilung der Einnahmen

Bei der Verteilung der Einnahmen durch die GVL muss zwischen ausübenden Künstlern und Tonträgerherstellern unterschieden werden. Die Veranstalter sind im Verteilungssystem den ausübenden Künstlern zugeordnet.[20] Die Einnahmen der GVL werden zweigeteilt, die jeweils einerseits den ausübenden Künstlern inklusive den Veranstaltern und andererseits den Tonträgerherstellern ausbezahlt werden. Zwischen den ausübenden Künstlern und den Herstellern von Tonträgern werden die Vergütung für das Senden erschienener Tonträger im Verhältnis 50 v. H.: 50 v. H., die Vergütungen für die öffentliche Wiedergabe und die Vervielfältigung im Verhältnis 64 v. H.: 36 v. H. und die Vergütungen für die Vermietung und den Verleih von erschienenen Tonträgern und Filmen im Verhältnis 50 v. H.: 50 v. H. aufgeteilt. Die Verteilung aus den Töpfen erfolgt für Künstler und Veranstalter unterschiedlich zu den Tonträgerherstellern. Nach Verteilungsplan Nr. 3 für Hersteller von Tonträgern oder Videoclips berechnet sich die Vergütungen für Sendung, öffentliche Wiedergabe und Vervielfältigung, Vermietung und Verleih nach den Sendeminuten, die sich aus den Meldelisten der Rundfunkunternehmen ergeben.

Die Einnahmeverteilung für die ausübenden Künstler und Veranstalter hingegen erfolgt fiktiv nach dem Verhältnis der Erstauswertungsentgelte (z. B. Gage) der Künstler und Veranstalter untereinander, welche jährlich durch einen Nachweisbogen anzugeben sind.[21]

Tatsächlich nehmen momentan die Veranstalter an diesem Verteilungsverfahren nur bedingt teil. Um diesem Missstand abzuhelfen hat sich 2003 die Verwertungsgesellschaft Veranstaltungsrechte e. V.[22] gegründet. Sie ist aber noch nicht als selbständige Verwertungsgesellschaft tätig. Allerdings wurde mit der GVL ausgehandelt, dass Veranstalter bereits an der Pauschalabgabe für die private Vervielfältigung teilhaben. Die Verwertungsgesellschaft Veranstalterrechte e. V. ermittelt momentan einen Schlüssel, nach welchem die Beteiligung von Veranstaltern an öffentlichen Sendungen berechnet werden kann, um anschließend ihren Dienst aufzunehmen und die Lizenzierung umfassend wahrzunehmen.

---

[20] Siehe www.gvl.de/pdf/verteilungsplaene-2007.pdf Abs. II Verteilungsplan Nr. 1 a. E.
[21] Siehe Homann S. 116.
[22] Http://www.idkv.de/.

Abwandlung Fall 1: Musiker M ist in dieser Variante sowohl Mitglied der GEMA als auch der GVL. Der Veranstalter wird von einer öffentlichen Sendeanstalt angefragt, das Konzert mitzuschneiden und es anschließend im Fernsehen auszustrahlen. Nun gilt es, die unterschiedlichen Rechte des Künstlers und Veranstalters zu unterscheiden. Der Künstler ist einerseits Urheber seines Repertoires und ist daher grundsätzlich Inhaber seiner **Urheberrechte** nach § 11 ff. UrhG. Andererseits besitzt er auch Rechte als ausübender Künstler nach § 73 ff. UrhG (**Leistungsschutzrechte**). Sowohl die Leistungsschutzrechte, als auch die Urheberrechte hat er entweder selbst inne oder er hat sie – beispielsweise im Rahmen eines Künstlerexklusivvertrages – an sein Label abgetreten. Der Veranstalter besitzt nach § 81 UrhG das **Leistungsschutzrecht des Veranstalters**.[23]

Der Fernsehsender muss für einen **Mitschnitt** des Konzerts zuerst vom Künstler oder dessen Label eine **Aufnahmegenehmigung** nach § 77 UrhG einholen. Hier gilt es zu beachten, dass das Aufnahmerecht zwar ein Leistungsschutzrecht ist, aber **nicht** von der **GVL** wahrgenommen wird, denn es ist **kein Zweitverwertungsrecht**. Ebenso muss der Veranstalter, da er nach § 81 S. 1 i. V. m. § 77 UrhG ebenfalls ein Aufnahmerecht hat, den Mitschnitt genehmigen.[24]

Bei der Verteilung der Einnahmen muss wieder zwischen Urheberrechten und Leistungsschutzrechten unterschieden werden. Der Künstler erhält seine Tantiemen als Urheber nach dem Verteilungsplan der GEMA. Für die Leistungsschutzrechte von Künstler, Veranstalter und Tonträgerhersteller muss der Verteilungsplan der GVL zurate gezogen werden. Bei Künstlern und Veranstaltern bestimmt sich der Betrag nach den Erstauswertungsentgelten. Diese sind vorliegend die Entgelte, die der Sender sowohl dem Künstler als auch dem Veranstalter für den Mitschnitt des Konzerts bezahlt. Ein Künstler erhält momentan etwa 10 % der Erstauswertungsentgelte, der Veranstalter zwischen 4 und 4,3 % (bei Fernsehausstrahlung). Soweit der Künstler für den Mitschnitt 1.000 € erhält, kann er mit ca. 100 € durch die GVL rechnen. Der Veranstalter erhält bei selbiger Bezahlung durch den Fernsehsender ca. 43 €.

D. Tarife

Wie bereits angedeutet, nimmt die GEMA vielerlei Nutzungsrechte ihrer Mitglieder wahr. Dazu zählt eben nicht nur das **Aufführungsrecht** (wie in Fall 1), sondern auch das **Recht der Wiedergabe (Abspielrecht)** durch Bild-, Ton oder andere Datenträger (§ 21 UrhG). Dieses Recht umfasst die Wiedergabe in Diskotheken, Gaststätten, Ladenlokalen und bei öffentlichen Veranstaltungen, unabhängig davon, ob dies via LPs, CDs oder MP3s geschieht. Selbstverständlich wird vom Abspielrecht auch das Abspielen von Musikvideos etc. umfasst. Ausgenommen ist hier wiederum der Fall, dass es sich bei der Veranstaltung um ein dramatisch-musikalisches Werk oder das Abspielen von ausschließlich GEMA-freier Musik handelt

---

[23] Vgl. vertiefend im Urheberrechtskapitel.
[24] Vgl. im Vertragsrechtskapitel - Konzertvertrag.

(z. B. im Lobbybereich diverser Hotels). Ebenso nimmt die GEMA das **Senderecht** (§ 20 UrhG) in Hörfunk und Fernsehen wahr. Wichtig ist auch das **Recht auf Lautsprecher- und Fernsehwiedergabe** (§§ 19 Abs. 3, 22 UrhG). Darunter fällt zum Beispiel das Recht von Gaststättenbesitzern, in ihren Räumlichkeiten Radio- oder Fernsehsendungen mit entsprechenden Geräten wiedergeben zu dürfen. Für Veranstalter auf den ersten Blick nicht so relevant, aber dennoch erwähnenswert, sind **Online-Rechte** (§ 19a UrhG) für Musiktitel auf Homepages und **mechanische Vervielfältigungs- und Verbreitungsrechte** (§§ 16, 17 UrhG) von CDs und ähnlichen Datenträgern.

Da nun die GEMA für die einzelnen Rechte noch diverse Tarife festgelegt hat, wird anderenorts[25] angesichts der ca. 100 Tarife bereits von einem „Tarifdschungel" gesprochen. Es scheint beinahe, als gäbe es keinen Lebensbereich ohne einschlägigen GEMA-Tarif. Beispielsweise gibt es für das Aufführungsrecht je nach Art- und Größe der Örtlichkeit (Musik in Varietévorstellungen, Musik in Bühnen und Theatern, Musik in Kurorten), Art- und Zweck der Musik (E-Musik, U-Musik, Hintergrundmusik), Art der Veranstaltung (Musik in Gottesdiensten, Musik bei Shows) und der Häufigkeit von Veranstaltungen unterschiedliche Tarife. Wegen der Vielzahl von Tarifen können hier nur die wichtigsten überblicksweise aufgelistet und anschließend kurz erklärt werden. Unumgänglich ist bei der Suche des passenden Tarifs die Homepage der GEMA.[26]

(A) Live-Tarife

U-VK	(Einzel-)Veranstaltungen mit U-Musik
U-K	Veranstaltungen von Gastspielunternehmen, Tourneeveranstaltern und Großhallenbetrieben
U	Hintergrundmusik
VK	regelmäßige Musikaufführungen von Zirkusunternehmen, Varieté- und Kabarettbetrieben
E	Konzerte der E-Musik
E-P	Konzert mit E-Musik (pädagogische Zwecke)
CH	Konzert von Chören
BM	Musik in Bühnen und Theatern
U-BÜH	Bühnenaufführungen aus Werken des kleinen Rechts im Zusammenhang mit Shows, Compilationshows, Revuen, etc.
WR-VR-B1	Musik in Kleinkunstbühnen
B	Musik in Kurorten
WR-K 1	Musik in Gottesdiensten
U-T	Musikaufführungen mit Musikern in Tanzlokalen

---

[25] Schack, Urheber- und Urhebervertragsrecht, Rn. 1361.
[26] www.gema.de/musiknutzer/formularschnellsuche/.

(B) Tarife für die Wiedergabe von Tonträgern und Bildtonträgern

M-U-U	Musik mit Tonträgern
BT	Musik mit Bildtonträgern
S-TB	Musik mit Bildtonträgern ohne Veranstaltungscharakter und ohne Tanz
WR-T-BAL	Musik in Ballettschulen
WR-KS	Musik in Kursen
WR-VR-MES	Musik auf Messen und Ausstellungen
WR-VR-K	Nutzung des GEMA-Repertoires durch Narrenvereinigungen und -verbände für das Training, die Überstunden, Wettbewerbe und sonstige öffentliche Auftritte von Tanzgarden, Balletten, Tanzpaaren und/oder Tanzmariechen
WR-N	Regelmäßige Musikwiedergabe mit Tonträgern in Table-Dance-Lokalen, Striptease-Lokalen usw.
WR-OKJE	Wiedergabe von Werken des GEMA-Repertoires in Einrichtungen der offenen Kinder- und Jugendarbeit
WR-BEST	Nutzungen von Werken des GEMA-Repertoires bei Bestattungen

(C) Tarife zur Weiterübertragung der Musik

W-T 1	Weiterübertragung von Tonträgermusik (außer Gastronomiebereich)
W-BT 1	Weiterübertragung von Bildtonträgermusik (außer Gastronomiebereich)
W-S 2	Weiterübertragungen von Funksendungen (außer Gastronomiebereich und Krankenhäuser)
WR-S 1	Weiterleitung von Musik im Gastronomiebereich
WR-S 2	Weiterleitung von Musik in Krankenhäusern

I. Live-Tarife

Die Live-Tarife gelten, soweit Musiker live eigene und/oder fremde GEMA-pflichtige Kompositionen präsentieren.

1. Unterscheidung E- und U-Musik (ernste Musik und Unterhaltungsmusik)

Bei Live-Tarifen ist die Unterscheidung zwischen E- und U-Musik grundlegend. Diese Differenzierung hat ihren Ursprung in dem Bestreben der GEMA anspruchsvolle, aber nicht besonders lukrative Kunst zu fördern. Zur Abgrenzung wird durch Sachverständige der GEMA ein Werk beurteilt nach seinem künstlerischen Gehalt. Auch wenn über das Verfahren – eben weil sich über Kunst leicht streiten lässt – kontrovers diskutiert wird, wird es von der GEMA im Gegensatz zu anderen ausländischen Verwertungsgesellschaften noch angewandt. Die Unterscheidung zwischen E- und U-Musik ist sowohl im Rahmen der Verteilung der GEMA-Einnahmen, als auch bei der Lizenzierung von Konzerten höchst bedeutungsvoll. So erhält aufgrund unterschiedlicher Verteilungspläne ein E-Komponist den bis zu achtfachen Betrag an Tantiemen im Vergleich zu einem U-Komponisten, wenn eines seiner Werke zur Aufführung gelangt.

Die Abgrenzung beider Musikarten ist allerdings nicht ganz einfach, da sich E- und U-Musik bisweilen überschneiden. Als Anhaltspunkte können aber die Art der Musik, der Eintrittspreis, die Größe des Konzerts und die Notwendigkeit von öffentlicher Bezuschussung, um das Konzert überhaupt möglich zu machen, herangezogen werden. Sicherlich falsch ist es, ernste Musik immer mit klassischer Musik gleichzusetzen. So wurde beispielsweise ein Konzert der drei Tenöre, die überwiegend klassische Titel sangen, letztlich als U-Musik eingestuft, da die Aufführung in einem Stadion und die Höhe des Eintrittsgeldes bis 750 € nicht mehr mit dem E-Musik Tarif vereinbar schienen.

2. Auswirkungen

Hervorzuheben sind im Bereich der U-Musik (Unterhaltungsmusik) die Tarife **U-VK** und **U-K**. Der Unterschied der Tarife liegt darin, dass der Nutzer der im Tarif **U-K** beschriebene Rechte ein Gastspielunternehmen, Tourneeveranstalter oder Großhallenbetreiber ist. Der Tarif **U-VK** richtet sich an Nutzer, die Einzelveranstaltungen aufführen, wie z. B. Inhaber von Kneipen- oder Gastronomiebetrieben oder sonstige gelegentliche Veranstalter. Ein weiterer Unterschied beider Tarife liegt im Vergütungssystem. Der Tarif **U-VK** enthält feste Vergütungssätze, während der Lizenzsatz des Tarifes **U-K** eine prozentuale Beteiligung vorsieht. Im Falle der E-Musik ist der Tarif **E** für Konzerte der ersten Musik der anzuwendende Tarif, welcher seinerseits feste Vergütungssätze beinhaltet.

Im Rahmen gelegentlicher und kleiner Konzerte macht die Einordnung in den U- oder E-Tarif keinen großen Unterschied. Grundsätzlich werden Konzerte, die sich an dem **U-VK-Tarif** orientieren, nach Quadratmeteranzahl des Veranstaltungsortes berechnet. Für bestuhlte Konzerte aus dem Tarif **U-VK** gibt es eine Sonderregelung, nach der 1,5 Sitzplätze einem Quadratmeter entsprechen. Wird nun ein Konzert mit 285 Sitzplätzen veranstaltet, beträgt die GEMA-Gebühr für ein E-Konzert bei einem Eintritt von 10 € und bis zu 9 Künstlern auf der Bühne 287,- €. Bei einem entsprechend großen Konzert im U-Bereich wäre eine Gebühr von 172,30 € zu entrichten. Bei Großveranstaltungen würden die unterschiedlichen Tarife allerdings einen erheblichen Unterschied machen. So stand bei oben genanntem Konzert der „drei Tenöre" in einem Stadion mit einem Fassungsvermögen von 60.000 Besuchern eine GEMA-Gebühr von 1.372.308,27 DM als U-Konzert einer GEMA-Gebühr von 40.091,73 DM als E-Konzert gegenüber. Das Landgericht Mannheim entschied, dass solch große Konzerte nicht mehr der Förderung durch den E-Tarif bedürften und damit als U-Konzert einzustufen sind.[27] Heute wäre ein vergleichbares Konzert demnach in den neuen **U-K** Tarif für Veranstaltungen von Gastspielunternehmen, Tourneeveranstaltern und Großhallenbetrieben einzuordnen. Durch diesen **U-K** Ta-

---

[27] LG Mannheim NJW 1998, 1417; a.A. Wirtz/Schmidt, ZUM 1999, 819-826.

rif wurden die vorherigen Tarife **VK** und **VK (G)** ersetzt. Dieses neue Tarifmodell sieht vor, dass die Vergütungssätze innerhalb einer Übergangsfrist von vier Jahren schrittweise angehoben werden. Ab dem 01.01.2014 sind für Veranstaltungen bis 2.000 Besucher 5 %, für Veranstaltungen mit über 2.000 und bis 15.000 Besuchern 7,2 % und für Veranstaltungen mit über 15.000 Besuchern 7,65 % der Bruttoeinnahmen an die GEMA abzuführen sind.[28]

II. Tarife für die Wiedergabe von Tonträgern und Bildtonträgern

Wir sind heute unentwegt von Musik umgeben: Diskotheken und Kneipen definieren sich oft über die Musik, die bei ihnen gespielt wird. Selbst wer kein Ohr für Töne hat, wird im Supermarkt, im Restaurant oder im Fitnessstudio vor der großen Leere bewahrt und dabei noch zum Einkauf oder zum Ausdauerlauf ermutigt. Sobald das schnell erreichte Kriterium der Öffentlichkeit erfüllt ist und es sich um GEMA-Repertoire handelt, ist die GEMA und, da es sich auch um Zweitverwertungsrechte der ausübenden Künstler, also der Musiker, handelt, auch die GVL, mit im Spiel. Dabei lassen sich Einzelveranstaltungen bei der GEMA anmelden oder auch Pauschalverträge abschließen. Es gibt unterschiedliche Tarife je nach Lokalität, Art der gespielten Tonträger[29] und dem Zweck der Musik.[30] Es sei darauf hingewiesen, sobald mittels einer eigenen Verteileranlage GEMA-pflichtige Musik beispielsweise im Theater an der Kasse, in einem Café oder in einer Gaststätte in einem Nebenraum oder auf die Hotelzimmer übertragen wird, müssen noch zusätzlich Gebühren für die Weiterübertragung von Musik gezahlt werden. Diese Unwissenheit hat bereits mehrere Gerichtsprozesse nach sich gezogen. Insbesondere ist vielen Eventlocationbetreibern nicht klar, dass selbst Musik in Küchen oder im Backstagebereich, die nach außen dringt, als öffentliche Wiedergabe und damit als GEMA-pflichtig bewertet werden kann. Dies gilt unabhängig davon, ob es sich bei der weiterübertragenen Musik um Live-Musik oder Musik von CDs handelt.

III. Schadensersatz

Werden Musikwerke aus dem GEMA-Repertoire **ohne** entsprechende GEMA-Lizenz genutzt, liegt eine Urheberrechtsverletzung nach § 97 Abs. 1 UrhG vor. Dadurch macht sich der unberechtigte Nutzer gegenüber der GEMA als Rechteinhaberin schadensersatzpflichtig. Gemäß der ständigen Rechtsprechung kann die

---

[28] Die genaue Staffelung für die Jahre 2010 – 2014 usw. ist zu finden unter http://www.gema.de/fileadmin/inhaltsdateien/musiknutzer/tarife/tarife_ad/tarif_u_k.pdf.

[29] Die Unterscheidung zwischen gebrannten CDs oder Originalen ist ein Arrangement mit der Realität.

[30] Es wird unterschieden zwischen Musik mit Tanz- und Veranstaltungscharakter und Hintergrundmusik.

GEMA vom Verletzer nicht nur die ursprünglich zu zahlende GEMA-Gebühr verlangen, sondern zusätzlich noch den sogenannten **GEMA-Zuschlag**. Dieser entspricht der Höhe des ursprünglichen Betrags. Somit hat der Verletzer die doppelte Tarifgebühr zu zahlen.[31]

IV. Lizenzerwerb für Veranstalter

Für Musiknutzer sind auf der Internetseite der GEMA die richtigen Tarife zur Veranstaltung zu finden. Hierzu lässt sich dann das passende Anmeldeformular ausdrucken, welches **7 Tage vor Beginn der Veranstaltung** an die zuständige Bezirksdirektion zu senden ist. Es genügt nicht, die Veranstaltung mit den notwendigen Angaben der jeweils zuständigen Bezirksdirektion der GEMA mitzuteilen; vielmehr muss die **Zustimmung durch die GEMA** ausdrücklich erteilt sein. Ausnahmen hierfür gelten nur für Konzerte, bei denen in den Regel nicht geschützte oder nur unwesentlich bearbeitete Werke der Musik aufgeführt werden. Ebenso gilt dies bei Jahrespauschalverträgen, da sich hierbei die Einwilligung der GEMA pauschal auf eine gewisse zuvor vereinbarte Zahl von Veranstaltungen bezieht[32]. Um jedoch einen Überblick darüber zu haben, welche Kosten zu erwarten sind und ob eine kleine Änderung im Programm eine Ersparnis bei der GEMA-Gebühr zur Folge hätte, ist es ratsam, auf der Homepage der GEMA den passenden Tarif über den Menüpunkt „Tarife im Überblick" herauszusuchen[33]. Denn hier sind auch die allgemeinen und besonderen Bestimmungen für den jeweiligen Tarif abgedruckt, die die unterschiedlichen Angaben für das Formular verständlich machen.

Es ist für die Veranstalter zwar nicht verbindlich, aber für den Künstler, der indirekt hinter dem System der GEMA steht, mehr als hilfreich, das Formular „Musikfolge" auszufüllen. Schließlich benötigt die GEMA von den Veranstaltern eine Liste der aufgeführten Werke, um so die von ihnen erhaltenen Gebühren an die Urheber weiterreichen zu können. Hierbei gibt es einerseits die Möglichkeit, ein Formular für eine Einzelveranstaltung auszufüllen oder mit dem Formular „Musikfolge für mehrere Einzelveranstaltungen" für einen ganzen Monat die gespielten Titel aufzulisten. Es kann jedem Veranstalter nur ans Herz gelegt werden, diese Musikfolgen auszufüllen, da nur auf diese Weise eine größtmögliche Verteilungsgerechtigkeit für die Urheber hergestellt werden kann und die Gebühren auch der richtigen Person zugute kommen.

Zu Fall 1: Es handelt sich hierbei um die Aufführung von Live-Musik. Damit gilt der Tarif Vergütungssätze U-VK für Unterhaltungs- und Tanzmusik mit Musikern.

---

[31] BGH Urteil v. 10.03.1972, AZ: I ZR 160/70.
[32] Enders, Beratung im Urheber- und Medienrecht, S. 299 Rn. 327.
[33] Http://www.gema.de/musiknutzer/abspielen-auffuehren/tarife-im-ueberblick/.
[34] Einzusehen unter: http://www.gema.de/fileadmin/inhaltsdateien/musiknutzer/tarife/tarife_ad/tarif_u_vk.pdf

Der Preis bestimmt sich nach der Größe des Veranstaltungsraums und der Höhe des Eintrittsgeldes, welches zur Teilnahme an der Veranstaltung zu entrichten ist.

Vergütungssatz je Veranstaltung in €

Größe des Veranstaltungsraumes*	Eintrittsgeld, Tanzgeld oder sonstiges Entgelt						
	A ohne oder bis zu 1,00 €	B bis zu 1,50 €	C bis zu 2,50 €	D bis zu 4,00 €	E bis zu 6,00 €	F bis zu 10,00 €	G bis zu 20,00 €
1 bis 100 m²	21,60	29,90	46,80	63,00	79,30	85,30	100,90
2 bis 133 m²	24,60	46,80	69,90	93,90	116,20	127,70	153,00
3 bis 200 m²	34,50	63,70	97,70	125,40	154,60	172,30	203,00
4 bis 266 m²	49,90	81,50	123,80	158,40	190,00	219,90	253,10
5 bis 333 m²	63,70	98,50	149,00	190,00	229,10	267,60	304,00
6 bis 400 m²	79,30	115,30	174,60	223,70	266,80	313,80	354,60
7 bis 533 m²	97,70	135,30	206,00	263,70	318,30	370,60	422,20
8 bis 666 m²	115,30	156,30	235,40	301,30	369,70	426,00	488,30
9 bis 1.332 m²	187,70	239,20	354,60	469,90	575,30	659,00	759,00
10 bis 2.000 m²	257,70	323,80	475,30	639,10	777,40	892,80	1034,90
11 bis 2.500 m²	323,00	405,40	594,40	799,00	971,30	1116,80	1295,00
12 bis 3.000 m²	388,30	486,10	714,40	957,50	1166,60	1338,80	1553,20
13 je weitere 500 m² bis 10.000 m²	64,60	81,50	120,70	159,10	194,50	223,70	259,20
14 je weitere 500 m² über 10.000 m²	64,60	157,00	250,50	342,90	435,30	528,30	620,70

*von Wand zu Wand gemessen

Bei Entgelten über 20,00 € erhöhen sich die Vergütungssätze für je angefangene weitere 10,00 € Eintrittsgeld um je 10 %.

Abb. 3: Vergütungssätze U-VK – www.gema.de[34]

Im Fallbeispiel kostet das Konzert 7 € Eintritt und der Veranstaltungsraum ist 210 m² groß. Insofern ist der Grundtarif für eine solche Veranstaltung F4 (bis 10 € Eintrittsgeld und Größe des Veranstaltungsraumes bis 266 qm). Daraus berechnet sich der Grundtarif der GEMA für diese Veranstaltung auf 214,20 € zuzüglich zur Zeit 7 % Umsatzsteuer. Zu berücksichtigen sind aber stets die allgemeinen und besonderen Bestimmungen. So ist beispielsweise die GEMA-Gebühr, wenn das Konzert bestuhlt ist, nach den Sitzgelegenheiten und nicht nach der Größe des Raums zu berechnen.

Etwas schwerer zu beurteilen sind die jeweiligen Veranstaltungen des Organisationskomitees in **Fall 2**. Bezüglich des **Umzugs** kann anhand der auftretenden Wägen, Kapellen und Spielsmannszüge ein Gesamtbetrag errechnet werden.

gültig vom 01.01.2010 bis 31.12.2011

	€ netto
je Wagen mit Beschallung durch Original-CDs u. Ä.*	18,60
je mitwirkende Kapelle	24,20
je mitwirkender Spielmannszug (Trommler- und Pfeiferkorps)	12,10

* Die genannten Beträge enthalten sämtliche Zuschläge der Gesellschaft zur Verwertung von Leistungsschutzrechten mbH (GVL). Alle ausgewiesenen Beträge sind Nettobeträge und erhöhen sich um 7 Prozent gesetzliche Umsatzsteuer. Sofern Sie Mitglied im Bund Deutscher Karneval e.V. (BDK), in der Föderation Europäischer Narren e.V. (F. E. N.), im Rheinische Karnevals-Kooperationen e.v. oder bei einem anderen Gesamtvertragspartner sind, erhalten Sie einen Rabatt von 20 Prozent

Abb. 4: Musiknutzungen bei Umzügen – www.gema.de[35]

Bei **Prunksitzungen und sonstigen Veranstaltungen mit Programm** sind die Preise abhängig vom Programm. Primär errechnet sich die GEMA-Gebühr nach der bereits zu Fall 1 verwandten Tabelle. Allerdings ist der **GVL-Zuschlag** hierin noch nicht enthalten. Abhängig davon in welchem Umfang Original-CDs gespielt werden, erhöhen sich die Gebühren. Je nachdem, ob die ganze Veranstaltung mit Tonträgermusik beschallt oder ob nur zur Überbrückung zwischen Live-Auftritten Musik eingeblendet wird, muss ein Zuschlag von 20 bzw. 10 % berechnet werden.

Bezüglich des **Gaststättenbetreibers** stellt sich das Problem, dass er für das übrige Jahr normalerweise eine Lizenz für Hintergrundmusik in seiner Kneipe hat. Am Karneval selbst aber, wenn die Karnevalisten von Kneipe zu Kneipe ziehen und ihre Heimatstadt hochleben lassen, wird die Musik vorwiegend in Tanzlautstärke abgespielt. Insofern ist im Einzelfall zu beurteilen, ob eine zusätzliche GEMA-Gebühr anfällt. Wenn der Gaststättenbesitzer seinen Betrieb nicht ändert und nur aufgrund seiner örtlichen Lage Gäste hereinkommen, um ihr Kölsch oder den besungenen Bommerlunder zu trinken, ist die Hintergrundmusiklizenz ausreichend. Sobald aber spezielle Vorkehrungen getroffen werden, wie beispielsweise dass eine zusätzliche Musikanlage aufgebaut wird, bedarf es einer besonderen Lizenz.

V. Einsparungsmöglichkeiten für Veranstalter

1. Pauschalverträge

Die GEMA bietet unterschiedliche Pauschalverträge an, um es **regelmäßigen Musik-Nutzern** einerseits zu ermöglichen Geld zu sparen und andererseits den Arbeitsaufwand für die Anmeldung zu begrenzen. So kann der Gastwirt, der Hotelier oder der professionelle Veranstalter einen Pauschalvertrag abschließen. Exemplarisch soll dies am Pauschalvertrag für den Tarif **U-VK** für Unterhaltungs- und Tanzmusik mit Musikern dargestellt werden.

---

[35] Siehe Tarifübersicht für Karnevalisten: http://www.gema.de/fileadmin/inhaltsdateien/musiknutzer/tarife/tarife_ad/tarifuebersicht_karnevalisten.pdf.

Der Abschluss eines Jahrespauschalvertrages setzt voraus, dass mindestens 5 Veranstaltungen im Vertragsjahr durchgeführt und vertraglich geregelt werden. Das heißt, dass eine Konzertliste für je ein Jahr bei der GEMA eingereicht wird. Grundsätzlich sind die Vergütungen im Voraus zu zahlen. Je nach Anzahl der angemeldeten Konzerte kann dann eine Reduktion von bis zu 50 % erreicht werden. Dabei ist jedoch zu beachten, dass bis zur 40sten Veranstaltung nur 10 % Nachlass gewährt werden. 20 % und mehr Ermäßigung sind nur dann möglich, wenn die Veranstaltung innerhalb des gleichen Veranstaltungsbetriebes gewährt wird. Wenn allerdings fünf Konzerte angemeldet aber neun gespielt wurden, können die restlichen vier mit einer jeweils vorherigen Anmeldung mit der Pauschalvertragsermäßigung nachverrechnet werden.

Bei halbjähriger Zahlungsweise erhöhen sich die Vergütungssätze um 2,5 %, bei vierteljähriger Zahlungsweise um 5 %.[36] Die besonderen Vergütungssätze, beispielsweise wenn sich Besonderheiten ergeben, wie eine Verlängerung der Veranstaltung, werden je Veranstaltung berechnet. Zu berücksichtigen ist aber, dass Pauschalverträge für Veranstalter jeweils nur innerhalb eines Tarifs geschlossen werden können. So ist ein Pauschalvertrag für E- **und** U-Musik nicht möglich. Auch werden die mit einem Pauschalvertrag verbundenen Ermäßigungen immer entsprechend des jeweiligen Tarifs angepasst. Beispielsweise lohnt sich bei Unterhaltungsmusikveranstaltungen von Gastspielunternehmen, Tourneeveranstaltern und Großhallenbetrieben (Tarif **U-K**) der Abschluss eines Jahrespauschalvertrag erst bei mehr als 15 Veranstaltungen. Grund dafür ist, dass erst ab der 16. bis zur 40. Veranstaltung ein Nachlass von 10 % gewährt wird. Weitere Ermäßigungen ergeben sich bei einer Jahresveranstaltungsanzahl von bis zu 80 mit 12,5 %, ab der 81 mit 15 % und ab 201 mit 17.5 %.[37]

Vorsicht ist jedoch geboten beim Abschluss eines Jahrespauschalvertrages im Bereich der E-Musik. Denn danach ermäßigen sich die Vergütungssätze zwar um 50 %, wenn der Veranstalter ihn über mindestens vier innerhalb des Vertragsjahres liegende Konzerte abschließt. Allerdings gilt dieses nach Ansicht der GEMA unabhängig davon, ob und wie viele geschützte Werke in einem Konzert wiedergegeben werden. Das heißt, der Veranstalter könnte gegebenenfalls mit Abschluss eines Pauschalvertrages schlechter stehen als ohne, wenn er innerhalb eines Jahres nur Musik verwertet, die 70 Jahre nach dem Tod des Urhebers wieder gemeinfrei und damit GEMA-frei geworden ist. Hier besteht mangels obergerichtlicher Klärung weiterhin Rechtsunsicherheit.

Hier noch zu erwähnen ist, dass es Pauschalverträge auch für Weiterübertragungen, Hintergrundmusik, Vervielfältigungen und andere Nutzungsarten gibt.

2. Gesamtvertragsnachlass

Eine andere Möglichkeit, um nicht den vollen Betrag bei der GEMA bezahlen zu müssen, ist die Mitgliedschaft in einer Organisation, mit der die GEMA einen Gesamtvertrag für diesen Tarif geschlossen hat. Denn nach § 12 UrhWG ist die GEMA verpflichtet, mit Vereinigungen, deren Mitglieder nach dem Urheberrechtsgesetz

---

[36] Zu allem siehe Vergütungssätze U-VK, http://www.gema.de/fileadmin/inhaltsdateien/musiknutzer/tarife/tarife_ad/tarif_u_vk.pdf.

[37] http://www.gema.de/fileadmin/inhaltsdateien/musiknutzer/tarife/tarife_ad/tarif_u_k.pdf.

geschützte Werke oder Leistungen nutzen oder zur Zahlung von Vergütungen nach dem Urheberrechtsgesetz verpflichtet sind, einen Gesamtvertrag abzuschließen. Hier handelt der jeweilige Dachverband einen Nachlass mit der GEMA aus, der dann allen Mitgliedern gewährt wird. Beispiele solcher Dachorganisationen finden sich in allen gesellschaftlichen Bereichen. Mittlerweile hat die GEMA mit 474 Vereinigungen und Dachverbänden einen Gesamtvertrag abgeschlossen. Beispielhaft für die **Hotel- und Gaststättenbesitzer** sei hier der bestehende Gesamtvertrag zwischen der **DEHOGA** (Deutscher Hotel- und Gaststättenverband) und der GEMA genannt. Für **Veranstalter** besonders von Interesse ist eine Mitgliedschaft im **Bundesverband der Veranstaltungswirtschaft (bdv) e. V.**, dessen Mitglieder auf diese Weise einen Nachlass von 20 % auf alle GEMA-Tarife erhalten. Erst kürzlich unterzeichneten die GEMA und die Veranstalterverbände **bdv** und **VDKD** (Verband der deutschen Konzertdirektionen) den neuen Gesamtvertrag und stimmten damit einer Erhöhung der Vergütungssätze für Konzertveranstaltungen zu. Nach langen Verhandlungen tritt damit rückwirkend zum 1. Januar 2010 der neue Tarif für Veranstaltungen von Gastspielunternehmen, Tourneeveranstaltern und Großhallenbetrieben (**U-K**) in Kraft.[38] Das neue Tarifmodell basiert weitgehend auf dem Einigungsvorschlag der Schiedsstelle des Deutschen Patent- und Markenamtes in dem langwierigen Tarifstreit zwischen GEMA und Konzertveranstaltern.[39]

Aber selbst wenn der Nutzer (z. B. Veranstalter) in keinem Dachverband ist, kann die Mitgliedschaft des ausführenden Musikers in einem Dachverband zu einer Ermäßigung der GEMA-Gebühr führen. Beispielsweise Mitglieder des DRMV (Deutscher Rock & Popmusikverband e. V.) erhalten einen Nachlass von bis zu 20 %. Im Bereich der E-Musik ist dabei an den Verband Deutscher Konzertchöre (VDKC) oder die „jeunnesses musicales" (JMD) zu denken. Es lohnt sich auf jeden Fall beim Künstler nachzufragen. Pauschalverträge können mit dem Nachlass durch Gesamtverträge addiert werden, so dass sich dadurch enorme Preisvorteile ergeben.

3. Sozial- und Kulturtarif

Fall 3: Das große Orchester O überlegt, welche Einsparungsmöglichkeiten zusätzlich bestehen. O ist fast immer Veranstalter in eigener Sache und hat daher mit der GEMA einen Pauschalvertrag geschlossen. Auch bietet O Kindern und Jugendlichen im Rahmen seiner öffentlichen Proben die Teilnahme an einem ORSOeducation-Programm an, das O ins Leben gerufen hat. Dabei können die interessierten Kinder und Jugendlichen mitten im Orchester sitzen und so die einzelnen Instrumente kennenlernen.

Zur Förderung des Sozial- und Kulturbereichs existieren zusätzliche Tarife, welche beispielsweise die Vergütungssätze der Tarife **U-VK** (Unterhaltungs- und Tanzmusik mit Musikern) oder **M-U** (Tonträgerwiedergaben) um 20 % reduzieren, wenn es sich um eine Jugendveranstaltung handelt, die im Rahmen einer Jugendbetreuung

---

[38] Siehe dazu unter D. Tarife, 2. Auswirkungen.
[39] Einigungsvorschlag der Schiedstelle vom 17.11.2009, AZ: Sch-Urh 03/09, ZUM 2010, 546 ff.

für Jugendliche unter 21 Jahren durchgeführt wird, soweit nur alkoholfreie Getränke ausgegeben werden und, soweit von den Besuchern ein Entgelt zu entrichten ist, dieser Unkostenbeitrag 1,- € nicht übersteigt. Einen ebenfalls 20 %-igen Nachlass erhalten auch gesellige Veranstaltungen von Gewerkschaften, die Ende April oder Anfang Mai anlässlich des Tages der Arbeit durchgeführt werden. Für gesellige Veranstaltungen des Roten Kreuzes, wird sogar eine Ermäßigung von 33 ½ % gewährt, wenn der Reinerlös bestimmungsgemäß den Zwecken des Roten Kreuzes zufließt.[40]

Falllösung 3: O kann die öffentlichen Proben im Rahmen seines Pauschalvertrages als Konzerte ansetzen, um so auf die pro Jahr durchzuführende Mindestanzahl zu kommen. Da das ORSOeducation-Programm für Kinder und Jugendliche kostenlos ist, kann O mit einer 20 %-igen Ermäßigung rechnen.

4. Vergütungsfreie Veranstaltungen nach § 52 UrhG

Für bestimmte Veranstaltungen entfällt nach § 52 UrhG eine Vergütungspflicht gänzlich. Dabei müssen folgende Voraussetzungen erfüllt werden: Zum einen darf die Veranstaltung nicht dem Erwerbszweck des Veranstalters oder eines Dritten dienen. Zum anderen dürfen die ausübenden Künstler keine besondere Vergütung erhalten. Ferner muss es sich um eine Veranstaltung der Jugendhilfe, der Sozialhilfe, der Alten- und Wohlfahrtspflege, der Gefangenenbetreuung oder eine Schulveranstaltung handeln und sie muss eine soziale oder erzieherische Zweckbestimmung verfolgen. Darüber hinaus darf die Veranstaltung nur einem bestimmt abgrenzbaren Personenkreis zugänglich sein, welcher zu ihr ohne Entgelt zugelassen werden muss.

5. Härtefallnachlassregelung

Sofern eine Veranstaltung ein echter Misserfolg war, gibt es bei der GEMA noch die Möglichkeit, die Härtefallnachlassregelung in Anspruch zu nehmen. Zu beachten ist dabei aber, dass diese nur bei Einzelveranstaltungen und nicht bei Veranstaltungen im Rahmen von Pauschalverträgen Anwendung findet. Die GEMA prüft, ob die Bruttoeinnahme, insbesondere der Eintrittsgelder, Sponsoring und Spenden, mit dem Vergütungssatz für die GEMA in einem groben Missverhältnis stehen und berechnet dann auf schriftlichen Antrag eine für die Veranstaltung angemessene Vergütung. Die Vergütung nach der Härtefallnachlassregelung kann aber die günstigste Vergütung im jeweiligen Tarif nicht unterschreiten. Der Antrag **hat schriftlich** und **unverzüglich** nach Rechnungsstellung der GEMA zu erfolgen, spätestens aber bis zum 15. Tag des auf die Rechnungsstellung folgenden Monats.

In **Fall 2** ist die Mitgliedschaft im BDK (Bund deutscher Karneval) für die O sehr hilfreich, da sie dadurch nicht nur 20 % Nachlass auf ihre Veranstaltungen erhält,

---

[40] Einzusehen ist der Sozial- und Kulturtarif unter http://www.gema.de/musiknutzer/sozial-und-kulturtarif/.

sondern auch eigene Tarife aushandeln kann (so geschehen 2008), so dass Veranstaltungen mit Überlänge oder mehrere Veranstaltungen an einem Tag nur einfach berechnet werden. Insofern ist es sinnvoll, sich einer solchen Dachorganisation anzuschließen. Vor allem, da sich die Mitgliedschaft meist schon beim ersten Konzert gelohnt hat.

Checkliste: GEMA, GVL

☑ Hat der Künstler einen Wahrnehmungsvertrag mit der GEMA oder der GVL?

Wenn der Künstler Mitglied der GEMA ist, muss das Konzert immer angemeldet werden, auch wenn er nur eigene Kompositionen aufführt.

Eine Mitgliedschaft bei der GVL spielt nur hinsichtlich der Zweitverwertungsrechte eine Rolle. Diese sind für den Veranstalter meist nur beim Abspielen und der Weiterleitung von Musik des ausübenden Künstlers relevant.

Wenn nein: Bedarf es grundsätzlich keiner Anmeldung. Allerdings gilt die GEMA-Vermutung bei jeder öffentlichen Wiedergabe von Musik. Diese muss dann anhand von Musikfolgen, Setlisten und dem Konzertvertrag widerlegt werden.

☑ Handelt es sich um eine öffentliche Wiedergabe?

Eine GEMA-Gebühr fällt nur bei einer öffentlichen Wiedergabe an. Nach § 15 Abs. 3 UrhG ist entscheidendes Kriterium die persönliche Beziehung des Künstlers zu den Zuschauern oder eine persönliche Beziehung der Zuschauer untereinander.

☑ Spielt der Künstler GEMA-pflichtiges Material?

Dies ist dann der Fall, wenn der Urheber der aufgeführten Stücke (oder dessen Erben) einen Wahrnehmungsvertrag mit der GEMA geschlossen haben und seit dem Tode des Urhebers noch keine 70 Jahre vergangen sind.

☑ Was ist der richtige Tarif?

Handelt es sich um E- oder U-Musik? Wird die Musik „Live" aufgeführt oder wird sie von CD-abgespielt? Ist das Konzert bestuhlt?

☑ Habe ich die Veranstaltung ordnungsgemäß angemeldet?

Eine Veranstaltung muss rechtzeitig (mind. 7 Tage vorher) angemeldet werden. Außerdem muss die GEMA die Veranstaltung genehmigen. Von einer rechtzeitigen Genehmigung kann bei Pauschalverträgen abgesehen werden.

☑ Wurden alle möglichen Einsparungsmöglichkeiten in Betracht gezogen?

Zu denken ist hier an Pauschalverträge, den Gesamtvertragsnachlass und die Härtefallregelung.

Zehntes Kapitel: Künstlersozialversicherung

A. Grundlagen der Künstlersozialversicherung

Kulturveranstalter, Event-/Künstleragenturen und Manager finanzieren als Auftraggeber selbstständiger Künstler und Publizisten die Künstlersozialversicherung unter bestimmten Voraussetzungen zu 30 % mit. Da nahezu sämtliche Regelungen des Künstlersozialversicherungsgesetzes (KSVG) für die Eventbranche relevant sind, ist es unerlässlich, die Voraussetzungen der KSK-Abgabepflicht sowie Verfahren, Rechte und Pflichten zu kennen.

Zur sozialen Absicherung der freischaffenden Künstler und Publizisten existiert seit dem 1. Januar 1983 mit dem Inkrafttreten des Künstlersozialversicherungsgesetzes eine Künstlersozialversicherung. Sie ist eine **Pflichtversicherung für erwerbsmäßig selbstständige Künstler und Publizisten**, welche die **Bereiche Rentenversicherung, Krankenversicherung und Pflegeversicherung** abdeckt. Die Arbeitslosen- und Unfallversicherung ist nicht mit umfasst.[1]

Bemerkenswert ist, dass das Konzept der Sozialversicherung der selbstständig tätigen Künstler und Publizisten – im Gegensatz zu der anderer selbstständig Erwerbstätiger – an die Sozialversicherung der abhängig Beschäftigten angelehnt ist.[2] Zur Finanzierung der Künstlersozialversicherung müssen nicht nur die Freischaffenden selbst, sondern auch deren Auftraggeber, die Unternehmen, die regelmäßig Leistungen und Werke selbstständiger Künstler und Publizisten gegen Entgelt in Anspruch nehmen und daraus Einnahmen erzielen, Versicherungsbeiträge entrichten sowie Auskunfts- und Meldepflichten erfüllen.[3] Wie Arbeitnehmer müssen die versicherten Kreativen nur die Hälfte des Beitrages zahlen. Die andere Hälfte wird neben einem Bundeszuschuss von 20 % bis zu 30 % mit der sog. **Künstlersozialabgabe von den Verwertern (z. B. Veranstaltern) künstlerischer oder publizistischer Leistungen** aufgebracht,[4] unabhängig von der Frage, ob die von ihnen engagierten Selbstständigen tatsächlich in der Künstlersozialversicherung versichert

---

[1] Vgl. Finke/Brachmann/Nordhausen, Seite V.
[2] So Fischer/Reich, § 12 Rn. 3; Finke/Brachmann/Nordhausen, Seite V.
[3] Siehe Finke/Brachmann/Nordhausen, Seite V, Rn. 269.
[4] Vgl. Funke/Müller, Rn. 1499.

sind. Hintergrund für die Heranziehung der Kunst- und Publizistikverwerter ist die wirtschaftliche Abhängigkeit der selbstständigen Künstler und Publizisten von diesen Vermarktern. Den Künstlern ist es vielfach nicht möglich, allein ausreichend Vorsorge zu treffen, da ihre erzielten Gagen meist dazu nicht ausreichen.[5] Zum besseren Verständnis muss man sich die KSK-Abgabe als **Quasi-Arbeitgeberanteil** im solidarischen System der Künstlersozialversicherung vorstellen.

Indem die Kulturveranstalter als ureigenste Verwerter künstlerischer Leistungen von den Regelungen des KSVG betroffen sind, unterliegen sie hauptsächlich der KSK-Abgabepflicht. Die jährlich neu festgesetzten Abgabesätze für Verwerter sind von 2003 bis 2005 erheblich von 3,8 % auf 5,8 % gestiegen, nicht zuletzt weil viele Unternehmen ihrer Zahlungspflicht absichtlich oder aus Unkenntnis nicht nachgekommen sind. Hierdurch stieg der Unmut bei den zahlenden Verwertern an, da nur wenige die eigentliche Last vieler schulterten. Parallel wuchs die Zahl der versicherten Künstler und Publizisten stetig an, so dass das Versicherungssystem in eine Schieflage geriet. Zur Stärkung des Versicherungssystems kam es auf Veranlassung des zuständigen Bundesministeriums für Arbeit und Soziales und der Verwerterverbände zur dritten Reform des KSVG. Mit der seit dem 15. Juni 2007 gültigen 3. Novelle zum KSVG soll eine höhere Abgabegerechtigkeit erreicht werden. Die Verwerter werden nun verstärkt und flächendeckend kontrolliert und müssen bei Fehlverhalten mit deutlich erhöhten Bußgeldern rechnen.[6] Seit 2008 ist der Abgabesatz aufgrund dessen nun bereits im dritten Jahr von 4,9 % (2008) und 4,4 % (2009) auf 3,9 % für 2010 gesunken.

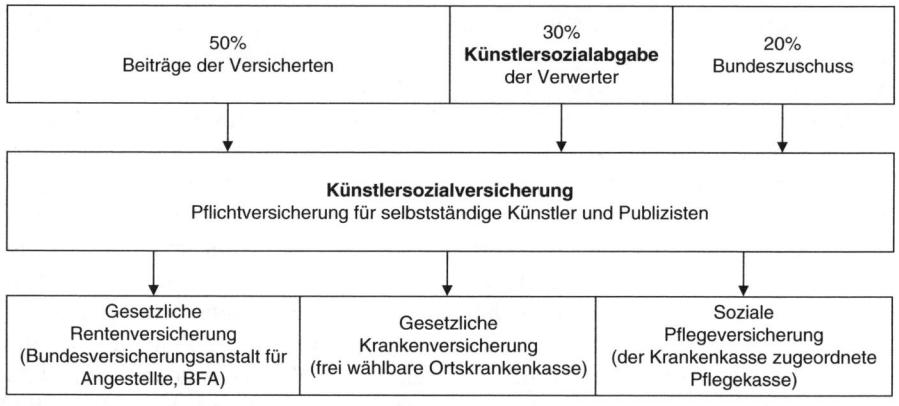

Abb. 1: **Aufbau der Künstlersozialversicherung**

Einzugsstelle für die Beiträge der Versicherten und abgabepflichtigen Unternehmer ist die Unfallkasse des Bundes in Wilhelmshaven, die so genannte **Künstlersozialkasse** (KSK), § 23 KSVG. Durch die 3. Reform des KSVG wurde der Künstler-

---

[5] So Fischer/Reich, § 12 Rn. 2.
[6] Vgl. www.kuenstlersozialkasse.de/.

sozialkasse zur Entlastung die **Deutsche Rentenversicherung (DRV)** mit deren rund 3.600 Mitarbeitern des Betriebsprüfungsdienstes zur Seite gestellt, die von nun an neben einem genauen Prüfverfahren zur Erfassung aller abgabepflichtigen Unternehmer die rechtzeitige und vollständige Entrichtung der Künstlersozialabgabe von Unternehmen mit abhängig Beschäftigten überwacht und Betriebsprüfungen vornimmt, § 35 Abs. 1 KSVG. Die Sozialversicherungsträger, für die die Künstlersozialkasse als Inkassostelle die Beiträge einziehen, sind die Bundesversicherungsanstalt für Angestellte für die Rentenversicherung sowie die frei wählbaren Krankenkassen für die Kranken- und Pflegeversicherung.[7]

B. Die Abgabepflicht der Unternehmer

Abgabepflichtig ist ein Unternehmen, sofern es regelmäßig Leistungen und Werke selbständiger Künstler und Publizisten gegen Entgelt in Anspruch nimmt und daraus Einnahmen erzielt.

I. Künstler und Publizist im Sinne des KSVG

Künstler ist gemäß § 2 KSVG, wer Musik, darstellende oder bildende Kunst schafft, ausübt oder in diesen Bereichen lehrend tätig ist. Publizist im Sinne des Gesetzes ist, wer als Schriftsteller, Journalist oder in anderer Weise publizistisch tätig ist oder Publizistik lehrt. Da diese Formulierungen recht vage bleiben, hat die KSK zur besseren Verständlichkeit einen Berufsgruppenkatalog entwickelt. Dieser ist u. a. im Antragsformular als Orientierungshilfe abgedruckt.[8]

Selbstständig ist ein Künstler, der – ohne Arbeitnehmer zu sein – die Verfügungsmöglichkeit über die eigene Arbeitskraft besitzt und seine Tätigkeit und Arbeitszeit im Wesentlichen selbst gestaltet sowie selbst das Unternehmerrisiko trägt.[9] Ausschließlich abhängig beschäftigte Künstler können nicht in der Künstlersozialversicherung versichert werden und fallen damit nicht in die Fragestellung der KSK-Abgabepflicht hinein. Ebenso unerheblich sind Hobbykünstler, da diese ebenso nicht der Versicherungspflicht unterliegen. Voraussetzung ist vielmehr eine **erwerbsmäßige Tätigkeit**, die auf Dauer angelegt ist und darauf abzielt, Einnahmen zur Bestreitung des Lebensunterhalts zu erzielen.[10] Somit können auch Amateure selbstständige Künstler sein.[11]

Allerdings ist die Künstlersozialabgabe nicht bereits dann zu zahlen, wenn ein abgabepflichtiger Unternehmer ein Entgelt für eine künstlerische Leistung zahlt. Beispielsweise entschied das BSG in einem Fall der Brüder Klitschko aus dem

---

[7] Funke/Müller, Rn. 1504 f.
[8] Siehe auch Tabelle 1.
[9] Fischer/Reich, § 12 Rn. 9.
[10] Siehe Funke/Müller, Rn. 1511; Fischer/Reich, § 12 Rn. 10.
[11] Vgl. BSG, Urteil v. 28.8.1997, AZ: 3 RK 13/96.

Jahre 2008, dass die Abgabepflicht sich nicht auf Vergütungen von Berufssportlern für deren Mitwirkung an Werbefilmen erstrecke. Entscheidend sei, dass das Entgelt an einen Künstler oder Publizisten gezahlt werde, wobei die Künstlereigenschaft i. S. d. KSGV nur solchen Personen zukomme, die Kunst nicht nur einmalig, sondern so nachhaltig ausübten, dass sie als Wesensmerkmal der Person angesehen werden könne. Werbeaufnahmen von aktiven Profisportlern seien insofern lediglich ein Annex zu ihrer Berufsausübung als Sportler. Auch erfolge ihr Engagement aufgrund ihrer Bekanntheit und nicht wegen ihrer künstlerischen Fähigkeiten.[12]

Tabelle 1: Berufsgruppen

Berufsgruppenkatalog[13]	

im Bereich **Musik**:
 - Musiker, u. a.
    - Instrumentalsolist in der „ernsten Musik"
    - Orchestermusiker in der „ernsten Musik"
    - Unterhaltungs- und Kurmusiker
    - Jazz- und Rockmusiker
 - Sänger, u. a.
    - Opern-, Operetten- und Musicalsänger
    - Lied- und Oratoriensänger
    - Chorsänger in der „ernsten Musik"
    - Sänger in der Unterhaltungsmusik, Show, Folklore
 - Komponist, Arrangeur (Musikbearbeiter)
 - Librettist, Textdichter
 - Liedermacher
 - Chorleiter, Kapellmeister, Dirigent
 - Tonmeister
 - Lehrer/Ausbilder im Bereich Musik
	im Bereich **darstellende Kunst**:
	 - Schauspieler, Kabarettist, Unterhaltungskünstler
	 - Moderator, Entertainer, Quizmaster, Komiker
	 - Artist, Zauberer, Clown, Dompteur,
	 - Puppen-, Marionetten-, Figurenspieler
	 - Balletttänzer, Ballettmeister, Show-Tänzer
	 - Sprecher, Synchronsprecher, Rezitator
	 - Regisseur, Choreograph, Dramaturg,
	 - Filmemacher, Kameramann
	 - Bühnen-, Film-, Kostüm-, Maskenbildner
	 - Geräuschemacher, -tonmeister
	 - Lehrer/Ausbilder im Bereich darstellende Kunst (z. B.: Ballettlehrer, Tanzpädagoge, Sprechererzieher, Theaterpädagoge)

---

[12] Vgl. BSG v. 24.01.2008, AZ: B 3 KS 1/07 R; a.A. LSG Hessen v. 06.03.2007, AZ: L 8 KR 214/06 – Nowitzki.

[13] Vgl. Erhebungsbogen der KSK zur Prüfung der Künstlersozialabgabepflicht nach dem KSVG, im Internet verfügbar unter: http://www.kuenstlersozialkasse.de/wDeutsch/download/daten/Versicherte/Antragsunterlagen-Fragebogen-Ausfuellhinweise-Infoschrift-Aktuelle_Werte_in_der_SV_2010.pdf?WSESSIONID=0c42af65a5c3efe011a86b73dedb5906; Funke/Müller, Rn. 1509. Neben diesem Berufsgruppenkatalog gibt der „Bericht der Bundesregierung über die wirtschaftliche und soziale Lage der künstlerischen Berufe (Künstlerbericht)" aus dem Jahre 1975 (BT-Drucksache 7/3071) Aufschluss darüber, wer dem Künstlerbegiff des KSVG unterfällt. Er gehört zu den Gesetzesmaterialien des KSVG und ist bei der Auslegung der Begriffe des „Künstlers" und „künstlerischer Tätigkeit" zu berücksichtigen. Die dort von der Bundesregierung aufgeführten Berufsgruppen zählen grundsätzlich zu den Künstlern und Publizisten i.S.d. KSVG, was in der Folge immer wieder von der Rechtsprechung bestätigt wurde. Sofern einige heute bekannte dem Bereich der Kunst zuzuordnende Berufsgruppen darin nicht erwähnt sind, ist dieses darauf zurückzuführen, dass diese 1975 noch nicht in ihrer heutigen Ausprägung existierten.

Tabelle 1: (Fortsetzung)

Berufsgruppenkatalog	
im Bereich **bildende Kunst/Design**: - experimenteller Künstler, Performance-, Aktionskünstler - Maler, Zeichner, Grafiker, Layouter - Bildhauer, Plastiker - Videokünstler, Fotograf, Lichtbildner, Fotodesigner - Werbefotograf, Stylist, Visagist - Karikaturist, Trick-, Comiczeichner, Illustrator, Colorist - Grafik-, Industrie-, Web-Designer - Mode-, Textil-Designer - Lehrer/Ausbilder im Bereich bildende Kunst/Design	im Bereich **Wort**: - Autor, Schriftsteller, Dichter, Texter, Drehbuchautor - wissenschaftlicher Autor - Journalist, Redakteur, Korrespondent, Kritiker - Bildjournalist, Bildberichterstatter, Pressefotograf - Lektor, Übersetzer/Bearbeiter - PR-Fachmann - Fachmann f. Öffentlichkeitsarbeit oder Werbung - Lehrer/Ausbilder im Bereich Wort

Bei der Antragstellung führt die Künstlersozialversicherung immer eine Einzelfallprüfung durch, so dass genaues Augenmerk darauf gelegt wird, ob der Antragsteller auch tatsächlich Künstler oder Publizist i. S. d. § 2 KSVG ist. Häufig ist dabei das Kunsthandwerk von der Tätigkeit als Künstler abzugrenzen. Gerade bei einem anerkannten freien Handwerksberuf, wie dem des Fotografen, kann die Einordnung im Einzelfall schwierig werden, da dieser nicht allein dadurch zum Künstler wird, dass seine Leistungen einen eigenschöpferischen, gestalterischen Charakter aufweisen, wenn ein solcher bei gewissen Handwerksberufen gerade typisch ist.[14] Kritisch dabei zu betrachten ist, dass beispielsweise der Beruf des Werbefotografen vom Gesetzgeber pauschal dem Bereich der bildenden Kunst zugeordnet wird, unabhängig davon, ob der Fotograf dabei im Einzelfall einen künstlerischen Anspruch erhebt.[15] Konsequent war hingegen wiederum die Entscheidung des BSG, mit welcher die Publizisteneigenschaft von Übersetzern verneint wurde, sofern es sich um wortgetreue Übersetzung von Werbebroschüren und Bedienungsanleitungen für technische Geräte handelt. Sofern der Originaltext dem Übersetzer keinen persönlichen Gestaltungsspielraum lässt, fehlt es mithin an einer persönlichen schöpferischen und damit an einer schutzfähigen Leistung i. S. d. KSVG.[16] Auch ist der oben dargestellte Berufsgruppenkatalog nicht abschließend, denn im Rahmen der Bestimmung der Künstler- und Kunsteigenschaft einer Tätigkeit ist die Vielfalt und Dynamik in der Entwicklung künstlerischer Betätigungen mit einzubeziehen. Dieses spiegelt sich auch darin wieder, dass neuartige Berufe unter die Künstlersozialversi-

---

[14] Vgl. dazu die Urteile zur Künstlereigenschaft des (Werbe-)Fotografen: LSG Baden-Württemberg v. 23.03.2010, AZ: L 11 KR 5550/08 und v. 26.01.2010, AZ: L 11 R 2016/09, beide Urteile sind z. Zt. zur Entscheidung beim BSG anhängig.

[15] So auch SG Reutlingen v. 19.03.2009, AZ: S 14 R 2992/08, aufgehoben von LSG Baden-, Württemberg v. 26.01.2010, siehe Fn. 14; der Werbefotograf wird im Künstlerbericht der Bundesregierung von 1975 (siehe Fn. 13) ausdrücklich genannt und ist demnach Künstler i.S.d. KSVG.

[16] Vgl. BSG v. 07.12.2006, AZ: B 3 KR 2/06 R.

cherungspflicht fallen, wie etwa der des Bodypainters[17] oder des Webdesigners.[18] Der Webdesigner zählt damit als Hersteller einer Internetseite zu den kreativen und künstlerischen Berufen, und zwar selbst dann, wenn Teil seiner Arbeit die Umsetzung textlicher und bildlicher Vorgaben des Auftraggebers ist. Er ist dabei stets abzugrenzen zu Webmastern/Webadmististratoren, die in technischer Hinsicht den Zugang zur Internetseite verantworten. Ebenso von der Künstlersozialabgabe erfasst sind Honorare, die an Juroren der Castingshow „Deutschland sucht den Superstar" (DSDS) geleistet werden. Ihre Tätigkeit im Rahmen der Show sei zwar nicht der eines Moderators, Entertainers oder Unterhaltungskünstlers zuzuordnen. Jedoch hat das BSG ihre Wortbeiträge als künstlerische Tätigkeit i. S. d. KSVG beurteilt, da sie sich durch einen eigenen Unterhaltungswert auszeichneten.[19]

II. Kreis der abgabepflichtigen Unternehmer

Fall 1: Der Eventmanager V plant, organisiert und führt regelmäßig öffentliche Konzerte, Festivals und andere kulturelle Events durch, teilweise in Zusammenarbeit mit der Konzertagentur A, die für ihn Verträge mit Künstlern abschließt.

Fall 2: Der örtliche Musikverein V hingegen trifft sich regelmäßig, um in geselliger Runde gemeinsam zu musizieren. Er veranstaltet zwar auch öffentliche Auftritte, bei denen ab und an fremde Solisten zur Verstärkung geholt werden. Diese Auftritte sind aber nicht wesentlicher Zweck des Vereins.

Fall 3: Die J. Philharmoniker sind ein professionelles Orchester. Regelmäßig werden für die Spielzeit oder als Gastspieler fremde Musiker gegen Gage engagiert.

Fall 4: Das Unternehmen U veranstaltet eine Vernissage in ihren Büroräumen und lädt hierzu, bei Sekt mit Live-Musik einer engagierten Band, zur Kundenpflege ihre besten Mandanten und eigenen Mitarbeiter ein.

Fall 5: „Events for Help" ist ein gemeinnütziger eingetragener Verein. Er veranstaltet Wohltätigkeitsevents, auf denen auch bezahlte selbstständige Künstler auftreten.

Wer gehört zum Kreis abgabepflichtiger Unternehmer?

1. Unternehmensform

Das KSVG spricht von abgabepflichtigen Unternehmern, welche eine gewerbliche oder berufliche Tätigkeit ausüben, die auf einen einheitlichen Zweck gerichtet und auf eine gewisse Dauer angelegt ist. Eine besondere **Unternehmensform** ist al-

---

[17] SG Dortmund v. 04.06.2009, AZ: S 40 KR 31/07; andererseits hat das BSG die Künstlereigenschaft des Tätowierers aufgrund dessen Tätigkeitsschwerpunktes im manuell-technischen Bereich verneint: BSG v. 28.02.2007, AZ: B 3 KS 2/07 R.
[18] Vgl. BSGv. 07.07.2005, AZ: B 3 KR 29/04 R.
[19] BSG v. 19.10.2009, AZ: B 3 KS 4/08 R.

lerdings nicht erforderlich.[20] Unternehmer können daher alle natürlichen Personen sowie rechtsfähigen oder nicht rechtsfähigen Wirtschaftsgebilde sein:

- natürliche Personen
- juristische Personen des Privatrechts (AG, GmbH, e. G., e. V., KG a. A., rechtsfähige Vereine, Stiftungen)
- juristische Personen des Öffentlichen Rechts (Körperschaften, Anstalten, Stiftungen)
- Personenhandelsgesellschaften
- BGB-Gesellschaften (GbR)
- sonstige Wirtschaftsgebilde (z. B. Arbeitsgemeinschaften, Kooperative, nicht eingetragene Vereine).[21]

2. Regelmäßigkeit und Nachhaltigkeit sowie Einnahmeerzielungsabsicht

Damit ein Unternehmen KSK-pflichtig ist, muss es regelmäßig und gegen Entgelt künstlerische oder publizistische Leistungen in Anspruch nehmen und daraus Einnahmen erzielen.

Dem Erfordernis der **Regelmäßigkeit und Nachhaltigkeit** der Tätigkeit wird genügt, wenn jährlich zwei bis drei Veranstaltungen ausgeübt werden. Bei einer Großveranstaltung mit immensem Planungs- und Organisationsaufwand, die mehrere Tage oder Wochen dauert, kann es sogar genügen, wenn sie einmal jährlich oder in noch größeren Abständen stattfindet. Es kommt hier immer auf den jeweiligen Einzelfall an. Als Indizien können Häufigkeit und Planungsaufwand der Veranstaltung herangezogen werden.[22] Sollten jährlich über drei Veranstaltungen ausgeübt werden, kann von einer Regelmäßigkeit und damit einer Abgabepflicht ausgegangen werden.

Weiterhin muss die sog. **Einnahmeerzielungsabsicht** vorliegen. Hier reicht es, dass Einnahmen irgendwelcher Art erzielt werden, z. B. Eintrittsgelder, Verkaufserlöse, Merchandising, aber auch Zuschüsse, Mitgliedsbeiträge oder Spenden. Nicht notwendig ist eine Gewinnerzielungsabsicht. Der Kreis der abgabepflichtigen Unternehmer beschränkt sich damit nicht auf professionelle Vermarkter.[23] Vielmehr sind auch Einrichtungen (z. B. Vereine), die ausschließlich und unmittelbar gemeinnützige Zwecke i. S. v. § 52 AO verfolgen, nicht automatisch von der Abgabepflicht ausgenommen.[24] Insbesondere dann nicht, wenn mit vereinsfremden Künstlern oder Publizisten Veranstaltungen durchgeführt werden.

---

[20] Vgl. Fischer/Reich, § 12 Rn. 54; vgl. Finke/Brachmann/Nordhausen, § 24 Rn. 18.
[21] Siehe auch Finke/Brachmann/Nordhausen, § 24 Rn. 16.
[22] Vgl. Funke/Müller, Rn. 1543; Finke/Brachmann/Nordhausen, § 24 Rn. 22.
[23] Siehe Finke/Brachmann/Nordhausen, § 24 Rn. 23; Funke/Müller, Rn. 1544.
[24] Siehe BSG, Entscheidung v. 8.12.1988, AZ: 12 RK 15/87; Finke/Brachmann/Nordhausen, § 24 Rn. 15.

3. Katalogunternehmen

§ 24 Abs. 1 Satz 1 KSVG führt einige Unternehmen explizit auf, aus deren Unternehmenszweck sich bereits ergibt, dass sie typischerweise künstlerische oder publizistische Leistungen verwerten. Die Betreiber dieser Unternehmen unterliegen der Künstlersozialabgabepflicht, sofern ihr Unternehmen die genannte Tätigkeit mit einer gewissen Regelmäßigkeit und Nachhaltigkeit ausführt und mit Einnahmeerzielungsabsicht handelt.[25] In der Liste sind diverse Unternehmen aus dem Eventbereich enthalten:

a) Theater-, Konzert- und Gastspieldirektionen sowie sonstige Unternehmen (Nr. 3)

Hervorzuheben ist insbesondere die Nennung der **Theater-, Konzert- und Gastspieldirektionen** sowie sonstigen Unternehmen, deren wesentlicher Zweck darauf gerichtet ist, für die Aufführung oder Darbietung künstlerischer oder publizistischer Werke oder Leistungen zu sorgen.

Unter den Begriff der „**sonstigen Unternehmen**", deren wesentlicher Geschäftszweck es ist, dafür zu sorgen, dass Konzerte aufgeführt, Theater gespielt oder andere kulturelle Events veranstaltet werden, fallen u. a. **Tourneeveranstalter**.[26] Diese Unternehmen unterhalten unmittelbare Vertragsbeziehungen zu den selbstständigen Künstlern und unterliegen daher der Abgabepflicht gemäß § 25 Abs. 1 KSVG. Dem Grunde nach abgabepflichtig sind auch die vermittelnd tätigen Unternehmen. Sie sind am Zustandekommen eines Vertrags nur mittelbar beteiligt, während die direkten Vertragsbeziehungen zwischen Künstler und Veranstalter bestehen.[27] Zu den Vermittlern gehören die Konzertagenturen, Konzertvermittler und Künstlermanager.[28]

Sonstige Unternehmen sind auch **Event-, Promotion- und Werbeagenturen**, die sich hauptsächlich auf die Durchführung von Veranstaltungen spezialisiert haben, ebenso **Stadthallenbetriebe, Kurbetriebsgesellschaften, soziokulturelle Zentren, Kulturvereine** und **Festivalveranstalter**.[29]

b) Theater, Orchester, Chöre und vergleichbare Unternehmen (Nr. 2)

Alle Arten von **Theater** (ausgenommen Filmtheater), **Orchestern** und **Chören** müssen die Künstlersozialabgabe entrichten, wenn sie selbstständige Künstler engagieren. Spielzeitverpflichtete Künstler im Theater gelten allerdings als abhängig beschäftigt. Des Weiteren ist eine selbstständige Tätigkeit bei gastspielverpflich-

---

[25] Funke/Müller, Rn. 1543 f.
[26] Siehe Finke/Brachmann/Nordhausen, § 24 Rn. 99 f.; Informationsschrift Nr. 4 zur Künstlersozialabgabe der KSK, S. 1 Punkt 2 und S. 2 Punkt 3c).
[27] Näher unten; Siehe auch Finke/Brachmann/Nordhausen, § 24 Rn. 98 f.
[28] Finke/Brachmann/Nordhausen, § 24 Rn. 99 f.
[29] So auch Finke/Brachmann/Nordhausen, § 24 Rn. 99; Informationsschrift Nr. 4 zur Künstlersozialabgabe der KSK, S. 1 Punkt 2.

teten Künstlern im Theater oder in einem Kulturorchester nur ausnahmsweise bei einem Schauspieler, Gesangsolisten, Tänzer oder Instrumentalsolisten anzunehmen. Dieses ist dann der Fall, wenn er aufgrund seiner hervorragenden künstlerischen Stellung maßgeblich zum künstlerischen Erfolg einer Aufführung beizutragen verspricht und wenn nach dem jeweiligen Gastspielvertrag nur einige Vorstellungen vereinbart sind.[30] Zudem umfasst sind **vergleichbare Unternehmen**, deren Zweck überwiegend darauf gerichtet ist, für künstlerische oder publizistische Werke oder Leistungen öffentlich aufzuführen oder darzubieten.

Zu den katalogisierten Unternehmen zählen des Weiteren:

- Varieté- und Zirkusunternehmen, Museen (Nr. 8)
- Galerien und Kunsthandel (Nr. 6)
- Rundfunk und Fernsehen (Nr. 4)
- Werbung oder Öffentlichkeitsarbeit für Dritte (Nr. 7)
- Hersteller von bespielten Bild- und Tonträgern (Nr. 5)
- Buch-, Presse- und sonstige Verlage, Presseagenturen (einschließlich Bilderdienste) (Nr. 1)
- Aus- und Fortbildungseinrichtungen für künstlerische oder publizistische Tätigkeiten (Nr. 9).

4. Eigenwerber, § 24 Abs. 1 Satz 2 KSVG

Unternehmer, die **für Zwecke ihres eigenen Unternehmens Werbung oder Öffentlichkeitsarbeit** betreiben und dabei nicht nur gelegentlich Aufträge an selbstständige Künstler oder Publizisten erteilen, müssen ebenfalls die Künstlersozialabgabe entrichten.

Ein beliebtes Werbemittel ist die Veranstaltung von Events, beispielsweise von Empfängen, Konzerten, Aufführungen oder Preisverleihungen. Diese müssen nicht nur gelegentlich, sondern mit einer gewissen Regelmäßigkeit und Nachhaltigkeit durchgeführt werden – vergleichbar zu den Katalogunternehmen. Eine Einnahmeerzielungsabsicht ist ausnahmsweise nicht erforderlich,[31] da der Imageaufbau des Unternehmens und der Marke wirtschaftlichen Interessen dient.

Nicht zu vergessen sind Unternehmer, die für Zwecke ihres Unternehmens Werbung oder Öffentlichkeitsarbeit betreiben (sog. Firmenveranstaltung) und dabei nicht nur gelegentlich Aufträge an selbständige Künstler oder Publizisten zur Erstellung von Werbebroschüren oder Prospekten über ihr Unternehmen und ihre Produkte vergeben. Diese Unternehmer müssen ebenfalls die KSK-Abgabe entrichten, da auch Designer, selbständige Grafiker, Illustratoren, PR-Fachleute, Layouter, Texter, Fotografen oder Webdesigner vom Bundessozialgericht (BSG) im Regelfall als Künstler bzw. Publizisten im Sinne des KSVG behandelt werden.

---

[30] Ziffer 2.1, 2.2 sowie 2.5 des Abgrenzungskatalogs für im Bereich Theater, Orchester, Rundfunk- und Fernsehanbieter, Film- und Fernsehproduktionen tätige Personen v. 30. Mai 2000.
[31] Näher Finke/Brachmann/Nordhausen, § 24 Rn. 188 f.

5. Generalklausel, § 24 Abs. 2 KSVG

Unternehmer eines Nicht-Katalogunternehmens, die nicht nur gelegentlich Aufträge an selbstständige Künstler oder Publizisten erteilen, um deren Werke oder Leistungen **für Zwecke ihres Unternehmens** zu nutzen, wenn im Zusammenhang mit dieser Nutzung Einnahmen erzielt werden sollen, sind ebenfalls abgabepflichtig.

Da die Generalklausel Unternehmen betrifft, die nicht typischerweise künstlerische oder publizistische Leistungen verwerten, stellt sie strengere Anforderungen. Gemäß § 24 Abs. 2 S. 2 KSVG sind für eine nicht nur gelegentliche Auftragserteilung mindestens vier Veranstaltungen im Jahr erforderlich.[32] Weiterhin wird ausdrücklich auf das Kriterium der Einnahmeerzielung hingewiesen.

Vor allem für **Gesangs-, Musik-, Sport-** und **Karnevalsvereine** sowie **Liebhaberorchester**, die nicht unter den Katalogbereich Orchester/Chöre fallen, kann diese Regelung eine Abgabeverpflichtung mit sich bringen.[33]

Falllösungen:

Zu 1: Der Eventmanager V gehört zum Kreis der abgabepflichtigen Unternehmer, da er regelmäßig Veranstaltungen mit der Absicht durchführt, Einnahmen zu erzielen und im direkten Vertragsverhältnis mit den Künstlern steht. Die Konzertagentur A ist hingegen nicht abgabepflichtig, da sie die Verträge zwischen V und den Künstlern nur vermittelt, die Verträge selbst kommen nur zwischen V und den einzelnen Künstlern zustande.

Zu 2: Der örtliche Musikverein V gehört nicht zu den abgabepflichtigen Unternehmen, da der wesentliche Zweck des Vereins im gemeinsamen Musizieren und nicht in der Durchführung öffentlicher Auftritte zu sehen ist. Außerdem werden nur selten fremde Solokünstler engagiert, so dass nicht von einer Regelmäßigkeit und Nachhaltigkeit der öffentlichen Veranstaltungen ausgegangen werden kann.

Zu 3: Die J. Philharmoniker sind ein abgabepflichtiges Unternehmen nach § 24 Abs. 1 S. 1 Nr. 2 KSVG, da sie regelmäßig selbstständige Musiker verpflichten.

Zu 4: Wenn das Unternehmen U derartige Vernissagen und Empfänge, die der Eigenwerbung des Unternehmens dienen, regelmäßig durchführt, gehört es ebenfalls zu den abgabepflichtigen Unternehmen. Zumal es auch hier nicht der Absicht bedarf, mit diesen Veranstaltungen Einnahmen zu erzielen. Handelt es sich hingegen nur um eine einmalige Veranstaltung, so trifft U keine Abgabepflicht.

Zu 5: Obwohl der Verein „Events for Help" e. V. ausschließlich gemeinnützige Zwecke verfolgt, ist er doch KSK-abgabepflichtig, da er für die Wohltätigkeitsevents selbstständige und damit vereinsfremde Künstler engagiert. Der Zweck dieser Events liegt in der Spendensammlung, womit auch hier die Einnahmeerzielungsabsicht vorliegt.

---

[32] BSG NJW 1998, S. 1430.
[33] Vgl. Finke/Brachmann/Nordhausen, § 24 Rn. 202.

6. Sonderfall: Doppelstellung als Künstler und Unternehmer

Fall 6: Das Salonorchester L tritt erwerbsmäßig auf Bällen, Firmenveranstaltungen, Hochzeiten und Zelt-Musikfestivals mit jeweils gleicher Besetzung auf. Bislang haben die 7 Berufsmusiker ausschließlich ihre eigene Leistung verwertet. Nun wollen sie ihr Programm abwechslungsreicher gestalten und in wechselnder Besetzung Gesangssolisten und Musiker engagieren. Müssen sie Künstlersozialabgaben zahlen?

Wer als freischaffender Künstler ausschließlich sich selbst vermarktet, macht sich nicht abgabepflichtig, denn das widerspräche dem Ziel des KSVG, die Selbstständigen zu privilegieren im Vergleich zu den abhängig Beschäftigten.[34] Die Privilegierung des KSVG besteht darin, dass nicht-selbstständige Künstler als Arbeitnehmer in Ausübung ihrer künstlerischen Tätigkeit an die allgemeinen gesetzlichen Sozialversicherungssysteme Abgaben entrichten müssen. Der Privilegierungsgrundsatz gilt auch für das Salonorchester, das eine BGB-Gesellschaft (GbR) bildet. Voraussetzung für das Bestehen einer GbR an sich ist, dass zwischen den Musikern ein Gesellschaftsvertrag besteht, der eine gleichberechtigte Gestaltung und Durchführung des Gesellschaftszwecks sicherstellt. Sobald das Orchester jedoch mit einer gewissen Regelmäßigkeit und Nachhaltigkeit fremde Künstler engagiert, müssen sie für die Entgelte an diese Künstler Künstlersozialabgabe abführen.[35] Im Einzelfall kann durch Änderung der Gesellschaftsform eine KSK-Abgabefreiheit möglich sein.

Falllösung 6: Solange das Salonorchester L als GbR nur seine eigenen Leistungen verwertet, sind die Berufsmusiker aufgrund der Privilegierung der Selbstständigen nicht abgabepflichtig. Wenn sie allerdings nun zusätzlich Gesangssolisten und Musiker engagieren, müssen sie für diese Künstlersozialbeiträge zahlen.

7. Sonderfall: Kulturförderung

Bei der Inanspruchnahme künstlerischer oder publizistischer Leistungen durch öffentliche Gebietskörperschaften (z. B. Gemeinden) stellt sich oft die Frage, ob diese ebenso der Abgabepflicht unterliegen, wie Privatunternehmer. Dieses ist dann zu bejahen, wenn ein Austauschvertrag zwischen beiden abgeschlossen wurde, die künstlerische oder publizistische Leistung für eigene Zwecke in Anspruch genommen und verwertet wird, sowie dafür eine Vergütung gezahlt wird.

Liegt dem gegenüber allerdings ausschließlich ein Handeln im Sinne öffentlicher Kulturförderung vor, mangelt es an diesen Voraussetzungen, so dass auch eine Abgabepflicht nach dem KSVG entfällt. Dabei ist insbesondere dann von öffentlicher Kulturförderung auszugehen, wenn

- die Mittel für die Projektförderung einem entsprechenden – für die Projektförderung bestimmten – Haushaltstitel entnommen werden und

---

[34] Fischer/Reich, § 12 Rn. 55; Finke/Brachmann/Nordhausen, § 25 Rn. 16.
[35] Ähnlich Fischer/Reich, § 12 Rn. 55.

- feststehende Kriterien (Vergaberichtlinien) die Grundlage für die Vergabe bilden und
- die Vergabe in einem öffentlichen transparenten Verfahren nach vorher festgelegten Regeln erfolgt und
- die Vergabe ausschließlich zur Förderung der Kultur im Interesse des Gemeinwohls liegt und
- die Mittel i. d. R. auf Antrag bzw. auf Eigenbewerbung von Künstlern vergeben werden.[36]

In Abgrenzung hierzu ist von einer Inanspruchnahme künstlerischer oder publizistischer Leistungen für eigene Zecke beispielsweise auszugehen, wenn

- die Gebietskörperschaft, also z. B. eine Gemeinde, ein Werk, eine Leistung, ein Verwertungsrecht oder einen Anspruch hierauf erhält oder nutzt (etwa indem eine Behörde für ein Fest Künstler engagiert oder erworbene Gemälde von Künstlern aufhängt) **oder**
- die Zuwendung für die Gebietskörperschaft mit der Bekanntmachung der Förderung in hervorgehobener Weise (z. B. auf Plakaten, Eintrittskarten, Verlinkung auf der Internetseite) verbunden ist.[37]

Eine Inanspruchnahme künstlerischer Leistungen für eigene Zwecke liegt demnach auch dann vor, wenn die Gebietskörperschaft in Erfüllung ihrer Aufgabe der Daseinsvorsorge im Sinne der Sicherung der Grundversorgung handelt. Dieses ist auch dann der Fall, wenn sie Künstler durch diese spezielle Art der Förderung in den Stand versetzen will, künftig auf eigenen Beinen zu stehen und aus ihrer Berufstätigkeit ihr Auskommen zu finden, so dass sie nicht mehr auf staatliche Leistungen angewiesen sind.[38]

III. Künstlersozialabgabe (KSK-Abgabe)

Es fragt sich, ob und in welchem Umfang die abgabepflichtigen Unternehmer tatsächlich Abgaben zu zahlen haben. Die KSK-Abgabe stellt, wie bereits erwähnt, den Quasi-Arbeitgeberanteil im solidarischen System der Künstlersozialversicherung dar. Sie wird als **Umlage nach einem Vomhundertsatz** erhoben, § 23 KSVG.

1. Abgabesatz

Der Vomhundertsatz ist so festzusetzen, dass das Aufkommen (Umlagesoll) zusammen mit den Beitragsanteilen der Versicherten und dem Bundeszuschuss ausreicht, um den Bedarf der Künstlersozialkasse für ein Kalenderjahr zu decken.

---

[36] http://www.kuenstlersozialkasse.de/wDeutsch/unternehmer/Handlungshilfen_KSA_bei_Kulturfoerderung.pdf.

[37] http://www.kuenstlersozialkasse.de/wDeutsch/unternehmer/Handlungshilfen_KSA_bei_Kulturfoerderung.pdf.

[38] Vgl. BSG v. 21.08.1996, 3 RK 31/95.

Nachdem es zwischenzeitlich differenzierte Abgabesätze für die Bereiche Musik, darstellende Kunst, bildende Kunst und Wort gab, ist man seit dem Jahr 2000 wieder zu einheitlichen Abgabesätzen zurückgekehrt. Nach einem Spitzensatz von 5,8 % im Jahr 2005 konnten in Erwartung der 3. Reform des KSVG die Sätze nun wieder gesenkt werden, im Jahr 2006 auf 5,5 %, im Jahr 2007 nochmals auf 5,1 %. Dieser Trend setzte sich seit dem Jahr 2008 fort, so dass aktuell ein Abgabesatz von 3,9 % gilt. Auch für 2011 bleibt der Abgabesatz stabil bei 3,9 %.[39]

2. Bemessungsgrundlage

Fall 7: V ist örtlicher Veranstalter von Happenings. Er bezahlt die von ihm engagierten Künstler z. T. so schlecht, dass deren Arbeitseinkommen auf das Jahr gerechnet nicht die Geringfügigkeitsgrenze[40] überschreitet und sie nicht in der Künstlersozialversicherung versichert werden können. Neben der Ersparnis bei der Gage hofft V nun, für diese Zahlungen auch keine Künstlersozialabgabe leisten zu müssen.

Fall 8: V engagiert für seine nächste Veranstaltungsreihe das Duo B & P. Diese sind in Form einer GbR organisiert. Nachdem B & P ihr künstlerisches Programm erfolgreich dargeboten haben, erhält V eine Rechnung von der B & P GbR. Er freut sich, da er nun nicht an die Künstler, sondern an die GbR zahle und damit nicht KSK-abgabepflichtig sei. Hat V Recht?

Bemessungsgrundlage für die Umlage sind gemäß § 25 Abs. 1 Satz 1 KSVG:

- die Entgelte für künstlerische oder publizistische Werke oder Leistungen,
- die ein zur Abgabe verpflichteter Unternehmer
- im Rahmen der dort aufgeführten Tätigkeiten
- im Laufe eines Kalenderjahres
- an selbstständige Künstler und Publizisten zahlt.
- Achtung: Es ist der Wettbewerbsneutralität irrelevant, ob die engagierten selbstständigen Künstler oder Publizisten selbst nach dem KSVG versicherungspflichtig sind!

---

a) Entgelt

Unter dem Begriff des Entgeltes ist alles zu verstehen, was der zur Abgabe Verpflichtete aufwendet, um das künstlerische oder publizistische Werk oder die Leistung zu erhalten oder zu nutzen, das heißt neben dem eigentlichen Honorar werden gegebenenfalls auch auf der Rechnung aufgeführte Auslagen und Nebenkosten wie

---

[39] www.kuenstlersozialkasse.de, Aktuelles, Mitteilung vom 06.08.2010.
[40] Diese legt fest, dass ein Künstler erst ab einem jährlichen Mindesteinkommen von 3.900,- € in die KSK aufgenommen bzw. versicherungspflichtig wird.

für Material, Transport oder Telefon einbezogen.[41] Wobei es jedoch nicht darauf ankommt, ob die Rechnung nur den Gesamtbetrag oder das Honorar und die Auslagen separat ausweist.[42] Generell unterfallen damit alle Zuwendungen der Abgabepflicht, die als Gegenleistung für die künstlerische Leistung an den Künstler gezahlt werden. Daher ist in diesen Fällen auch auf Preis- und Wettbewerbsgelder die Abgabe zu zahlen. Anders verhält es sich jedoch, wenn der Künstler einen Preis für sein Lebenswerk oder seine besondere Bedeutung in der Region erhält.[43] Auch Erstattungen an den Künstler oder Publizisten, die im Vorfeld eines noch zu schließenden Vertrages gemacht werden (wie z. B. Reisekosten für einen Termin zur Vorbesprechung) gehören zur Bemessungsgrundlage, und zwar selbst dann, wenn das geplante Werk nicht realisiert wird.[44] Ebenfalls zum Entgelt gehören Sach- und Tauschgegenstände, welche bei der Berechnung der Künstlersozialabgabe mit ihrem tatsächlichen Wert zu berücksichtigen sind.[45]

Beispiel: Ein Musiklabel überlässt einem Songwriter und Sänger einer Band für 6 Monate ein Ferienhaus, um die Texte für die neue CD zu schreiben. Dieser geldwerte Vorteil ist bei der Bemessung der KSK-Abgabe mit dem marktüblichen Wert anzusetzen.

Zugrunde gelegt werden auch Entgelte, die an selbstständige Künstler gezahlt werden, die selbst nicht in der Künstlersozialversicherung versichert sind (z. B. Künstler, deren Einkommen unter der Geringfügigkeitsgrenze liegt; ausländische Künstler). Ferner ist es irrelevant, ob mehrere Künstler jeweils allein ihrem Auftraggeber gegenübertreten oder ob sie in einer Gesellschaft bürgerlichen Rechts organisiert sind. Die Zahlung eines Entgelts an die GbR ist als Zahlung an die Künstler selbst zu werten und daher abgabepflichtig.[46]

Nicht von der Künstlersozialabgabe erfasst sind hingegen Aufwendungen des Unternehmers, die er für Gerätschaften, Betriebsstätten und Materialien erbringt, um die künstlerische Veranstaltung durchführen zu können, aber ohne sie dem Künstler zu erstatten.[47] Ausgenommen sind ebenfalls Zahlungen an Verwertungsgesellschaften, z. B. die GEMA, sowie gesondert ausgewiesene Umsatzsteuer und steuerfreie Aufwandsentschädigungen, § 25 Abs. 2 Satz 2 KSVG.[48] Zu letzteren gehören Aufwendungen für nachgewiesene Fahrtkosten des selbstständigen Künstlers, soweit die in § 3 Nr. 16 EStG genannten Grenzen nicht überschritten werden. Fahrtkosten sind hingegen nicht abzugsfähig, wenn diese nicht nachgewiesen (d. h. weder durch Originalbelege noch durch schriftliche Bestätigung des Künstlers, mit

---

[41] So Summa Summarum 4, S. 18.
[42] Vgl. Finke/Brachmann/Nordhausen, § 25 Rn. 44.
[43] A.a.O., § 25 Rn. 47.
[44] A.a.O., § 25 Rn. 52.
[45] A.a.O., § 25 Rn. 46.
[46] BSG v. 07.07.2005, AZ: B 3 KR 29/04 R.
[47] A.a.O., § 25 Rn. 52.
[48] Vgl. Summa Summarum 4, S. 18.

welcher die konkrete Anzahl der zurückgelegten Kilometer nachgewiesen wird) sondern in einer Pauschale gezahlt werden.

Falllösung 7: Da es irrelevant ist, ob die Künstler selbst nach dem KSVG versicherungspflichtig sind und V ihnen ein – wenn auch geringes – Entgelt zahlt, muss er für diese Leistungen der Künstler die Künstlersozialabgabe zahlen.

Falllösung 8: V hat sich zu früh gefreut. Er ist auch für das Entgelt, das er an die B & P GbR zahlt abgabepflichtig, da diese Zahlungen so behandelt werden, als erfolgten sie direkt an die einzelnen Künstler.

Wichtig ist in diesem Zusammenhang auch, dass der Bescheid der Künstlersozialkasse, mit welchem die Abgabepflicht eines Unternehmens festgestellt wird, auch gegenüber dem Rechtsnachfolger gilt. Dieses bedeutet, dass es keines neuen Feststellungsbescheides der KSK bedarf, wenn das Unternehmen unverändert fortgeführt wird, denn es handelt sich insofern um einen unternehmensbezogenen, gegenständlichen Bescheid.[49]

b) Beteiligung mehrerer Unternehmer

Fall 9: Der örtliche Eventveranstalter V plant einen großen Konzertabend in Baden-Baden. Er beauftragt die Konzertagentur X, den Manager U der jungen Sopranistin M zu kontaktieren und in seinem, das heißt V's Namen einen Vertrag mit der Künstlerin abzuschließen. Besonders stolz ist er, dass er selbst unter Mithilfe eines Konzertvermittlers den berühmten Pianisten W verpflichten konnte. Müssen alle beteiligten Unternehmer – Veranstalter, Konzertagentur, Manager und Konzertvermittler – die Künstlersozialabgabe entrichten?

Das vorgenannte Fallbeispiel veranschaulicht, dass häufig mehrere grundsätzlich abgabepflichtige Unternehmer an einer Veranstaltung beteiligt sind. Dann stellt sich die praxisrelevante Frage, wer die Künstlersozialabgabe leisten muss.
    Die Künstlersozialabgabe ist grundsätzlich nur einmal zu entrichten. Abzustellen ist auf die vertraglichen Verhältnisse: Grundsätzlich muss derjenige die Künstlersozialabgabe zahlen, der mit dem Künstler unmittelbar in vertraglicher Beziehung steht und das Entgelt an den Künstler leistet. Die anderen beteiligten Unternehmer sind von der konkreten Abgabepflicht befreit.

aa) Unternehmer wird in eigenem Namen tätig

Konzert-, Theater- oder Gastspieldirektionen schließen ebenso wie etwa Tourneeveranstalter grundsätzlich in eigenem Namen Verträge mit Künstlern, das heißt zwischen den Vertragsparteien bestehen direkte vertragliche Beziehungen.
    Theater- und Konzertdirektionen sind Unternehmer, die im eigenen Namen entsprechende Veranstaltungen durchführen und deshalb unmittelbar mit Künstlern

---

[49] Vgl. BSG v. 10.10.2000, AZ: B 3 KR 31/99 R.

Verträge abgeschlossen haben. Sie sind die Empfänger der künstlerischen Leistung und schulden dafür den Künstlern die Gagen.[50]

Gastspieldirektionen unterhalten auch direkte vertragliche Beziehungen zu den engagierten Künstlern. Sie treten jedoch nicht selbst als örtliche Veranstalter auf, sondern veräußern die künstlerische Leistung im eigenen Namen an örtliche Veranstalter.[51]

Tourneeveranstalter planen, organisieren und veranstalten Konzertreihen, die sie an örtliche Veranstalter verkaufen oder in Kooperation durchführen.[52]

Auch **Stadthallenbetriebe, Kurbetriebsgesellschaften, soziokulturelle Zentren oder Festivalveranstalter** schließen in der Regel unmittelbar Verträge mit den Künstlern.[53]

In diesen Fällen ist der Unternehmer **konkret abgabepflichtig**. Daran ändert sich auch dann nichts, wenn eines dieser Unternehmen einen Vertrag mit einem örtlichen Veranstalter über die Darbietung schließt oder wenn für den Künstler ein Stellvertreter auftritt. Der Weiterverkauf oder die Vertretung lässt die Beziehungen zum Künstler unberührt, so dass es sich weiterhin um ein abgabepflichtiges Eigengeschäft handelt.[54]

Vertragliche Vereinbarungen, in denen sich ein anderer Vertragspartner verpflichtet, die Künstlersozialabgabe zu tragen, entfalten gegenüber der die Künstlersozialabgabe einziehenden Künstlersozialkasse keine Wirkung. Entscheidend ist stets die durch das KSVG geregelte konkrete öffentlich-rechtliche Abgabeverpflichtung.

Die vertraglichen Vereinbarungen gelten lediglich zwischen den Vertragsparteien. Zu beachten ist dabei, dass die Abwälzung der Künstlersozialabgabe auf die selbstständigen Künstler dem Schutzzweck des Gesetzes zuwiderläuft und dementsprechend nichtig ist, § 36 a Satz 2 KSVG i. V. m. § 32 SGB I.[55] Abweichende Vertragsregelungen können daher häufig zu Irrtümern und erheblichen Nachforderungen führen, weshalb die Künstlersozialkasse davon abrät.[56]

bb) Unternehmer wird als Makler/Vermittler tätig

Im Gegensatz zu den in eigenem Namen tätigen Unternehmern vermitteln andere als Manager, Agentur oder Vermittler ausschließlich Verträge zwischen örtlichen Veranstaltern und Künstlern, ohne selbst, etwa als Vertreter, beteiligt zu sein. Sie

---

[50] Laut Finke/Brachmann/Nordhausen, § 24 Rn. 99.
[51] Finke/Brachmann/Nordhausen, ebenda.
[52] Siehe Finke/Brachmann/Nordhausen, § 24 Rn. 99 f.; Informationsschrift Nr. 4 zur Künstlersozialabgabe der KSK, S. 1 Punkt 3a).
[53] Informationsschrift Nr. 4 zur Künstlersozialabgabe der KSK, S. 2 Punkt 3d).
[54] Informationsschrift Nr. 4 zur Künstlersozialabgabe der KSK, S. 1 Punkt 3b).
[55] Auch Funke/Müller, Rn. 1559; Informationsschrift Nr. 4 zur Künstlersozialabgabe der KSK, S. 1 Punkt 2 und S. 2 Punkt 3c).
[56] Kurzinformation zur Künstlersozialabgabe - Veranstaltungen und Künstlersozialabgabepflicht, S. 1.

sind am Zustandekommen eines Vertrags nur mittelbar beteiligt, während die direkten Vertragsbeziehungen zwischen Künstler und Veranstalter bestehen.[57]

Konzertvermittler führen die Vertragsparteien lediglich zum Abschluss eines Vertrages zusammen, ohne eine der Seiten zu vertreten. **Künstlermanager** werden nur im Rechtskreis des Künstlers tätig und nicht im Verhältnis zu den Veranstaltern.[58]

Auch für diese dem Kreis abgabepflichtiger Unternehmer zugeordneten Gruppen besteht zwar dem Grunde nach eine Abgabepflicht,[59] jedoch fällt eine Künstlersozialabgabe nicht an, wenn der Unternehmer sich auf die bloße Vermittlungstätigkeit beschränkt und keine weiteren Leistungen erbringt, die über einen reinen Gelegenheitsnachweis hinausgehen (§ 25 Abs. 3 Satz 2 KSVG). Nicht mehr von einem Gelegenheitsnachweis, sondern von einem Eigengeschäft auszugehen ist, wenn

- der Vermittler am Vertragsschluss beteiligt ist (z. B. durch Unterschrift)
- der Vermittler an Organisation und Planung der Veranstaltung mitwirkt (z. B. durch Einziehung der Eintrittsgelder oder Auszahlung der Gagen („Full- oder Teilservice"), Übernahme der Haftung für den Ausfall der künstlerischen Leitung).[60]

cc) Unternehmer wird als Vertreter tätig

Oftmals beschränken sich die Vermittler nicht darauf, die Vertragsparteien lediglich zusammen zu bringen, sondern wirken als Vertreter auf der Seite des Künstlers oder Veranstalters am Zustandekommen des Vertrages mit. Typische Vertreter der Künstler oder örtlichen Veranstalter sind die **Konzertagenturen**, aber auch Manager und Künstlervermittler können als Vertreter auftreten.

Auch in diesen Fällen kommt das Vertragsverhältnis unmittelbar zwischen Künstler und Veranstalter zustande. Handelt der Stellvertreter in fremdem Namen und im Rahmen seiner Vertretungsmacht, wird er selbst vertraglich nicht verpflichtet. Deshalb trifft auch hier zunächst den Veranstalter die konkrete Abgabepflicht.

Wichtig für den Vertreter ist in diesem Zusammenhang, für klare schriftliche Verträge zu sorgen. Es muss deutlich aus dem Vertrag hervorgehen, dass er kein Eigengeschäft führt, sondern in fremdem Namen und für Rechnung, z. B. des Künstlers, handelt. Dies wird durch Formulierungen wie „(Künstler) vertreten durch", in Vertretung für (Künstler), im Namen von (Künstler) oder „ppa./pp." (per procura) erreicht. Unklar ist hingegen die Formulierung „im Auftrag". Sie zeigt nicht ohne

---

[57] Siehe auch Finke/Brachmann/Nordhausen, § 24 Rn. 98 f.
[58] Finke/Brachmann/Nordhausen, § 24 Rn. 99 f.
[59] Siehe dazu oben, B I 2a).
[60] Finke/Brachmann/Nordhausen, § 24 Rn. 99; Informationsschrift Nr.4 zur Künstlersozialabgabe der KSK, S. 2 Punkt 3d).

weiteres ein Vertretungsverhältnis an und sollte in diesem Zusammenhang vermieden werden.[61]

Falllösung 9: Da während des Konzertabends die künstlerische Darbietung nur einmal erfolgt, ist auch die Künstlersozialabgabe nur einmal für jeden Künstler zu entrichten:

Das Engagement der Sopranistin M kommt hier zwar auf Vermittlung der Konzertagentur X zustande, da diese aber lediglich dem V die Gelegenheit zum Abschluss des Vertrages mit M verschafft, sie aber sonst nicht wesentlich in die Planung und Organisation der Veranstaltung einbezogen wird, ist sie nicht KSK-abgabepflichtig. Auch der Manager der M muss selbst keine Abgabe leisten, da er ausschließlich im Rechtskreis der M tätig und nur mittelbar am Zustandekommen des Vertrages beteiligt ist. Hinsichtlich der Sopranistin M ist folglich nur der Eventveranstalter V abgabepflichtig.

Ebenso stellt sich die Abgabepflicht für den Pianisten W dar. Der Konzertvermittler bietet beiden Vertragsparteien – dem V und dem W – lediglich die Gelegenheit zum Abschluss des Engagements, er selbst wird nicht Vertragspartner. Mithin ist auch hier allein der V zur KSK-Abgabe verpflichtet.

Fall 10: M vertritt als Manager den Künstler K. Im Namen des K schließt er einen Vertrag mit einem Gartenbaubetrieb, der sein 50-jähriges Bestehen einmalig mit einer kleinen Jubiläumsfeier begehen will. Dort soll K als Sänger auftreten. Wer muss die Künstlersozialabgabe zahlen, wenn der Gartenbauverein ausscheidet, da er nicht zum Kreis der abgabepflichtigen Unternehmer gehört?

Ausnahmsweise kann der Vertreter eines Künstlers selbst zur Zahlung der Künstlersozialabgabe herangezogen werden, wenn der direkte Vertragspartner des Künstlers, z. B. der örtliche Veranstalter, kein abgabepflichtiges Unternehmen betreibt und deshalb nicht belangt werden kann, § 25 Abs. 3 KSVG.

Aus diesem Grund ist es für den Vertreter ratsam, bei jedem Vertragsschluss zu überprüfen, ob der Vertragspartner ein abgabepflichtiges Unternehmen führt. Für das Vorliegen einer Abgabepflicht müssen plausible Anhaltspunkte bestehen. Name oder Umstände indizieren nicht selten, dass es sich um einen typischen Verwerter künstlerischer Leistungen handelt, z. B. bei Konzert- und Gastspieldirektionen, Tourneeveranstaltern, professionellen Konzertagenturen, Festivalveranstaltern oder Veranstaltungszentren. Vorsicht ist geboten, wenn die Abgabepflicht nicht sofort ersichtlich ist. Dann sollte die Abgabenummer des fraglichen Unternehmens, das heißt das Aktenzeichen bei der Künstlersozialkasse, auf dem Vertrag festgehalten werden.[62] Das ist der sicherste Weg, um sich vor eventuell unberechtigten Forderungen der KSK erfolgreich schützen zu können.

---

[61] Kurzinformation zur Künstlersozialabgabe - Veranstaltungen und Künstlersozialabgabepflicht, S. 1.

[62] Kurzinformation zur Künstlersozialabgabe - Veranstaltungen und Künstlersozialabgabepflicht, S. 1.

Falllösung 10: In diesem Fallbeispiel muss der Manager M selbst die Künstlersozialabgabe zahlen, da der Gartenbaubetrieb nicht als abgabepflichtiges Unternehmen gilt und demnach gemäß § 25 Abs. 3 KSVG nicht von der KSK belangt werden kann.

dd) Mehrstufige Verwertung

Da grundsätzlich die Künstlersozialabgabe nur einmal zu entrichten ist, stößt die sogenannte mehrstufige Verwertung einer künstlerischen oder publizistischen Leistung auf den Unmut vieler Unternehmer und Künstler. In Künstlerkreisen wird sie auch oft als „doppelte" Künstlersozialabgabe bezeichnet.

In Fällen, in denen mehrere Künstler nicht als GbR auftreten, sondern das Entgelt von einem vereinnahmt und in der Folge gesondert an die anderen Mitwirkenden (ggf. unter Abzug einer Pauschale für seine Organisationsleistungen) ausbezahlt wird, dann handelt es sich bei diesem Auftritt um eine mehrstufige Verwertung der künstlerischen Leistung. Diese soll dadurch entstehen, dass die einzelnen Leistungen der Künstler mit demjenigen, der vom Veranstalter die Gesamtgage vereinnahmt (z. B. Bandleader), durch den gemeinsamen Auftritt zu einem neuen künstlerischen Gesamtwerk zusammengeführt werden. Darin wird der Grund für die gesonderte Abgabepflicht des Bandleaders gesehen, da er die Leistungen der anderen Künstler für sich vereinnahmt. Darüber hinaus entsteht auch für den Veranstalter die Abgabepflicht für das künstlerische Gesamtwerk, welches er für sich mit dem Auftritt in Anspruch nimmt.

Der mehrstufigen Verwertung ist in diesen Fällen daher aus Künstlersicht nur durch den Auftritt als GbR zu entgehen.

c) Weitere Sonderkonstellationen

- Bei Auslandsveranstaltungen, z. B. Auslandstourneen, entsteht keine Abgabepflicht, entscheidend ist, dass die künstlerische Betätigung **im Inland** stattfindet.[63]
- Es besteht aber eine Abgabepflicht für Künstler, die ihren ständigen Wohnsitz im Ausland haben. Dadurch wird erreicht, dass der im Inland tätige Künstler nicht gegenüber dem im Ausland Tätigen benachteiligt wird.[64]
- Zur Bemessungsgrundlage sind auch Entgelte heranzuziehen, die dem Künstler von nicht abgabepflichtigen Dritten geleistet werden, § 25 Abs. 1 S. 2 KSVG. Diese Leistungen sind so für die eigene Abgabepflicht des Künstlers maßgebend.
- In die Bemessungsgrundlage eines Veranstalters fließt auch das Entgelt für künstlerische Leistungen, das er für Rechnung des Künstlers an Dritte, z. B. Ehepartner oder Manager, entrichtet[65] (z. B. Provision, Flugticket).

---

[63] Informationsschrift Nr. 4 zur Künstlersozialabgabe der KSK, S. 3 Punkt 7.
[64] Finke/Brachmann/Nordhausen, § 25 Rn. 11.
[65] Siehe Informationsschrift Nr. 4 zur Künstlersozialabgabe der KSK, S. 3 Punkt 6.

IV. Mitwirkungspflichten der Unternehmer

Im Rahmen des Verfahrens zur Erhebung der Künstlersozialabgabe ergeben sich für den abgabepflichtigen Unternehmer Mitwirkungspflichten:

1. Meldepflicht

Die abgabepflichtigen Unternehmer unterliegen gemäß § 27 Abs. 1 KSVG einer **(Selbst-)Meldepflicht**. Sie sind verpflichtet, der KSK – auch ohne gesonderte Aufforderung – bis zum 31. März des Folgejahres die Höhe aller Entgelte mitzuteilen, die sie im abgelaufenen Kalenderjahr an selbständige Künstler und Publizisten gezahlt haben (Bemessungsgrundlage). Die Meldung kann zunächst formlos schriftlich, per Fax oder E-Mail, aber auch telefonisch geschehen.[66] Für die endgültige Meldung haben sie dann ein gesondertes Formular zu verwenden, das von der KSK versandt wird.

Die Meldepflicht soll eine korrekte Berechnung der Künstlersozialabgabe ermöglichen.[67]

Die KSK erteilt nach Prüfung dem Abgabepflichtigen einen **Abgabebescheid** mit der Höhe des zu zahlenden Betrages. Dieser ist sofort fällig.[68]

Wenn Unternehmer ihren Meldepflichten nicht rechtzeitig, falsch oder unvollständig nachkommen, wird eine Schätzung nach branchenspezifischen Durchschnittswerten oder Vorjahresmeldungen des Unternehmers vorgenommen, § 27 Abs. 1 Satz 3 KSVG.[69] Erweist sich die vorgenommene Schätzung als zu niedrig, wird gemäß § 27 Abs. 1 a Satz 2 KSVG der Abgabebescheid rückwirkend zurückgenommen. Gleiches gilt, wenn der Unternehmer unrichtige Angaben gemacht hat.

2. Vorauszahlungspflicht

Nach Ablauf des Meldeverfahrens erlässt die KSK gegenüber den abgabepflichtigen Unternehmern einen weiteren Abgabebescheid über die Höhe ihrer **Vorauszahlungspflicht**.

Daraufhin müssen die abgabepflichtigen Unternehmer gemäß § 27 Abs. 2 KSVG auf die Künstlersozialabgaben pauschal **monatliche Vorauszahlungen** leisten, die jeweils am 10. Tag des Folgemonats fällig sind. Wenn die Zahlungen nicht pünktlich erfolgen, erhebt die KSK einen Säumniszuschlag von 1 % des Rückstandes.[70]

---

[66] Näher www.kuenstlersozialkasse.de/Meldung an die Künstlersozialkasse.
[67] Zur Berechnung vgl. oben B III.
[68] Vgl. auch Funke/Müller, Rn. 1561.
[69] Siehe Finke/Brachmann/Nordhausen, § 27 Rn. 11.
[70] Vgl. Summa Summarum, S. 20.

Zugleich erfolgt nach Ablauf des Kalenderjahres anhand der Jahresmeldung eine endgültige Abrechnung für das Vorjahr. **Überzahlungen** und **Fehlbeträge**, die sich womöglich durch die Vorauszahlungen ergeben haben, werden **ausgeglichen**.[71]

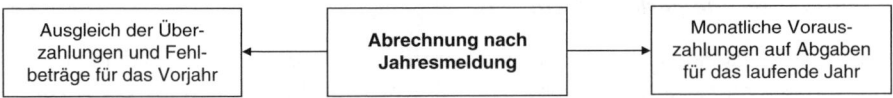

Abb. 2: Jahresmeldung

Für die **Berechnung der Vorauszahlungen**, die für die Zeit vom März des laufenden Jahres bis zum Februar des Folgejahres in gleicher Höhe zu leisten sind, werden die Entgelte des Vorjahres zugrunde gelegt, § 27 Abs. 3 KSVG.

Die Höhe der monatlichen Vorauszahlung berechnet die KSK, indem sie ein Zwölftel der Jahresentgelte des Vorjahres mit den jeweils geltenden Abgabesätzen multipliziert.

Rechenbeispiel: Der abgabepflichtige Unternehmer V hat für das Jahr 2009 Entgelte in Höhe von 72.000 € an die KSK gemeldet. Berechnungsgrundlage für die monatlichen Vorauszahlungen von März 2010 bis Dezember 2010 ist jeweils ein Zwölftel der für 2009 gemeldeten Entgeltsumme, das heißt 72.000 €:12 = 6.000 €. Der Abgabesatz für das Jahr 2010 beläuft sich auf 3,9 %. 6.000 € × 0,039 = 234 €. Folglich muss V von März 2010 bis Februar 2011 monatlich Vorauszahlungen in Höhe von 234 € an die KSK zahlen.

Wenn vorhersehbar ist, dass die Berechnung auf Vorjahresbasis zu ungerechtfertigt hohen Vorauszahlungen führt, kann die KSK gemäß § 27 Abs. 5 KSVG die Vorauszahlungen auf Antrag des Abgabepflichtigen **herabsetzen**, wenn dieser die Gründe für die Verringerung der Entgeltzahlungen an selbstständige Künstler im laufenden Kalenderjahr glaubhaft darlegt.

3. Aufzeichnungs- und Aufbewahrungspflicht

Gemäß der **Aufzeichnungspflicht** aus § 28 KSVG haben die Abgabepflichtigen fortlaufende Aufzeichnungen über die Entgelte an selbstständige Künstler und Publizisten in einer Weise zu führen, dass auf Anforderung der Künstlersozialkasse die abgabepflichtigen Entgelte listenmäßig zusammengeführt werden können. So soll sichergestellt werden, dass der Unternehmer in der Lage ist, eine nachvollziehbare Jahresmeldung abzugeben.[72]

Die Aufzeichnungen sind mindestens bis fünf Jahre nach Ablauf des Kalenderjahres, in dem die Entgelte fällig geworden sind, aufzubewahren.

---

[71] Auch Summa Summarum, S. 20.
[72] Näher zu den einzelnen Voraussetzungen Finke/Brachmann/Nordhausen, § 28 Rn. 3.

Zur Erleichterung des Verwaltungsaufwands besteht für Abgabepflichtige die Möglichkeit, mit Zustimmung der KSK Ausgleichsvereinigungen zu bilden, § 32 KSVG.[73]

4. Auskunfts- und Vorlagepflicht

Darüber hinaus haben die zur Abgabe Verpflichteten gemäß § 29 KSVG der KSK auf Verlangen über alle erforderlichen Tatsachen für die Feststellung der Abgabepflicht, die Höhe der Künstlersozialabgabe sowie die Versicherungspflicht und die Höhe der Beiträge und Betragszuschüsse Auskunft zu geben und die entsprechenden Unterlagen vorzulegen.

V. Sanktionen

§ 36 Abs. 2 KSVG weist die vorsätzliche oder fahrlässige Verletzung der dem abgabepflichtigen Unternehmer obliegende Meldepflicht sowie die Verletzung der Aufzeichnungspflicht, Auskunfts- und Vorlagepflicht als Ordnungswidrigkeiten aus, die mit einem Bußgeld verfolgt werden können. Bei der aktuellen 3. Reform des KSVG wurden die Geldbußen drastisch von maximal 5.000 € auf maximal 25.000 € bei Meldepflichtverletzungen sowie 50.000 € bei den übrigen Pflichtverletzungen erhöht, § 36 Abs. 3 KSVG. So sollen potentielle „schwarze Schafe" abgeschreckt und eine höhere Abgabegerechtigkeit erreicht werden.

VI. Durchführung und Überwachung der Versicherung: 3. KSVG-Novelle

Durch die 3. Reform des KSVG haben sich einige Neuerungen in der Durchführung und Überwachung der Künstlersozialversicherung ergeben, die allesamt die Verwerterseite betreffen. Neben der **drastischen Erhöhung der Bußgelder** sollen durch eine **konsequente Überprüfung der Abgabepflicht** Beitragsausfälle vermieden und die Abgabesätze dadurch niedrig gehalten werden.[74] Die Künstlersozialkasse wird dabei fortan von der Deutschen Rentenversicherung und deren rund 3.600 Mitarbeitern des Betriebsprüfdienstes unterstützt.[75]

1. Prüfverfahren zur Ersterfassung

Die Träger der Deutschen Rentenversicherung (DRV) führen zur Erfassung aller abgabepflichtigen Unternehmer seit Mitte 2007 ein groß angelegtes Prüfverfahren durch.

---

[73] Nähere Informationen unter www.kuenstlersozialkasse.de/FAQ im Verwerterbereich, Punkt 12.
[74] So auch Summa Summarium, S. 6.
[75] Pressemitteilung der DRV und KSK v. 20. Juni 2007.

Die DRV schreibt nach einem Abgleich mit ihrer umfangreichen Arbeitgeberdatenbank seit Mitte 2007 sämtliche nicht bei der KSK registrierten Unternehmer an, informiert diese über die Anmelde- und Beitragspflichten nach dem Künstlersozialversicherungsgesetz und fordert sie auf, einen beigefügten Erhebungsbogen zur Feststellung der Abgabepflicht auszufüllen. Erhoben werden Angaben zum Unternehmen bzw. der Einrichtung, zur Branchenzugehörigkeit und zur entgeltlichen Inanspruchnahme künstlerischer und publizistischer Werke und Leistungen Freischaffender. Die angeschriebenen Unternehmer sind gesetzlich verpflichtet, der DRV über alle für die Feststellung der Abgabepflicht und die Höhe der Künstlersozialabgabe erforderlichen Tatsachen Auskunft zu erteilen. Daraufhin prüft die DRV die erhobenen Daten und stellt gegebenenfalls die Künstlersozialabgabepflicht fest. Die Künstlersozialversicherungsabgabe wird rückwirkend für die letzten fünf Kalenderjahre erhoben. Die Betroffenen erhalten dann einen Abgabebescheid von der DRV.[76]

Wenn die Überprüfung im Anschreibeverfahren fehl schlägt oder das angeschriebene Unternehmen keine Auskünfte erteilt, wird das Unternehmen vor Ort betrieblich geprüft.[77]

2. Teilweise Delegierung der Überwachung

Die DRV entlastet die KSK fortan und übernimmt künftig gemäß § 35 Abs. 1 KSVG die Überwachung der rechtzeitigen und vollständigen Entrichtung der Künstlersozialabgabe bei den Arbeitgebern, das heißt Unternehmern mit abhängig Beschäftigten.

Die Künstlersozialkasse bleibt weiterhin zuständig für die Prüfung der Künstlersozialabgabe bei Unternehmen ohne Beschäftigte und bei Ausgleichsvereinigungen.

Der große Personalstab der Deutschen Rentenversicherung erlaubt es, die Betriebsprüfungen flächendeckend in einem vierjährigen Turnus durchzuführen. Das bedeutet, auch die bereits registrierten Kunst- und Publizistikverwerter müssen sich von nun an auf regelmäßige Kontrollen einstellen.[78] Die DRV prüft, ob und in welcher Höhe eine Abgabepflicht nach dem Künstlersozialversicherungsgesetz besteht, und ist gemäß § 28p SGB IV ermächtigt, die erforderlichen Verwaltungsakte einschließlich der Widerspruchsbescheide zu erlassen.[79]

---

[76] Vgl. Summa Summarum, S. 6; www.kuenstlersozialkasse.de/FAQ im Verwerterbereich, Punkt 6.
[77] Siehe auch Summa Summarum, S. 6.
[78] Pressemitteilung der DRV und KSK v. 20. Juni 2007; www.kuenstlersozialkasse.de/FAQ im Verwerterbereich, Punkt 8.
[79] So Summa Summarum, S. 6; Pressemitteilung der DRV und KSK v. 20. Juni 2007.

3. Koordination und Zuständigkeit von KSK und DRV

Die Künstlersozialkasse bleibt die zuständige Einzugsstelle für die Erhebung der Künstlersozialabgabe.

- Somit sind weiterhin sämtliche Zahlungen ausschließlich an die Künstlersozialkasse zu leisten.[80]
- Auch die Jahresmeldung hat nach wie vor an die KSK zur erfolgen. Ihr sind die Meldebögen zu übermitteln.
Lediglich der im Rahmen des Ersterfassungsprüfverfahrens auszufüllende Erhebungsbogen muss an die DRV gesendet werden.[81]
- Die Abgabebescheide werden grundsätzlich auch zukünftig von der KSK erteilt, nur bei der Ersterfassung eines Unternehmens sowie bei Betriebsprüfungen erteilt die DRV die Abgabebescheide.[82]
- Die KSK steht weiterhin als Auskunft und Berater für die Verwerter zur Verfügung. Neuerdings ist für Beratungen bei Ersterfassungen und Betriebsprüfungen die DRV der richtige Ansprechpartner.[83]

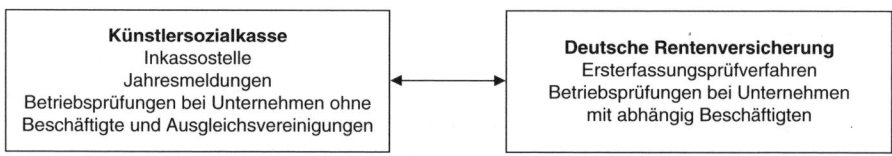

Abb. 3: Zuständigkeit KSK und DRV

C. Anmelde- und Auskunftspflichten selbstständiger Künstler und Publizisten

Ziel der KSK ist es, den Geldfluss zwischen Künstlern und Auftraggebern vermehrt aufzudecken. So müssen nicht nur die Verwerter (Veranstalter), sondern auch die selbstständigen Künstler und Publizisten mit erhöhten Kontrollen seit dem 15. Juni 2007 rechnen. Somit wird zukünftig über den einzelnen Künstler und Publizisten verstärkt die Erfassung der Verwerter betrieben.

---

[80] Vgl. Summa Summarum, S. 7; www.kuenstlersozialkasse.de/FAQ im Verwerterbereich, Punkt 4.
[81] Summa Summarum, S. 7; www.kuenstlersozialkasse.de/FAQ im Verwerterbereich, Punkt 2.
[82] Www.kuenstlersozialkasse.de/FAQ im Verwerterbereich, Punkt 3.
[83] Siehe www.kuenstlersozialkasse.de/FAQ im Verwerterbereich, Punkt 10.

Für im Eventbereich tätige selbständige Künstler und Publizisten stellt sich nun vorab die Frage, ob sie in der Künstlersozialversicherung versichert sein müssen bzw. dürfen.

I. Kreis der Versicherten

In der Künstlersozialversicherung sind gemäß § 1 KSVG diejenigen **pflichtversichert**, die

- künstlerisch oder publizistisch tätig sind und
- selbstständig sind und
- diese Tätigkeit erwerbsmäßig und nicht nur vorübergehend ausüben und
- dabei Einkünfte von mindestens 3.900 € im Jahr erzielen sowie
- in diesem Zusammenhang nicht mehr als einen Arbeitnehmer beschäftigen (außer Beschäftigung zur Berufsausbildung oder geringfügig i. S. d. § 8 SGB IV).

Der Künstler muss ein **erforderliches Mindesteinkommen** von 3.900 € im Jahr haben. Entscheidend ist der Gewinn aus der selbstständigen Tätigkeit, der sich aus der Differenz von Betriebseinnahmen und Betriebsausgaben ergibt. Betriebseinnahmen sind z. B. die Entgelte, Gagen, Honorare, Tantiemen und sonstige Einnahmen aus der Verwertung von Urheberrechten, Preisgeldern sowie Aufwandsentschädigungen und Erstattungen für Fahrt- und Übernachtungskosten.[84] Betriebsausgaben sind z. B. Kosten für Instrumente, Noten, Requisiten, Fahrt- und Übernachtungskosten, Miete für Probenräume. Weiterhin darf der Künstler nicht mehr als einen Arbeitnehmer im Zusammenhang mit der Ausübung seiner künstlerischen Tätigkeit **beschäftigen**, außer die Beschäftigung dient der Berufsausbildung oder ist geringfügig i. S. d. § 8 SGB IV. Darüber hinaus muss er seine Tätigkeit im wesentlichen **im Inland** ausüben.[85]

II. Versicherungsfreiheit

Es gibt für selbstständige Künstler oder Publizisten Ausnahmen von der Versicherungspflicht. Künstler oder Publizisten sind versicherungsfrei in der **Rentenversicherung**, wenn sie ohnehin für Alter und Invalidität abgesichert sind. Das ist dann der Fall, wenn sie nach allgemeinen Grundsätzen versicherungsfrei oder anderweitig versichert sind, weil sie ein zusätzliches Einkommen aus einer bestimmten anderweitigen Tätigkeit oder Beschäftigung haben, § 4 KSVG. Versicherungsfrei sind Künstler und Publizisten in der **Krankenversicherung**, wenn sie gemäß § 5 KSVG

---

[84] Siehe auch Fischer/Reich, § 12 Rn. 11 f.
[85] Funke/Müller, Rn. 1518.

aufgrund bestimmter Voraussetzungen, vor allem anderweitiger Versicherung oder allgemeiner Versicherungsfreiheit, nicht des Schutzes des KSVG bedürfen[86] oder sich als Berufsanfänger gemäß § 6 KSVG oder Besserverdienende gemäß § 7 KSVG befreien lassen.

III. Berufsanfänger

Für Berufsanfänger gibt es einige Sonderregelungen. Sie müssen in den ersten fünf Jahren nach Aufnahme der Tätigkeit kein Mindesteinkommen erzielen. So soll ihnen der Versicherungsschutz gewährleistet werden.[87] Nichtsdestotrotz müssen sie einen Mindestbeitrag zahlen. Ferner können sie sich von der Krankenversicherungspflicht befreien lassen.

IV. Beginn, Dauer und Ende der Versicherungspflicht

Fall 11: Dirigent und Komponist W war mit seinen künstlerischen Projekten so beschäftigt, dass er, nachdem er die Musikhochschule verlassen und damit seinen Studentenstatus verloren hatte, sich mehrere Jahre nicht um seine Kranken-, Pflege- und Rentenversicherung kümmerte. Erst nach einem Hörsturz wurde ihm sein Zustand der Unversichertheit bewusst. W möchte schnellstmöglich KSK-versichert sein. Allerdings hat er Bedenken, dass er nun rückwirkend ab Ende des Studiums seine Beiträge nachzahlen muss.

Die Versicherungspflicht **beginnt** gemäß § 8 KSVG grundsätzlich mit dem Zeitpunkt, zu dem die Meldung des Versicherten bei der Künstlersozialkasse eingeht.

Erlässt die KSK einen Feststellungsbescheid, da sie in sonstiger Weise Kenntnis von der Versicherungspflicht erlangt hat, ist dieser Zeitpunkt maßgeblich.

Ist der Künstler oder Publizist arbeitsunfähig, beginnt die Versicherungspflicht erst am Tag nach dem Ende der Arbeitsunfähigkeit.[88] Die Versicherungspflicht **endet** mit dem Tag, den die KSK in ihrem Feststellungsbescheid festlegt. Wenn sie von der Änderung Kenntnis erhält, hebt sie die Versicherungspflicht mit Wirkung für die Zukunft zum Ersten des Folgemonats auf. Hat der Versicherte vorsätzlich oder grob fahrlässig falsche Angaben gemacht, ist auch eine rückwirkende Aufhebung möglich. Maßgeblich ist dann der Zeitpunkt der tatsächlichen Änderung der Verhältnisse.[89]

---

[86] Funke/Müller, Rn. 1520.
[87] Funke/Müller, Rn. 1525.
[88] Vgl. Fischer/Reich, § 12 Rn. 28 f.
[89] Siehe auch Fischer/Reich, § 12 Rn. 30, Funke/Müller, Rn. 1527.

V. Beiträge

Für die Rentenversicherung hat der Künstler oder Publizist im Jahr 2009 einen Beitragssatz von 9,95 %[90] zu entrichten. Das Jahresarbeitseinkommen stellt die Bemessungsgrundlage für die monatlichen Beiträge dar. Dabei sind die Beitragsbemessungsgrenzen zu beachten: Der monatliche Mindestbeitragssatz (minimal 3.900 € Jahreseinkommen) liegt derzeit daher bei 32,34 €. Der Höchstbeitrag des Versicherten beläuft sich für 2010 auf 547,25 € in den alten Bundesländern (mindestens 66.000 € Jahreseinkommen) und 462,68 € in den neuen Bundesländern (mindestens 55.800 € Jahreseinkommen).[91] In der **Kranken- und Pflegeversicherung** richtet sich der Beitragssatz nach der vom Künstler oder Publizisten frei gewählten Krankenkasse. Aktuell liegt er für die Krankenversicherung bei 14,9 %, von denen der Versicherte die Hälfte zuzüglich eines gesetzlichen Zusatzbeitrages von 0,45 % zu tragen hat. Die Mindestbeitragsbemessungsgrenze liegt bei 5.110 € Jahreseinkommen, die Höchstbeitragsbemessungsgrenze bei 45.000 € Jahreseinkommen.[92] Keine Beiträge fallen an, wenn Kranken-, Mutterschafts- oder Erziehungsgeld bezogen wird.[93] Die Beitragsanteile werden für einen Kalendermonat jeweils am Fünften des folgenden Monats fällig, so §§ 15 Satz 2; 16 Abs. 1 Satz 3 KSVG.

VI. Auskunfts- und Meldepflichten

1. Meldepflichten

Bei der Künstlersozialversicherung handelt es sich um eine **Pflichtversicherung**.

Die Künstler und Publizisten müssen sich daher bei der KSK selbst **anmelden**. Dafür ist ein bei der KSK erhältliches Formular zu verwenden und zusammen mit den notwendigen Unterlagen der KSK zuzuschicken. Weiterhin müssen die Künstler und Publizisten in jedem Jahr bis zum 1. Dezember bei der KSK eine **Jahresmeldung** einreichen. Darin müssen sie das voraussichtliche Arbeitseinkommen für das folgende Kalenderjahr angeben. Obergrenze ist die Beitragsbemessungsgrenze. Die Schätzung des voraussichtlichen Jahreseinkommens sollte gewissenhaft durchgeführt werden: Ist die Schätzung zu niedrig, müssen niedrigere Renten und Krankengelder einkalkuliert werden. Ist die Schätzung demgegenüber zu hoch, können Finanzierungsprobleme aufgrund der überhöhten monatlichen Zahlungen entstehen[94]. Wenn keine Meldung abgegeben wird, kann die KSK gemäß § 12 Abs. 1 KSVG das Einkommen schätzen.

---

[90] http://www.kuenstlersozialkasse.de/wDeutsch/kuenstler_und_publizisten/beitrag.php.
[91] http://www.kuenstlersozialkasse.de/wDeutsch/ksk_in_zahlen/beitraege/beitragsbemessungsgrenzen.php.
[92] http://www.kuenstlersozialkasse.de/wDeutsch/ksk_in_zahlen/beitraege/beitragsbemessungsgrenzen.php.
[93] Anschaulich Fischer/Reich, § 12 Rn. 41.
[94] Eingehend Fischer/Reich, § 12 Rn. 33 ff.

2. Auskunftspflichten

Die Künstler und Publizisten sind gemäß § 13 KSVG gegenüber der KSK verpflichtet, Auskunft darüber zu geben, in welchem der Bereiche selbstständiger künstlerischer und publizistischer Tätigkeiten das Arbeitseinkommen jeweils erzielt wurde, in welchem Umfang das Arbeitseinkommen auf Geschäften mit zur Künstlersozialabgabe Verpflichteten beruhte und von welchen zur Künstlersozialabgabe Verpflichteten Arbeitseinkommen bezogen wurde.

VII. Sanktionen

Verletzt ein Künstler oder Publizist die ihm obliegenden Auskunfts- und Meldepflichten schuldhaft, kann dies gemäß § 36 Abs. 3 i. V. m. Abs. 1 KSVG mit einer Geldbuße von bis zu 5.000 € geahndet werden. Zudem muss er auch in den übrigen Fällen mit Nachteilen rechnen, etwa durch eine von der KSK vorgenommenen Schätzung des voraussichtlichen Arbeitseinkommens im Rahmen der Jahresmeldung, durch den Ausschluss von Beitragszuschüssen oder Rückforderungen.[95]

Falllösung 11: Zwar hat W hier aufgrund seiner zahlreichen künstlerischen Projekte in wohl fahrlässiger Weise versäumt, sich bei der KSK anzumelden. Dieses wesentliche Versäumnis gilt aber dennoch als vorwerfbar und damit schuldhaft i. S. d. § 36 KSVG. Damit müsste W theoretisch nun damit rechnen, dass ihm eine Geldbuße von bis zu 5.000 € auferlegt wird.

Darüber hinaus müsste er für die zurückliegenden Jahre seine Beträge nachzahlen, welche durch eine Schätzung der KSK berechnet werden und mithin extrem nachteilig für W ausfallen könnten. In der Praxis wird von einer solchen Rückwirkung glücklicherweise wenig bis gar nicht Gebrauch gemacht, so dass W normalerweise erst mit dem Tag der Antragstellung und nach Ablauf seiner Krankheit KSK Beiträge zu zahlen hat.

---

[95] Fischer/Reich, § 12 Rn. 38.

Checkliste: Künstlersozialversicherung

☑ Bin ich ein versicherungspflichtiger selbstständiger Künstler oder Publizist? Oder

☑ Bin ich ein zur Künstlersozialabgabe verpflichteter Unternehmer?

☑ Betreibe ich ein dem Grunde nach **abgabepflichtiges Unternehmen**?
- bei professionellen Veranstaltern regelmäßig anzunehmen -

☑ Bin ich ausnahmsweise von der konkreten Abgabepflicht **befreit**?
- Sind mehrere Unternehmer beteiligt und ich vermittle lediglich das Zusammentreffen der Vertragsparteien? Oder
- Sind mehrere Unternehmer beteiligt und ich trete nur als Vertreter auf? Und
- Betreibt der Vertragspartner des Künstlers ein abgabepflichtiges Unternehmen?

☑ Erfülle ich meine **Meldepflicht**?
Bis zum 31.3. des Folgejahres sind die im abgelaufenen Jahr an selbstständige Künstler und Publizisten gezahlten Entgelte auf dem hierfür vorgesehenen Formular an die KSK zu melden, egal ob die Freischaffenden tatsächlich in der Künstlersozialversicherung versichert sind.

☑ Erfülle ich meine **(Voraus-)Zahlungspflicht**?
- Zahlung nach Aufforderung der KSK (Abgabebescheid);
Basis für die Berechnung der Vorauszahlungen, die für die Zeit vom März des laufenden Jahres bis zum Februar des Folgejahres in gleicher Höhe zu leisten sind, sind die Entgelte des Vorjahres.
- Die monatliche Vorauszahlung ergibt sich, wenn man ein Zwölftel der Jahresentgelte mit den jeweils geltenden Abgabesätzen multipliziert; bei der nächsten Jahresmeldung findet ein Ausgleich der Überzahlungen und Fehlbeträge für das Vorjahr statt.

☑ Erfülle ich meine **Aufzeichnungspflichten**?
Bei einer Betriebsprüfung sind die Aufzeichnungen und Unterlagen auf Verlangen vorzulegen sowie über alle für die Feststellung der Abgabepflicht und die Höhe der Künstlersozialabgabe erforderlichen Tatsachen Auskunft zu geben.

Elftes Kapitel: Privatversicherungsrecht

Der Eventmanager ist als Unternehmer vielfältigen finanziellen Risiken ausgesetzt. Der Ausfall und Abbruch einer Veranstaltung kann für den Veranstalter den finanziellen Ruin bedeuten. Neben dem Ausbleiben von Einnahmen müssen die schon entstandenen Kosten (Miete für Location, Equipment, Gagen und weitere Auslagen) getragen werden. In einer immer komplexer werdenden Arbeitswelt ist ein ausgefeiltes Risikomanagement für den Unternehmenserfolg unverzichtbar. Gerade auch im Hinblick auf die vielfältigen Haftungsfallen. Man denke beispielsweise an die Haftung des Veranstalters gegenüber Besuchern des Events aus Vertragsrecht und/oder Deliktsrecht, weil diese durch Verschulden seiner Angestellten zu Schaden kommen.

A. Risk Management im Eventbereich

Das Risk Management wird grundsätzlich in 4 Stufen eingeteilt. Zunächst sind mögliche Risiken zu erkennen und zu bewerten (sog. **Risikoanalyse**). Danach sind Handlungsmöglichkeiten zu ermitteln, um die erkannten Risiken zu minimieren. Neben dem sog. **Risiko-Controlling** (Vermeiden und verhindern von Risiken durch Vorbeugemaßnahmen) ist eine Handlungsmöglichkeit des Veranstalters zur Risikoabsicherung der **Versicherungsvertrag**.

Beispiele für Risk Controlling: Bereithaltung von Ersatzmusikern während Konzerttournee für den Krankheitsfall von Orchestermitgliedern; Planung einer überdachten Ersatzlocation für Openair für den Fall von Schlechtwetter; professionelles Vertragsmanagement.

Durch den Versicherungsvertrag werden Risiken gestreut und so für den Veranstalter kalkulierbar gemacht. Oftmals gibt es im Rahmen des Risk Managements für ihn keine andere Alternative. Gerade bei Großveranstaltungen reicht für eine Risikominimierung aufgrund der Vielzahl der Beteiligten ein gutes Projekt-Controlling alleine nicht aus.

Ferner verlangen auch zunehmend Dritte vom Veranstalter eine Risikoabsicherung durch Nachweis von bestehendem Versicherungsschutz.

Beispiele: Leihgeber von Kunstgegenständen verlangen vom Veranstalter der Kunstausstellung eine **Kunstversicherung** für die Risiken einer Beschädigung oder Zerstörung der Kunstgegenstände; der Vermieter einer Konzertlocation vom örtlichen Veranstalter den Nachweis einer Haftpflichtversicherung (**Veranstalterhaftpflicht-Versicherung**).

B. Grundlagen des Versicherungsvertragsrechtes[1]

Fall 1: Zirkusdirektor Z betreibt einen Reisezirkus. Für sich und seine Mitarbeiter hat er unter Zugrundelegung der jeweilig ausgeübten Tätigkeit eine Unfallversicherung bei der V-Versicherung AG abgeschlossen. Der Angestellte A, welcher für den Auf- und Abbau des Zirkuszeltes verantwortlich ist, fällt beim Aufbau der Tribüne in Wiesbaden auf Grund einer leichten Unachtsamkeit vom Gerüst.
1. Wo findet A Regelungen zur Unfallversicherung?
2. Hat A einen Leistungsanspruch gegen die V-Versicherung AG?

Für ein ausgewogenes Risk Management sind Kenntnisse des Versicherungsvertragsrechtes für den Eventmanager unerlässlich. Die gesetzliche Ausgestaltung erfährt das Privatversicherungsrecht insbesondere durch das **Versicherungsvertragsgesetz (VVG)**. In diesem Gesetz werden Regeln für alle Versicherungsarten normiert (Vertragsschluss, Prämienzahlung, vorläufige Deckung etc.) sowie Regeln für die Schadensversicherung und einzelne Versicherungszweige.

I. Vertragstypische Pflichten

Eine gesetzliche Definition des Versicherungsvertrages fehlt. Gemäß § 1 VVG werden jedoch die vertragstypischen Pflichten beschrieben. Danach verpflichtet sich der **Versicherer** mit dem Versicherungsvertrag, **ein bestimmtes Risiko** des **Versicherungsnehmers** oder eines Dritten durch seine Leistung **abzusichern**, die er bei Eintritt des vereinbarten Versicherungsfalles zu erbringen hat. Demgegenüber ist der Versicherungsnehmer verpflichtet, an den Versicherer die vereinbarte Zahlung (Prämie) zu leisten.

Falllösung 1:
Zu 1.) Gesetzliche Regelungen zur **Unfallversicherung** findet der verletzte A im VVG. Im Kapitel 1 des Teil 1 des Gesetzes (§§ 1–73) findet er **allgemeine** Vorschriften, die für alle Versicherungen und damit auch für die Unfallversicherung gelten. Bei Versicherungen sind **Summenversicherungen** von **Schadensversicherungen** zu unterscheiden. Bei einer Summenversicherung wird die festgelegte Summe gezahlt, unabhängig davon wie hoch die konkrete Bedarfsdeckung ist. Bei

---
[1] Vertiefend zum Versicherungsrecht sei das Lehrbuch von Kerst/Jäckel, München 2010, empfohlen.

einer Schadensversicherung hingegen hat der Versicherer dem Versicherungsnehmer nach Eintritt des Versicherungsfalles den dadurch entstandenen Schaden im Rahmen der vertraglichen Absprachen zu ersetzen. Klassische Schadensversicherung ist beispielsweise die **Veranstalter-Haftpflichtversicherung**. Hingegen wird bei der Unfallversicherung die festgelegte Summe gezahlt, unabhängig davon wie hoch die konkrete Bedarfsdeckung ist. Sie ist eine Summenversicherung. Folglich gelten die Vorschriften für die Schadensversicherung im Kapitel 2 des Teil 1 des Gesetzes (§§ 74–99) nicht für die Unfallversicherung. Im Teil 2 des VVG sind einzelne Versicherungszweige weiter geregelt. So finden sich besondere Vorschriften zur Unfallversicherung in den §§ 178–191.

Zu 2.) Es stellt sich nun die Frage, gegen wen der Verletzte A einen Leistungsanspruch hat. Der Versicherungsvertrag ist zwischen Zirkusdirektor Z und der V-Versicherung AG zustande gekommen. Die Unfallversicherung kann für den Eintritt eines Unfalls des Versicherungsnehmers (hier: Z) oder eines anderen (hier: A) in Anspruch genommen werden, § 179 Abs. 1 VVG. A ist versicherte Person, aber nicht Versicherungsnehmer. Versicherungsnehmer ist derjenige, der den Versicherungsvertrag mit dem Versicherer schließt. In diesem Fall somit Z.

Z hat auch das Unfallrisiko des A abgesichert. Man spricht von einer **Versicherung für fremde Rechnung**. Man könnte nun denken A hätte möglicherweise nur einen Leistungsanspruch gegen Z. Allerdings hat A nach § 44 Abs. 1 VVG auch einen eigenen Leistungsanspruch, welchen er nach Zustimmung des Z oder Übergabe des Versicherungsscheins gerichtlich geltend machen kann.

II. Zustandekommen des Versicherungsvertrages

Fall 2: T betreibt ein kleines Tonstudio in Hamburg. Der Wert des gesamten Equipments beläuft sich auf 700.000 €. In der Zeitschrift „Licht- und Tontechnik" liest er eine Werbung der V-Versicherung mit Sitz in Köln über eine „Gebündelte Gebäudeversicherung". Danach würde bei Abschluss des Versicherungsvertrages Versicherungsschutz für seine betrieblichen Räumlichkeiten und das dortige Equipment unter anderem gegen Feuer und Einbruch/Diebstahl/Vandalismus bestehen. Der Werbung ist eine Rückantwortkarte beigefügt in der T den gewünschten Schutz und die Versicherungssumme eintragen soll. Ferner wird nach seiner Anschrift, Lage und Größe der Räumlichkeiten und der Beschreibung der Technik gefragt. T sendet die Karte ausgefüllt an die V-Versicherung, wo sie am **04.01.2011** eingeht. Am **06.01.2011** versendet die V-Versicherung nach Prüfung den Versicherungsschein nebst notwendiger Informationen und Vertragsbestimmungen, diese gehen dem T am **08.01.2011** zu. Die Versicherungsprämie soll jährlich 1000 € betragen. In der Nacht vom **07.01.2011 zum 08.01.2011** wird in das Tonstudio eingebrochen und ein Schaden in Höhe von 15.000 € verursacht.

1. Bekommt T seinen Schaden von der V-Versicherung ersetzt?
2. T erklärt sofort nach Zugang die Annahme des Angebotes am 08.01.2011.

Neben den allgemeinen Regeln des Bürgerlichen Rechtes nach §§ 145 ff. BGB, die beim Vertragsschluss zur Anwendung kommen, sind die Sonderregeln des Versicherungsvertragsgesetzes (**VVG**) zu beachten. Diese Normen gehen **als Spezialvorschriften** dem BGB vor, soweit sie eine abschließende Regelung treffen.

1. Informationspflicht

Gemäß § 7 Abs. 1 S. 1 VVG hat der Versicherer dem Versicherungsnehmer rechtzeitig vor Abgabe von dessen Vertragserklärung seine Vertragsbestimmungen einschließlich der **Allgemeinen Versicherungsbedingungen (AVB) in Textform** mitzuteilen.

Wird der Vertrag auf Verlangen des Versicherungsnehmers telefonisch oder unter Verwendung eines anderen Kommunikationsmittels geschlossen, welches die Informationen in Textform nicht gestattet, muss der Versicherer die Informationen unverzüglich nach Vertragsschluss nachholen. Dies gilt nach § 7 Abs. 1 S. 3 VVG auch, wenn der Versicherungsnehmer durch gesonderte schriftliche Erklärung vor Abgabe seiner Vertragserklärung auf eine Information verzichtet.

Dem Versicherungsnehmer sind umfangreiche Informationen vor Abgabe seiner Vertragserklärung bei allen Versicherungszweigen gemäß § 7 Abs. 1 S. 1 VVG in Verbindung mit § 1 VVG-InfoV[2] zu erteilen. Hier wird wegen des großen Umfangs der Informationspflichten lediglich ausschnittsweise auf diese eingegangen. Für den Interessierten findet sich jedoch auf der Homepage des Bundesministeriums für Justiz die gesamte Verordnung.[3]

So muss der Versicherungsnehmer beispielsweise über die **Identität des Versicherers**, des **Vertreters** sowie über deren **ladungsfähige Anschrift** informiert werden. Außerdem müssen die **wesentlichen Merkmale der Versicherungsleistung**, der **Gesamtpreis** der Versicherung, gegebenenfalls **zusätzlich anfallende Kosten** unter Angabe des insgesamt zu zahlenden Betrages angegeben werden. Des Weiteren bedarf es Angaben darüber, wie der **Vertrag zustande kommt**, insbesondere über den **Beginn der Versicherung und des Versicherungsschutzes** sowie die Dauer der Frist, während der der Antragsteller an den Antrag gebunden sein soll. Nicht zu vergessen sind die Informationspflicht über das Bestehen oder Nichtbestehen eines **Widerrufsrechts** sowie Angaben zur **Laufzeit** und gegebenenfalls zur **Mindestlaufzeit** des Vertrages.

Für die Lebens- und Krankenversicherung kommen noch weitere Informationspflichten hinzu, vgl. § 7 Abs. 2 Nr. 2 und 3 VVG.

2. Vorgehen vor Vertragsschluss

Vor Abschluss des jeweiligen Versicherungsvertrages empfiehlt sich folgendes Vorgehen:

---

[2] Verordnung über Informationspflichten bei Versicherungsverträgen.
[3] http://www.bmj.bund.de.

- **Risikocheckliste zur Ermittlung des gewünschten Versicherungsschutzes**
  Vor Abgabe der Vertragserklärung sollte der Veranstalter zunächst genau überlegen, welches Risiko er abgesichert haben möchte. Dazu sind anhand einer **Checkliste** der Rahmen der Veranstaltung und die möglichen Störfälle bzw. Risiken zu erfassen (Findet die Veranstaltung im Freien statt? Hängt der wirtschaftliche Erfolg von einem einzelnen Künstler und seiner Performance ab? Welche Sicherheitsbestimmungen sind zu beachten? Erwartete Kosten und Einnahmen? usw.).
- **Dokumentation der Beratung in Textform**
  Aufgrund der Besonderheiten der Eventbranche empfiehlt sich darauf zu achten, dass man einen etablierten Anbieter von Versicherungen in der Medien- und Veranstaltungswirtschaft wählt. Diese **Spezialversicherer** kennen die typischen Veranstaltungsrisiken und können passenden Schutz anbieten.[4]

  Die **Beratungspflichten des Versicherers** sind nach der letzten großen Gesetzesreform in § 6 Abs. 1 S. 1 VVG niedergelegt. Danach ist der Versicherer verpflichtet den Versicherungsnehmer nach seinen Wünschen und Bedürfnissen zu befragen, zu beraten sowie die Gründe für jeden zu einer bestimmten Versicherung erteilten Rat anzugeben. Der Beratungsumfang hängt von der Komplexität der angebotenen Versicherung und vom gesetzten Anlass ab. Die Ergebnisse der Befragung und Beratung sind dem Versicherungsnehmer **vor Vertragsschluss in Textform** zu übermitteln **(Beratungsprotokoll)**. Der Veranstalter sollte nicht auf die Beratung und/oder Dokumentation verzichten und diese genau darauf prüfen, ob nachvollziehbar dargelegt ist, warum das vorgeschlagene Versicherungsprodukt seinem Bedarf entspricht. Das **Beratungsprotokoll** ist für ggf. spätere Streitigkeiten zwischen Versicherer und Veranstalter (Versicherungsnehmer) immanent wichtig. Damit lassen sich der Umfang, Inhalt und Zweck der Beratung nachweisen, sowie worüber nicht aufgeklärt oder welches Risiko mit abgedeckt werden sollte. Für fehlerhafte Beratung ist der Versicherer nach § 6 Abs. 5 VVG schadensersatzpflichtig.

  Neben dem Direktvertrieb und dem Vertrieb durch Kundencenter des Versicherers werden Versicherungsverträge durch **Versicherungsvermittler** verkauft. Versicherungsvermittler sind nach dem VVG Versicherungsvertreter und Versicherungsmakler. Gemäß § 61 Abs. 1 VVG trifft den Versicherungsvermittler auch eine Beratungs- und Dokumentationspflicht. Obige Ausführungen zum Beratungsprotokoll gelten für den Versicherungsvermittler sinngemäß. Zusätzlich hat der Versicherungsvermittler unter anderem über seinen Status (Versicherungsmakler oder Versicherungsvertreter) zu informieren. Er hat anzugeben, auf welcher Markt- und Informationslage er seine Leistungen erbringt, sowie welche Versicherer er seinem Rat zu Grunde gelegt hat.
- **Studium der Vertragsbestimmungen und Allgemeinen Versicherungsbedingungen**
  Der Versicherungsvertrag ist ein reines Rechtsprodukt, das heißt seine Ausgestaltung erfährt er durch „das Kleingedruckte". Vor Abgabe der Vertragserklärung

---

[4] Vgl. dazu Preuss in: Handbuch Event-Management, S. 552 f.

ist dieses daher mindestens einmal komplett durchzulesen. Insbesondere gilt der Blick möglichen Leistungsausschlüssen und vertraglichen Obliegenheiten, die bei Nichteinhaltung zum Verlust des Leistungsanspruches führen. Ferner ist zu beachten, ob alle zu versichernden Risiken in der gewünschten Höhe abgedeckt sind.

3. Vertragsschluss

Aus der Verpflichtung des Versicherers, dem Versicherungsnehmer rechtzeitig die oben genannten Informationen vor Abgabe seiner Vertragserklärung nach § 7 Abs. 1 VVG mitzuteilen, folgt auch der Ablauf des Vertragsschlusses.

a) Initiative geht vom Veranstalter aus

Zum Abschluss eines Vertrages bedarf es zweier übereinstimmender, in Bezug auf einander abgegebener Willenserklärungen, **Antrag und Annahme**[5], vergleiche §§ 145 ff. BGB. Wenn der Veranstalter/Versicherungsnehmer die Initiative ergreift und sich eine Versicherung sucht und schriftlich an sie wendet, so ist darin noch kein Antrag mit Rechtsbindungswille zum Abschluss des Versicherungsvertrages zu sehen, da er die notwendigen Vertragsbestimmungen und Informationen in Textform noch nicht kennt. Das Ausfüllen des Vordruckes bzw. die schriftliche Anfrage stellt juristisch gesehen die Darstellung des Versicherungsbedürfnisses des Versicherungsnehmers dar sowie die Aufforderung an die Versicherung, ein diesbezügliches Angebot abzugeben. Die Zusendung des Versicherungsscheins nebst Informationen im Sinne von § 7 Abs. 1 VVG stellt dann das Angebot der Versicherung auf Abschluss des Vertrages dar. Dieses muss nun der Versicherungsnehmer ausdrücklich oder konkludent **durch Zahlung** der Erstprämie **annehmen**.[6] Im Ergebnis muss der Veranstalter/Versicherungsnehmer **zwei Erklärungen** abgeben, zum einen die Aufforderung an die Versicherung ein Angebot abzugeben, zum anderen die Annahme des Angebots.

b) Antragsmodell

Aufgrund der Besonderheiten in der Eventbranche kommt es meist im direkten Kontakt zwischen Angestellten der Versicherung bzw. Versicherungsvermittlern auf der einen Seite und dem Veranstalter als Versicherungsnehmer auf der anderen Seite zum Vertragsschluss. Dabei muss der Versicherungsnehmer rechtzeitig **vor Abgabe** seiner Vertragserklärung die Informationen nach § 7 Abs. 1 VVG erhalten. Um der Informationspflicht bei komplexen Versicherungen genüge zu tun, wird der Versicherer vertreten durch Kundenberater oder Versicherungsvermittler in einem Vorgespräch dem Versicherungsnehmer die notwendigen Informationen erteilen und die Vertragsbestimmungen einschließlich allgemeiner Versicherungsbedingungen

---

[5] S. auch im Kapitel Vertragsrecht.
[6] S. auch Meixner/Steinbeck, VVG, § 1 Rn. 73.

aushändigen. Erst im Folgetermin kann es dann zum Vertragsschluss kommen, so zumindest wohl die gesetzlichen Vorgaben. Zwischen der notwendigen Information des Veranstalters über das Versicherungsprodukt und seiner Vertragserklärung muss jedoch nicht immer eine gewisse Zeitspanne vergehen. Je nach Komplexität des Versicherungsproduktes kann die Bedenkzeit zur Auswertung der übermittelten Informationen ausfallen.

c) Telefonischer Abschluss

Wird der Vertrag auf Verlangen des Versicherungsnehmers telefonisch oder unter Nutzung eines anderen Kommunikationsmittels geschlossen, das die Information des Versicherungsnehmers nicht zulässt, so muss die Information **unverzüglich nach Vertragsschluss** nachgeholt werden, § 7 Abs. 1 S. 3 VVG.

d) Rechtsfolge der Verletzung der Informationspflicht nach § 7 Abs. 1 S. 1 VVG

Wird die Informationspflicht vom Versicherer nicht beachtet, kann der Versicherungsnehmer grundsätzlich seine Vertragserklärung zeitlich unbeschränkt widerrufen, so § 8 Abs. 1 und 2 Nr. 1 VVG.

Falllösung 2:
Nun stellt sich die Frage, ob der Toningenieur T, wegen des Einbruchs in sein Tonstudio einen Anspruch gegen die V-Versicherung hat.

Zu 1.) Ein Leistungsanspruch gegen die V-Versicherung besteht, wenn zwischen T und der V-Versicherung ein Versicherungsvertrag sowie Deckungsschutz besteht und die Leistungspflicht nicht entfallen ist. Ein Versicherungsvertrag kommt durch Antrag und Annahme zustande. Nach dem gesetzlichen Vertragsschlussmodell, welches durch § 7 Abs. 1 VVG eingeführt wurde, stellt die Rücksendung der Karte lediglich eine Aufforderung an die V-Versicherung dar, ein Angebot abzugeben. T kennt ja unter anderem noch nicht die Prämienhöhe und die Vertragsbedingungen. Der Eingang des Versicherungsscheins nebst notwendiger Informationen stellt den Zugang des Angebotes der V-Versicherung am **08.01.2011** dar. Im Schadensfall am **07.01.2011** bestand kein Versicherungsvertrag, da es am Zugang des Angebotes der V-Versicherung und einer Annahmeerklärung des T am **07.01.2011** fehlte. Folglich scheidet eine Leistungspflicht der V-Versicherung aus.

Zu 2.) Hier hatte T direkt nach Zugang des Schreibens der Versicherung am **08.01.2011** die Annahme des Angebots erklärt. Am Ergebnis ändert sich dadurch aber nichts. Der Versicherungsvertrag würde am **08.01.2011** zustande kommen. Den Zeitpunkt des Vertragsschlusses nennt man **formellen Versicherungsbeginn**. Davon zu unterscheiden ist der Beginn des Versicherungsschutzes (**materieller Deckungsschutz**). Materieller Deckungsschutz beginnt ab dem vertraglich vereinbarten Zeitpunkt, in dem die Versicherung für das versicherte Risiko haftet. Mangels ausdrücklicher Regelung des Beginnes des Deckungsschutzes im vorliegenden Fall beginnt dieser mit Beginn des Tages an dem es zum Vertragsschluss kommt. Somit besteht nach § 10 VVG Versicherungsschutz ab dem **08.01.2011 um 0.00 Uhr**. Der Schadensfall ereignete sich aber am **07.01.2011**, zu einem Zeitpunkt in dem keine Leistungspflicht der Versicherung bestand. Ein Anspruch scheidet mithin aus.

4. Sofortiger Deckungsschutz

Fall 3: Künstler und Eigenveranstalter K will für seine Auftritte als Feuerschlucker eine spezielle Berufshaftpflichtversicherung abschließen. Mit der V-Versicherung wird er nach mehreren Gesprächen schnell einig. Am **27.12.2010** gibt er ordnungsgemäß seine Vertragserklärung (Antrag) gegenüber der Versicherung ab. Der Versicherungsbeginn soll der **28.12.2010** sein. Am **29.12.2010** kommt es im Rahmen eines Auftritts in Dresden aufgrund leichter Fahrlässigkeit zur Schädigung des X durch K. Es entsteht X ein Schaden in Höhe von 1000 €. Am **30.12.2010** geht K die Annahme seines Antrags nebst Versicherungsschein zu. Ausweislich des Versicherungsscheins ist Vertragsbeginn der **28.12.2010**. Kann K von der V-Versicherung verlangen, dass diese den begründeten Anspruch des X gegen K in Höhe von 1000 € erfüllt?

Der Abschluss von Versicherungen im Eventbereich bedarf oftmals einer eingehenden Prüfung, Risikoermittlung und Kalkulation. Der Veranstalter hat jedoch in der Regel ein hohes Interesse, ab einem Tag X oder sofort nach Darlegung seines Versicherungsbedürfnisses Versicherungsschutz zu erhalten. Dafür gibt es im Versicherungsrecht zwei Gestaltungsmöglichkeiten, die seinem Interesse entsprechen. Einerseits kann er **vorläufigen Versicherungsschutz** in Anspruch nehmen, andererseits kann es auch sinnvoll sein eine sogenannte **Rückwärtsversicherung** abzuschließen.

a) Vorläufiger Versicherungsschutz

Beim vorläufigen Versicherungsschutz (**sog. vorläufigen Deckung**) von Risiken handelt es sich um eine „Vorabversicherung". Anders formuliert: Es handelt sich um ein auf begrenzte Zeit angelegtes Versicherungsverhältnis, das den Versicherungsnehmer für den Zeitraum absichert, in dem zwischen den Parteien über den Abschluss eines endgültigen Versicherungsvertrages noch verhandelt wird.[7] Vor Abschluss des Hauptvertrages besteht Versicherungsschutz im für den vorläufigen Versicherungsschutz vereinbarten Umfang.

Beispiel: Eventmanager E aus Berlin entschließt sich kurzfristig einen Kleintransporter zu kaufen, da der vorhandene gerade einen Totalschaden erlitten hat. Der Transporter muss sofort zum Einsatz kommen, da ein Sommerevent ansteht. Nach Kauf begibt er sich zugleich zum Kundencenter der V-Versicherung und bittet um Aushändigung einer Versicherungsbestätigung für eine Kfz-Haftpflichtversicherung, damit er das Fahrzeug bei der Straßenverkehrsbehörde sofort anmelden kann. Nach kurzer Beratung händigt ihm das Kundencenter eine Bestätigung aus. Die

---

[7] Meixner/Steinbeck, VVG, § 1 Rn. 131.

Einzelheiten des Hauptvertrages nebst Versicherungsschein soll E in den nächsten Tagen abholen. Vorliegend handelt es sich um einen klassischen Fall vorläufiger Deckung. E möchte **ab Antragstellung** abgesichert sein. Aus seiner Sicht ist der formelle Zeitpunkt des **Abschlusses des Hauptvertrages** nur "die Fortsetzung und Konkretisierung des Versicherungsverhältnisses". Rechtlich gesehen aber sind der **Vertrag über die vorläufige Deckung** und der **Hauptvertrag (der endgültige Versicherungsvertrag)** vor allem im Bezug auf die vereinbarten Versicherungsbedingungen stets zu trennen.

Im Gegensatz zum Abschluss des Hauptvertrages ist eine vorherige Übermittlung der Vertragsbestimmungen, Allgemeinen Versicherungsbedingungen und Informationen für den vorläufigen Versicherungsschutz nach § 7 Abs. 1 S. 1 VVG in der Regel **nicht** erforderlich. Diese in § 49 Abs. 1 VVG normierte Ausnahme von der Informationspflicht für die vorläufige Deckung gilt nicht für Fernabsatzverträge[8] und wenn der Versicherungsnehmer die Vertragsbestimmungen beim Versicherer anfordert. Da bei der vorläufigen Deckung der Versicherungsnehmer bei Abgabe seiner Vertragserklärung die Vertragsbestimmungen nicht kennt, stellt sich die Frage wonach die vertraglichen Rechte und Pflichten sich bemessen. Bei einer Versicherung folgt nun mal alles aus dem „Kleingedruckten" (Anzeigepflichten, Ausschlüsse etc.). Diese Frage beantwortet § 49 Abs. 2 VVG. Werden danach die Allgemeinen Versicherungsbedingungen dem Versicherungsnehmer bei Vertragsschluss nicht übermittelt, werden die vom Versicherer zu diesem Zeitpunkt für den vorläufigen Versicherungsschutz **üblicherweise in vergleichbaren Verträgen verwendeten Bestimmungen** Vertragsbestandteil. Soweit solche vergleichbaren Bestimmungen nicht ersichtlich sind, gelten die Vertragsbedingungen des Hauptvertrages.

Für den vorläufigen Versicherungsschutz wird meist kein gesonderter Beitrag (Prämie) vom Versicherungsnehmer verlangt. Die Prämie für den vorläufigen Versicherungsschutz wird bei der Beitragszahlung für den Hauptvertrag mit eingerechnet. Es kann jedoch passieren, dass es zwischen den Parteien später nicht zum Abschluss des Hauptvertrages kommt. Wenn der Versicherungsnehmer für den Fall des Nichtzustandekommens des Hauptvertrages verpflichtet ist für den Zeitraum der vorläufigen Deckung eine Prämie zu zahlen, so steht dem Versicherer ein Anspruch auf einen der Laufzeit der vorläufigen Deckung entsprechenden Teil der Prämie zu, die er bei Abschluss des Hauptvertrages zu zahlen hätte, § 50 VVG.

Beispiel (Fortsetzung): Eventmanager E entschließt sich nach Zulassung seines Kleintransportes und nachdem er von der V-Versicherung den Versicherungsschein nebst Allgemeinen Vertragsbestimmungen ausgehändigt bekommen hat, den Hauptvertrag zur Kfz-Haftpflichtversicherung nicht abzuschließen, da ihm der Jahresbeitrag von 2190 € zu hoch ist. Auch hat er nunmehr von der X-Versicherung ein günstigeres Angebot bekommen, welches er annimmt. Der Zeitraum des vorläufigen Versicherungsschutzes bei der V-Versicherung betrug 25 Tage. Gemäß

---

[8] Vertrag zwischen einem Unternehmer und einem Verbraucher unter ausschließlicher Verwendung von Fernkommunikationsmitteln.

§ 52 Abs. 1 VVG endet der Vertrag über die vorläufige Deckung durch die V-Versicherung in dem Zeitpunkt, in dem E Versicherungsschutz (Deckung) durch die günstigere X-Versicherung erhält. Unterstellt E ist vertraglich verpflichtet, bei Nichtabschluss des Hauptvertrages mit der V-Versicherung eine Prämie für die vorläufige Deckung zu zahlen, so müsste E gemäß § 50 VVG 150 € zahlen (Jahresbeitrag 2190 €, anteilig pro Tag 6,00 €).

Im Rahmen der **vorläufigen Deckung** wird der **Beginn des Versicherungsschutzes in der Regel nicht** von der Zahlung der Prämie abhängig gemacht. Diese geht – wie schon ausgeführt – im Hauptvertrag auf und muss in den vorgegebenen Fristen gezahlt werden. Rechtlich handelt es sich um eine Stundung, das heißt der Zahlungstermin wird auf einen späteren Zeitpunkt, nämlich den Abschluss des Hauptvertrages, verschoben. Dabei wird meist vereinbart, dass der vorläufige Versicherungsschutz rückwirkend entfällt, wenn der Versicherungsnehmer den ersten oder einmaligen Beitrag nicht rechtzeitig zahlt, obwohl es zum Abschluss des Hauptvertrages gekommen ist. Dies setzt natürlich eine Belehrung in Textform über die Rechtsfolge der Nichtzahlung voraus.

Wird der Beginn des Versicherungsschutzes in der vorläufigen Deckung jedoch von der **Zahlung der Prämie** abhängig gemacht, so ordnet § 51 VVG eine gesonderte Mitteilung in Textform oder einen auffälligen Hinweis im Versicherungsschein an. In diesem Fall kann die Nichtzahlung oder verspätete Zahlung einschneidende Folgen für den Versicherungsnehmer haben. Versäumt der Versicherungsnehmer die rechtzeitige Zahlung, so kann der Versicherer gemäß § 37 Abs. 1 VVG vom Vertrag zurücktreten. Damit kommt es zum rückwirkenden Wegfall des Versicherungsschutzes.[9] Auch ist der Versicherer bei Nichtzahlung und Eintritt des Versicherungsfalles von seiner Leistungspflicht befreit, § 37 Abs. 2 VVG.

Dies setzt jedoch Verschulden auf Seiten des Versicherungsnehmers voraus, ferner muss dieser über die Rechtsfolgen der Nichtzahlung durch gesonderte Mitteilung in Textform belehrt worden sein.

Beispiel: Anhand der unverbindlichen Musterbedingungen des Gesamtverbandes der Deutschen Versicherungswirtschaft e. V. (Auszug aus den Allgemeinen Bedingungen der Kfz-Versicherung in der Fassung vom 09.07.2008) [10]:
„**B.2 Vorläufiger Versicherungsschutz**
Bevor der Beitrag gezahlt ist, haben Sie nach folgenden Bestimmungen vorläufigen Versicherungsschutz:

Kfz-Haftpflichtversicherung und Autoschutzbrief
B.2.1 Händigen wir Ihnen die Versicherungsbestätigung aus oder nennen wir Ihnen bei elektronischer Versicherungsbestätigung die Versicherungsbestätigungs-Nummer, haben Sie in der Kfz-Haftpflichtversicherung und beim Autoschutzbrief vorläufigen Versicherungsschutz zu dem vereinbarten Zeitpunkt, spätestens ab dem

---

[9] Meixner/Steinbeck, VVG, § 1 Rn. 146.
[10] Dokument Allgemeine Bedingungen der Kfz-Versicherung, abrufbar unter www.gdv.de/Publikationen/Versicherungsbedigungen.

Tag, an dem das Fahrzeug unter Verwendung der Versicherungsbestätigung zugelassen wird. Ist das Fahrzeug bereits auf Sie zugelassen, beginnt der vorläufige Versicherungsschutz ab dem vereinbarten Zeitpunkt.

Kasko- und Kfz-Unfallversicherung
B.2.2 In der Kasko- und der Kfz-Unfallversicherung haben Sie vorläufigen Versicherungsschutz nur, wenn wir dies ausdrücklich zugesagt haben. Der Versicherungsschutz beginnt zum vereinbarten Zeitpunkt.

Übergang des vorläufigen in den endgültigen Versicherungsschutz
B.2.3 Sobald Sie den **ersten oder einmaligen Beitrag nach C.1.1** gezahlt haben, geht der vorläufige in den endgültigen Versicherungsschutz über.

Rückwirkender Wegfall des vorläufigen Versicherungsschutzes
B.2.4 Der vorläufige Versicherungsschutz **entfällt rückwirkend**, wenn wir Ihren Antrag unverändert angenommen haben und Sie den im Versicherungsschein genannten ersten oder einmaligen Beitrag nicht unverzüglich (d. h. spätestens innerhalb von 14 Tagen) nach Ablauf von zwei Wochen nach Zugang des Versicherungsscheins bezahlt haben. Sie haben dann von Anfang an keinen Versicherungsschutz; dies gilt nur, wenn Sie die nicht rechtzeitige Zahlung zu vertreten haben."

!! **Praxistipp:** Falls es zum Streit mit dem Versicherer über einzelne Vertragsbestimmungen kommt, sollte man immer prüfen, ob die Klauseln auf die sich die Versicherung beruft auch wirksam sind. Bei den Allgemeinen Versicherungsbedingungen („dem Kleingedruckten") und sonstigen Vertragsbestimmungen handelt es sich grundsätzlich um allgemeine Geschäftsbedingungen nach § 305 Abs. 1 BGB.[11] Es sind vorformulierte Vertragsbedingungen, die der Versicherer für eine Vielzahl von Versicherungsverträgen einsetzt und nicht jedes Mal individuell neu aushandelt mit dem Versicherungsnehmer. Diese unterliegen gemäß § 307 Abs. 1 und 2 BGB einer Wirksamkeitskontrolle. Der Veranstalter als Unternehmer im Sinne von § 14 BGB kann sich zwar nicht auf die Klauselverbote nach §§ 308, 309 BGB berufen. Dies ordnet § 310 Abs. 1 BGB an. Im Rahmen der Inhaltskontrolle nach § 307 BGB jedoch liegt eine unangemessene Benachteiligung für den Versicherungsnehmer im Zweifel vor, wenn die Klausel mit wesentlichen Gedanken der gesetzlichen Regelungen aus §§ 308 und 309 BGB nicht zu vereinbaren ist oder wesentliche Rechte und Pflichten so einschränkt, dass die Erreichung des Vertragszwecks gefährdet ist. Die Klausel, die einer Rechtskontrolle nicht standhält, ist unwirksam. An ihre Stelle tritt die gesetzliche Regelung. Bevor man in die Prüfung nach § 307 BGB einsteigt ist vorab zu prüfen, ob die Klausel nicht bereits gegen zwingende Vorschriften des VVG verstößt (z. B. § 18 VVG).

b) Rückwärtsversicherung

Um sofortigen Deckungsschutz zu bekommen, besteht auch die Möglichkeit, eine Rückwärtsversicherung abzuschließen. Diese liegt vor, wenn der Versicherer und der Versicherungsnehmer vereinbaren, dass der Versicherungsschutz **vor** dem Zeitpunkt des Vertragsschlusses beginnt, § 2 Abs. 1 VVG. Im Gegensatz zur vorläufigen Deckung ist die Rückwärtsversicherung **vom Zustandekommen des Haupt-**

---

[11] Siehe auch im Kapitel Vertragsrecht.

vertrages abhängig. Denn in diesem wird vereinbart, dass Versicherungsschutz für einen Zeitraum vor Vertragsschluss gewährt wird.

Falllösung 3: Der Feuerschlucker K kann von der V-Versicherung Freistellung des gegen ihn geltend gemachten Anspruches durch den Zuschauer X verlangen, wenn (1) ein Haftpflichtversicherungsvertrag geschlossen wurde, (2) Versicherungsschutz für das Schadensereignis besteht und (3) der Leistungsanspruch nicht ausgeschlossen ist.

(1) Ein Versicherungsvertrag kommt durch Antrag und Annahme zustande, §§ 145 ff. BGB. Der Antrag des K auf einen Haftpflichtversicherungsvertrag für seine Tätigkeit als Feuerschlucker ist durch die V-Versicherung angenommen worden. Zeitpunkt des Vertragsschlusses (**formeller Versicherungsbeginn**) ist der **30.12.2010**, der Zeitpunkt in dem K die Annahmeerklärung zugeht. Die Wirksamkeit einer Willenserklärung tritt grundsätzlich im Zeitpunkt des Zugangs ein.

(2) Ferner muss Versicherungsschutz (**materielle Deckung**) für den eingetreten Schaden bestehen. Soweit nichts anderes geregelt ist, beginnt die Haftung des Versicherers mit dem Beginn des Tages, an dem der Vertrag geschlossen wird, § 10 VVG. Im vorliegenden Fall also am **30.12.2010** um **0.00 Uhr**. Das Schadensereignis trat jedoch am **29.12.2010** ein.

(a) Es stellt sich daher die Frage, ob der materielle Deckungsschutz vor verlagert wurde. Sofortiger Deckungsschutz ist durch **die vorläufige Deckung** oder **Rückwärtsversicherung** zu erreichen. Hier wurde eine Rückwärtsversicherung vereinbart, da im Versicherungsvertrag der Beginn des Versicherungsschutzes vor dem Zeitpunkt des Vertragsschlusses liegen soll, § 2 Abs. 1 VVG. Es handelt sich in vorliegendem Fall **nicht** um eine vorläufige Deckung, weil **kein extra Vertrag** zum Hauptvertrag geschlossen wurde. Vielmehr ist im „Hauptvertrag" der Beginn der Haftung der V-Versicherung **vorverlegt**.

(b) Versicherungsschutz könnte jedoch deswegen nicht bestehen, weil K seinen Versicherungsbeitrag (Prämie) noch nicht gezahlt hat. Nach § 37 Abs. 2 VVG hängt in der Regel der Beginn des materiellen Deckungsschutzes **von der rechtzeitigen Zahlung der einmaligen oder ersten Prämie ab** (sog. **Einlösungsklausel**). § 37 Abs. 2 VVG gilt jedoch nicht bei der Rückwärtsversicherung. Denn um dem Sinn der **sofortigen Deckung** nicht zuwiderzulaufen, schließt § 2 Abs. 4 den § 37 Abs. 2 VVG für die Rückwärtsversicherung aus. Es sollen gerade die Versicherungsfälle vor Vertragsschluss erfasst werden. Die Zahlungsmodalitäten der Versicherungsprämie werden in der Regel ja erst mit Übersendung des Versicherungsscheines mitgeteilt.

(3) Außerdem darf der Leistungsanspruch des K (hier: Freistellung von den gegen ihn gerichteten Ansprüche des X) gegen die V-Versicherung nicht ausgeschlossen sein.

(a) Im Rahmen der Rückwärtsversicherung ist **§ 2 Abs. 2 S. 2 VVG** zu beachten, wonach der Versicherer nicht zur Leistung verpflichtet ist, wenn der Versicherungsnehmer **Kenntnis** vom eingetretenen Versicherungsfall im Zeitpunkt der Abgabe seiner Vertragserklärung hat. Hintergrund dieser Regelung ist ein ausgewogener Interessenausgleich zwischen Versicherer und Versicherungsnehmer. Der Versicherer verpflichtet sich nur für den Fall des Eintritts eines **ungewissen** Ereignisses. Bei Abgabe seiner Vertragserklärung am **27.12.2010** hatte K logischerweise keine Kenntnis vom Schadensereignis am **29.12.2010**. Daher scheidet ein Verlust des Leistungsanspruches nach § 2 Abs. 2 S. 2 VVG aus.

(b) Des Weiteren ist der Versicherer nach § 103 VVG nicht zur Leistung verpflichtet, wenn der Versicherte (in diesem Falle K) **vorsätzlich** und **widerrechtlich** den beim Dritten eingetretenen Schaden **verursacht** hat. Der Vorsatz im Sinne von § 103 VVG muss sich nicht nur auf die Handlung, sondern auch auf den Eintritt des Schadens beziehen.[12] Die Schädigung des X ist nicht durch Wissen und Wollen (Vorsatz) des K geschehen, sondern aus leichter Unachtsamkeit. § 103 VVG greift damit nicht ein.

(4) Somit kann K von der V-Versicherung Freistellung von dem gegen ihn geltend gemachten Anspruch des X in Höhe von 1000 € verlangen, § 100 VVG.

5. Der Versicherungsschein

Fall 4: Eventmanager E will eine Veranstaltungsausfall-Versicherung bei der V-Versicherung abschließen. Dabei sollen insbesondere die Risiken des Ausfalles einer Veranstaltung wegen Nichterscheinens des Künstlers und des Ausfalles einer Veranstaltung wegen schlechten Wetters versichert sein. Nach ordnungsgemäßer Beratung und Aushändigung der gesetzlich vorgeschriebenen Informationen gibt E einen Antrag auf Abschluss des Versicherungsvertrages ab. Nach kurzer Zeit wird E der Versicherungsschein per Post zugesandt. In diesem wird durch einen auffälligen Hinweis darauf hingewiesen, dass für den Ausfall einer Veranstaltung wegen schlechten Wetters kein Versicherungsschutz besteht. Ferner wird er darauf hingewiesen, dass die Abweichung als genehmigt gilt, wenn er nicht innerhalb eines Monats nach Zugang des Versicherungsscheins in Textform widerspricht. E legt den Versicherungsschein nachdem er ihn gelesen hat achtlos zur Seite. Ein halbes Jahr später fällt eine seiner Open-Air-Veranstaltungen in Rostock aufgrund der Witterungsverhältnisse aus. E möchte von der V-Versicherung den festgestellten Nettoverlust (Summe aller Auslagen, Kosten und notwendigerweise entstandenen Verbindlichkeiten) erstattet bekommen. Zu Recht?

Der Abschluss des Versicherungsvertrages ist nicht formbedürftig. Der Versicherer ist aber verpflichtet gemäß § 3 Abs. 1 VVG dem Versicherungsnehmer einen Versicherungsschein in Textform und auf dessen Verlangen als Urkunde zu übermitteln.

---

[12] Kerst/Jäckel, Versicherungsrecht, Rn. 156.

Der Versicherungsschein **dient vornehmlich Informationszwecken**, das heißt der Versicherungsnehmer soll über seine Rechte und Pflichten informiert werden.[13] Beim Versicherungsschein auf den Inhaber kann auf die verkörperte Form als Urkunde nicht verzichtet werden (§ 4 VVG), da er ein Legitimationspapier im Sinne von § 808 BGB ist. Das bedeutet, dass der Versicherer seine Leistung von der Vorlage des Versicherungsscheins abhängig machen kann.

Weicht der Versicherungsschein inhaltlich zum Nachteil des Versicherungsnehmers von dessen Antrag ab, so greift **die Billigungsklausel** nach § 5 als Spezialregelung ein. Nach § 5 VVG gilt die Abweichung des Versicherungsscheines vom Antrag des Veranstalters oder sonstiger getroffenen Vereinbarungen als genehmigt, wenn der Versicherer auf die Abweichungen auffällig hinwiest und darauf, dass bei keinem Widerspruch in Textform durch den Veranstalter binnen eines Monats nach Zugang des Versicherungsscheines die Abweichung als genehmigt gilt. Diese Spezialität des Versicherungsrechtes ist als Fallstrick im Auge zu behalten, wie die nachstehende Lösung von Fall 4 zeigt.[14]

Falllösung 4: E kann von der V-Versicherung den festgestellten Nettoverlust verlangen, wenn (1) ein Veranstaltungsausfallversicherungsvertrag geschlossen wurde, (2) Versicherungsschutz für den Ausfall der besagten Veranstaltung wegen schlechten Wetters besteht und (3) der Leistungsanspruch nicht ausgeschlossen ist.
(1) Durch Zusendung des Versicherungsscheins könnte die V-Versicherung den Antrag des E angenommen haben. Ein Vertrag setzt jedoch zwei übereinstimmende in Bezug aufeinander abgegebene Willenserklärungen voraus. Die Annahmeerklärung der V-Versicherung, niedergelegt im Versicherungsschein, weicht vom Antrag des E ab, da dieser auch die Gefahr des Ausfalls einer Veranstaltung wegen schlechten Wetters abgesichert haben wollte. Nach allgemeinen Regel der Rechtsgeschäftslehre stellt eine Annahme unter Einschränkungen oder Änderungen eines neues Angebot dar, § 150 Abs. 2 BGB.[15] Die Regelungen des BGB gelten jedoch nur soweit keine **versicherungsrechtlichen Sonderregelungen** bestehen. Vorliegend greift die Sonderregelung des § 5 VVG (**sog. Billigungsklausel**) ein. Danach liegt kein neues Angebot der V-Versicherung vor. Vielmehr gilt die Abweichung als genehmigt, wenn E ihr nicht innerhalb eines Monats nach Zugang des Versicherungsscheins in Textform widerspricht. Voraussetzung dieser Billigungswirkung ist, dass der Versicherungsnehmer auf jede Abweichung und die hiermit verbundene Rechtsfolge durch einen **auffälligen Hinweis im Versicherungsschein** aufmerksam gemacht wurde, § 5 Abs. 2 VVG. Der Versicherungsschein der V-Versicherung entsprach diesen Erfordernissen. Mangels Widerspruchs des E gilt die Abweichung als genehmigt. Ein wirksamer Versicherungsvertrag besteht.
(2/3) Jedoch besteht aufgrund der genehmigten Abweichung kein Versicherungsschutz bei Ausfall einer Veranstaltung wegen schlechten Wetters. Eine weitere Prüfung des Falles erübrigt sich, da E durch sein Stillschweigen keine Deckung für den

---

[13] Kerst/Jäckel, Versicherungsrecht, Rn. 43.
[14] Vertiefend dazu Kerst/Jäckel, Versicherungsrecht, Rn. 44.
[15] Siehe im Kapitel Vertragsrecht.

Ausfall wegen schlechtem Wetten hat. E hätte auf die Deckung auch der Risiken für den Ausfall bei schlechtem Wetter bestehen müssen oder ggf. sich einen anderen Versicherer suchen müssen.

6. Widerrufsrecht

Der Versicherungsnehmer kann seine Vertragserklärung **innerhalb von zwei Wochen** widerrufen. Dieses in §§ 8 und 9 VVG niedergelegte allgemeine Widerrufsrecht steht natürlichen und juristischen Personen gleichermaßen zu. Das Widerrufsrecht ist nach § 8 Abs. 3 VVG in bestimmten Fällen ausgeschlossen. So unter anderem bei Versicherungsverträgen mit einer Laufzeit von weniger als einem Monat, bei Versicherungsverträgen über vorläufige Deckung (Ausnahme: Fernabsatzvertrag nach § 312 b Abs. 1 und 2 BGB[16]) und bei Versicherungsverträgen über ein Großrisiko.[17] Der Widerruf ist in Textform gegenüber dem Versicherer zu erklären. Zur Wahrung der Widerrufsfrist reicht die **rechtzeitige Absendung** des Widerrufes, das heißt es kommt nicht auf den Zeitpunkt des Zugangs der Erklärung beim Versicherer an.

Voraussetzung für den Beginn der Widerrufsfrist ist der Zugang des Versicherungsscheins, der Vertragsbestimmungen einschließlich der Allgemeinen Versicherungsbedingungen sowie der weiteren notwendigen Informationen gemäß der Verordnung über Informationspflichten bei Versicherungsverträgen.[18] Weiterhin muss dem Versicherungsnehmer eine deutlich gestaltete Belehrung über das Widerrufsrecht sowie über die Rechtsfolgen des Widerrufs in Textform zugegangen sein.

III. Vorvertragliche Anzeigepflichten

Nach § 19 Abs. 1 VVG hat der Versicherungsnehmer bis zur Abgabe seiner Vertragserklärung die ihm bekannten Gefahrenumstände (Risiken), die für den Entschluss des Versicherers, den Vertrag nach dem vereinbarten Inhalt zu schließen, erheblich sind <u>und</u> nach denen er **in Textform gefragt** hat, dem Versicherer anzuzeigen. Anhand der beantworteten Fragen soll der Versicherer in die Lage versetzt werden, das zu tragende Risiko richtig einzuschätzen und die dafür zu zahlende Prämie zu ermitteln. Die Anzeigeobliegenheit besteht auch nach Abgabe der Vertragserklärung, wenn der Versicherer vor deren Annahme erneut ausdrücklich in Textform fragt. Eine Verletzung der Anzeigepflicht liegt vor, wenn der Veranstalter/ Versicherungsnehmer gefahrrelevante Umstände verschweigt, unvollständig oder

---

[16] Vertrag, der zwischen einem Unternehmer und einem Verbraucher unter ausschließlicher Verwendung von Fernkommunikationsmitteln abgeschlossen wird.

[17] Das Großrisiko ist in § 210 Abs. 2 BGB definiert. Ein Versicherungsvertrag über ein Großrisiko liegt beispielsweise bei der Absicherung finanzieller Verluste (Schlechtwetter, Gewinnausfall, Berufsrisiken) vor, wenn der Versicherungsnehmer mindestens zwei der folgenden Merkmale überschreitet: sechs Millionen zweihunderttausend Euro Bilanzsumme; zwölf Millionen achthunderttausend Euro Nettoumsatzerlöse; im Durchschnitt des Wirtschaftsjahres 250 Arbeitnehmer.

[18] Siehe oben.

falsch beantwortet. Die Nichtbeantwortung stellt keine Verneinung bzw. Falschbeantwortung dar, da den Versicherer vielmehr eine Nachfragepflicht bei Lücken im Fragenkatalog trifft.[19]

Fall 5: Der selbständige Eventveranstalter E will für sich bei der V-Versicherung eine private Krankenversicherung abschließen. In den schriftlich niedergelegten Fragebogen der V-Versicherung zur Ermittlung des Gesundheitszustandes des E (Risikoprüfung) wird nicht nach Erkrankungen der Hüfte und Bandscheiben gefragt. Fragen zum Gelenk- und Bewegungsapparat fehlen insgesamt. E hat regelmäßig Probleme mit seiner linken Hüfte und ist diesbezüglich in ärztlicher Behandlung.
1.: Beim Ausfüllen des Fragebogens denkt er nicht an seine Erkrankung des linken Hüftgelenkes und geht aufgrund der umfassenden Beantwortung der Fragen davon aus, dass er seiner Anzeigepflicht genüge getan hat. Nach Abschluss des Versicherungsvertrages muss E am linken Hüftgelenk operiert werden und bekommt ein künstliches Hüftgelenk eingesetzt. Als die V-Versicherung daraufhin Kenntnis erhält, tritt sie von der Krankenversicherung zurück und verweigert auch die Bezahlung der Operationskosten. Zu Recht?
2. Abwandlung 1: Diesmal wird E vom Angestellten A mündlich nach Erkrankungen des Hüftgelenkes und der Bandscheiben gefragt. Der Fragebogen enthält diesbezüglich keine Fragen. Daraufhin antwortet E bewusst wahrheitswidrig: „Ich bin kerngesund und habe keine Beschwerden.". Wie ist der Fall nunmehr zu beurteilen?
3. Abwandlung 2: Diesmal ist E schriftlich nach Erkrankungen des Hüftgelenkes und der Bandscheiben durch die V-Versicherung gefragt worden. Aufgrund grober Fahrlässigkeit[20] füllt er die gestellten Fragen unrichtig aus. Über die Rücktrittsmöglichkeit bei Verletzung der vorvertraglichen Anzeigepflicht wurde E nicht in Textform belehrt. Nachdem E die Operationskosten gegenüber der V-Versicherung geltend gemacht hat und diese damit auch Kenntnis von seiner Vorerkrankung hat, tritt die V-Versicherung 3 Monate später vom Vertrag zurück und verweigert die Zahlung. Zu Recht?

Die Verletzung der vorvertraglichen Anzeigepflicht kann nachstehende Rechtsfolgen haben:

- **Kündigung** des Vertrages bei unverschuldeter oder „nur" fahrlässiger Pflichtverletzung (§ 19 Abs. 3 S. 2 VVG)
- **Rücktritt** vom Vertrag bei mindestens grober Fahrlässigkeit (§ 19 Abs. 2 VVG)
- **Anfechtung** wegen arglistiger Täuschung (§ 22 VVG).

Der Rücktritt und die Anfechtung führen **zur Unwirksamkeit des Vertrages von Anfang** an. Noch gravierender für den Veranstalter als Versicherungsnehmer ist jedoch, dass der Versicherer sowohl bei Anfechtung als auch bei Rücktritt von **seiner Leistungspflicht frei wird**, das heißt die Versicherung braucht die geschuldete Leistung für den zuvor eingetretenen Versicherungsfall nicht zu erbringen. Im Falle

---

[19] Streitig, so aber Kerst/Jäckel, Versicherungsrecht, Rn. 88.
[20] Grobe Fahrlässigkeit liegt vor, wenn der Handelnde außer Acht lässt, was jedem einzuleuchten scheint.

des Rücktrittes muss jedoch der nicht angezeigte Umstand für den Eintritt des Versicherungsfalles oder seiner Feststellung bzw. für die Feststellung oder den Umfang der Leistungspflicht ursächlich sein. Diese Voraussetzung für die Leistungsfreiheit des Versicherers ist im Prozess gegebenenfalls zu bestreiten und durch einen Gegenbeweis zu widerlegen.

Beispiel: Konzertveranstalter K aus Freiburg gibt bei der schriftlichen Risikoprüfung zu seiner privaten Krankversicherung aus grober Fahrlässigkeit nicht an, in den letzten Monaten krank gewesen zu sein, obwohl er sich im Sommer eine leichte Erkältung zugezogen hatte und drei Tage krank war. Aufgrund einer Unachtsamkeit bricht er sich den rechten Arm. Seine Krankenversicherung bleibt trotzdem zur Leistung verpflichtet, selbst wenn sie vom Vertrag nach § 19 Abs. 2 VVG zurücktreten würde. Die nicht angegebene Erkältung ist nicht ursächlich für den Eintritt des Versicherungsfalles (Zahlung der Arztkosten etc. wegen Armbruches). Auch kann davon ausgegangen werden, dass die Angabe der Erkältung nicht zu einer höheren Prämie bzw. Risikoeinschätzung geführt hätte. Somit scheidet eine Leistungsfreiheit nach § 21 Abs. 2 VVG aus. Ohnehin wäre der zunächst erforderliche Rücktritt vom Vertrag nicht rechtswirksam gewesen, da dieser durch § 19 Abs. 4 VVG ausgeschlossen ist. Danach sind der Rücktritt und die Kündigung bei Verletzung der vorvertraglichen Anzeigepflicht ausgeschlossen, wenn der Versicherer den Vertrag auch bei Kenntnis der gefahrerheblichen Umstände geschlossen hätte, wenn auch nur unter anderen Bedingungen (wie einer höheren Prämie usw.). Eine leichte Erkältung ist ein alltägliches Massenphänomen und wird wohl nicht dazu führen, dass Versicherungen bei Kenntnis im Rahmen der Risikoprüfung den Vertragsschluss ablehnen.

Bei der Kündigung wegen Verletzung der vorvertraglichen Anzeigenobliegenheit endet der Versicherungsvertrag erst mit Wirksamwerden der Kündigung. Vorher eingetretene Leistungsfälle **sind im Gegensatz zum Rücktritt und zur Anfechtung durch die Versicherung zu erfüllen**. Die Kündigungsmöglichkeit des Versicherers besteht unabhängig davon, ob die Anzeigepflicht schuldhaft verletzt wurde. Das Vertragsverhältnis kann unter Einhaltung einer Frist von 1 Monat aufgelöst werden, § 19 Abs. 3 S. 2 VVG.

Falllösung 5:
Zu 1.) E könnte von der V-Versicherung die Bezahlung seiner Krankheitskosten verlangen. Anspruchsgrundlage ist der Versicherungsvertrag in Verbindung mit § 192 VVG. Dies setzt voraus, dass die V-Versicherung nicht leistungsfrei geworden ist. Leistungsfreiheit könnte gemäß § 21 Abs. 2 VVG eingetreten sein, wenn die V-Versicherung nach Eintritt des Versicherungsfalles (hier: Hüftgelenkoperation) wirksam vom Krankenversicherungsvertrag zurückgetreten ist. Der Rücktritt ist zulässig, wenn E zumindest grob fahrlässig seine vorvertragliche Anzeigepflicht verletzt hat. Die vorvertragliche Anzeigpflicht umfasst diejenigen gefahrerheblichen Umstände nach denen der Versicherer in **Textform gefragt** hat. Werden die gestellten Fragen unrichtig/unvollständig oder gar nicht beantwortet, so liegt eine Anzeigepflichtverletzung vor. Nach einer Erkrankung der Hüftgelenke des E hat

die V-Versicherung in Textform nicht gefragt. Somit scheidet der Rücktritt aus, da die schriftliche Fragestellung zwingende Voraussetzung für eine Pflichtverletzung nach § 19 Abs. 1 VVG ist. Sinn der Textform der Fragen ist der Schutz des Versicherungsnehmers. Dieser soll sich darauf verlassen können, alles Wesentliche angegeben zu haben. Möglich wäre nur eine Anfechtung wegen arglistiger Täuschung, jedoch handelte E hier nicht bedingt vorsätzlich. Im Ergebnis ist die V-Versicherung verpflichtet, die Krankheitskosten zu zahlen.

Zu 2) Abwandlung 1: Wiederum ist nicht in Textform nach Erkrankungen des Hüftgelenkes gefragt worden. Ein Rücktritt oder eine Kündigung des Versicherungsvertrages scheiden daher aus. Mangels Rücktritt scheidet auch die Leistungsfreiheit der Versicherung aus. In Betracht kommt jedoch die Anfechtung des Vertrages wegen arglistiger Täuschung nach § 22 VVG, die sich nach den allgemeinen Vorschriften richtet. Im Falle einer wirksamen Anfechtung ist der Vertrag von Anfang an nichtig (§ 142 BGB), so dass die V-Versicherung nicht zur Zahlung der Krankheitskosten verpflichtet wäre. E hat vorsätzlich auf die mündlichen Fragen des Angestellten A falsch geantwortet und somit die V-Versicherung arglistig getäuscht. Bei einer Anfechtung ist nicht Voraussetzung, dass die Versicherung vorher schriftlich den E gefragt hat, da diese sich nach dem Bürgerlichen Gesetzbuch und nicht nach dem VVG richtet.[21] Wer arglistig handelt, ist nicht schutzbedürftig. Der Vertrag ist somit von Anfang an unwirksam und die V-Versicherung nicht zur Leistung verpflichtet.

Zu 3) Abwandlung 2: Die schriftlichen Fragen hat E unrichtig beantwortet, so dass diesmal die Voraussetzungen des Rücktrittes vom Vertrag nach § 19 Abs. 2 VVG vorlägen. Folglich wäre die Versicherung auch nicht zur Leistung verpflichtet, § 21 Abs. 2 VVG. Ein wirksamer Rücktritt setzt neben einer vorvertraglichen Anzeigepflichtverletzung jedoch noch folgende Punkte voraus bzw. der Rücktritt ist ausgeschlossen, wenn (1) der Versicherungsnehmer nicht über die Möglichkeit des Rücktrittes **belehrt wurde**, (2) eine **Vertragsanpassung** in Betracht kommt oder (3) **Fristen** nicht beachtet wurden.

(1) Um eine vorvertragliche Anzeigepflichtverletzung durch Rücktritt (oder Kündigung) sanktionieren zu können, muss der Versicherer den Versicherungsnehmer durch gesonderte Mitteilung in Textform auf die Folgen einer Pflichtverletzung hinweisen, § 19 Abs. 5 VVG. Fehlt die Belehrung oder ist diese unvollständig, ist der Rücktritt (oder die Kündigung) unzulässig.

(2) Hätte der Versicherer den Vertrag auch in Kenntnis des nicht erwähnten Risikos geschlossen, jedoch zu anderen Bedingungen, so scheidet der Rücktritt wegen grob fahrlässiger Anzeigenpflichtverletzung (oder die Kündigung) ebenfalls aus. Eine Anpassung des Vertrages geht einer Vollbeendigung vor, § 19 Abs. 4 VVG.

(3) Eine Sanktionierung durch Rücktritt (oder Kündigung) ist auch nach § 21 Abs. 1 S. 1 VVG ausgeschlossen, wenn die Versicherung nicht innerhalb eines Monats nach Kenntnis der Anzeigepflichtverletzung ihre Rechte schriftlich geltend macht. Im vorliegenden Fall wurde E nicht über die Möglichkeit des

---

[21] Kerst/Jäckel, Versicherungsrecht, Rn. 91.

Rücktrittes durch die Versicherung bei unrichtigen Angaben belehrt. Auch ist die Versicherung erst 3 Monate nach Kenntnis der unrichtigen Angaben zurückgetreten. Somit scheidet ein Rücktritt der V-Versicherung aus und sie bleibt zur Zahlung der Krankheitskosten verpflichtet.

Eine vorvertragliche Anzeigepflichtverletzung führt also nicht immer automatisch zum Rechtsverlust, es sei denn, man handelt arglistig. Vielmehr muss der Veranstalter schriftlich befragt und über Sanktionen bei Verstößen belehrt worden sein. Ferner muss die Versicherung Fristen beachten. Um als Veranstalter den notwendigen Versicherungsschutz zu bekommen, ist eine umfassende Darlegung der Risiken vor Vertragsschluss angezeigt.

IV. Prämienzahlung

Fall 6: Konzertveranstalter K mietet für seine veranstalteten Konzerte immer von der D-GmbH hochwertige Tontechnik. Bei der V-Versicherung hat er eine Elektronik-Versicherung abgeschlossen, die auch angemietete Technik gegen Schäden mitversichert. Die angeforderte Erstprämie hat er trotz Belehrung über mögliche Sanktionen in einem auffälligen Hinweis im Versicherungsschein noch nicht gezahlt. Bei einem Konzert in Erfurt fällt das neue Mischpult beim Ausladen des Transportes einem Angestellten des K aufgrund leichter Fahrlässigkeit auf den Boden und erleidet Totalschaden. Ist die V-Versicherung zum Ersatz des Schadens verpflichtet?

Die **Hauptleistungspflicht** des Veranstalters/Versicherungsnehmers bei Abschluss eines Versicherungsvertrages ist die Zahlung der Versicherungsprämie (=Entgelt für Versicherung). Die Zahlung kann je nach Vereinbarung als Einmalprämie oder durch laufende Zahlung für die jeweilige Versicherungsperiode zu entrichten sein. Die geschuldete Prämie ist in der Regel spätestens innerhalb von 14 Tagen nach Ablauf von zwei Wochen nach Zugang des Versicherungsscheines zu zahlen.[22] Hintergrund für diese Fälligkeitsregelung ist, dass der Versicherungsnehmer nach Eingang der Vertragsunterlagen 2 Wochen Zeit hat zu überlegen, ob er den Versicherungsvertrag nach § 8 VVG widerruft. Erst nach Ablauf dieser Frist ist der Versicherungsnehmer an den Vertrag gebunden, so dass er erst dann zur Erfüllung seiner Hauptleistungspflicht (Zahlung des Entgeltes) verpflichtet ist.

Die Nichtzahlung oder verspätete Zahlung hat weit reichende Folgen. Aus der Einordnung des Versicherungsvertrages als Dauerschuldverhältnis[23] folgt, dass sich bei jeder Verletzung des Versicherungsvertrages durch den **Versicherungsnehmer (Veranstalter)** immer wieder zwei Fragen stellen, **ebenso** wie auch **im Vorfeld des**

---

[22] So Meixner/Steinbeck, VVG, bei § 1 in Fn. 112 unter Verweis auf die Rechtsprechung.

[23] Innerhalb der Laufzeit des Vertrages hat der Versicherungsnehmer die anfallenden Prämien zu entrichten und der Versicherer die vereinbarten Leistungen im jeweiligen Versicherungsfall zu erbringen. Es handelt sich um einen wiederholenden Leistungsaustausch.

Vertragsschlusses bei der Verletzung der vorvertraglichen Anzeigepflicht zu sehen war.

- Erste Frage: Bleibt der Versicherer bei einer Vertragsverletzung des Veranstalters/Kulturschaffenden zur Leistung verpflichtet? Anders formuliert: Muss er trotz Verletzung des Versicherungsvertrages seine geschuldete Leistung wie die Zahlung der Schadenssumme im Versicherungsfall erbringen?
- Zweite Frage: Kann der Versicherer sich aufgrund der Verletzung einer vertraglichen Pflicht vom Vertrag durch Rücktritt oder Kündigung lösen?

Die gesetzlichen Regelungen dieser beiden Grundfragen im Versicherungsrecht sind nicht immer leicht zu erkennen. Im Bereich des Zahlungsverzuges werden sie jedoch besonders plastisch.

1. Zahlungsverzug mit der Erst- oder Einmalprämie

Die Rechtsfolgen bei Nichtzahlung der Erst- oder Einmalprämie sind in § 37 VVG geregelt. Sie setzen ein Verschulden auf Seiten des Versicherungsnehmers voraus. Die Berufung von Kulturschaffenden auf finanzielle Engpässe führt nicht zum Entfallen des Verschuldens. Denn es gilt der Grundsatz: „Geld hat man zu haben!".

a) Frage 1: Nicht zur Leistung verpflichtet?

Hat der Versicherungsnehmer bei Eintritt des Versicherungsfalles die einmalige oder die erste Prämie nicht gezahlt, so ist der Versicherer nicht zur Leistung verpflichtet, § 37 Abs. 2 VVG. Hierüber muss der Versicherungsnehmer durch gesonderte Mitteilung in Textform oder auffälligen Hinweis im Versicherungsschein belehrt werden. Diese scheinbar harte Sanktion bei Zahlungsverzug liegt darin begründet, dass der Versicherer solange kein Versicherungsfall eintritt quasi eine „unsichtbare" Leistung erbringt (Risikoübernahme). Um den Versicherungsnehmer zur Zahlung der Prämie anzuhalten, wurde die Regelung der Leistungsfreiheit bei Zahlungsverzug mit der Erstprämie gewählt.

Versicherungsschutz (materieller Deckungsschutz) beginnt somit in der Regel immer erst **mit Zahlung** der Erst- oder Einmalprämie. Dies wird auch **Einlösungsklausel** genannt, da Versicherungsschutz erst mit Zahlung der Erst- oder Einmalprämie besteht. In der Praxis ist die so genannte „erweiterte Einlösungsklausel" in den jeweiligen Versicherungsbedingungen üblich. Danach beginnt der Versicherungsschutz zu dem im Versicherungsschein vereinbarten Zeitpunkt, wenn **rechtzeitig** die erste oder einmalige Prämie gezahlt wird. Mit Zahlung kann der Versicherungsschutz somit auch rückwirkend beginnen.

Beispiel: Veranstalter V will an der Ostsee Piratenfestspiele vom **01.06.-30.06.** veranstalten. Dazu sichert er sich bei der A-Versicherung durch eine Shortfall-Guarantee-Versicherung seinen „Break-Even-Point" ab. Vertragsschluss und Versicherungsbeginn ist der **01.06.** Der Versicherungsschein geht V am **04.06.** zu. V zahlt am **13.06.** seinen geforderten Beitrag. Die Veranstaltungen vom **01.06.-12.06**

sowie alle folgenden Veranstaltungstage ziehen zu wenige Besucher an, so dass V trotz sehr guter Planung und Kalkulation die anfallenden Kosten nicht decken kann. Bereits die Veranstaltungen vom **01.06-12.06.** sind Teil des Versicherungsfalles, so dass man daran denken könnte, dass mangels Zahlung (diese ist erst am **13.06.** erfolgt, als der Versicherungsfall bereits eingetreten war) für diese Tage kein Versicherungsschutz besteht. Die Zahlung am **13.06.** war jedoch rechtzeitig, zumal die Forderung der Versicherung erst unverzüglich nach Ablauf von zwei Wochen nach Zugang des Versicherungsscheines fällig war. Hier hat V sogar vor Fälligkeit die geschuldete Prämie gezahlt. Mit Zahlung hat er Versicherungsschutz ab **01.06.** erworben („erweiterte Einlösung"), so dass er insgesamt die Differenz zwischen dem Break-Even-Point und seiner Selbstbeteiligung von der A-Versicherung erstattet bekommt.

Ausnahme von diesem Einlösungsgebot ist wie bereits oben erläutert der sofortige Deckungsschutz bei der Rückwärtsversicherung oder dem vorläufigen Versicherungsschutz. Dort besteht zunächst unabhängig von der Zahlung der Prämie Versicherungsschutz, da § 2 Abs. 4 bzw. § 51 VVG die Einlösungsklausel im Grundsatz ausschließen.

In Fällen der vereinbarten **Ratenzahlung** ist im Hinblick auf die Anwendung von § 37 VVG zu differenzieren. Ist der Gesamtbeitrag der Prämie sofort fällig und erhebt der Versicherer die Prämie aber in Raten, so ist der Versicherer bei Nichtzahlung einer Rate nach § 37 VVG leistungsfrei.[24] Besteht generell laut Vertrag eine kalendermäßig bestimmte Zahlungspflicht, so ist nur die erste geschuldete Rate als Erstprämie anzusehen. Für die folgenden Raten gilt dann § 38 VVG.

b) Frage 2: Lösungsmöglichkeit vom Vertrag?

Ist die einmalige oder die erste Prämie nicht rechtzeitig gezahlt, so kann der Versicherer solange zurücktreten wie die Zahlung nicht geleistet wurde, § 37 Abs. 1 VVG.

Falllösung 6: Es stellt sich nun die Frage, ob der Konzertveranstalter für das zerstörte Mischpult von der Versicherung Ersatz des Schadens verlangen kann. Die V-Versicherung ist zur Begleichung der Ersatzansprüche der D-GmbH gegen K verpflichtet, wenn sie nicht gegenüber K leistungsfrei geworden ist. K schuldet der D-GmbH gemäß § 280 Abs. 1 BGB Schadensersatz für die Beschädigung des Mischpultes. Das Verhalten seiner Angestellten muss er sich gemäß § 278 BGB zurechnen lassen. Dieser Schaden ist durch seine Elektronik-Versicherung abgedeckt. Jedoch hat K seine Erstprämie noch nicht gezahlt. K hat nicht dargelegt, dass er die Nichtzahlung nicht zu vertreten hat. Somit ist von seinem Verschulden auszugehen. Auch wurde er über die Rechtsfolge der Nichtzahlung der Prämie durch auffälligen Hinweis im Versicherungsschein belehrt. Daher kann die V-Versicherung sich darauf berufen, nicht zur Leistung der Schadenssumme verpflichtet zu sein. Sie

---

[24] Knappmann in: Prölss/Martin, VVG, § 37 Rn. 8.

muss folglich nicht den gültigen Listenpreis zahlen, um K von seiner Ersatzpflicht frei zu stellen. Vielmehr muss K in die „eigene Kasse" greifen.

2. Zahlungsverzug mit der Folgeprämie

Bei nicht rechtzeitiger Zahlung einer Folgeprämie, kann der Versicherer dem Versicherungsnehmer in Textform eine Zahlungsfrist setzen, die mindestens zwei Wochen betragen muss. Dabei hat er die rückständigen Beträge der Prämie, Zinsen und Kosten im Einzelnen zu benennen sowie über die Rechtsfolgen bei Nichtbeachtung der Frist zu informieren, § 38 Abs. 1 VVG. Bei Zahlungsverzug nach Fristablauf ist der Versicherer nach § 38 Abs. 2 VVG für nun folge Versicherungsfälle zur Leistung nicht verpflichtet. Ferner kann er ohne Einhaltung einer Frist den Vertrag kündigen. Die Kündigung wird rückwirkend unwirksam, wenn der Versicherungsnehmer innerhalb eines Monats nach Kündigung die Zahlung leistet.

V. Verletzung von Obliegenheiten

Die Frage der Leistungsfreiheit des Versicherers bei Verletzung von vertraglichen Pflichten sowie von Obliegenheiten zieht sich wie ein roter Faden durch das Privatversicherungsrecht.

Mit „Obliegenheiten" bezeichnet man im Versicherungsrecht Verhaltensregeln, die für den Versicherungsnehmer gelten. Bei Missachtung dieser Verhaltensregeln kann es zum Verlust des Leistungsanspruches kommen, d. h. der Versicherungsnehmer (Veranstalter) kann nicht die vereinbarte Versicherungsleistung verlangen. Die Verhaltensnormen (Obliegenheiten) können sich aus dem Versicherungsvertragsgesetz ergeben (z. B. die vorvertragliche Anzeigepflicht gemäß § 19 VVG) oder in den Allgemeinen Versicherungsbedingungen vertraglich niedergelegt sein. Man unterscheidet daher zwischen gesetzlichen und vertraglichen Obliegenheiten.

Folgende wichtige Fallgruppen lassen sich unterscheiden:

- **Verletzung einer vertraglichen Obliegenheit:** die gewünschte Verhaltensregel ist den jeweiligen Vertragsbedingungen zu entnehmen, z. B. hochwertige Technik ist sicher aufzubewahren.
- **Gefahrerhöhung:** Der Versicherungsnehmer darf beim versicherten Gegenstand keine Risikoerhöhung vornehmen, § 23 VVG. Dies ist beispielsweise der Fall, wenn Studioequipment zum Live-Einsatz benutzt wird. Die Änderung des Versicherungsrisikos ist unverzüglich anzuzeigen.
- **Rettungspflicht:** Der Versicherungsnehmer hat bei Eintritt des Versicherungsfalles für die Abwendung und Minderung des Schadens zu sorgen, § 82 VVG.

Bei vorsätzlicher Verletzung der Verhaltensregeln ist der Versicherer leistungsfrei. Bei einer grob fahrlässigen Verletzung von Obliegenheiten kann der Anspruch gekürzt werden, entsprechend dem Verschuldensgrad z. B. um 25 % oder 50 %. Bei leicht fahrlässiger Verletzung scheidet eine Kürzung aus. War die Obliegenheitsverletzung nicht ursächlich für den Eintritt des Versicherungsfalles, so kommt eine Anspruchskürzung nur bei Arglist in Betracht.

VI. Herbeiführung des Versicherungsfalles

Fall 7: E leitet die Eventagentur X in Friedrichshafen. Diese hat ihren Sitz in einem Gebäude am Bodensee, welches E zu betrieblichen Zwecken erworben hat. Für das Gebäude besteht bei der V-Versicherung eine Gebäude-Versicherung. In der Vorweihnachtszeit vergisst E, die Kerzen des Adventskranzes nach Ende der Betriebsweihnachtsfeier zu löschen, weil er schnell mit seiner Frau ins Konzerthaus nach Bregenz will. Es kommt zu einem Feuer, wobei am Gebäude ein Sachschaden in Höhe von 300.000 € entsteht. Ist die V-Versicherung zum Ersatz des Schadens verpflichtet?

Bei vorsätzlicher Herbeiführung des Versicherungsfalles durch den Versicherungsnehmer kann dieser vom Versicherer nichts verlangen. Diese Aussage bedarf keiner Begründung. Führt der Veranstalter den Versicherungsfall **grob fahrlässig** herbei, so kann der Versicherer seine Leistung entsprechend dem Verschulden des Veranstalters kürzen (**Quotenmodell**), § 81 Abs. 2 VVG.

Bei leichter Fahrlässigkeit bleibt der Anspruch komplett bestehen. Das Kürzungsrecht des Versicherers aus § 81 VVG gilt jedoch nur in der Schadensversicherung.

Falllösung 7: Das Verhalten des E ist als grob fahrlässig einzustufen. Damit kann sich die V-Versicherung auf § 81 Abs. 2 VVG berufen. Sie kann somit ihre Versicherungsleistung aus der Gebäude-Versicherung entsprechend der Schwere des Verschuldens des E kürzen. Zu denken wäre hier an eine Anspruchskürzung um 50 %, so dass die V-Versicherung nur 150.000 € zahlen müsste.

!! **Praxistipp:** Aufgrund der Schwierigkeit, die Fahrlässigkeit in die Kategorien einfache und grobe zu unterteilen sowie die Schwere des Verschuldens nebst Quote im Verhältnis Versicherer und Versicherungsnehmer zu ermitteln, verzichten viele Versicherungen in ihren Vertragsbestimmungen auf den Einwand der groben Fahrlässigkeit. Das heißt fahrlässiges Verhalten ist insgesamt mitversichert.

C. Versicherungen im Eventbereich

Fall 8: Der Kulturschaffende K will in einem kürzlich erworbenen Gebäude mit vielen Glasflächen ein Theater betreiben. Dabei will er hochwertige Bühnen-, Licht- und Kommunikationstechnik sowie viele Requisiten einsetzen. Der Zuschauerraum hat ein Fassungsvermögen von 200 Besuchern pro Vorstellung. Für den Betrieb beschäftigt er mehrere Künstler und Angestellte. K möchte gegen auftretende Risiken umfassend geschützt werden. Welcher Versicherungsschutz ist in Betracht zu ziehen?

Fall 9: Berufsmusiker B kommt deutschlandweit in verschiedenen Orchestern mit verschiedenen Musikinstrumenten zum Einsatz. Zusätzlich gibt er Musikunterricht. Für kleinere Auftritte auf Festen und Veranstaltungen mit Musikerkollegen bringt er die notwendige Übertragungstechnik mit. Welcher Versicherungsschutz ist in Betracht zu ziehen?

Aufgrund der abzusichernden Risiken im Eventbereich sind folgende Versicherungsarten genauer zu betrachten:

- Haftpflichtversicherungen (Veranstalter-Haftpflicht-Versicherung; Berufs-/Betriebshaftpflichtversicherung
- Elektronik-Versicherung
- Veranstaltungsausfall-Versicherung
- Shortfall-Guarantee-Versicherung.

Allgemein ist allen Versicherungsarten **wie bereits dargelegt** zu eigen, dass der Versicherer/Veranstalter trotz Versicherung immer eine **Schadens- bzw. Verlustminderungspflicht** hat, das heißt er hat dafür Sorge zu tragen, dass der eingetretene Schaden oder Verlust so gering wie möglich gehalten wird. Die Auswahl der einzelnen Versicherungsart hängt vom jeweiligen Risiko ab, deshalb ist vor Abschluss jeder Versicherung eine Risikocheck durchzuführen. So ist beispielsweise bei der Haftpflichtversicherung entscheidend, ob die Eventagentur selbst als Veranstalter auftritt und ein Konzert organisiert und nicht einen Künstler nur an einen anderen Veranstalter vermittelt. Denn den Veranstalter treffen andere Verkehrssicherungspflichten gegenüber den Besuchern, die abgedeckt sein sollten.

Bei Abschluss der Versicherungsverträge sollte im Kulturbetrieb aufgrund der hohen Schadensrisiken darauf geachtet werden, dass der Versicherungswert der Versicherungssumme entspricht. Ein Auseinanderfallen kann zu einem „bösen Erwachen" führen. Ist der Wert der zu versichernden Sachen höher als die vereinbarte Versicherungssumme, so spricht man von einer **Unterversicherung**. Im Schadensfall ist der Versicherer nur zu einer verhältnismäßigen Ersatzleistung verpflichtet, das heißt die vereinbarte Versicherungssumme wird gekürzt.

!! **Praxistipp:** Zum Risikocheck vor Vertragsschluss gehört auch eine ausführliche Ermittlung des Wertes der zu versichernden Sachen. Die Versicherungssumme (Wert der versicherten Sachen) ist während der Laufzeit des Vertrages zu überprüfen und gegebenenfalls anzupassen.

„Best Practice[25]" im Risikomanagement durch Versicherungsschutz:

- Veranstalter-Haftpflicht-Versicherung: Schutz vor Schadensersatzansprüchen wegen zerstörter Sachwerte (Instrumente, Mischpult etc.) sowie Personenschäden (Künstler, Publikum, Angestellte).
- Elektronik-Versicherung (Equipmentversicherung): Sachschäden an gemieteter Veranstaltungstechnik sind in der Regel durch die normale Haftpflichtversicherung nicht abgesichert.
- Veranstaltungsausfall-Versicherung: Nicht zu verantwortende Ereignisse können bei fehlender Absicherung zur Insolvenz des Veranstalters führen.

---

[25] Frei übersetzt: Erfolgsrezept.

Im Einzelnen zu den Versicherungsarten:

I. Haftpflichtversicherung

Fall 10: Eventmanager E betreibt ein Sommerkino. Er hat seit Jahren bei der V-Versicherung eine allgemeine Haftpflichtversicherung. Die Treppe der Kinotribüne ist etwas uneben und hat einige größere Absätze, die aus leichter Unachtsamkeit nicht gesichert bzw. kenntlich gemacht wurden. Kinobesucherin K stürzt wegen des großen Höhenunterschiedes eines Treppenabsatzes und erleidet einen Schaden an ihrer Kleidung und Uhr in Höhe von 200 €. Kann sie Ersatz von der V-Versicherung verlangen?

Ein Veranstalter muss dafür Sorge tragen, dass Besucher seiner Veranstaltungen nicht zu Schaden kommen, dass die Veranstaltung ausreichend bewacht und gesichert ist, dass beim Aufbau und Abbau der zur Veranstaltung erforderlichen Einrichtungen diese nicht zerstört wird, dass seine Betriebsangehörigen bzw. eingesetzten Mitarbeiter keine Schäden bei Dritten verursachen. Diese Aufzählung könnte man um ein Vielfaches fortsetzen. Die Vielzahl der möglichen Risiken resultiert aus der einfachen Tatsache, dass der Veranstalter oder einer seiner Mitarbeiter für Schäden gesetzlich haftet (§ 823 BGB), die durch fahrlässiges Verhalten an den geschützten Rechtsgütern Eigentum, Körper und Gesundheit entstehen. Die drohenden Personen- oder Sachschäden können so hoch werden, dass eine Risikoabwälzung auf einen Versicherer in der Regel die einzige sinnvolle Option des Risk Management bildet.

1. Allgemeines

Die Haftpflichtversicherung ist eine Fremdschadenversicherung. Der Versicherer gewährt dem Versicherungsnehmer Versicherungsschutz für den Fall, dass erstens während der Laufzeit des Versicherungsvertrages ein Schadensereignis eintritt, das den Tod, die Verletzung oder Gesundheitsschädigung von Menschen (Personenschaden) oder die Beschädigung oder Vernichtung von Sachen zur Folge hat (Sachschaden). Für dieses Schadensereignis muss zweitens der Versicherungsnehmer/Veranstalter von einem Dritten auf Schadensersatz in Anspruch genommen werden.

a) Versichertes Risiko

Nach den Allgemeinen Versicherungsbedingungen für die Haftpflichtversicherung (**AHB**) verspricht der Versicherer Deckung von Schadensersatzansprüchen „auf Grund gesetzlicher Haftpflichtbestimmungen privatrechtlichen Inhalts" (Nr. 1.1 AHB Ausgabe 2008, abgekürzt AHB 2008). Mit dieser Formulierung soll in der allgemeinen Haftpflichtversicherung nur die Deckung des Standardrisikos gewährt werden, das heißt ein Risiko, welches aus kalkulatorischen Gründen für eine größere Gruppe von Versicherten gleich ist. Aus diesem Gedanken heraus ergibt sich ein Deckungsausschluss nach Nr. 1.2 AHB 2008 für Ansprüche, die aus der Erfüllung von Verträgen, aus Nacherfüllung, wegen des Ausbleibens der mit der Vertragsleistung geschuldeten Leistung etc. resultieren. Bei genauem lesen der Bestimmungen merkt man, dass nicht alle Ansprüche aus Vertrag ausgeschlossen sind. Vorausgesetzt sie richten sich nicht auf Erfüllung oder Erfüllungsersatz und gehen über den gesetzlichen Rahmen nicht hinaus.

b) Rechtsschutz und Befreiung von Ansprüchen

Die Besonderheit der Haftpflichtversicherung ist ihr Dreiecksverhältnis (Dreipersonenverhältnis). Der Versicherer (1) hat die Aufgabe, den Versicherungsnehmer (2) vor begründeten oder unbegründeten Ansprüchen eines Dritten (3) zu schützen.[26] Gemäß § 100 VVG hat er den Versicherungsnehmer von begründeten Ansprüchen freizustellen (diese zu erfüllen bzw. zu befriedigen) oder unbegründete Ansprüche abzuwehren. Die Versicherung umfasst auch die gerichtlichen und außergerichtlichen Kosten, die durch die Abwehr der von einem Dritten geltend gemachten Ansprüchen entstehen, soweit die Aufwendungen geboten waren (§ 101 VVG). Dieser **Rechtsschutzcharakter** steigert den Wert einer Haftpflichtversicherung erheblich. Bei Schadensersatzansprüchen ist oft nicht eindeutig, wo oder bei wem das Verschulden und damit die Verpflichtung zum Schadensersatz liegen.[27]

c) Kein Direktanspruch gegen den Versicherer

Dem geschädigten Dritten steht in der allgemeinen Haftpflichtversicherung kein direkter Anspruch gegen den Versicherer des Schädigers/Versicherungsnehmer zu. Nur bei Haftpflichtversicherungen, zu deren Abschluss eine gesetzliche Verpflichtung besteht (**Pflichtversicherung**), kann der Dritte gemäß § 115 Abs. 1 VVG seinen Anspruch auch gegen den Versicherer geltend machen. Beispiel für eine Pflichtversicherung mit Direktanspruch gegen den Versicherer ist die Kfz-Haftpflichtversicherung (Versicherungspflicht bei Betrieb eines Kfz). Ansonsten gibt es im Eventbereich grundsätzlich keine gesetzliche Pflicht eine Versicherung abzuschließen. Der freiwillige Abschluss einer Versicherung folgt aus dem Gesichtspunkt eines ordentlichen Risk Management (Verhinderung der Existenzbedrohung bei hohen Schäden).

Falllösung 10: K kann von der V-Versicherung Zahlung von 200 € verlangen, wenn (1) E der K zum Schaden verpflichtet ist, (2) für dieses Schadensereignis Haftpflichtversicherungsschutz besteht und (3) K gegen die V-Versicherung einen Direktanspruch hat.

(1) K müsste von E Schadensersatz verlangen können. Vorliegend hat E als Veranstalter seine Verkehrssicherungspflicht verletzt, wobei es zum Schaden am Eigentum kam. Für dieses fahrlässige Verhalten ist er nach § 823 Abs. 1 BGB zur Zahlung von Schadensersatz in Höhe von 200 € verpflichtet.

---

[26] Meixner/Steiner, VVG, § 3 Rn. 2.
[27] Preuss in: Handbuch Event-Management, S. 543.

(2) Dieses Risiko könnte durch seine allgemeine Haftpflichtversicherung gedeckt sein. Der Umfang des Versicherungsschutzes richtet sich nach der im Versicherungsschein niedergelegten vereinbarten Risikoabdeckung und den Allgemeinen Versicherungsbedingungen für die Haftpflichtversicherung (AHB), da E nur eine solche abgeschlossen hat. Nach den Allgemeinen Versicherungsbedingungen für die Haftpflichtversicherung erstreckt sich der Versicherungsschutz unter anderem nicht auf Gefahren, welche verbunden sind mit dem Betrieb von Theatern, Kino- und Filmunternehmungen, Zirkussen und Tribünen. Folglich besteht kein Versicherungsschutz. **Die allgemeine Haftpflichtversicherung deckt nun mal nicht die speziellen Risiken einer Veranstaltung.**

(3) Ohnehin wäre der geltend gemachte Anspruch nicht begründet gewesen. Die allgemeine Haftpflichtversicherung ist **keine** gesetzliche Pflichtversicherung, so dass **kein Anspruch** gegen die V-Versicherung **direkt** besteht. Hätte Versicherungsschutz bestanden, dann hätte K lediglich von E Abtretung des Befreiungsanspruchs gegen die V-Versicherung verlangen können. Dieser hätte sich dann in einen Direktanspruch umgewandelt.

d) Vorsorgeversicherung

Um den Versicherungsnehmer vor unvorhergesehenen Entwicklungen zu schützen, werden neue Risiken durch die Haftpflichtversicherungen mitgedeckt (**Vorsorgeversicherung**). Der Versicherungsschutz beginnt sofort mit Eintritt eines neuen Risikos. Das neue Risiko ist anzuzeigen.

2. Veranstalter-Haftpflicht-Versicherung

Wie gerade exemplarisch gesehen, deckt eine allgemeine Haftpflichtversicherung **nicht** die speziellen Risiken einer Veranstaltung. Nach den Allgemeinen Versicherungsbedingungen für die Haftpflichtversicherung (AHB) sind auch Ansprüche wegen Schäden an fremden gemieteten Sachen und allen sich daraus ergebenden Vermögensschäden ausgeschlossen.

Zur Absicherung der eventspezifischen Risiken sind deshalb aufbauend auf dem Deckungsumfang der allgemeinen Haftpflichtversicherung gemäß AHB in der **Multi-Cover**[28] **Veranstalter-Haftpflicht-Versicherung** Erweiterungen im versicherten Personenkreis, der mitversicherten Nebenrisiken und Deckungserweiterungen enthalten. Es muss somit eine spezielle Haftpflichtversicherung abgeschlossen werden, die durch Besondere Vertragsbedingungen den Deckungsschutz erweitert.

Eine solche Veranstalter-Haftpflicht-Versicherung ist meist Grundvoraussetzung für die Anmietung einer Eventlocation. Oftmals findet sich beispielsweise auch in Konzertverträgen folgende Klausel.[29]

---

[28] Versicherungsschein für verschiedene Schadensrisiken.
[29] Formulierung der Klausel nach Poser, Konzert- und Veranstaltungsverträge, S. 73 f.

„Der Veranstalter verpflichtet sich, für die Veranstaltung eine Veranstalter-Haftpflicht-Versicherung mit einer Deckungssumme in Höhe von mindestens 5.000.000,00 € für Personenschäden und in Höhe von 1.000.000,00 € für Sachschäden abzuschließen."

Die konkreten Einzelheiten eine Veranstalter-Haftpflicht-Versicherung hängen von den Zusatzbestimmungen der Versicherer im Zusammenhang mit der Veranstaltung gemäß Risikobeschreibung ab. Ferner sind die Deckungssummen und die Selbstbeteiligung vom gewünschten Schutz und der getroffenen Vertragsvereinbarung abhängig.

a) Mitversicherte Personen

Mitversichert sind der **gesetzliche Vertreter** des Versicherungsnehmers und solche Personen, die er zur Leitung oder Beaufsichtigung des versicherten Betriebes oder eines Teiles desselben angestellt hat. Ebenso mitversichert sind **sämtliche übrigen Betriebsangehörigen** und die in den Betrieb des Versicherungsnehmers eingegliederten Mitarbeiter fremder Unternehmen für Schäden, die sie in Ausführung ihrer dienstlichen Verrichtung verursachen.

b) Mitversicherte Nebenrisiken

Mitversichert ist im Rahmen einer Veranstalter-Haftpflicht-Versicherung in der Regel die gesetzliche Haftpflicht aus allen betriebs- und branchenüblichen Nebenrisiken, insbesondere

- aus dem Auf- und Abbau der zur Veranstaltung erforderlichen Einrichtungen, Technik und dergleichen
- aus Verkehrssicherungspflicht im Hinblick auf die Veranstaltung
- aus Bewachung und Sicherung der Veranstaltung
- aus der Beauftragung fremder Unternehmen mit der Ausführung von Aufgaben/ Arbeiten im Interesse des Veranstalters
- aus dem Besitz oder der Verwendung von Hebezeugen, (z. B. Kräne, Winden, Förderbänder oder ähnliches sowie Seil-, Schwebe- und Feldbahnen zur Beförderung von Sachen)
- aus Werbeveranstaltungen, dem Vorhandensein von Werbeeinrichtungen (Transparente, Leuchtröhren, Werbetafeln, etc.).

c) Mögliche relevante Deckungserweiterungen (exemplarische Auswahl)

- Kraftfahrzeuge/Arbeitsmaschinen: Versichert ist die gesetzliche Haftpflicht aus Besitz, Halten und Gebrauch von nicht zulassungspflichtigen und nicht versicherungspflichtigen Kraftfahrzeugen (auch selbstfahrende Arbeitsmaschinen wie Elektrokarren, Hub-/Gabelstapler, Zugmaschinen, etc.).

- Vor- und Nacharbeiten der Veranstaltung: Eingeschlossen in die Versicherung ist die gesetzliche Haftpflicht des Versicherungsnehmers aus der Vor- und Nachbereitung für die Veranstaltung.
- Belegschaftshabe: Eingeschlossen ist die gesetzliche Haftpflicht wegen Beschädigung, Vernichtung und Abhandenkommen von Sachen der Betriebsangehörigen und Mitarbeiter der Veranstaltung.
- Erweiterung auf Vermögensschäden, die weder durch Personenschaden noch Sachschaden entstanden sind
- Mietsachschäden durch Brand, Explosion
- Erweitere Mietsachschadendeckung: Eingeschlossen ist die gesetzliche Haftpflicht aus der Beschädigung von für Veranstaltungen gemieteten Gebäuden oder Räumen durch sonstige Ursachen.
- Be- und Entladeschäden an Kfz und Containern
- Schlüsselverlust
- Aufstellen und Betrieb von Verkaufsbuden: Eingeschlossen sind Haftpflichtansprüche aus dem Aufstellen und dem Betrieb von Verkaufsbuden, soweit der Versicherungsnehmer das Aufstellen und den Betrieb selbst übernommen hat.

3. Spezielle Berufs-/Betriebshaftpflichtversicherung

Die Vielzahl der Betätigungsmöglichkeiten im Kulturbereich neben dem Beruf des Veranstalters erfordert zur Absicherung der Haftungsrisiken für die jeweilige Betriebsart eine Betriebshaftpflichtversicherung. Die existierenden Versicherungsprodukte neben der Veranstalter-Haftpflicht-Versicherung nehmen Bezug auf die Eigenheiten des jeweiligen Versicherungsfalles. Spezielle Berufshaftpflichtversicherungen gibt es unter anderen für Veranstaltungstechniker, technische Veranstaltungsplaner, Hilfskräfte (Roadies), Tänzer, Artisten, Berufsmusiker und DJs. Um die auftretenden Risiken umfassend zu decken, ist vor Vertragsschluss eine konkrete Risikobeschreibung vorzunehmen, die sich im Versicherungsschein wieder finden muss. Dabei sind aber Oberbegriffe aus dem so genannten Betriebsartverzeichnis der Versicherer zu vermeiden und durch konkrete Festlegungen zu ersetzen, so dass Versicherung und Versicherungsnehmer bei der Auslegung von Versicherungsbestimmungen nicht unterschiedlicher Auffassungen sein können, ob ein bestimmtes Risiko versichert ist.

Beispiel[30]: Der Betrieb von Licht- und Bühnentechnik mit Vermietung sollte im Versicherungsschein nicht als „Elektrobetrieb", sondern als „Veranstaltungstechnikbetrieb einschließlich des Handels, der Vermietung, des Auf- und Abbaus sowie der Bedienung und Wartung etc." beschrieben werden.

Der konkret bezeichnete Betrieb wird versichert in allen seinen Eigenschaften, Tätigkeiten und Rechtsverhältnissen. Nach § 102 VVG erstreckt sich die Betriebshaftpflicht auf die zur Vertretung des Unternehmens befugten Personen sowie der Personen, die in einem Dienstverhältnis zu dem Unternehmen stehen. Werden bei der

---

[30] Angelehnt an Preuss in: Handbuch Event-Management, S. 545.

Ausübung der Tätigkeit Subunternehmer miteinbezogen, so sollten diese im Vertrag genannt sein, da die Abgrenzung zur Thematik Scheinselbständigkeit nicht immer klar ist.[31] Bei der Beitragskalkulation spielen die Größe, Anzahl der Beschäftigten sowie die Umsätze eine Rolle. Bei Veräußerung des Unternehmens an einen Dritten tritt dieser an Stelle des Versicherungsnehmers in dessen Rechte und Pflichten aus dem Versicherungsvertrag, § 102 Abs. 2 VVG.

II. Elektronik-Versicherung

Durch die eigenständige Elektronik-Versicherung können die stationären und mobilen Geräte und Anlagen für Licht und Beschallung, Kommunikationstechnik, Bühnentechnik, Funkmikrofone sowie Büroelektronik versichert werden. Ausgestaltet wird diese Versicherung durch die Allgemeinen Bedingungen für die Elektronik-Versicherung (**ABE**) und besondere Vereinbarungen. Erhält der Versicherungsnehmer anstelle der im Versicherungsvertrag bezeichneten Anlagen oder Geräte eine andere, jedoch technisch vergleichbare Sache, so besteht nach entsprechender Anzeige durch den Versicherungsnehmer hierfür vorläufige Deckung bis zum Abschluss des neuen Versicherungsvertrages.

1. Versicherte Schäden und Gefahren

Nach § 2 der Allgemeinen Bedingungen für die Elektronik-Versicherung wird Versicherungsschutz geleistet für Sachschäden an den versicherten Sachen durch vom Versicherungsnehmer oder dessen Repräsentanten nicht rechtzeitig vorhergesehene Ereignisse und bei Abhandenkommen der versicherten Sachen durch Diebstahl, Einbruchdiebstahl, Raub oder Plünderung.

Entschädigung wird geleistet für Beschädigung oder Zerstörung, insbesondere durch

- Bedienungsfehler, Ungeschicklichkeit, Fahrlässigkeit
- Überspannung, Induktion, Kurzschluss
- Brand, Blitzschlag, Explosion
- Wasser, Feuchtigkeit, Überschwemmung
- Vorsatz Dritter, Sabotage, Vandalismus
- Höhere Gewalt
- Konstruktions-, Material- oder Ausführungsfehler.

Damit handelt es sich um eine „Allgefahrenversicherung".

2. Versicherungswert und Entschädigungsart

Die Elektronik-Versicherung ist eine Neuwertversicherung, das heißt dass grundsätzlich der Wiederbeschaffungswert versichert ist. Dies setzt natürlich voraus, dass die Versicherungssumme ausreichend war.

---

[31] Preuss in: Handbuch Event-Management, S. 545.

Versicherungswert ist der jeweils gültige Listenpreis der versicherten Sache im Neuzustand (Neuwert) zuzüglich der Bezugskosten (z. B. Kosten für Verpackung, Zölle). Wird die versicherte Sache nicht mehr in Listen geführt, so wird der letzte Listenpreis maßgebend. Dieser Preis ist gegebenenfalls entsprechend der Preisentwicklung zu vermindern oder zu erhöhen. Hatte die versicherte Sache keinen Listenpreis, so tritt an dessen Stelle der Kauf- oder Lieferpreis der Sache im Neuzustand zuzüglich der Bezugskosten. Der Versicherungsnehmer soll gemäß der Allgemeinen Versicherungsbedingungen für die Elektronik-Versicherung die Versicherungssumme während der Dauer des Versicherungsvertrages dem jeweils gültigen Versicherungswert anpassen.

Der Versicherer leistet Entschädigung nach seiner Wahl entweder durch Naturalersatz oder durch Geldersatz. Naturalersatz bedeutet bei beschädigten Sachen deren Wiederherstellung im Auftrag des Versicherers. Bei zerstörten oder abhanden gekommenen Sachen ist die Wiederbeschaffung einer neuen Sache von gleicher Art und Güte durch den Versicherer geschuldet. Geldersatz bedeutet im Falle eines Totalschadens die Zahlung des Versicherungswertes, wie oben eben dargestellt. Lehnt der Versicherungsnehmer Entschädigung durch Naturalersatz ab, so leistet der Versicherer Geldersatz.

3. Wichtige Erweiterungsmöglichkeiten für die Veranstaltungsbranche

Im Risikocheck vor Abschluss der Elektronik-Versicherung ist zu definieren, welche Erweiterungen des Versicherungsschutzes notwendig sind. Jede Versicherungsart hat meist ein Standardleistungsspektrum.

Für die Veranstaltungsbranche sind oft insbesondere folgende Erweiterungen wichtig:

- In Betracht zu ziehen ist die Mitversicherung der Unterschlagung der Technik.[32]
- Versicherungsort sind die im Versicherungsvertrag bezeichneten Betriebsgrundstücke. Die notwendige Ton-, Licht-, Aufnahme- oder Videotechnik kommt bei Tourneen, Ausstellungen oder Auftritten in verschiedenen Orten auch außerhalb der Betriebsstätte zum Einsatz, ja meist bundes- und europaweit. Die dadurch entstehenden Risiken müssen abgedeckt werden, was durch eine Erweiterung des Geltungsbereiches der Elektronik-Versicherung auf die gesamte Bundesrepublik Deutschland oder Europa möglich ist. Dadurch werden die Risiken beim Einsatz mobiler Technik gedeckt (**Mobilitätsrisiko**).
- Ferner kann eine Deckungserweiterung für Schadennebenkosten (Aufräumungs-, Dekontaminations- und Entsorgungskosten etc. bei Schäden an der versicherten Sache) sinnvoll sein.
- Im Zeitalter der Informationstechnologie kann eine Versicherung von Daten (z. B. Stamm- und Bewegungsdaten aus Dateien/Datenbanken, Daten aus seriennmäßig hergestellten Standardprogrammen, Daten aus individuell hergestellten betriebsfertigen Programmen) und Datenträgern sehr wichtig sein.

---

[32] Preuss in: Handbuch Event-Management, S. 549.

III. Veranstaltungsausfall-Versicherung

Der Versicherer gewährt dem Versicherungsnehmer (Veranstalter) Versicherungsschutz bis zur Höhe der vereinbarten Versicherungssumme, wenn die im Versicherungsschein bezeichnete Veranstaltung ausfällt, abgebrochen bzw. verlegt wird und es zur Änderung der versicherten Aufführung/Tournee kommt.

1. Versicherungsformen

Die Versicherer bieten in der Regel die nachfolgenden Versicherungsvarianten an, um mögliche Risiken abzudecken.

a) Unverschuldeter Ausfall, Abbruch, Änderung oder Verlegung

Die Versicherung gewährt dem Versicherungsnehmer Deckungsschutz, wenn die Veranstaltung infolge eines vom Veranstalter nicht zu vertretenden Umstandes ausfällt, abgebrochen oder in der Ausführung geändert wird. Ein Versicherungsfall liegt danach vor, wenn die aufgetretenen Ereignisse nachweislich außerhalb des Einflussbereiches des Versicherungsnehmers oder von ihm beauftragter Organisatoren liegen.

Beispiel: Ausfall der öffentlichen Stromversorgung

Das Nichterscheinen von Musikern und Künstlern ist bei dieser Variante nicht versichert.

b) Krankheit, Unfall, Tod eines Künstlers oder mehrerer versicherter Künstler

In dieser Variante gewährt der Versicherer Versicherungsschutz, wenn die in der Police bezeichnete Veranstaltung durch Krankheit, Unfall oder Tod eines versicherten Künstlers ausfällt, abgebrochen oder in der Durchführung geändert wird.

Beispiel: Der Hauptdarsteller eines Theaterstückes erleidet gleich zu Beginn der Aufführung einen Schlaganfall.

c) Nichterscheinen der Künstler aus sonstigen Gründen

Bei Vereinbarung besteht Versicherungsschutz auch dann, wenn die im Versicherungsschein genannten Personen infolge von Gründen, die außerhalb der Einflussmöglichkeit des Künstlers oder des Veranstalters liegen, nicht erscheint.

Beispiel: Die Band X bleibt auf dem Weg zum nächsten Konzert im Stau stecken, so dass dieses ausfallen muss.

Die eben genannten Versicherungsformen können je nach den individuellen Bedürfnissen des Versicherungsnehmers frei kombiniert werden. Der konkrete Deckungsschutz hängt vom gewählten Versicherer ab. Möglich ist eine „Allgefahrenversicherung", wonach die Nichtdurchführbarkeit einer Veranstaltung wegen aller Ereignisse, die außerhalb des Einflusses des Veranstalters und Künstlers liegen, abgesichert werden kann.

Bei Abschluss des Versicherungsvertrages für Open-Air-Veranstaltungen ist darauf zu achten, ob der Ausfall eines Events wegen schlechten Wetters mitversichert ist. Meist muss dieses Risiko zusätzlich mitversichert oder eine gesonderte **Schlechtwetterversicherung** abgeschlossen werden. Bei einer Schlechtwetterversicherung richtet sich die Höhe des durch den Versicherungsnehmer (Veranstalter) zu zahlenden Entgeltes (Prämie) nach dem Veranstaltungsort, dem Veranstaltungstermin sowie der möglichen Niederschlagsmenge.

2. Umfang der Versicherung

Die Produktionskosten, der Gewinn und die örtlichen Kosten können versichert werden.

Beispiele: Hallenmiete, Miete für Technik, Hotelkosten, Künstlergage, Bühne, Catering.

Ersatzfähig sind auch Sponsorengelder, Vorverkaufsgebühren, Rückabwicklungskosten sowie Gastronomie- und Merchandisingumsätze soweit mitversichert.[33] Die Versicherung entschädigt, je nachdem, welcher Betrag höher ist, entweder:

- den ermittelten Nettoverlust von **Kosten, Auslagen und/oder Verbindlichkeiten**, die in angemessenem Rahmen und unumgänglich anfallen, oder
- den ermittelten Nettoverlust von **Bruttoeinnahmen**, die auf der Grundlage der geschätzten voraussichtlichen Einnahmen errechnet werden, zuzüglich aller anderen vertraglichen Einkünfte im Voraus, gleich welcher Art, abzüglich aller eingesparten Auslagen.

Die Entschädigung ist begrenzt auf die vereinbarte Versicherungssumme. Erstattet werden die aufgewendeten oder noch aufzuwendenden Kosten, die sich unmittelbar aus dem Schadensereignis (wie Ausfall der Veranstaltung) ergeben. Der zu zahlende Versicherungsbeitrag kann durch eine Selbstbeteiligung des Versicherungsnehmers gesenkt werden.

3. Ausschlüsse

Bei jedem Versicherungsvertrag gilt es darauf zu achten, welche Risiken nach den Vertragsklauseln nicht gedeckt sind. Grundsätzlich werden beispielsweise die folgenden eingetretenen Schäden durch eine Veranstaltungsausfall-Versicherung nicht gedeckt:

- Ausfall der Veranstaltung wegen Krieg, politischen Gewalthandlungen und Terrorismus
- Finanzielle Verluste aufgrund mangelnden Publikumsinteresses

---

[33] Funke/Müller, S. 235.

- Vertragsbruch der Künstler bzw. Hauptdarsteller
- Ausfall der Veranstaltung wegen Alkohol- oder Drogenmissbrauchs der versicherten Künstler.

IV. Shortfall-Guarantee-Versicherung

Das Ausbleiben oder Zurückgehen des Publikumsinteresses und die damit entstehenden finanziellen Verluste werden nicht durch die Veranstalter-Ausfall-Versicherung gedeckt. Vielmehr kann mit der Shortfall-Guarantee-Versicherung das vorhandene **Kalkulationsrisiko** des Veranstalters auf die Versicherung abgewälzt werden. Solche Versicherungen sind derzeit im Markt schwer zu bekommen. Der sog. „Break-Even-Point" des Veranstalters wäre abgesichert. Dazu erarbeitet dieser eine Break-Even-Kalkulation. Der Betrag zwischen dem Break-Even-Point und den voraussichtlich abgesetzten Karten (Selbstbeteiligung) ist die zu versichernde Summe.

Beispiel: Veranstalter V organisiert auf der Burg Staufen ein Ritterfest. Die Kosten betragen 70.000 € (Break-Even-Point). V rechnet mit Einnahmen aus dem Ticketverkauf von mindestens 50.000 €, erwartungsgemäß jedoch mit 100.000 €. Verkauft werden Karten im Wert von 50.000 €, so dass V vom Versicherer 20.000 € bekommen würde (Break-Even von 70.000 € – Selbstbeteiligung von 50.000 € = 20.000 €).

V. Versicherungsmarkt für die Veranstaltungsbranche

Die Vielfalt der zu versichernden Risiken in der Veranstaltungsbranche ist groß und vom individuellen Bedürfnis des jeweiligen Veranstalters abhängig. Ebenso groß ist das Angebot an Versicherungsprodukten von A wie Ausfallversicherung über M wie Musikinstrumentenversicherung zu Z wie der Zeltversicherung. Für den Eventbereich gibt es mittlerweile Spezialversicherer sowie spezialisierte Versicherungsmakler. Beim Abschluss einer Veranstaltungsversicherung sollte man sich einen professionellen Vertragspartner suchen, der die Veranstaltungsrisiken kennt und dementsprechenden Deckungsschutz anbieten kann.

!! **Praxistipp:** Eine Recherche im Internet unter Eingabe der Stichworte wie „Veranstalter-Haftpflicht-Versicherung", „Veranstaltungsversicherung", „Berufshaftpflicht für Veranstaltungstechniker", „Elektronik-Versicherung" und „Medienpolice" führt zu einer Vielzahl spezialisierter Anbieter.
Die ideale Lösung kann für den Veranstalter bzw. Kulturschaffenden in einer Kombination aus mehreren Versicherungsarten (Baukastenprinzip) zusammengefasst in einer Police bestehen. Dabei ist jedoch sorgsam zu prüfen, welche Versicherung wirklich gebraucht wird.

Falllösung 8: Wie soll der Kulturschaffende K nun sein Theater versichern? Aufgrund der möglichen Risiken und des umfassend gewünschten Versicherungsschutzes des K kommt eine Kombipolice für Theater in Betracht (**Medienpolice**), die folgende Versicherungsarten vereint: Haftpflicht-Versicherung, Elektronik-Versicherung, Gebäude-Versicherung, Inhalts-Versicherung, Betriebsunterbrechungs-Versicherung, Glas-Versicherung und Veranstaltungsausfall-Versicherung. Durch die Theater-Haftpflicht-Versicherung würden mögliche Schadensersatzansprüche Dritter, die sich aus dem Betrieb des Theaters ergeben abgesichert. Sogar Schäden durch die Umweltwirkung im Zusammenhang mit dem Theaterbetrieb sind versicherbar. Die Elektronik-Versicherung leistet Entschädigung für Sachschäden an der hochwertigen Bühnen-, Licht- und Kommunikationstechnik. Durch die Gebäude-Versicherung ist das Betriebsgebäude des Theaters nebst Keller und Hof gegen Feuer, Leitungswasser, Sturm und sonstige Elementarschäden versichert. Versichert durch die Inhalts-Versicherung sind die technische und kaufmännische Betriebseinrichtung, Gebrauchsgegenstände der Betriebsangehörigen sowie die vielen Requisiten des K. Die Betriebsunterbrechungs-Versicherung ersetzt den Betriebsgewinn, den K infolge einer Betriebsunterbrechung beispielsweise nach einem Feuer nicht erwirtschaften konnte. Durch die Glas-Versicherung wären sämtliche Glas- und Kunststoffscheiben, Spiegel und Glasplatten versichert.

Falllösung 9: Welche Versicherung ist für den vielbeschäftigten Berufsmusiker B zu empfehlen? Für ihn käme eine Kombipolice aus Berufshaftpflicht, Musikinstrumenten und bei sonstiger elektronischer Technik die Elektronik-Versicherung in Betracht. Die Berufshaftpflicht würde seine gesetzliche Haftpflicht bei der Tätigkeit als Berufsmusiker sowie seinen Nebentätigkeiten bzw. bei seiner Tätigkeit als Musiklehrer versichern. Würde er auf der Bühne leicht fahrlässig einen Notenständer umstoßen, so dass ein Dritter zu Schaden kommt, so müsste seine Versicherung die Ansprüche des Dritten für B begleichen. Durch die Musikinstrumenten-Versicherung werden Musikinstrumente aller Art, Behälter (Kästen, Futterale, Schränke) und Noten sowie elektrische und/oder elektronische Geräte, die der Übertragung bzw. Verstärkung dienen, zuzüglich Zubehörs erfasst. Tonbandgeräte sind nur über die Elektronik-Versicherung versicherbar.

Checkliste: Private Versicherungen

I. **Vor Vertragsschluss**

☑ **Risikocheck**
Gegen welches Risiko will sich der Versicherungsnehmer versichern?

☑ **Beratung und Dokumentation in Textform**
Das Beratungsprotokoll ist im Schadensfalle wichtiges Beweismittel darüber, worüber der Berater aufgeklärt hat und welche Risiken versichert sind.

☑ **Anzeige von spezifischen Gefahren**
Es ist eine Obliegenheit des Versicherten dem Versicherer anzuzeigen, welchem Risiko die einzelnen Vertragsgegenstände ausgesetzt sind.

Kommt er dieser Anzeigeobliegenheit nicht nach, entfällt möglicherweise der Versicherungsschutz.

☑ **Studium der Vertragsbestimmungen**
Beim Abschluss eines Versicherungsvertrages ist es dringend notwendig, sich die Einzelheiten des Vertrages durchzulesen, um im Versicherungsfall ein „böses Erwachen" zu vermeiden.

II. **Nach Vertragsschluss**

☑ **Überprüfung, ob der Versicherungsschein dem Antrag oder den getroffenen Vereinbarungen entspricht; gegebenenfalls Widerspruch in Textform innerhalb eines Monats nach Zugang des Versicherungsscheins.**
Der Teufel steckt im Detail: Ohne dem Berater Vorsatz zu unterstellen, kann es schnell zu kleinen Fehlern im seitenlangen Vertragswerk eines Versicherungsvertrages kommen. Es ist deshalb immer anzuraten, nach Zusendung zu überprüfen, ob der Versicherungsschein auch wirklich mit den vereinbarten Versicherungsleistungen übereinstimmt.

☑ **Rechtzeitige Prämienzahlung zur Sicherung der Deckung**
Der Versicherungsschutz ist in den meisten Fällen abhängig von der rechtzeitigen Zahlung der Versicherungsprämie. Nachlässigkeiten hierbei können dem Versicherten teuer zu stehen kommen.

☑ **Anzeige von Gefahrerhöhungen bzw. Risikoänderungen**
Sobald sich die Gefahr oder das Risiko für das versicherte Interesse erhöht, ist es eine Obliegenheit des Versicherten, dies dem Versicherer mitzuteilen. Ansonsten entfällt möglicherweise auch der Versicherungsschutz.

III. **Versicherungsfall**

☑ **Schadensminderungspflicht**
Soweit ein Schaden eingetreten ist, hat der Versicherte die Pflicht, diesen möglichst gering zu halten.

☑ **Anzeige des Versicherungsfalles**
Die Versicherung wird nicht von sich aus tätig. Vielmehr bedarf es natürlich auch der zeitnahen und umfassenden Anzeige des Versicherungsfalles.

Zwölftes Kapitel: Öffentliches Recht

Ausgangsfall: Der Komponist und Dirigent R hat endlich sein erstes Musical „Die Pfingstrose" fertig gestellt. Um die Uraufführung seines Stücks gebührend zu inszenieren, plant R eine Veranstaltung mit 60 Musikern, Sängern und Tänzern für über 600 Besucher. Er hat bereits ein genaues Konzept erarbeitet: Stattfinden soll das Ereignis stilecht in einer alten Gärtnerei am Rande des Bad Sissinger Rosengartens, in der er eine zweistöckige Bühne und 620 Sitzplätze aufstellen lassen will. Nach der Aufführung sollen die Besucher bei musikalischer Untermalung mit Kanapees, Champagner und Rosenmarzipan unter freiem Sternenhimmel bewirtet werden. Für die kleinen Besucher möchte R gerne ein Karussell errichten, von dem aus die Kinder das für Mitternacht geplante Feuerwerk bewundern können. Auf Werbetafeln will er überall in der Stadt für das Ereignis werben.

Um die Finanzierung hat sich das Organisationsteam des R gekümmert. Nun steht dem Team der Gang zu den Behörden bevor. Wird Rs traumhaftes Konzept der harten Realität behördlicher Vorschriften standhalten können?

A. Einführung

I. Regelungsbereiche und öffentliche Sicherheit

Events unterliegen öffentlich-rechtlichen Vorgaben, d. h. gewissen staatlichen Restriktionen und Kontrollen. Die **Regelungsbereiche**, die bei der Planung eines Events eine Rolle spielen können, sind vielfältig: Angefangen beim Versammlungsrecht über das Baurecht und die Gewerbeordnung bis hin zum Gaststättenrecht und Straßenrecht. Einfluss nehmen hier immer auch umweltrechtliche Aspekte sowie die der Sanitätsorganisation. Doch eines haben alle Bestimmungen gemeinsam: Sie dienen dem **Schutz und der Sicherheit des Einzelnen und der Allgemeinheit**.

So muss R sich beispielsweise fragen lassen: Ist die Gärtnerei, in der noch nie eine Veranstaltung dieser Art stattgefunden hat, baulich überhaupt dafür geeignet? Könnten sich beim Betrieb des Karussells Kinder verletzen? Werden die Anwohner durch den Lärm in ihrer Nachtruhe gestört? Wird der Rosengarten von den Besuchermassen beschädigt?

Öffentliche Sicherheit ist die Unversehrtheit von Leben, Gesundheit, Freiheit, Ehre und Vermögen des einzelnen sowie der Bestand und das Funktionieren des Staates und seiner Einrichtungen. Geschützt werden *Individual- und Gemeinschaftsgüter*.

Rs Uraufführung zeigt, dass bei einem Event zahlreiche – kleine oder größere – Gefahren für die öffentliche Sicherheit, insbesondere für die Gesundheit und das Leben der Besucher und Angestellten sowie für die Sachgüter der Allgemeinheit, bestehen können.

II. Regelungsinstrumentarien

Um diese Gefahren zu minimieren, gibt es gesetzliche Bestimmungen, Rechtsverordnungen und Satzungen von Bund, Ländern und Kommunen, die diverse **Anzeige- und Genehmigungspflichten sowie Erlaubnisvorbehalte** enthalten. Das heißt, unter bestimmten Voraussetzungen muss der Eventausrichter seine Veranstaltung anzeigen oder Anträge stellen, um Genehmigungen oder Erlaubnisse einzuholen. Hierbei sind – je nach Regelungsbereich – die verschiedensten Behörden zuständig. Dies kann zeitaufwändig sein und sollte daher rechtzeitig vor Veranstaltungsbeginn erledigt werden!

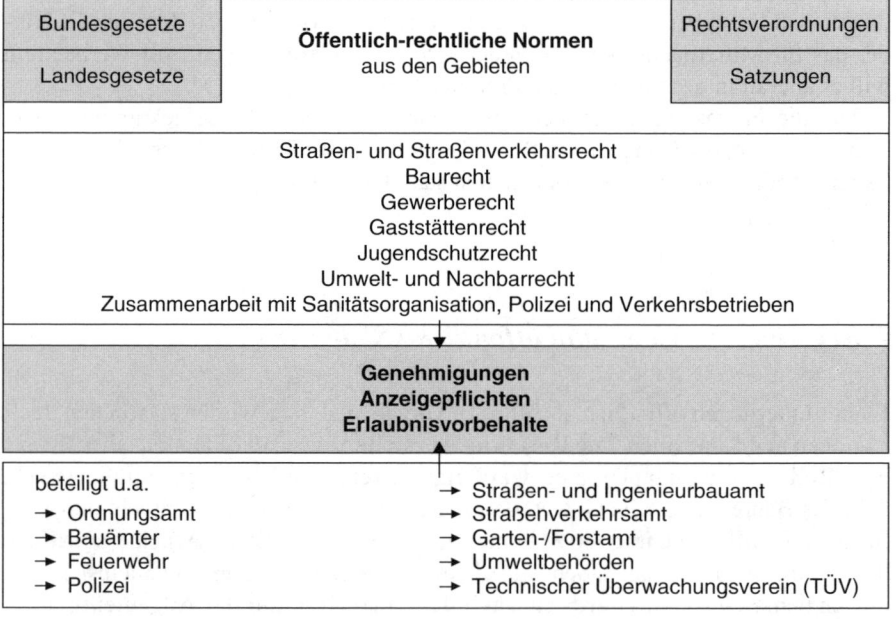

Abb. 1: **Überblick über das öffentliche Recht für Eventveranstalter**

III. Grundzüge des Verwaltungs- und Verwaltungsverfahrensrechts

Der Verwaltung stehen verschiedene öffentlich-rechtliche und privatrechtliche Handlungsformen zur Verfügung. Die praktisch häufigste Form des Verwaltungshandelns im Eventbereich ist der Verwaltungsakt (VA). Verwaltungsakte können unterschiedliche Rechtswirkungen haben, sie können begünstigend (z. B. Erteilung einer Baugenehmigung oder einer Sondernutzungserlaubnis) oder belastend (z. B. Versagung einer beantragten Genehmigung) sein sowie Drittwirkung entfalten, denn im Falle einer Baugenehmigung wird der Bauherr auf der einen Seite begünstigt, der Nachbar hingegen belastet.

Verwaltungsakte können auch nur teilweise bewilligt oder mit Nebenbestimmungen, d. h. **befristet** oder mit einer **Auflage** oder **Bedingung** erteilt werden (§ 36 Abs. 2 VwVfG), um den Schutz der Teilnehmer einer Veranstaltung oder der Umwelt zu gewährleisten. Der Veranstalter muss dann bestimmte Voraussetzungen schaffen, damit die Genehmigung oder Erlaubnis wirksam wird. Wird dies versäumt, kann der planmäßige und termingerechte Ablauf des Events gestört oder im schlimmsten Fall die Veranstaltung gänzlich **untersagt** werden.

In der Regel hat der Eventmanager zum Zeitpunkt der Nutzungsuntersagung bereits weit reichende finanzielle Dispositionen getroffen, Musiker und ein Cateringunternehmen engagiert und technisches Equipment angemietet. Auf diesem finanziellen Schaden, der je nach Aufwand des Events millionenschwer sein kann, bleibt meistens der Veranstalter selbst sitzen. Selbst wenn er eine Veranstaltungsausfallversicherung abgeschlossen hat, wird diese sich auf ihre Versicherungsbedingungen berufen, die den Versicherungsnehmer dazu verpflichten, sämtliche Genehmigungen einzuholen. Hinzu kommt der gewaltige Prestigeverlust durch schlechte Presse und Mundpropaganda verärgerter Gäste. Das kann den finanziellen Ruin des Veranstalters bedeuten.

Hält sich der Veranstalter nicht an die Entscheidungen der Behörden, muss er darüber hinaus mit **Vollstreckungsmaßnahmen** rechnen, die teuer werden und bei weiterem Fehlverhalten sogar die Strafbarkeit des Veranstalters zur Folge haben können. Verstöße gegen öffentlich-rechtliche Bestimmungen stellen regelmäßig Ordnungswidrigkeiten dar, die mit teilweise sehr hohen Geldbußen geahndet werden.

Deshalb ist es unerlässlich, die nachstehenden öffentlich-rechtlichen Aspekte bei der Organisation eines Events von Beginn an in die Überlegungen einzubeziehen.

Erhält der Veranstalter von der Behörde beispielsweise eine Ablehnung seiner begehrten Sondernutzungserlaubnis, so kann er die Rechtmäßigkeit des Verwaltungsaktes zunächst im Verwaltungsverfahren im Wege eines Widerspruchs überprüfen lassen. Die abschlägige Behördenentscheidung muss eine Rechtsmittelbelehrung enthalten, in der über die Art und Weise der Erhebung und die zu beachtenden Fristen genau aufgeklärt wird. Hat das Widerspruchsverfahren noch nicht den gewünschten Erfolg gebracht, so besteht immer noch die Möglichkeit der Klageerhebung. In besonders dringenden Fällen kann zudem einstweiliger Rechtsschutz bei Gericht beantragt werden.

Zur Vereinfachung des Verwaltungsverfahrens für den Bürger hat die **EU-Dienstleistungsrichtlinie**[1] beigetragen. Mit ihr wurden Regelungen zum Verfahren über eine sog. „einheitliche Stelle" geschaffen, die in §§ 71a ff. VwVfG niedergelegt sind. In den Landesgesetzen existieren entsprechende inhaltsgleiche Regelungen. Danach kann das Verwaltungsverfahren über eine einheitliche Stelle geführt werden, wenn in einer Rechtsvorschrift die Anwendbarkeit der §§ 71a ff. VwVfG ausdrücklich angeordnet ist. Dieses ist beispielsweise in § 6b Gewerbeordnung (GewO) der Fall. Ferner kann der Antragsteller in diesen Fällen verlangen, dass das Verfahren in elektronischer Form geführt wird (§ 71e VwVfG).

Darüber hinaus wurde zur Beschleunigung des Verwaltungsverfahrens eine Genehmigungsfiktion für bestimmte Verfahren eingeführt.

Gesetzestext: § 6a GewO (Entscheidungsfrist, Genehmigungsfiktion)

(I) Hat die Behörde über einen Antrag auf Erlaubnis zur Ausübung eines Gewerbes nach § 34b Abs. 1, 3, 4, § 34c Abs. 1 Satz 1 Nummer 1 und 4 oder § 55 Abs. 2 nicht innerhalb einer Frist von drei Monaten entschieden, gilt die Erlaubnis als erteilt.

(II) Abs. 1 gilt auch für Verfahren nach § 33a Abs. 1 und § 69 Abs. 1 und für Verfahren nach dem Gaststättengesetz, solange keine landesrechtlichen Regelungen bestehen.

B. Versammlungsrechtliche Vorgaben

Muss R sein Konzert anmelden?

Bei einem Event kommt regelmäßig eine größere Anzahl Menschen, bestehend aus Besuchern, Mitarbeitern, Angestellten und Teilnehmern, an einem Ort zusammen. Es stellt sich daher vorab die Frage, ob der Ausrichter eines Events dies den Behörden mitteilen muss, also ob eine generelle **Anmeldungspflicht** für das Event besteht.

I. Anmeldungspflicht und Versammlungsfreiheit

Das Versammlungsgesetz enthält die Pflicht, eine öffentliche Versammlung unter freiem Himmel anzumelden:

Gesetzestext: § 14 VersammlG (Anmeldungspflicht):

(I) Wer die Absicht hat, eine öffentliche Versammlung unter freiem Himmel oder einen Aufzug zu veranstalten, hat dies spätestens 48 Stunden vor der Bekannt-

---

[1] Richtlinie 2006/123/EG (ABl. Nr. L 376, S. 36).

gabe der zuständigen Behörde unter Angabe des Gegenstandes der Versammlung oder des Aufzuges anzumelden.
(II) In der Anmeldung ist anzugeben, welche Person für die Leitung der Versammlung oder des Aufzuges verantwortlich sein soll.

Alle Deutschen haben zwar zunächst das durch die Versammlungsfreiheit[2] garantierte Recht, sich ohne Anmeldung oder Erlaubnis friedlich und ohne Waffen zu versammeln (Art. 8 Abs. 1 GG).

Auch inländische juristische Personenvereinigungen des Privatrechts und nichtrechtsfähige Personenvereinigungen können nach Maßgabe von Art. 19 Abs. 3 GG grundsätzlich Träger des Grundrechts der Versammlungsfreiheit sein, wobei dieses nur für die Ausübungsformen der Veranstaltung und Leitung, nicht für die Teilnahme gilt.[3]

Nicht-Deutsche und Staatenlose können sich – neben Art. 11 Abs. 1 EMRK bzw. § 1 VersammlG – auf das Auffanggrundrecht des Art. 2 Abs. 1 GG berufen.[4] Indessen hat der Prozess der europäischen Integration versammlungsrechtlich zur Gleichstellung von Deutschen und EU-Ausländern geführt.[5]

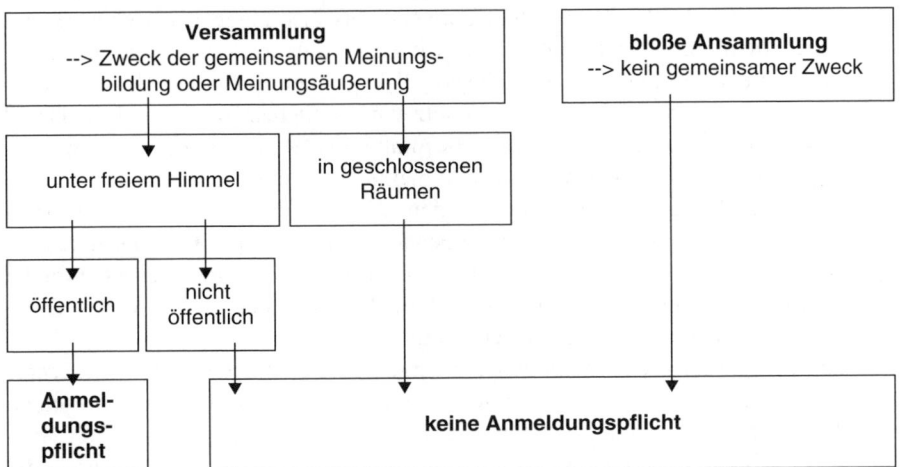

Abb. 2: Anmeldungspflicht nach § 14 Abs. 1 VersammlungsG

Für Versammlungen unter freiem Himmel kann die Versammlungsfreiheit jedoch durch oder auf Grund eines Gesetzes eingeschränkt werden (Art. 8 Abs. 2 GG). Die Behörden sollen so notwendige Informationen erhalten, um Vorkehrungen zum Schutz der Gesundheit oder von Interessen Dritter treffen und einen störungsfreien

---

[2] Näher zur Versammlungsfreiheit vgl. oben, verfassungs- und europarechtlicher Rahmen.
[3] Höfling, in Sachs, Art. 8, Rn. 47; Jarass/Pieroth, Art. 8. Rn. 11.
[4] Höfling, a.a.O., Art. 8 Rn. 46.
[5] Dreier, Art. 8 Rn. 28.

Verlauf der Versammlung sichern zu können.[6] Denn Freiluftversammlungen sind durch die naturgemäße Kommunikation mit der Außenwelt besonders störanfällig und gefährlich.[7]

II. Voraussetzungen für die Anmeldungspflicht

Nach allgemeiner Gerichtspraxis stellt die Mehrheit der Events keine öffentliche Versammlung dar und unterfällt damit nicht der Anmeldungspflicht aus dem Versammlungsgesetz. Anders ist dies unter Umständen bei Veranstaltungen unter einem besonderen Motto. Im Einzelfall kann die Abgrenzung schwierig sein.

Religiöse Feiern und *Volksfeste* unterfallen von vornherein nicht der Anmeldungspflicht (§ 17 VersammlG).

1. Versammlung

Um eine Versammlung handelt es sich nur, **wenn mehrere Menschen zur gemeinsamen Meinungsbildung oder Meinungsäußerung zusammenkommen**. Das Thema der Veranstaltung muss nicht notwendigerweise einen politischen Bezug oder eine öffentliche Angelegenheit zum Gegenstand haben.[8] Es ist aber erforderlich, zusammenzukommen, um gemeinsam Diskussionen zu führen oder eine Meinung kund zu tun.[9] Nur dann soll ein Schutz vor staatlichen Eingriffen bestehen.[10] Demonstrationen sind unzweifelhaft Versammlungen. Hier wird das typische Gefahrenpotenzial deutlich, weswegen die Anmeldepflicht eingeführt wurde[11].

Dem stehen Ereignisse gegenüber, zu denen Menschen zufällig zusammentreffen, ohne einen gemeinsamen, sie verbindenden Zweck zu verfolgen. Dazu zählen z. B. ein Verkehrsunfall, zu dem Schaulustige strömen, oder eine Menschentraube vor einem Informationsstand. Dies sind bloße Ansammlungen ohne verfassungsrechtlich geschützten Versammlungscharakter[12].

Nach dem in der Praxis maßgeblichen engen Verständnis der ständigen Rechtsprechung[13] sind auch Veranstaltungen, die künstlerischen, wissenschaftlichen, privaten oder Unterhaltungszwecken dienen, wie beispielsweise *Konzerte*, *Ausstellungen*, *Vorträge*, *Kongresse* oder *Fußballspiele*, keine Versammlungen, da die

---

[6] Siehe Hettich, Rn. 110.

[7] BVerwGE 26, S. 135, 137.

[8] Nach heute ganz überwiegender Meinung in Rechtsprechung und Literatur, z.B. VGH Kassel, NJW 1994, S. 1750; siehe auch Kniesel, NJW 1996, S. 2611.

[9] So etwa BVerwGE 82, S. 34, 38 f.; OVG Weimar, NVwZ-RR 1998, S. 497 f.; OVG Berlin, LKV 1999, S. 372 f.

[10] Vgl. Hettich, Rn. 6.

[11] So Hettich, a.a.O.

[12] Vgl. Hettich, Rn. 2.

[13] Anderer Ansicht als die Rechtsprechung ist ein erheblicher Teil der Literatur, der ein weites Verständnis vom Versammlungsbegriff hat. Schon jeder beliebige gemeinsame Zweck sei ausreichend (näher Hettich, Rn. 2 ff. m.w.N.). Eine Änderung der gerichtlichen Praxis ist allerdings nicht zu erwarten.

Besucher keine gemeinsamen Aussagen machen wollen, die Veranstaltungen also nicht der gemeinsamen Meinungsbildung oder Meinungsäußerung dienen.[14]

Die Zielvorgabe mancher Events ist jedoch die Bekräftigung einer besonderen Aussage, z. B. der Hinweis auf politische oder sozialkritische Missstände. Diese Events können Versammlungen sein. Besondere Probleme treten auf, wenn Veranstaltungen objektiv mehreren Zwecken dienen, etwa der Vergnügung und der Meinungskundgabe oder der Meinungskundgabe und kommerziellen Zwecken.[15] Die Frage nach der konkreten Reichweite des Versammlungsbegriffs ist im Einzelfall sehr schwierig zu beantworten und wurde bereits für einige Veranstaltungen praktisch bedeutsam:

Beispiel 1: Der Techno-Aufzug Love Parade wurde jedes Jahr unter einem sozialkritischen Motto veranstaltet. Im Jahr 1997 sollte mit „Let the sun shine in your heart" demonstriert werden, dass sich alle Menschen für eine lebensbejahende und friedliche Umwelt einsetzen sollten. 1999 sollte mit „Music is the key" ein Zeichen für Offenheit, Toleranz und ein friedliches Miteinander gesetzt werden. Im Jahr 1999 wurde ein ortsfestes „Love Parade Forum" zur Verpflegung der Teilnehmer mit Essen und Getränken eingerichtet.[16]

Beispiel 2: Die Fuckparade war im Jahr 2001 als Gegendemonstration zur Love Parade unter dem Motto „Rettet den Tiergarten vor der Love Parade" angemeldet.[17]

Beispiel 3: Auf der Hanfparade in Berlin sollten für die Freigabe des Hanfanbaus geworben und auch Hanfartikel verkauft werden.[18]

Beispiel 4: Bei den Chaos-Tagen in Hannover im Jahr 1996 wollten die Teilnehmer durch eine Vielzahl von gemeinsam ausgeführten Aktionen ihre Auffassung vom Leben darstellen.[19]

Beispiel 5: Eine Weihnachtsparade aus dem Jahr 2000 sollte zu kommerziellen sowie karitativen Zwecken unter dem Motto „Weihnachten für alle" stattfinden.[20]

Die Meinungskundgabe ist Voraussetzung für eine Versammlung, die Form der Meinungskundgabe jedoch unerheblich. So kann auch die Verwirklichung einer bestimmten Lebensform, die Lebensgestaltung selbst ein zulässiges Kundgabemittel sein. Davon zu unterscheiden sind Fälle, in denen es sich nur noch um diese individuelle Lebensgestaltung und nicht mehr um Meinungskundgabe handelt[21]. Veranstaltungen, die der bloßen Zurschaustellung eines Lebensgefühls dienen oder als eine auf Spaß und Unterhaltung gerichtete Massenparty gedacht sind, fehlt die Versammlungsqualität. So wird eine Musik- oder Tanzveranstaltung nicht allein schon

---

[14] VGH Mannheim, NVwZ-RR 1995, S. 271 und Funke/Müller, Rn. 683.
[15] Hettich, Rn. 19.
[16] Näher Hettich, Rn. 14.
[17] Funke/Müller, Rn. 687.
[18] Vgl. Hettich, Rn. 15.
[19] VG Hannover, NVwZ-RR 1997, S. 622, 623.
[20] OVG Berlin, NJW 2001, S. 1740 f.
[21] Siehe Hettich, Rn. 16.

insgesamt zu einer Versammlung, weil bei dieser Gelegenheit auch Meinungen geäußert würden.[22]

Mit diesem Argument wurde 2001 nicht nur der Love Parade der Versammlungscharakter abgesprochen, nachdem sie in den Jahren zuvor insgesamt oder zumindest partiell als politische Demonstration klassifiziert worden war. Auch bei der Fuckparade überwog nach Ansicht des OVG Berlin der Charakter einer unterhaltenden Massenparty gegenüber dem Element der Meinungskundgabe deutlich.[23] Mittlerweile hat das BVerwG jedoch die Versammlungseigenschaft der Fuckparade bejaht, da es davon ausging, dass eine Zusammenkunft auch dann als Versammlung eingestuft werden kann, wenn sie sowohl Elemente der gemeinsamen Meinungsäußerung als auch Elemente enthält, die anderen Zwecken dienen, solange diese anderen Zwecke nicht aus der Sicht eines durchschnittlichen Betrachters im Vordergrund stehen.[24] Auch die Chaos-Tage wurden als Versammlung eingestuft.[25]

Schwierigkeiten bei der Einordnung als Versammlung gibt es zudem, wenn die Veranstaltung – zumindest auch – kommerziellen Charakter hat:

Der Weihnachtsparade wurde mit der Begründung, nach dem Gesamtzweck herrschten kommerzielle Zwecke vor, der Versammlungscharakter abgesprochen.[26] Anders wurde die Hanfparade bewertet, obwohl der Veranstalter mit dem Verkauf von Hanfartikeln – untergeordnete – Gewinnerzielungsabsichten verfolgte.[27]

Es kommt folglich darauf an, in einer Gesamtbetrachtung den **überwiegenden Zweck der Veranstaltung** festzustellen. Ist der kommerzielle Teil des Events vom Rest der Veranstaltung sachlich abtrennbar, kann auch eine differenzierte Bewertung erfolgen.

Dies lag der Entscheidung zum „Love Parade Forum" zugrunde, das nach Ansicht der Gerichte ausschließlich kommerziellen Hintergrund hatte und somit nicht nach Versammlungsrecht bewertet werden durfte.[28]

Fazit: Handelt es sich um eine Veranstaltung, die der gemeinsamen Meinungsbildung oder -äußerung dient, verliert sie ihren Charakter nicht dadurch, dass der Veranstalter versucht, ihr ein anderes Gepräge zu geben, um der Anwendung des Versammlungsgesetzes zu entfliehen.[29] Andererseits genügt es auch nicht, schlicht zu behaupten, mit beliebigen Aktivitäten für etwas Bestimmtes einzutreten, um verfassungsrechtlichen Schutz zu erlangen.[30]

---

[22] So BverfG, NJW 2001, 2459.
[23] OVG Berlin, Entscheidung v. 6.7.2001, AZ:1 S 11/01; bestätigt durch das BVerfG a.a.O.
[24] BVerwG Urteil v. 16.05.2007, AZ: 6 C 23/06.
[25] VG Hannover, NVwZ-RR 1997.
[26] OVG Berlin, NJW 2001, S. 1740 f.
[27] VG Berlin, Beschluss v. 28.08.1998, AZ 1 A 383.98.
[28] OVG Berlin, LKV 1999, S. 372 f.; VG Berlin, LKV 1999, S. 373 f.; Hettich, Rn. 14.
[29] Folgernd Hettich, Rn. 4 und 8 m.w.N.
[30] So Hettich, Rn. 18.

2. Öffentlich und unter freiem Himmel

Der Anmeldung bedürfen nur Versammlungen, die öffentlich, d. h. nicht nur einem bestimmten, begrenzten Personenkreis zugänglich sind[31], und unter freiem Himmel stattfinden. Versammlungen in geschlossenen Räumen sind nicht anmeldungsbedürftig.

3. Folgen

AUFLAGEN	VERBOT	STRAFBARKEIT

Ist ein Event als Versammlung zu qualifizieren, ist dies von Vorteil für den Veranstalter. Denn zum einen steht eine Versammlung unter dem Schutz des Art. 8 GG, so dass sie beispielsweise bei einem Konflikt mit Rechten Dritter privilegiert ist. Von besonderer Bedeutung ist zum anderen die Kostenfolge wegen der Verunreinigung der Straßen, die bei Events von dem Veranstalter getragen werden müssen. Bei Versammlungen ist diese Kostenerstattungspflicht hingegen nicht zwingend. Das BVerwG hat hierzu entschieden, dass der Veranstalter einer Versammlung nur dann zur Erstattung der Reinigungskosten verpflichtet ist, wenn er die Verunreinigung unmittelbar verursacht hat. Das ist nur dann anzunehmen, wenn er die Teilnehmer mit Speisen und Getränken versorgt und Handzettel oder Flugblätter verteilt.[32] Auch kann das Event im Vergleich zu sonstigen Veranstaltungen nur unter hohen Voraussetzungen bei Gefährdung der öffentlichen Sicherheit oder Ordnung verboten werden (§ 15 Abs. 1 VersammlG). Die zuständige Behörde kann die Versammlung stattdessen auch von bestimmten Auflagen abhängig machen.

Die Nichteinhaltung der versammlungsrechtlichen Vorschriften kann neben erheblichen finanziellen empfindliche juristische Konsequenzen haben: Wer als Veranstalter oder Leiter eine öffentliche Versammlung trotz Verbotes oder ohne Anmeldung durchführt, macht sich gemäß § 26 VersammlG strafbar.

C. Gewerberechtliche Vorgaben

Fall 1: Komponist R fragt sich, ob er ein Gewerbe betreibt, weil er zur Finanzierung seines Lebensunterhalts regelmäßig Konzerte gibt oder weil er im Rahmen seiner Konzerte in geringfügigem Maße CDs mit seinen Aufnahmen verkauft.

Fall 2: K will einen Jahrmarkt veranstalten. Was muss er beachten?

I. Gewerbe in Abgrenzung zur künstlerischen Tätigkeit

Gewerbe ist jede erlaubte, auf Gewinnerzielung gerichtete, selbstständige Tätigkeit, die fortgesetzt und nicht nur gelegentlich ausgeübt wird. Ausgenommen sind davon die Urproduktion, die Verwaltung eigenen Vermögens, wissenschaftliche, künstleri-

---

[31] Siehe Hettich, Rn. 7.
[32] BVerwG, Urteil v. 06.09.1988, AZ: 1 C 71/86.

sche und schriftstellerische Berufe sowie persönliche Dienstleistungen höherer Art (freie Berufe).[33]

Künstlerische Tätigkeiten fallen nicht unter die Gewerbeordnung, da sie im Wesentlichen auf eigener Arbeitskraft beruhen und nicht durch weitere Hilfskräfte vervielfältigt werden können. Im Vordergrund stehen eigene persönliche Leistungen und Verantwortung.[34] Bei der Abgrenzung, ob eine künstlerische Tätigkeit vorliegt, spielen Charakter und Qualität der Betätigung eine entscheidende Rolle.[35]

Tabelle 1: Gewerbearten und resultierende Pflichten

Gewerbearten und Pflichten		
Stehendes Gewerbe	**Reisegewerbe**	**Messen, Märkte, Ausstellungen**
→ Gewerbe mit fester Niederlassung, das innerhalb oder außerhalb der Räume seiner gewerblichen Niederlassung zumeist auf Bestellung ausgeübt wird Bsp.: Künstleragentur, Event-/Konzertagentur, Hostessenvermittlung, Catering-Service	→ Tätigkeiten, die ohne vorhergehende Bestellung und außerhalb einer Niederlassung oder ohne eine entsprechende Niederlassung selbstständig ausgeübt werden. Bsp.: Verkauf von CDs, Videos oder Fanartikeln anlässlich von Events außerhalb der Geschäftsniederlassung	→mit staatlicher Erlaubnis durchgeführte und mit bestimmten Vergünstigungen versehene Verkaufs-, Vertriebs- oder Informationsveranstaltungen an einem bestimmten Ort Typen: Messe, Ausstellung, Großmarkt, Wochenmarkt, Spezialmarkt und Jahrmarkt
→ **Anzeigepflicht**, § 14 GewO für Gewerbeschein → **ausnahmsweise Genehmigungspflicht** bei einigen gefährlichen Gewerben (z.B. Event-Gastronomie, § 4 GaststättenG)	→ **Reisegewerbekarte**, Erlaubnis gemäß § 55 GewO	→ **Erlaubnispflicht für Veranstalter**, § 69 GewO → **Durchführungspflicht** bei Wochen-, Spezial- und Jahrmärkten →keine Anzeige- oder Genehmigungspflicht für Messe- und Ausstellungsteilnehmer
Sonderfall: Volksfest		
→ eine im allgemeinen regelmäßig wiederkehrende, zeitlich begrenzte Veranstaltung, auf der eine Vielzahl von Anbietern unterhaltende Tätigkeiten ausübt und Waren feilbietet, die üblicherweise auf Veranstaltungen dieser Art angeboten werden, § 60 b GewO → **Anzeigepflicht**		

---

[33] So weitgehend übereinstimmend Literatur und Rechtsprechung, vgl. Arndt/Fetzer in Steiner, Wirtschaftsverwaltungsrecht, Rn. 203.
[34] Siehe Arndt/Fetzer in Steiner, Wirtschaftsverwaltungsrecht, Rn. 217.
[35] Eine klare Linie der Rechtsprechung lässt sich nicht erkennen. So wurde etwa für einen Musiker, der gehobene Fähigkeiten besitzt, keine Gewerbe, sondern eine künstlerische Tätigkeit angenommen, während ein Musiker mit geringerem musikalischen Fähigkeiten unter den Gewerbebegriff fallen soll (BFH, NJW 1983, S. 1224; BFH, 1991, S. 896 ff.), Arndt/Fetzer in Steiner, Wirtschaftsverwaltungsrecht, Rn. 217.

Für nicht ausgegrenzte Tätigkeiten, bei denen der Gewinn derart gering ist, dass er zum Lebensunterhalt nicht ernsthaft beitragen kann, verneint die Rechtsprechung überwiegend ebenfalls das Vorliegen eines Gewerbes wegen der völligen Unbedeutsamkeit des Gewinnstrebens.[36]

Aber auch im Eventrecht können Vorgaben aus der Gewerbeordnung insbesondere für den Veranstalter eine Rolle spielen. Es sind drei Gewerbearten zu unterscheiden, die je nach Art eine **Anzeige- oder Erlaubnispflicht** zur Folge haben können:

II. Stehendes Gewerbe

Konzert- und Eventagenturen zählen regelmäßig zum **stehenden Gewerbe**. Wer also fortgesetzt und nicht nur gelegentlich selbstständig Events von einer festen Niederlassung aus organisiert, muss dies einmalig bei der Aufnahme des Agenturbetriebs formal anzeigen und erhält daraufhin ohne weitergehende inhaltliche oder Bedürfnisprüfung[37] einen Gewerbeschein.

Events selbst müssen nicht gewerberechtlich angezeigt oder genehmigt werden, außer es handelt sich um Volksfeste, Messen, Ausstellungen oder Märkte.

III. Volksfeste

Schützenfeste oder andere Volksfeste müssen angezeigt werden[38]. Die zuständige Behörde prüft daraufhin insbesondere, wie erheblich die Nachbarschaft durch den Betrieb belästigt werden wird.[39]

IV. Messen, Ausstellungen und Märkte

Die Gewerbeordnung enthält Regelungen für Groß-, Wochen-, Spezial- und Jahrmärkte, sie unterliegen einer Genehmigungspflicht. Sie bedürfen einer **Festsetzung**. Hierbei herrscht Typenzwang, d. h. eine Kombination der verschiedenen Typen ist nicht statthaft[40].

Die Behörde hat die Durchführung der Veranstaltung festzusetzen, wenn keine **Ablehnungsgründe** vorliegen. Dazu zählen gemäß § 69a Abs. 1 GewO:

1. die Nichterfüllung der Voraussetzung der GewO
2. die Unzuverlässigkeit des Antragsstellers, d. h. wenn der Veranstalter nach dem Gesamteindruck seines Verhaltens nicht die Gewähr dafür bietet, die Ver-

---

[36] Arndt/Fetzer in Steiner, Wirtschaftsverwaltungsrecht, Rn. 209.
[37] Güllemann, S. 108.
[38] Siehe auch Funke/Müller, Rn. 619.
[39] Ausführlich mit Rechtsprechung unter Abschnitt F. III.
[40] Siehe auch Güllemann, S. 111.

anstaltung ordnungsgemäß und den Vorschriften entsprechend durchzuführen (Bsp.: Beschäftigung von Schwarzarbeitern, vorsätzliche Nichtabführung von Sozialversicherungsbeiträgen).[41]

3. Verstöße gegen das öffentliche Interesse, etwa bei Gefahr für Leben oder Gesundheit der Veranstaltungsteilnehmer.

Im öffentlichen Interesse kann die Behörde die Festsetzung mit **Auflagen** verbinden, § 69a Abs. 2 GewO.

Bei Wochen-, Spezial- und Jahrmärkten besteht eine gesetzliche **Durchführungspflicht**, in den übrigen Fällen muss der Veranstalter der Behörde die **Nichtdurchführung anzeigen**.[42]

Im Gegensatz zum Veranstalter haben die Teilnehmer einer Messe, Ausstellung oder eines Marktes weder eine Anzeige- oder Erlaubnispflicht zu erfüllen noch bedürfen sie einer Reisegewerbekarte. Für jedermann, der dem Teilnehmerkreis der festgesetzten Veranstaltung angehört, gilt der Grundsatz der **Teilnahmefreiheit**, § 70 Abs. 1 GewO. Zu den Veranstaltern müssen Rechtsbeziehungen hergestellt werden, um die Modalitäten, z. B. die Lage des Standplatzes, die Öffnungszeiten oder die Vergütung zu regeln.[43] Bei einem Überangebot von potenziellen Teilnehmern haben die Bewerber allerdings lediglich einen Anspruch auf die Durchführung eines transparenten und diskriminierungsfreien Verteilungsverfahrens bei der Zuweisung eines Messe-, Ausstellungs- oder Marktstandes.[44] Dabei werden die Reihenfolge der Anmeldung[45], Bekanntheit und Bewährung[46] sowie Ortsansässigkeit[47] als sachliche Kriterien herangezogen.

V. Reisegewerbe

Wer anlässlich von Sport-, Unterhaltungs- oder Kulturveranstaltungen außerhalb der Geschäftsniederlassung teure Fanartikel, CDs, Videos oder dergleichen verkauft, muss regelmäßig eine **Reisegewerbekarte** beantragen, bei der insbesondere die Zuverlässigkeit des Betreffenden überprüft wird.[48] Einer Reisegewerbekarte bedarf nicht, wer gelegentlich bei der Veranstaltung von Messen, Ausstellungen, öffentlichen Festen oder aus besonderem Anlass mit Erlaubnis der zuständigen Behörde Waren feilbietet, § 55a Abs. 1 Nr. 1 GewO.

---

[41] So Güllemann, S. 112.
[42] Näher Güllemann, S. 111.
[43] Ehlers in Achterberg/Püttner/Würtenberger, Gewerbe-, Handwerks- und Gaststättenrecht, Rn. 82.
[44] Arndt/Fetzer in Steiner, Wirtschaftsverwaltungsrecht, Rn. 255.
[45] BayVGH, BayVBl. 1982, S. 658 ff.
[46] BayVGH, NVwZ 1982, S. 120 ff.; OVG Lüneburg, NVwZ 1983, S. 49 ff.
[47] OVG Bremen, GewArch 1980, S. 229 ff.
[48] Güllemann, S. 110.

Falllösung 1: R ist als Komponist künstlerisch tätig, womit er nicht der Gewerbeordnung unterfällt. Auch die Tatsache, dass er im Rahmen seiner Konzerte in geringfügigem Maße CDs verkauft, ändert nichts an dieser Einordnung, da der Verkauf insofern nur bei Gelegenheit der künstlerischen Tätigkeit erfolgt.

Falllösung 2: K hingegen unterliegt, wenn er den Jahrmarkt veranstalten will, der Genehmigungspflicht durch die Behörde. Wird nun, weil keine Ablehnungsgründe gegen den von K geplanten Jahrmarkt ersichtlich sind, die Durchführung festgesetzt, so muss K den Jahrmarkt auch veranstalten (Durchführungspflicht).

VI. Zuverlässigkeit

Im Bereich des Betriebs eines Gaststättengewerbes kommt der Zuverlässigkeit des Gewerbetreibenden eine überragende Bedeutung zu. Nach § 15 Abs. 2 i. V. m. § 4 Abs. 1 Nr. 1 GastG ist die Erlaubnis zum Betrieb eines Gaststättengewerbes zu widerrufen, wenn Tatsachen die Annahme rechtfertigen, dass der Antragsteller die für den Gewerbebetrieb erforderliche Zuverlässigkeit nicht besitzt.

Beispiel: Das VG Bremen[49] hat in diesem Zusammenhang entschieden, dass der Betreiber eines Lokals den Charakter desselben bestimmt. Er muss gegebenenfalls darauf hinwirken, dass die Führung des Betriebs geändert wird und er darf einen Betrieb nicht fortführen, der nach seiner objektiven Beschaffenheit zu erheblichen Rechtsverstößen führt. Dabei kommt es auf ein Verschulden des Betreibers nicht an. In diesem Falle waren die Türsteher des Lokals mehrfach durch Gewalttätigkeiten aufgefallen und in ihrem Besitz waren Waffen gefunden worden.

Ferner führt zur Annahme der Unzuverlässigkeit des Betreibers, dass dieser die Meldepflicht hinsichtlich seiner Türsteher verletzt und nicht gewillt ist, mit der Polizei zu kooperieren.

D. Schankerlaubnis und Belehrungsbescheinigung gem. § 42 IfSG

Zum Ausgangsfall: Was muss R beachten, wenn er seinen Gästen Kanapees, Champagner und Rosenmarzipan servieren möchte?

Die Besucher vieler Events werden mit Speisen und Getränken vor Ort bewirtet. Auch hier müssen öffentlich-rechtliche Vorschriften berücksichtigt werden.

---

[49] Beschluss des VG Bremen vom 12.11.2007, AZ: 5 V 2823/07, juris-online.

I. Schankerlaubnis

Werden bei einem Event Getränke oder zubereitete Speisen zum Verzehr an Ort und Stelle verabreicht, handelt es sich häufig um ein erlaubnispflichtiges Gaststättengewerbe im Sinne des GaststättenG. Wer ein Gaststättengewerbe betreibt, muss grundsätzlich gemäß § 2 Abs. 1 GaststättenG eine **Erlaubnis** der zuständigen Behörde einholen. Events können oft schon unter erleichterten Bedingungen gestattet werden.

Seit der Föderalismusreform 2006 liegt das Gaststättenrecht in der Gesetzgebungskompetenz der Bundesländer. Mittlerweile haben bereits Brandenburg, Thüringen, Bremen und Baden-Württemberg eigene Gaststättengesetze erlassen. Da im überwiegenden Bundesgebiet jedoch zunächst weiterhin das Gaststättengesetz des Bundes anwendbar ist, orientieren sich die folgenden Erläuterungen an diesem.

Tabelle 2: Begriff des Gaststättengewerbes

Voraussetzungen für Gaststättengewerbe → § 1 GaststättenG	
1. im stehenden Gewerbe *Bsp.: Catering-Unternehmen, Kneipe, Restaurant, Bar*	**1.** als selbständiger Gewerbetreibender im **Reisegewerbe** von einer für die Dauer der Veranstaltung ortsfesten Betriebsstätte aus *Bsp.: Verkaufsstand auf Kirmes, Straßenfest oder anderen Festivitäten*
2.	Verabreichung von Getränken oder zubereiteten Speisen
3.	zum Verzehr an Ort und Stelle
4.	Betrieb jedermann oder bestimmten Personenkreisen zugänglich

1. Gaststättengewerbliche Betriebserlaubnis[50]

Die Erlaubnis wird ausschließlich für eine bestimmte Betriebsart und für bestimmte Räume erteilt.[51] Die Räume einschließlich aller Nebenräume müssen zur Überprüfung ihrer Geeignetheit nach Lage, Größe und Zweckbestimmung sowohl im Antrag als auch in der Erlaubnis aufgeführt werden. Es ist nicht möglich, ohne weiteres die Bewirtung auf weitere Veranstaltungsräumlichkeiten auszudehnen. Dann muss erneut ein Antrag bei der zuständigen Behörde gestellt werden.[52]

---

[50] Im Zuge des Bürokratieabbaus wurde nun beispielsweise nach Thüringischem Landesrecht die Genehmigungspflicht in eine Anzeigepflicht geändert (§ 2 ThürGastG). Ähnlich nach §§ 2, 9 Abs. 3 BremGastG, wonach die Erlaubnis als erteilt gilt, wenn über den Antrag nicht innerhalb einer Frist von vier Monaten entschieden wurde (sog. Genehmigungsfiktion).

[51] Vgl. § 3 Abs. 1 S. 1 GaststättenG.

[52] Ehlers in Achterberg/Püttner/Würtenberger, Gewerbe-, Handwerks- und Gaststättenrecht, Rn. 226.

Die Erlaubnis darf auf Zeit erteilt werden, soweit das Gaststättengesetz es zulässt oder der Antragsteller es beantragt.[53]

Die Behörde darf dem Eventveranstalter die Betriebserlaubnis nach § 4 Abs. 1 GaststättenG **versagen**, vor allem wenn

1. Tatsachen die Annahme rechtfertigen, dass der Antragsteller die für den Gewerbebetrieb erforderliche Zuverlässigkeit nicht besitzt
(Bsp.: schwere Alkoholabhängigkeit),
2. die zum Betrieb des Gewerbes oder zum Aufenthalt der Beschäftigten bestimmten Räume wegen ihrer Lage, Beschaffenheit, Ausstattung oder Einteilung für den Betrieb nicht geeignet sind
(Bsp.: fehlende Küche), oder
3. der Gewerbebetrieb im Hinblick auf seine örtliche Lage oder auf die Verwendung der Räume dem öffentlichen Interesse widerspricht, insbesondere schädliche Umwelteinwirkungen im Sinne des Bundes-Immissionsschutzgesetzes oder sonst erhebliche Nachteile, Gefahren oder Belästigungen für die Allgemeinheit befürchten lässt.[54]

Bevor es zur Versagung kommt, kann die Behörde dem Antragsteller zum Schutze der Gäste und der im Betrieb Beschäftigten sowie gegen schädliche Umwelteinwirkungen auch **Auflagen** erteilen.[55]

Auch eine **Rücknahme** oder ein **Widerruf** der Erlaubnis ist möglich. Lagen zum Zeitpunkt der Erteilung der Erlaubnis Versagungsgründe vor und wird dies bekannt, hat die Behörde die Erlaubnis zurückzunehmen. Treten erst nachträglich Tatsachen ein, die die Versagung der Erlaubnis rechtfertigen würden, kann die Erlaubnis auch noch unter bestimmten Voraussetzungen widerrufen werden.[56] Ändert etwa ein Betreiber den Charakter seines Lokals und veranstaltet vermehrt Partys und Konzerte, sind höhere Anforderungen an Sicherheit und Brandschutz zu stellen. Erfüllt der Betreiber diese nicht durch entsprechende Umbaumaßnahmen, wird die Erlaubnis widerrufen werden.

2. Ausnahmen von der Erlaubnispflicht

Für Fälle, in denen typischerweise kein oder zu vernachlässigendes Gefahrenpotenzial besteht, enthält das Gaststättengesetz einige Ausnahmetatbestände, bei deren Vorliegen keine Erlaubnis eingeholt werden muss:

§ 2 Abs. 2 GaststättenG: Der Erlaubnis **bedarf nicht**, wer

1. alkoholfreie Getränke,
2. unentgeltliche Kostproben,
3. zubereitete Speisen oder

---

[53] Siehe § 3 Abs. 2 GaststättenG.
[54] Mehr dazu im Kapitel Umweltrechtliche Vorgaben, hinten unter F.
[55] Vgl. § 5 GaststättenG.
[56] Siehe § 15 GaststättenG.

4. in Verbindung mit einem Beherbergungsbetrieb Getränke und zubereitete Speisen an Hausgäste verabreicht.

Allerdings hat auch hier die Behörde das Recht, **Anordnungen** zum Schutze der Gäste und der im Betrieb Beschäftigten sowie gegen schädliche Umwelteinwirkungen zu erlassen.

3. Erlaubnis unter erleichterten Bedingungen: Gestattung

Für den Ausrichter eines Events gelten oft erleichterte Bedingungen: Aus besonderem Anlass kann der Betrieb eines erlaubnisbedürftigen Gaststättengewerbes unter erleichterten Voraussetzungen vorübergehend auf Widerruf gestattet werden.[57] Der besondere Anlass kann vom Antragsteller auch selbst geschaffen werden, muss also nicht von dritter Seite vorgegeben sein.[58] Bei kurzfristigen, zeitlich begrenzten und nicht häufig auftretenden Ereignissen, bei denen die gastronomische Tätigkeit nicht im Vordergrund steht, genügt regelmäßig ein Verfahren unter erleichterten Voraussetzungen.[59]

Beispielhaft genannt seien nur Sportevents, Jubiläumsfeiern, Kongresse, Umzüge, Werbeveranstaltungen oder Volksfeste.[60]

Auch hier können dem Gewerbetreibenden jederzeit Auflagen erteilt werden.[61]

4. Gaststättenerlaubnisverfahren

Zuständig ist in der Regel das Ordnungsamt.

Die Erteilung einer Erlaubnis ist mit Kosten verbunden. Sie ergeben sich aus den Kostengesetzen der einzelnen Bundesländer und können je nach Größe des Events im Rahmen der Kostengesetze in unterschiedlicher Höhe festgesetzt werden.[62]

II. Belehrungsbescheinigung gem. § 42 IfSG

Die Speisen und Getränke, die auf einem Event ausgegeben werden, sollten hygienisch sein und keine Krankheitserreger enthalten.

Köche, Servicekräfte und andere Personen, die im Rahmen einer Veranstaltung gewerbsmäßig mit Lebensmitteln in Berührung kommen, müssen daher eine **Bescheinigung des Gesundheitsamtes** vorweisen können, in der sie nachweisen, von der Gesundheitsbehörde über die Tätigkeits- und Beschäftigungsverbote im Umgang mit Lebensmitteln **gemäß § 42 Infektionsschutzgesetz (IfSG) belehrt** wor-

---

[57] Vgl. § 12 Abs. 1 GaststättenG.
[58] Ehlers in Achterberg/Püttner/Würtenberger, Gewerbe-, Handwerks- und Gaststättenrecht, Rn. 229.
[59] So Ehlers a.a.O.
[60] Mit weiteren Beispielen Ehlers a.a.O.
[61] § 12 Abs. 3 GaststättenG.
[62] Funke/Müller, Rn. 656.

den zu sein. Eine amtsärztliche Untersuchung und ein Gesundheitszeugnis sind seit dem 01.01.2001 nicht mehr erforderlich.[63]

Zum Ausgangsfall: Da R kein Gaststättengewerbe im herkömmlichen Sinne betreibt, sondern nur im Rahmen der Uraufführung seines Musicals den Gästen Speisen und Getränke reichen möchte, kann er beim zuständigen Ordnungsamt eine Gestattung, d. h. eine Erlaubnis unter erleichterten Bedingungen, beantragen. In der Uraufführung seines Musicals liegt ein von der Behörde zu berücksichtigender besonderer Anlass. Ferner steht hier die Darreichung von Speisen und Getränken nicht im Vordergrund, sie dient vielmehr nur zur Abrundung der gesamten Veranstaltung. Allerdings kann die Behörde dem R bestimmte Auflagen machen, die ihrer Ansicht nach zum Schutz der Gäste erforderlich sind.

III. Nichtraucherschutz

Sinn und Zweck des Nichtraucherschutzgesetz des Bundes (BNSG) ist primär die Verhinderung des Passivrauchens sowie der Schutz von Nichtrauchern, Kindern und Jugendlichen vor den Gefahren, die mit dem Einatmen von nikotin- bzw. tabakhaltiger Luft einhergehen.[64] Mit Inkrafttreten des BNSG zum 01.07.2007 sollte in Deutschland das Rauchen in allen öffentlichen Gebäuden, Schulen, öffentlichen Verkehrsmitteln, in der Gastronomie und am Arbeitsplatz verboten werden. Die Ausnahmeregelungen, welche je nach Bundesland unterschiedlich ausfielen, stießen gerade bei Gaststättenbetreibern auf Missfallen, denn sie verzeichneten durch die neuen Nichtraucherregelungen erhebliche Umsatzeinbußen. Eine Klage vor dem Bundesverfassungsgericht ließ folglich nicht lange auf sich warten. Mit Entscheidung vom 30.07.2008[65] erklärte das BVerfG die Regelungen der Länder Berlin und Baden-Württemberg für verfassungswidrig, da es u. a. den Gastwirten der getränkegeprägten Kleingastronomie nicht zuzumuten sei, die mit dem Rauchverbot speziell für ihren Bereich verbundenen Beeinträchtigungen hinzunehmen. Die Länder müssen nun neue Regelungen erlassen. Für die Übergangszeit bestimmte das BVerfG, dass das Rauchen in Gaststätten erlaubt sei, welche über eine Gesamtgastfläche von weniger als 75 m² verfügen, kein abtrennbarer Nebenraum vorhanden sei und zudem keine Speisen angeboten würden. Darüberhinaus müsse die Gaststätte deutlich mit einem Schild am Eingang gekennzeichnet sein, welches sie als „Raucherkneipe" ausweise und Personen unter 18 Jahren müsse der Zutritt verwehrt werden. Baden-Württemberg etwa hat durch sein Landesnichtraucherschutzgesetz (LNSG BW) die vom BVerfG gesetzen Maßstäbe in § 7 LNSG BW vollends umgesetzt. Den strengsten Nichtraucherschutz hat bislang Bayern mit seinem Gesetz zum Nichtraucherschutz umgesetzt, welches zum 01. August 2010 in Kraft getreten

---

[63] Vgl. Funke/Müller, Rn. 659.
[64] Vgl. Funke/Müller, Rn. 680c.
[65] BVerfG, Urteil v. 30.07.2008, AZ: 1 BvR 3262/07.

ist. Darin ist ein striktes Rauchverbot für alle Gaststätten – ohne Ausnahmen – vorgesehen.

E. Vorgaben des Jugendschutzgesetzes (JuSchG)

Das JuSchG[66] behandelt hauptsächlich zwei große Bereiche, den Jugendschutz in der Öffentlichkeit und den Jugendschutz im Bereich der Medien. Für den Veranstalter ist vor allem der erste Bereich relevant, durch den bspw. der Zugang und die Verweildauer bei öffentlichen Veranstaltungen, Ausschank alkoholischer Getränke an Jugendliche, Tabakkonsum etc. geregelt werden.

Fall 3: Sandra (S) ist die große, bereits 18-jährige Schwester von Kirsten (K). K ist erst 14 Jahre alt. Da K eine tolle Mathearbeit geschrieben hat, erlauben ihre Eltern, dass sie ihre große Schwester am Samstag zu der seit Wochen angekündigten Party des örtlichen Veranstalters V begleiten darf. S wird insofern von ihren Eltern angewiesen, gut auf K aufzupassen. Was muss V hinsichtlich der beiden, S und K, am Abend seiner Veranstaltung beachten?

I. Alters- und Zeitgrenzen nach dem JuSchG

Um den Jugendschutz gewährleisten zu können, ist es erforderlich, Kindern und Jugendlichen **den Zutritt** zu Veranstaltungen, Gaststätten oder ähnlichen Lokalitäten **nur unter gewissen Voraussetzungen** zu gewähren. Demnach gelten nach dem JuSchG Beschränkungen laut Tabelle 3.

Falllösung 3: V hat hier als Veranstalter einer Tanzveranstaltung i. S. d. § 5 JuSchG[67] zu überprüfen, ob S eine erziehungsbeauftragte Person für K ist. § 2 Abs. 1 JuSchG schreibt vor, dass Veranstalter und Gewerbetreibende in Zweifelsfällen die Berechtigung zu überprüfen haben. Es ist für V wesentlich leichter, die Berechtigung der S anhand einer schriftlichen Ermächtigung nachzuvollziehen als bspw. einen Anruf bei den Eltern der Geschwister K und S zu tätigen. Deshalb ist es empfehlenswert für die sorgeberechtigten Personen, das heißt die Eltern, der S nicht nur mündlich die Sorge für ihre kleine Schwester an dem Abend aufzugeben, sondern vielmehr kurz eine schriftliche Beauftragung auszustellen.

Das Gesetz schreibt für die Erziehungsbeauftragung keine Form vor, obwohl ein generelles Erfordernis einer schriftlichen Beauftragung zumindest für die Veranstalterseite sinnvoll gewesen wäre. Der Gesetzgeber hat aber anscheinend die Ge-

---

[66] Zuletzt geändert durch Art. 3 des Gesetzes vom 31. Oktober 2008 (BGBl. I S. 2149).

[67] Unter diesen weit gefassten Begriff der Tanzveranstaltung fallen nicht nur Diskotheken, sondern auch Scheunenpartys oder Tänze im Freien. Unabhängig von ihrer Bezeichnung ist eine Veranstaltung dann Tanzveranstaltung, wenn getanzt wird, werden soll oder irgendwann getanzt werden kann; Nikles/Roll/Spürck/Umbach, S. 167.

fahr der Vorspiegelung nicht erteilter Beauftragungen gesehen und wollte insofern verhindern, dass dies auch noch in Form der strafrechtlich relevanten Urkundenfälschung erfolgt.[68]

Tabelle 3: Alters- und Zeitgrenzen nach JuSchG

	Kinder und Jugendliche unter 16 Jahre	Jugendliche ab 16 Jahren
Gaststättenbesuch	Nur gestattet in Begleitung durch eine personensorgeberechtigte oder erziehungsbeauftragte Person oder bei Einnahme einer Mahlzeit oder eines Getränkes in der Zeit von 5 bis 23 Uhr gestattet (§ 4 Abs. 1 S. 1 JuSchG)	Nicht gestattet ohne Begleitung einer personensorgeberechtigten oder erziehungsbeauftragten Person zwischen 24 und 5 Uhr morgens (§ 4 Abs. 1 S. 2 JuSchG)
Tanzveranstaltungen	• Nicht gestattet ohne Begleitung einer personensorgeberechtigten oder erziehungsbeauftragten Person (§ 5 Abs. 1 S. 1. HS JuSchG) • Wenn die Tanzveranstaltung eines anerkannten Trägers der Jugendhilfe durchgeführt wird oder der künstlerischen Betätigung oder der Brauchtumspflege dient: Gestattet für Kinder (unter 14 Jahren) bis 22 Uhr, für Jugendliche (unter 16 Jahren) bis 24 Uhr (§ 5 Abs. 2 JuSchG)	Nur bis 24 Uhr gestattet ohne Begleitung einer personensorgeberechtigten oder erziehungsbeauftragten Person (§ 5 Abs. 1 S. 2. HS JuSchG)
Nachtbars/Nachtclubs	Nicht gestattet (§ 4 Abs. 3 JuSchG)	
Spielhallen	Nicht gestattet (§ 6 Abs. 1 JuSchG)	
Glücksspiele (=Spiele mit Gewinnmöglichkeit)	Nur gestattet auf Volksfesten, Schützenfesten, Jahrmärkten, Spezialmärkten oder ähnlichen Veranstaltungen, wenn der Gewinn in Waren von geringem Wert besteht (§ 6 Abs. 2 JuSchG)	

Erziehungsbeauftragte Personen können neben volljährigen Geschwistern, Großeltern oder Verwandten auch LehrerInnen, VereinsbetreuerInnen, ErzieherInnen oder AusbilderInnen sein.

Zu beachten ist in diesem Zusammenhang, dass ein Auftrag zur bloßen Begleitung nicht ausreicht. Vielmehr muss die erziehungsbeauftragte Person auch tatsächlich in der Lage sein, die Erziehungsaufgabe zumindest zeitweise wahrzunehmen, d. h. eine altersadäquate Beaufsichtigung des Minderjährigen zu übernehmen.[69] Da-

---

[68] A.a.O., S. 146.
[69] A.a.O., S. 144.

bei muss nicht zwingend ein Autoritätsverhältnis zwischen dem Beauftragten und dem Minderjährigen bestehen. Ist die beauftragte Person nicht geeignet oder kann sie den Erziehungsauftrag nicht in angemessener Weise wahrnehmen, so ist sie trotz einer (schriftlichen oder mündlichen) Vereinbarung nicht als erziehungsbeauftragte Person anzusehen.

In Begleitung einer personensorgeberechtigten oder erziehungsbeauftragten Person gelten insofern keine Alters- und Zeitgrenzen.[70]

Eine Beauftragung einer erziehungsberechtigten Person könnte wie folgt aufgebaut sein:

Hiermit erteile(n) ich (wir) als Personensorgeberechtigte(r) Frau/Herrn .... Geboren am: ___.___._____ wohnhaft .... den Auftrag, meine Tochter/meinen Sohn Name/Vorname.. im Alter von ....Jahren beim Konzertbesuch/Festival/Gaststättenbesuch/Theaterbesuch/Party- oder Diskothekenbesuch/Kinobesuch/... am ___.___.200_ von _____ Uhr bis _____ Uhr als erziehungsbeauftragte Person gemäß § 1 Abs. 1 Nr. 4 JuSchG zu begleiten.   Angaben der/des Personensorgeberechtigten: Name/Vorname .... Adresse .... Erreichbar unter (Tel.) ....   _____ Ort, Datum   Unterschrift des/der Personensorgeberechtigten

II. Jugendgefährdende Veranstaltungen

Teilweise kann von einer öffentlichen Veranstaltung oder einem Gewerbebetrieb eine **Gefährdung für das körperliche, geistige oder seelische Wohl** von Kindern oder Jugendlichen ausgehen. Die zuständige Behörde darf dann nach § 7 S. 1 JuSchG gegenüber dem Veranstalter oder Gewerbetreibenden anordnen, dass dieser Kindern und Jugendlichen die **Anwesenheit nicht gestatten** darf. Die Anordnung kann auch Altersbegrenzungen, Zeitbegrenzungen oder andere Auflagen enthalten, wenn dadurch die Gefährdung ausgeschlossen oder wesentlich gemindert wird, § 7 S. 2 JuSchG.

---

[70] A.a.O., S. 168.

III. Alkoholische Getränke, Rauchen, Tabakwaren

Die §§ 9 und 10 JuSchG bestimmen, welchen Beschränkungen Kinder und Jugendliche in Gaststätten, Verkaufsstellen oder sonst in der Öffentlichkeit im Umgang mit Alkohol, Tabak und Rauchen unterliegen.

Tabelle 4: Beschränkungen nach JuSchG für Alkohol, Tabak und Rauchen

	Kinder und Jugendliche	In Begleitung einer personensorgeberechtigten Person
Alkoholische Getränke • Branntwein, branntweinhaltige Getränkte, Lebensmittel, die nicht nur geringfügige Mengen an Branntwein enthalten	• Keine Abgabe, keine Gestattung des Verzehrs	
• andere alkoholische Getränke • Alkopops	• keine Abgabe an Kinder und Jugendliche unter 16 Jahren • Verbot	• Abgabe erlaubt
Rauchen in der Öffentlichkeit	Verbot	
Tabakwaren	• Keine Abgabe • auch keine Abgabe mehr an Automaten an unter 18-jährige	

IV. Bekanntmachungspflicht der Veranstalter

Die Veranstalter und Gewerbetreibenden haben nach § 3 Abs. 1 JuSchG die für ihren Betrieb geltenden Vorschriften des JuSchG, insbesondere die des Zutritts zu Veranstaltungen und des Ausschanks alkoholischer Getränke, durch **deutlich sichtbaren und gut lesbaren Aushang** bekannt zu machen.

V. Straf- und Bußgeldvorschriften

Es sei auch in diesem wichtigen Bereich des Eventrechts darauf hingewiesen, dass der Veranstalter oder Gewerbetreibende die ihm nach dem JuSchG obliegenden Pflichten nicht vernachlässigen sollte. Da er bei Verstößen gegen die Bestimmungen des JuSchG ordnungswidrig, wenn nicht sogar strafbar handelt (§§ 27, 28 JuSchG). Einer Ordnungswidrigkeit kann mit einer Geldbuße bis zu 50.000 € geahndet werden. Sollte der Veranstalter oder Gewerbetreibende eine strafbare Handlung nach § 28 Abs. 2 JuSchG begangen haben, so droht ihm eine Freiheitsstrafe bis zu einem Jahr oder Geldstrafe.

F. Umweltrechtliche Vorgaben: Natur- und Drittschutz

Zum Ausgangsfall: R muss sich fragen, ob seine Gäste den Rosengarten beschädigen werden? Ob der Lärm, den die Musik, die Stimmen, die an- und abfahrenden Autos und das Feuerwerk verursachen, die Anwohner unangemessen belästigen?

I. Überblick über das Umweltrecht

Umweltrechtliche Bestimmungen nehmen maßgeblichen Einfluss bei behördlichen Entscheidungen im Rahmen eines Events, etwa bei der Erteilung von **Baugenehmigungen, gaststätten-, gewerbe- und straßenverkehrsrechtlichen Erlaubnissen** und **Sondernutzungsgenehmigungen**. Sie sind nicht selten ausschlaggebend, wenn ein Antrag abgelehnt wird oder ihm nur unter **Auflagen** oder sonstigen Nebenbestimmungen stattgegeben wird.

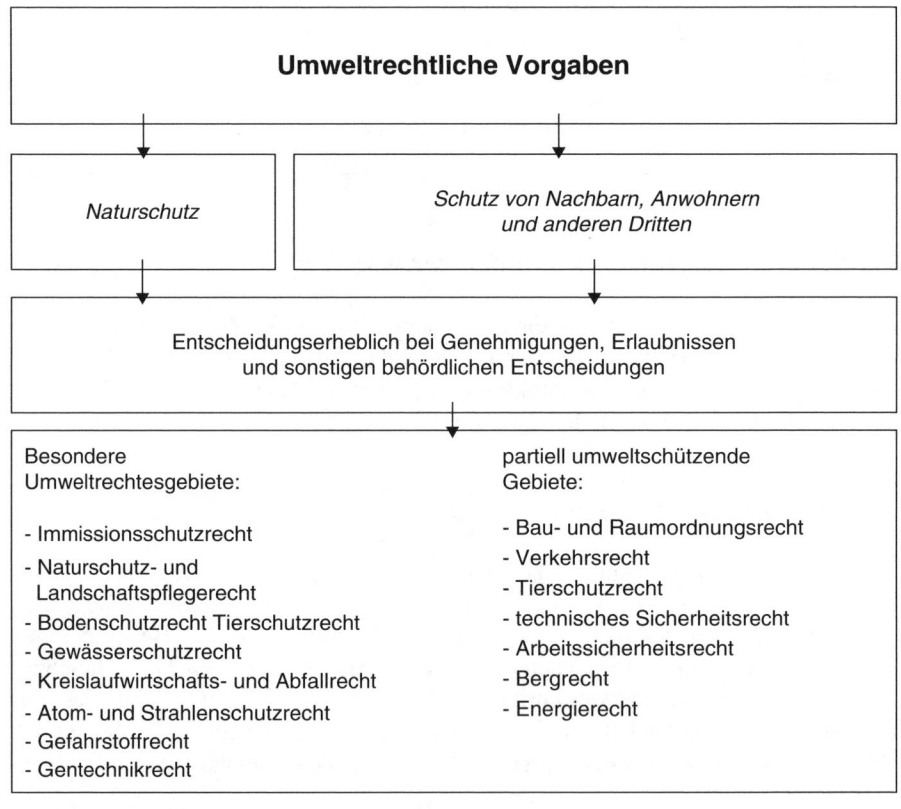

Abb. 3: Überblick zum Umweltrecht

Auch können die Anwohner unter Berufung auf umweltrechtliche Bestimmungen eine **Verbotsverfügung** erwirken. Denn Events finden nicht isoliert von der Umwelt statt. Sie sind in die nähere und weitere Umgebung des Veranstaltungsortes eingebunden. Der Schutz öffentlich-rechtlicher Bestimmungen erstreckt sich daher nicht nur auf die Rechtsgüter der bei einem Event anwesenden Besucher und Angestellten, sondern auch für die sich außerhalb des Veranstaltungsorts befindlichen Rechtsgüter.

Umwelt ist dabei nicht nur im ökologischen Sinne zu verstehen: „Umwelt" in extensivem Sinne ist die gesamte menschliche Umgebung räumlicher, sozialer, kultureller und politischer Art.[71] So sind die Menschen, die in der Nähe des Veranstaltungsortes leben und von den schädlichen Einflüssen eines Events erfasst werden, ebenso schutzbedürftiger Teil der „Umwelt" wie die Natur.

Umweltschutz im engen wie weiten Sinne ist eine Querschnittsaufgabe. Die umweltrelevanten Regelungen sind deshalb über die gesamte Rechtsordnung verstreut und durchdringen in besonderem Maße das Öffentliche Recht.[72] Sie sind in Gesetzen und Verordnungen des Bundes und der Länder, in Satzungen der Gemeinden und in Technischen Anleitungen wie der TA Luft und der TA Lärm zu finden.

II. Naturschutz

Beispiel 1: Der Investor I will ein Tagungshotel auf einer Lichtung inmitten der unberührten Natur des Schwarzwaldes errichten. Um ausreichend Baufläche für die Hotelanlage und eine asphaltierte Zufahrtsstraße zu schaffen, sollen 1 Hektar Wald gerodet werden.

Beispiel 2: Der Betreiber einer Ufergaststätte will auf einem in einem Naturschutzgebiet liegenden See, der überwiegend in seinem Eigentum steht, zur wirtschaftlichen Nutzung Bootsfahrten anbieten.[73]

Beispiel 3: Ein eingetragener Motorsport-Club will ein öffentliches Moto-Cross-Rennen veranstalten.[74]

1. Besonderes Umweltrecht

Die Beachtung der Rechtsgebiete des Naturschutz- und Landschaftspflegerechts und des Gewässerschutzrechts sind als besondere Umweltrechtsgebiete neben dem allgemeinen Ordnungsrecht für Veranstalter besonders relevant.

---

[71] Näher zum Umweltbegriff Kloepfer in Püttner/Achterberg/Würtenberger, Umweltrecht, Rn. 14.
[72] Vgl. Kloepfer in Püttner/Achterberg/Würtenberger, Umweltrecht, Rn. 11.
[73] Vgl. Entscheidung des VG Regensburg vom 08.08.2006, AZ: RO 11 K 06.75, juris-online.
[74] Siehe Entscheidungen des VGH Mannheim NVwZ 1888, S. 166 ff.; VGH Kassel NVwZ 1988, S. 1047 f.

a) Naturschutzrecht

Zielvorgabe des Naturschutzes und der Landschaftspflege ist es, Natur und Landschaft auf Grund ihres eigenen Wertes zu schützen. Als Lebensgrundlage des Menschen auch in Verantwortung für die künftigen Generationen im besiedelten und unbesiedelten Bereich ist die Natur so zu schützen, dass die biologische Vielfalt, die Leistungs- und Funktionsfähigkeit des Naturhaushalts einschließlich der Regenerationsfähigkeit und nachhaltigen Nutzungsfähigkeit der Naturgüter, die Vielfalt, Eigenart und Schönheit sowie der Erholungswert von Natur und Landschaft auf Dauer gesichert sind (§ 1 Abs. 1 BNatSchG).

Mit der geänderten Rechtslage seit der Föderalismusreform 2006 steht dem Bund im Naturschutzrecht die konkurrierende Gesetzgebungsbefugnis ohne Erforderlichkeitsklausel zu (Art. 74 Abs. 1 Nr. 29, 72 Abs. 2 GG). Von seiner hinzugewonnenen Gesetzgebungskompetenz hat der Bund 2009 Gebrauch gemacht und das Bundesnaturschutzgesetz (BNatSchG) in eine bundesrechtliche Vollregelung umgewandelt, welche 2010 in Kraft getreten ist. Die Länder können aber weiterhin eigene Regelungen treffen, soweit eine Abweichungsbefugnis für sie bestimmt ist. Erstmals findet sich in § 3 Abs. 2 des neuen BNatSchG eine naturschutzrechtliche Generalklausel, die bundesweit zu Ordnungsmaßnahmen ermächtigt. Daneben gilt es noch zahlreiche Verordnungen wie die verschiedenen Landschaftsschutzverordnungen und speziellen Polizeiverordnungen zu beachten, z. B. die Baden-Württembergische über die Erlaubnispflicht für Veranstaltungen mit Kraftfahrzeugen außerhalb öffentlicher Straßen.

Repräsentativ sind jedoch die Bestimmungen des § 15 BNatSchG, dessen **Vermeidungs-, Ausgleichs-, Ersatz- oder Unterlassungspflichten** für Eingriffe in die Natur bestehen, für die in anderen Rechtsvorschriften eine behördliche Genehmigung oder Zustimmung oder zumindest eine Anzeige vorgeschrieben ist[75]. Bei Events sind dies regelmäßig die Bau- oder Sondernutzungsgenehmigung oder Pflichten aus städtischen und gemeindlichen Satzungen.

§ 15 BNatSchG Verursacherpflichten, Unzulässigkeit von Eingriffen; Ermächtigung zum Erlass von Rechtsverordnungen

(I) Der Verursacher eines Eingriffs ist verpflichtet, vermeidbare Beeinträchtigungen von Natur und Landschaft zu unterlassen. Beeinträchtigungen sind vermeidbar, wenn zumutbare Alternativen, den mit dem Eingriff verfolgten Zweck am gleichen Ort ohne oder mit geringeren Beeinträchtigungen von Natur und Landschaft zu erreichen, gegeben sind. (…)

(II) Der Verursacher ist verpflichtet, unvermeidbare Beeinträchtigungen durch Maßnahmen des Naturschutzes und der Landschaftspflege auszugleichen (Ausgleichsmaßnahmen) oder zu ersetzen (Ersatzmaßnahmen). Ausgeglichen ist eine Beeinträchtigung, wenn und sobald die beeinträchtigten Funktionen des Naturhaushalts in gleichartiger Weise wiederhergestellt sind und das Landschaftsbild landschaftsgerecht wiederhergestellt oder neu gestaltet

---

[75] Vgl. Arndt/Fischer in Steiner, Umweltrecht, Rn. 217.

ist. Ersetzt ist eine Beeinträchtigung, wenn und sobald die beeinträchtigten Funktionen des Naturhaushalts in dem betroffenen Naturraum in gleichwertiger Weise hergestellt sind und das Landschaftsbild landschaftsgerecht neu gestaltet ist. (…)
(III) (…)
(IV) (…)
(V) Der Eingriff darf **nicht zugelassen oder durchgeführt** werden, wenn die Beeinträchtigungen nicht zu vermeiden oder nicht in angemessener Frist auszugleichen oder zu ersetzen sind und die Belange des Naturschutzes und der Landschaftspflege bei der Abwägung aller Anforderungen an Natur und Landschaft anderen Belangen im Range vorstehen.
(VI) Wird ein Eingriff nach Abs. 5 zugelassen oder durchgeführt, obwohl die Beeinträchtigungen nicht zu vermeiden oder nicht in angemessener Frist auszugleichen oder zu ersetzen sind, hat der Verursacher **Ersatz in Geld** zu leisten. Die Ersatzzahlung bemisst sich nach den durchschnittlichen Kosten der nicht durchführbaren Ausgleichs- und Ersatzmaßnahmen einschließlich der erforderlichen durchschnittlichen Kosten für deren Planung und Unterhaltung sowie die Flächenbereitstellung unter Einbeziehung der Personal- und sonstigen Verwaltungskosten. Sind diese nicht feststellbar, bemisst sich die Ersatzzahlung nach Dauer und Schwere des Eingriffs unter Berücksichtigung unter Berücksichtigung der dem Verursacher daraus erwachsenden Vorteile. Die Ersatzzahlung ist von der zuständigen Behörde im Zulassungsbescheid oder, wenn der Eingriff von einer Behörde durchgeführt wird, nor der Durchführung des Eingriffs festzusetzen. (…)
(VII) Das Bundesministerium für Umwelt, Naturschutz und Reaktorsicherheit wird ermächtigt, (…) durch Rechtsverordnung (…) das Nähere zur Kompensation von Eingriffen zu regeln, insbesondere

1. zu Inhalt, Art und Umfang von Ausgleichs- und Ersatzmaßnahmen (…),
2. die Höhe der Ersatzzahlungen und das Verfahren zu ihrer Erhebung.

Solange und soweit das Bundesministerium (…) von seiner Ermächtigung keinen Gebrauch macht, richtet sich das Nähere zur Kompensation von Eingriffen nach Landesrecht, soweit dieses den vorstehenden Absätzen nicht widerspricht.

Checkliste: Eingriff in die Natur

Der Veranstalter muss sich somit folgende Fragen stellen:

☑ Liegt ein Eingriff in Natur oder Landschaft vor?
☑ Ist der Eingriff vermeidbar?
☑ Ist der Eingriff ausgleichbar oder kompensierbar?
☑ Welches Interesse überwiegt?
☑ Sind Ersatzzahlungen zu leisten?

Zum Beispiel 1: Durch die von I beabsichtigte Waldrodung für den geplanten Hotelbau würde die Natur und Landschaft zwangsläufig in einem Maße beeinträchtigt werden, dass ein Ausgleich oder eine Kompensation der Natur nicht möglich wären. Im Übrigen gehen hier die Umwelt- und Naturbelange denen des Investors vor.

Zum Bespiel 3: Dem Motorsport-Club wurde die Durchführung seiner Moto-Cross-Veranstaltung versagt. Als Argumente wurden der Schadstoffausstoß, erhebliche Fahr- und Trittschäden an der Vegetation und der Bodendecke, sowie Schädigung der Pflanzen- und Tierwelt, die Entstehung von Landschaftswunden durch Belegung von Park- und Wartungsflächen und letztendlich die Beeinträchtigung des Erholungswertes durch den Motorenlärm genannt.[76]

b) Gewässerschutzrecht

Die wasserwirtschaftliche Benutzungsordnung betrifft die Frage, ob und unter welchen Voraussetzungen jemand ein bestimmtes Gewässer benutzen darf. Die Gesetzgebungskompetenz für den Wasserhaushalt steht dem Bund seit der Föderalismusreform im Jahr 2006 nach Art. 74 Abs. 1 Nr. 32 GG als konkurrierende Gesetzgebungsbefugnis zu, wovon er im Jahr 2009 Gebrauch gemacht hat und das Wasserhaushaltsgesetz (WHG) als bundesrechtliche Vollregelung erlassen hat. Eine Anpassung des Landesrechts ist insofern erforderlich. Die Landesrechtliche Abweichungsbefugnis nach Art. 72 Abs. 3 Nr. 5 GG gilt nicht für stoff- und anlagenbezogene Regelungen.

Grundsätzlich sind Vorhaben, die sich auf Gewässer auswirken, verboten und bedürfen einer behördlichen Genehmigung[77]. Gemein- sowie Eigentümer- und Anliegergebrauch sind genehmigungsfrei, §§ 25 f. WHG.

Zum Beispiel 2: Dem Gaststättenbetreiber wurden die gewerblichen Bootsfahrten nicht genehmigt. Der Schutz des unter Naturschutz stehenden Gewässers überwiege gegenüber dem wirtschaftlichen Interesse des überwiegenden Eigentümers. Auch bestehe kein Ausgleichsanspruch, denn bereits nach Wasserrecht berechtige das Eigentum als solches nicht zum gewerblichen Befahren eines nicht schiffbaren Gewässers.[78]

2. Auswirkungen im Eventbereich

Ein mehr oder weniger schwerwiegender Eingriff in die Natur ist im Eventbereich schon immer dann gegeben, wenn im Vorfeld von Events neue Veranstaltungsstätten gebaut werden. Entscheidend sind Art, Umfang und Ort der baulichen Maßnahme.

Nach § 1 Abs. 2 S. 2 Nr. 7 und § 1a BauGB sind deshalb bereits bei der Aufstellung von Bauleitplänen die Belange des Naturschutzes und der Landschaftspflege

---

[76] Näher VGH Mannheim NVwZ 1888, S. 166 ff.; VGH Kassel NVwZ 1988, S. 1047 f.
[77] Arndt/Fischer in Steiner, Umweltrecht, Rn. 239.
[78] Vgl. VG Regensburg, Entscheidung vom 08.08.2006, AZ: RO 11 K 06.75.

zu berücksichtigen. So regelt § 21 Abs. 1 S. 1 BNatSchG, dass bei Eingriffen in Natur und Landschaft, die im Zusammenhang mit der Aufstellung von Bauleitplänen zu erwarten sind, bereits bei der Abwägung auf der Planungsebene unter entsprechender Anwendung der naturschutzrechtlichen Vorschriften über die Belange des Naturschutzes und der Landschaftspflege zu entscheiden ist[79].

Spätestens jedenfalls bei der Abwägung, ob der Erteilung einer Baugenehmigung öffentlich-rechtliche Vorschriften entgegenstehen, werden – insbesondere bei Bauvorhaben außerhalb eines Bebauungsplans – die naturschutzrechtlichen Belange in die Waagschale geworfen. Es ist kein eigenes naturschutzrechtliches Genehmigungsverfahren zu absolvieren. Die naturschutzrechtliche Prüfung übernimmt die Fachbehörde, z. B. die Baubehörde im „Huckepackverfahren".[80]

Ungleich größere ökologische Schäden als der Bau einer Versammlungsstätte kann jedoch die Durchführung einer Veranstaltung mit sich bringen, sobald sie ganz oder teilweise im Außenbereich stattfindet. Viele der unmittelbaren und mittelbaren Konsequenzen für die Natur sind dabei für den Veranstalter bei der Konzeption und Organisation eines Events nur schwer abzusehen.[81]

Das trifft in besonderem Maße auf Großveranstaltungen zu, die auf öffentlichen Straßen und Plätzen stattfinden. Sie bergen ein besonderes Gefahrenpotenzial:

Beispiel Love-Parade: Bei der Love Parade häuften sich jährlich gewaltige Mengen an achtlos auf den Boden geworfenen Getränkebechern, -dosen und -flaschen, Papptellern und anderem Müll an. Die Reinigung erfolgte unter erheblichem Aufwand von Personal und technischem Equipment und verschlang hunderttausende Euro. Im Jahre 1997 zertrampelten Millionen von Technobegeisterten im Berliner Tiergarten außerdem 1.200 Sträucher und 2.450 m^2 Rasen, eine durchgehende Hecke wurde durch die Veranstaltungen teilweise irreparabel beschädigt. Rasenflächen erholen sich nur langsam durch die Bodenverdichtung, die durch die Fahrzeuge, Stände und Menschenmassen hervorgerufen wurde, und können langfristig absterben. Aus Fahrzeugen und Maschinen tropfendes Öl kann schon in geringen Mengen weit reichende Auswirkungen auf das Grundwasser haben, während durch den Urin geringere Schäden als befürchtet entstanden sind.[82]

Der immense finanzielle und organisatorische Aufwand, der mit der Behebung der Schäden an der Umwelt verbunden war, und der Ärger mit den Behörden hat neben den rückläufigen Besucherzahlen dazu geführt, dass die Love Parade in den vergangenen Jahren nicht mehr in Berlin stattgefunden hat.

Vergleichbare Probleme ergeben sich bei anderen Großveranstaltungen, die sich immer größerer Beliebtheit erfreuen und regen Zulauf erfahren:

Beispiele:

- Rosenmontagsumzüge in den Karnevalshochburgen wie Köln, Düsseldorf und Mainz,

---

[79] Arndt/Fischer in Steiner, Umweltrecht, Rn. 202.
[80] Näher Arndt/Fischer in Steiner, Umweltrecht, Rn. 218.
[81] Ebenso Funke/Müller, Rn. 1125.
[82] Zur Love Parade sehr ausführlich mit vielen Fakten Funke/Müller, Rn. 1128 ff.

- Sportevents wie die Freiburg-Etappe der Tour de France im Sommer 2000, bei der 1 Mio. Zuschauer am Straßenrand standen, oder die alljährlichen Marathonläufe in Hamburg und Berlin,
- Straßen- und Schützenfeste,
- Jahrmärkte wie das Münchner Oktoberfest,
- Festivals wie Rock am Ring oder Rock im Park.[83]

Der Naturschutz steht deshalb hier besonders im Focus. Er wird gewährleistet, indem dem Veranstalter die Genehmigung für das Event nur unter einer Vielzahl von **Auflagen** oder **Bedingungen** erteilt wird. Der Veranstalter kann beispielsweise verpflichtet werden, zur Bekämpfung der Müllproblematik Müllcontainer in ausreichender Menge aufzustellen und sich zusätzlich an den Reinigungskosten zu beteiligen.[84] Auch **Ersatzzahlungen** für nicht zu kompensierende Schäden sind möglich.

Wenn aber die Naturschädigung durch Auflagen und Bedingungen nicht verhindert werden kann, versagt die zuständige Behörde dem Veranstalter die Genehmigung ganz oder teilweise.

Die Ausrichter kleinerer Events können mit ähnlichen Schwierigkeiten konfrontiert sein. Auch wenn diese in der Regel wesentlich geringeren Ausmaßes sind, stellen sie dennoch wegen des zugleich niedrigeren Budgets für den Veranstalter eine vergleichbare Hürde dar.

III. Drittschutz

Oftmals gerät ein Veranstalter mit Nachbarn, Anwohnern, Anliegern oder anderen Dritten in Konflikt. Dies liegt in der Eigenart eines Events, das regelmäßig mit Lärm durch Musik, Lautsprecherdurchsagen, Besucher und den übrigen Betrieb verbunden ist. Hinzu kommt der Verkehrslärm durch die An- und Abfahrt der Besucher. So kommt es vor, dass Dritte sich von der Geräuschkulisse belästigt fühlen.

Zum einen haben die **Behörden** in Erfüllung ihrer gesetzlichen Schutzpflichten einen **eigenständigen Nachbarschutzauftrag**.[85] Es ist ihre Aufgabe, bei behördlichen Entscheidungen im Vorfeld eines Events die Belange dieser Dritten (Nachbarn) zu berücksichtigen.

Zum anderen haben private Dritte auch eigene Rechtschutzmöglichkeiten, mit denen sie gegen geplante Veranstaltungen – zumeist im Wege des vorläufigen Rechtsschutzes – vorgehen können.[86] Dem Eigentümer eines Grundstücks steht ein **Beseitigungs- und Unterlassungsanspruch** aus § 1004 BGB zu. Er kann die Zuführung u. a. von Gerüchen, Rauch, Geräuschen, Erschütterungen und ähnliche von einem anderen Grundstück ausgehende Einwirkungen insoweit verbieten, als die Einwirkung die Benutzung seines Grundstücks nicht nur unwesentlich beein-

---

[83] Auch hier mit weiteren Details Funke/Müller ab Rn. 1127.
[84] So bei der Love Parade, vgl. Funke/Müller, Rn. 1134.
[85] Näher Finkelnburg/Ortloff, S. 253.
[86] Kloepfer in Püttner/Achterberg/Würtenberger, Umweltrecht, Rn. 195.

trächtigt, vgl. § 906 Abs. 1 BGB. Eine unwesentliche Beeinträchtigung liegt in der Regel vor, wenn die in Gesetzen oder Rechtsverordnungen festgelegten Grenz- oder Richtwerte von den nach diesen Vorschriften ermittelten und bewerteten Einwirkungen nicht überschritten werden. Gleiches gilt für Werte in allgemeinen Verwaltungsvorschriften, die nach § 48 BImSchG erlassen worden sind und den Stand der Technik wiedergeben.

Bei Events ist hauptsächlich der Aspekt der **Lärmbelästigung** relevant. Das Kriterium der wesentlichen Geräuschbeeinträchtigung im Sinne des § 906 BGB deckt sich mit den von den Behörden zu berücksichtigenden erheblichen Geräuschbelästigungen einer genehmigungsfreien Anlage gemäß §§ 3, 22 BImSchG[87], so dass jeweils auf die allgemeinen immissionsschutzrechtlichen Bestimmungen abzustellen ist.

1. Allgemeine immissionsschutzrechtliche Bestimmungen

Das Bundesimmissionsschutzgesetz (BImSchG) und dessen zahlreiche Durchführungsverordnungen bilden den Kern des Immissionsschutzrechts. Daneben gibt es die ergänzenden landesrechtlichen Gesetze und Verordnungen, die z. T. weitergehende Anforderungen stellen[88], sowie Richtlinien wie die Technische Anleitung TA Lärm und die Freizeitlärmrichtlinie.

Veranstaltungsstätten gehören – anders als bspw. industrielle Fertigungsanlagen – zu den nicht genehmigungsbedürftigen Anlagen im Sinne des BImSchG.[89] Da von diesen dennoch erhebliche Beeinträchtigungen ausgehen können, nennt § 22 Abs. 1 BImSchG als **Grundpflichten** für die Errichtung und den Betrieb der genehmigungsfreien Anlage:

- Schädliche Umwelteinwirkungen, die nach dem Stand der Technik vermeidbar sind, sind zu verhindern.
- Nach dem Stand der Technik unvermeidbare schädliche Umwelteinwirkungen sind auf ein Mindestmaß zu beschränken.
- Die beim Betrieb der Anlagen entstehenden Abfälle sind ordnungsgemäß zu beseitigen.

Bei Events ist zumeist die Einhaltung der 2. Grundpflicht besonders problematisch. Der Veranstalter als Betreiber einer genehmigungsfreien Anlage wird privilegiert, indem er auch bei Lärmbelästigungen jenseits der Erheblichkeitsschwelle keinem generellen Verbot, sondern nur dem Mindestmaßgebot unterliegt.[90] Zu dessen Einhaltung kann die Behörde gemäß § 24 BImSchG Anordnungen treffen. Doch welche Kriterien sind bei der Abwägung der störenden gegen die gestörte Nutzung heranzuziehen?

---

[87] So BGHZ 111, S. 63.
[88] Arndt/Fischer in Steiner, Umweltrecht, Rn. 114.
[89] Ebenso Funke/Müller, Rn. 1142.
[90] Koch, S. 188.

Beispiel 4: Der Nachbar einer Mehrzweckhalle wendet sich gegen den Betrieb dieser Halle, die an Vereine und Privatpersonen für Tanz- und Musikveranstaltungen, Kabarett und größere Geburtstagsfeiern vermietet wird. Die Betriebszeiten gehen an Werktagen von 19 bis 1 Uhr, an Sonn- und Feiertagen von 19 bis 2 Uhr.[91]

Beispiel 5: B unterhält einen Festplatz, auf dem jährlich mit Genehmigung des Landratsamts ein viertägiges Volksfest mit Festzelt- und Schaustellerbetrieb durchgeführt wird. Die Öffnungszeiten sind am Freitag von 19.00 bis 24.00 Uhr, am Samstag von 11.00 bis 24.00 Uhr, am Sonntag von 9.30 bis 24.00 Uhr und am Montag von 14.30 bis 24.00 Uhr. Die Eigentümer von Grundstücken gegenüber des Festplatzes klagen. Sie fühlen sich durch den Volksfestlärm erheblich belästigt und begehren die Verpflichtung der Behörde, eine entsprechende immissionsschutzrechtliche Anordnung nach § 24 BImSchG zu erlassen. Laut Sachverständigengutachten ergeben sich für die Ruhezeit ein Beurteilungspegel von 73 dB (A) sowie Spitzenpegel von bis zu 75 dB (A). Für die Nachtzeit nach 22 Uhr sind ein Beurteilungspegel von 74 dB (A) sowie Spitzenpegel von bis zu 87 dB (A) festgestellt worden.[92]

Erster Anhaltspunkt für die Einordnung ist die TA Lärm, die als antizipiertes Sachverständigengutachten Rechtswirkung nach außen entfaltet.[93] Sie enthält gebietsbezogene Immissionsrichtwerte hinsichtlich der maximalen Lautstärke, die bei seltenen Ereignissen noch um einen bestimmten Wert überschritten werden dürfen:

Tabelle 5: Immissionsrichtwerte der TA Lärm (Nr 6)

Schutzgebiete	Immissionsrichtwerte	
	Grundsätzlich	**Bei seltenen Ereignissen** Überschreitung um nicht mehr als
→ Gebiete, in denen nur gewerbliche oder industrielle Anlagen und Wohnungen für Inhaber und Leiter der Betriebe sowie für Aufsichts- und Bereitschaftspersonen untergebracht sind	70 dB (A)	----------
→ Gebiete, in denen vorwiegend gewerbliche Anlagen untergebracht sind	Tags 65 dB (A) nachts 50 dB (A)	Tags +25 dB (A) nachts +15 dB (A)
→ Gebiete mit gewerblichen Anlagen und Wohnungen, in denen weder vorwiegend gewerbliche Anlagen noch vorwiegend Wohnungen untergebracht sind	Tags 60 dB (A) nachts 45 dB (A)	Tags +20 dB (A) nachts +10 dB (A)
→ Gebiete, in denen vorwiegend Wohnungen untergebracht sind	Tags 55 dB (A) nachts 40 dB (A)	Tags +20 dB (A) nachts +10 dB (A)
→ Gebiete, in denen ausschließlich Wohnungen untergebracht sind	Tags 50 dB (A) nachts 35 dB (A)	Tags +20 dB (A) nachts +10 dB (A)

---

[91] VG Aachen, Entscheidung v. 09.01.2007 – AZ: 3 L 634/06.
[92] BayVGH, Entscheidung v. 22.11.2005 - AZ: 22 ZB 05.2679.
[93] Funke/Müller, Rn. 1145.

Tabelle 5: (Fortsetzung)

Schutzgebiete	Immissionsrichtwerte	
	Grundsätzlich	Bei seltenen Ereignissen Überschreitung um nicht mehr als
→ Kurgebiete, Krankenhäuser und Pflegeanstalten	Tags 45 dB (A) nachts 35 dB (A)	Tags +20 dB (A) nachts +10 dB (A)
→ Wohnungen, die mit der Anlage baulich verbunden sind	Tags 35 dB (A) nachts 25 dB (A)	----------
Der Beurteilungszeitraum „tags" beginnt um 6.00 Uhr und endet um 22.00 Uhr, der Zeitraum „nachts" erstreckt sich von 22.00 bis 6.00 Uhr.		

Die TA Lärm geht von einer Dauerschallbelastung aus. Da Events in der Regel nur einmalig oder in unregelmäßigen oder größeren Abständen stattfinden, ist sie als Kriterium nicht ideal. Zudem ist die TA Lärm nach ihrer Nr. 1 Abs. 2b nicht auf Freizeitanlagen und Freiluftgaststätten sowie Sportanlagen anwendbar.

Tabelle 6: Immissionsrichtwerte des § 2 Abs. 2 der 18. BImSchV (Sportanlagenlärmschutzverordnung)

Einwirkungsorte	Immissionsrichtwerte		
	Tags außerhalb der Ruhezeiten	Tags innerhalb der Ruhezeiten	Nachts
In Gewerbegebieten	65 dB (A)	60 dB (A)	50 dB (A)
In Kerngebieten, Dorfgebieten und Mischgebieten	60 dB (A)	55 dB (A)	45 dB (A)
In allgemeinen Wohngebieten und Kleinsiedlungsgebieten	55 dB (A)	50 dB (A)	40 dB (A)
In reinen Wohngebieten	50 dB (A)	45 dB (A)	35 dB (A)
In Kurgebieten, für Krankenhäuser und Pflegeanstalten	45 dB (A)	45 dB (A)	35 dB (A)
In Gebäuden, die mit der Anlage baulich verbunden sind	35 dB (A)	35 dB (A)	25 dB (A)
Überschreitung der Richtwerte durch kurzzeitige Geräuschspitzen um	30 dB (A)	10 dB (A)	20 dB (A)
Zeiten	**Tags**	**Nachts**	**Ruhezeit**
An Werktagen	6.00 bis 22.00 Uhr	0.00 bis 6.00 Uhr 22.00 bis 24.00 Uhr	6.00 bis 8.00 Uhr 20.00 bis 22.00 Uhr
An Sonn- und Feiertagen	7.00 bis 22.00 Uhr	0.00 bis 7.00 Uhr 22.00 bis 24.00 Uhr	7.00 bis 9.00 Uhr 20.00 bis 22.00 Uhr

Für Sportanlagen gibt es eine eigene **Sportanlagenlärmschutzverordnung** (18. BImSchV), die auch für die Bewertung von Lärmimmissionen seltener Festveranstaltungen indiziell herangezogen werden kann.[94]

Auch mit der **Freizeitlärmrichtlinie** des LAI liegt ein detailliertes Regelwerk vor, das um einen Ausgleich beider Seiten bemüht ist. Sie nennt etwa als maximal zulässigen Beurteilungspegel im Freien tagsüber 70 dB (A), in der Nachtzeit 55 dB (A). Die auftretenden Lärmspitzen sollen diese Werte maximal zur Tageszeit um 20 dB (A) und nachts um 10 dB (A) überschreiten.[95] Für seltene Störereignisse, die an nicht mehr als 5 % der Tage oder Nächte eines Jahres stattfinden, soll eine Einzelfallprüfung vorgenommen werden.[96] Events sind regelmäßig seltene Ereignisse.

Richtlinien wie die Freizeitlärmrichtlinie oder die Sportanlagenlärmschutzverordnung stellen für Events in der allgemeinen Praxis mehr eine Orientierungshilfe dar. Die Schädlichkeitsgrenze wird weniger nach einem festen und einheitlichen Maßstab bestimmt, als vielmehr auf Grund einer situationsbezogenen Abwägung und eines Ausgleichs der widerstreitenden Interessen im konkreten Einzelfall.[97] Notwendig ist eine **umfassende Würdigung aller Umstände des Einzelfalls**. Insbesondere müssen die Eigenart der einzelnen Immissionen, vor allem **Art, Ausmaß, Dauer, Häufigkeit, Lästigkeit**, sowie die spezielle **Schutzwürdigkeit des betroffenen Gebiets** berücksichtigt werden.[98]

Bei der Art des Lärms differenziert man zwischen Dauerlärm, unterbrochenem Lärm und Impulslärm. Die kurzen Schallspitzen bei Impulslärm gelten als besonders belastend, ebenso wie Geräusche im hohen Frequenzbereich.[99] Durch menschliches Verhalten verursachte Geräusche wirken intermittierend und gerade dadurch besonders störend. Die Verärgerung ist besonders groß, wenn der Lärm durch rücksichtsloses Verhalten von Gästen zur Nachtzeit verursacht wird.[100] Bei einem Event tritt der Lärm typischerweise plötzlich, mehrmals und unvermittelt auf und ist durch ausgeprägte Schwankungen geprägt. Diese plötzlich auftretenden oder an- und abschwellenden Geräusche sowie Geräusche mit Appellcharakter oder zur Nachtzeit können lästiger sein als einheitliche Geräusche zur Tageszeit.[101] Andererseits finden Events in der Regel nur einmalig oder selten statt, so dass unter Umständen von den Anwohnern mehr abverlangt werden kann.

Eine Störung muss nach dem Mindestmaßgebot dann ertragen werden,

---

[94] BGH NJW 1990, S. 2465 ff.; VGH Mannheim, Vbl BW, 1996, S. 108; VGH München, UPR 1997, S. 375.
[95] Siehe auch Funke/Müller, Rn. 1151.
[96] Funke/Müller a.a.O.
[97] So etwa VG Gießen v. 02.07.2004, GewArch 2004, S. 494; OVG RP v. 14.09.2004, GewArch 2004, S. 497; BayVerwGH, Entscheidung v. 22.11.2005 - AZ: 22 ZB 05.2679, Rn. 11.
[98] BVerwG, NJW 2003, S. 3360 f., BayVGH, Entscheidung v. 22.11.2005 - AZ: 22 ZB 05.2679, Rn. 11.
[99] Vgl. Funke/Müller, Rn. 1156 und 1158.
[100] VG Aachen, Entscheidung v. 09.01.2007 - AZ: 3 L 634/06, Rn. 25.
[101] VG Aachen v. 09.01.2007 - AZ: 3 L 634/06, a.a.O.

- wenn sie sich trotz nachteiliger Wirkungen auf den Einzelnen nach Zeit, Dauer und Intensität im Rahmen des Herkömmlichen und Angemessenen hält,
- wenn diese Art von Störung von Rechts wegen geschützt oder zumindest duldenswert scheint oder
- wenn sie bei den Betroffenen auf mehr subjektives Verständnis stößt.[102]

Der Bayerische Verwaltungsgerichtshof hat seiner Entscheidung zum **Beispiel 5** eine tatrichterliche Würdigung im Einzelfall zugrunde gelegt und dabei die Freizeitlärmrichtlinie als „groben Anhalt" herangezogen. Er hat berücksichtigt, dass mit Volks- und Gemeindefesten verbundene Störungen von verständigen Durchschnittsmenschen in der Regel in höherem Maß akzeptiert werden als andere Immissionen.

Tabelle 7: Übersicht zum zumutbaren Belastungsniveau genehmigungsfreier Anlagen[103]

zumutbares Belastungsniveau als Grenze für Lärmbelastungen bei nicht genehmigungsbedürftigen Anlagen	
erhebliche Belästigungen ←→	**Mindestmaßgebot** des § 22 Abs. 1 Nr.2 BImSchG
1. Ausgestaltung des Gebiets → Lage, Vorbelastung, zulässige Nutzung	Abwägung jenseits des gebietsadäquaten Belastungsniveaus 1. gesetzliche Wertungen
2. Mittelwertbildung an Grenzgebieten und in Gemengelagen → Priorität → Voraussehbarkeit	2. gebietsadäquate Nutzungen jenseits der Erheblichkeitsschwelle (→ § 15 BauNVO)
3. Geräuschspezifik: Art, Ausmaß, Dauer, Häufigkeit, Lästigkeit, Zeit → Impulshaftigkeit[104] → Appellcharakter[105] → An-/Abschwellen[106] → plötzliches Auftreten[107] → Tonhaltigkeit/hohe Frequenzen[108] → Informationshaltigkeit	3. sozialadäquate Nutzungen jenseits der Erheblichkeitsschwelle
4. Spitzenpegel	4. Ausgleichszahlungen
Grenze: Gebietsorientierungswerte + 5 dB (A)	Mischgebietsniveau

---

[102] BVerwG, UPR 1992, S. 381 m.w.N.
[103] In Anlehnung an Koch, S. 241.
[104] BGH NJW 1983, S. 751.
[105] OLG München NJW-RR 1991, S. 1492.
[106] BGHZ 120, S. 239.
[107] BGHZ 120, S. 258.
[108] BGH LM Nr. 32.

Solche Veranstaltungen besäßen für viele Bewohner einen hohen Stellenwert, da sie für den Zusammenhalt der örtlichen Gemeinschaft von großer Bedeutung sein können. Er befand jedoch, dass auch das schutzwürdigste Volksfest in der Nachtzeit nach 22 Uhr in der Regel wenigstens die Tagrichtwerte der Freizeitlärmrichtlinie für seltene Ereignisse einhalten sollte. Ausnahmen könne es nur in sehr seltenen, nicht mehrere Nächte andauernden Fällen geben. Da im vorliegenden Fall diese Schädlichkeitsgrenze nach 22 Uhr an vier aufeinander folgenden Tagen überschritten wurde, nahm er ein sehr seltenes Ausnahmeereignis nicht an.[109]

Im **Beispiel 4** wird ebenfalls eine Einzelfallprüfung unter Beachtung der Art der Nutzung sowie der Ausgestaltung des Gebiets vorgenommen. Daraufhin hat das Verwaltungsgericht Aachen den Immissionsrichtwert für Mischgebiete von 45 dB (A) zur Nachtzeit in der konkreten Situation für unzumutbar gehalten. Eine höhere Belastung wurde insbesondere darin gesehen, dass die Geräusche von unterschiedlichen, ständig wechselnden Ereignissen ausgehen und ganz unterschiedlicher Intensität sind. Betont wurde zudem die Störwirkung intermittierender Geräusche auf Grund menschlichen Verhaltens.[110]

Die zuständige Behörde kann im Einzelfall die zur Durchführung des § 22 und der auf dieses Gesetz gestützten Rechtsverordnungen erforderlichen **Anordnungen** treffen, § 24 BImSchG. Kommt der Veranstalter einer solchen Anordnung nicht nach, kann die Behörde den Betrieb der Anlage gemäß § 25 BImSchG ganz oder teilweise bis zur Erfüllung der Anordnung **untersagen**. Diese Untersagung ist nach Maßgabe des Verwaltungsvollstreckungsrechts mit **Zwangsmitteln** durchsetzbar.[111]

2. Sperrzeiten und Sonn- und Feiertagsregelungen

a) Sperrzeitenregelung

Eine konkrete Ausgestaltung des Drittschutzes ist die Sperrzeitregelung: Zum Schutz der Nachtruhe der Anwohner gibt es allgemeine Regelsperrzeiten, in denen unter § 18 GaststättenG fallende Schank- und Speisewirtschaften und Vergnügungsstätten geschlossen bleiben müssen.[112] Daneben dient die Regelung auch der Volksgesundheit, der Bekämpfung des Alkoholmissbrauchs und dem Arbeitsschutz.[113]

Verletzt der Betreiber die Sperrzeitvorgabe, kann dies mit einem **Bußgeld** bis zu 5.000,- € geahndet werden.

Die Sperrzeiten variieren von Bundesland zu Bundesland. In Baden-Württemberg dauert die Sperrzeit etwa an Werktagen von 2.00 bis 6.00 Uhr, in der Nacht zum Samstag und zum Sonntag von 3.00 bis 6.00 Uhr. In Kur- und Erholungsge-

---

[109] BayVGH, Entscheidung v. 22.11.2005 - AZ: 22 ZB 05.2679.
[110] VG Aachen, Entscheidung v. 09.01.2007 - AZ: 3 L 634/06.
[111] Koch, S. 243.
[112] Siehe auch Funke/Müller, Rn. 660.
[113] BVerwG, GewA 1990, S. 142.

bieten beginnt sie jeweils eine Stunde früher.[114] Die kürzeste Sperrzeit von 5.00 bis 6.00 Uhr existiert in Berlin, Sachsen und Nordrhein-Westfalen.[115]

Allgemeine Ausnahmen sind unter bestimmten Umständen möglich, d. h. durch Rechtsverordnungen kann die Sperrzeit allgemein verlängert, verkürzt oder aufgehoben werden.[116] Es empfiehlt sich daher, immer zu prüfen, ob eine lokale Erlaubnis gegeben ist.

Auch **Ausnahmeregelungen für einzelne Betriebe** können bei Vorliegen eines öffentlichen Bedürfnisses oder besonderer örtlicher Verhältnisse getroffen werden.[117]

Bei der Bewertung der besonderen Voraussetzungen werden insbesondere wieder die allgemeinen immissionsschutzrechtlichen Kriterien relevant. Besonders konfliktträchtig ist der Fall der Bewirtschaftung im Freien, z. B. in Biergärten.[118]

Ein **besonderes öffentliches Bedürfnis** für die Verkürzung der Sperrzeit ist aus der Sicht der Allgemeinheit dann anzunehmen, wenn Tatschen festgestellt werden, die die Beurteilung zulassen, dass die Leistungen des betreffenden Betriebes während der allgemeinen Sperrzeiten in erheblichem Maße in Anspruch genommen werden. Dieses Interesse wird gegen das Interesse der Öffentlichkeit am Bestand der Sperrzeit, v. a. das Interesse der Anwohner an ungestörter Nachtruhe, abgewogen. Der Veranstalter muss dabei alle faktischen Lärmimmissionen gegen sich gelten lassen, unabhängig davon, ob er sie beeinflussen kann oder nicht.[119] Ein öffentliches Interesse an der Sperrzeitverkürzung kann in der Praxis im Einzelfall nur schwer nachgewiesen werden, geht doch § 18 GaststättenG davon aus, dass das Bedürfnis der Allgemeinheit für Bewirtung und Aufenthalt in Schank- und Speisewirtschaften und Vergnügungsstätten regelmäßig bis Beginn der Sperrzeit befriedigt werden kann.[120]

Besondere örtliche Verhältnisse werden an der Lage der Einrichtung, der Bedürfnisse der Einwohner und des Fremdenverkehrs sowie der Größe der Gemeinde festgemacht. Sie liegen vor, wenn die Gesamtumstände für eine positive Bewertung sprechen.[121]

b) Sonn- und Feiertagsregelungen

Die Durchführung von Veranstaltungen, die an **Sonn- oder Feiertagen** stattfinden, kann durch Landesgesetz eingeschränkt oder untersagt sein. So bestehen etwa in Baden-Württemberg gemäß § 7 Feiertagsgesetz (FTG BW) Verbote für öffentliche Veranstaltungen und Vergnügungen, zu denen öffentlich eingeladen oder für die

---

[114] So § 9 I GastVO BW.
[115] Funke/Müller, Rn. 661.
[116] Vgl. etwa § 11 GastVO BW.
[117] So z.B. § 12 GastVO BW; § 9 II und 3 LImSchG NW.
[118] Anschaulich Funke/Müller, Rn. 666.
[119] So Funke/Müller, Rn. 665.
[120] Funke/Müller, Rn. 666 m.w.N.
[121] Siehe Funke/Müller, Rn. 667.

Eintritt erhoben wird, sowie für öffentliche Veranstaltungen, die der Unterhaltung dienen, während des Hauptgottesdienstes an Sonntagen und gesetzlichen Feiertagen. Messen und Märkte dürfen erst nach 11 Uhr beginnen. Besonders stringente Einschränkungen gelten für den Karfreitag und den Totengedenktag, an denen öffentliche Veranstaltungen, die nicht der Würdigung des Feiertags oder einem höheren Interesse der Kunst, Wissenschaft oder Volksbildung dienen, ganztägig verboten sind, § 8 FTG BW. Auch an anderen hohen kirchlichen Feiertagen werden strengere Maßstäbe an die Art der Veranstaltung angelegt.

In diesen Fällen muss eine **Ausnahmegenehmigung** (z. B. gemäß § 11 Abs. 1 FTG BW; § 10 Abs. 1 FeiertagsG NW) bei der entsprechenden Polizei- oder Ordnungsbehörde eingeholt werden. Bei vorsätzlichen oder fahrlässigen Zuwiderhandlungen kann der Veranstalter die Zahlung eines **Bußgeldes** auferlegt werden (so etwa § 12 Abs. 1 FTG BW).

3. Tongeräte und Sing-Spielgenehmigung

a) Tongeräte

Teilweise gibt es in den Bundesländern die allgemeinen Lärmbestimmungen konkretisierende Sonderregelungen für den Gebrauch von Geräten, die der Schallwiedergabe dienen. Die Benutzung in für die Umwelt belästigender Lautstärke unterliegt beispielsweise in Nordrhein-Westfahlen gemäß § 10 LImSchG grundsätzlich einem Genehmigungsvorbehalt, mit Ausnahme zeitlich begrenzter Darbietungen in innerstädtischen Fußgängerzonen und Wahlwerbung.[122]

Bei der Ausnahmegenehmigung spielen neben bauaufsichtsbehördlichen und gaststättenrechtlichen Bestimmungen die allgemeinen Lärmschutzvorgaben eine maßgebliche Rolle. Die genehmigungsrechtlichen Anforderungen einer nicht übermäßigen Lärmbelästigung sind dabei nicht unüberwindlich und werden selbst bei Großveranstaltungen regelmäßig erfüllt.[123]

b) Sing-Spielgenehmigung

Überdies ist vielerorts bei Events mit Live-Musik eine Sing-Spielgenehmigung erforderlich, die in der Regel bei öffentlichem Interesse an der Spielstätte erteilt wird. Die Zuwiderhandlung ist nach dem Gaststättengesetz bußgeldbewehrt.[124]

4. Feuerwerk

In einigen Bundesländern besteht für das Abbrennen von Feuerwerkskörpern ein Genehmigungsvorbehalt der lokalen Ordnungsbehörde. Dauer und Zeitpunkt der

---

[122] Siehe auch Funke/Müller, Rn. 650.
[123] Vgl. auch Funke/Müller, Rn. 651.
[124] Näher Funke/Müller, Rn. 652 f.

Durchführung werden begrenzt.[125] Ausnahmegenehmigungen für besondere Anlässe sind jedoch möglich.[126]

G. Sondernutzungsgenehmigung und straßenverkehrsrechtliche Erlaubnis

Beispiel 1: Der Organisator R möchte Publikum für seine Premierenveranstaltung gewinnen, indem er Werbetafeln in der Stadt anbringt.

Beispiel 2: Der Konzertveranstalter V organisiert einen Auftritt der Rockband Flying Rockets in einem öffentlichen Stadion in Düsseldorf.

Beispiel 3: Der Eventmanager E will nach New Yorker Vorbild in der Weihnachtszeit eine Kunsteisfläche für Publikumsverkehr auf dem Münchner Karlsplatz errichten.

Beispiel 4: Der Geschäftsmann G plant eine Inline-Skate-Nacht in der Stuttgarter Innenstadt mit geschätzten eintausend Teilnehmern.

Alle Beispiele betreffen in irgendeiner Form öffentliche Wege oder Plätze. In diesem Fall muss der Veranstalter zumeist eine **Sondernutzungsgenehmigung** einholen. Findet die Veranstaltung auf Straßen mit StVO-Geltung statt, kann zudem eine **straßenverkehrsrechtliche Ausnahmeerlaubnis** erforderlich sein, die strengere Anforderungen stellt. Aus Gründen der Verfahrenskonzentration[127] ersetzt sie dann die Sondernutzungsgenehmigung.[128]

I. Sondernutzungsgenehmigung

1. Genehmigungspflicht

Einer Sondernutzungsgenehmigung bedarf es nach den **Straßen- und Wegegesetzen** der Länder grundsätzlich immer, wenn **öffentliche Straßen, d. h. Wege und Plätze**, die dem öffentlichen Verkehr gewidmet sind, nicht vorwiegend zu Zwecken

---

[125] Z.B. § 11 LImSchG NW: Ein Feuerwerk darf maximal 30 Minuten dauern und muss je nach Jahreszeit bis 22 oder 23 Uhr beendet sein.
[126] So Funke/Müller, Rn. 673.
[127] So Steiner in Steiner, Das Recht der Verkehrsinfrastruktur, Rn. 152.
[128] So z.B. § 16 VI BWStrG; Art.21 BayStrWG; § 19 BrandStrG; § 22 VII MVStrWG; § 19 NdStrG; § 21 NRWStrG; § 41 VII RhPfStrG; § 18 VII SaarlStrG; § 19 SächStrG; § 19 SachsAnhStrG; § 21 VI SchlHStrWG und § 19 ThürStrG; siehe auch Steiner in Steiner, Das Recht der Verkehrsinfrastruktur, Rn. 152.

des Verkehrs, sondern zu anderen Zwecken benutzt werden.[129] Sobald ein Event auf öffentlichen Wegen oder Plätzen stattfindet, ist dies regelmäßig anzunehmen:

Beispiele:

- Wein-, Schützen- und sonstige Straßenfeste
- Wochen- und Flohmärkte
- Musikanten- und Karnevalsumzüge, Christopher-Street-Day
- Sportveranstaltungen wie Inline-Skate-Nights, Radrennen, Straßenmarathonläufe und Beach-Volleyball-Events in Innenstädten

Bei dieser Art von Veranstaltung wird typischerweise der ortsübliche Verkehr durch Absperrungen, Verkaufsstände, Sitzgelegenheiten oder andere räumliche Hindernisse und wegen der Zahl und des Verhaltens der Teilnehmer eingeschränkt.[130] Auch die Nutzung von dem Gemeingebrauch gewidmeten öffentlichen Flächen durch einen Ausrichter, der die Veranstaltung nur einer begrenzten Öffentlichkeit zugänglich macht, indem er etwa Eintritt erhebt, ist genehmigungspflichtig.[131]

Hintergrund: Eine Straße wird nur zu Zwecken des Verkehrs genutzt, wenn eine auf eine Ortsveränderung gerichtete Fortbewegung von Personen und Sachen bezweckt wird.[132] Ansonsten wird der sogenannte Gemeingebrauch, der auch als unentgeltlicher Jedermann-Gebrauch definiert wird[133], überschritten. Ist der Zweck der Nutzung gewerblicher Art, ist das ein starkes Indiz.[134] Die Nutzung der öffentlichen Straßeninfrastruktur stellt dann eine Sondernutzung dar.

Den Gemeingebrauch nicht beeinträchtigende Sondernutzungen bedürfen allein einer privatrechtlichen Gestattung, § 8 X FStrG. Entscheidend ist, ob die in Frage stehende Nutzung abstrakt, also unabhängig von einer konkreten Gefährdung Dritter im Einzelfall, geeignet ist, die Ausübung des Gemeingebrauchs nachteilig zu beeinflussen, insbesondere die Sicherheit und Leichtigkeit des Verkehrs[135]. Wird durch die Sondernutzung der Gemeingebrauch beeinträchtigt, kann sie nur auf der Grundlage einer besonderen Sondernutzungserlaubnis ausgeübt werden[136] (§ 8 Abs. 1 S. 1 FStrG).

---

[129] Steiner in Steiner, Das Recht der Verkehrsinfrastruktur, Rn. 121; zu den konkreten landesrechtlichen Bestimmungen vgl. Art. 14 I S. 2 BayStrWG; § 10 II S. 3 BerlStrG; § 16 II HambWG; §14 I S. 3 NdStrG; § 21 I S. 2 NWStrWG; § 34 III RhPflStrG; § 20 I S. 2 SchlHStrWG. Variationen: § 15 I S. 2 BWStrG; § 16 I S. 2 HambWG und § 14 I S. 2 SaarlStrG.

[130] Zum gleichen Ergebnis kommt auch Funke/Müller, Rn. 630.

[131] Laut Funke/Müller, a.a.O.

[132] So Papier in Achterberg/Püttner/Würtenberger, Straßenrecht, Rn. 80.

[133] Vgl. Steiner a.a.O.

[134] Näher Papier in Achterberg/Püttner/Würtenberger, Straßenrecht, Rn. 93.

[135] Steiner in Steiner, Das Recht der Verkehrsinfrastruktur, Rn. 126.

[136] Siehe Papier in Achterberg/Püttner/Würtenberger, Straßenrecht, Rn. 95.; Steiner in Steiner, Das Recht der Verkehrsinfrastruktur, Rn. 127.

Es ist deshalb ein Antrag bei der zuständigen Behörde zu stellen, wenn der Event auf öffentlichen Wegen, aber auch auf öffentlichen Plätzen wie beispielsweise auf einem Marktplatz, in einem Stadion[137] oder auf einem Festplatz stattfindet.

Der Konzertveranstalter V **im Beispielsfall 2** hat demnach eine straßenverkehrsrechtliche Erlaubnis für sein Rockkonzert im öffentlichen Stadion zu beantragen.

Auch diverse andere Tätigkeiten im Rahmen eines Events können eine Genehmigung erfordern: Dazu zählen unter anderem das Aufhängen oder Aufstellen von Werbeplakaten sowie das Aufstellen von Verkaufsständen oder Tribünen.[138]

Im **Beispielsfall 1** muss der Organisator also für die Anbringung seiner Werbetafeln eine Erlaubnis einholen.

Die Gemeinden und Städte haben nach den Landesstraßengesetzen das Recht, Sondernutzungen in Ortsdurchfahrten und Gemeindestraßen in Satzungen näher zu beschreiben.[139] Häufig machen sie davon Gebrauch und regeln detailliert die einzelnen Nutzungsarten nebst ergänzender Bestimmungen zur Ausführung und zu Gebühren. Teilweise werden bestimmte Sondernutzungen von der Erlaubnispflicht ausgenommen.[140] Die Gemeinden und Städte können allerdings auch die Nutzung öffentlicher Festplätze nach Art und Zahl der Events beschränken, um ein attraktives Unterhaltungsangebot zu gewährleisten.[141] Neben allgemeinen städtischen und gemeindlichen Satzungen gibt es auch Benutzungssatzungen für bestimmte Plätze, in Düsseldorf z. B. für die Oberkasseler Rheinwiesen und den Burgplatz.

Es ist daher unbedingt ratsam, sich zu erkundigen, ob eine Satzung der jeweiligen Gemeinde existiert und diese gegebenenfalls einzusehen!

Die **Waldgesetze** der Länder enthalten ebenfalls Erlaubnisvorbehalte für Sondernutzungen im Waldbereich.[142]

2. Genehmigungsverfahren

Zuständig ist in der Regel das Ordnungsamt.

a) Gebühren

Die Gemeinden haben das Recht, neben den bei behördlichen Genehmigungen immer anfallenden Verwaltungsgebühren **Benutzungsgebühren** zu erheben, § 8 Abs. 3 S. 1 FStrG, sofern eine Rechtsverordnung der Landesregierung oder eine Gemeindesatzung dies vorsieht. Maßstab für die Höhe der Gebühr ist der wirt-

---

[137] Vgl. etwa § 18 StrWG NW; so auch Funke/Müller, a.a.O.
[138] So etwa die Gebührentabelle zur Satzung der Stadt Düsseldorf, s. bei Funke/Müller, Rn. 631.
[139] Siehe auch Papier in Achterberg/Püttner/Würtenberger, Straßenrecht, Rn. 92.
[140] Die Gemeinde ist dazu ausnahmsweise nach Landesrecht befugt, so Papier in Achter- berg/Püttner/Würtenberger, Straßenrecht, Rn. 89 m.w.N.
[141] OVG Münster, NVwZ 1987, S. 518.
[142] Vgl. Funke/Müller, Rn. 640.

schaftliche Vorteil der Sondernutzungsberechtigten.[143] Die Höhe der Gebühr ist gemeinhin der Gebührentabelle der betreffenden Rechtsverordnung oder Satzung zu entnehmen.

b) Nebenbestimmungen

Um die Sicherheit bei Sondernutzungen zu gewährleisten, erteilen die Behörden bei Veranstaltungen mit größerem Gefahrenpotenzial die Genehmigung oftmals nicht uneingeschränkt, sondern nur unter **Auflagen**. Je nach Art der Veranstaltung können diese mit erheblichem finanziellem und organisatorischem Aufwand verbunden sein. Bei Großveranstaltungen wie den großen Rosenmontagsumzügen oder dem Christopher Street Day können etwa der Nachweis entsprechender Versicherungen, eine technische Überprüfung der Umzugswägen oder gar der Einsatz von Sicherheitspersonal zur Auflage gemacht werden.[144] Dies sollte von Beginn an in die Planungen eines Events mit einbezogen werden! Werden die Auflagen bis Veranstaltungsbeginn nicht eingehalten, ist die Genehmigung ungültig.

3. *Folgen bei Nichteinhaltung der Vorgaben*

ZWANGSGELD	ERSATZZWANGHAFT	Kurzfristige UNTERSAGUNG

Eine straßenverkehrsrechtliche Genehmigung substituiert die Sondernutzungsgenehmigung. In den übrigen Fällen sollte sich der Veranstalter an die Vorgaben der Ordnungsbehörde halten:

Erfüllt er die Auflagen nicht, kann dies durch die Anordnung von **Zwangsgeld** gemäß § 11 VwVG erzwungen werden. Ist das Zwangsgeld uneinbringlich, können die Auflagen gemäß § 16 VwVG alternativ auch mit Ersatzzwanghaft durchgesetzt werden.

Fehlt die Sondernutzungsgenehmigung gänzlich, muss der Veranstalter sogar mit der kurzfristigen Untersagung der gesamten Veranstaltung rechnen. Dies betrifft in besonderem Maße große und gefahrreiche Events, da sie das meiste Störpotenzial aufweisen.

Zu beachten ist auch: Die Sondernutzungsgenehmigung ersetzt nicht die nach anderen Verwaltungsgesetzen erforderlichen Erlaubnisse oder Genehmigungen, z. B. eine Baugenehmigung oder eine straßenverkehrsrechtliche Erlaubnis.

---

[143] Vgl. Papier in Achterberg/Püttner/Würtenberger, Straßenrecht, Rn. 99.
[144] Mit weiterer Kasuistik Funke/Müller, Rn. 633.

II. Straßenverkehrsrechtliche Erlaubnis

1. Ausnahmegenehmigung bei Rennen mit Kraftfahrzeugen

Rennen mit Kraftfahrzeugen sind nach § 29 Abs. 1 StVO grundsätzlich **verboten**. Geschuldet ist dies den besonders großen Gefahren für Leib und Leben, wenn das Rennen auf öffentlichen Straßen stattfindet.[145] Obwohl veranstaltete Rennen einen großen Unterhaltswert innehaben, sind sie primär Wettbewerbe zur Erzielung einer Höchstgeschwindigkeit.

Eine Ausnahmegenehmigung ist nur möglich, wenn das Rennen auf einer Straße mit geringer Verkehrsbeteiligung ausgetragen werden soll.[146] Besonders entscheidend für die Erteilung sind umweltrechtliche Gesichtspunkte, insbesondere der Naturschutz sowie der Lärmschutz.

2. Erlaubnis bei übermäßiger Straßennutzung

Im Übrigen bezieht sich die straßenverkehrsrechtliche Erlaubnis im Gegensatz zur Sondernutzungsgenehmigung nur auf Straßen, auf denen die Straßenverkehrsordnung Anwendung findet. Gemäß § 29 Abs. 2 StVO bedürfen Veranstaltungen, für die Straßen mehr als verkehrsüblich in Anspruch genommen werden, einer Erlaubnis. Das ist der Fall, wenn die Benutzung der Straße für den Verkehr wegen der Zahl oder des Verhaltens der Teilnehmer oder der Fahrweise der beteiligten Fahrzeuge eingeschränkt wird.

Motorsportveranstaltungen sind erlaubnispflichtig, sobald Vorgaben zu Geschwindigkeit, Strecke oder Zeit relevante Kriterien sind oder Sonderprüfungen vorgenommen werden. Gleiches gilt, wenn mindestens 30 Fahrzeuge am gleichen Ort starten oder ankommen oder im geschlossenen Verband gefahren wird[147], so beispielsweise bei Oldtimer-Zuverlässigkeitsprüfungen.[148] Gar nicht erst erlaubnisfähig sind wegen der großen Risiken z. B. Fahrten mit Motorschlitten, Stock-Car-Rennen und Karambolageveranstaltungen.[149]

Radrennen, Marathonläufe, große Karnevalsumzüge oder vergleichbare Veranstaltungen mit mehr als 500 Teilnehmern bedürfen ebenfalls der Erlaubnis.[150]

Der Geschäftsmann G aus **Beispiel 4** muss somit eine straßenverkehrsrechtliche Erlaubnis beim Ordnungsamt für seine Inline-Skate-Nacht einholen, da eine übermäßige Straßennutzung in der Stuttgarter Innenstadt zu erwarten ist.

---

[145] OVG Münster, NJW-RR 1997, S. 4.
[146] So Funke/Müller, Rn. 638.
[147] Vgl. Funke/Müller, Rn. 642 f.
[148] Steiner in Steiner, Das Recht der Verkehrsinfrastruktur, Rn. 152.
[149] So Funke/Müller, Rn. 643.
[150] Steiner a.a.O., Funke/Müller, Rn. 645

Auch ortsfeste Events wie etwa Beach-Volleyball-Turniere oder Skatebord-Veranstaltungen in den Innenstädten unterfallen dem Straßenverkehrsrecht[151], da hier ebenso eine verkehrsunübliche Straßennutzung vorliegt, die den Straßenverkehr übermäßig belastet. Umleitungen führen in den Innenstädten häufig zu Überlastungen und damit zu weit reichenden Staus, die alle Verkehrsteilnehmer betreffen.

Der Eventmanager E aus **Beispiel 3** würde ebenfalls für seine weihnachtliche Kunsteisfläche eine straßenverkehrsrechtliche Erlaubnis benötigen, da der Publikumsverkehr durch das Event aufgehalten und hierdurch die Benutzung der öffentlichen Straßen übermäßig eingeschränkt wäre.

Dagegen überschreiten traditionelle kirchliche Veranstaltungen, z. B. Prozessionen, und kleinere örtliche Brauchtumsveranstaltungen normalerweise nicht den verkehrsüblichen Rahmen und erfordern keine Erlaubnis.[152]

3. Erlaubnisverfahren

Die auf der Grundlage des § 29 Abs. 1 und Abs. 2 StVO erteilten Erlaubnis- und Ausnahmebescheide bestimmen Art und Umfang der behördlichen Zulassung einschließlich der **Zeit- und Streckenpläne** und sehen zahlreiche **Auflagen** und **Bedingungen** vor.[153] Wichtige Aspekte sind dabei der Naturschutz sowie der Lärmschutz, weshalb die Polizei und im Einzelfall die Straßenverkehrsbehörde, die Straßenbaulastträger, die Forst- und die Naturschutzbehörden im Erlaubnisverfahren beteiligt sind. Nur wenn diese keine Bedenken äußern, wird die Erlaubnis erteilt. Aufgrund der Beteiligung verschiedener Behörden kann sich das Erlaubnisverfahren über mehrere Monate hinziehen. Eine rechtzeitige Beantragung der Erlaubnis ist daher dringend für ein straßenverkehrsbezogenes Event anzuraten!

4. Folgen bei Nichteinhaltung der Vorgaben

Verantwortlich gemacht werden können alle Personen, die in irgendeiner Weise mit der Organisation oder Durchführung der Veranstaltung befasst sind.[154] Führt der Veranstalter eine unerlaubte Veranstaltung durch oder sorgt er nicht dafür, dass die Verkehrsvorschriften sowie etwaige Bedingungen und Auflagen befolgt werden, begeht er eine **Ordnungswidrigkeit**. Diese kann gemäß § 24 Abs. 2 StVO mit einer Geldbuße geahndet werden.

---

[151] So etwa BVerwG, NZV 1989, S. 325; näher auch Funke/Müller und Steiner a.a.O.
[152] Ebenso Funke/Müller, Rn. 646.
[153] Steiner a.a.O.
[154] BGH VM 1982, S. 17.

H. Vorgaben zur Zusammenarbeit mit Behörden

I. Zusammenarbeit als Auflage

1. Auflage und freiwillige Selbstbindung

Ein Ausnahmebeispiel ist die Fußball-WM 2006 in Deutschland, deren Ausmaß auch im Hinblick auf Sicherheitsvorkehrungen jeden Rahmen sprengte:

Aber auch bei unzähligen anderen Events werden Vorgaben über die vom Veranstalter zu stellende Anzahl der Ordnungskräfte oder des Sanitätspersonals zum Inhalt behördlicher **Auflagen** gemacht. Bei Großveranstaltungen kann darüber hinaus die Zusammenarbeit mit den öffentlichen Verkehrsbetrieben vorgegeben werden.

Mittlerweile haben viele Kommunen, teils auch Bundesländer[155], Planungshilfen oder Vorgaben für Veranstaltungen, die immer wiederkehren oder erstmalig zur Genehmigung anstehen, erstellt. In einigen Kreisen und Kommunen existiert ein fester Maßnahmenkatalog für wiederkehrende Veranstaltungen. In anderen dagegen wird selbst bei Events mit fünfstelliger Besucherzahl kein Sanitätsdienst gefordert.[156]

Häufig sind dafür aber im Hallen- oder Geländepachtvertrag bereits entsprechende Vorgaben enthalten.[157]

Einige Dachverbände erlegen ihren Mitgliedern selbst Pflichten auf, so etwa bei Reitveranstaltungen oder Veranstaltungen des Motorradsports.[158]

Wünschenswert und oftmals auch anzuraten ist zudem die Eigeninitiative des Veranstalters. Gerade auch für kleinere oder risikoärmere Veranstaltungen gibt es Organisationspläne und Richtlinien, die bei der Erkennung und Einschätzung von Risiken im Vorfeld einer Veranstaltung behilflich sein und eine effiziente Gefahrenabwehr und -bekämpfung ermöglichen sollen.[159] Die freiwillige Einbeziehung von (mehr) Sicherheits- und Sanitätskräften kann sich im Ernstfall auszahlen.

2. Risiko- und Gefährdungsanalyse

Beispiel 6: Der Eventagenturbetreiber A beantragt beim Ordnungsamt eine Sondergenehmigung für ein großes Sommer-Open-Air-Konzert der Rockgruppe und Teenie-Idole T mit 25.000 Besuchern auf dem Festplatz der Großstadt X. Die Behörde rechnet mit Gesundheitsgefährdungen durch starkes Gedränge und Dehydrierung der exstatischen Fans. Außerdem erwartet sie Verkehrsstaus wegen der An- und Abreise der zahlreichen Besucher und fehlende Parkmöglichkeiten.

Beispiel 7: V plant eine Theateraufführung in einer abgelegenen Burgruine. Da diese noch nie für Veranstaltungen genutzt worden war, stellt er einen Antrag auf

---

[155] Z.B. in Hessen, so ASB-Leitfaden „Grundlagen zur Einsatzplanung", S. 9.
[156] ASB-Leitfaden „Grundlagen zur Einsatzplanung", S. 5.
[157] Vgl. Funke/Müller, Rn. 699.
[158] ASB-Leitfaden „Grundlagen zur Einsatzplanung", S. 6 f.
[159] ASB-Leitfaden „Grundlagen zur Einsatzplanung", S. 3.

Nutzungsgenehmigung beim Bauordnungsamt. Die Behörde sieht im baufälligen Zustand der Ruine eine erhebliche Gefahrenquelle. Sie befürchtet auch im Falle eines Notfalls Gesundheitsrisiken für die Teilnehmer wegen mangelhafter Ausstattung der Veranstaltungsstätte mit Fluchtwegen, Sicherheitseinrichtungen, Sanitätsraum und Ausschilderung von Notausgängen. Darüber hinaus sieht sie Probleme bei der rettungsdienstlichen Infrastruktur.

Tabelle 8: Exemplarische Übersicht des typischen Gefahrenpotenzials von Events[160]

Veranstaltung Beispielhafte Übersicht:	Gefahrenpotenzial
Ballett-/Schauspiel-/Theateraufführungen in Theatergebäuden, Konzerte und Opern in Konzerthallen, Messen und Ausstellungen auf Messegeländen, Tagungen und Kongresse in Tagungsräumen, Modenschauen, Galas	Gering
Volksfeste, Straßenfeste, Schützenfest, Flohmärkte, Feuerwerk, Hock, Basare, Tanzveranstaltungen (Bälle, Disko), Live-Konzerte in kleinen bis mittleren Clubs und Diskotheken	Mittel
Pop- und Rockkonzerte, insbes. Open-Air-Veranstaltungen, Sport-Großveranstaltungen, Flugshows, Motorsportveranstaltungen, große Karnevalsveranstaltungen, Veranstaltungen mit Risikogruppen, Großraumdiskotheken	Hoch bis sehr hoch

Die Behörden legen bei ihrer Entscheidung das **Gefahrenpotenzial** eines Events zugrunde. Einige Veranstaltungen sind dabei typischerweise ungefährlicher als andere:

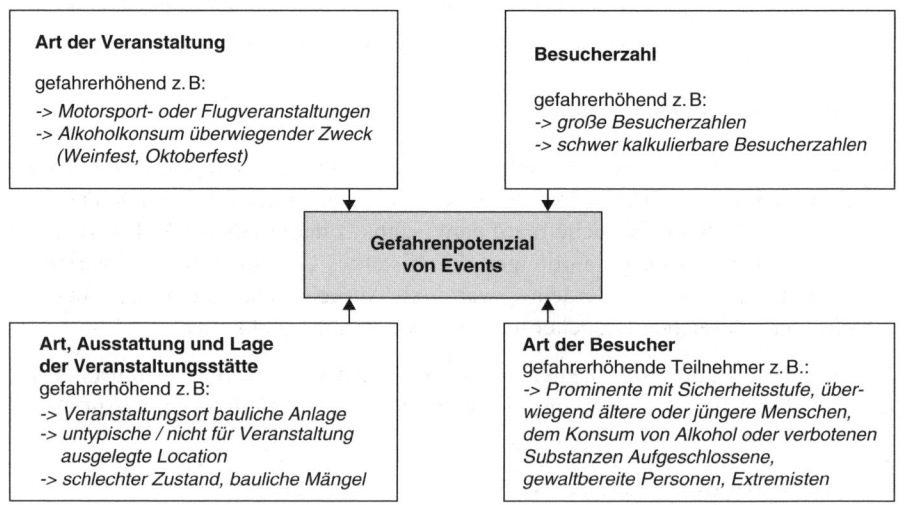

Abb. 4: Kriterien zur Bewertung des Gefahrenpotenzials eines Events

---

[160] Mit weiteren Beispielen Funke/Müller, Rn. 703 bis 713.

Bewertung des Gefahrenpotenzials hängt jedoch immer vom **konkreten Einzelfall** ab. Dazu hört die Behörde in der Regel alle beteiligten Stellen und Betroffenen sowie den Veranstalter an[161]. Die wichtigsten Kriterien bei der Risiko- und Gefährdungsanalyse sind die Art der Veranstaltung, die Anzahl und Art der Besucher sowie die Lage und Ausstattung der Veranstaltungsstätte[162]. Die Veränderung einzelner Faktoren kann das Gesicht der gesamten Veranstaltung entscheidend verändern. So sind Theaterinszenierungen in der Regel ungefährlich, da sie in eigens dafür gebauten Theatergebäuden stattfinden. Anders sieht dies aus, wenn das Stück in einer baufälligen Ruine aufgeführt wird (vgl. *Bsp. 1*).

II. Polizei

Bei Großveranstaltungen, Veranstaltungen mit starkem Gedränge und mit Besuchern, die laut polizeilicher Erkenntnis einer Risikogruppe angehören, ist der Einsatz polizeilicher Kräfte die Regel. Zu differenzieren ist zwischen eigenen, vom Veranstalter zu stellenden Ordnungskräften einerseits und externen Polizeikräften andererseits:

Die Behörden ordnen nach erfolgter Risiko-/Gefährdungsanalyse an, wie viele eigene Ordnungskräfte und Parkordner der Veranstalter stellen muss. Dementsprechend muss der Veranstalter kostenpflichtig einen privaten Sicherheitsdienst beauftragen.

So werden für das Konzert der Teene-Idole T im **Beispiel 6** Ordnungs- und Securitykräfte im unteren dreistelligen Bereich benötigt werden, denn neben der Absicherung der technischen Anlagen müssen der Ansturm tausender jugendlicher, hysterischer Fans bei Anreise und Einlass sowie Unruhen während der Wartezeit und der Durchführung des Konzerts und schließlich bei der Abreise der Besucher bewältigt werden.

Zusätzlich kann der Einsatz auswärtiger Polizeikräfte der Polizei(vollzugs)behörden zur Durchführung aller sicherheits-, verkehrs- und ordnungspolitischen Maßnahmen von den Behörden vorgesehen werden.[163]

Die dabei anfallenden **Polizeikosten** werden bei kommerziellen Veranstaltungen regelmäßig auf den Veranstalter abgewälzt.[164] Sie setzen sich aus Verpflegungskosten, Aufwandsvergütung, Zulage für Dienst zu ungünstigen Zeiten, Kilometer-

---

[161] ASB-Leitfaden „Grundlagen zur Einsatzplanung", S. 4.
[162] So ASB-Leitfaden „Grundlagen zur Einsatzplanung", S. 9; h Funke/Müller, Rn. 703 ff.
[163] Funke/Müller, Rn. 717.
[164] So schon im Urteil des VGH Mannheim vom 18.06.1979, AZ: I 47/79 hinsichtlich des Kostenersatzes für den Einsatz überörtlicher Polizeikräfte bei einem Autorennen.

entgelt für Einsatzfahrzeuge und insbesondere Mehrarbeitsvergütung zusammen[165] und können erheblich sein. Die Behörde kann in diesem Zusammenhang den Ersatz der Polizeikosten auch dann verlangen, wenn sie den Veranstalter – ohne um eine Auskunft ersucht worden zu sein – nicht auf die voraussichtliche Höhe der zu erstattenden Kosten vor Veranstaltungsdurchführung hingewiesen hat.[166]

Ausnahmsweise erlauben Landes-Erlasse, bei *kulturellen Veranstaltungen* gemäß der jeweiligen Verwaltungsvorschrift von einer Ersatzforderung abzusehen, wenn die erzielten Einnahmen einer Veranstaltung vor Abzug der Polizeikosten die Unkosten allenfalls geringfügig überschreiten.[167]

Im Sinne einer effektiven Kostenkalkulation empfiehlt es sich, im Vorfeld bei der Polizei eine Auskunft über die prognostizierten Kosten einzuholen. Dies ist allerdings nur auf Kulanzebene möglich, eine Informationspflicht der Behörde gibt es bisher nicht.[168]

III. Sanitätsorganisationen

Die Sanitätsdienste wie der *Arbeiter-Samariter-Bund*, das *Deutsche Rote Kreuz*, die *Malteser* oder die *Johanniter* gewährleisten in Abstimmung mit der zuständigen Ordnungsbehörde das erforderliche Maß an Sicherheit. Der Veranstalter muss einen **Vertrag** mit der jeweiligen Sanitätsorganisation abschließen. Dafür kann er sich im Vorfeld ein schriftliches Angebot erstellen lassen.[169]

Zu den Aufgaben eines Sanitätsdienstes zählen die Durchführung lebensrettender Sofortmaßnahmen, Maßnahmen der ersten Hilfe sowie allgemeine Betreuungsmaßnahmen.[170] Der Sanitätsdienst setzt sich zusammen aus Rettungssanitätern, Rettungshelfern und Notärzten, die Rettungs- und Krankentransportwagen und Notarzt-Einsatzfahrzeuge einsetzen können.

Die Planung eines Sanitätseinsatzes ist nicht nur bei Großveranstaltungen eine umfassende Aufgabe, die im Vorfeld sorgfältig durchgeführt werden muss.

Bei der Berechnung der Einsatzstärke wird bundesweit vielfach der Maurer-Algorithmus zu Grunde gelegt.[171] Neben einer rein rechnerischen Ermittlung einer möglichen Einsatzstärke bedarf es jedoch letztendlich immer einer detaillierten und fachkompetenten **Analyse des Einzelfalls vor Ort**, um die gebotene Einsatzstärke und insbesondere auch die Einsatzstruktur bestimmen zu können. Unter Berück-

---

[165] So etwa bei VGH Mannheim, NVwZ 1986, S. 657 f. hinsichtlich des Kostenersatzes für den Polizeieinsatz anlässlich eines Popkonzertes.
[166] VGH Mannheim, a.a.O.
[167] Z.B. Erlass des Innenministeriums Baden-Württemberg vom 16.05.1983 - III 6061/384.
[168] Funke/Müller, Rn. 718.
[169] ASB-Leitfaden „Grundlagen zur Einsatzplanung", S. 19.
[170] ASB-Leitfaden „Grundlagen zur Einsatzplanung", S. 6.
[171] Die Tabellen und Vorgehensweise zur Berechnung der Einsatzstärke nach diesem System auf Punktebasis können sie dem ASB-Leitfaden „Grundlagen zur Einsatzplanung" entnehmen, der auf der Homepage des Arbeiter-Samariter-Bundes kostenlos angefordert werden kann.

sichtigung der Situation während der Veranstaltung müssen potenzielle Gefahrenquellen, die Wegebeschaffenheit sowie die Erreichbarkeit analysiert werden.

Tabelle 9: ASB-Kriterien zur Analyse der Stärke und Struktur von Sanitätseinsätzen

Kriterien zur Analyse der Stärke und Struktur von Sanitätseinsätzen	
Wege und Erreichbarkeit lokal	→ Zugangsmöglichkeiten zu verschiedenen Bereichen, Eintreffzeit beim Patienten, Transportmöglichkeit?
	→ zusätzliches Risiko für Besucher auf Grund der Beschaffenheit der Wege (uneben, steinig, nass, Stufen etc.)?
Gefahrenquelle Stolperfallen	→ Unpassend verlegte Ver-/Entsorgungsleitungen für Strom, Wasser etc.?
Gefahrenquelle Objekte	→ Hindernisse, halbhohe Mauern, Bäume etc., die für bessere Übersicht bestiegen werden können?
Gefahrenquelle Gewässer	→ Kräfte des Wasserrettungsdienstes/Boot erforderlich?
Gefahrenquelle Glas	→ In Bausubstanz, Trinkgefäßen?
Gefahrenquelle Fehlende Beleuchtung	→ Beleuchtungssituation?
	→ Erschwernis der Hilfeleistung?
Gefahrenquelle Witterung	→ Kälte, Nässe, Wind, Hitze, direkte Sonneneinstrahlung?
Gefahrenquelle Alkohol	→ Erhöhter Alkoholkonsum zu erwarten?
Gefahrenquelle Platzbedarf	→ Fester Sanitätsraum oder Aufenthaltsraum für Sanitäter?
	→ Platz für Unfallhilfsstelle?
	→ Platz für Einsatzleitung, Abstellen von Einsatzfahrzeugen?
Gefahrenquelle Ver- und Entsorgungseinrichtungen	→ Stromanschlüsse, Wasser, Toiletten?
Wege und Erreichbarkeit regional	→ Insbesondere: Fahrdauer bis zum nächsten Krankenhaus?
Einsatzpotenzial regional	→ Ausgestaltung der rettungsdienstlichen Infrastruktur der Region?
Situation während der Veranstaltung	→ Ablauf der Veranstaltung?
	→ Einschränkung der Erreichbarkeit durch parkende Autos?
	→ Situation bei Einlass: Drängelgitter, abgetrennte Bereiche?
	→ Übersichtlichkeit am Veranstaltungstag?

Je nach Bewertung der Situation wird in der Folge ein schriftlicher **Einsatzplan** erstellt. Geregelt wird dabei der Einsatz und die Stärke von Sanitäts- und Notfalltrupps und Tragetrupps sowie die Einrichtung einer Unfallhilfsstelle oder einer Betreuungsstelle, die bei Veranstaltungen mit hoher Kinderbeteiligung, z. B. bei *Teenie-Konzerten* oder *Karnevalsumzügen*, die Sanitäter entlasten kann.[172]

---

[172] ASB-Leitfaden „Grundlagen zur Einsatzplanung", S. 23.

IV. Verkehrsbetriebe

Die Zusammenarbeit mit den öffentlichen Verkehrsbetrieben empfiehlt sich bei Großveranstaltungen (wie im Beispiel 6) und kann auch von den Behörden vorgegeben werden. Durch den Andrang der zahlreichen Besucher bei der An- und Abreise können chaotische Verhältnisse auf den Straßen, Parkplätzen und in den öffentlichen Verkehrsmitteln entstehen, unter denen nicht nur die Teilnehmer, sondern auch unbeteiligte Dritte zu leiden haben. Um dies zu umgehen, muss für Sonderzüge und -busse sowie für Park & Ride-Möglichkeiten gesorgt werden.[173] Bekannt ist die Zusammenarbeit mit den Verkehrsbetrieben nicht nur im Zusammenhang mit großen Rock-/Popkonzerten, sondern auch bei großen Sportveranstaltungen, so üblicherweise bei Fußballbundesligaspielen, nicht zu vergessen bei der Fußball-WM 2006.

J. Baurechtliche Vorgabens

Baurechtliche Vorschriften sind bei einer Vielzahl von Events tangiert, selbst wenn keine Veranstaltungsstätte errichtet werden soll. In den häufig von Eventveranstaltern übersehenen Fällen der **Nutzungsänderung** einer Location ist noch nicht einmal ein baulicher Vorgang erforderlich, um eine Genehmigungspflicht auszulösen. Auch gibt es eigens Vorschriften für den Betrieb von Versammlungsstätten.

I. Baugenehmigung

Zum **Ausgangsfall:** Braucht R für die zweistöckige Bühne oder das Karussell eine Genehmigung?

Die Errichtung und der Abbruch baulicher Anlagen unterliegen einem **Genehmigungsvorbehalt**[174], d. h. ohne die baubehördliche Genehmigung für das konkrete Vorhaben darf weder gebaut noch abgebrochen werden. Auch eine anderweitige Nutzung darf nicht erfolgen. Der Grund liegt im großen Gefahrenpotenzial baulicher Anlagen insbesondere für die körperliche Unversehrtheit und das Leben der Anwesenden. Bauliche Vorhaben müssen deshalb grundsätzlich genehmigt werden, außer sie sind unter Erfüllung bestimmter Voraussetzungen genehmigungsfrei. Die Baugenehmigung ist zu erteilen, wenn dem genehmigungspflichtigen Vorhaben keine von der Baurechtsbehörde zu prüfenden öffentlich-rechtlichen Vorschriften entgegenstehen.[175]

---

[173] Anschaulich auch Funke/Müller, Rn. 720.
[174] Siehe auch Kitzberger, S. 131.
[175] Bauordnungsrecht ist Landesrecht. Einschlägig sind daher die jeweiligen Bauordnungen der Länder, die jedoch in den wesentlichen Punkten übereinstimmen: Art. 72 I S. 1 BayBO; § 71 I BO Bln; § 58 LBO BW; § 72 I HBauO; § 64 I HBO; § 71 I BauO LSA; § 72 I S. 1 LBauO MV; § 75 I S. 1 NBauO; § 73 I S. 1 saarlLBO; § 73 I S. 1 SächsBO; § 70 ThürBO.

Zu beachten ist, dass Baugenehmigungen uneingeschränkt, aber auch unter **Auflagen** oder **Bedingungen** erteilt werden können. Dann muss der Bauherr Modifizierungen oder Nachbesserungen vornehmen. Dies sollte er bei der Planung bereits zeitlich und finanziell einkalkulieren.

Der Bauherr darf erst dann beginnen, sein Vorhaben auszuführen, wenn er dafür eine wirksame Baugenehmigung erhalten hat.

1. Bauliche Anlage

Doch wann liegt überhaupt eine bauliche Anlage vor und macht eine Baugenehmigung grundsätzlich erforderlich? Bauliche Anlagen sind unmittelbar mit dem Erdboden verbundene, aus Bauprodukten hergestellte Anlagen. Eine Verbindung mit dem Erdboden besteht auch dann, wenn die Anlage durch eigene Schwere auf dem Boden ruht oder wenn die Anlage nach ihrem Verwendungszweck dazu bestimmt ist, überwiegend ortsfest benutzt zu werden[176] (vgl. auch § 2 Abs. 1 S. 1–2 LBO BW[177]). Zudem gelten Ausstellungs-, Abstell- und Lagerplätze, Camping- und Zeltplätze, Stellplätze sowie Aufschüttungen und Ausgrabungen als bauliche Anlage (§ 2 Abs. 1 S. 3 LBO BW).

Es besteht also eine Genehmigungspflicht, wenn ein festes *Gebäude* oder ein *Ausstellungsplatz* für Veranstaltungen errichtet oder umgebaut wird. Schafft der Veranstalter *Stellplätze*, damit die Besucher ihre PKWs am Veranstaltungsort abstellen können, bedürfen sie ebenfalls (ab einer gewissen Größe) der Genehmigung. Auch *Bühnen*, *Tribünen* und *Fahrgeschäfte*, um nur einige weitere Beispiele aus dem Eventbereich aufzuzählen, müssen vom Bauamt zugelassen werden.[178]

So bedarf auch R im **Ausgangsfall** einer Genehmigung für die von ihm vorgesehene Bühne sowie für das Karussell, da es sich um eine bauliche Anlage handelt.

Festzelte hingegen sind fliegende Bauten und keine Bauwerke und unterfallen als solche anderen Bestimmungen. Für einen *Verkaufsstand* in einfacher Bauart muss ebenfalls keine Baugenehmigung eingeholt werden.[179]

2. Öffentlich-rechtliche Vorschriften

Die Baugenehmigung ist zu erteilen, wenn keine öffentlich-rechtlichen Vorschriften entgegenstehen bzw. das Vorhaben diesen entspricht.

Dabei richtet sich die **Zulässigkeit des Vorhabens** insbesondere nach folgenden katalogartig differenzierten Bereichen:

---

[176] Näher Finkelnburg/Ortloff, S. 17 f.

[177] Hier wird beispielhaft die Bauordnung des Landes Baden-Württemberg herangezogen. Bauordnungsrecht ist Landesrecht. Einschlägig sind daher die jeweiligen Bauordnungen der Länder, die jedoch in den wesentlichen Punkten übereinstimmen.

[178] So auch Funke/Müller, Rn. 612 ff.

[179] So auch Funke/Müller, Rn. 616.

Tabelle 10: Überblick über öffentlich-rechtliche Vorschriften im Rahmen einer Bau-genehmigungsprüfung

a) Bauvorhaben im Allgemeinen → *§§ 29-38 BauGB*	
Gilt für das Gebiet ein Bebauungsplan? §§ 30, 31 BauGB	→ Vorhaben zulässig, wenn es den Festsetzungen des Bebauungsplans nicht widerspricht und die Erschließung gesichert ist (qualifizierter Bebauungsplan, § 30 Abs. 1 BauGB)
	→ Fehlen bestimmte Festsetzungen, richtet sich die Zulässigkeit im Übrigen nach §§ 34, 35 BauGB (einfacher Bebauungsplan, § 30 Abs. 3 BauGB)
	→ Ausnahmen und Befreiungen sind möglich, vgl. § 31 BauGB!
ansonsten: Vorhaben innerhalb der im Zusammenhang bebauten Ortsteile? § 34 BauGB	Vorhaben zulässig, wenn es sich nach Art und Maß der baulichen Nutzung, der Bauweise und der Grundstücksfläche, die überbaut werden soll, in die Eigenart der näheren Umgebung einfügt und die Erschließung gesichert ist.
Bauen im Außenbereich? § 35 BauGB	→ Vorhaben nur ausnahmsweise unter erhöhten Anforderungen zulässig! → Mögliche Ausnahmetatbestände z.B. Abs. 1 Nr. 4: wegen besonderer Anforderungen an Umgebung, nachteiliger Wirkung auf Umgebung oder Zweckbestimmung nur im Außenbereich ausführbar Bsp.: Rennstrecke, Abenteuerpark zwischen Baumwipfeln

b) Verschiedene Baugebiete → *§§ 1-15 BauNVO*	
Anlagen für kulturelle, soziale, gesundheitliche und sportliche Zwecke	→ generell zulässig
Schank- und Speisewirtschaften, Betriebe des Beherbergungsgewerbes	→ mehrheitlich zulässig, → eingeschränkt in Kleinsiedlungsgebieten und allgemeinen Wohngebieten, → nicht in reinen Wohngebieten, Gewerbe- und Industriegebieten
Vergnügungsstätten, soweit sie nicht wegen ihrer Zweckbestimmung oder ihres Umfangs nur in Kerngebieten allgemein zulässig sind	→ zulässig in Kerngebieten → ausnahmsweise zulässig in Mischgebieten, Gewerbegebieten und Gebieten zur Erhaltung und Entwicklung der Wohnnutzung

c) Bauordnungsrechtliche Aspekte → *Bauordnungen der Länder*
Die jeweiligen Bauordnungen der Länder enthalten detaillierte Regelungen zum Grundstück und seiner Bebauung, der Bauausführung, den Bauprodukten und Bauarten, dem Bau und den daran Beteiligten. → Landesrecht beachten, die Bauordnungen der Bundesländer sind nicht identisch!

d) spezielle Bestimmungen über Veranstaltungsorte → **Versammlungsstättenverordnungen** *der Länder, Immissionsschutz-, Gaststättenrecht*
Die Durchführungsverordnung zur Landesbauordnung (Versammlungsstättenverordnung VStättVO) enthält differenzierte, die Bauordnung ergänzende Bau- und Betriebsvorschriften speziell für Versammlungsstätten. Daneben gibt es immissionsschutz- sowie gaststättenrechtliche Einschränkungen, die bereits unter D. und F. behandelt wurden. → Landesrecht beachten, die Versammlungsstätten- und Immissionsschutzverordnungen der Bundesländer sind nicht identisch! (mehr zum Versammlungsstättenrecht im folgenden Abschnitt unter III.)

Die Prüfung der einzelnen Vorschriften übernimmt die zuständige Behörde im Umfang ihrer Sachentscheidungskompetenz.[180] Zur Auslegung zieht sie auch DIN-Normen und Normen der verschiedenen TA (Technische Anleitungen) heran, die Kataloge voller exakter Richt- und Grenzwerte für technische Anlagen enthalten.

Fahrgeschäfte werden anhand der DIN-Normen für Statik, Elektrik und Elektronik überprüft. Die Prüfung sowie die Ausstellung eines Baubuches erfolgt durch die Bauordnungsbehörde in Zusammenarbeit mit dem Technischen Überwachungsverein (TÜV) bzw. dem spezialisierten Überwachungsverein für Fahrgeschäfte in München, Köln und Essen. Fahrgeschäfte sind besonders risikolastig und werden deshalb nur für zwei Jahre zugelassen, dann ist eine erneute Prüfung erforderlich. Nach jedem Neuaufbau wird zudem eine Kurzprüfung durchgeführt.[181]

Das Kinderkarussell muss nach dem Aufbau in der Gärtnerei vor Konzertbeginn noch durch den TÜV im Rahmen einer Kurzprüfung abgenommen werden. Dieser kurze Genehmigungsvorgang setzt allerdings die Planung voraus, dass das Kinderkarussell bereits mehrere Tage vor der Uraufführung aufgebaut sein muss und nicht, wie häufig in der Eventbranche anzutreffen, dass alles am gleichen oder vorausgegangenen Tag und in der Nacht errichtet wird.

3. Genehmigungsfreie Vorhaben

Die Errichtung bestimmter Anlagen und Einrichtungen ist verfahrensfrei[182], da sie ein geringes Gefahrenpotenzial aufweisen. Die Risikobewertung ändert sich, wenn sie als Teil einer genehmigungspflichtigen Anlage errichtet werden, so dass dann für das gesamte Projekt eine Genehmigung eingeholt werden muss.[183]

Zu den nicht genehmigungsbedürftigen Anlagen zählen bis zu einer bestimmten Größe unter anderem

1. *Werbeanlagen* im Innenbereich,
2. *Automaten* und sofern es sich nicht um fliegende Bauten handelt
3. nur *vorübergehend* zu *Straßenfesten* und ähnlichen Veranstaltungen errichtete bauliche Anlagen und
4. bauliche Anlagen, die auf *Messe- oder Ausstellungsgelände*n errichtet sind[184]
5. Stellplätze[185]
6. Ausstellungsplätze im Innenbereich[186].

Eine genaue Auflistung befindet sich im Anhang der jeweiligen Landesbauordnung.

---

[180] Finkelnburg/Ortloff, S. 130.
[181] Funke/Müller, Rn. 614.
[182] Siehe z.B. § 50 I LBO BW; § 65 BauO NW.
[183] Finkelnburg/Ortloff, S. 90.
[184] So exemplarisch in Baden-Würtemberg, Anhang zur LBO BW Nr. 55 - 57 sowie Nr.62 - 63.
[185] Anhang zur LBO BW Nr. 65. Danach können Stellplätze und Ausstellungsplätze im Innenbereich verfahrensfrei sein.
[186] A.a.O.

Achtung: Das genehmigungsfreie Vorhaben muss dennoch den öffentlich-rechtlichen Vorschriften entsprechen (z. B. Lärm- oder straßenverkehrsrechtlichen Vorschriften)![187]

4. Baugenehmigungsverfahren

Die Erteilung der Baugenehmigung setzt voraus, dass das Genehmigungsverfahren durch einen **Bauantrag** in Gang gebracht wird. Er ist **schriftlich** bei der unteren Bauaufsichtsbehörde zu stellen.[188]

Für *Bühnen, Tribünen* oder *Start- und Zieltürme* müssen korrekte bautechnische Zeichnungen, die sämtliche Statik- und Belastungsberechnungen enthalten, bei der Bauprüfungsabteilung des zuständigen Amtes eingereicht werden.[189] Auch in anderen Fällen können bautechnische Unterlagen über das Vorhaben vorzulegen sein.

Das Baugenehmigungsverfahren entfällt nur ausnahmsweise, wenn einer anderen Sachentscheidung eine Konzentrationswirkung zukommt.[190]

5. Folgen bei Nichteinhaltung der Vorgaben

Auflagen	Kurzfristige Untersagung	Zwangsgeld	Versiegelung des Veranstaltungsortes

Wenn eine für ein Vorhaben erforderliche Baugenehmigung nicht eingeholt wurde, ist das Vorhaben formell illegal, auch wenn das Vorhaben eigentlich den tatsächlichen Sicherheitsstandards und baurechtlichen Vorschriften entspricht.

Erfährt die zuständige Baubehörde von dem Vorhaben, bevor das Event stattfindet, ist dessen Durchführung gefährdet. Der Veranstalter muss mindestens mit erheblichen zeitlichen, finanziellen und organisatorischen Problemen rechnen, wenn er auf Grund behördlicher Anordnung zur Gewährleistung der Sicherheit der betroffenen Schutzgüter **Nachbesserungen** vornehmen muss. So kann es sein, dass er nachträglich feuersichere Türen einbauen lassen, einen zweiten Rettungsweg anlegen lassen oder eine ausreichende Anzahl von Stellplätzen zusätzlich errichten lassen muss.

Die Behörde kann auch die gesamte Veranstaltung kurzfristig untersagen.[191]

Gegen einen Untersagungsbescheid der Behörde stehen dem Veranstalter zwar **Rechtsmittel** zu. Insbesondere kann er zunächst innerhalb eines Monats nach Zugang Widerspruch einlegen. Da allerdings wegen der Nichtbeantragung oft der Behörde kaum noch Zeit bis Veranstaltungsbeginn bleibt, eine ausführliche bau-

---

[187] Bspw. § 50 V LBO BW.
[188] Schenke in Achterberg/Püttner/Würtenberger, Bauordnungsrecht Rn. 94 f.; in Baden-Württemberg ist der Bauantrag bei der Gemeinde zu stellen, Schenke a.a.O. Eine ausführliche **Länderübersicht** bietet Finkelnburg/Ortloff, S. 92 ff.
[189] Vgl. Funke/Müller, Rn. 613.
[190] Näher Finkelnburg/Ortloff, S. 100.
[191] Finkelnburg/Ortloff, S. 196 f.

technische Prüfung vorzunehmen bzw. es nicht mehr möglich ist, die vorgeschriebenen Sicherheitsstandards herzustellen, ordnen die Behörden häufig wegen eines besonderen öffentlichen Interesses die sofortige Vollziehung an. Dagegen ist der Widerspruch wirkungslos.[192] Dann bleibt nur noch die Möglichkeit des **einstweiligen Rechtsschutzes.**

Falls der Ausrichter des Events versuchen sollte, sich über die behördlichen Anordnungen hinwegzusetzen, hat die Behörde verschiedene Möglichkeiten, die Untersagungsverfügung durchzusetzen: Sie kann wie zur Durchsetzung der Sondernutzungsgenehmigung ein **Zwangsgeld** anordnen. Als stärkeres Mittel steht ihr zudem die Möglichkeit offen, den **Veranstaltungsort** zu **versiegeln**. Bei Großveranstaltungen ist meistens die Zahlung des Zwangsgeldes wesentlich billiger als der durch einen Ausfall des Events zu befürchtende Schaden. Da die Behörden wissen, dass einige Veranstalter dies als das geringere Übel in Kauf nehmen, muss der Veranstalter damit rechnen, dass sie den Veranstaltungsort versiegeln, um die Untersagungsverfügung durchzusetzen. Setzt sich der Veranstalter über die Versiegelung hinweg, so begeht er einen Siegelbruch. Er macht sich sogar strafbar gemäß § 136 Abs. 2 StGB.

II. Unterfall: Nutzungsgenehmigung

Zum Ausgangsfall: Benötigt R eine Genehmigung, weil er seine Premierenveranstaltung in einer alten Gärtnerei und nicht in einem Konzerthaus stattfinden lassen will?

Wichtig für den Eventmanager ist es zu beachten, dass sich die Zulässigkeit baulicher Anlagen nicht nur auf den Baukörper als solchen, sondern immer auch auf seine Nutzung bezieht.[193] Das heißt, eine bauliche Anlage ist auch **genehmigungspflichtig**, wenn sie **für einen anderen als den geeigneten und bestimmten Zweck genutzt** werden soll!

Das ist meistens der Fall, wenn das geplante Event an ungewöhnlichen und ausgefallenen Orten stattfindet. Gerade dieser Bereich hat in der letzten Zeit starken Zuwachs zu verzeichnen. Location-Scouts finden immer bizarrere Veranstaltungsorte.

Beispiele:

- Modenschau in einer alten Kaserne oder in Kirchen,
- Jubiläumsfeier in einer stillgelegten Fabrikhalle,
- Diskothek in einem ehemaligen Elektrizitätswerk,
- Produktpräsentation in einem Gewächshaus,
- After-Show-Party in einem Museum,
- Konzert in einer früheren Stallung,
- Theaterinszenierung in einem U-Bahn-Schacht,
- Vernissage in einer Produktionsstätte.

---

[192] Kitzberger, S. 134 f.
[193] So Finkelnburg/Ortloff, S. 196 f.

Eine Nutzungsänderung unterliegt den gleichen Anforderungen wie die Errichtung einer baulichen Anlage, weil eine atypische Nutzung, für die eine Location baulich nicht ausgelegt ist, erhebliche Gefahren für die Gesundheit und das Leben der Anwesenden bergen kann. Genannt seien nur die Einsturzgefahr wegen übermäßiger Belastung der Räumlichkeiten durch große Besucherzahlen und technische Anlagen, unzureichender Brandschutz oder im Notfall fehlende Rettungswege. Deshalb muss auch hier eine bautechnische Überprüfung erfolgen und eine Risikoanalyse vorgenommen werden.

Die Nutzungsänderung ist nur ausnahmsweise verfahrensfrei, wenn für die neue Nutzung keine anderen oder weitergehenden Anforderungen gelten als für die bisherige Nutzung.[194] Dann besteht keine Gefahr für die Schutzgüter.

Fazit: Die Nutzungsgenehmigung ist ein Unterfall der allgemeinen Baugenehmigung. Deshalb auch bei einer Nutzungsänderung immer eine Genehmigung einholen, sonst drohen auch hier Zwangsgelder und Untersagungsverfügungen!

III. Vorgaben der Versammlungsstättenverordnung

1. Regelungsbereich der Versammlungsstättenverordnung

Versammlungsstätten sind bauliche Anlagen oder Teile derselben, die für die gleichzeitige Anwesenheit vieler Menschen bei Veranstaltungen bestimmt sind sowie Schank- und Speisewirtschaften. Für den **Bau und Betrieb** dieser Versammlungsstätten gibt es in den meisten Bundesländern gesonderte Bestimmungen, die die Landesbauordnungen näher ausfüllen, indem sie diese ergänzen, erleichtern oder erschweren. Besondere Anforderungen an eine Versammlungsstätte stellen etwa das Immissionsschutzrecht sowie das Gaststättenrecht.[195] Zahlreiche differenzierte Bestimmungen enthalten die **Landesversammlungsstättenverordnungen**. Sie sind Durchführungsvorschriften zur jeweiligen Landesbauordnung, die sich auf die Besonderheiten der Versammlungsstätten konzentrieren und besondere Abnahmen der Örtlichkeiten festlegen.

Grundlage bilden die Vorschriften der Musterversammlungsstättenverordnung (MVStättV), die die Bundesländer zumindest in den wesentlichen Punkten als Verordnung oder Richtlinie[196] umgesetzt haben.[197] Ziel der MVStättV ist es, durch Regelungen zum Bau und Betrieb von Versammlungsstätten einen nach dem aktuellen Stand sicherheitstechnischer Erkenntnisse möglichst optimalen Schutz von Perso-

---

[194] So etwa § 50 II Nr. 1 LBO BW.
[195] Mehr dazu unter D.I. bzw. F.III.
[196] Richtlinien entfalten im Gegensatz zu Verordnungen keine Außenwirkung, sondern wirken nur verwaltungsintern, binden also Privatpersonen nicht direkt.
[197] Nahezu alle Bundesländer haben die MVStättV in Landesrecht umgesetzt. In *Thüringen* und *Bremen* existiert keine Versammlungsstättenverordnung, aber die Verwaltungs- praxis ist angelehnt an die MVStättV 2005, da sie bei den behördlichen Ermessens- entscheidungen Berücksichtigung findet; vgl. Übersicht bei Löhr/Gröger, S.6, im Wesentlichen weichen die Bestimmungen nicht voneinander ab.

nen – Besuchern, Mitarbeitern sowie Mitwirkenden – während ihres Aufenthalts und eine rasche Evakuierung aus Versammlungsstätten bei Eintritt von Schadensfällen zu gewährleisten.[198] Sie spielt eine entscheidende Rolle bei der **Erteilung von Baugenehmigungen** und enthält einen **eigenen Pflichtenkreis** des Betreibers, der auf den Veranstalter zumindest teilweise übertragen werden kann.

Tabelle 11: Besucherfassungsvermögen

Versammlungsstätten	Besucherfassungsvermögen
mit einzelnen Versammlungsräumen	je >200
mit mehreren Versammlungsräumen, die gemeinsame Rettungswege haben	insgesamt >200
im Freien mit Szenenflächen, deren Besucherbereich ganz oder teilweise aus baulichen Anlagen besteht	>1000
Sportstadien	>5000

Die MVStättV wird angewendet auf Versammlungsstätten sowie auf bauliche Anlagen, die vorübergehend im Sinne der Verordnung zu Durchführung von Veranstaltungen genutzt werden, dann allerdings nur für diese Nutzungsfälle.[199]

Tabelle 12: Aufbau MVStättV

Teil 1	Allgemeine Vorschriften	§§ 1 und 2
Teil 2	Allgemeine Bauvorschriften	
Abschnitt 1	Bauteile und Baustoffe	§§ 3 bis 5
Abschnitt 2	Rettungswege	§§ 6 bis 9
Abschnitt 3	Besucherplätze und Einrichtungen für Besucher	§§ 10 bis 13
Abschnitt 4	Technische Anlagen und Einrichtungen, besondere Räume	§§ 14 bis 21
Teil 3	Besondere Bauvorschriften	
Abschnitt 1	Großbühnen	§§ 22 bis 25
Abschnitt 2	Versammlungsstätten mit mehr als 5 000 Besucherplätzen	§§ 26 bis 30
Teil 4	Betriebsvorschriften	
Abschnitt 1	Rettungswege, Besucherplätze	§§ 31 und 32
Abschnitt 2	Brandverhütung	§§ 33 bis 35
Abschnitt 3	Betrieb technischer Einrichtungen	§§ 36 und 37
Abschnitt 4	Verantwortliche Personen, besondere Betriebsvorschriften	§§ 38 bis 43
Teil 5	Zusätzliche Bauvorlagen	§§ 44 und 45
Teil 6	Bestehende Versammlungsstätten	§ 46
Teil 7	Schlussvorschriften	§§ 47 und 48

Die Vorschriften der MVStättV gelten nicht für Räume, die dem Gottesdienst gewidmet sind, Unterrichtsräume in allgemein- und berufsbildenden Schulen, Aus-

---

[198] So Löhr/Gröger, S. 76.
[199] Siehe Löhr/Gröger, S. 102.

stellungsräume in Museen und fliegende Bauten sowie für Versammlungsstätten, die ein Mindestbesuchervolumen nicht fassen kann.

In den **Anwendungsbereich** der MVStättV fallen:

Besucher im Sinne der MVStättV sind an einer Veranstaltung passiv beteiligte Personen oder Gäste. Sie haben zumeist nur über eine Eintrittskarte mit oder ohne Bezahlung oder durch eine andere Einlasskontrolle Zutritt zur Veranstaltung. Der Begriff des Besuchers entspricht im Wesentlichen dem des „Zuschauers" oder „Zuhörers".[200] Platzanweiser, Sicherheitspersonal, Backstagebeteiligte (Maske, Kostüm, Licht- und Tontechnik), Künstler oder sonstige Verantwortliche fallen damit nicht in die Berechnung der Besucherzahlen hinein. Die MVStättV ist wie in Tabelle 12 dargstellt aufgebaut.

2. Bauvorschriften

Zum Ausgangsfall: Im Rahmen der Prüfung von Rs Antrag auf Erteilung einer Baugenehmigung in Form einer Nutzungsgenehmigung für die Uraufführung seines Musicals in der alten Gärtnerei berücksichtigt die Behörde hauptsächlich, ob die Bestimmungen der MVStättV erfüllt werden.

Beim Bau von Versammlungsstätten bzw. bei der Nutzung sonstiger baulicher Anlagen zu Veranstaltungszwecken müssen Versammlungsstätten gewisse Vorgaben erfüllen. So müssen sie etwa in jedem Geschoss zwei voneinander unabhängige bauliche *Rettungswege* haben, die ins Freie führen, entsprechend Tribünen. Die Entfernung von jedem Besucherplatz zum Ausgang darf nicht länger als 30 m sein. Die Breite von Rettungswegen muss mindestens 1,20 m betragen und erweitert sich entsprechend der zu erwartenden Besucheranzahl. Ferner muss sich der *Bestuhlungsplan* nach den Gangbreiten und Fluchtweglängen richten. Die Stühle müssen mindestens 0,50 m breit sein und einen zusätzlichen Armraum von 0,10 m haben, damit die Stühle nicht unzulässig aufgestellt sind. Blöcke von Stühlen dürfen höchstens 30 Sitzplatzreihen aufweisen. Hinter und zwischen den Blöcken muss jeder Gang mindestens 1,20 m breit sein. Auch ist es erforderlich, dass bei der Reihenbestuhlung die Gangbreite mindestens 0,40 m beträgt, bei vorübergehender Aufstellung müssen die Stühle in den Reihen sogar fest miteinander verbunden seien. Längerfristig angeordnete Sitzreihen müssen unverrückbar befestigt werden. Bei einer Tischbestuhlung darf der Weg zu einem Gang nicht länger als 10 m sein. Der Abstand zwischen den einzelnen Tischen soll außerdem mindestens 1,50 m betragen.

Weiterhin müssen z. B. Vorschriften über das Freihalten von Wegen und Flächen, Sicherheitsbeleuchtung sowie Stellplätze für Menschen mit Behinderung beachtet werden.

Zum Brandschutz gibt es Bestimmungen über Trennwände, Rauchableitungen, *Feuerlösch-* und *Alarmeinrichtungen*. Die verwendeten *Bauteile* müssen z. T. *feuerbeständig* oder *feuerhemmend* sein, *Baustoffe* z. T. aus nichtbrennbarem Material. Dies ist besonders zu beachten, wenn aufwendige Requisiten für die Show oder

---

[200] Vgl. Funke/Müller, Rn. 608; Löhr/Gröger, S. 85.

kreative Dekorationen für die Ausgestaltung der Eventlocation verwendet werden. *Toiletten* müssen für Damen und Herren getrennt und in jedem Geschoss in bestimmter Anzahl angeordnet werden.

3. Betriebsvorschriften, Betreiberpflichten

Beispiel: Der Konzertveranstalter V mietet für ein Pop-Konzert des Sängers J die Konzerthalle der B-GmbH an. Der Vertrag über die Hallennutzung enthält eine Klausel mit der Pflicht des Veranstalters, während der Veranstaltung anwesend zu sein. Zudem wird V verpflichtet, im Rahmen der Einlasskontrolle die Anzahl der Besucher zu registrieren. Dies war der B-GmbH im Baugenehmigungsbescheid für den bestimmungsgemäßen Betrieb der Konzerthalle aufgegeben worden. Muss V diese Pflichten tatsächlich übernehmen?

Die MVStättV enthält etliche Vorschriften über den Betrieb einer Versammlungsstätte. Der Betrieb ist die Summe aller Tätigkeiten an Anlagen von deren Inbetriebnahme über die Überwachung und Instandhaltung bis zu deren Außerbetriebnahme.[201] Die Verantwortung liegt bei dem Betreiber der Versammlungsstätte, der diese allerdings auch weitestgehend auf den Veranstalter übertragen kann:

a) Pflichten des Betreibers und des Veranstalters

Gesetzestext: § 38 MVStättV (Pflichten der Betreiber, Veranstalter und Beauftragten)

(I) Der Betreiber ist für die Sicherheit der Veranstaltung und die Einhaltung der Vorschriften verantwortlich.
(II) Während des Betriebes von Versammlungsstätten muss der Betreiber oder ein von ihm beauftragter Veranstaltungsleiter ständig **anwesend** sein.
(III) Der Betreiber muss die **Zusammenarbeit** von Ordnungsdienst, Brandsicherheitswache und Sanitätswache mit der Polizei, der Feuerwehr und dem Rettungsdienst gewährleisten.
(IV) Der Betreiber ist zur Einstellung des Betriebs verpflichtet, wenn für die Sicherheit der Versammlungsstätte notwendige Anlagen, Einrichtungen oder Vorrichtungen nicht betriebsfähig sind oder wenn Betriebsvorschriften nicht eingehalten werden können.
(V) 1Der Betreiber kann die Verpflichtungen nach den Abs. 1 bis 4 durch schriftliche Vereinbarung auf den Veranstalter übertragen, wenn dieser oder dessen beauftragter Veranstaltungsleiter mit der Versammlungsstätte oder deren Einrichtungen vertraut ist.
2Die Verantwortung des Betreibers bleibt unberührt.

---

[201] Siehe Löhr/Gröger, S. 272 f.

aa) Haftung des Betreibers

Der Betreiber ist für die Sicherheit der Veranstaltung und die Einhaltung der Vorschriften verantwortlich, § 38 Abs. 1 MVStättVO. Unter **Betreiber** ist diejenige natürliche oder juristische Person zu verstehen, die rechtlich befugt und tatsächlich imstande ist, bestimmenden Einfluss auf eine Anlage auszuüben.[202] Dies ist zumeist der *Eigentümer*, *Pächter*, *Dauermieter* oder *Betriebsführer* bzw. die *Betreibergesellschaft*, der oder die zur Durchführung von Eigen- und Gastveranstaltungen berechtigt und zum Unterhalt der Versammlungsstätte verpflichtet sind.[203] Zunehmend sind die Vermarktung, der Veranstaltungsbetrieb, die Instandhaltung des Gebäudes sowie der Gebäudetechnik und der technische Service für den Veranstaltungsbetrieb getrennt und auf unterschiedliche Gesellschaften verteilt. Aufgrund dieser Aufgabenverteilung ist dann problematisch zu ermitteln, wer als Betreiber in Betracht kommt. Die Funktion des Betreibers muss im Zweifelsfall anhand der Frage, wer rechtlich befugt und tatsächlich imstande ist, ermittelt werden und gegebenenfalls die Betreiberverantwortung auf verschiedene Personen aufgeteilt werden.[204] Insgesamt ist der Betreiber verpflichtet, beim Betrieb der Eventlocation mit allen technischen Anlagen dafür zu sorgen, dass keine an einer Veranstaltung teilnehmenden Personen (Künstler, Personal) oder Besucher zu Schaden kommen. Die Verantwortung des Betreibers erfasst grundsätzlich auch die Planung und Durchführung von Events (sog. „Normalorganisation") als auch die „Notfallorganisation". Der Umfang seiner Verantwortung orientiert sich an der Erforderlichkeit und Zumutbarkeit und danach, was ein Betreiber in der konkreten Planungs- und Durchführungsphase im Einzelfall hätte tun müssen, um die Vorschriften der MVStättVO einhalten zu können.

Die vorsätzliche oder fahrlässige Nichteinhaltung der Vorschriften kann gemäß § 47 als **Ordnungswidrigkeit** nach Landesrecht sanktioniert werden.

Der Betreiber hat die Pflicht, den Betrieb zu überwachen. Delegiert er als Geschäftsführer Aufgaben an Mitarbeiter, ist er verpflichtet, diese sorgfältig auszuwählen, anzuweisen und zu überwachen. Falls diese als Aufsichtspersonen ebenfalls die Aufgaben übertragen, gilt für sie das Gleiche. Der Betreiber muss insgesamt den Nachweis ausreichender Organisation erbringen. Wenn er diese ihm obliegenden Verkehrssicherungspflichten verletzt, indem er Gefahrenquellen geschaffen hat oder für sie aus sonstigem Grund verantwortlich ist, ohne notwendige Schutzvorkehrungen getroffen zu haben, und einen Dritten dadurch schuldhaft schädigt, folgt daraus auch eine **zivilrechtliche Haftung**.[205] Letztendlich können sogar **strafrechtliche Konsequenzen** erwachsen, wenn Gegenstände beschädigt, Menschen verletzt oder sogar getötet werden. Da strafrechtliche Konsequenzen immer eine persönliche Verantwortlichkeit vor dem Strafgericht zur Folge hat, wird

---

[202] BVerwGE 90, S. 255, 262.
[203] Löhr/Gröger, S. 302.
[204] Laut Löhr/Gröger, S. 302 f.
[205] Vgl. Löhr/Gröger, a.a.O.

damit deutlich, dass eine pauschale Abwälzung der Gesamtverantwortung von der Geschäftsführung auf die Mitarbeiter nicht möglich ist.

bb) Übertragung der Betreiberpflichten auf den Veranstalter

Gemäß § 38 Abs. 5 S. 1 MVStättVO ist aber eine Übertragung der Betreiberpflichten auf den Veranstalter rechtlich zulässig. Nur die Pflicht zur Bewertung erhöhter Brandgefahren gemäß § 41 Abs. 1 MVStättVO ist nicht übertragbar, da der Betreiber diese wichtige Einschätzung selbst am Besten treffen kann.[206] Im Übrigen kann der Betreiber gemäß § 38 Abs. 5 MVStättVO die ihm obliegenden Verpflichtungen **auf den Veranstalter übertragen**, sofern dieser oder dessen beauftragter Veranstaltungsleiter **mit der Versammlungsstätte oder deren Einrichtungen vertraut** ist. Darüber hinaus dürfen auch sonstige betriebsbezogene Pflichten – etwa aus dem Baugenehmigungsbescheid für den bestimmungsgemäßen Betrieb – auf den Veranstalter delegiert werden.[207]

Für die Übertragung bedarf es einer **schriftlichen Vereinbarung**, in der die einzelnen Pflichten genau zu bezeichnen sind und nicht nur exemplarisch wiederholt werden.

Im Falle einer Pflichtverletzung muss dann der Veranstalter mit einem Bußgeld rechnen, weil er mit der Pflichtenübernahme ganz überwiegend dem Katalog des § 47 MVStättVO unterfällt. Die Verantwortung des Betreibers bleibt jedoch unberührt. Eine Ausnahme stellt einzig die Anwesenheitspflicht gemäß § 38 Abs. 1 2. HS MVStättVO dar. Der Betreiber muss nicht die tatsächliche Anwesenheit des Veranstalters überprüfen, so dass der Veranstalter allein für ein anfallendes Bußgeld aufkommen muss.

> **Merke:**
> Auch wenn der Veranstalter eine ihm übertragene Pflicht verletzt, kann der Betreiber weiterhin der Adressat der darauf folgenden ordnungsbehördlichen Maßnahmen sein. Der Veranstalter ist somit nur mitverantwortlich.[208]

cc) Anwesenheitspflicht

Die Anwesenheitspflicht des Betreibers oder eines von ihm beauftragten Veranstaltungsleiters bezieht sich lediglich auf den Zeitpunkt des Veranstaltungsbetriebs, nicht auf den sonstigen Betrieb der Versammlungsstätte. Es soll während der Veranstaltung eine Person mit Leitungskompetenz vor Ort sein, die alle erforderlichen Entscheidungen, gegebenenfalls auch über die Einstellung des Betriebs, trifft.[209]

---

[206] Näher Löhr/Gröger, S. 316.
[207] Löhr/Gröger, a.a.O.
[208] Siehe auch Löhr/Gröger, S. 317.
[209] Vgl. auch Löhr/Gröger, S. 306.

dd) Koordination der Zusammenarbeit

Die Koordination der Zusammenarbeit von Ordnungsdienst, Brandsicherheitswache und Sanitätswache mit der Polizei, der Feuerwehr und dem Rettungsdienst ist keine höchstpersönliche Aufgabe des Betreibers. Es genügt, wenn er regelt, welche Person innerhalb seiner Organisation die Zusammenarbeit und Abstimmung mit den Hilfskräften während der Planung und Durchführung der Veranstaltung realisiert. Zumindest sollte der Betreiber eine Liste mit allen wichtigen Namen und Nummern der beteiligten Hilfskräfte zusammenstellen und unter ebendiesen verteilen.[210] Gleiches gilt für den Veranstalter bei Übernahme der Betreiberpflichten.

ee) Einstellung des Betriebs

Der Betreiber ist zur **Einstellung des Betriebs** verpflichtet, wenn für die Sicherheit der Versammlungsstätte notwendige Anlagen, Einrichtungen oder Vorrichtungen nicht betriebsfähig sind oder wenn Betriebsvorschriften nicht eingehalten werden können, § 38 Abs. 4 MVStättV. Eine Anlage, Einrichtung oder Vorrichtung ist grundsätzlich nicht betriebsfähig, wenn ihre Funktionsfähigkeit eingeschränkt oder aufgehoben ist oder vorgeschriebene wiederkehrende Prüfungen (z. B. TÜV) nicht durchgeführt worden sind. Welche Anlagen etc. sicherheitsrelevant sind, ist den technischen Prüfverordnungen der Länder sowie die Ergebnisse der Gefährdungsbeurteilung nach § 5 Arbeitsschutzgesetz in Verbindung mit § 3 Betriebssicherheitsverordnung heranzuziehen.[211]

b) Vorschriften zum Betrieb

Die Betriebsvorschriften, für deren Einhaltung der Betreiber einer Versammlungsstätte gemäß § 38 Abs. 1 MVStättV sowie der Veranstalter nach schriftlicher Vereinbarung verantwortlich sind, lauten folgendermaßen:

aa) Rettungswege und Besucherplätze

Die §§ 31, 32 regeln Rettungswege und Besucherplätze.

Gesetzestext: § 31 MVStättV (Rettungswege, Besucherplätze)

(I) 1Rettungswege auf dem Grundstück sowie Zufahrten, Aufstell- und Bewegungsflächen für Einsatzfahrzeuge von Polizei, Feuerwehr und Rettungsdiensten müssen ständig frei gehalten werden.
2Darauf ist dauerhaft und gut sichtbar hinzuweisen.
(II) Rettungswege in der Versammlungsstätte müssen ständig frei gehalten werden.
(III) Während des Betriebes müssen alle Türen von Rettungswegen unverschlossen sein.

---

[210] Laut Löhr/Gröger, S. 311.
[211] Näher Löhr/Gröger, S. 312 f.

Gesetzestext: § 32 MVStättV (Besucherplätze nach dem Bestuhlungs- und Rettungswegeplan)

(I) Die Zahl der im Bestuhlungs- und Rettungswegeplan genehmigten Besucherplätze darf nicht überschritten und die genehmigte Anordnung darf nicht geändert werden.
(II) Eine Ausfertigung des für die jeweilige Nutzung genehmigten Planes ist in der Nähe des Haupteinganges eines jeden Versammlungsraumes gut sichtbar anzubringen.
(III) Ist nach Art der Veranstaltung die Abschrankung der Stehflächen vor Szenenflächen erforderlich, sind Abschrankungen nach § 29 auch in Versammlungsstätten mit nicht mehr als 5.000 Stehplätzen einzurichten.

bb) Brandverhütungsvorschriften

Die §§ 33 bis 35 enthalten Bestimmungen zur Brandverhütung. Sie beziehen sich vorwiegend auf Theateraufführungen, insbesondere § 34 Abs. 4 und § 35 Abs. 2 bis Abs. 4 gelten generell für alle Versammlungsstätten.

Gesetzestext: § 33 MVStättV (Vorhänge, Sitze, Ausstattungen, Requisiten und Ausschmückungen)

Die Abs. I bis V regeln, wie entflammbar die in einer Versammlungsstätte verwendeten Baustoffe im Einzelnen sein dürfen:

Mindestens aus normalentflammbarem Material	Mindestens aus schwerentflammbarem Material	Mindestens aus nichtbrennbarem Material
Ausstattungen bei Bühnen oder Szenenflächen mit automatischen Feuerlöschanlagen	Vorhänge von Bühnen Szenenflächen	Unterkonstruktion bei Sitzen von Versammlungsstätten mit mehr als 5.000 Besucherplätzen
Requisiten	Ausstattungen	
	Ausschmückungen	
	Sitze von Versammlungsstätten mit mehr als 5.000 Besucherplätzen	Ausschmückungen in notwendigen Fluren und notwendigen Treppenräumen

(VI) 1 Ausschmückungen müssen unmittelbar an Wänden, Decken oder Ausstattungen angebracht werden.
2 Frei im Raum hängende Ausschmückungen sind zulässig, wenn sie einen Abstand von mindestens 2,50 m zum Fußboden haben.
3 Ausschmückungen aus natürlichem Pflanzenschmuck dürfen sich nur so lange sie frisch sind in den Räumen befinden.
(VII) Der Raum unter dem Schutzvorhang ist von Ausstattungen, Requisiten oder Ausschmückungen so freizuhalten, dass die Funktion des Schutzvorhangs nicht beeinträchtigt wird.

(VIII) Brennbares Material muss von Zündquellen, wie Scheinwerfern oder Heizstrahlern, so weit entfernt sein, dass das Material durch diese nicht entzündet werden kann.

Gesetzestext: § 34 MVStättV (Aufbewahrung von Ausstattungen, Requisiten, Ausschmückungen und brennbarem Material)

(I) Ausstattungen, Requisiten und Ausschmückungen dürfen nur außerhalb der Bühnen und der Szenenflächen aufbewahrt werden; dies gilt nicht für den Tagesbedarf.
(II) Auf den Bühnenerweiterungen dürfen Szenenaufbauten der laufenden Spielzeit bereitgestellt werden, wenn die Bühnenerweiterungen durch dichtschließende Abschlüsse aus nichtbrennbaren Baustoffen gegen die Hauptbühne abgetrennt sind.
(III) An den Zügen von Bühnen oder Szenenflächen dürfen nur Ausstattungsteile für einen Tagesbedarf hängen.
(IV) Pyrotechnische Gegenstände, brennbare Flüssigkeiten und anders brennbares Material, insbesondere Packmaterial, dürfen nur in den dafür vorgesehenen Magazinen aufbewahrt werden.

Gesetzestext: § 35 MVStättV (Rauchen, Verwendung von offenem Feuer und pyrotechnischen Gegenständen)

(I) Auf Bühnen und Szenenflächen, in Werkstätten und Magazinen ist das Rauchen verboten.
Das Rauchverbot gilt nicht für Darsteller und Mitwirkende auf Bühnen- und Szenenflächen während der Proben und Veranstaltungen, soweit das Rauchen in der Art der Veranstaltungen begründet ist.
(II) In Versammlungsräumen, auf Bühnen- und Szenenflächen und in Sportstadien ist das Verwenden von offenem Feuer, brennbaren Flüssigkeiten und Gasen, pyrotechnischen Gegenständen und anderen explosionsgefährlichen Stoffen verboten.
§ 17 Abs. 1 bleibt unberührt.
Das Verwendungsverbot gilt nicht, soweit das Verwenden von offenem Feuer, brennbaren Flüssigkeiten und Gasen sowie pyrotechnischen Gegenständen in der Art der Veranstaltung begründet ist und der Veranstalter die erforderlichen Brandschutzmaßnahmen mit der Feuerwehr abgestimmt hat.
Die Verwendung pyrotechnischer Gegenstände muss durch eine nach Sprengstoffrecht geeignete Person überwacht werden.
(III) Die Verwendung von Kerzen und ähnlichen Lichtquellen als Tischdekoration sowie die Verwendung von offenem Feuer in dafür vorgesehenen Kücheneinrichtungen zur Zubereitung von Speisen ist zulässig.
(IV) Auf die Verbote der Abs. 1 und 2 ist dauerhaft und gut sichtbar hinzuweisen.

cc) Bedienung und Wartung technischer Einrichtungen

Abschnitt 3 beschäftigt sich mit dem Betrieb und der Wartung technischer Einrichtungen.

Gesetzestext: § 36 MVStättV (Bedienung und Wartung der technischen Einrichtungen)

(I) Der Schutzvorhang muss täglich vor der ersten Vollendung oder Probe durch Aufziehen und Herablassen auf seine Betriebsbereitschaft geprüft werden.
Der Schutzvorhang ist nach jeder Vorstellung herabzulassen und zu allen arbeitsfreien Zeiten geschlossen zu halten.
(II) Die Automatik der Sprühwasserlöschanlage kann während der Dauer der Anwesenheit der Verantwortlichen für Veranstaltungstechnik abgeschaltet werden.
(III) Die automatische Brandmeldeanlage kann abgeschaltet werden, soweit dies in der Art der Veranstaltung begründet ist und der Veranstalter die erforderlichen Brandschutzmaßnahmen im Einzelfall mit der Feuerwehr abgestimmt hat.
(IV) Während des Aufenthaltes von Personen in Räumen, für die eine Sicherheitsbeleuchtung vorgeschrieben ist, muss diese in Betrieb sein, soweit die Räume nicht ausreichend durch Tageslicht erhellt sind.

Gesetzestext: § 37 MVStättV (Laseranlagen)

(I) Auf den Betrieb von Laseranlagen in den für Besucher zugänglichen Bereichen sind die arbeitsschutzrechtlichen Vorschriften entsprechend anzuwenden.

Die Verantwortlichen für **Veranstaltungstechnik** müssen gemäß **§ 40 MVStättV** die Sicherheit und Funktionsfähigkeit der Veranstaltungstechnik während des Betriebs gewährleisten. Unter bestimmten Voraussetzungen müssen sie den Auf- und Abbau oder wesentliche Wartungs- oder Instandhaltungsarbeiten leiten und beaufsichtigen sowie bei Generalproben und Veranstaltungen anwesend sein. Die Verantwortlichen für Veranstaltungstechnik brauchen gemäß **§ 39 MVStättV** eine spezielle qualifizierte Ausbildung.

IV. Herstellungs- und Ausführungsgenehmigung bei fliegenden Bauten

Fliegende Bauten sind bauliche Anlagen, die geeignet und bestimmt sind, wiederholt aufgestellt und abgebaut zu werden, so beispielsweise *Festzelte, Zirkuszelte, Bühnenzelte*.[212] Sie bedürfen, bevor sie erstmals aufgestellt und in Gebrauch genommen werden, zum Schutz der Besucher und des Personals einer **Herstellungs- oder Ausführungsgenehmigung**. Die Ausführungsgenehmigung wird abhängig von der Art für eine bestimmte Zeit (maximal 5 Jahre) erteilt und kann auf schriftlichen Antrag verlängert werden. Die zuständige Behörde erstellt ein Prüfbuch, in

---

[212] Funke/Müller, Rn. 615.

welchem jeder Aufbau und jeder Mangel vermerkt, sowie sämtliche Auflagen und Besitzerwechsel festgehalten werden.[213]

Ausgenommen von der strengen Genehmigungspflicht sind unbedeutende Bauten. Darunter sind unter anderem Zelte mit einer Grundfläche von weniger als 74 m^2 zu verstehen (z. B. kleine Pavillons und Bierzelte), Toilettenwagen, sowie Kinderfahrgeschäfte bis zu einer Höhe von 5 m mit einer Geschwindigkeit von weniger als 1 m/s. Auch Bühnen mit einer Grundfläche von weniger als 100 m^2, wenn ihre Fußbodenhöhe weniger als 1,5 m und die Gesamthöhe weniger als 5 m beträgt, fallen darunter. Hier werden keine besonderen Sicherheitsanforderungen gestellt.[214]

Checkliste: Behördliche Genehmigungen und Anmeldepflichten für Events

☑ Veranstalte ich eine anzeigepflichtige Versammlung im Sinne des § 14 VersammlungsG?

☑ Findet mein Event auf öffentlichen Wegen oder Plätzen statt, so dass ich eine Sondernutzungsgenehmigung oder straßenverkehrsrechtliche Erlaubnis brauche?

☑ Errichte, verändere oder breche ich eine bauliche Anlage ab, so dass ich eine Baugenehmigung brauche?

☑ Ändere ich die Nutzungsart meines Veranstaltungsortes, so dass ich eine (Nutzungs-)Baugenehmigung brauche?

☑ Welche versammlungsstättenrechtlichen Vorgaben sind für mich relevant? Insbesondere: Hat der Betreiber der Versammlungsstätte Pflichten auf den Veranstalter übertragen?

☑ Veranstalte ich ein Volksfest, eine Messe, Ausstellung oder einen Markt und muss deshalb die Gewerbeordnung beachten?
Welche sonstigen gewerberechtlichen Vorgaben muss ich beachten?

☑ Werden die Besucher mit Speisen oder Getränken bewirtet?
Brauche ich deshalb eine Schankerlaubnis?
Haben alle Personen, die im Rahmen des Events gewerbsmäßig mit Lebensmitteln in Berührung kommen, eine Belehrungsbescheinigung?

☑ Enthält die Genehmigung oder Erlaubnis Auflagen bzw. könnte sie Auslagen enthalten?

✓ Könnten durch den Event Belange des Naturschutzes beeinträchtigt werden?

✓ Könnten durch den Event Nachbarn, Anwohner oder sonstige Dritte durch Lärm oder sonstiges gestört werden?

✓ Könnte eine Zusammenarbeit mit der Polizei, einer Sanitätsorganisation oder den öffentlichen Verkehrsbetrieben erforderlich oder sinnvoll sein?

---

[213] So z.B. § 69 LBO BW.
[214] A.a.O.

Dreizehntes Kapitel: Steuerrecht

A. Einleitung

Das Gebiet des Steuerrechts ist für viele Veranstalter oftmals ein „rotes Tuch", da eine Vielzahl von steuerlichen Regelungen bei der Erzielung von Einkünften zu beachten sind. Das auf den ersten Blick schwer zugängliche Steuerrecht ist jedoch sehr systematisch aufgebaut. Der einzelne Veranstalter sollte wissen, unter welche Einkunftsart er fällt, welche Einnahmen er zu versteuern hat, welche Ausgaben er dabei steuerlich absetzen kann und was zu beachten ist, wenn ausländische Künstler eingeladen werden. Dabei ist die Einordnung in die verschiedenen Steuerarten unter anderen abhängig von der Rechtsform, in der der Veranstalter tätig ist, sowie vom Verhältnis, in dem dieser zum Künstler steht (Werk-, Dienst- oder Arbeitsvertrag zwischen Veranstalter und Künstler).

Das vorliegende Kapitel will hierzu einen ersten Gesamtüberblick geben. Zunächst wird die Besteuerung des Veranstalters dargestellt. In einem weiteren Abschnitt wird auf die Besteuerung des Künstlers eingegangen, insbesondere wenn ein ausländischer Künstler engagiert wird (Stichwort: Ausländersteuer). Weiterhin wird in diesem Kapitel erläutert, was hinsichtlich der Umsatzsteuer zu beachten ist. Und schließlich wird das Gebiet des Sponsorings bzw. Spendenrecht steuerlich beleuchtet.

B. Die Besteuerung des Veranstalters nach Steuerarten

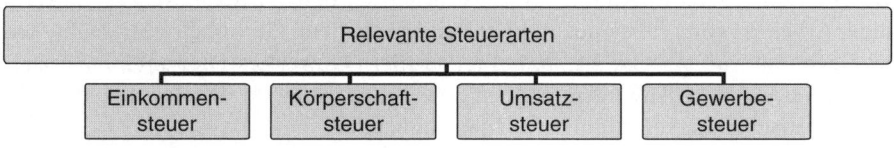

Abb. 1: Wichtige Steuerarten

I. Einkommensteuer

Soweit der Veranstalter eine **private Person** ist, erzielt er mit seinen Einkünften aus der Ausrichtung von Events **Einkünfte aus Gewerbebetrieb** oder **aus selbständiger Arbeit**, die der Einkommensteuer unterliegen (§ 2 Abs. 1 S. 1 Nr. 2 und Nr. 3 i. V. m. §§ 15 Abs. 1 S. 1 Nr. 1, 18 Abs. 1 Nr. 1 Einkommensteuergesetz, kurz: **EStG**).

Wird die Eventagentur in **Form einer Personengesellschaft**, z. B. als GbR (die gewerblich ein Kleinunternehmen betreibt) oder als KG betrieben, sind die einzelnen Gesellschafter in der Regel als Mitunternehmer anzusehen. Die erzielten Einkünfte der Eventagentur werden dann im Rahmen einer sog. gesonderten und einheitlichen Feststellung ermittelt, § 180 Abs. 1 Nr. 2a Abgabenordnung (AO) und den einzelnen Mitunternehmern zugerechnet. Diese erzielen dann ebenfalls **Einkünfte aus Gewerbebetrieb** nach § 15 Abs. 1 S. 1 Nr. 2 S. 1 EStG (steuerliche Mitunternehmerschaft).

1. Abgrenzung Einkünfte aus Gewerbebetrieb zu den Einkünften aus selbständiger Arbeit

Fall 1[1]: Durch Vertrag mit dem Kabarett B übernimmt T unter der Bezeichnung „Tourneeleitung..." mit dem Zusatz „Tourmanagement" die Planung, Organisation und Durchführung von Tourneen in Deutschland. T soll der B eine Vergütung von grundsätzlich 3.500 € netto je Einzelveranstaltung zahlen und zusätzlich die Hotel- und sonstigen Reisekosten für ein Ensemble von bis zu 10 Personen tragen. Als „Agenturgeneralvertreter" ist T berechtigt, für die B Verträge mit den Medien abzuschließen, wobei ihm eine Provision von 15 v. H. zustehen soll. T führte mit dem Kabarett B zwei Tourneen mit insgesamt 67 Gastspielen im Jahr 2011 durch. Nach Zahlung der Vergütung an B und den Abzug der sonstigen Ausgaben von den Einnahmen erzielt T einen Überschuss von 100.000 €. Gegenüber dem Finanzamt trägt er vor, dass er als künstlerischer Tourneebegleiter selbständig tätig sei. Er führe die Gesamtregie und sei Lichtmeister, Tonmeister, Bühnenbildner, Designer und Journalist in einer Person.
Ist T gewerblich oder freiberuflich tätig? Wofür ist diese Einordnung steuerlich relevant?

Die Abgrenzung der Einkünfte aus Gewerbebetrieb zu den Einkünften aus selbständiger Arbeit ist von großer steuerlicher Bedeutung, denn Gewerbetreibende müssen im Gegensatz zu Selbständigen bzw. Freiberuflern **Gewerbesteuer** auf ihren erzielten Gewinn zahlen. Außerdem müssen gewerblich Tätige in der Regel eine Buchführung machen und eine jährliche Bilanz aufstellen.

Eine strikte Trennung zwischen diesen Einkunftsarten ist auch im Falle des Zusammenschlusses von mehreren Personen zu einer Personengesellschaft nötig.

---

[1] Angelehnt an den entschiedenen Fall vorm FG Rheinland-Pfalz vom 29.06.1994, AZ: 1 K 2518/93, zitiert nach juris-online.

Wenn sich nämlich mehrere Freiberufler zu einer Gesellschaft zusammenschließen und nur eine Person eine geringe gewerbliche Tätigkeit ausführt, hat dies nach § 15 Abs. 3 Nr. 1 EStG die Konsequenz, dass auch die anderen Gesellschafter Einkünfte aus Gewerbebetrieb erzielen und dementsprechend der Gewerbesteuerpflicht unterliegen (**Abfärbe- oder Infektionstheorie**). Ausnahmen von dieser Umqualifizierung der Einkünfte kommen allenfalls bei reinen Bagatellfällen (maximaler Umsatzanteil 2–3 %) in Betracht.[2]

Beispiel: Steuerberater B hat sich auf die Beratung von Eventagenturen spezialisiert. Er entschließt sich neben dem Eingang zu seiner Kanzlei einen Zigarettenautomaten aufzustellen. Er bezieht die Zigaretten selbst und vereinnahmt die Münzen als Umsatzerlöse. Das Geschäft mit den Zigaretten ist so ertragreich, dass B 6 % seines gesamten Umsatzes damit erzielt. Die freiberufliche Tätigkeit des B wird hierdurch dem gewerblichen Bereich zugeordnet (Abfärbetheorie), so dass seine Honorareinkünfte aus der Beratung der Agenturen zu Einkünften aus Gewerbebetrieb umqualifiziert werden und auch der Gewerbesteuer unterliegen.

Welche Tätigkeiten unter die Einkunftsart der Einkünfte aus selbständiger Arbeit fallen, ist in § 18 Abs. 1 EStG abschließend aufgezählt. Nach § 18 EStG zählen insbesondere die Einkünfte aus freiberuflicher Tätigkeit zu den Einkünften aus selbständiger Arbeit.

Zu der freiberuflichen Tätigkeit gehört unter anderem **die künstlerische Tätigkeit**. Was als Kunst zu verstehen ist, ist nur schwer zu beschreiben. Das Bundesverfassungsgericht (kurz: BVerfG) hat zum Kunstbegriff ausgeführt, dass das „Wesentliche der künstlerischen Betätigung die freie schöpferische Gestaltung sei, in der Eindrücke, Erfahrungen und Erlebnisse des Künstlers durch das Medium einer bestimmten Formensprache zu unmittelbarer Anschauung gebracht werden."[3] Der Bundesfinanzhof (kurz: BFH) hat sich diesbezüglich dahingehend geäußert, dass eine künstlerische Tätigkeit eine eigenschöpferische Tätigkeit sei, die eine gewisse Gestaltungshöhe erreicht haben muss. Das bedeutet, dass in der künstlerischen Tätigkeit die individuelle Anschauungsweise und Gestaltungskraft des Künstlers zum Ausdruck kommen muss, und diese muss über die hinreichende Beherrschung der Technik hinausgehen.[4]

Die Rechtsprechung der Finanzgerichte zu diesem Themenkreis ist uneinheitlich und nimmt deshalb eine Dreiteilung vor in: freie Kunst, Kunstgewerbe und Kunsthandwerk. Der Begriff der freien Kunst meint dabei, dass die Arbeitsergebnisse keinen Gebrauchszweck haben, wie z. B. diejenigen der Maler, Musiker und Komponisten. Diesbezüglich braucht eine ausreichend künstlerische Gestaltungshöhe nicht extra festgestellt werden.

Das Kunstgewerbe und das Kunsthandwerk werden auch als sog. Gebrauchskunst bezeichnet. Eine künstlerische Tätigkeit liege hier nur dann vor, wenn sie auf einer **eigenschöpferischen Leistung** beruhe und der Kunstwert den Gebrauchswert

---

[2] Schmidt/Wacker, EStG-Kommentar, § 15 Rn. 188.
[3] BVerfGE 30, S. 173, 188 f.
[4] BFH, BStBl. II 1981, S. 170, 172.

erheblich übersteige.[5] Falls der Auftraggeber Anweisungen bis ins Detail gibt, liegt somit keine künstlerische Arbeit mehr vor, da nicht mehr genügend Raum für ein eigenes Schöpfertum gegeben ist. In diesen Bereichen muss also die künstlerische Gestaltungshöhe im Einzelfall auf Grund besonderer Sachkunde beurteilt und in einem Sachverständigengutachten festgestellt werden. Dazu verfügen die Oberfinanzdirektionen bzw. Landesfinanzdirektionen über Gutachtergremien mit ehrenamtlich tätigen Sachverständigen.[6] Inwieweit ein Veranstalter bzw. eine Eventagentur auch künstlerisch tätig ist, muss also immer **anhand einer Gesamtbetrachtung für jeden Einzelfall beurteilt** werden. In der Regel ist dies jedoch zu verneinen.

Falllösung 1: Nach Auffassung des Finanzgerichtes Rheinland-Pfalz[7] ist die Tätigkeit des T als „Tourneeleiter" als einheitliche, gewerbliche Betätigung zu beurteilen. In der Licht- und Tongestaltung für die Kabarettveranstaltungen und der gelegentlichen Kabarettnummernauswahl sieht das Gericht zwar eine künstlerische (und damit freiberufliche bzw. selbständige) Tätigkeit.[8] Der T wirke insoweit an der künstlerischen Leistung der B mit. In den übrigen Dienstleistungen des T (Abschluss von Gastspielverträgen mit örtlichen Veranstaltern, Bustransport, Fahrleistungen, Abrechnungen etc.) sieht das Gericht eine gewerbliche Betätigung. Die Leistungen des T treten gegenüber der eigenschöpferischen Leistung des Kabaretts B in den Hintergrund. Aufgrund des sachlichen und wirtschaftlichen Zusammenhangs sind die künstlerischen und gewerblichen Dienstleistungen des T einheitlich als ganz überwiegend gewerblich geprägte Betätigungen zu erfassen. Diese Bewertung führt auch dazu, dass T Gewerbesteuer zahlen muss.

2. Gewinnermittlungsmethoden

Nach § 2 Abs. 2 Nr. 1 EStG sind die Einkünfte des Veranstalters aus Gewerbebetrieb oder aus selbständiger Tätigkeit der Gewinn. Demzufolge muss der Gewinn des Veranstalters ermittelt werden, da dieser Besteuerungsgegenstand ist. Das EStG gibt zwei Gewinnermittlungsmethoden vor.

a) Betriebsvermögensvergleich, § 4 Abs. 1 i. V. m. § 5 EStG

Fall 2: Die gewerbliche Eventagentur E, die seit Jahren eine Bilanz aufstellt, hat am Schluss des Wirtschaftsjahres folgende Buchpositionen: Gebäude im Wert von 100.000 €, Maschinen (Lichtmaschinen, Druckmaschinen etc.) im Wert von 8.000 €, die Büroeinrichtung ist 15.000 € wert, Kundenforderungen von 3.000 €, ein Bankvermögen von 5.000 €, in der Kasse 1.500 € bar sowie Lieferverbindlichkeiten von 8.000 €. Ferner besteht eine Darlehensschuld in Höhe von 40.000 €.

---

[5] Lambrecht in Kirchhof, EStG § 18 Rn. 46.
[6] Siehe auch Fischer/Reich, § 11 Rn. 16.
[7] FG Rheinland-Pfalz vom 29.06.1994, AZ: 1 K 2518/93, zitiert nach juris-online.
[8] Das Finanzgericht Rheinland-Pfalz stellt hierbei heraus, dass nach ständiger Rechtsprechung ein Tontechniker oder Tonmeister künstlerisch tätig ist, wenn er ein eigenes Klangbild schafft.

Wie sieht die Bilanz der Eventagentur E aus (vereinfacht, Abschreibungen sind nicht zu berücksichtigen)?

Für Gewerbetreibende, die aufgrund gesetzlicher Vorschriften verpflichtet sind, Bücher zu führen und regelmäßig Abschlüsse zu machen bzw. die freiwillig eine Buchführung und Abschlüsse machen, ermittelt sich der Gewinn aus dem Unterschiedsbetrag zwischen dem Betriebsvermögen am Schluss des Wirtschaftsjahres und dem Betriebsvermögen am Schluss des vorangegangenen Wirtschaftsjahres, vermehrt um den Wert der Entnahmen und vermindert um den Wert der Einlagen (§ 4 Abs. 1 S. 1 EStG).

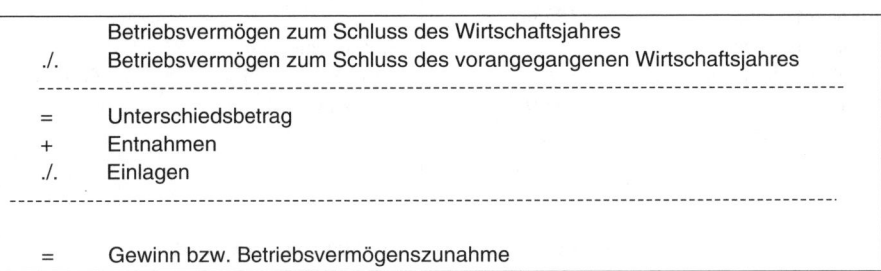

Abb. 2: Betriebsvermögensvergleich

Eine Pflicht des Veranstalters zur Buchführung ergibt sich z. B. aus § 141 Abs. 1 Nr. 1 und Nr. 4 AO. Nach diesen steuerlichen Vorschriften ist ein Veranstalter verpflichtet, eine Buchführung zu machen, wenn er Umsätze von mehr als 500.000 € oder einen Gewinn aus Gewerbebetrieb von mehr als 50.000 € im Kalender- bzw. Wirtschaftsjahr erzielt.

Das Wirtschaftsjahr kann dabei dem Kalenderjahr entsprechen oder von diesem abweichen, § 4a Abs. 1 S. 1 Nr. 2 EStG.

Zum Betriebsvermögen gehören alle Wirtschaftsgüter, die

- dem Steuerpflichtigen gehören oder ihm steuerlich zuzurechnen sind,
- vom Steuerpflichtigen ausschließlich und unmittelbar für eigenbetriebliche Zwecke genutzt werden (notwendiges Betriebsvermögen) oder
- zumindest in einem gewissen objektiven Zusammenhang mit dem Betrieb des Veranstalters stehen und ihn zu fördern bestimmt und geeignet sind, wenn der Steuerpflichtige diese in seiner Bilanz ausweist (gewillkürtes Betriebsvermögen).

Dazu gehören neben den Besitzpositionen (Aktiva) auch die betrieblichen Schulden und Lasten (Passiva). Das Betriebsvermögen wird mit Hilfe **der Bilanz**, die periodisch für jedes Jahr aufzustellen ist, ermittelt. Die Aktiva setzen sich in der Regel aus dem Anlage- und dem Umlaufvermögen zusammen. Zum Anlagevermögen gehören z. B. Gebäude, Lichtmaschinen, Büroeinrichtungen. Zum Umlaufvermögen zählen z. B. Kundenforderungen, Bank und Kasse. Die Passiva sind in der Regel

Darlehensschulden und Lieferantenverbindlichkeiten. Der Unterschiedsbetrag zwischen Aktiva und Passiva stellt dann das Betriebsvermögen bzw. das Eigenkapital für das betreffende Wirtschaftsjahr dar. Ebenso ist das Betriebsvermögen des vorangegangenen Wirtschaftsjahres zu ermitteln. Unter Berücksichtigung der Entnahmen und Einlagen ergibt sich der zu versteuernde Gewinn.

Tabelle 1: Falllösung 2 – Vereinfachte Bilanz

Aktiva		Passiva	
Anlagevermögen		Eigenkapital = BV	84.500
Gebäude	100.000		
Maschinen	8.000		
Büroeinrichtung	15.000		
Umlaufvermögen		Verbindlichkeiten	
Kundenforderungen	3.000	Darlehen	40.000
Bank	5.000	Lieferantenverb.	8.000
Kasse	1.500		
	132.500		132.500

Geschäftsvorfälle, die Aufwendungen oder Erträge darstellen, haben Einfluss auf den zu ermittelnden Gewinn. Sie werden über das **sog. Gewinn- und Verlustkonto** (G+V) gebucht, einem Unterkonto vom Eigenkapitalkonto. Wenn die Erträge die Aufwendungen übersteigen führt dementsprechend der Gewinn zu einer Eigenkapitalmehrung. Im umgekehrten Fall führt der Verlust zu einer Eigenkapitalminderung.

b) Einnahmen-Überschuss-Rechnung, § 4 Abs. 3 EStG

Steuerpflichtige, die nicht verpflichtet sind, Bücher zu führen und regelmäßig Abschlüsse zu machen und die dies auch nicht freiwillig tun, können gemäß § 4 Abs. 3 EStG als **Gewinn den Überschuss der Betriebseinnahmen über die Betriebsausgaben** ansetzen. Dies sind in der Regel Steuerpflichtige, die Einkünfte aus selbständiger Tätigkeit haben.

Betriebseinnahmen sind dabei **alle geldwerten Zugänge**, die durch den Betrieb veranlasst sind, insbesondere durch Dienstleistungen. **Betriebsausgaben sind alle Aufwendungen**, die ebenfalls durch den Betrieb veranlasst sind, § 4 Abs. 4 EStG. Durchlaufende Posten sind dabei nicht in die Berechnung des Gewinns mit einzubeziehen.

Beispiel: Die Ticketagentur X verkauft für den Veranstalter V Karten zum Einzelpreis von 15 € zuzüglich Vorverkaufsgebühr und Umsatzsteuer. Die 15 €, die an den Veranstalter abzuführen sind, stellen für die Ticketagentur einen Durchlaufposten dar, ebenso die Umsatzsteuer die ans Finanzamt abzuführen ist.

Zudem sind die steuerrechtlichen Vorschriften zur Abschreibung von abnutzbaren Wirtschaftsgütern (§§ 7 ff. EStG) zu beachten. Im Rahmen dieser Gewinnermittlungsart muss somit nur eine vereinfachte und in der Regel auch kostengünstigere Aufstellung von Einnahmen und Ausgaben erfolgen.

3. Nicht abziehbare Betriebsausgaben

Fall 3: Veranstalter V hat im Wirtschaftsjahr 2011 folgende Ausgaben gehabt:

- 3.000 € für seine Feier zum 50. Geburtstag, auf dem auch viele Künstler und andere Veranstalter eingeladen waren.
- 1.000 € für zwei Anzüge, die er bei Vertragsverhandlungen immer trägt.

Beide Posten möchte er gerne gewinnmindernd in seiner Steuererklärung ansetzen. Ist dies möglich?

Nicht alle Aufwendungen sind der betrieblichen Sphäre des Veranstalters zu zurechnen. Einige Betriebsausgaben sind zum Teil auch privat veranlasst bzw. resultieren zum Teil aus der privaten Sphäre des Veranstalters. Diese sind nach § 4 Abs. 5 EStG gar nicht oder nur zum Teil abziehbar.

Folgende Betriebsausgaben dürfen z. B. den Gewinn nicht mindern:

- Aufwendungen für **Geschenke** an Personen, die nicht Arbeitnehmer des Veranstalters sind, wenn die Anschaffungs- oder Herstellungskosten der zugewendeten Geschenke in einem Wirtschaftsjahr pro Empfänger insgesamt 35 € übersteigen,
- Aufwendungen für die **Bewirtung** von Personen aus geschäftlichem Anlass, soweit sie 70 % der angemessenen Aufwendungen übersteigen; dabei muss die Höhe und die betriebliche Veranlassung durch entsprechendes Ausfüllen des Bewirtungsbeleges nachgewiesen werden,
- Aufwendungen für Einrichtungen, die der Bewirtung, Beherbergung oder Unterhaltung von Personen dienen, die nicht Arbeitnehmer des Veranstalters sind (Gästehäuser) und sich außerhalb des Betriebs befinden,
- Aufwendungen für die Jagd oder Fischerei, für **Segel- oder Motorjachten** sowie für ähnliche Zwecke und für die hiermit zusammenhängende Bewirtung,
- **Mehraufwendungen für die Verpflegung** des Veranstalters; soweit der Veranstalter jedoch außerhalb seines Unternehmens betrieblich tätig wird, kann er für jeden Kalendertag, an dem er von seiner Wohnung und seinem Tätigkeitsmittelpunkt

  – 24 Stunden abwesend ist, einen Pauschbetrag von 24 €,
  – weniger als 24 Stunden, aber mindestens 14 Stunden abwesend ist, einen Pauschbetrag von 12 € und
  – weniger als 14 Stunden, aber mindestens 8 Stunden abwesend ist, einen Pauschbetrag von 6 € abziehen.
  – Soweit der Veranstalter im Ausland tätig ist, gelten länderweise unterschiedliche Pauschbeträge.

- Aufwendungen und die Kosten der Ausstattung für **ein häusliches Arbeitszimmer**; dies gilt jedoch nicht, wenn das Arbeitszimmer den Mittelpunkt der gesamten betrieblichen und beruflichen Betätigung des Veranstalters bildet, oder der Steuerpflichtige nur das häusliche Arbeitszimmer zur Verfügung hat. In diesem Falle sind aber nur 1.250 Euro abzugsfähig.
- andere Aufwendungen, die die Lebensführung des Veranstalters oder anderer Personen berühren und als unangemessen angesehen werden,
- festgesetzte Geldbußen, Ordnungsgelder und Verwarnungsgelder.

Nach § 4 Abs. 5 S. 1 Nr. 6 EStG sind die Aufwendungen des Veranstalters für **Wege** zwischen seiner Wohnung und seiner Betriebsstätte ebenfalls nur beschränkt abziehbar. Der abziehbare Betrag ermittelt sich wie folgt:

Anzahl der Tage x Entfernung zwischen Wohnung - Betriebsstätte in km x 0,30 Euro/km[9]
./. 0,03 Prozent des inländ. Listenpreises des Kfz im Zeitpunkt der Erstzulassung x Kalendermonate x Entfernung zwischen Wohnung - Betriebsstätte in km
----
= Unterschiedbetrag

Abb. 3: Ermittlung des abziehbaren Betrages

Soweit dieser Unterschiedsbetrag[9] positiv ist, ist dieser als Betriebsausgaben abziehbar.

Gemäß § 4 Abs. 5b und Abs. 6 EStG sind ebenso die gezahlte Gewerbesteuer und Zuwendungen an politische Parteien keine Betriebsausgaben.

Im Übrigen gilt der Grundsatz, dass Aufwendungen, die zum Teil betrieblich und zum Teil privat veranlasst sind, mithin **sog. gemischte Aufwendungen,** nicht abziehbar sind, da sie nach § 12 Nr. 1 EStG zu den Kosten der privaten Lebensführung des Steuerpflichtigen gehören. Eine Ausnahme wird von diesem Grundsatz insoweit gemacht, als sich der betrieblich veranlasste Anteil an den gemischten Aufwendungen nach objektiven Merkmalen und Unterlagen von den Ausgaben, die der privaten Lebensführung gedient haben, leicht und einwandfrei trennen lässt und der betriebliche Teil nicht von untergeordneter Bedeutung ist.

Beispiel: Veranstalter V telefoniert von seinem Handy aus sowohl geschäftlich wie privat. Ist anhand der Rechnung und Darlegungen nachvollziehbar, welche Kosten privat und welche betrieblich/beruflich veranlasst sind (objektiver Aufteilungsmaßstab), können die beruflich veranlassten Ausgaben durch das Finanzamt berücksichtigt werden, soweit diese nicht völlig untergeordnet sind.

Soweit der Veranstalter z. B. eine **Dienstreise bzw. Tagungsreise** zu Fortbildungszwecken bucht, ist darauf zu achten, dass der private Vergnügungszweck nicht im Vordergrund steht. Die berufliche oder betriebliche Veranlassung von Reisen ist im Rahmen einer Gesamtwürdigung aller Umstände des Einzelfalles zu prüfen. Der BFH hat für die steuerliche Absetzbarkeit von Kosten für eine Dienstreise enge Kriterien aufgestellt.[10] Soweit der Anteil der geschäftlichen Veranlassung nicht nahezu den gesamten Tagesablauf ausfüllt, liegt die Annahme einer privaten Urlaubsreise nahe. Eine prozentuale Aufteilung der Reise kommt jedoch nach neuerer Rechtsprechung des BFH nunmehr in Betracht.[11] Dies gilt vor allem zeitlich für Aufwen-

---

[9] Die Regelung, dass Aufwendungen/Werbungskosten für Fahrten zwischen Wohnung und Arbeits- bzw. Betriebsstätte erst ab dem 21. Entfernungskilometer zu berücksichtigen sind, wurde mit Urteil des BVerfG vom 9.12.2008, AZ: 2 BvL 1/07 aufgehoben.

[10] Siehe Kreta-Urteil des BFH vom 9.8.1996, BStBl. II 1997, S. 97.

[11] BFH vom 21.09.2009, AZ: GrS 1/06, DB 2010, 143 Rn. 92 ff.

dungen in verschiedenen Reiseabschnitten (z. B. Dienstreise mit anschließendem Urlaub). Wer zu einer „Dienstreise" an einen touristisch attraktiven Ort den Ehepartner oder andere Familienmitglieder mitnimmt und ausgiebig Zeit zur privaten Nutzung zur Verfügung hat, muss damit rechnen, dass ihm die Finanzverwaltung den Abzug der Reisekosten als Betriebsausgaben verwehrt. Nach früherer Rechtsprechung galt dies als Indiz für eine private Reise. Der dienstliche Aspekt der Reise sollte daher objektiv dargelegt werden. Das Finanzamt überprüft die überwiegende betriebliche Veranlassung anhand folgender Kriterien:

- der Anlass der Reise,
- das vorgesehene Reiseprogramm,
- die tatsächliche Durchführung der Reise,
- die Möglichkeiten zur Freizeit und Erholung und
- die Mitnahme von Familienangehörigen.

Falllösung 3: Bei den Kosten für die Geburtstagsfeier handelt es sich um nicht abziehbare repräsentative Aufwendungen, welche auch dann nicht abzugsfähig sind, wenn sie der Förderung der Tätigkeit des V dienen. Die Aufwendungen für den Kauf von Anzügen werden ebenfalls nicht als abzugsfähige Kosten zugelassen, da auch eine private Nutzung dieser Bekleidung möglich ist. Nur typische Arbeitsmittel stellen abzugsfähige Aufwendungen dar, wenn eine private Nutzung nahezu ausgeschlossen ist (z. B. der „Blaumann" für den Bühnenbauer). Im Ergebnis bleibt festzuhalten, dass die Aufwendungen für die Geburtstagsfeier und die Anzüge nicht den Gewinn mindern, da sie nicht geltend gemacht werden können. Hintergrund dieses Ergebnisses ist, dass Aufwendungen, die der privaten Lebensführung zu zurechnen sind, keine steuerlich abziehbare Aufwendungen darstellen.

4. Die Ermittlung des zu versteuernden Einkommens und der festzusetzenden Einkommensteuer

Fall 4: Der in Deutschland lebende türkische Künstler K unterstützt seine hilfsbedürftige Mutter M in der Türkei durch Überweisung von monatlich 200 € von seiner Gage. Die überwiesenen 200 € nutzt M für Kleidung, Essen und Miete. Kann K diese Zuwendungen von seinen Einkünften steuermindernd abziehen?

Die Einkünfte aus Gewerbebetrieb oder aus selbständiger Arbeit bilden zusammen mit den anderen Einkunftsarten den Gesamtbetrag der Einkünfte. Von diesem werden die Sonderausgaben und die außergewöhnlichen Belastungen abgezogen.

Sonderausgaben sind Aufwendungen, die ebenfalls der privaten Lebensführung zuzuordnen sind. Der Gesetzgeber sieht diese Aufwendungen aus verschiedenen Gründen als förderungswürdig an und hat sie dementsprechend in gewissen Grenzen für absetzbar erklärt. Hierzu gehören u. a. Beiträge zu Kranken-, Pflege-, Unfall- und Haftpflichtversicherungen, zu den gesetzlichen Rentenversicherungen und an die Bundesanstalt für Arbeit, geleistete Spenden. Die Einzelheiten ergeben sich aus den §§ 10–10i EStG.

Außergewöhnliche Belastungen sind Aufwendungen, die einem Steuerpflichtigen zwangsläufig entstehen und die größer sind als die Aufwendungen vergleichbarer Steuerpflichtiger, §§ 33–33b EStG. Der Teil der Aufwendungen, der eine zumutbare Eigenbelastung übersteigt (§ 33 Abs. 3 EStG), ist vom Gesamtbetrag der Einkünfte abziehbar.

Als außergewöhnliche Belastungen kommen z. B. in Betracht:

- Aufwendungen im Zusammenhang mit Todesfällen in der Familie,
- Aufwendungen für die Unterstützung bedürftiger Familienangehöriger,
- Aufwendungen im Krankheits- und Scheidungsfällen,
- Aufwendungen für Körperbehinderte usw.

Auf das so ermittelte Einkommen (eventuell abzüglich weiterer Freibeträge) wird der Steuertarif nach § 32a EStG angewendet. Bis zu einem Betrag von 8.004 € (Grundfreibetrag ab Veranlagungszeitraum 2010) fällt keine Einkommensteuer an.

Der § 35 EStG sieht außerdem zur Milderung der Mehrbelastung mit Gewerbesteuern eine **pauschale Steuerermäßigung** vor, wonach das 3,8-fache des festgesetzten Gewerbesteuermessbetrages auf die tarifliche Einkommensteuer anzurechnen ist, soweit diese auf im zu versteuernden Einkommen enthaltene gewerbliche Einkünfte entfällt.

Summe der Einkünfte aus jeder Einkunftsart nach § 2 Abs. 3 EStG - Altersentlastungsbetrag, § 24a EStG - Entlastungsbetrag für Alleinerziehende, § 24 b EStG
= Gesamtbetrag der Einkünfte, § 2 Abs. 3 S. 1 EStG - Verlustabzug, § 10 d EStG - Sonderausgaben, §§ 10 ff. EStG - Außergewöhnliche Belastungen, §§ 33 bis 33 b EStG
= Einkommen, § 2 Abs. 4 EStG - Freibeträge für Kinder und sonstige vom Einkommen abzuziehende Beträge
= Zu versteuerndes Einkommen, § 2 Abs. 5 EStG

Abb. 4: **Schema zur Ermittlung des zu versteuernden Einkommens (stark vereinfacht)**

Die Einkommensteuer ist eine **sog. Veranlagungssteuer**. Dies bedeutet, dass der Veranstalter sein Einkommen selbst ermitteln und im Rahmen einer Einkommensteuererklärung dem Finanzamt mitteilen muss. Die Einkommensteuer wird dann durch das zuständige Finanzamt ermittelt und durch schriftlichen Bescheid festgesetzt. Grundsätzlich muss der Veranstalter bis zum 31. Mai des folgenden Jahres die Einkommensteuererklärung abgeben, vgl. § 149 Abs. 2 AO. Soweit er einen Steuerberater zur Hilfe zieht, werden in der Regel Fristverlängerungen bis zum 30. September des Folgejahres gegeben.

Zur festgesetzten Einkommensteuer können auch **Einkommensteuer-Vorauszahlungen** festgesetzt werden, deren Höhe sich nach der letzten aus der Veranlagung resultierenden Steuerschuld richtet. Diese Vorauszahlungen sind jeweils zum 10. März, 10. Juni, 10. September und 10. Dezember zu entrichten, § 37 EStG. Sie werden nur festgesetzt, wenn sie mindestens 400 €/Kalenderjahr und mindestens 100 € für einen Vorauszahlungszeitpunkt betragen. Die entrichteten Vorauszahlungen sind bei der nächsten Veranlagung für das abgelaufene Kalenderjahr auf die ermittelte Einkommensteuer anzurechnen, § 36 Abs. 2 EStG.

!! **Praxistipp**: Informationen zur Einkommensteuer und aktuellen Entwicklungen finden Sie auf den Internetseiten des Bundesministerium der Finanzen nebst herunterladbarer Broschüren.

Falllösung 4: K kann nach § 33a EStG die Unterhaltszuwendungen an M in Höhe von 200 € monatlich (insgesamt 2.400 €) als außergewöhnliche Belastungen geltend machen. Die Normvoraussetzungen sind gegeben, da K der M unterhaltspflichtig ist. Die Unterhaltspflicht beurteilt sich nach deutschem Recht (BGB). Danach sind Verwandte in gerader Linie (Kinder, Eltern, Großeltern etc.) einander zum Unterhalt verpflichtet. Die Hilfsbedürftigkeit der M ist laut Sachverhalt gegeben. K kann somit im Kalenderjahr 2.400 € vom Gesamtbetrag seiner Einkünfte abziehen.

II. Körperschaftsteuer

1. Allgemein

Soweit das Event- bzw. Veranstaltungsunternehmen in Form einer Kapitalgesellschaft (AG, GmbH, KG a. A.) betrieben wird, sind nicht die einzelnen Gesellschafter Subjekt der Steuerpflicht, sondern die Kapitalgesellschaft als juristische Person des Privatrechts, § 1 Abs. 1 Nr. 1 Körperschaftsteuergesetz (kurz: **KStG**). Die Einkünfte der Kapitalgesellschaft unterliegen der **Körperschaftsteuer** und sind immer als Einkünfte aus Gewerbebetrieb zu qualifizieren, § 8 Abs. 2 KStG. Ihr Einkommen ist dabei größtenteils nach den Vorschriften des EStG zu ermitteln, § 8 Abs. 1 S. 1 KStG.

2. Die Ermittlung des zu versteuernden Einkommens und der festzusetzenden Steuer bei der Körperschaftsteuer

Der Gewinn kann nur durch Betriebsvermögensvergleich gemäß § 4 Abs. 1 in Verbindung mit § 5 Abs. 1 EStG ermittelt werden, da eine Kapitalgesellschaft als Formkaufmann im Sinne des § 6 Handelsgesetzbuch (kurz: HGB) nach dem Handelsrecht zur Buchführung verpflichtet ist, § 238 Abs. 1 HGB. **Der Gewinn** ergibt sich somit **aus der Steuerbilanz**, die aus der Handelsbilanz abgeleitet wurde. Da eine Kapitalgesellschaft nur eine betriebliche Sphäre haben kann[12], ist z. B. der Abzug

---

[12] Vgl. BFH v. 8.7.1998 - I R 123/97, BFH/NV 1999, S. 269.

von Sonderausgaben nicht möglich. Auch das Problem der gemischten Aufwendungen stellt sich hier nicht.

3. Verdeckte Gewinnausschüttung

Fall 5: Der Gesellschafter G ist auch Geschäftsführer der X-GmbH, welche einen Showpalast in Berlin-Wartenberg betreibt. An der X-GmbH ist G zu 70 % beteiligt. Sein jährliches Geschäftsführergehalt beträgt 400.000 €, wobei bei der X-GmbH ein Gehalt von 300.000 € angemessen wäre. Wie wird das Finanzamt diesen Fall behandeln?

Im Körperschaftsteuerrecht sind die vertraglichen Beziehungen zwischen der Kapitalgesellschaft und ihren Gesellschaftern von erheblicher steuerlicher Bedeutung. Die **Gehälter** an einen Fremd- oder Gesellschafter-Geschäftsführer sind z. B. als **Betriebsausgabe** abzugsfähig. Ebenso stellen die gezahlten Zinsen für ein hingegebenes Gesellschafterdarlehen oder die Miete für ein vom Gesellschafter angemietetes Grundstück Betriebsausgaben dar.

Diesbezüglich besteht jedoch die Gefahr, dass die Verträge mit der Kapitalgesellschaft nicht zu den Bedingungen abgeschlossen werden, wie sie zwischen fremden Dritten üblich sind und die Gesellschafter sich auf Kosten der Gesellschaft bereichern. Sollte dies der Fall sein, ist eine **sog. verdeckte Gewinnausschüttung** gegeben. Nach der Rechtsprechung des BFH ist eine verdeckte Gewinnausschüttung eine Vermögensminderung oder eine verhinderte Vermögensmehrung, die durch das Gesellschaftsverhältnis veranlasst ist, sich auf die Höhe des Einkommens auswirkt und in keinem Zusammenhang mit einer offenen Ausschüttung steht.[13] Eine verdeckte Gewinnausschüttung liegt also insbesondere dann vor, wenn ein ordentlicher und gewissenhafter Geschäftsführer den Vermögensvorteil einer Person, die nicht Gesellschafter ist, unter den gleichen Umständen nicht gewährt hätte.

Beispiele:

- ein Gesellschafter erhält von der Gesellschaft ein Darlehen zu einem außergewöhnlich niedrigen Zinssatz,
- ein Gesellschafter gibt der Gesellschaft ein Darlehen zu einem überhöhten Zinssatz,
- ein Gesellschafter erhält ein zu hohes Geschäftsführergehalt.

Nach § 8 Abs. 3 S. 2 KStG dürfen verdeckte Gewinnausschüttungen das Einkommen der Körperschaft aber nicht mindern. Demzufolge ist das Einkommen um die verdeckte Gewinnausschüttung zu erhöhen. Spenden und Mitgliedsbeiträge sind in gewissen Grenzen vom Einkommen abziehbar, § 9 Abs. 1 Nr. 2 KStG.

Falllösung 5: Das überhöhte Geschäftsführergehalt an G stellt eine verdeckte Gewinnausschüttung dar. Das Finanzamt wird das Geschäftsführergehalt in Höhe von 100.000 € nicht als Betriebsausgabe anerkennen, sondern diesen Betrag dem

---

[13] BFH, BStBl. II 1989, S. 632.

Gewinn zurechnen. Das führt dazu, dass sich die Bemessungsgrundlage für die Körperschaftsteuer erhöht und daher mehr Körperschaftsteuer zu zahlen ist.

Seit 2008 beträgt die **Körperschaftsteuer 15 %** des zu versteuernden Einkommens.

Die Gewinnausschüttungen bzw. Dividenden einschließlich der verdeckten Gewinnausschüttungen unterliegen bei den einzelnen Gesellschaftern als Einkünfte aus Kapitalvermögen (§ 20 Abs. 1 Nr. 1 EStG) der Einkommensteuer. Sie sind jedoch in Höhe von 40 % steuerfrei (§ 3 Nr. 40d EStG). Soweit Betriebsausgaben oder Werbungskosten, die im wirtschaftlichen Zusammenhang mit solchen Einkünften stehen, anfallen, sind sie ebenfalls in Höhe von 40 % nicht abzugsfähig (siehe § 3c Abs. 2 EStG).

Steuervergünstigungen für gemeinnützige Körperschaften (Kunst- und Kulturvereine): In Deutschland schätzt man die Anzahl der gemeinnützigen Vereine auf etwa 500.000. Davon sind etwa 90.000 Sportvereine und 37.000 Musikvereine. Das Privileg der Gemeinnützigkeit können nur Körperschaften i. S. v. § 1 KStG erhalten (§ 51 Abgabenordnung, kurz: AO). Die gemeinnützige Förderung der Kunst umfasst die Bereiche der Musik, der Literatur, der darstellenden und bildenden Kunst. Vereine, die nach ihrer Satzung und ihrer tatsächlichen Geschäftsführung selbstlos, ausschließlich und unmittelbar gemeinnützigen Zwecken dienen, sind von der **Körperschaftsteuer, Gewerbesteuer, Kapitalverkehrsteuer, Erbschaftsteuer und der Grundsteuer befreit**.[14] Der Verein darf sich wirtschaftlich betätigen, wenn die Betätigung im Rahmen des Zweckes erfolgt. Anders formuliert: Ein wirtschaftlicher Geschäftsbetrieb führt nicht zu einer Köperschaft- und Gewerbesteuerpflicht des Vereins, wenn er einen sog. Zweckbetrieb darstellt. Bei der Umsatzsteuer wird auf die Einnahmen eines Zweckbetriebes grundsätzlich der ermäßigte Steuersatz von 7 % angewendet. Nach § 65 AO liegt ein Zweckbetrieb vor, wenn

- der wirtschaftliche Geschäftsbetrieb in seiner Gesamtrichtung dazu dient, die steuerbegünstigten satzungsmäßigen Zwecke des Vereins zu verwirklichen,
- die Zwecke nur durch einen solchen Geschäftsbetrieb erreicht werden können und
- der wirtschaftliche Geschäftsbetrieb zu nicht begünstigten Betrieben derselben oder ähnlicher Art nicht in größerem Umfang in Wettbewerb tritt, als es bei Erfüllung der steuerbegünstigten Zwecke unvermeidbar ist.

Beispiel: Ein steuerbegünstigter Musikverein, dessen Satzungszweck die Förderung mittelalterlicher Musik ist, bietet gegen Entgelt im Festzelt einer Brauerei in Pfaffenhofen/Ilm ein mittelalterliches Musikkonzert dar. Der Auf-

---

[14] Vertiefend zum Steuerrecht der gemeinnützigen Vereine Schleder, S. 36 ff.

tritt des Musikvereins gehört als kulturelle Veranstaltung zum Zweckbetrieb des Vereins. Dies gilt wie hier auch für Fremdveranstaltungen.

Nach § 68 Nr. 7 AO sind kulturelle Einrichtungen und Veranstaltungen ein Zweckbetrieb. Als gesetzliche Beispiele für kulturelle Veranstaltungen sind Konzerte und Kunstausstellungen genannt.

Die **Bedeutung der Steuerbefreiung** liegt nun darin, dass für Überschüsse aus dem wirtschaftlichen Geschäftsbetrieb, der Zweckbetrieb ist, sowie für Überschüsse aus der Verwaltung des Vermögens keine Körperschafts- und Gewerbesteuern (Ertragsteuern) anfallen. Gemeinnützige Vereine müssen auch für Mitgliedsbeiträge, Spenden sowie Erbschaften keine Steuern zahlen. Beim gemeinnützigen Kunst- und Kulturverein sind nachstehende Tätigkeitsbereiche auseinander zu halten. Hier können Fallstricke entstehen.

- der steuerfreie ideelle Bereich
- die steuerbegünstigte Vermögensverwaltung (keine Ertragsteuern)
- der steuerbegünstigte wirtschaftliche Geschäftsbetrieb – Zweckbetrieb (keine Ertragsteuern)
- der steuerpflichtige sonstige wirtschaftliche Geschäftsbetrieb (wenn die Einnahmen die Besteuerungsgrenze von 35.000 € im Jahr übersteigen).

Beispiel: Ein Chorverein gibt ein Weihnachtskonzert, bei dem die Besucher gegen zusätzliches Entgelt mit Stollen, Pfefferkuchen, Glühwein etc. bewirtet werden. Die Eintrittsgelder gehören zu dem Zweckbetrieb „kulturelle Veranstaltungen" und unterliegen somit nicht der Köperschafts- und Gewerbesteuer. Die Einnahmen aus dem Verkauf von Speisen und Getränken gehören zu einem gesonderten steuerpflichtigen wirtschaftlichen Geschäftsbetrieb und unterliegen der Ertragsbesteuerung.

III. Bauabzugsteuer

Unternehmer der Eventbranche, die Bauleistungen in Auftrag geben, müssen seit dem 1.1.2002 nach § 48 EStG eine sog. Bauabzugsteuer einbehalten und an das für den Leistenden zuständige Finanzamt abführen. Sie beträgt 15 % des in Rechnung gestellten Entgeltes zuzüglich der Umsatzsteuer. Auch Abschlagszahlungen fallen darunter.

Unter **Bauleistungen** sind alle Leistungen zu verstehen, die der Herstellung, Instandsetzung, Instandhaltung, Änderung oder Beseitigung von Bauwerken dienen.

Beispiel: Umbau eines Gebäudes zu einem Tanztheater: Maler- und Verputzarbeiten, Fenster- und Türeinbauten, Elektriker- und Energieversorgungsarbeiten, Aufzüge etc.[15]

---

[15] Vgl. vertiefend Reiß in Kirchhof, EStG § 48 Rn. 9.

Somit ist das Prozedere recht aufwendig. Der Veranstalter muss den Steuerbetrag berechnen, das zuständige Finanzamt des Handwerkers ermitteln, dorthin bis zum 10. des Folgemonats das Geld überweisen und auf einem amtlichen Vordruck die Steuer anmelden (vgl. § 48a EStG). Die Baufirma hat darüber eine Abrechnung an den Veranstalter auszuhändigen, die Name und Anschrift des Leistenden, den Rechnungsbetrag, das Rechnungsdatum, das Zahlungsdatum, die Höhe des Steuerabzugs und das Finanzamt, bei dem der Steuerabzug angemeldet wurde, enthalten muss. Der Veranstalter haftet zudem für einen nicht oder zu niedrig abgeführten Abzugsbetrag.

Hiervon existieren jedoch Ausnahmen. Der Steuerabzug muss nicht vorgenommen werden, wenn der Leistende dem Veranstalter eine **gültige Freistellungsbescheinigung** im Sinne des § 48b EStG vorlegt oder die Gegenleistung pro Jahr 5.000 € nicht übersteigt. Für eine Eventagentur ist damit der Verwaltungsaufwand unverhältnismäßig groß, da immer im Auge behalten werden muss, an welche Handwerker welche Aufträge in welcher Höhe vergeben wurden. In der Praxis sollten deshalb Aufträge über Bauleistungen nur an solche Handwerker vergeben werden, die eine gültige Freistellungsbescheinigung vorweisen können.

IV. Gewerbesteuer

Fall 6: Die P-GmbH eine große deutschlandweite Eventagentur hat mit mehreren Künstlern Konzertverträge geschlossen, die neben Eigenveranstaltungen Künstler im Rahmen von Gastspielverträgen an andere Veranstalter „liefert". Der Geschäftsführer G fragt, ob die GmbH gewerbesteuerpflichtig ist?

Der Gewerbesteuer unterliegt **jeder Gewerbebetrieb**, soweit er im Inland betrieben wird, § 2 Abs. 1 S. 1 Gewerbesteuergesetz (kurz: GewStG). Insoweit ist ein Veranstalter auch gewerbesteuerpflichtig, soweit er Einkünfte aus Gewerbebetrieb erzielt, unabhängig von der Rechtsform seines Unternehmens. Aufgrund des Sachcharakters der Gewerbesteuer ist der Steuerschuldner der einzelne Unternehmer, die Personengesellschaft oder die Kapitalgesellschaft, § 5 Abs. 1 GewStG.

Besteuert wird der Gewerbeertrag. Dies ist der nach den Vorschriften des EStG bzw. KStG zu ermittelnde Gewinn aus Gewerbebetrieb, vermehrt um die sog. Hinzurechnungsbeträge nach § 8 GewStG und vermindert um die sog. Kürzungen nach § 9 GewStG (vgl. § 7 Abs. 1 GewStG). Der so ermittelte Gewerbeertrag ist bei natürlichen Personen und Personengesellschaften um einen Freibetrag in Höhe von 24.500 € zu kürzen. Sodann wird die Steuermesszahl in Höhe von 3,5 % auf den Gewerbeertrag angewendet, um den sog. Gewerbesteuermessbetrag zu ermitteln, § 11 Abs. 1 und 2 GewStG.

Die festzusetzende Gewerbesteuer ergibt sich aufgrund der Anwendung eines Hebesatzes auf den Gewerbesteuermessbetrag. Jede Gemeinde kann dabei ihren Hebesatz selbst bestimmen. Er beträgt aber mindestens 200 %, vgl. § 16 GewStG.

Der Steuerschuldner hat nach § 14a GewStG neben der Einkommensteuer- bzw. Körperschaftsteuererklärung auch eine Erklärung zur Festsetzung des Gewerbesteuermessbetrages abzugeben. Das Veranstaltungsunternehmen erhält dann von seinem zuständigen Finanzamt einen Bescheid, worin der Gewerbesteuermessbetrag festgesetzt wurde. Zu einem späteren Zeitpunkt erhält der Unternehmer einen zweiten Bescheid von der Gemeinde, wo sein Veranstaltungsgewerbe betrieben wird. Darin ist dann die endgültig zu zahlende Gewerbesteuer festgesetzt. Die Gemeinde kann ebenso Vorauszahlungen auf die Gewerbesteuer festsetzen, die jeweils zum 15. Februar, 15. Mai, 15. August und 15. November zu entrichten sind, § 19 GewStG.

Falllösung 6: Die P-GmbH ist eine Kapitalgesellschaft (juristische Person des privaten Rechts). Die Einkünfte einer Kapitalgesellschaft sind immer als Einkünfte aus Gewerbebetrieb zu qualifizieren, so dass die P-GmbH gewerbesteuerpflichtig ist.

C. Die steuerliche Behandlung von Künstlern

Im vorherigen Abschnitt wurden die steuerlichen Pflichten beleuchtet, die der Veranstalter selbst als Einzelunternehmer, als Mitunternehmer einer Personengesellschaft oder als Gesellschafter bzw. Geschäftsführer einer Kapitalgesellschaft beachten muss.

In diesem Abschnitt sollen nun die steuerlichen Pflichten betrachtet werden, die der Veranstalter im Verhältnis zu seinen engagierten Künstlern hat. Dabei sind drei Bereiche zu unterscheiden.

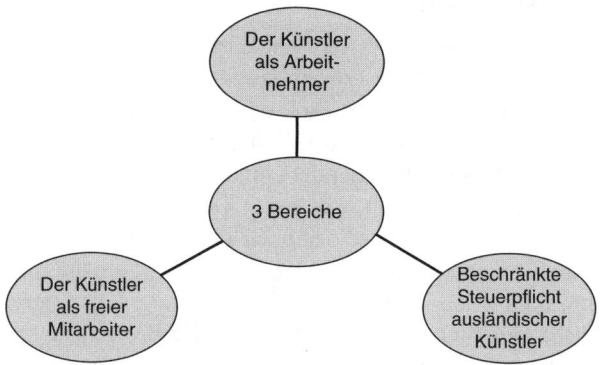

Abb. 5: **Fallgruppen der steuerlichen Behandlung von Künstlern**

Der einzelne Künstler kann als Arbeitnehmer bei der Eventagentur bzw. dem Veranstaltungsunternehmen angestellt sein. Der Künstler kann aber auch selbständig, d. h. freiberuflich für den Veranstalter tätig sein. Und schließlich sind Besonderheiten in den Fällen zu beachten, in denen der Künstler aus dem Ausland kommt.

I. Der Künstler als Arbeitnehmer

Fall 7: Die Pianistin P aus Weimar, welche sich gerade eine Auszeit nimmt, wird vom Hotel „Schillerglück" dreimal im Monat als Barpianistin engagiert. P ist an ein bestimmtes Programm und eine Kleiderordnung gebunden. Ferner ist sie an die Hotelabläufe und vorgegebenen Zeiten gebunden. Für ihre Tätigkeit erhält sie monatlich 360 €. Der Manager M des Hotels fragt, ob es für geringfügig Beschäftigte steuerliche Vereinfachungen gibt.

Soweit der Künstler bei dem Veranstaltungsunternehmen als Arbeitnehmer angestellt ist, ist dieser **lohnsteuerpflichtig**. Der Künstler ist Arbeitnehmer, wenn er unter der Leitung des Arbeitgebers steht und dessen Weisungen zu befolgen hat, vgl. § 1 Abs. 2 S. 2 Lohnsteuer-Durchführungsverordnung (kurz: LStDV).

Der Künstler verdient aus seiner angestellten Tätigkeit **Einkünfte aus nichtselbständiger Arbeit**, § 2 Abs. 1 S. 1 Nr. 4 i. V. m § 19 Abs. 1 EStG. Hinsichtlich dieser Einkunftsart wird die Einkommensteuer durch den **Abzug vom Arbeitslohn, der Lohnsteuer** erhoben (§ 38 Abs. 1 S. 1 EStG). Die Lohnsteuer ist damit nur eine besondere Erhebungsform der Einkommensteuer.

1. Lohnsteuerverfahren

Der Veranstalter hat als Arbeitgeber **die Lohnsteuer** für Rechnung des angestellten Künstlers bei jeder Lohnzahlung vom Arbeitslohn einzubehalten (§ 38 Abs. 3 S. 1 EStG) sowie beim Finanzamt, in dessen Bezirk sich sein Unternehmen befindet, bis zum 10. Tag nach Ablauf eines jeden Lohnsteuer-Anmeldungszeitraums mittels einer sog. Lohnsteuer-Anmeldung nach amtlich vorgeschriebenen Vordruck anzumelden und dorthin abzuführen, § 41a Abs. 1 EStG. Der Lohnsteuer-Anmeldungszeitraum ist grundsätzlich der Kalendermonat. Wenn die abzuführende Lohnsteuer für das vorangegangene Kalenderjahr mehr als 1.000 €, aber nicht mehr als 4.000 € betragen hat, ist der Lohnsteuer-Anmeldungszeitraum das Kalendervierteljahr. Und das Kalenderjahr ist der Lohnsteuer-Anmeldungszeitraum, wenn die abzuführende Lohnsteuer für das vorangegangene Kalenderjahr nicht mehr als 1.000 € betragen hat.

Damit der Veranstalter als Arbeitgeber die an das Finanzamt abzuführenden Beträge errechnen kann, hat der angestellte Künstler ihm eine **Lohnsteuerkarte** auszuhändigen. Die Lohnsteuerkarte wird von der Gemeinde ausgestellt (§ 39 Abs. 1 EStG), worauf sie unter anderen die Lohnsteuerklasse, die Zahl der Kinderfreibeträge und sonstigen Freibeträge (vgl. § 39a EStG) einzutragen hat. Dieses Verfahren erfolgt im Kalenderjahr 2010 letztmalig und wird dann auf die „elektronische Lohnsteuerkarte" umgestellt, welche die Lohnsteuerkarte aus Papier ab 2012 ersetzen soll. Im Jahr 2011 behält die Lohnsteuerkarte von 2011 ihre Gültigkeit, § 52b EStG. Zur Durchführung des Lohnsteuerabzugs wird der Arbeitnehmer in Steuerklassen eingeteilt, vgl. § 38b EStG.

Steuerklassen:

- die Steuerklasse I gilt für Alleinstehende (Ledige, dauernd getrennt Lebende, Verwitwete und Geschiedene), bei denen kein Kind zu berücksichtigen ist,

- die Steuerklasse II gilt für Alleinstehende, bei denen mindestens ein Kind zu berücksichtigen ist,
- die Steuerklasse III gilt für Verheiratete, die beide unbeschränkt steuerpflichtig sind und nicht dauernd getrennt leben, wobei nur ein Ehegatte Arbeitslohn bezieht oder der andere Ehegatte in der Steuerklasse V eingestuft ist,
- die Steuerklasse IV gilt ebenfalls für Verheiratete, die beide unbeschränkt steuerpflichtig sind und nicht dauernd getrennt leben, und der Ehegatte des Arbeitnehmers ebenfalls Arbeitslohn bezieht,
- die Steuerklasse V gilt für Personen der Steuerklasse IV, wenn der Ehegatte auf Antrag beider Eheleute in die Steuerklasse III eingestuft wird,
- die Steuerklasse VI gilt für Arbeitnehmer, die nebeneinander aus mehreren Arbeitsverhältnissen Arbeitslohn beziehen, für die Einbehaltung der Lohnsteuer aus dem zweiten und aus weiteren Dienstverhältnissen.

Anhand seiner Buchführung hat der Veranstalter sodann die Lohnsteuer des einzelnen Arbeitnehmers zu berechnen und von dessen Bruttogehalt abzuziehen. Dies gilt ebenso für den abzuführenden Solidaritätszuschlag, die Kirchensteuer und die Sozialversicherungsleistungen. Dem angestellten Künstler wird nur der **Nettobetrag** auf sein Konto überwiesen. Die übrigen Steuern und Leistungen hat der Arbeitgeber an die dafür zuständigen Stellen zu überweisen. Die Höhe der anzumeldenden und abzuführenden Lohnsteuer ist abhängig von der Einteilung des Arbeitnehmers in die Steuerklassen sowie von den eingetragenen Freibeträgen.

Zur Überprüfung der richtigen Berechnung der Lohnsteuer durch die Finanzbehörden hat der Veranstalter als Arbeitgeber für jeden seiner angestellten Künstler ein Lohnkonto zu führen, dessen Einzelheiten sich aus § 4 LStDV ergeben.

!! **Praxistipp**: Bei Unklarheiten darüber, ob und inwieweit im einzelnen Fall die Vorschriften über die Lohnsteuer anzuwenden sind, kann sich der Arbeitgeber mit einer sogenannten Anrufungsauskunft gebührenfrei an das zuständige Finanzamt wenden.

2. Pauschale Lohnsteuer für geringfügig Beschäftigte

Soweit der Künstler bei dem Veranstalter nur geringfügig beschäftigt ist, kann der Veranstalter gemäß § 40a Abs. 2 EStG die Lohnsteuer einschließlich des Solidaritätszuschlages und eventueller Kirchensteuer pauschal in Höhe von 2 % des Arbeitsentgelts erheben (**sog. einheitliche Pauschsteuer**). Eine Lohnsteuerkarte braucht der Arbeitnehmer dann nicht vorzulegen. Da weiterhin eine Versicherungspflicht in der Kranken- und Rentenversicherung für den Arbeitnehmer besteht, hat der Veranstalter für den angestellten Künstler pauschal 13 % des Arbeitsentgeltes auf die Krankenversicherung und 15 % auf die Rentenversicherung zu erheben. Insgesamt hat er also 30 % des Arbeitslohnes (inklusive Kirchensteuer und Solidaritätszuschlag) an die hierfür zuständigen Stellen abzuführen. Ggf. fallen noch Umlagen an. Zuständige Stelle für die gesamte Pauschale i. h. v. 30 % ist die Deutsche Rentenversicherung Knappschaft-Bahn-See (Cottbus). Der angestellte Künstler selbst ist von Steuern und Sozialabgaben befreit. Er hat keinerlei Abgaben zu entrichten.

Eine geringfügige Beschäftigung ist gegeben, wenn der monatliche Arbeitslohn 400 € regelmäßig nicht übersteigt, § 8 Abs. 1 Nr. 1 Viertes Buch des Sozialgesetzbuches (kurz: SGB IV). Mehrere geringfügige Beschäftigungsverhältnisse sind zusammenzurechnen. Sollte der Künstler dann mehr als 400 € verdienen, erfolgt eine individuelle Besteuerung seiner Einkünfte nach den Lohnsteuermerkmalen.

!! **Praxistipp**: Eine Abführung des Krankenversicherungsbeitrages ist nur dann erforderlich, wenn die geringfügig beschäftigte Person Mitglied einer gesetzlichen Krankenversicherung ist (anders somit bei der Beschäftigung von Selbständigen, Beamten und anderen Arbeitnehmer, die privatversichert sind).

3. Pauschale Steuer bei kurzfristiger Beschäftigung

Sollte der Künstler nur kurzfristig und zu einem geringen Entgelt in dem Veranstaltungsunternehmen angestellt sein, hat der Veranstalter als Arbeitgeber die Lohnsteuer mit einem Pauschalsteuersatz von 25 % vom Arbeitslohn zu erheben und abzuführen, § 40a Abs. 1 EStG.

Beispiel: Veranstalter V setzt kurzfristig die Aushilfe A wegen eines krankheitsbedingten Ausfalles im Orchester ein.

Der Künstler muss dann ebenfalls keine Lohnsteuerkarte vorlegen. Diese Beschäftigungsverhältnisse sind außerdem versicherungsfrei.

Eine kurzfristige Beschäftigung ist gegeben,

- wenn der Arbeitnehmer nur gelegentlich und nicht regelmäßig wiederkehrend angestellt ist,
- die Dauer der Beschäftigung 18 zusammenhängende Arbeitstage nicht übersteigt und

  a) der Arbeitslohn während der Beschäftigung durchschnittlich 62 €/Arbeitstag nicht übersteigt oder

  b) die Beschäftigung zu einem unvorhersehbaren Zeitpunkt sofort erforderlich ist.

  Zusätzlich zu der pauschalen Lohnsteuer müssen Kirchensteuer und Solidaritätszuschlag abgeführt werden.

Falllösung 7: P ist Arbeitnehmerin, da sie weisungsgebunden sowie in den Organisationsbetrieb des Hotels eingegliedert ist. Damit hat das Hotel als Arbeitgeber die Lohnsteuer seiner Arbeitnehmerin P einzubehalten und an das Finanzamt abzuführen. Da P beim Hotel „Schillerglück" nur 360 € monatlich verdient, ist sie nur geringfügig beschäftigt. Das Hotel kann die Lohnsteuer einschließlich des Solidaritätszuschlages und eventueller Kirchensteuer pauschal in Höhe von 2 % des Arbeitsentgelts erheben. Eine Lohnsteuerkarte braucht P nicht vorzulegen. Mit dem Beitrag zur Kranken- und Rentenversicherung für P hat das Hotel insgesamt 30 % des Arbeitslohnes an die hierfür zuständigen Stellen abzuführen. Die Angestellte P ist selbst von Steuern und Sozialabgaben befreit. Sie hat keinerlei Abgaben zu entrichten.

II. Der Künstler als freiberuflicher Mitarbeiter

Soweit der Künstler freiberuflich für den Veranstalter bzw. die Eventagentur tätig wird, erzielt er in der Regel **Einkünfte aus selbständiger Arbeit** gemäß § 18 Abs. 1 Nr. 1 EStG.

Beispiele: Gastspielverpflichtete Regisseure, Choreographen, Bühnenbildner bei Theaterunternehmen; gastspielverpflichtete Dirigenten, Vokal- und Instrumentalsolisten bei Kulturorchestern. Jeder konkrete Einzelfall muss jedoch geprüft werden.

Hinsichtlich der Ermittlung seiner Einkünfte hat er die Wahl zwischen dem sog. Betriebsvermögensvergleich oder der **Einnahmen-Überschuss-Rechnung**. Seine erzielten Einkünfte hat der Künstler gegenüber dem Finanzamt mittels Einkommensteuererklärung zu deklarieren.

In der Praxis ist es üblich, dass der Künstler mit dem Veranstalter einen Honorar-Vertrag über die zu leistende künstlerische Tätigkeit schließt bzw. der freischaffende Künstler der Veranstaltungsagentur seine geleistete Tätigkeit in Rechnung stellt. Je nach der umsatzsteuerlichen Behandlung des Künstlers als Kleinunternehmer oder nicht[16], ist in der Rechnung neben dem Honorarbetrag auch die Umsatzsteuer auszuweisen. Die gezahlte **Vergütung** kann der Veranstalter als **Betriebsausgaben** absetzen. Soweit Umsatzsteuer in der Rechnung ausgewiesen war, kann der Veranstalter diese als Vorsteuer geltend machen.

III. Beschränkte Steuerpflicht ausländischer Künstler

Fall 8:[17] Die deutsche Event-GmbH engagiert für eine Deutschlandtournee die südamerikanische Sängerin S. Die Konzerte werden von örtlichen Veranstaltern organisiert. Die Event-GmbH und die örtlichen Veranstaltern teilen prozentual die Erlöse an den Eintrittseinnahmen. Die Vergütung der S zahlt die Event-GmbH. Wie ist der Fall steuerlich zu bewerten?

Wenn im Rahmen einer Veranstaltung ein Künstler beschäftigt wird, der in Deutschland **weder seinen Wohnsitz noch gewöhnlichen Aufenthalt** hat (vgl. §§ 8, 9 AO), ist dieser mit seinen inländischen Einkünften **beschränkt** einkommensteuerpflichtig (§ 1 Abs. 4 i. V. m. § 49 Abs. 1 Nr. 2d, 3 und 4a EStG).

1. Der Künstler als Arbeitnehmer

Soweit der ausländische Künstler beim Veranstalter angestellt und mithin Arbeitnehmer ist, hat der Veranstalter den Lohnsteuerabzug vorzunehmen.[18]

---

[16] Siehe hierzu auch Abschnitt D.
[17] Angelehnt an einen Beispielsfall gemäß BMF-Schreiben vom 23.1.1996, BStBl. 1996, Teil 1, IV B 4 - S 2303 - 14/96.
[18] Vgl. Abschnitt C.I.

Beispiel: Die australische Opernsängerin M ist für unbestimmte Zeit an der Semperoper in Dresden angestellt. Sie ist in den Opernbetrieb fest eingegliedert und erzielt damit Einkünfte aus nichtselbständiger Arbeit.

Da ausländische Arbeitnehmer keine deutsche Lohnsteuerkarte besitzen, stellt das für den Kulturbetrieb zuständige Finanzamt zur Berechnung der richtigen Steuer auf Antrag des angestellten Künstlers eine Bescheinigung über die Steuerklasse und die maßgeblichen Freibeträge aus. Beschränkt einkommensteuerpflichtige Arbeitnehmer werden in die Steuerklasse I und für jedes weitere Beschäftigungsverhältnis in die Steuerklasse VI eingereiht, § 39d Abs. 1 S. 1 und 2 EStG. Der Veranstalter hat die Bescheinigung wie die Lohnsteuerkarte aufzubewahren. Die **Einkommensteuer gilt durch den Lohnsteuerabzug als abgegolten**, es sei denn, es sind bestimmte Freibeträge auf der Bescheinigung eingetragen worden (dann hat eine Veranlagung zur Einkommensteuer zu erfolgen) bzw. der Künstler beantragt die Veranlagung zur Einkommensteuer, § 50 Abs. 2 EStG. Sie kann jedoch nur von Staatsangehörigen der Europäischen Union beantragt werden. Die Veranlagung erfolgt dann durch das für den Veranstalter zuständige Finanzamt (sog. Betriebsstättenfinanzamt).[19]

2. Der selbständige Künstler

Künstler, die im Ausland wohnen und für einen Event verpflichtet werden, werden jedoch in der Regel nicht als Arbeitnehmer, sondern freiberuflich tätig sein.

Beispiel: Die Rockgruppe R aus Florida tritt aufgrund eines Konzertvertrages mit dem Veranstalter V in Nürnberg auf.

In diesem Fall erfolgt die deutsche Besteuerung der erzielten inländischen Einkünfte **ebenfalls mittels Steuerabzug** nach § 50a Abs. 1 EStG (im Fachjargon „**Ausländersteuer**" genannt). Die Einkommensteuer gilt durch den Steuerabzug als abgegolten (§ 50 Abs. 2 EStG).

Sollte der deutsche Veranstalter dem ausländischen Künstler Reisekosten ersetzt bzw. übernommen haben, gehören sie, soweit die Auslagen die tatsächlich angefallenen Fahrt- und Übernachtungskosten übersteigen, zu den Einnahmen des Künstlers. Dasselbe gilt hinsichtlich ersetzter bzw. übernommener Verpflegungskosten. Sie sind den Einnahmen des Künstlers zuzurechnen, soweit sie die Pauschbeträge nach § 4 Abs. 5 S. 1 Nr. 5 EStG übersteigen.[20] Wenn ein ausländischer Künstler mit dem eigenen Pkw zu der Veranstaltung anreist, kann eine Erstattung von 0,30 € je gefahrenen Kilometer beim Steuerabzug außen vor bleiben. Der Abzug von Betriebsausgaben oder Werbungskosten des Künstlers ist grundsätzlich nicht zulässig.[21]

---

[19] Siehe auch BMF-Schreiben vom 31.07.2002 - IV C 5 - S-2369 - 5/02, DStR 2002, S. 1486.
[20] Siehe Abschnitt B.I.3.
[21] Ausnahmen gelten nach § 50a Abs. 3 EStG nunmehr für Staatsangehörige eines Mitgliedstaates der EU oder des Europäischen Wirtschaftsraumes. Die Neuregelung des § 50a Abs. 3 EStG erfolgte aufgrund von Vorgaben des EU-Rechtes. Geändert hat sich u. a. der Steuersatz. Er beträgt bei natürlichen Personen 30 % des positiven Unterschiedsbetrags zwischen den Einnahmen und den Werbungskosten beziehungsweise Betriebsausgaben.

Der Steuerabzug beträgt **15 % der geleisteten Vergütung**, § 50a Abs. 2 EStG (Ausnahme § 50a Abs. 3 EStG). Die bisherigen gestaffelten Steuersätze wurden abgeschafft. Zusätzlich ist der Solidaritätszuschlag zu erheben. Soweit die Vergütung an den Künstler je Darbietung 250 € nicht übersteigt, ist ein Steuerabzug zu unterlassen. Als einzeln gilt eine Darbietung oder ein Auftritt des Künstlers je Tag und je Veranstaltung. Aus Billigkeitsgründen braucht kein Steuerabzug vorgenommen werden, wenn Amateuren (Amateurmusiker, Laienschauspielern) ausschließlich Kosten erstattet werden oder die Kosten vom Veranstalter übernommen werden.[22]

Der Veranstalter hat den Steuerabzug (für Rechnung des Künstlers) in dem **Zeitpunkt** vorzunehmen, in dem die Vergütung dem ausländischen Künstler zufließt. Die innerhalb eines Kalendervierteljahres einbehaltene Steuer hat er sodann bis zum 10. Tag des dem Quartal folgenden Monats an das Bundeszentralamt für Steuern (kurz: BZSt) abzuführen, § 50a Abs. 5 EStG. Der Veranstalter haftet zudem für die Einbehaltung und Abführung der Steuer. Es kann aber auch der ausländische Künstler in Anspruch genommen werden, falls der Veranstalter den Steuerabzug nicht vorschriftsmäßig vorgenommen hat.

Der Veranstalter ist außerdem verpflichtet, auf Verlangen des Künstlers folgende Angaben auf amtlichen Vordruck zu bescheinigen (§ 50a Abs. 5 EStG):

- Namen und Anschrift des Künstlers,
- Art der Tätigkeit und Höhe der Vergütung in €,
- Zahlungstag,
- Betrag der einbehaltenen und abgeführten Steuer.

Dies hat folgenden Hintergrund: In der Regel werden die Einkünfte einer Person in dem Staat besteuert, in dem diese Person ansässig ist, also ihren Wohnsitz oder gewöhnlichen Aufenthalt hat, egal ob ihre Einkünfte aus dem Inland oder dem Ausland stammen (sog. **Welteinkommensprinzip**). Es besteht jedoch auch die Möglichkeit, die Besteuerung direkt an der Quelle vorzunehmen, das heißt der Staat, wo die Einkünfte erzielt wurden, unterwirft diese Einkünfte der Besteuerung (Quellensteuerprinzip).[23]

Zusammenfassung: Systematik des Steuerabzuges

- Es wird zwischen Steuerschuldner und Haftungsschuldner unterschieden.
- Der inländische Veranstalter/Kulturbetrieb, welcher dem Künstler die Vergütung schuldet, nimmt den Steuerabzug vor und ist steuerrechtlich Haftungsschuldner.
- Der Künstler hat einen Vergütungsanspruch gegenüber dem Veranstalter. Für diese Einnahmen ist er Steuerschuldner.
- Der Veranstalter führt folglich die Steuern des ausländischen Künstlers auf dessen Rechnung an das Bundeszentralamt für Steuern (BZSt) ab.

---

[22] Schleder, S. 313.
[23] Vgl. auch Art. 17 OECD-Musterabkommen.

Damit es zu keiner Doppelbesteuerung kommt, wird in sog. **Doppelbesteuerungsabkommen** (kurz: DBA) geregelt, welcher der Vertragsstaaten das Besteuerungsrecht hat. Diesbezüglich besteht die Möglichkeit, die Einkünfte in einem Staat von der Besteuerung freizustellen (sog. Freistellungsmethode). Es existiert aber auch die Anrechnungsmethode, im Rahmen dieser die gezahlte ausländische Steuer auf die Steuer, die im Ansässigkeitsstaat erhoben wird, anzurechnen ist. **Hierfür werden oben genannte Angaben benötigt.**

Wenn die Einkünfte des ausländischen Künstlers nach einem DBA nicht oder nur nach einem geringeren Steuersatz in Deutschland besteuert werden dürfen[24], besteht für den ausländischen Künstler die Möglichkeit, beim Bundeszentralamt für Steuern **eine Freistellungsbescheinigung** nach amtlich vorgeschriebenen Vordruck zu beantragen, um einen Steuerabzug durch den Veranstalter zu vermeiden, § 50d Abs. 2 EStG.[25]

Soweit für einen Zeitraum, für den eine Freistellungsbescheinigung ausgestellt worden ist, schon Steuern einbehalten und an das BZSt abgeführt worden sind, erstattet auf Antrag des Veranstalters das BZSt diese abgeführten Steuerabzugsbeträge an ihn. Aus Gründen der Praktikabilität erstattet auch das Bundeszentralamt für Steuern auf Antrag des ausländischen Künstlers die abgeführten Steuerabzugsbeträge. Um diesbezüglich Doppelerstattungen zu vermeiden, ist die vom Veranstalter ausgestellte Original-Steuerbescheinigung nach § 50a Abs. 5 S. 6 EStG vorzulegen.

Falllösung 8: Die ausländische Sängerin S ist mit ihren inländischen Einkünften gemäß § 49 Abs. 1 Nr. 3 EStG beschränkt steuerpflichtig (Ausländersteuer). Der Steuerabzug ist gemäß § 50a Abs. 5 EStG von der Event-GmbH als Schuldnerin der Vergütung vorzunehmen und an das Bundeszentralamt für Steuern abzuführen. Gemäß den bestehenden Doppelbesteuerungsabkommen steht Deutschland das Besteuerungsrecht zu, das heißt die Einkünfte der S sind in Deutschland steuerpflichtig. Bei Zweifelsfragen sollte man sich an das **Bundeszentralamt für Steuern** wenden.

IV. Besondere Steuervergünstigungen für Künstler

Das Steuerrecht fördert die Kunst und Gemeinnützigkeit auf vielfältige Weise. Deshalb soll zur Abrundung des Überblickes über die steuerliche Behandlung von Künstlern noch auf einige besondere Steuervergünstigungen eingegangen werden.

1. Einnahmen aus nebenberuflichen Tätigkeiten

Soweit der Künstler **nebenberuflich** künstlerisch im Dienst oder im Auftrag einer juristischen Person des öffentlichen Rechts (z. B. Städte, Gemeinden) oder gemein-

---

[24] Siehe hierzu auch Poser, Konzert- und Veranstaltungsverträge, S. 31 ff.
[25] Freistellungsantrag nach amtlich vorgeschriebenem Vordruck kann auf der Internetseite des BMF unter der Rubrik „Formulare von A bis Z", Formular-Management-Center, Ordner „Doppelbesteuerung" abgerufen werden.

nützigen, mildtätigen sowie kirchlichen Vereinigungen tätig wird, sind gezahlte Aufwandsentschädigungen bis zu einem Betrag von 2.100 € steuerfrei, § 3 Nr. 26 EStG. Damit im Zusammenhang stehende Aufwendungen sind nur insoweit abzugsfähig, als sie diese Pauschale übersteigen. Als nebenberuflich wird eine Tätigkeit angesehen, die auf das Kalenderjahr gerechnet, nicht mehr als ein Drittel der Arbeitszeit eines vergleichbaren Vollerwerbes ausmacht. Ferner werden nebenberufliche Tätigkeiten begünstigt, bei denen Menschen ihre Fähigkeiten selbst entwickeln können.

Beispiel: Rechtsanwältin M, eine hochbegabte Malerin, unterrichtet Kinder nach ihren erfolgreichen „Auftritten" vor Gericht in bildender Kunst.

2. Künstlersozialkasse

Die Beträge, die die Künstlersozialkasse zugunsten des nach dem Künstlersozialversicherungsgesetz (kurz: KSVG) Versicherten aus dem Aufkommen von Künstlersozialabgabe und Bundeszuschuss an einen Träger der Sozialversicherung oder an den Versicherten zahlt, sind steuerfrei (§ 3 Nr. 57 EStG).

3. Spenden (siehe dazu unter Abschnitt F.)

4. Steuerfreiheit für bestimmte öffentliche Mittel

Bezüge aus öffentlichen Mitteln oder aus Mitteln einer öffentlichen Stiftung, die als Beihilfe zu dem Zweck bewilligt werden, die Kunst unmittelbar zu fördern, sind steuerfrei, § 3 Nr. 11 EStG.

D. Umsatzsteuer

Die Umsatzsteuer wird auch Mehrwertsteuer genannt. Sie ist systematisch eine kostenneutrale Steuer, die nur den privaten Endverbraucher mit einem Steuersatz belastet und die an der Wertschöpfungskette beteiligten Unternehmer durch den Vorsteuerabzug von der Umsatzsteuer freistellt. Die Umsatzsteuererklärung ist für die Veranlagung ab 01.01.2011 elektronisch ans FA zu übermitteln.

I. Persönliche Steuerpflicht (Unternehmereigenschaft)

Fall 9:[26] M ist Opernsängerin. Seit 2006 übernahm sie in stetig steigendem Ausmaß mit Hilfe einer für sie tätigen Agentur Gastspielverpflichtungen als Solistin auf verschiedenen deutschen Bühnen. Die Gastspielverträge legen die von M zu übernehmende Partie, die voraussichtliche Zahl der Aufführungen, das Honorar und die

---

[26] Angelehnt an den Fall vorm BFH vom 30.05.1996, AZ: V R 2/95, zitiert nach juris-online.

Fahrtkostenerstattung fest, teilweise wurde auch die Teilnahme an den Proben ausdrücklich geregelt. Auch ohne besondere Vereinbarung nimmt M an Proben teil, um sich in künstlerischer Hinsicht in das Ensemble (künstlerische Konzeption) einzubinden. Umsatzsteuererklärungen gab M bisher nicht ab. Das zuständige Finanzamt ist der Auffassung, dass M umsatzsteuerpflichtig ist. Gegen die Umsatzsteuerbescheide erhebt M nach erfolglosen Einsprüchen Klage, da sie der Auffassung ist, sie sei Arbeitnehmerin der jeweiligen Theater gewesen. Hat die Klage Aussicht auf Erfolg?

Der einzelne **Unternehmer** hat die einbehaltene Umsatzsteuer gegenüber dem Finanzamt zu erklären und dorthin abzuführen. Er **schuldet die Umsatzsteuer**, vgl. § 13a Umsatzsteuergesetz (kurz: UStG).

Ein Unternehmer im umsatzsteuerlichen Sinne ist eine Person, die eine gewerbliche oder berufliche Tätigkeit selbständig ausübt. Gewerblich oder beruflich ist dabei jede **nachhaltige Tätigkeit zur Erzielung von Einnahmen**, auch wenn die Gewinnerzielungsabsicht fehlt, § 2 Abs. 1 UStG. Ein Veranstalter als Einzelperson gilt damit ebenso als Unternehmer wie eine Eventagentur, die als Kapitalgesellschaft oder Personengesellschaft ausgestaltet ist.[27]

Soweit ein beauftragter **Künstler** nicht bei einem Veranstaltungsunternehmen als Arbeitnehmer angestellt, sondern **freiberuflich** tätig ist (vgl. § 2 Abs. 2 S. 1 Nr. 1 UStG), gilt er ebenso als **Unternehmer** im umsatzsteuerlichen Sinne (!). Er muss nur die Absicht haben, Einnahmen zu erzielen. Seine künstlerische Tätigkeit muss nicht rentabel sein. Diese Absicht kann in der Regel durch objektive Indizien wie Internet Domains, Telefonbucheinträge, Kundenkontakte usw. belegt werden.

> **Merke:**
> Eventmanager und Künstler, die Arbeitnehmer sind, gelten nicht als Unternehmer im Sinne von § 2 UStG.
>
> → Kriterien, die für eine Nichtselbständigkeit sprechen: **Weisungsgebundenheit**, **Eingliederung** in den Organisationsbetrieb des Arbeitgebers, feste Arbeitszeiten, Fortzahlung der Bezüge im Krankheitsfall, Urlaubsanspruch, persönliche Abhängigkeit
>
> → Kriterien, die für eine Selbständigkeit sprechen: Selbständigkeit in Organisation und Durchführung der Tätigkeit, **Unternehmerrisiko**, Unternehmerinitiative, Bindung nur für bestimmte Tage an den Bühnenbetrieb
>
> → Für die Abgrenzung Selbständigkeit/Nichtselbständigkeit ist immer eine **einzelfallbezogene Gesamtbetrachtung** notwendig, wobei die tätigkeitsprägenden Merkmale gewichtet und gegeneinander abgewogen werden.

Öffentlich-rechtliche Einrichtungen werden dagegen in der Regel nicht gewerblich bzw. beruflich tätig (§ 2 Abs. 3 UStG) und sind damit nicht als Unternehmer im Sinne des UStG anzusehen. Relevant wird dies insbesondere, weil öffentlich-

---

[27] Zu den einzelnen Gesellschaftsformen siehe im Kapitel Gesellschaftsrecht.

rechtliche Institutionen vielfach als Auftraggeber von künstlerischen Leistungen in Erscheinung treten (z. B. öffentlich-rechtliche Rundfunkanstalten, öffentliche Sparkassen, staatliche Museen). Demzufolge sind sie auch nicht zum Abzug der Vorsteuer berechtigt.

Falllösung 9: Nach Auffassung des BFH[28] im vorliegenden Fall ist M als Solistin selbständige Unternehmerin gemäß § 2 UStG. Unternehmer ist, wer eine gewerbliche und berufliche Tätigkeit selbständig ausübt. Eine solche Tätigkeit wird nicht selbständig ausgeübt, soweit eine natürliche Person in einem Unternehmen derart eingegliedert ist, dass sie den Weisungen des Unternehmens verpflichtet ist. M führte eine künstlerische Tätigkeit aus, die ihrer Natur nach den Weisungsbefugnissen eines Arbeitgebers Grenzen setzt. Sie konnte den Ort und die Zeit ihre Tätigkeit weitgehend selbst bestimmen, nur während der Proben und Aufführungen war sie in den Theaterbetrieb eingebunden. M entwickelte Unternehmerinitiative, da sie frei entschied, ob sie sich zur Übernahme einer bestimmten Rolle für ein einmaliges Gastspiel oder mehrere Aufführungen verpflichtete. Die Gastspielverträge enthielten auch keine für Arbeitsverträge typischen Klauseln, wie etwa Lohnfortzahlung im Krankheitsfall oder Urlaub. In einigen Fällen war ausdrücklich vereinbart, dass der Honoraranspruch bei Verhinderung wegen Krankheit oder aus persönlichen Gründen entfällt. Die Proben dienten der Einbindung der M in das Ensemble und ließen genügend Zeit zur eigenen Disposition. Danach hat die Klage keine Aussicht auf Erfolg gehabt.

Als **Faustregel** kann man sich damit merken, dass festangestellte Opernsänger, Chorsänger und Orchestermusiker regelmäßig Arbeitnehmer sind. Bei gastspielverpflichteten Künstlern kommt es auf die Ausgestaltung des Gastspielverhältnisses an. Pop- und **Rocksänger** sind grundsätzlich Unternehmer im umsatzsteuerrechtlichen Sinne.[29] Alleinunterhalter und **Zauberkünstler** tragen in der Regel unternehmerisches Risiko und sind damit ebenso Unternehmer im Sinne des UStG. Wie bereits ausgeführt, ist jeder Einzelfall in einer **Gesamtschau** zu würdigen. Feste Schemata verbieten sich im Arbeits- und Steuerrecht.

II. Sachliche Steuerpflicht

1. Lieferungen und sonstige Leistungen

Der Umsatzsteuer unterliegen (§ 1 UStG):

- die **Lieferungen** und sonstigen **Leistungen**, die ein Unternehmer im Inland gegen Entgelt im Rahmen seines Unternehmens ausführt,
- die Einfuhr von Gegenständen im Inland und
- der innergemeinschaftliche Erwerb im Inland gegen Entgelt.

---

[28] BFH vom 30.05.1996, AZ: V R 2/95, zitiert nach juris-online.
[29] Poser, Konzert- und Veranstaltungsverträge, S. 53 f.

Als **Lieferung** gemäß § 1 UStG kommt beispielsweise der Verkauf von Fanartikeln durch den Veranstalter am Rande eines Konzertes in Betracht.

Sonstige **Leistungen** sind alle Leistungen, die keine Lieferungen sind, das heißt wenn keine körperlichen Gegenstände von einer Person zu einer anderen Person verbracht werden, § 3 Abs. 9 UStG.[30] Im Bereich der Veranstaltungsbranche sind sonstige Leistungen z. B. die Vermittlungsleistung einer Künstleragentur, die Leistung einer Konzertdirektion, das Tourneemanagement sowie die Auftrittsleistung der darbietenden Künstler und Musiker.

2. Liefer- bzw. Leistungsort

Das Recht zur Erhebung der Umsatzsteuer endet grundsätzlich an der Staatsgrenze. **Ausländische Umsätze sind somit nicht in Deutschland steuerbar.**

Beispiel: Schlagersänger S tritt auf Mallorca im Rahmen eines Strandkonzertes auf. Seine künstlerische Leistung erbringt S damit in Spanien, so dass er diesbezüglich nach deutschem Recht nicht umsatzsteuerpflichtig ist.

Demnach muss immer ermittelt werden, wo der **Liefer- bzw. Leistungsort** ist.

Der **Lieferort** eines Gegenstandes befindet sich dort, wo die Beförderung bzw. Versendung begann bzw., soweit keine Beförderung oder Versendung stattfand, wo sich der Gegenstand bei Verschaffung der wirtschaftlichen Verfügungsmacht befand, § 3 Abs. 6 und Abs. 7 UStG.

Der Ort der sonstigen Leistung befindet sich grundsätzlich dort, wo das Unternehmen des ausführenden Unternehmers seinen **Sitz** hat, § 3a Abs. 1 UStG.

Hiervon gibt es jedoch gemäß § 3a Abs. 2 und Abs. 3 UStG **Ausnahmen**:

- der Leistungsort ist der Belegenheitsort des Grundstücks bei sonstigen Leistungen im Zusammenhang mit einem Grundstück (z. B. Baukunst, Großskulpturen),
- der Leistungsort ist der ausschließliche bzw. wesentliche Tätigkeitsort bei:

    a) kulturellen, künstlerischen, unterhaltenden und weiteren ähnlichen Leistungen einschließlich der Leistungen der jeweiligen Veranstalter,
    b) Arbeiten an beweglichen körperlichen Gegenständen und deren Begutachtung,
    c) Vermittlungsleistungen,

- der Leistungsort ist der Unternehmenssitz des Empfängers der Leistung, wenn dieser ebenfalls ein Unternehmer ist,
- der Leistungsort ist der Wohnsitz oder Sitz des Empfängers der Leistung, wenn dieser kein Unternehmer ist und seinen Wohnsitz oder Sitz im sog. Drittland[31] hat.

---

[30] Zur Abgrenzung von Lieferung und sonstiger Leistung bei sog. Immaterialgüterrechten Fischer/Reich, § 11 Rn. 79.

[31] Drittland ist das Gebiet, das nicht Inland sowie das Gebiet der Mitgliedstaaten der Europäischen Gemeinschaft ist, vgl. § 1 Abs. 2a S. 3 UStG.

III. Steuerbefreiungen

Nach § 4 UStG sind einige Umsätze von der Umsatzsteuer befreit. Dies bedeutet, dass **keine Umsatzsteuer in Rechnung gestellt werden muss**. Im Gegenzug ist jedoch auch der Abzug von Vorsteuern nicht möglich. Sinn und Zweck dieser Steuerbefreiungen ist es, die Verbraucher, z. B. bei Kulturveranstaltungen zu entlasten.

Im Hinblick auf den Betrieb eines Veranstaltungsunternehmens sind vor allem folgende Umsatzsteuerbefreiungen relevant:

- **Umsätze kultureller Einrichtungen der öffentlichen Hand** (z. B. Museen, Chöre, Orchester, Theater usw.) sind nach § 4 Nr. 20 UStG von der Umsatzsteuer befreit. Dasselbe gilt für Umsätze **gleichartiger Kultureinrichtungen** anderer Unternehmer, wenn ihnen die zuständige Landesbehörde bescheinigt, dass sie dieselben kulturellen Aufgaben erfüllen. Diese Unternehmen müssten dann allerdings auch die mit diesen Umsätzen zusammenhängende Vorsteuer selbst tragen, wodurch die Vorsteuer zum Kostenfaktor wird (vgl. § 15 Abs. 2 S. 1 Nr. 1 UStG). Befreit sind auch typische Nebenleistungen wie die Aufbewahrung der Garderobe, die Vermietung von Operngläsern und der Verkauf von Programmheften – nicht hingegen die Abgabe von Speisen und Getränken.[32]
- Nach § 4 Nr. 22 UStG sind von der Umsatzsteuer befreit:

    a) **Vorträge**, Kurse und andere Veranstaltungen wissenschaftlicher oder belehrender Art, die von öffentlichen Einrichtungen durchgeführt werden,
    b) oben genannte Veranstaltungen wissenschaftlicher oder belehrender Art, die von Einrichtungen, die gemeinnützigen Zwecken dienen, durchgeführt werden, soweit die Einnahmen überwiegend zur Kostendeckung verwendet werden,
    c) andere kulturelle und sportliche Veranstaltungen, die von oben genannten Einrichtungen durchgeführt werden, soweit das Entgelt in Teilnehmergebühren besteht.

Verzicht auf Steuerbefreiungen:
Auf die Inanspruchnahme bestimmter Steuerbefreiungen kann verzichtet werden, § 9 UStG. Diese Option zur Steuerpflicht ist aber nur bei einigen wenigen Steuerbefreiungen möglich.

IV. Steuersätze

Fall 10:[33] A veranstaltet in einem angemieteten Saal unter der Bezeichnung „Bier-Dorf" Rockkonzerte. Der Saal war früher ein Lokal, in dem Biere verschiedener

---

[32] Schleder, S. 257 unter Verweis auf ein BFH-Urteil.
[33] Angelehnt an den Fall vorm FG Rheinland-Pfalz vom 22.05.2003, AZ: 6 K 1712/01, zitiert nach juris-online.

Brauereien angeboten wurden. Daher rührt die Bezeichnung „Bier-Dorf". Für die Veranstaltungen des A wurde der Saal neu gestaltet. Die Bestuhlung wurde aus dem Saal entfernt, in der Mitte des großen Saales befindet sich eine Bühne, an den Seitenwänden stehen Verkaufsstände, an denen Bier und andere Getränke angeboten werden, am Rande des Saales sind vier Stehtische aufgestellt. A veranstaltet zwischen 12–14 Rockkonzerte jährlich. In den geschalteten Anzeigen sind am unteren Rand die Markenbezeichnungen der angebotenen Biere abgedruckt. In der Mitte der Anzeige ist der Name der Rock-/Popgruppe hervorgehoben. Teilweise ist die Ankündigung mit dem Zusatz „Mega-Dance-Party" oder „Happy-Fun-Abtanz-Party" usw. versehen. In seiner Umsatzsteuererklärung führt er den ermäßigten Steuersatz von 7 % für die Umsätze aus den Eintrittsgeldern auf. Zu Recht?

Fall 11:[34] Die M-GmbH richtet jedes Jahr in den Messehallen von D die Veranstaltung „X" aus, auf der aktuelle Stars der internationalen „Techno-Szene" auftreten. Bei den Künstlern handelt es sich zum größten Teil um bekannte DJs, welche mittels „Turntables" und „Tracks" bereits vorhandene Musikstücke einspielen und mit Hilfe von Mischpulten die Stücke mixen. Die Auftritte der DJs dauern ca. 1,5 Stunden. Daneben gibt es noch einige „Live-Acts", bei denen Musikinstrumente gespielt und teilweise auch gesungen wird. Gilt für die Umsätze aus den Eintrittsgeldern der ermäßigte Umsatzsteuersatz?

Die Umsatzsteuer beträgt für jeden steuerpflichtigen Umsatz **19 %** der Bemessungsgrundlage (sogenannter allgemeiner Steuersatz), § 12 Abs. 1 UStG. Die Bemessungsgrundlage ist dabei grundsätzlich das Entgelt, zu dem alles gehört, was der Leistungsempfänger aufwendet, um die Lieferung oder sonstige Leistung zu erhalten, abzüglich der Umsatzsteuer, § 10 Abs. 1 UStG.

Für bestimmte Umsätze, vor allem für die Lieferung von Grundnahrungsmitteln und für **kulturelle Leistungen, ermäßigt sich der Steuersatz auf 7 %** der Bemessungsgrundlage. In diesen Fällen behält der Unternehmer die Vorsteuerabzugsberechtigung.

Die Steuerermäßigung kommt vor allem hinsichtlich folgender Umsätze zur Anwendung:

- die Lieferung von Büchern, Zeitungen und anderen Erzeugnissen des grafischen Gewerbes (dazu auch Bilderbücher, Zeichen- oder Malbücher für Kinder und Noten), soweit sie nicht Werbezwecken dienen, sowie Kunstgegenstände (Gemälde, Zeichnungen, Collagen, Originalerzeugnisse der Bildhauerkunst usw.), § 12 Abs. 2 Nr. 1 i. V. m. Anlage 2 Nr. 49 und Nr. 53 UStG,
- **die Eintrittsberechtigung für Theater, Konzerte und Museen sowie vergleichbare Darbietungen ausübender Künstler,** § 12 Abs. 2 Nr. 7a UStG,
- die Überlassung von Filmen zur Auswertung und Vorführung sowie die Filmvorführungen, § 12 Abs. 2 Nr. 7b UStG,
- die Einräumung, Übertragung und Wahrnehmung von Rechten, die sich aus dem Urheberrechtsgesetz ergeben, § 12 Abs. 2 Nr. 7c UStG,

---

[34] Angelehnt an den Fall vorm BFH vom 18.08.2005, AZ: V R 50/04, zitiert nach juris-online.

- die **Zirkusvorführungen** und Leistungen aus der Tätigkeit als Schausteller, § 12 Abs. 2 Nr. 7d UStG
- die Leistungen der **gemeinnütziger Körperschaften (z. B. Vereine, Stiftungen)** im Rahmen des Zweckbetriebes, § 12 Abs. 2 Nr. 8a UStG. Der ermäßigte Steuersatz gilt auch für Umsätze von nichtrechtsfähigen Personenvereinigungen, deren Mitglieder ausschließlich gemeinnützige Körperschaften sind.

Beispiel: Die Sportvereine A und B veranstalten gemeinsam als Arbeitsgemeinschaft ein Sportturnier in Münster. Es werden nicht nur Eintrittsgelder erhoben, sondern auch Speisen und Getränke verkauft. Die gesamten Einnahmen der Arbeitsgemeinschaft unterliegen der Umsatzsteuer mit dem allgemeinen Steuersatz (!), weil der Verkauf von Speisen und Getränken an Ort und Stelle ein steuerpflichtiger wirtschaftlicher Geschäftsbetrieb ist. Auch für die Eintrittsgelder kann der ermäßigte Steuersatz nicht gewährt werden.

Der ermäßigte Steuersatz nach § 12 Abs. 2 Nr. 8 UStG ist nur anwendbar, wenn die Personengesellschaft oder Gemeinschaft ausschließlich Einnahmen erzielt, die zu einem Zweckbetrieb oder zu dem ideellen Betrieb gehören.[35] Wenn die Arbeitsgemeinschaft der Sportvereine auch einen steuerpflichtigen wirtschaftlichen Geschäftsbetrieb unterhält, unterliegen alle Einnahmen der Umsatzsteuer dem allgemeinen Steuersatz von 19 %. Die beiden Sportvereine hätten lieber zwei Arbeitsgemeinschaften gründen sollen (eine für die Sportveranstaltung, die andere für den Verkauf von Speisen und Getränken an Ort und Stelle).

Falllösung 10: Nach Auffassung des Finanzgerichtes Rheinland-Pfalz[36] ist der ermäßigte Steuersatz von 7 % einschlägig, § 12 Abs. 2 Nr. 7a UStG (Konzerte). Unter Konzerten seien Aufführungen von Musikstücken zu verstehen, bei denen Instrumente und/oder die menschliche Stimme eingesetzt werden kann. Die Regelung beschränkt sich dabei nicht nur auf Orchester-Konzerte. Voraussetzung für die Steuervergünstigung ist, dass das Konzert den Charakter der gesamten Veranstaltung bestimmt, das heißt als Konzertveranstaltung können nur solche Darbietungen angesehen werden, bei denen Musik und Gesang den eigentlichen Zweck der Veranstaltung bilden. Der Ausschank von Getränken sowie die tänzerischen Bewegungen der Jugendlichen zu der Musik, geben der Veranstaltung nicht das Gepräge einer nicht steuerbegünstigten Tanzveranstaltung. Ausschlaggebend für die Besucher der Konzerte ist der Live-Auftritt der jeweiligen Rock- bzw. Popgruppe.

Falllösung 11: Der BFH[37] sieht im vorliegenden Fall die Veranstaltung „X" als ein Konzert an, so dass der ermäßigte Steuersatz gilt. Er weist jedoch darauf hin, dass das bloße Abspielen von Tonträgern kein Konzert im Sinne des Umsatzsteuerrechtes sei. Bei den Auftritten der DJs auf der „X" handele es sich jedoch nicht um ein bloßes „Abspielen von Tonträgern", sondern es würden durch eigene künstlerische

---

[35] Schleder, S. 267.
[36] FG Rheinland-Pfalz vom 22.05.2003, AZ: 6 K 1712/01, zitiert nach juris-online.
[37] BFH vom 18.08.2005, AZ: V R 50/04, zitiert nach juris-online.

Leistungen der DJs neue Musikstücke geschaffen. Die musikalischen Darbietungen müssen der Veranstaltung das Gepräge geben, so dass Begleitumstände (z. B. Tanzen) dahinter zurücktreten.

V. Besteuerung der Kleinunternehmer

Die Umsatzsteuer wird nicht erhoben, wenn der Umsatz des Vorjahres 17.500 € nicht überstieg und der Umsatz des laufenden Kalenderjahres 50.000 € voraussichtlich nicht übersteigen wird. Umsatz ist in diesem Sinne der jeweils nach vereinnahmten Entgelten bemessene Gesamtumsatz zuzüglich der darauf entfallenden Steuer, jedoch abzüglich etwaiger Umsätze für Wirtschaftsgüter des Anlagevermögens. Die begünstigten Kleinunternehmer dürfen in ihrer Rechnung keine Umsatzsteuer gesondert ausweisen, keine Umsatzsteuer-Identifikationsnummer angeben und keinen Vorsteuerabzug tätigen.

VI. Vorsteuerabzug

Da die Umsatzsteuer nur den Endverbraucher belasten soll, besteht für einen Unternehmer über den **Vorsteuerabzug** die Möglichkeit, die von ihm bei Leistung eines anderen Unternehmers an diesen gezahlte Umsatzsteuer zurückzuerhalten.

Beispiel: Der gemeinnützige Sportverein S aus Hannover hat im Jahr 2011 folgende Umsätze: 10.000 € Eintrittsgelder aus sportlichen Veranstaltungen (Zweckbetrieb); 40.000 € aus dem Verkauf von Speisen und Getränken im Vereinsheim; 500 € Umsatzsteuer aus den Rechnungen von Vorlieferanten für Leistungen für die sportlichen Veranstaltungen und 2.500 € Umsatzsteuer aus den Rechnungen der Vorlieferanten für das Vereinsheim. Daraus folgt folgende Steuerrechnung:[38]

- zum allgemeinen Steuersatz 19 % von 40.000 €   = 7.600 €
- zum ermäßigten Steuersatz 7 % von 10.000 €   = 700 €
- Vorsteuerabzug   = 3.000 €
- ergibt eine Steuerzahllast von   = 5.300 €.

Der Vorsteuerabzug ist somit ein Steuervergütungsanspruch des Unternehmers. Voraussetzung für den Vorsteuerabzug ist nach § 15 Abs. 1 S. 1 Nr. 1 UStG, dass der Unternehmer eine Lieferung oder sonstige Leistung von einem anderen Unternehmer empfängt, diese Lieferung oder sonstige Leistung für das Unternehmen des Empfängers ausgeführt wird und eine ordnungsgemäße Rechnung im Sinne des § 14 UStG vorliegt.

Eine Rechnung ist nach § 14 Abs. 1 UStG jedes Dokument, mit dem über eine Lieferung oder sonstige Leistung abgerechnet wird, egal wie dieses im Geschäftsverkehr bezeichnet wird.

---

[38] Nach Schleder, S. 268 f.

> **Für den Vorsteuerabzug muss die Rechnung folgende Angaben enthalten (§ 14 Abs. 4 UStG):**
>
> a) den Namen und die Anschrift des leistenden Unternehmers und des Leistungsempfängers,
> b) die dem leistenden Unternehmer erteilte Steuernummer oder Umsatzsteuer-Identifikationsnummer,
> c) das Ausstellungsdatum,
> d) die Rechnungsnummer,
> e) die Menge und die Art der gelieferten Gegenstände bzw. den Umfang und die Art der sonstigen Leistung,
> f) den Zeitpunkt der Lieferung oder sonstigen Leistung,
> g) das nach Steuersätzen und einzelnen Steuerbefreiungen aufgeschlüsselte Entgelt für die Lieferung oder sonstige Leistung,
> h) den anzuwendenden Steuersatz sowie den auf das Entgelt entfallenden Steuerbetrag oder im Falle einer Steuerbefreiung ein entsprechender Hinweis darauf.

Der Unternehmer hat ein Doppel der Rechnung 10 Jahre lang aufzubewahren, § 14b Abs. 1 S. 1 UStG.

Der Besteuerungszeitraum bei der Umsatzsteuer ist ebenso wie bei der Einkommen- oder Körperschaftsteuer das Kalenderjahr (§ 16 Abs. 1 S. 1 UStG). Der Unternehmer muss bis zum 10. Tag nach Ablauf des sog. **Voranmeldungszeitraumes** eine Voranmeldung nach amtlich vorgeschriebenen Vordruck auf elektronischem Weg via Internet (sog. ELSTER-Verfahren) an das für ihn zuständige Finanzamt übermitteln, in der er die Umsatzsteuer für den entsprechenden Voranmeldungszeitraum selbst zu berechnen hat, § 18 Abs. 1 S. 1 UStG. Gleichzeitig hat er nach § 18 Abs. 1 S. 4 UStG bis zum 10. Tag nach Ablauf des Voranmeldungszeitraumes die errechnete Umsatzsteuer als Vorauszahlung an die Finanzkasse der Finanzbehörde zu entrichten.

Der Voranmeldungszeitraum richtet sich nach der Höhe seiner Umsätze, § 18 Abs. 2 UStG. **Grundsätzlich** ist das **Quartal** der Voranmeldungszeitraum. Der Voranmeldungszeitraum ist jedoch der Kalendermonat, soweit die Umsatzsteuer für das vorangegangene Kalenderjahr mehr als 7.500 € betragen hat. Der Unternehmer kann von der Abgabe der Umsatzsteuer-Voranmeldung sowie von der Entrichtung von Vorauszahlungen befreit werden, soweit die Umsatzsteuer für das vorangegangene Kalenderjahr nicht mehr als 1.000 € betragen hat. Gemäß § 18 Abs. 3 UStG hat der Unternehmer schließlich für das Kalenderjahr eine Umsatzsteuererklärung nach amtlich vorgeschriebenem Vordruck abzugeben, in der er die zu entrichtende Umsatzsteuer oder den Überschuss, der sich zu seinen Gunsten aufgrund höherer Vorsteuerbeträge ergibt, selbst zu berechnen hat. Von der Jahressteuerschuld sind dabei die bereits gezahlten Umsatzsteuer-Vorauszahlungen in Abzug zu bringen. Bezüglich weiterer Einzelheiten sollte man sich vertrauensvoll an sein zuständiges Finanzamt oder fachkundige Berater wenden.

Für bestimmte Berufsgruppen besteht gemäß § 23 UStG i. V. m. §§ 69 ff. Umsatzsteuer-Durchführungsverordnung (kurz: UStDV) die Möglichkeit, für ihre berufsbezogenen Umsätze die Vorsteuererstattung nach **Durchschnittssätzen** in Anspruch zu nehmen, soweit der berufsgruppenbezogene Umsatz im vorangegangenen Kalenderjahr 61.356 € nicht überstiegen hat.[39] Nach § 23a UStG ist es den kleineren gemeinnützigen Vereinen gestattet, ihre Vorsteuer mit einem Pauschbetrag, geltend zu machen. Dieser Pauschbetrag beträgt 7 % des steuerpflichtigen Umsatzes.

VII. Ausländische Künstler

Soweit ausländische Künstler in Deutschland selbständig tätig werden, unterliegen ihre Leistungen grundsätzlich der deutschen Umsatzsteuer. In diesen Fällen schuldet jedoch der Veranstalter die Umsatzsteuer für die an ihn erbrachte Leistung, **soweit er selbst Unternehmer im umsatzsteuerlichen Sinne ist**, § 13b Abs. 2 UStG. Der ausländische Künstler ist zur Ausstellung einer Rechnung verpflichtet, jedoch darf er die Umsatzsteuer darin nicht ausweisen, § 14a Abs. 5 UStG. In der Rechnung, die ansonsten alle nach § 14 Abs. 1 UStG erforderlichen Angaben enthalten muss, ist zusätzlich auf die Steuerschuldnerschaft des Leistungsempfängers hinzuweisen. Der **Veranstalter hat** dann die **Umsatzsteuer** unter Anwendung des richtigen Steuersatzes (19 oder 7 %) auf das ausgewiesene Nettoentgelt **zu berechnen** und an das Finanzamt abzuführen. Außerdem muss der Veranstalter dem ausländischen Künstler eine Bescheinigung über die einbehaltene und abgeführte Umsatzsteuer ausstellen, die aber auch auf der Rechnungskopie vermerkt sein kann.

Beispiel: Die Popsängerin P aus Übersee gibt im Berliner Olympiastadion zwei Konzerte. Der deutsche Veranstalter V hat die von P geschuldete Umsatzsteuer abzuführen.

Der Veranstalter kann die von ihm geschuldete Umsatzsteuer als Vorsteuer abziehen, wenn er die Lieferung oder sonstige Leistung für sein Unternehmen bezieht und zur Ausführung von Umsätzen verwendet, die den Vorsteuerabzug nicht ausschließen.

Checkliste: Umsatzsteuer

- ☑ Ist der Veranstalter Unternehmer im Sinne von § 2 UStG?
- ☑ Liegt eine Lieferung und sonstige Leistung gemäß § 1 UStG vor?
- ☑ Ist der Liefer- bzw. Leistungsort in der Bundesrepublik Deutschland?
- ☑ Sind Steuerbefreiungen einschlägig?
- ☑ Wie hoch ist der Steuersatz?
- ☑ Besteht die Möglichkeit des Vorsteuerabzuges?

---

[39] Näheres bei Fischer/Reich, § 11 Rn. 101.

E. Vergnügungssteuer

Die Vergnügungssteuer stellt eine **Verbrauchs- und Aufwandsteuer** dar und wird von den Gemeinden erhoben, § 1 Vergnügungssteuergesetze der Länder (kurz: VergStG).

Der Besteuerung unterliegen bestimmte als Vergnügungen bezeichnete Veranstaltungen, die im Einzelnen in den VergStG der Länder aufgelistet sind.

Beispiele:

- Tanzveranstaltungen gewerblicher Art,
- Filmveranstaltungen,
- das Halten von Musik-, Spiel-, Geschicklichkeits- und ähnlichen Apparaten in Spielhallen sowie in Schank- und Gastwirtschaften usw.

Bestimmte Veranstaltungen sind von der Vergnügungssteuer befreit, z. B. Familienfeiern und Veranstaltungen, die gemeinnützigen Zwecken dienen.

Der Veranstalter schuldet die Vergnügungssteuer. Deshalb muss er die Veranstaltung vorher bei der Gemeinde **anmelden** (in der Regel mindestens 3 Tage vorher). Zudem haftet der Inhaber der benutzten Räume oder Grundstücke für diese Steuer.

Die Bemessungsgrundlage zur Steuerberechnung richtet sich nach dem Preis und der Anzahl der ausgegebenen Karten oder auch nach der Raumgröße.

Soweit keine Karten ausgegeben werden, wird die Steuer pauschal erhoben (sog. Pauschsteuer). Die Höhe des Steuersatzes richtet sich nach den entsprechenden Regelungen in den einzelnen VergStG der Länder (z. B. 20 % des Eintrittspreises in Nordrhein-Westfalen).

F. Sponsoring

Fall 12: Der Orchesterverein O aus Nürnberg, der sich die Förderung von regionalen Nachwuchsmusikern zum Ziel gesetzt hat, bekommt vom Lebkuchenhersteller L einen Vereinsbus unentgeltlich zur Verfügung gestellt, der an der gesamten Außenfront mit Werbung für Nürnberger Lebkuchen von L bedruckt ist. Im Sponsoringvertrag verpflichtet sich der Verein als Gegenleistung für alle Auftrittsfahrten diesen Bus als Beförderungsmittel zu benutzen. Die laufenden Aufwendungen (Benzin, Versicherung, Wartung) hat der Verein zu tragen. Wie ist der Fall steuerlich zu beurteilen?

Kulturveranstaltungen werden häufig von Sponsoren (mit-)finanziert. Im Unterschied zum Spender handelt der Sponsor nicht selbstlos bzw. aus ideellen Gründen, sondern erhält eine Gegenleistung für seine Hingabe. Diese Gegenleistung beinhaltet in der Regel die Nennung des Sponsors auf Plakaten, Flyern u. ä., um so sein Image aufzuwerten und seinen Bekanntheitsgrad zu erhöhen. Das Sponsoring ist somit ein Geschäft.

Soweit der Sponsor **wirtschaftliche Vorteile** für sein Unternehmen, insbesondere für dessen Ansehen erstrebt oder für seine Produkte werben will, sind seine Beiträge im Gegensatz zu Spenden, als **Betriebsausgaben** abziehbar, § 4 Abs. 4

EStG. Dazu ist als Gegenleistung des Empfängers nötig, dass der Sponsor genannt wird und dass er die Ausgabe im weiteren Sinne zu Werbezwecken nutzt. Dies gilt auch, wenn die Leistung des Sponsors und die Gegenleistung des Empfängers nicht genau gleichwertig sind. Es darf allerdings kein krasses Missverhältnis zwischen Leistung und Gegenleistung bestehen.

Soweit die Beiträge nicht als Betriebsausgaben abziehbar sind, handelt es sich um **Spenden** im Sinne des § 10b EStG, sofern sie zur Förderung steuerbegünstigter Zwecke **freiwillig** erbracht werden (gemeinnützige Zuwendungen), **kein Entgelt für eine bestimmte Leistung** des Empfängers darstellen und nicht in einem wirtschaftlichen Zusammenhang mit dessen Leistungen stehen.[40] Spenden sind als Sonderausgaben bis zu 20 % des Gesamtbetrages der Einkünfte oder bis 4 Promille der Summe der gesamten Umsätze und der im Kalenderjahr aufgewendeten Löhne und Gehälter abzugsfähig (§ 10b Abs. 1 EStG).

Beispiel: Der eingetragene Verein V, der mit Jugendlichen aus Problembezirken in Köln Tanzprojekte durchführt, bekommt von der S-Schokoladenfabrik ohne Gegenleistung 120.000 € jährlich zur Projektförderung.

Im Falle, dass die Zuwendungen des Sponsors keine Betriebsausgaben und auch keine Spenden darstellen, gehören diese Aufwendungen bei natürlichen Personen zu den nicht abziehbaren **Kosten der privaten Lebensführung** (§ 12 Nr. 1 EStG) und bei Kapitalgesellschaften unter Umständen zu den verdeckten Gewinnausschüttungen, die dem steuerpflichtigen Gewinn hinzuzurechnen sind.[41]

Im Ergebnis kann somit festgestellt werden, dass es aus steuerlichen Gründen für die zuwendende Person am günstigsten ist, als Sponsor öffentlich in Erscheinung zu treten und einen sog. **Sponsorenvertrag abzuschließen**[42], damit die Zuwendungen als Betriebsausgaben steuerlich abgesetzt werden können.

Beim Empfänger der Sponsoren-Beiträge stellen die Zuwendungen steuerfreie Einnahmen dar, soweit dieser eine steuerbegünstigte Körperschaft ist, die nur gemeinnützige, mildtätige oder kirchliche Zwecke verfolgt (z. B. ein eingetragener Verein) und dem Sponsor lediglich gestattet, den Namen oder das Logo des Gesponserten für eigene Werbung zu verwenden.

> **Merke:**
> Aufwendungen eines Sponsors können je nach Ausgestaltung Betriebsausgaben, Spenden oder steuerlich nicht abzugsfähige Kosten der privaten Lebensführung sein.

Die zugewendeten Sponsoren-Beiträge sind jedoch beim Empfänger steuerpflichtig, wenn er zwar gemeinnützige, mildtätige oder kirchliche Zwecke verfolgt, aber auch

---

[40] Siehe BMF-Erlass vom 18.2.1998 - IV B 2 - S 2144 - 40/98, IV B 7 - S 0183 - 62/98 (sog. Sponsoring-Erlass), BStBl. I 1998, S. 212.
[41] Siehe auch Abschnitt B.II.3.
[42] Zum Sponsoringvertrag siehe Funke/Müller Rn. 273 ff.

einen wirtschaftlichen Geschäftsbetrieb im Sinne des § 64 AO unterhält, indem er z. B. aktiv an den Werbemaßnahmen des Sponsors mitwirkt. Diesbezüglich sind die Einnahmen einschließlich Umsatzsteuer des wirtschaftlichen Geschäftsbetriebes steuerfrei, soweit sie im Kalenderjahr 35.000 € nicht übersteigen, § 64 Abs. 3 AO.

Die Steuerbegünstigung eines Vereins aufgrund seiner Verfolgung von gemeinnützigen, mildtätigen oder kirchlichen Zwecken schützt diesen allerdings nicht davor, auf empfangene Gelder oder geldwerte Leistungen Umsatzsteuer zahlen zu müssen, wenn dieser hierfür **aktive Gegenleistungen** vereinbart und erbracht hat. Im Gegenzug kann der Verein als Unternehmer aber dann auch die Erstattung der Vorsteuerbeträge geltend machen.[43]

Überblick steuerliche Behandlung von Sponsoring und Werbung:

I. Ertragsbesteuerung

1. Ausgaben beim Sponsor

- abziehbare *Betriebsausgaben*, wenn Sponsor mit seinen Leistungen wirtschaftliche Vorteile für sein Unternehmen erstrebt und vom Empfänger eine Gegenleistung erhält
- ein *Spendenabzug* ist möglich, wenn der Sponsor von der gemeinnützigen Einrichtung (Körperschaft) keine Gegenleistung erhält
- *nicht abziehbare Ausgaben* liegen vor, wenn zwischen der Leistung des Sponsors und dem erstrebten wirtschaftlichen Vorteil ein krasses Missverhältnis besteht, § 4 Abs. 5 S. 1 Nr. 7 EStG (z. B. Unternehmer zahlt das dreifache für eine Anzeige im Programmheft als andere Unternehmen für die gleiche Anzeige)

2. Einnahmen bei der gemeinnützigen Körperschaft (Kunst- bzw. Kulturverein)

- Zahlungen an den Verein oder Sachzuwendungen ohne Gegenleistung (Mäzenatentum) sind *steuerfreie Einnahmen im ideellen Bereich*
- *steuerfreie Vermögensverwaltung* stellen Einnahmen aus dem Sponsoring dar, wenn der Verein nur geringfügig an Werbemaßnahmen mitwirkt (z. B. Firmenlogo des Sponsors im unteren Bereich der Veranstaltungsplakate, Abdruck des Sponsors auf der Rückseite der Eintrittskarte, Museumsverein benennt Raum nach Sponsor)
- liegt keine geringfügige Mitwirkung mehr vor (z. B. die Veranstaltung erhält den Namen des Sponsors, der Verein veröffentlicht im Programmheft eine Anzeige des Sponsors), so führen die Werbeleistungen zur Annahme eines *steuerpflichtigen wirtschaftlichen Geschäftsbetriebs*; die Einnahmen unterliegen damit der Körperschafts- und Gewerbesteuer, es sei denn die Jahreseinnahmen übersteigen nicht den Betrag von 35.000 € und – selbst

---

[43] Siehe hierzu Abschnitt D.

wenn dies der Fall ist – der Gewinn bzw. Gewerbeertrag nicht die Freibeträge von jeweils 5000 € im Jahr.

II. Umsatzbesteuerung

1. Steuerschuld des Vereins

- beim Sponsoring mit Gegenleistung durch den Verein liegt ein Leistungsaustausch vor, so dass Umsatzsteuer anfällt
- danach sind Sponsoring-Einnahmen, die ertragsteuerlich der steuerfreien Vermögensverwaltung zugerechnet werden, beim Verein umsatzsteuerpflichtig
- nicht umsatzsteuerpflichtig sind Einnahmen im ideellen Bereich, das heißt unentgeltliche Zuwendungen (wie z. B. Spenden)
- beim Steuersatz ist zwischen Einnahmen im Rahmen des steuerpflichtigen wirtschaftlichen Geschäftsbetriebes (19 %) und Einnahmen im Bereich der Vermögensverwaltung (7 %) zu differenzieren

2. Vorsteuerabzug durch Sponsor

- der Sponsor muss im Falle einer Werbeleistung des Vereins darauf Umsatzsteuer zahlen
- die vom Verein in Rechnung gestellte Umsatzsteuer kann er als Vorsteuerabzug geltend machen

Falllösung 12: Die steuerliche Behandlung hängt von den vertraglichen Verpflichtungen des Vereins ab. Wenn ein steuerlich wirtschaftlicher Geschäftsbetrieb vorliegt, ist als Einnahme des Vereins der geldwerte Vorteil, der durch die Nutzung des Buses erzielt wird, zu erfassen. O hat sich hier jedoch nur dazu verpflichtet, den Bus im Rahmen des Vereinszweckes (Fahrten zu den Auftritten) zu nutzen, so dass man wohl von einer steuerfreien Vermögensverwaltung ausgehen kann. Ein steuerpflichtiger wirtschaftlicher Geschäftsbetrieb würde vorliegen, wenn der Bus z. B. täglich werbewirksam durch die Stadt zu fahren wäre.

Vierzehntes Kapitel: Zoll und Einfuhrumsatzsteuer

A. Einleitung

Fall 1: Das russische Orchester X will in Deutschland auftreten und dabei selbst Veranstalter sein. Mit einem LKW sollen die Instrumente der Musiker transportiert werden sowie Merchandising-Produkte insbesondere CDs, die beim Konzert verkauft werden sollen. Die Managerin M des Orchesters möchte wissen, ob sie zollrechtliche Bestimmungen beachten muss?

Veranstaltungen und Auftritte werden heute oft über Landesgrenzen hinweg geplant und durchgeführt. Die grenzüberschreitende Mitführung von Musikinstrumenten und technischen Ausrüstungsgegenständen zu und von ausländischen Tätigkeitsorten spielen in der Praxis eine große Rolle, so dass die zollrechtlichen Bestimmungen im Blick zu behalten sind. Oft werden aber auch Merchandising-Artikel (Poster, CDs etc.) mitgeführt, die zur Veranstaltung verkauft werden sollen. Grundkenntnisse des Zollrechtes sind daher in einer globalisierten Welt für Kulturschaffende unabdingbar.

B. Allgemeines zum Zollrecht

Zölle gehören zu den ältesten Abgaben der Welt. Als Zölle werden Steuern bezeichnet, die **im grenzüberschreitenden Warenverkehr mit Drittländern** zu erheben sind. Zölle werden auch Sozialzwecksteuern genannt, da Hauptzweck nicht die Einnahmeerzielung ist, sondern sie als wirtschaftliches Lenkungsmittel dienen.[1] Die Zolleinnahmen fließen abzüglich einer Pauschale für die Erhebungskosten der Europäischen Union zu. Die Erhebung der Zölle durch die Bundeszollverwaltung knüpft an den Eingang der **Ware aus einem Drittland** in den EG-Wirtschaftskreislauf (**Einfuhrzoll**) bzw. an das Verlassen aus dem EG-Wirtschaftskreislauf (**Ausfuhrzoll**) an. Die Höhe der zu zahlenden Abgabe richtet sich nach **dem Zolltarif**.

Die Rechtsgrundlagen für die Erhebung der Zölle ergeben sich aus dem Gemeinschaftszollrecht, das heißt durch die **Europäische Gemeinschaft gesetztes Recht**,

---

[1] Vgl. Tipke/Lang, Steuerrecht, § 8 Rn. 108.

welches in den Mitgliedstaaten (hier Deutschland) unmittelbar gilt. Zu nennen sind insbesondere der **Zollkodex** (der quasi das Zollgesetzbuch ist), die Durchführungsvorschrift zum Zollkodex (**ZK-DVO**), die Zollbefreiungsverordnung (ZollbefreiungsVO) und der Gemeinsame Zolltarif der Europäischen Gemeinschaft. Als nationale Vorschriften treten das Zollverwaltungsgesetz (ZollVG) und die Zollverordnung (ZollV) hinzu.

I. Definition des Zollgebietes

Fall 2: Einzelkünstler E aus Bonn will auf Helgoland ein Konzert geben und für seine neue CD werben, die er vor Ort käuflich anbietet. Da er gehört hat, dass Helgoland nicht zum Zollgebiet der EG gehört, fragt er, ob er ein Zollverfahren durchführen muss. Wie ist die Rechtslage?

Das Zollrecht befasst sich unmittelbar nur mit Waren, die in das oder aus dem Zollgebiet der Europäischen Gemeinschaft ein- bzw. ausgeführt werden. Das Zollgebiet der Gemeinschaft ist nicht mit dem Hoheitsgebiet der Mitgliedstaaten gleich zu setzen. Art. 3 Zollkodex (**ZK**) listet die Territorien einzeln auf. Danach entspricht gemäß Art. 3 Abs. 1 ZK das Zollgebiet grundsätzlich der Summe der Staatsgebiete der EG-Mitgliedstaaten. Abweichungen ergeben sich aber vor allem durch völkerrechtliche Verträge, die die einzelnen Mitgliedstaaten vor dem Beitritt zur Europäischen Gemeinschaft geschlossen haben.[2]

Gesetzestext zum Zollgebiet (Auszug): Art. 3 ZK

(1) Zum Zollgebiet der Gemeinschaft gehören die folgenden Gebiete, einschließlich ihrer Küstenmeere, ihrer inneren Gewässer und ihrer Lufträume:

- das Gebiet des Königreichs Belgien,
- das Gebiet der Republik Bulgarien,
- das Gebiet der Tschechischen Republik,
- das Gebiet des Königreichs Dänemark mit Ausnahme der Färöer und Grönlands,
- das Gebiet der Bundesrepublik Deutschland mit Ausnahme der Insel Helgoland sowie des Gebiets von Büsingen (Vertrag vom 23. November 1964 zwischen der Bundesrepublik Deutschland und der Schweizerischen Eidgenossenschaft),
- das Gebiet der Republik Estland,
- das Gebiet Irlands,
- das Gebiet der Hellenischen Republik,
- das Gebiet des Königreichs Spanien mit Ausnahme von Ceuta und Melilla,
- das Gebiet der Französischen Republik mit Ausnahme von Neukaledonien, Mayotte, Saint-Pierre und Miquelon, Wallis und Futuna, Französisch-Polynesien und den Französischen Süd- und Antarktisgebieten,

---

[2] Witte, Zollkodex, Art. 3 Rn. 2.

- das Gebiet der Italienischen Republik mit Ausnahme der Gemeinden Livigno und Campione d'Italia sowie des zum italienischen Gebiet gehörenden Teils des Luganer Sees zwischen dem Ufer und der politischen Grenze der zwischen Ponte Tresa und Porto Ceresio gelegenen Zone,
- das Gebiet der Republik Zypern nach Maßgabe der Beitrittsakte von 2003,
- das Gebiet der Republik Lettland,
- das Gebiet der Republik Litauen,
- das Gebiet des Großherzogtums Luxemburg,
- das Gebiet der Republik Ungarn,
- das Gebiet Maltas,
- das Gebiet des Königreichs der Niederlande in Europa,
- das Gebiet der Republik Österreich,
- das Gebiet der Republik Polen,
- das Gebiet der Portugiesischen Republik,
- das Gebiet Rumäniens,
- das Gebiet der Republik Slowenien,
- das Gebiet der Slowakischen Republik,
- das Gebiet der Republik Finnland,
- das Gebiet des Königreichs Schweden,
- das Gebiet des Vereinigten Königreichs Großbritannien und Nordirland sowie die Kanalinseln und die Insel Man
- das Gebiet der Tschechischen Republik ….

(2) Die folgenden Gebiete, einschließlich ihrer Küstenmeere, ihrer inneren Gewässer und ihrer Lufträume, die außerhalb des Gebiets der Mitgliedstaaten liegen, gelten unter Berücksichtigung der für sie geltenden Verträge und Übereinkünfte als Teil des Zollgebiets der Gemeinschaft:

a) FRANKREICH
das Gebiet des Fürstentums Monaco im Sinne des am 18. Mai 1963 in Paris unterzeichneten Zollübereinkommens (Journal officiel de la République française (Amtsblatt der Französischen Republik) vom 27. September 1963, S. 8679);

b) ZYPERN
das Gebiet der Hoheitszonen Akrotiri und Dhekelia des Vereinigten Königreichs im Sinne des am 16. August 1960 in Nikosia unterzeichneten Vertrags zur Gründung der Republik Zypern (United Kingdom Treaty Series No 4 (1961) Cmnd. 1252).

Nach Art. 3 Abs. 2 und 3 ZK sind Teile von Staatsgebieten bei der Bestimmung des Zollgebiets ausgenommen, hingegen andere, die nicht zum Staatsgebiet gehören, hinzugezogen.

Beispiel: Das Fürstentum Monaco gehört aufgrund entsprechender Zollabkommen mit Frankreich zum Zollgebiet der Gemeinschaft.

Falllösung 2: Helgoland gehört zum Hoheitsgebiet der Bundesrepublik Deutschland, aber aus historischen Gründen nicht zum Zollgebiet. Nach dem Zollkodex (EU-Recht) ist für das Verbringen von Waren aus dem Zollgebiet der Gemeinschaft ein Ausfuhrverfahren vorgeschrieben. Dieses dient dazu, die Einhaltung ausfuhrbezogener Vorschriften sicherzustellen. So ist die Ausfuhr in Gebiete verboten, für die Embargos verhängt wurden. Jedoch ordnet Art. 161 Abs. 3 des Zollkodex (ZK) an, dass nach Helgoland versandte Waren nicht als aus dem Zollgebiet der Gemeinschaft ausgeführt gelten. E muss also kein Ausfuhrverfahren durchführen.

!! **Praxistipp:** Die aktuelle Fassung des Zollkodex und der Durchführungsverordnung sowie wichtige Entscheidungen zum Zollrecht können kostenlos unter „eur-lex.europa.eu/de" abgerufen werden. Dieses Portal bietet unmittelbaren und kostenlosen Zugang zu den Rechtsvorschriften der Europäischen Union. Vielfältige und sehr gut aufbereitete Informationen bieten ferner die Internetseiten des Bundesministeriums der Finanzen (**BMF**).

II. Begriff der Ware

Obwohl von grundsätzlicher Bedeutung, findet sich im Zollrecht keine Definition des Begriffs „Ware". Schließlich ist an die Verbringung von Waren ins Gemeinschaftsgebiet die Entstehung der Zollschuld geknüpft. Als Ware werden alle Handelsgüter, die sich in das Zolltarifschema einordnen lassen, erfasst.[3] Man muss sich als Eventmanager und Veranstalter also immer fragen: Verbringe ich Waren aus einem Drittland in das Zollgebiet der Europäischen Gemeinschaft?

Der Warenverkehr **innerhalb** des Zollgebietes der Gemeinschaft (Binnenhandel) ist grundsätzlich von Zollkontrollen **ausgenommen**.

Beispiel: Der Veranstalter V der Berliner Band B transportiert Fanprodukte der Band nach Rom, damit sie dort im Rahmen des Konzertes verkauft werden können. Beim Überqueren der Alpen über Österreich nach Italien entsteht daher keine Zollschuld.

Der Kontrolle unterliegen jedoch die besonderen Verbrauchsteuern (z. B. Tabak, Alkohol) innerhalb der Gemeinschaft.

Der zugelassene Wirtschaftsbeteiligte (Authorized Economic Operator):

Im Rahmen der Reform des Zollrechtes wurde zur Besserung der Sicherheit der Lieferkette und aus ökonomischen Gründen der Status des sogenannten zugelassenen Wirtschaftsbeteiligten geschaffen, Art. 5a ZK. Zuverlässige, vorab besonders überprüfte Personen spielen im neuen Sicherheitskonzept der EU und bei der Gewährung von Verfahrensvereinfachungen eine zentrale Rolle. Zuverlässige, zertifizierte Unternehmen können bei der Ein- und Ausfuhr Verfahrensvereinfachungen im Zollbereich in Anspruch nehmen. Das AEO-Zertifikat wird in allen Mitgliedstaaten anerkannt. Weitere Einzelheiten unter: www.zoll.de.

---

[3] Witte/Wolffgang/Kampf, Lehrbuch Zollrecht, S. 61.

C. Zollamtliche Überwachung

Sämtliche Waren, die in das Zollgebiet der Europäischen Gemeinschaft verbracht werden, egal mit welchem Beförderungsmittel, unterliegen vom Zeitpunkt des Verbringens an der zollamtlichen Überwachung, Art. 37 Abs. 1 ZK. Die zollamtliche Überwachung dient der Sicherung der Abgabenerhebung und der Einhaltung der zollrechtlichen Vorschriften. So dürfen bestimmte Waren nicht eingeführt werden (z. B. geschützte Tiere und Pflanzen).

Waren die in das Gebiet der Gemeinschaft eingeführt werden, nennt man auch rechtlich **Nichtgemeinschaftswaren**. Nach Gestellung und Abgabe einer summarischen Anmeldung muss jede in das EG-Zollgebiet eingeführte Nichtgemeinschaftsware einer zollrechtlichen Bestimmung zugeführt werden. Mit der Zollanmeldung gemäß Art. 4 Nr. 17 ZK legt der Anmelder fest, in welches Zollverfahren eine Ware überführt wird.

D. Überblick relevanter Zollverfahren

Für die Veranstaltungsbranche sind folgende Zollverfahren insbesondere von Bedeutung:

- **Überführung in den zollrechtlich freien Verkehr** (die Nichtgemeinschaftsware erhält den Status der Gemeinschaftsware und kann am Wirtschaftskreislauf teilnehmen)
  Beispiel: In Asien gefertigte Fanprodukte (T-Shirts, Kugelschreiber, Plüschtiere etc.) der Rockband Z werden vom Veranstalter für eine Europatournee importiert. Nach Überlassung zum zollrechtlich freien Verkehr können diese an die Fans verkauft werden.

- **Vorübergehende Verwendung** (die eingeführten Waren sollen nicht im Wirtschaftskreislauf der EG verbleiben, sondern nach Gebrauch wieder ausgeführt werden)
  Beispiel: Die amerikanische Firma X will ihre neueste Veranstaltungstechnik (Bühnentechnik, Licht, Spezialeffekte) auf der Messe „World of Event" in Wiesbaden vorstellen, danach aber wieder nach Amerika ausschiffen.

- **Ausfuhrverfahren** (Gemeinschaftswaren werden aus dem Zollgebiet der Gemeinschaft verbracht)
  Beispiel: Veranstalter und Produzent V will aufgrund des großen Erfolges der Band TH in Asien ihre aktuelle und in Deutschland hergestellte CD zum Verkauf an die einschlägigen Großhändler in Asien exportieren.

E. Überführung in den zollrechtlich freien Verkehr

Durch die Überführung von Waren in den zollrechtlich freien Verkehr gemäß Art. 79 ff. ZK erhält eine Nichtgemeinschaftsware den zollrechtlichen Status der Gemeinschaftsware. Damit erhält sie denselben Status wie alle inländischen Waren, das heißt sie nimmt ganz normal am Wirtschaftskreislauf teil. Erforderlich für die Überführung ist eine **Zollanmeldung**, Art. 59 Abs. 1 ZK. Die Zollanmeldung kann in verschiedener Art und Weise abgegeben werden, abhängig von der späteren Warenverwendung. In Betracht kommen die schriftliche, elektronische oder mündliche Zollanmeldung, Art. 61 ZK. Waren zu kommerziellen Zwecken können in der Regel nicht mündlich angemeldet werden, es sei denn, dass bestimmte Warenwerte nicht überschritten werden. Waren, die ein Reisender im persönlichen Gepäck mitführt, können mündlich angemeldet werden, Art. 225 ZK-DVO. Im kommerziellen Bereich werden die Nichtgemeinschaftswaren daher durch Abgabe einer schriftlichen Zollanmeldung mittels **Einheitspapier** in den zollfreien Verkehr übergeführt. Die Abgabe der Zollanmeldung im Wirtschaftssektor erfolgt heute mittels Datenverarbeitung durch das IT-Verfahren ATLAS. Die **elektronische Zollanmeldung** ist daher zum **Standard** geworden. Auch die Ausfuhr erfolgt elektronisch.

Nach Art. 79 UAbs. 2 ZK umfasst die Überführung in den zollrechtlich freien Verkehr auch die Erhebung der gesetzlichen geschuldeten Abgaben. Die Einfuhrzollschuld entsteht jedoch nur für „einfuhrabgabenpflichtige Waren", so Art. 201 Abs. 1 Buchst. a ZK. Dies ist der Fall, wenn der Zolltarif der Europäischen Gemeinschaften eine Abgabe vorsieht. Der Zolltarif enthält ein allumfassendes Warenverzeichnis, in dem den Waren Abgabensätze zugeordnet sind. In der Regel werden **Wertzölle** erhoben, das heißt Zölle in Höhe eines Prozentsatzes des Wertes der eingeführten Waren. Neben der Möglichkeit, dass eine Ware dem Zollsatz „frei" unterliegt, gibt es auch **Zollbefreiungstatbestände außerhalb des Tarifes**.[4]

Beispiel: Der Popstar P zieht für immer mit seinem kompletten Hausrat (Möbel, persönliche Gegenstände, Fahrräder etc.) von Australien nach Berlin. Um den kompletten Hausrat in der Berliner Wohnung nutzen zu können, muss dieser in den freien Verkehr der EG überführt werden. Mit Überführung entsteht grundsätzlich die Abgabenschuld. Gemäß Art. 2 der ZollbefreiungsVO ist das Übersiedlungsgut natürlicher Personen, die ihren gewöhnlichen Wohnsitz in das Zollgebiet der Gemeinschaft verlegen, abgabenfrei. Die Sachen müssen am Wohnort zum gleichen Zweck weitergenutzt werden. Die Zollbefreiungsverordnung ist eine außertarifliche Zollbefreiung.

---

[4] Vgl. vertiefend Witte/Kampf, Zollkodex, Art. 184 Rn. 9 f.

F. Vorübergehende Verwendung

Fall 3: Künstler K aus Hanoi gastiert in Europa und bringt dabei persönliche Sachen sowie die notwendige Technik, Musikinstrumente und sonstiges Equipment in insgesamt zwei Koffern für seine Auftritte mit. Die Sachen will er nach Ende seiner Auftritte wieder ausführen. Was muss er bei der Einreise am Frankfurter Flughafen zollrechtlich beachten?

Nach dem Sinn und Zweck des europäischen Zollrechtes (Gedanke des Gebiets- oder Wirtschaftszolls) sollen Einfuhrabgaben nur für Nichtgemeinschaftswaren erhoben werden, die endgültig im Zollgebiet der Gemeinschaft verbleiben und dadurch dem Wirtschaftskreislauf der EG zugeführt werden.[5] Anders formuliert: Abgaben auf die Einfuhr von Waren sind grundsätzlich nicht gerechtfertigt, wenn die eingeführten Waren nach ihrer vorübergehenden Verwendung bzw. dem befristeten Gebrauch wieder ausgeführt werden.

I. Allgemeine Voraussetzungen

Für diese Zwecke wurde das Zollverfahren der vorübergehenden Verwendung geschaffen. Es sieht unten den nachstehenden Voraussetzungen eine **vollständige oder teilweise Abgabenbefreiung** für Nichtgemeinschaftswaren vor:

- Die Ware wird zu einem bestimmten Zweck vorübergehend im Zollgebiet der EG verwendet.
- Für die Zeit ihrer Verwendung wird die Ware nicht verändert, abgesehen von der normalen Wertminderung durch ihren Gebrauch.
- Von Anfang an soll die Ware aus dem EG-Zollgebiet wieder ausgeführt werden.

Falllösung 1: Russland gehört nicht zur Europäischen Gemeinschaft und ist damit Drittland. Bei der Einreise in das Zollgebiet der Gemeinschaft sind bezüglich der mitgeführten Gegenstände (Waren) zollrechtliche Bestimmungen zu beachten. Für die Mercandising-Produkte, die verkauft werden sollen, ist das Zollverfahren der Überführung in den freien Verkehr einschlägig, wobei je nach Warenart gemäß dem Zolltarif Zölle zu zahlen sind, falls die jeweilige Ware nicht nach dem Tarif zollfrei ist. Für die Musikinstrumente und den LKW ist das Zollverfahren der vorübergehenden Verwendung die richtige Wahl. Diese Waren sollen ja wieder ausgeführt werden. Es sind für die Musikinstrumente und den LKW daher keine Einfuhrabgaben zu erheben.

II. Verfahren

Die Inanspruchnahme des Zollverfahrens der vorübergehenden Verwendung bedarf einer **Bewilligung** durch die Zollbehörden, Art. 85 ZK. Die zollamtliche Bewil-

---
[5] Witte/Wolffgang/Henke, Lehrbuch Zollrecht, S. 215.

ligung wird auf Antrag bei der zuständigen Zollbehörde erteilt, wenn bestimmte persönliche, sachliche und wirtschaftliche Voraussetzungen vorliegen.

Für das Verfahren der Bewilligungserteilung gibt es das Normalverfahren und vereinfachte Verfahren.

1. Normales Verfahren

Beim Normalverfahren prüft die zuständige Zollbehörde den förmlichen Antrag und die Voraussetzungen für die Erteilung der Bewilligung des Nichterhebungsverfahrens vorab, das heißt vor der ersten zollamtlichen Abfertigung.[6] Dieses Verfahren ist immer dann sinnvoll, wenn vorab für mehrere gleich gelagerte Verwendungsfälle eine Bewilligung beantragt werden soll. Zuständige Zollbehörde für die Bearbeitung des schriftlichen Antrages ist das Hauptzollamt, in dessen Bezirk der Antragsteller seine Hauptbuchhaltung unterhält, Art. 498 ZK-DVO, § 24 ZollV. Soweit die Buchhaltung des Antragstellers nicht in Deutschland liegt, ist das Hauptzollamt, in dessen Bezirk die Verwendung der Waren schwerpunktmäßig stattfinden soll, für die Bewilligung zuständig. Die Bewilligungserteilung erfolgt innerhalb von 30 Tagen nach Eingang der vollständigen Antragsunterlagen. Diese ist eine begünstigende Entscheidung, die gegebenenfalls wieder zurückgenommen, widerrufen oder geändert werden kann, Art. 8 und 9 ZK. Der Inhaber der Bewilligung ist verpflichtet, dem Hauptzollamt alle Änderungen, die Auswirkungen auf die Erteilung haben könnten, unverzüglich mitzuteilen. Ein Verstoß gegen diese Pflicht kann dazu führen, dass für die betreffende Ware eine Zollschuld entsteht. In der Bewilligung werden insbesondere die Verwendungsfrist, die Modalitäten für die Beförderung und die Beendigung des Verfahrens geregelt.

2. Vereinfachte Verfahren

Die vereinfachten Verfahren der Erteilung der Bewilligung bilden beim Zollverfahren der vorübergehenden Verwendung die Regel, da sie für die Praxis sehr effizient sind.

a) Abgabe der Zollanmeldung als gleichzeitiger Bewilligungsantrag

Bei dem vereinfachten Verfahren kann der Antrag auf Bewilligung durch Abgabe der Zollanmeldung bei der für den Verwendungsort zuständigen Zollstelle bzw. der Grenzzollstelle gestellt werden. Die Annahme der Zollanmeldung hat die Wirkung der Bewilligung, Art. 505 Buchst. b ZK-DVO. Demnach wird der Antrag auf Bewilligung und die Bewilligungserteilung mit der Zollanmeldung und ihrer Annahme verschmolzen.[7]

---

[6] Witte/Henke, Zollkodex, Art. 85 Rn. 5.
[7] Witte/Henke, Zollkodex, Art. 85 Rn. 34.

b) Mündliche oder konkludente Zollanmeldung

In bestimmten Fällen kann der Bewilligungsantrag durch eine mündliche oder konkludente Zollanmeldung von Waren zur vorübergehenden Verwendung gestellt werden. Eine mündliche Zollanmeldung darf unter anderem für bestimmte Ausrüstungsgegenstände, pädagogisch-wissenschaftliches Material, Rundfunk- und Fernsehausstattung von Pressevertretern sowie tragbare Berufsausrüstung abgegeben werden. Dabei hat der Anmelder in der Regel bei der Zollstelle eine schriftliche Aufstellung vorzulegen, in der Name, Anschrift, Handelsbezeichnung, Stückzahl und Werte der Waren sowie die Dauer des Verbleibs und der Verwendungsort anzugeben sind.[8] Für persönliche Gebrauchsgegenstände von Reisenden sowie deren Waren zu Sportzwecken kann die Zollanmeldung auch konkludent abgegeben werden, Art. 225 ff. ZK-DVO. Persönliche Gebrauchsgegenstände sind Kleidung, Schuhe, Kosmetika, notwendige Medikamente, Radiowecker, Notebook, Bücher etc., die der Reisende nach Ende seiner Reise wieder mitnimmt.

c) Carnet-A.T.A.-Verfahren

Die vorübergehende Verwendung unter vollständiger Abgabenbefreiung kann auch durch Vorlage eines **Carnet A.T.A.** (Admission Temporaire – Temporary Admission) erfolgen, Art. 580 ff. ZK-DVO. Es ist ein „**Zollpassierscheinheft**" speziell für die vorübergehende Verwendung von Waren (z. B. Messe- und Ausstellungsgüter oder Waren zu wissenschaftlichen/kulturellen Zwecken), welches die Grenzabfertigung vereinfacht. Anstelle einzelner innerstaatlicher Papiere kann es sowohl für die Einfuhr, Ausfuhr oder Durchfuhr als auch für die Wiederausfuhr oder Wiedereinfuhr verwendet werden. Das Carnet A.T.A. als internationales Zollpapier dient in erster Linie der vorübergehenden abgabenfreien Einfuhr von Gebrauchsgütern im internationalen Handel und im Rahmen international kultureller Tätigkeit.

Das Carnet A.T.A. findet für die Gültigkeitsdauer von bis zu einem Jahr bei allen **Vertragsparteien des A.T.A.-Übereinkommens** (zurzeit 63 Vertragsstaaten) Anerkennung. Die wichtigsten Anwendungsmöglichkeiten für die Ausstellung eines Carnets A.T.A. sind insbesondere:

- Messe- und Ausstellungsgüter
- Berufsausrüstungsgegenstände
- Warenmuster
- Waren zu wissenschaftlichen/kulturellen Zwecken.

!! **Praxistipp:** Der Anwendungsbereich des Carnets wird jedoch in den einzelnen Vertragsstaaten unterschiedlich ausgelegt. Genaue Informationen hierüber erteilen die Industrie- und Handelskammern. Diese stellen auch das Carnet A.T.A. in Deutschland aus und informieren über Antragsvoraussetzungen sowie die anfallenden Kosten (Carnetgebühren, Vordruckkosten).

---

[8] Witte/Henke, Zollkodex, Art. 61 Rn. 30 f.

3. Zollamtliche Überwachung während der vorübergehenden Verwendung

Die vorübergehende Verwendung der Nichtgemeinschaftswaren unterliegt bis zur Beendigung des Verfahrens der zollamtlichen Überwachung. So führt beispielsweise das Entziehen der Waren zu einer Zollschuldentstehung nach Art. 203 ZK.

Beispiel: Die Firma V für Veranstaltungstechnik aus Russland hat ihre Ausstellungsstücke für die Kulturmesse in F ins Zollverfahren der vorübergehenden Verwendung überführt. Nachts wird ein Teil der Ausstellungsstücke durch den Dieb D gestohlen, der die Sachen verkauft. Der Dieb D ist durch sein Verhalten Schuldner des Einfuhrzolls nach Art. 203 ZK geworden.

Die notwendigen Beförderungen der Ware zum jeweiligen Ort ihrer Verwendung und später zurück zur Zollgrenze können im Verfahren der vorübergehenden Verwendung durchgeführt werden.

4. Beendigung des Verfahrens

Die vorübergehende Verwendung wird in der Regel durch die Wiederausfuhr der Ware aus dem EG-Zollgebiet der Gemeinschaft **beendet**. Bei Waren, die bei Überführung in die vorübergehende Verwendung vollständig von den Einfuhrabgaben befreit waren, kann bei der Wiederausfuhr die geleistete Sicherheit ausgezahlt werden.

Das Nichterhebungsverfahren kann gemäß Art. 89 ZK aber auch durch Überführung der Waren in jede zulässige neue zollrechtliche Bestimmung beendet werden. Von der gewählten zollrechtlichen Bestimmung hängt ab, ob eine Zollschuld entsteht und zusätzlich auch Ausgleichszinsen für den Verwendungszeitraum zu zahlen sind.

Beispiel (Fortsetzung): Ein Ausstellungsstück der Firma V aus Russland ist auf der Messe stark abgenutzt und soll verkauft werden. Dafür wird es in den freien Verkehr übergeführt.

III. Voraussetzungen der Bewilligungserteilung

Die Bewilligungserteilung ist an nachfolgende Voraussetzungen geknüpft:

- **Persönliche Voraussetzungen:** Der Antragsteller muss die erforderliche Gewähr für den Ablauf des Verfahrens bieten, Art. 86 1. Anstrich ZK. Maßstab ist primär die **persönliche Zuverlässigkeit,** das heißt er darf keine schweren oder wiederholten Zuwiderhandlungen gegen Zollvorschriften begangen haben.
- **Sachliche Voraussetzungen:** Für den Zeitraum des Zollverfahrens muss sichergestellt sein, dass das Verwendungsgut nicht unbemerkt vertauscht, verwechselt oder unzulässig verändert wird.[9] Die Zöllner sprechen von **Nämlichkeits-**

---

[9] Witte/Henke, Zollkodex, Art. 139 Rn. 1.

sicherung. Diese kann beispielsweise durch Anlegen einer Zollplombe oder Dokumentation der Seriennummer erreicht werden. In Ausnahmefällen ist eine Bewilligungserteilung auch ohne Nämlichkeitssicherung möglich, wenn ein Missbrauch auf andere Art und Weise ausgeschlossen werden kann, Art. 139 Abs. 2 ZK.

- **Wirtschaftliche Voraussetzungen:** Die Bewilligung wird nur erteilt, wenn der Antragsteller nachweist, dass ein gesetzlich vorgesehener Anwendungsfall für die beabsichtigte Verwendung vorliegt. Außerdem muss dargelegt werden, dass die beabsichtigte Verwendung nicht auf Dauer angelegt ist und die Waren spätestens nach 24 Monaten das EG-Zollgebiet wieder verlassen werden und eine Veränderung der Waren durch Bearbeitung, Verarbeitung oder Ausbesserung nicht erfolgt, Art. 553 Abs. 2 ZK-DVO.
- **Verhältnismäßigkeit des Verwaltungsaufwandes:** Die zollamtliche Überwachung und Prüfung im Rahmen des Zollverfahrens der vorübergehenden Verwendung darf nicht mit einem zum wirtschaftlichen Bedürfnis außer Verhältnis stehendem Verwaltungsaufwand verbunden sein, Art. 86 ZK.
- **Sicherheitsleistung:** Die Inanspruchnahme der vorübergehenden Verwendung als Nichterhebungsverfahren kann grundsätzlich von der Leistung einer Sicherheit abhängig gemacht werden, um die Erfüllung der Zollschuld zu sichern, die für die Ware entstehen kann, Art. 88 ZK. Es gibt jedoch auch privilegierte Fälle in denen auf eine Sicherheitsleistung verzichtet wird (zulässige Überführung in die vorübergehende Verwendung mit mündlicher oder konkludenter Zollanmeldung).

IV. Gegenstände der vollständigen und teilweisen Einfuhrabgabenbefreiung

Ob die jeweilige Nichtgemeinschaftsware unter vollständiger Befreiung von den Einfuhrabgaben verwendet werden kann oder einer teilweisen Erhebung der Abgaben unterliegt, hängt grundsätzlich von ihrer Art und dem Verwendungszweck ab.

1. Vollständige Einfuhrabgabenbefreiung

Die Gegenstände, die einer vollständigen Einfuhrabgabenbefreiung (auch von der Einfuhrumsatzsteuer) unterliegen, sind in einem Katalog abschließend aufgelistet.

Folgende Befreiungstatbestände sind unter anderen in den Art. 555 ff. ZK-DVO enthalten und werden meist an der betreffenden Stelle der Durchführungsverordnung noch genauer erläutert:

- bestimmte Beförderungsmittel (z. B. Pkw des Veranstalters)
- Persönliche Gebrauchsgegenstände des Reisenden
- zu Sportzwecken verwendete Waren
- Werbematerial
- Ton-, Bild-, Datenträger zu Vorführzwecken

- Veranstaltungsgut/Ausstellungsgut
- Kunstgegenstände für Verkaufsausstellen
- Berufsausrüstung (Ausrüstungen für Schauspieler, Orchester usw.)

Falllösung 3: K reist auf dem Luftwege aus dem Nicht-EU-Land Vietnam in das Zollgebiet der Gemeinschaft ein. Dabei führt er Waren mit, die den zollrechtlichen Bestimmungen unterliegen. Die mitgeführten Gegenstände will er bei der Ausreise wieder mitnehmen, so dass das **Zollverfahren der vorübergehenden Verwendung** nach Art. 138 ZK für ihn einschlägig ist. Jeder Fluggast, der aus einem nicht EU-Land (Drittland) kommt, passiert die Zollgrenze. An den Flughäfen ist dies der Ausgang nach der Gepäckausgabe. Die Ausgänge sind in rot/grün-Kanäle gegliedert. Auf dem Fußboden und der Ausgangstür sind die Hinweisschilder in rot und grün angebracht. Für seine persönlichen Gebrauchsgegenstände kann K eine **konkludente Zollanmeldung** abgeben. Die konkludente Zollanmeldung geschieht an deutschen Flughäfen täglich unzählige Male. Gehen Reisende durch den grünen Ausgang mit dem Hinweisschild „**Anmeldefreie Waren**", so bringen sie konkludent zum Ausdruck, dass ihre Waren einfuhrabgabenfrei sind. Sollte diese Willensäußerung falsch sein, so liegt eine Steuerordnungswidrigkeit vor, § 30 ZollV. In unserem Fall hat K aber auch noch seine Berufsausrüstung als Künstler dabei. Da es sich um eine **tragbare Berufsausrüstung** handelt, reicht eine mündliche Zollanmeldung aus. Diese muss er gegenüber den Zollbeamten erklären, dabei hat er eine **schriftliche Aufstellung über die Gegenstände** vorzulegen, Art. 497 Abs. 3 ZK-DVO.[10] Die Gegenstände sind aufgrund ihrer Auflistung in der Durchführungsverordnung zum Zollkodex insgesamt abgabenfrei, das heißt es entsteht auch keine Einfuhrumsatzsteuer.

2. Teilweise Einfuhrabgabenbefreiung

Gegenstände, die nicht in den Befreiungskatalog der Durchführungsverordnung zum Zollkodex passen oder die dort niedergelegten Voraussetzungen nicht erfüllen, werden nur teilweise von den Einfuhrabgaben befreit, da diese Waren durch produktive Tätigkeiten zumindest teilweise in den Wirtschaftskreislauf eingehen.

Folgende Beispiele für eine **teilweise Befreiung** von den Einfuhrabgaben seien genannt:

- Bagger, Hebekran, Planierraupe für eine bestimmte Baustelle,
- Abfüll- oder Verpackungsanlage, die nur eine Saison benötigt wird,
- Datenverarbeitungsgeräte zur Entwicklung von Software für ein IT-Projekt,
- Produktionsmaschine, die nur vorübergehend im EG-Zollgebiet genutzt wird.

Die **Zollschuld** für Waren, die nur teilweise abgabenbefreit sind, entsteht bei Überführung in die vorübergehende Verwendung. Die Höhe der Einfuhrabgaben beträgt nach Art. 143 Abs. 1 ZK für jeden angefangenen Monat 3 % der Einfuhrabgaben, die normalerweise bei Überführung der Waren in den freien Verkehr anfielen. Hier

---

[10] Vgl. Witte/Wolffgang/Henke, Lehrbuch Zollrecht, S. 229.

ist aber zu bedenken, dass dem **Einfuhrumsatzsteuerrecht** hingegen der Gedanke der teilweisen Befreiung von Abgaben fremd ist, so dass insoweit die volle Steuer entsteht.[11]

!! **Praxistipp:** Für Orchester oder Einzelmusiker empfiehlt es sich beim Kauf von Musikinstrumenten einen **Instrumentenpass** zu erwerben. Dieser ermöglicht bei der Einreise (Rückreise) den Nachweis, dass die Instrumente nicht eingeführt werden, sondern sich diese als Berufsausrüstung bereits im Eigentum der Person beim Verlassen des Zollgebietes befanden.

G. Ausfuhrverfahren

Das Ausfuhrverfahren dient der Überwachung des Warenverkehrs aus dem EG-Zollgebiet. Dabei sind Ausfuhrbeschränkungen zu beachten (Ausfuhrverbote), gegebenenfalls erforderliche Genehmigungen einzuholen oder eventuelle Ausfuhrabgaben zu entrichten, Art. 161 Abs. 1 ZK. Als Zollverfahren ist beim Ausfuhrverfahren auch zwischen dem Normalverfahren und vereinfachten Verfahren zu unterscheiden. Bei der Ausfuhrzollstelle ist eine Ausfuhranmeldung abzugeben, während die Ware bei der Ausgangszollstelle zu gestellen ist. In bestimmten Fällen ist eine mündliche oder konkludente Ausfuhranmeldung möglich.

Beispiel: Veranstalter V bringt Kunstinteressierte aus Karlsruhe, Offenburg und Freiburg zu einer Ausstellungseröffnung nach Basel mit seinem firmeneigenen Bus. Beim Passieren der Zollstelle gibt er konkludent eine Ausfuhranmeldung für seinen Bus ab.

!! **Praxistipp:** Aufgrund der Komplexität des Zollrechtes sollte man sich bei der Einreise oder Ausreise aus dem Zollgebiet der Gemeinschaft über die zu beachtenden Bestimmungen informieren. Als zentrale Auskunftsstelle der Zollverwaltung beantwort das Informations- und Wissensmanagement (IWM Zoll) in Dresden alle Fragen „rund um den Zoll" per Telefon, E-Mail oder Internet.

H. Einfuhrumsatzsteuer

Die Einfuhr von Waren aus Drittstaaten in die Bundesrepublik Deutschland unterliegt der Umsatzsteuer, die man in diesem Fall als Einfuhrumsatzsteuer bezeichnet. Diese wird mit den Einfuhrzöllen nach den Zollvorschriften durch die Bundeszollverwaltung erhoben, § 21 UStG.

Beispiel: Veranstalter V führt in mehreren Containern aus Asien abgabepflichtige Waren für seine Veranstaltungen ein, die in den freien Verkehr überführt werden sollen. Im Rahmen der Zollabfertigung werden Zölle, Einfuhrumsatzsteuer und gegebenenfalls die besonderen Verbrauchsteuern (z. B. bei Alkohol) durch die Zollverwaltung erhoben.

---

[11] Witte/Wolffgang/Henke, Lehrbuch Zollrecht, S. 229.

Die im Ausfuhrland entlastete Ware wird im Einfuhrland mit der Einfuhrumsatzsteuer belastet. Der Regelsteuersatz beträgt 19 % des Einfuhrumsatzsteuerwertes und ermäßigt sich bei bestimmten Waren (Bücher, Kunstgegenstände) auf 7 %. In bestimmten Fällen ist der Steuersatz auch 0 % (z. B. Einfuhr von Euro-Münzen und Banknoten). Bei gewerblicher Einfuhr kann der Unternehmer bei Wiederverkauf der Waren die entrichtete Einfuhrumsatzsteuer gegenüber dem Finanzamt als Vorsteuerabzug gelten machen.

Checkliste: Zollrecht (Grenzüberschreitende Vorgänge)

☑ Einfuhr oder Ausfuhr von Waren in das bzw. aus dem EG-Zollgebiet?
☑ Wenn ja, welche zollrechtlichen Bestimmungen sind zu beachten?
☑ Welches Zollverfahren entspricht meinem Verwendungszweck der Ware (Wahlrecht)?
☑ In welcher Form ist die Zollanmeldung abzugeben?
☑ Sind Zölle, Einfuhrumsatzsteuer und besondere Verbrauchsteuern zu zahlen?

Fünfzehntes Kapitel: Förderungsvertrags- und Zuwendungsrecht

Die Organisation von Events bzw. Kulturveranstaltungen setzt neben der Finanzierung durch Eigenmittel und Eintrittsgelder oftmals Zuwendungen von Dritten voraus. Bestimmte Kulturangebote – die nicht dem Mainstream folgen – wären ohne Förderung von Außen gar nicht realisierbar. Sogar sich selbst tragende Veranstaltungen nutzen als Finanzierungsinstrumente das Sponsoring und die Werbung.

A. Förderung durch private Unternehmen und Stiftungen

I. Stiftungsverträge

Unter dem Begriff Stiftung versteht man im allgemeinen Sprachgebrauch sowohl den Vorgang des „Stiftens" im Sinne der Widmung einer Vermögensmasse für einen festgelegten Zweck als auch die rechtliche Einrichtung Stiftung. Operative Stiftungen im Kulturbereich verwirklichen über konkrete Förderprojekte den Stiftungszweck, wohingegen eine Förderstiftung Dritten einen Geldbetrag aus dem Stiftungsvermögen für einen kulturellen Zweck zur Verfügung stellt. Im juristischen Sinne wird zwischen einer selbständigen Stiftung und einer unselbständigen Stiftung unterschieden.

1. Die selbständige Stiftung[1]

Die selbständige Stiftung besitzt im Gegensatz zur treuhänderischen Stiftung eine eigene Rechtspersönlichkeit, das heißt sie kann **Träger von Rechten und Pflichten** sein. Wichtiges Merkmal jeder Stiftung ist der Stiftungszweck, der sich aus dem Stifterwillen ergibt und zwingender Inhalt der Stiftersatzung ist, § 81 S. 3 Nr. 3 BGB. Im Kulturbereich sind Stiftungen mit unterschiedlichsten Zwecksetzungen denkbar. Vorrangiger Zweck im kulturellen Bereich ist die Förderung von Kunst und Kultur. Bei diesen Stiftungen handelt es sich in der Regel um gemeinnützige Stiftungen im Sinne des Steuerrechtes. Die steuerrechtliche Gemeinnützigkeit nach

---

[1] Siehe zur Errichtung einer Stiftung auch im Kapitel Handels- und Gesellschaftsrecht.

§§ 52 ff. AO ist Voraussetzung für die steuerliche Begünstigung einer Stiftung bzw. des Stifters. Eine **gemeinnützige Stiftung** ist von der Erbschafts-, Körperschaft-, Gewerbe- und Grundsteuer befreit. Die Umsatzsteuer ist reduziert. Für die Errichtung der Stiftung sind das Stiftungsgeschäft, die behördliche Anerkennung sowie die Ausstattung der Stiftung mit einem Stiftungsvermögen erforderlich. Durch das Stiftungsgeschäft legt der Stifter den Stiftungszweck fest, ferner wird das Stiftungsvermögen und die Stiftungsorganisation bestimmt. Dabei muss der Stiftung eine Satzung gegeben werden. Erst mit der **behördlichen Anerkennung** durch die zuständige Stiftungsbehörde entsteht die Stiftung. Das Stiftungsvermögen sichert die dauernde und nachhaltige Erfüllung des Stiftungszweckes. Die Stiftung wird geleitet durch den Stiftungsvorstand. Dieser ist gesetzlicher Vertreter der Stiftung.

2. Unselbständige Stiftung

Die unselbständige Stiftung kann nicht selbst Träger von Rechten und Pflichten sein. Sie bedarf eines Rechtsträgers, in dessen Eigentum das Stiftungsvermögen steht und der im Rechtsverkehr in eigenem Namen für die Stiftung handelt.[2] Viele Voraussetzungen (Stiftungsgeschäft, Stiftungszweck, Stiftungsvermögen, steuerliche Begünstigung bei Gemeinnützigkeit) gelten auch für die unselbständige (treuhänderische Stiftung).

II. Sammelvermögen

Unter einem Sammelvermögen versteht man im Eventbereich ein Vermögen, das durch eine Vielzahl von Personen (Spender) im Wege von Spenden und Beiträgen zu einem festgelegten vorübergehenden Zweck zusammengetragen und in der Hand einer oder mehrerer Personen zur Verwaltung und Verfügung vereinigt ist.[3] Das Sammelvermögen hat keine eigene Rechtspersönlichkeit und unterscheidet sich von der Stiftung hinsichtlich der Dauerhaftigkeit des Zweckes. Die sammelnden Personen können bei gemeinsamer Zweckverfolgung aber beispielsweise eine Gesellschaft bürgerlichen Rechts sein, wenn ihrer Initiative ein Gesellschaftsvertrag zugrunde liegt. Dieser kann auch mündlich geschlossen werden.

Beispiel: Im Rahmen einer Fernsehsendung werden die Großunternehmer A, B und C aus Frankfurt am Main auf den regionalen Nachwuchsdirigenten O aufmerksam. Sie entschließen sich den O mit 15.000 € zu unterstützen, damit dieser beim nächsten Mainfest ein Konzert durchführen kann. Die 15.000 € stellen ein Sammelvermögen für einen bestimmten Zweck dar.

---

[2] Saenger, Gesellschaftsrecht, Rn. 478.
[3] Allgemein dazu Saenger, Gesellschaftsrecht, Rn. 480.

III. Sponsoring

Unter **Sponsoring in einem engeren Sinne** versteht man Zahlungen und Sachleistungen von Unternehmen, für die die Kultureinrichtung Gegenleistungen in Form von mehr oder weniger dezenter Werbung für das Unternehmen erbringen muss. Die gegenseitigen Verpflichtungen sind vertraglich im Sponsoringvertrag festgelegt. Aus Sicht der Unternehmen ist Sponsoring die werbewirksame Unterstützung von bekannten Personen oder Organisationen. Zur steuerlichen Behandlung des Sponsorings wird auf die Ausführungen im Kapitel Steuerrecht verwiesen (Abschnitt F.).

IV. Spendenrecht

Die Zuwendungen von Spenden durch Private und Unternehmen ist im Kulturbereich enorm wichtig. Gerade Vertreter öffentlicher Kultureinrichtungen und gemeinnütziger Vereine müssen sich im Spendenrecht auskennen, um für Spenden richtig zu werben, potentiellen Spendern Auskünfte zu erteilen und insbesondere richtige Zuwendungsbestätigungen ausstellen zu können. Das Spendenrecht umfasst in der Regel die diesbezüglichen steuerlichen Normen.

1. Allgemeines

Spenden sind steuerlich abziehbare Ausgaben des Zuwendungsgebers, wenn diese **freiwillig und unentgeltlich** geleistet werden.[4] Freiwilligkeit liegt vor, wenn die Ausgaben ohne rechtliche oder tatsächliche Verpflichtung geleistet werden. Unentgeltlichkeit bedeutet, dass der Zuwendung keine konkrete Gegenleistung gegenübersteht. Es besteht kein gegenseitiger Leistungsaustausch, wie dies bei Vertragsverhältnissen üblich ist. Wenn der Spender für seine Spende öffentlich geehrt wird (z. B.: Vereinsorden) oder die Spendenleistung in der Vereinszeitschrift publik gemacht wird, so ist darin in der Regel noch keine Gegenleistung für die Zuwendung zu sehen.[5]

Beispiel: Spender Klaus Gut wendet dem gemeinnützigen Theaterverein in Hamburg 10.000 € zu, damit dieser einige Sitzreihen erneuern kann. Das Theater bringt an der Sitzreihe 1 ein Schild mit der Aufschrift: „Gespendet durch den Bürger der Freien und Hansestadt Hamburg Klaus Gut" an. Diese Namensnennung stellt noch keine Gegenleistung dar, so dass rechtlich eine Spende vorliegt.

Zuwendungen als Spenden sind nur dann für den Zuwendungsgeber steuerlich abziehbar, wenn der Empfänger eine inländische juristische Person des öffentlichen Rechts ist (z. B.: Hochschule für Kunst) oder eine anerkannte gemeinnützige Körperschaft (Organisation, z. B.: gemeinnütziger Verein). Das steuerliche Spendenrecht ist in § 10b Einkommensteuergesetz (EStG) und § 9 Abs. 1 Nr. 2 Körperschaftssteuergesetz (KStG) geregelt. Erbringt die bedachte gemeinnützige Organi-

---

[4] BFH-Urteil vom 25.11.1987, BStBl 1988 II, S. 220.
[5] Vgl. dazu Schleder, S. 328.

sation eine konkrete Gegenleistung, so liegt keine Spende vor. Der Zahlende kann gegebenenfalls den Abzug seiner Ausgabe als Betriebsausgabe gelten machen.

Beispiel: Der gemeinnützige Orchesterverein X in Wiesbaden verpflichtet sich gegen Zahlung von 10.000 € für die Produkte des Weingutes Z im Rheingau umfassend zu werben. Der Inhaber des Weingutes kann die 10.000 € steuerlich nicht als Spende, sondern als Betriebsausgabe geltend machen.

2. Spendenarten

Die klassische Spende ist die **Geldspende**. Steuerlich absetzbar sind auch **Sachspenden** (Wirtschaftsgüter), § 10b Abs. 3 EStG. Vom Spendenabzug sind Nutzungen und Leistungen jedoch ausdrücklich ausgeschlossen. Wird einem Orchesterverein zum Beispiel ein Pkw kostenlos zur Verfügung gestellt, so darf der Verein dem Spender keine Zuwendungsbestätigung ausstellen.

3. Zuwendungsbescheinigung

Spenden für steuerbegünstigte Zwecke sind in der Regel nur abziehbar, wenn diese vom Spender gegenüber dem Finanzamt durch eine **förmliche Zuwendungsbestätigung** nachgewiesen werden. Die Zuwendungsbestätigung muss durch den Spendenempfänger nach amtlich vorgeschriebenem Vordruck ausgestellt werden, § 50 Abs. 1 EStDV. Es gibt verschiedene Mustervordrucke je nach Zuwendungsart und Zuwendungsempfänger.

!! **Praxistipp:** Vordrucke können auf der Internetseite des BMF heruntergeladen werden (Sucheingabe „Spendenrecht").

V. Fundraisingverträge

Fundraising ist ein Oberbegriff für alle Methoden der Mittelbeschaffung für gemeinnützige Kultureinrichtungen und Projekte. Sponsoring und Spenden sind Methoden des Fundraising.

VI. Mäzenatsverträge

Von Mäzenatentum spricht man im Veranstaltungsbereich, wenn ein Unternehmer Geld zu Förderzwecken unentgeltlich zur Verfügung stellt. Gegebenenfalls sind beim Zuwendenden die Voraussetzungen des steuerlichen Spendenabzuges gegeben.

B. Öffentliche Zuschüsse (Zuwendungen)

Fall: Der gemeinnützige Jugendorchesterverein X in München möchte ein Projektorchester aus Jugendlichen verschiedener europäischer Großstädte zusammenstellen und Konzerte in diesen Großstädten geben, bei denen die Stadt sinfonisch anhand bekannter Stücke beschrieben werden soll. Der Vereinsvorsitzende V möchte allgemein wissen, welche öffentlichen Fördermöglichkeiten in Betracht kommen?

„Öffentliche Zuschüsse" oder „Finanzhilfen" bzw. „Zuwendungen" werden juristisch als Subvention bezeichnet. Subventionen sind vermögenswerte Zuwendungen (meist Geld), die der Staat oder ein anderer Träger öffentlicher Verwaltung einer Privatperson, einem Unternehmen oder einer sonstigen Institution (Theater, Schauspielhaus, Orchesterverein) zur Förderung eines im öffentlichen Interesse liegenden kulturellen Zwecks leistet. Fördergelder werden von der Europäischen Union, der Bundesregierung, den Ländern und Gemeinden bzw. Städten im Rahmen ihrer Haushaltsplanung zur Verfügung gestellt.

Beispiel: Die Bundesregierung hat zur Kunst- und Kulturförderung die Kulturstiftung des Bundes mit Sitz in Halle an der Saale gegründet. Die Kulturstiftung des Bundes hat beispielsweise einen Fonds für Theaterprojekte eingerichtet, die sich auf künstlerisch herausragende Weise mit der urbanen und sozialen Wirklichkeit ihrer Stadt auseinandersetzen. Ziel des Fonds ist es, mit den geförderten Projekten ein neues Publikum für Theater zu interessieren und eine Auseinandersetzung mit der Rolle des (Stadt-)Theaters in Deutschland anzuregen.

Merke:
Staatliche Zuwendungen (Subventionen) sind Haushaltsmittel der EU, des Bundes, der Länder oder Städte und Gemeinden, die als freiwillige Leistungen (ohne Rechtsanspruch) natürlichen oder juristischen Personen außerhalb der Verwaltung zur Erfüllung bestimmter Zwecke zur Verfügung gestellt werden.

I. Allgemeine Grundsätze

Die Formen der öffentlichen Förderung der Kultur sind vielfältig. So kann die staatliche Begünstigung in **einem verbilligtem Darlehen bestehen oder einem „verlorenen Zuschuss"**. Unter einem verlorenen Zuschuss versteht man die Zuwendung von Fördergeld oder Betriebszuschüssen, welche nicht zurückgezahlt werden müssen. Aber auch der Verzicht auf Geldforderungen (wie Hallenmiete) oder das Erlassen von Abgaben wie Steuervergünstigungen und Zollverzicht stellen Subventionen (Zuwendungen) im weiteren Sinne dar.

1. „Verlorener Zuschuss"

Für die Kulturbranche ist insbesondere die Geldzuwendung, die nicht zurückgezahlt werden muss, entscheidend. Die Zuwendungen von Kulturfördermittel werden durch die staatlichen Stellen ohne Rechtsanspruch im Rahmen der zur Verfügung stehenden Haushaltsmittel gewährt. Ohne Rechtsanspruch heißt dabei, dass je nach Kassenlage jährlich von den staatlichen Trägern Geld für Kultur neu eingeplant wird und man als Kulturschaffender gegebenenfalls jedes Jahr aufs Neue Fördermittel beantragen muss, wobei nicht feststeht, ob Geld zur Verfügung steht. Bei der Zuwendung von Kulturfördermitteln entsteht ein Rechtsverhältnis zwischen der Zuwendungsbehörde und dem Zuwendungsempfänger. Selbst bei Auszahlung der Fördermittel durch eine dritte Stelle – wie einer Bank – besteht nur ein Subventionsverhältnis (zwischen Behörde und Empfänger). Man spricht auch von der Einstufigkeit des Subventionsverhältnisses.

Abb. 1: Rechtsverhältnis der einstufigen Zuwendung von Fördermitteln

Das Förderrechtsverhältnis ist dem öffentlichen Recht zuzuordnen, da die Bewilligung des Geldes nach vorheriger Beantragung durch Verwaltungsakt erfolgt. Ebenso erfolgt die Ablehnung eines Antrages durch Verwaltungsakt, so dass gerichtlicher Rechtsschutz durch das zuständige Verwaltungsgericht erfolgt.

2. Darlehen

Unter einem Darlehen versteht man allgemein die Bereitstellung eines Geldbetrages, der mit Zinsen zurückgezahlt werden muss. Ein Förderdarlehen liegt vor, wenn ein Darlehen unter günstigen Konditionen (niedrige Zinsen, optimalere Rückzahlbedingungen) von staatlicher Seite gewährt wird als dies privatwirtschaftlich durch Banken der Fall wäre.

Beispiel: Das Land Berlin gewährte dem Friedrichstadtpalast zur Vermeidung der Insolvenz im Jahre 2008 einen Kredit in Höhe von 3,8 Mio. € Die Rückzahlung soll nach Konsolidierung des Revuetheaters erfolgen.

Die Abwicklung eines Subventionsdarlehens kann in zwei Formen erfolgen. Zunächst hat die betreffende Kulturinstitution einen Antrag bei der zuständigen Behörde bzw. dem zuständigen Amt zu stellen. Die Bewilligung des Förderdarlehens erfolgt dann durch Verwaltungsakt (das „Ob"). Wie die Auszahlung erfolgt, kann sowohl öffentlich-rechtlich als auch privatrechtlich erfolgen. So werden oftmals Banken eingeschaltet, mit denen der Kulturschaffende einen günstigen Darlehensvertrag abschließt, der der Bewilligung durch den Staat entspricht. Bei dieser Abwicklung entstehen zwei Rechtsverhältnisse. Zum einen das Förderverhältnis zwischen Behörde und Zuwendungsempfänger, zum anderen der privatrechtliche

Darlehensvertrag zwischen Kultureinrichtung und Bank. Man spricht in diesen Fällen auch von der Zweistufigkeit des Subventionsverhältnisses bei Darlehen. Trotz privatrechtlicher Abwicklung der Darlehensgewährung ist beim Streit um die Bewilligung des Antrages („Ob" der Subventionsvergabe) der Verwaltungsrechtsweg zu bestreiten, § 40 Abs. 1 VwGO. Die Auszahlung des Darlehens kann aber auch durch die Behörde selbst erfolgen, so dass nur ein öffentlich-rechtliches Rechtsverhältnis wie bei der Geldzuwendung ohne Rückzahlungspflicht (verlorener Zuschuss) besteht.

3. Rechtsgrundlage

Staatliches Handeln bedarf grundsätzlich eines Gesetzes (Ermächtigungsgrundlage). Nicht notwendig ist ein Gesetz für die Gewährung staatlicher Leistungen. Bei der Kulturfördermittelgewährung greift die Verwaltung jedoch nicht freiheitsverkürzend in die Rechtssphäre des Bürgers ein. Somit lässt es die Rechtsprechung des Bundesverwaltungsgerichtes genügen, wenn die Bereitstellung der Fördermittel im Haushaltsplan des Bundes, der Länder oder Gemeinden erfolgt und die Vergabe der Mittel durch entsprechende Richtlinien (Fördergrundsätze) geordnet ist.[6] Die Fördergrundsätze stellen Verwaltungsvorschriften dar.

Kulturreferat
Abteilung Förderung
von Kunst und Kultur

Richtlinien für die Gewährung von Zuwendungen aus Kulturförderungsmitteln der Landeshauptstadt München
(Gemäß Beschluss der Vollsammlung des Stadtrats vom 09.12.2004; geändert durch Beschluss der Vollsammlung des Stadtrats vom 19.12.2007 sowie durch Beschluss der Vollsammlung des Stadtrats vom 26.11.2008)

Präambel:
Die Landeshauptstadt München gewährt nach Maßgabe dieser Richtlinien Zuwendungen zur Förderung von Kultur und Volksbildung. Die Zuwendungen werden ohne Rechtsanspruch im Rahmen der zur Verfügung stehenden Haushaltsmittel gewährt. Diese Richtlinien stellen eine verwaltungsinterne Handlungsleitlinie dar, aus der Dritte keine unmittelbaren Rechte oder Ansprüche ableiten können.

Inhaltsübersicht:	Seite
Teil I: Allgemeine Verfahrensgrundlagen	
1 Gegenstand der Förderung	2
2 Begriff der Zuwendung; Abgrenzungen	2
3 Allgemeine Förderungsvoraussetzungen	2
4 Ausschluss und Einstellung der Förderung	3
5 Zuwendungsfähige Aufwendungen; Weitergabe	3
6 Nicht zuwendungsfähige Aufwendungen	4
7 Einsatz von Eigenmitteln, Einnahmen, Zuwendungen Dritter etc.	4
8 Darlehen	5
9 Finanzierungsarten	5
10 Mitteilungs- und Informationspflichten	6
Teil II: Zuwendungsverfahren	
11 Antragstellung	6
12 Antragsprüfung	7
13 Beschlussfassung des Stadtrats	8
14 Bewilligungs- oder Ablehnungsbescheid; Zuschussvertrag	8
15 Auszahlung	8
16 Verwendungsnachweis	8
Teil III: Ergänzende Verfahrensregelungen	
17 Aufhebung des Bewilligungsbescheides	10
18 Rückzahlung der Zuwendung	11
19 Verfügungsbefugnis über bewegliche Gegenstände	11
20 In-Kraft-Treten	11

Abb. 2: Inhaltsverzeichnis der Richtlinien für die Gewährung von Zuwendungen aus Kulturförderungsmitteln der Landeshauptstadt München

---

[6] BVerwGE 90, 112, 126 sowie Schmidt, Besonderes Verwaltungsrecht I, Rn. 524 mit weiteren Nachweisen.

Die Grundlage für die Mittelvergabe sind demnach der Haushaltsplan (Etat) mit seiner Zweckbestimmung und die Förderrichtlinien. Es gibt aber vereinzelt auch spezielle Fördergesetze. Genannt sei das Filmförderungsgesetz des Bundes (**FGG**), welches zum Ziel hat, durch die Filmförderungsanstalt (FFA) die Struktur der deutschen Filmwirtschaft und die kreativ-künstlerische Qualität des deutschen Films zu fördern.

Stellt eine Subvention (Förderung) für einen Dritten jedoch einen Grundrechtseingriff dar, so ist ausnahmsweise ein Gesetz notwendig. Eingriffe bedürfen immer einer formell-gesetzlichen Grundlage.

Beispiel: Die Subventionierung bestimmter Zeitungen stellt eine grundrechtsrelevante Benachteiligung nicht geförderter Zeitschriften dar, da staatliche Förderung bestimmte Meinungen und Tendenzen in der Presse weder begünstigen noch benachteiligen darf.[7]

Ist ein Gesetz nicht notwendig, so kann zusammenfassend die Verwaltung unter folgenden Voraussetzungen zum Mitteleinsatz durch den Haushaltsplan berechtigt sein:

- Haushaltsplan enthält Kulturmittelansatz
- Festlegung der Zweckbestimmung im Haushaltsplan
- Förderung gehört zu der Aufgabe der betreffenden Verwaltungsbehörde
- Vergabevoraussetzungen werden durch Richtlinien geordnet

II. Bewilligung und Verfahren

1. Allgemeine Grundsätze

Die Bewilligung von Zuwendungen setzt einen Antrag voraus. Vor Antragstellung sind die Vergaberichtlinien und Fördergrundsätze genau zu lesen. Gefördert werden in den Städten und Gemeinden meist Beiträge zur Pflege der Kultur und der Volksbildung nach Maßgabe des dem zuständigen Amt oder Kulturreferat übertragenen Aufgabenspektrums. Die Förderung umfasst nur vom Zuwendungsgeber fachlich anerkannte Aktivitäten, so dass der Antrag dementsprechend auszufüllen ist. Die Richtlinien geben an, wer gefördert werden kann. Meist wird dabei gefordert, dass Antragstellerinnen bzw. Antragsteller ihren Sitz in der Gemeinde und Stadt haben, wo der Antrag gestellt wird. Gefördert werden in der Regel Institutionen und Projekte, die ohne Mithilfe des Zuwendungsgebers nicht oder nicht im notwendigen Umfang finanziell gesichert bzw. zu realisieren wären. Aber auch Veranstaltungen werden gefördert, deren Gesamtfinanzierung gesichert ist, wenn ein besonderes Interesse besteht. Die genauen Details ergeben sich aus den jeweiligen Fördergrundsätzen (Richtlinien). Der Antragsteller muss eine ordnungsgemäße Durchfüh-

---

[7] BVerfGE 80, 124, 134.

rung der Maßnahme gewährleisten und ein uneingeschränktes Prüfungsrecht des Zuwendungsgebers anerkennen. Eine Förderung ist in der Regel ausgeschlossen, wenn die Gewähr für eine ordnungsgemäße Geschäftsführung nicht oder nicht mehr besteht. Die zuständige Verwaltungsbehörde verlangt oftmals die politische und weltanschauliche Offenheit der Zuwendungsempfängerin und Toleranz gegenüber Andersdenkenden, so dass beispielsweise rassistische Veranstaltungen selbstredend nicht förderfähig sind.

Weiterhin wird oftmals verlangt, dass der Antragsteller in seiner Öffentlichkeitsarbeit die finanzielle Beteiligung des Zuwendenden ausreichend berücksichtigt.

Beispiel: So verlangt die Landeshauptstadt München, dass neben dem Schriftzug „Gefördert durch das Kulturreferat der Landeshauptstadt München" auch das städtische Logo in angemessener Größe auf Einladungskarten, Plakaten, Programmheften und auf der Internetseite erscheint.

Die Zuwendungsempfängerin bzw. der Zuwendungsempfänger darf Zuwendungsmittel nur nach schriftlicher Genehmigung durch den Zuwendungsgeber an Dritte weitergeben. Diese wird nur erteilt, soweit dies zur Erreichung des Förderungszwecks notwendig ist. Zuwendungsfähig sind in der Regel Sach- und Personalkosten. Sachkosten sind dabei finanzierbar, soweit sie nach Art und Umfang angemessen sind. Aufwendungen, die üblicherweise im Rahmen der privaten Lebensführung anfallen, sind nicht förderungsfähig. Für Personalkosten werden oftmals bestimmte Rahmenvorgaben gemacht.

Beispiel: So darf die Stellenausstattung bei geförderten Institutionen durch die Landeshauptstadt München nicht umfangreicher sein, als sie es bei der Stadt bei gleicher Aufgabenstellung wäre.

Nicht zuwendungsfähig sind oft Deckungslücken, die durch nicht in Anspruch genommene Dritte oder durch Verzicht auf erzielbare Einnahmen und Vergünstigungen entstanden sind sowie Anwalts- und Gerichtskosten für Rechtsstreitigkeiten, die nicht im Zusammenhang mit der Umsetzung des Zuwendungszwecks stehen oder sich gegen den Zuwendungsgeber richten und Kosten, die durch Versäumnisse oder Fehlverhalten der Zuwendungsempfängerin bzw. des Zuwendungsempfängers entstanden sind (z. B.: Versäumnisgebühren, Bußgelder, Geldstrafen). Der Zuwendungsempfänger hat oft vorrangig seine Eigenmittel, sein Vermögen und alle im Zusammenhang mit der geförderten Tätigkeit erzielbaren Einnahmen sowie Zuwendungen anderer (auch städtischer) Zuwendungsgeberinnen bzw. Zuwendungsgeber als Deckungsmittel für alle mit dem Zuwendungszweck zusammenhängenden Ausgaben einzusetzen.

Die Zuwendungen werden grundsätzlich zur Finanzierung des im Zuwendungsbescheid bestimmten Zwecks bewilligt. Wird das Geld zu anderen Zwecken verwendet, so erfolgt eine Rückforderung durch die Verwaltungsbehörde. Die Finanzierung kann in folgende Finanzierungsarten gegliedert werden:

- Fehlbedarfsfinanzierung
- Festbetragsfinanzierung
- Anteilsfinanzierung

Kombinationen dieser Finanzierungsarten sind möglich. Bei der Fehlbedarfsfinanzierung wird die Zuwendung auf einen Höchstbetrag begrenzt, mit dem die Zuwendung den Fehlbedarf deckt, der insoweit verbleibt, als der Zuwendungsempfänger die zuwendungsfähigen Ausgaben nicht durch eigene oder fremde Mittel zu decken vermag. Bei Festbetragsfinanzierung besteht die Zuwendung in einem festen, nicht veränderbaren Betrag. Die Zuwendung kann auch in der Weise bewilligt werden, dass sie auf das Vielfache eines Betrags festgesetzt wird, der sich für eine bestimmte Einheit ergibt (z. B.: x,- € pro nachgewiesener Teilnehmerin bzw. nachgewiesenem Teilnehmer). In diesem Fall wird ein Höchstbetrag der Zuwendung festgelegt. Die Anteilsfinanzierung bemisst sich nach einem bestimmten Prozentsatz oder nach einem bestimmten Anteil der zuwendungsfähigen Ausgaben, jeweils begrenzt auf einen Höchstbetrag. Bezüglich des Umfangs der Förderung gliedern sich die Finanzierungsarten in Projektförderungen für einzeln abgegrenzte Vorhaben und institutionelle Förderungen für einen Teil der Ausgaben oder alle Ausgaben des Zuwendungsempfängers aus seiner zuwendungsfähigen Tätigkeit.

2. Zuwendungsverfahren

Wie schon erwähnt, setzen Zuwendungen einen schriftlichen Antrag voraus. Der Zuwendungsgeber legt die jeweils erforderlichen Abgabetermine fest. Hierzu ist grundsätzlich das beim Zuwendungsgeber für die zu beantragende Zuwendungsart erhältliche Formblatt zu verwenden. Bestandteile des Antrags sind je nach Anforderung:

- Angaben zum Antragsteller mit Anlagen (soweit nach der Rechtsform zutreffend; z. B.: aktueller Registerauszug, Satzung, Geschäftsordnung, Gesellschaftsvertrag, Verbandszugehörigkeit, Vertretungsbefugnis)
- detaillierte Beschreibung der Konzeption, etwa in Form einer Projektbeschreibung, einer Programmvorschau bzw. eines Spielplans,
- der Gesamtkosten- und Gesamtfinanzierungsplan (Aufstellung aller voraussichtlichen Kosten der Maßnahme und eine Übersicht über die voraussichtlich zur Verfügung stehenden Finanzierungsmittel) sowie eine Aussage darüber, ob bei einer anderen staatlichen Verwaltungsstelle oder einem anderen Zuwendungsgeber ebenfalls ein Antrag auf Gewährung einer Zuwendung gestellt wird
- jeweils eine Bestätigung dafür, dass weder Verbindlichkeiten bestehen, die die vorgesehene Durchführung der Maßnahme gefährden, noch einsetzbare Vermögenswerte vorhanden sind, die die geplante Durchführung der Maßnahme auch ohne Beteiligung des Zuschussgebers ermöglichen

würden (der Antragsteller hat der zuwendungsgebenden Dienststelle auf Verlangen Einsicht in die diesbezüglichen Unterlagen zu gewähren),
- bei festangestelltem Personal der Stellenplan, aus dem die personelle und organisatorische Konzeption ersichtlich ist (Aufgabenbereich, Eingruppierung, Stundenlohn, wöchentliche Arbeitszeit, Zeitraum der Beschäftigung, kalkulierte Gesamtpersonalkosten für die einzelnen Stellen etc.), Anstellungsverträge der Geschäftsführung und deren Stellvertretung, eine Honoraraufschlüsselung
- Mietverträge bzw. Untermietverträge, soweit Räume dauerhaft angemietet oder vermietet sind bzw. werden

Bei Wiederholungsanträgen und bei Projektförderungen kann die zuwendungsgebende Behörde auf die Vorlage einzelner Unterlagen verzichten. Nach der Antragstellung prüft die Verwaltungsbehörde, ob die für die Förderung notwendigen Angaben vollständig vorliegen und die Voraussetzungen für die Gewährung einer Zuwendung nach der jeweiligen Förderrichtlinie erfüllt sind. Soweit die Voraussetzungen nach der Richtlinie erfüllt sind, wird oftmals im Rahmen einer Prioritätensetzung auf der Basis der verfügbaren Haushaltsmittel entschieden, ob, auf welche Weise und in welcher Höhe eine Förderung erfolgt.

Die Entscheidung über den Antrag wird dem Antragsteller mitgeteilt. Dies geschieht in der Regel durch einen schriftlichen Bescheid, der bei Ablehnung mit einer Begründung zu versehen ist. Der Bescheid stellt einen Verwaltungsakt dar, § 35 VwVfG. Der Bewilligungszeitraum entspricht grundsätzlich dem Kalenderjahr. Soweit der Förderungszweck nur durch eine mehrjährige Förderungszusage – unter Haushaltsvorbehalt – erreicht werden kann, ist auch ein mehrjähriger Bewilligungszeitraum möglich. Abschlagszahlungen können vor abschließender Entscheidung über den Antrag auf Bewilligung einer Zuwendung im Einzelfall auf Antrag gewährt werden, soweit dies die staatliche Stelle vorsieht. Nicht abgerufene Zuwendungsbeträge verfallen mit Ablauf des Bewilligungszeitraums. Ausnahmen davon können in begründeten Einzelfällen durch Bescheid gelegentlich zugelassen werden.

Besonders wichtig für den Zuwendungsempfänger ist die Beachtung des Verwendungsnachweises. Der Kulturschaffende hat der zuständigen Behörde bis zu dem im Bewilligungsbescheid ausgewiesenen Termin einen ordnungsgemäßen Verwendungsnachweis vorzulegen. Der Verwendungsnachweis besteht meist aus einem Sachbericht und einem zahlenmäßigen Nachweis. Im Sachbericht sind die bestimmungsgemäße Verwendung der Zuwendung, die durchgeführten Aktivitäten und das erzielte Ergebnis darzustellen. Im zahlenmäßigen Nachweis verlangt beispielsweise die Landeshauptstadt München die Auflistung aller im Bewilligungszeitraum für den Zuwendungszweck angefallener Einnahmen und Ausgaben. Der Verwendungsnachweis wird von der zuwendungsgebenden Behörde nun geprüft. Die Prüfung kann sich dabei auch auf die Einsicht in Bücher und Belege des Zuwendungsempfängers erstrecken.

Aufsichts- und

Dienstleistungsdirektion Trier

Postfach 1320

54203 Trier

A3

Antrag auf Projektförderung

(Bitte füllen Sie die Kästchen sorgfältig aus, fügen Sie bei Bedarf Anlagen hinzu. Nur ein vollständig ausgefüllter Antrag kann bearbeitet werden. Ihre Angaben werden vertraulich behandelt und dienen ausschließlich den Förderungszwecken)

1. Antragsteller/in / Institution / Ansprechpartner/in

Vor- und Zuname

E-Mail-Adresse Telefon / Mobiltelefon

Geburtsdatum / Geburtsort / Staatsangehörigkeit

Privatanschrift:

Straße

PLZ und Ort

Bei Gruppenprojekten weitere Beteiligte:

....

2. Projekttitel / Arbeitstitel

3. Präsentation

Ort

Zeitraum

Vorbereitungszeit Nachbereitungszeit

4. Ausführliche Projektbeschreibung

5. Zur Person

a) Künstlerischer Werdegang

b) Ausstellungen / Ausstellungsbeteiligungen

6. Gesamtkosten des Projektes

Betrag		**Erläuterungen**
Organisation	€	
Geschäftsbedarf	€	
Telefon/Porto	€	
Öffentlichkeitsarbeit	€	
Transport/Reisekosten	€	
Honorare	€	
Material/Ausstellung	€	
Miete		
- Räume	€	
- Geräte	€	
Sonstige Kosten	€	

Abb. 3: Gliederung des Antrages auf Projektförderung für Bildende Kunst durch das Land Rheinland-Pfalz[8]

(bitte erläutern)

Gesamtsumme: €

7. Haben Sie für das beantragte Projekt an anderen öffentlichen oder privaten Stellen einen Antrag auf finanzielle Unterstützung gestellt?

Ja/Nein

wenn Ja:

Unterstützung durch Höhe des Betrages *

....€

....

* (Bereits bewilligte oder in Aussicht gestellte Beträge bitte kennzeichnen)

8. Sonstige Einnahmen (bitte erläutern)

Art der Einnahme Höhe des Betrages *

9. Finanzierung

Gesamtausgaben (Summe 6.) €

Einnahmen (Summe 7. + 8.) €

Fehlbedarf (Ausgaben abzüglich Einnahmen) €

Beantragte Zuschusssumme €

10. Sind Sie in den letzten drei Jahren aus Landesmitteln gefördert worden (Projektmittel, Stipendien, Katalog-/CD-Förderung, Zuschüsse)?

Ja/Nein

wenn Ja:

Art der Förderung Jahr Betrag

Projektförderung €

Stipendium €

Katalog/CD-ROM €

sonst. Zuschüsse €

11. Raum für sonstige Bemerkungen / Erläuterungen

Anmerkungen:

Der Antragsteller erklärt, mit dem Vorhaben noch nicht begonnen zu haben und Veränderungen des Kosten- und Finanzierungsplanes der ADD Trier umgehend mitzuteilen.

Eine Ausnahme vom vorzeitigen Maßnahmebeginn wird hiermit gleichzeitig beantragt.

Begründung: (bitte ausreichend begründen)

Hinweis: Trotz einer möglichen Bewilligung des vorzeitigen Maßnahmebeginns, trägt das finanzielle Risiko der Antragsteller allein und auch dann, wenn keine Zuschussbewilligung erfolgt.

Abb. 3: (Fortsetzung)

---

[8] Der Originalantrag ist unter www.kulturland.rlp.de/node/63 abrufbar.

III. Rückforderung

Ist die Zuwendung rechtswidrig erfolgt oder sind die Mittel zweckentfremdet eingesetzt worden bzw. die Subventionsvoraussetzungen weggefallen, so muss die Förderung rückabgewickelt werden nach §§ 48 ff. Verwaltungsverfahrensgesetz (**VwVfG**). Der Zuwendungsempfänger hat der zuwendungsgebenden Dienststelle daher unverzüglich mitzuteilen, wenn die Voraussetzungen für die Förderung ganz oder teilweise wegfallen oder sich die für die Bewilligung maßgeblichen Umstände ändern.

1. Rechtswidrige Zuwendung

Die Rücknahme der Bewilligung ist an bestimmte gesetzliche Voraussetzungen geknüpft. Begünstigende rechtswidrige Verwaltungsakte werden nach § 48 Abs. 1 S. 1, 2, Absätze 2 bis 4 VwVfG zurückgenommen. Ein Bewilligungsbescheid ist rechtswidrig, wenn die Fördervoraussetzungen von vornherein nicht vorlagen. Die Rücknahme von rechtswidrigen Zuwendungsbescheiden steht im Ermessen der Behörde und scheidet aus, wenn der Begünstigte auf den Bestand des Bescheides (Verwaltungsaktes) vertraut hat und sein Vertrauen unter Abwägung mit dem öffentlichen Interesse schutzwürdig ist. Insoweit genießt der Zuwendungsempfänger Bestandsschutz. Der Vertrauensschutz ist ausgeschlossen, wenn der Zuwendungsempfänger die Mittel durch arglistige Täuschung, Drohung oder Bestechung erwirkt bzw. die notwendigen Angaben in wesentlicher Beziehung unrichtig und unvollständig gemacht hat.

Beispiel: Die Stadt X fördert im Rahmen ihrer 750-Jahrfeier Events mit Bezug zur Stadtgeschichte. Veranstalter V gibt bei seinem Förderantrag die Veranstaltung eines Mittelalterfestes zum Stadtjubiläum an und will in Wirklichkeit ein Rockevent durchführen. Die Bewilligung auf dieser falschen Grundlage war rechtswidrig und die Stadt kann die Zuwendung zurückfordern, da das arglistige Verhalten von V nicht schutzwürdig ist.

Der Zuwendungsempfänger kann sich auch dann nicht auf Vertrauensschutz berufen, wenn er die Rechtswidrigkeit der Bewilligung kannte oder infolge grober Fahrlässigkeit nicht kannte. Liegt ein Ausschluss der Schutzwürdigkeit nicht vor, so ist in der Regel Bestandsschutz zu gewähren, wenn die Geldleistung verbraucht ist oder die Rückabwicklung unzumutbar ist. Ein Verbrauch der Geldleistung liegt vor, wenn sich die gewährte Zuwendung **nicht** mehr **wirtschaftlich** im Vermögen des Empfängers befindet.

Beispiel: Veranstalter V bekommt vom Land Brandenburg eine Zuwendung für ein Theaterprojekt, obwohl die Fördervoraussetzungen nicht vorlagen. Mit dem Geld tilgt V seine offenen Schulden beim Konzerthaus X von seinem letzten Event. Nachdem der zuständige Beamte beim Land Brandenburg den Fehler erkannt hat, fordert er den Geldbetrag zurück. V beruft sich auf Vertrauensschutz, da er den Geldbetrag verbraucht habe. Der Verbrauch als gesetzlicher Regelfall der Schutzwürdigkeit nach § 48 Abs. 2 S. 2 VwVfG liegt jedoch nicht vor, da V wirtschaftlich gesehen noch bereichert ist. Durch die Tilgung der Schuld ist eine Forderung ihm gegenüber erloschen. Dies stellt einen noch gegenwärtigen Vermögensvorteil nach der Rechtsprechung dar.[9]

Genießt der Zuwendungsempfänger keinen besonderen Vertrauensschutz so muss die zuständige Behörde abschließend im Rahmen ihres Ermessens prüfen, ob sie den Bewilligungsbescheid zurücknimmt, § 48 Abs. 1 S. 1 VwVfG. Ermessen heißt, dass die Behörde nicht zwingend den Verwaltungsakt zurücknehmen muss, sondern dies kann.

Die Rücknahme eines rechtswidrigen Verwaltungsaktes ist nur innerhalb eines Jahres möglich, nachdem die Behörde Kenntnis von den Tatsachen erhalten hat, welche die Rücknahme eines Verwaltungsaktes rechtfertigen. Die **Jahresfrist** beginnt jedoch erst, wenn der zuständige Beamte von der Rechtswidrigkeit der Bewilligung Kenntnis erlangt und alle Entscheidungsvoraussetzungen vorliegen (z. B.: Anhörung des Zuwendungsempfängers). Die Jahresfrist ist keine Bearbeitungsfrist, sondern eine Entscheidungsfrist.

2. Zweckwidrige Mittelverwendung

Verwendet der Kulturschaffende die Fördermittel zweckwidrig oder erfüllt dieser eine Auflage nicht, so kann die zuständige Behörde den Förderbescheid aufheben (Widerruf) und die gezahlten Mittel zurückfordern. Rechtsgrundlage für die Aufhebung des (rechtmäßigen) Förderbescheides, dessen Fördervorgaben nicht beachtet wurden, ist § 49 VwVfG. Danach ist für die Aufhebung des begünstigenden Förderbescheides ein Widerrufsgrund erforderlich. Praktisch relevanter Widerrufsgrund nach § 49 Abs. 3 Nr. 1 VwVfG ist die Zweckentfremdung der Fördermittel. Ist der Leistungsverwendungszweck gemäß den Förderrichtlinien und den Vorgaben im Zuwendungsbescheid nicht beachtet worden, so kann die zuständige Behörde die Geldleistung auch für die Vergangenheit zurückfordern.

Beispiel: Das Kulturamt der Stadt Y in Südbaden fördert Events, die den deutschfranzösischen Kulturaustausch zum Zweck haben. Veranstalter V beantragt diesbezüglich für ein Konzert eines französischen Orchesters in der Stadt Y Fördermittel. Nach Auszahlung des Geldes entschließt er sich, lieber ein russisches Sinfonieorchester auftreten zu lassen, da dessen Gagen günstiger sind. Nach Kenntnis von der Zweckentfremdung widerruft die Stadt Y ihren Bescheid.

Weiterer wichtiger Aufhebungsgrund ist die Nichterfüllung von Auflagen (§ 49 Abs. 3 Nr. 2 VwVfG). Insgesamt steht jede Aufhebung eines Förderbescheides im Ermessen der Behörde. Sie kann die Begünstigung aufheben, muss es aber nicht. Im Hinblick auf die haushaltsrechtlichen Grundsätze der Wirtschaftlichkeit und Spar-

---

[9] BVerwG DVBl. 1993, 947.

samkeit wird der staatliche Zuwendungsgeber wegen Zweckverfehlung die Förderung widerrufen, ohne dass dies einen Ermessensfehler darstellt.[10]

3. Erstattung der Leistungen

Wird der Zuwendungsbescheid zurückgenommen oder widerrufen, so sind dann die empfangenen Leistungen zu erstatten. Rechtsgrundlage dieses öffentlich-rechtlichen Erstattungsanspruches ist § 49a VwVfG. Dazu muss die Behörde neben der Aufhebung des Förderbescheides eine Rückforderungsverfügung erlassen. Durch die Rückforderungsverfügung wird der Rückerstattungsanspruch geltend gemacht. Die empfangene Geldleistung ist zurückzugewähren, so als ob man ungerechtfertigt bereichert ist. Die Einrede der Entreicherung, das heißt die Berufung darauf, das Geld sei ausgegeben, kommt als Schutzbehauptung grundsätzlich nicht in Betracht, wenn man Kenntnis oder grob fahrlässige Unkenntnis von der rechtswidrigen Bewilligung oder Zweckentfremdung hat. Der zu erstattende Betrag ist vom Zeitpunkt der Aufhebung des Förderbescheides in Höhe von 5 % über dem Basiszinssatz zu verzinsen. Von dieser Zinspflicht des Zuwendungsempfängers kann die Behörde absehen (Ermessensausübung, § 49a Abs. 3 S. 1 VwVfG). Verwendet die Kultureinrichtung die Leistung nicht alsbald nach der Auszahlung für den bestimmten Förderzweck, so kann das Kulturamt Zwischenzinsen erheben, § 49a Abs. 4 S. 1 VwVfG. Die Rechtsprechung versteht unter „alsbald" einen Zeitraum von zwei Monaten.[11]

IV. Rechtsschutz

Gegen die Aufhebung des Förderbescheides und den Rückforderungsbescheid kann sich der Zuwendungsempfänger durch **Widerspruch und Anfechtungsklage** wehren. Es handelt sich um zwei Streitgegenstände, so dass man bei einer Klage von Klagehäufung spricht. Sowohl für die Erhebung des Widerspruches als auch der Klage ist eine Monatsfrist zu beachten. Lässt man die Frist verstreichen, so wird die Aufhebung und Rückforderung unanfechtbar, man spricht juristisch von der Bestandskraft der Bescheide. Nur in Ausnahmefällen kann der Bürger erfolgreich einen Antrag auf Aufhebung eines dann bestandskräftigen Bescheides stellen. Gegen die Verwaltungsakte (Aufhebung und Rückforderung) ist – chronologisch gesehen – zunächst Widerspruch beim Amt oder der Widerspruchsbehörde zu erheben. Ändert die Behörde daraufhin nicht ihre Entscheidung, so ist nunmehr Klage beim Verwaltungsgericht einzureichen. Möchte ein Veranstalter die staatliche Förderung eines Konkurrenten verhindern, muss er ebenfalls Anfechtungsklage gegen den Förderbescheid erheben (sogenannte negative **Konkurrentenabwehrklage**). Möchte er aus Gleichheitsgründen ebenfalls gefördert werden, ohne dass sein Konkurrent die Förderung verlieren soll, so muss er Verpflichtungsklage erheben. Die Behörde soll

---

[10] BVerwG 105, 55, 57.
[11] OVG Weimar, NVwZ-RR 1999, 435.

dadurch verpflichtet werden, ihm auch die Begünstigung zuteil werden zu lassen. Diese Klage nennt man juristisch **Konkurrentengleichstellungsklage**.

C. Sonstige staatliche Förderung

Neben der Zuwendung von Geldleistungen gibt es im öffentlichen Bereich auch die Möglichkeit der Förderung durch Bereitstellung von Nutzungsmöglichkeiten oder sonstigen Leistungen (z. B. unentgeltliche Beförderung der Musiker im Nahverkehr zur Veranstaltungshalle). Wichtiger Anwendungsfall ist die kostenlose Bereitstellung von Proberäumen in Schulen oder sonstigen öffentlichen Einrichtungen. Weiterhin hat man als ortsansässiger Verein einen Anspruch aus der Gemeindeordnung auf Nutzung der Stadthalle zur Durchführung einer Kulturveranstaltung gegen ggf. Zahlung des üblichen Entgeltes.

Falllösung: Das Jugendorchester X kann sich durch Sachmittel oder Geldmittel fördern lassen. Bei den Sachmitteln kommt die kostenlose Bereitstellung von Proberäumen oder staatlichen Kultureinrichtungen als Auftrittsplätzen (Marktplatz, Landestheater) in Betracht. Aufgrund des grenzüberschreitenden Vorhabens sind Fördermöglichkeiten durch die Europäische Union, die Bundesregierung, das jeweilige Gastland, das Land Bayern und die jeweilige Großstadt zu prüfen. Gerade die grenzüberschreitende Jugendförderung und Völkerverständigung sollte als Zweck herausgestellt werden.

D. Filmförderung

Zum Abschluss dieses Kapitels sei noch kurz die staatliche Filmförderung angesprochen. Vor allem Kinofilme bedürfen oft staatlicher Förderung in Anbetracht der hohen Produktionskosten. Neben den landesrechtlichen Filmförderungsprogrammen erfolgt die staatliche Filmförderung durch das Filmförderungsgesetz des Bundes (**FFG**). Das FFG hat zum Ziel, die Qualität des deutschen Films zu steigern. Über Anträge auf Förderung entscheidet eine Vergabekommission aus elf Mitgliedern. Das FFG kennt unterschiedliche Fördermaßnahmen (z. B. Projektfilme).

Literaturverzeichnis

Bei Kommentaren und Gemeinschaftswerken sind in den Fußnoten jeweils die Bearbeiter mit zitiert.

Achterberg, Norbert/Püttner, Günter/Würtenberger, Thomas (Hrsg.): Besonderes Verwaltungsrecht, ein Lehr- und Handbuch, Band I Wirtschafts-, Umwelt-, Bau-, Kultusrecht, 2. Auflage Heidelberg 2000.
Arbeiter-Samariter-Bund Deutschland e.V. unter Mitarbeit von Clemens Schröder, Marieke Otto, Ingo Schild: Grundlagen zur Einsatzplanung, Sanitätsdienst bei Großveranstaltungen, 4. Auflage Köln Februar 2004.
Baumbach, Adolf/Hopt Klaus J./Merkt, Hanno: Handelsgesetzbuch, Kommentar, 34. Auflage München 2010.
Beier, Dietrich: Recht der Domainnamen, 2004.
Büscher, Wolfgang/Dittmer, Stefan/Schiwy, Peter (Hrsg.): Gewerblicher Rechtsschutz Urheberrecht Medienrecht, Kommentar, 2. Auflage München 2010.
Causales – Gesellschaft für Kulturmarketing und Kultursponoring GmbH: Sponsoringeinnahmen von Kulturanbietern, Studie Causales 2010, Pressemitteilung vom 08.12.2010; www.kulturmarken.de.
Deckers, Stefan: Allgemeine Geschäftsbedingungen im Web-Design-Vertrag, CR 2002, S. 900 ff.
Deutsche Rentenversicherung Bund, Summa Summarum: – Sozialversicherungsprüfung im Unternehmen Ausgabe 4/2007, Schwerpunktausgabe Künstlersozialversicherung, Berlin, Stand 06.07.2007.
Dreier, Horst (Hrsg.): GG-Kommentar, Band I – Art. 1-19, 2. Auflage Tübingen 2004.
Dreier, Thomas/Schulze, Gernot: Urheberrechtsgesetz, 2. Auflage München 2006.
Ebling, Klaus/Schulz, Marcel: Kunstrecht, 1. Auflage München 2007.
Eisenmann, Hartmut/Jautz, Ulrich: Grundriss Gewerblicher Rechtsschutz und Urheberrecht (mit 55 Fällen und Lösungen), 8. Auflage Heidelberg 2009.
Enders, Theodor: Beratung im Urheber- und Medienrecht, 3. Auflage Bonn 2008.
Ensthaler, Jürgen/Weidert, Stefan (Hrsg.): Handbuch Urheberrecht und Internet, 2. Auflage Frankfurt a. M. 2010.
Erfurter Kommentar zum Arbeitsrecht: 10. Auflage München 2010.
Fechner, Frank: Medienrecht, 11. Auflage Tübingen 2010.
Fezer, Karl-Heinz/Hefermehl, Wolfgang: Markenrecht, 4. Auflage München 2009.
Finke, Hugo/Brachmann, Wolfgang/Nordhausen, Willy: Künstlersozialversicherungsgesetz (Kommentar), 4. Auflage München 2009.
Finkelnburg, Klaus/Ortloff, Karsten-Michael: Öffentliches Baurecht, Band II: Bauordnungsrecht, Nachbarschutzrecht, Rechtsschutz, 6. Auflage München 2010.
Fischer, Hermann Josef/Reich, Steven A.: Der Künstler und sein Recht, Ein Handbuch für die Praxis, 2. Auflage München 2007.
Funke, Elmar/Müller, Günter: Handbuch zum Eventrecht, 3. Auflage Köln 2009.

Götting, Horst-Peter: Wettbewerbsrecht, 1. Auflage München 2005.
Grunewald, Barbara: Gesellschaftsrecht, 5. Auflage Tübingen 2002.
Güllemann, Dirk: Veranstaltungsmanagement und Recht - Vertrags- und Haftungsfragen bei Veranstaltungen, Events, Messen und Ausstellungen, 5. Auflage Köln 2009.
Harke, Dietrich: Urheberrecht - Fragen und Antworten, 2. Auflage Köln 2001.
Harte-Bavendamm, Henning/Henning-Bodewig, Frauke: UWG Kommentar, 1. Auflage München 2004.
Haug, Volker: Internetrecht, 2. Auflage Stuttgart 2010.
Heckmann, Dirk: juris Praxiskommentar-Internetrecht, 2. Auflage Saarbrücken 2010.
Hefermehl, Wolfgang/Köhler, Helmut/Bornkamm, Joachim: Kommentar zum Wettbewerbsrecht, 24. Auflage München 2006.
Hettich, Matthias: Versammlungsrecht in der kommunalen Praxis, Grundlagen - Eingriffsnormen - Rechtsschutz, Berlin 2003.
Homann, Hans-Jürgen: Praxis-Handbuch Musikrecht, Berlin, Heidelberg 2007.
Horvath, Sabine: Aktueller Begriff Green IT, Fachbereich Kultur, Medien, Sport, in Wissenschaftliche Dienste des Deutschen Bundestages Nr. 81/10 vom 22.11.2010.
Hueck, Goetz/Windbichler, Christine: Gesellschaftsrecht, 20. Auflage München 2003.
Hufen, Friedhelm: Staatsrecht II, Grundrechte, München 2007.
Huff, Martin W.: Einige Rechtsfragen bei der Veranstaltung von Konzerten, VuR 3/1990, S. 166 ff.
Jarass, Hans D./Pieroth, Bodo: GG-Kommentar, 10. Auflage München 2009.
Kerst, Andreas/Jäckel, Holger: Versicherungsrecht, München 2010.
Kirchhof, Paul (Hrsg.): EStG KompaktKommentar, 9. Auflage Heidelberg 2010.
Kittner, Michael: Arbeits- und Sozialordnung 2010, 35. Auflage Frankfurt am Main 2010.
Kitzberger, Ralf: Veranstaltungsrecht, München 2005.
Kniesel, Michael: Versammlungs- und Demonstrationsfreiheit, NJW 1996, S. 2601 ff.
Koch, Frank: Internetrecht, 2. Auflage 2005.
Koch; Hans-Joachim: Umweltrecht, 3. Auflage Neuwied 2010.
Köhler, Helmut/Piper, Henning: Gesetz über den unlauteren Wettbewerb, 3. Auflage 2002.
Koller, Ingo/Roth, Wulf-Henning/Morck, Winfried: Handelsgesetzbuch, 6. Auflage München 2007.
Kröger, Detlef/Hoffmann, Dirk: Rechtshandbuch zum E-Government, 2005.
Künstlersozialkasse: Informationsschrift Nr. 4 zur Künstlersozialabgabe (Kb - 0152 - 01/2007).
Künstlersozialkasse: Kurzinformation zur Künstlersozialabgabe – Veranstaltungen und Künstlersozialabgabepflicht, Stand 09/2005.
Löhr; Volker/Gröger, Gerd: Bau und Betrieb von Versammlungsstätten, Kommentar zur Muster-Versammlungsstättenverordnung (MVStättV 2005), 2. Auflage Frankfurt am Main 2006.
Manssen, Gerrit (Hrsg.): Telekommunikations- und Multimediarecht, Berlin 2007.
Medicus, Dieter/Petersen, Jens: Bürgerliches Recht, 22. Auflage Köln Berlin München 2009.
Meixner, Oliver/Steinbeck, Rene: Das neue Versicherungsvertragsrecht, München 2008.
Moser, Rolf/Scheuermann, Andreas (Hrsg): Handbuch der Musikwirtschaft, 6. Auflage Starnberg 2003.
Neil, Georg Weiland/ Poser, Ulrich: Sponsoringvertrag, 3. Auflage München 2005.
Nikles, Bruno W./Roll, Sigmar/Spürck, Dieter/Umbach, Klaus: Jugendschutzrecht, 2. Auflage München 2005.
Palandt, Otto (Begr.): Bürgerliches Gesetzbuch, 69. Auflage München 2010.
Paschke, Marian: Medienrecht, 2. Auflage Berlin 2001.
Pluschke, Ulrike: Kunstsponsoring – Vertragliche Aspekte, Berlin 2005.
Poser, Ulrich: Konzert- u. Veranstaltungsverträge, München 2007
Preuss, Frank: Versicherungen in der Veranstaltungsbranche, in: Frank Haase/Walter Mäcken (Hrsg.), Handbuch Event-Management, 2. Auflage München 2005.
Priester, Hans-Joachim/Mayer Dieter: Münchener Handbuch des Gesellschaftsrechts, Band III (GmbH), 2. Auflage München 2003.
Prölss, Erich R./Martin, Anton: Kommentar zum VVG, 28. Auflage München 2010.
Rehbinder, Manfred: Urheberrecht, 13. Auflage München 2004.

Rück, Hans: Eventmanagement zu: Gabler Wirtschaftslexikon Online, 2010; Vorlesungsskriptum, WS 2010/11, Fachhochschule Worms.
Sachs, Michael: GG-Kommentar, 5. Auflage München 2009.
Saenger, Ingo: Gesellschaftsrecht, München 2010.
Schack, Haimo: Kunst und Recht – Bildende Kunst, Architektur, Design und Fotografie im deutschen und internationalen Recht, Köln 2004.
Schack, Haimo: Urheber und Urhebervertragsrecht, 5. Auflage Tübingen 2010.
Schleder, Herbert: Steuerrecht der Vereine, 9. Auflage Herne 2009.
Schmid Matthias/Wirth Thomas: Urheberrechtsgesetz, Handkommentar, Baden-Baden 2004.
Schmidt, Ludwig (Begr.): EStG-Kommentar, 29. Auflage München 2010.
Schmidt, Rolf: Besonderes Verwaltungsrecht I, 13. Auflage Bremen 2010.
Scholtz, Lothar: GEMA, GVL & KSK, 3. Auflage Bergkirchen 2007.
Spindler, Gerald/Schmitz, Peter/Geis, Ivo: TDG, Teledienstegesetz, 2. Auflage München 2004.
Stadler, Thomas: Haftung für Informationen im Internet, 2. Auflage Berlin 2005.
Steckler, Brunhilde: Grundzüge des IT-Rechts, 2. Auflage München 2006.
Steiner, Udo (Hrsg): Besonderes Verwaltungsrecht, ein Lehrbuch, 8. Auflage Heidelberg 2006.
Stöckel, Maximilane/Lüken, Uwe: Handbuch Marken und Designrecht, 2.Auflage Berlin 2006.
Strömer, Tobias H.: Online-Recht, 4. Auflage Heidelberg 2006.
Tipke, Klaus/Lang, Joachim: Steuerrecht, 18. Auflage Köln 2005.
Ullmann, Loy: Scherz und Ironie in der Werbung, in Rechtsbrief Marketing, Ausgabe 08/2010.
Ulmer, Peter/Brandner, Hans Erich/Hensen, Horst-Diether: AGB-Recht, Kommentar zu den §§ 305 - 310 BGB und zum Unterlassungsklagegesetz, 10. Auflage Köln 2006.
Waldner, Wolfgang/Schweyer, Gerhard/Wörle-Himmel, Christof: Der eingetragene Verein München 2006.
Wanckel, Endress/Nitschke, Kai: Foto- und Bildrechte, München 2004.
Wandtke, Artur-Axel/Bullinger, Winfried (Hrsg.): Praxiskommentar zum Urheberrecht, 2. Auflage München 2006.
Weiand, Neil George/Poser, Ulrich: Sponsoringvertrag, 3. Auflage München 2005.
Witte, Peter (Hrsg.): Zollkodex, Kommentar, 5. Auflage München 2009.
Witte, Peter/Wolffgang, Hans-Michael (Hrsg.): Lehrbuch des Europäischen Zollrechts, 6. Auflage Herne 2009.
Witz, Wolfgang/Schmidt, Ester: Klassik Opern Air Konzerte im Dschungel der GEMA-Tarife, ZUM 1999, S. 819 ff.
Wussow, Rober-Joachim: Verkehrssicherungspflichten bei der Durchführung von Sonderveranstaltungen, VersR 2005, S. 903 ff.

Sachverzeichnis

Arbeitsrecht

Abschluss des Arbeitsvertrages 92
Anfechtung 110
Annahmeverzug 103
Arbeitnehmerähnliche Personen 88
Arbeitnehmereigenschaft 86
Arbeitsausfall aus persönlichen
　Gründen 103
Arbeitsrechtlicher Gleichbehandlungsgr-
　undsatz 99
Arbeitsschutzrecht 114
Aufhebungsvertrag 109
Außerordentliche Kündigung 113
Auswahlgespräch 90
Beendigung des Arbeitsverhältnisses 109
Befristung 111
Begründung 89
Betriebliche Übung 98
Betriebsrisiko 103
Betriebsvereinbarungen 83
Faktisches Arbeitsverhältnis 95
Form des Arbeitsvertrages 92
Formulararbeitsverträge 93
Haftung 104
Kündigung 112
Lohnfortzahlung an Feiertagen 103
Lohnfortzahlung im Krankheitsfall 101
Mankohaftung 108
Ordentliche Kündigung 112
Rechtsquellen 80
Sondervergütungen (Gratifikationen) 97
Stellenanzeige 89
Tarifverträge 81
Unwirksamkeitsgründe 95
Urlaubsentgelt 104
Vorstellungskosten 91
Vergleichende Werbung 223

Gewerblicher Rechtsschutz

Abmahnung 236
Ausbeutung fremder Leistungen 229
Bagatellklausel 217
Behinderungswettbewerb 230
Bildmarken 253
Einstweilige Verfügung 237
Event- bzw. Ereignismarke 250
Gemeinschafts-/EU-Marke 256
Generalklausel 212
Geographische Herkunftsangaben 246
Geschäftliche Handlung im Wettbewerbs-
　recht 212
Grundlagen 209
Inhalt des Urheberrechts 161
Irreführende Werbung 218
Klang- und Hörmarken 249
Lichtmarke 250
Lizenzen 181
Markenformen 242
Namensrecht 246
Recht am eigenen Bild 199
Rechtsschutz bei Verletzungen des Urhe-
　ber- und Leistungsschutzrechts 185
Registermarke/Benutzungsmarke 243
Rufschädigung 228
Schadensersatz 234
Schranken des Urheberrechts 170
Telefonwerbung 226
Überblick zur Deutschen Markenanmel-
　dung 247
Unlauterkeit 215
Unterlassungs- und Beseitigungsans-
　pruch 233
Unternehmenskennzeichen 244
Unzumutbare Belästigung 225
Verwandte Schutzrechte 175
Voraussetzungen des Urheberrechts 155

Werktitel 245
Widerspruchsverfahren 254

Handels- und Gesellschaftsrecht

Die offene Handelsgesellschaft (OHG) 127
Firma 129
Gesellschaft bürgerlichen Rechts 121
GmbH 136
Gründung der GmbH 137
Haftung 125, 133
Haftung des Kommanditisten 134
Kapitalgesellschaften 135
Kommanditgesellschaft 133
Limited 142
MoMiG 141
Verein 144
Vereinsvorstand 150

Internetrecht

Beweissicherung 305
Domain 299
Domaingrabbing 304
Haftung beim Setzen von Links 291
Herkunftslandprinzip 280
Hyperlinks 292
Impressumspflicht 281
Strafrechtliche Verantwortlichkeit 293
TMG 278
Website 281
Zivilrechtliche Haftung 292

Medienrecht

Anspruch auf Berichtigung 274
Anspruch auf Gegendarstellung 272
Anspruch auf Schadensersatz 274
Anspruch auf Unterlassung 273
Exklusivberichterstattungsverträge 268
Filmrecht 260
Gesamtausschluss 267
Großereignisse 270
Internetrecht 261
Kurzberichterstattung 263
Presserecht 260
Presserechtliche Fragen 270
Rechtsschutzmöglichkeiten 272
Rundfunkrecht 260
Urheberrechtlicher Leistungsschutz 265
Werbung im Rundfunk 261

Öffentliches Recht

Ausführungsgenehmigung bei fliegenden Bauten 459

Baugenehmigung 444
Baugenehmigungsverfahren 448
Drittschutz 424
Feuerwerk 433
Gewässerschutzrecht 422
Gewerbe 405
Messen, Ausstellungen und Märkte 407
Naturschutz 419
Nutzungsgenehmigung 449
Reisegewerbe 408
Sanitätsorganisationen 442
Schankerlaubnis 409
Sing-Spielgenehmigung 432
Sondernutzungsgenehmigung 434
Sonn- und Feiertagsregelungen 432
Sperrzeiten 430
Stehendes Gewerbe 407
Straßennutzung 437
Verkehrsbetriebe 444
Versammlungsrechtliche Vorgaben 400
Versammlungsstättenverordnung 450
Volksfeste 407
Vorgaben des Jugendschutzgesetzes 414
Zusammenarbeit mit Behörden 439
Zuverlässigkeit 409

Recht der GEMA

GEMA-Repertoire 313
Gesamtvertragsnachlass 327
GVL 316
Härtefallnachlassregelung 329
Kleines und großes Recht 314
Lizenzerwerb für Veranstalter 324
Öffentliche Wiedergabe 313
Pauschalverträge 326
Schadensersatz 324
Tarife 319
Urheber- und Leistungsschutzrecht 308
Verwertungsgesellschaften 308

Steuerrecht

Bauabzugsteuer 474
Beschränkte Steuerpflicht ausländischer Künstler 480
Betriebsausgaben 467
Betriebsvermögensvergleich 464
Einkommensteuer 462
Gewerbesteuer 475
Gewinnermittlungsmethoden 464
Körperschaftsteuer 471
Künstler als Arbeitnehmer 477
Künstler als freiberuflicher Mitarbeiter 480
Liefer- bzw. Leistungsort 487

Lohnsteuerverfahren 477
Persönliche Steuerpflicht 484
Sponsoring 494
Steuervergünstigungen 483
Umsatzsteuer 484
Verdeckte Gewinnausschüttung 472
Vergnügungssteuer 494
Vorsteuerabzug 491

Versicherungsrecht

3. KSVG-Novelle 352
Abgabepflicht 333
Abgabesatz 343
Anmelde- und Auskunftspflichten selbstständiger Künstler 354
Aufzeichnungs- und Aufbewahrungspflicht 351
Auskunfts- und Vorlagepflicht 352
Bemessungsgrundlage 343
Berufs-/Betriebshaftpflichtversicherung 389
Beteiligung mehrerer Unternehmer 345
Elektronik-Versicherung 390
Entgelt 344
Haftpflichtversicherung 385
Herbeiführung des Versicherungsfalles 383
Informationspflicht 364
KSK-Abgabe 342
Meldepflicht 350
Mitwirkungspflichten 350
Prämienzahlung 379
Rückwärtsversicherung 371
Sanktionen 352
Shortfall-Guarantee-Versicherung 394
Sofortiger Deckungsschutz 368
Telefonischer Abschluss 367
Veranstaltungsausfall-Versicherung 392
Verletzung vertraglicher Obliegenheiten 382
Versicherungsmarkt 394
Versicherungsschein 373
Vertragsschluss 366
Vertragstypische Pflichten 362
Vorauszahlungspflicht 350
Vorgehen vor Vertragsschluss 364
Vorläufiger Versicherungsschutz 368
Vorvertragliche Anzeigepflichten 375
Widerrufsrecht 375
Zahlungsverzug 380
Zustandekommen des Versicherungsvertrages 363

Vertrags- und Haftungsrecht

Abgrenzung Mietvertrag – Pachtvertrag 33
Abgrenzung zu Dienst- und Arbeitsvertrag 28
Allgemeine Geschäftsbedingungen 72
Anfechtung 15
Angebot 5
Angebot und Annahme 5
Anpassung von Verträgen 13
Arten der Leistungsstörung 57
Auf Seiten des Besuchers 66
Auf Seiten des Veranstalters 67
Auslegung und Anpassung von Verträgen 12
Außergerichtliche Streitbeilegung 71
Bad show 64
Beendigung von Verträgen 15
Besetzter Sitzplatz 69
Besuchervertrag 34
Deliktische Haftung 60
Durchsetzung der Ansprüche 70
Einbeziehung der AGB 73
Einstweilige Verfügungsverfahren 71
Eintrittskarte als Wertpapier 35
Ergänzende Vertragsauslegung 12
Folgen bei fehlerhafter Ausübung der Stellvertretung 11
Form von Verträgen 7
Gerichtliche Durchsetzung 71
Gläubigerverzug 59
Grundlagen des Vertragsrechts 4
Inhaltskontrolle der AGB 75
Kartenreservierung 36
Konzert- und Aufführungsvertrag 24
Körper-/Gesundheitsverletzung des Besuchers 69
Kündigung 16
Künstleragentur 45
Künstlervertrag 29
Late show 63, 68
Leistungsstörungen 57
Mahnverfahren 72
Manager 46
Mangelhafte Durchführung 68
Mängelhaftung 59
Mietmängel 64
No show 62, 67
Öffentlich-rechtlicher Betreiber 32
Raumüberlassungsvertrag 30
Rechtsnatur 38
Rückerstattung von Eintrittspreis und Vorverkaufsgebühr 41

Rücktritt 17
Schlechtleistung 59
Schuldnerverzug 58
Sonderfall Hallenbetreiber und Künstler als gemeinsamer Veranstalter 33
Stellvertretung 9
Tourneevertrag 29
Unmöglichkeit 57
Veranstalter – Besucher 34, 66
Veranstalter – Eventagentur 42
Veranstalter – Hallenbetreiber 30, 64
Veranstalter – Künstler 24, 62
Veranstalter – Künstleragentur/Manager – Künstler 45
Veranstalter – Sponsor 49, 70
Veranstalter – Subunternehmer 53
Veranstalter – Vorverkaufsstelle 38
Verhältnis Besucher – Künstler 37
Verjährung 18
Vertrag mit Schutzwirkung zugunsten Dritter 65
Vertragliche Haftung 59
Vertragliche, vorvertragliche und deliktische Haftung 59
Vertragsbeziehungen 19
Vertragsschluss 4
Vertrieb durch Hallenbetreiber 39
Vertrieb durch unabhängige Vorverkaufsstellen 38
Verzug 58
Voraussetzungen der Stellvertretung 9
Vorteile der AGB 72

Vorverhandlung und Vorvertrag 6
Vorverkaufsgebühren 40
Vorvertragliche Haftung 60
Werkvertrag 25
Wirkung der Beendigungsarten 18
Zivilrechtliches Klageverfahren 71
Zurechnung von Verschulden Dritter 61

Zoll und Einfuhrumsatzsteuer

Ausfuhrverfahren 511
Begriff der Ware 502
Bewilligungserteilung 508
Carnet-A.T.A.-Verfahren 507
Definition des Zollgebietes 500
Einfuhrabgabenbefreiung 509
Einfuhrumsatzsteuer 511
Überführung in den zollrechtlich freien Verkehr 504
Vorübergehende Verwendung 505
Zollamtliche Überwachung 503
Zollanmeldung 507
Zollverfahren 503

Förderungsvertrags- und Zuwendungsrecht

Fundraisingverträge 516
Öffentliche Zuschüsse 516
Rechtsschutz 528
Rückforderung 526
Sammelvermögen 514
Spendenrecht 515
Stiftungsverträge 513

Printing: Ten Brink, Meppel, The Netherlands
Binding: Stürtz, Würzburg, Germany